沈 克 成

沈克成,1941年生于温州。浙江省文史研究馆资深馆员。文字学家,方言学家,汉字编码学家。计算机输入法"沈码"发明人。2021年度"最美温州人·感动温州十大人物"。

出版有《表音码汉字输入法应用手册》《沈码汉字输入法》《汉字部件学》《汉字简化说略》《书同文——现代汉字论稿》《莎士比亚精品集》《温州历史年表》《鹿城人文景观》《温州话》《温州话词语考释》《温州话字林》《活色生香温州话》《温州方言韵略》《瓯语音系》《入声字诠》《瑞安方言曲艺韵书》《百年前温州话钩沉》《挹西注中》《挹西斟北》等专著,主编《温州方言文献集成》《温州话辞典》等。

温州话

典藏版

沈克成 著

宁波出版社
NINGBO PUBLISHING HOUSE

图书在版编目(CIP)数据

温州话:典藏版/沈克成著.--宁波:宁波出版社,2022.4
ISBN 978-7-5526-4409-8

Ⅰ.①温… Ⅱ.①沈… Ⅲ.①吴语—方言研究—温州 Ⅳ.①H173

中国版本图书馆CIP数据核字(2021)第218414号

温 州 话（典藏版） 沈克成 ◎ 著

WEN ZHOU HUA

责任编辑	陈金霞
责任校对	余怡荻　谢路漫
封面设计	原色太阳
内文排版	金字斋
出版发行	宁波出版社
	（宁波市甬江大道1号宁波书城8号楼6楼　315040）
印　　刷	宁波白云印刷有限公司
开　　本	889mm×1194mm　1/32
印　　张	21.125　　　插　页　2
字　　数	500千
版　　次	2022年4月第1版
印　　次	2022年4月第1次印刷
标准书号	ISBN 978-7-5526-4409-8
定　　价	128.00元

（版权所有　翻印必究）

目 录

第一章 温州话概述

第一节 温州话的来历 ·· 002

第二节 温州话的演绎 ·· 008

第三节 温州话与吴语的异同 ··· 015

第四节 温州话与闽语的异同 ··· 017

第五节 温州方言的分布 ··· 020

第二章 温州话语音系统

第一节 温州话声母 ··· 025

第二节 温州话韵母 ··· 030

第三节 温州话的声韵搭配 ·· 038

第四节 温州话声调 ··· 039

第五节 温州话拼音方案 ··· 044

第六节 温州话中的入声字 ·· 049

第七节 温州话中的半元音 ·· 062

第八节 一些语音的演绎规律 ··· 065

第三章　中古音与温州话的传承

第一节　声母 ·· 068

第二节　韵母 ·· 070

第三节　声调 ·· 087

第四章　温州话特点

第一节　温州话音韵特点 ···························· 091

第二节　温州话词汇特点 ···························· 094

第三节　温州话语法特点 ···························· 097

第五章　温州话的语流音变

第一节　同化现象 ···································· 102

第二节　减音现象 ···································· 105

第三节　连读变调 ···································· 106

第六章　温州话文白异读

第一节　文白异读概论 ······························ 110

第二节　声母的文白异读 ···························· 114

第三节　韵母的文白异读 ···························· 118

第四节　声调的文白异读 ···························· 127

第七章　温州话异音字

第一节　有四读或更多的异音字 ···················· 131

第二节　有三读的异音字 ···························· 132

第三节　有两读的异音字 ···························· 135

第八章 温州话同音字汇

【a】……………………………………………………144

【ia】…………………………………………………147

【ɛ】……………………………………………………148

【iɛ】…………………………………………………148

【uɔ】…………………………………………………151

【yɔ】…………………………………………………153

【ə】……………………………………………………153

【e】……………………………………………………155

【ø】……………………………………………………157

【o】……………………………………………………160

【yo】…………………………………………………162

【ɿ】……………………………………………………162

【i】……………………………………………………163

【u】……………………………………………………166

【y】……………………………………………………167

【ai】…………………………………………………168

【iai】…………………………………………………171

【au】…………………………………………………171

【iau】…………………………………………………172

【ei】…………………………………………………173

【əu】…………………………………………………175

【iəu】…………………………………………………176

【øy】…………………………………………………177

【aŋ】…………………………………………………178

003

【iaŋ】 ·· 180

【əŋ】 ··· 181

【oŋ】 ··· 183

【ioŋ】 ·· 184

【ŋ】 ·· 185

【m】 ··· 185

第九章　温州话词汇

第一节　温州话代词 ·· 188

第二节　温州话介词 ·· 196

第三节　温州话虚词 ·· 201

第四节　温州话副词 ·· 214

第五节　温州话连词 ·· 227

第六节　温州话形容词 ··· 229

第七节　联合复句 ·· 244

第十章　温州话的语缀

第一节　前缀 ·· 248

第二节　后缀 ·· 254

第十一章　温州话中的骂詈语

第一节　性语 ·· 293

第二节　贬称, 直陈语, 驱逐语, 威胁语, 诅咒语 ············ 296

第十二章　温州话分类词汇

〔01〕天文 ··· 302

〔02〕地理 …………………………………… 304
〔03〕时令 …………………………………… 307
〔04〕农事 …………………………………… 310
〔05〕植物 …………………………………… 313
〔06〕动物 …………………………………… 317
〔07〕房屋 …………………………………… 323
〔08〕器物 …………………………………… 326
〔09〕饮食 …………………………………… 331
〔10〕衣饰 …………………………………… 338
〔11〕称谓 …………………………………… 341
〔12〕身体 …………………………………… 344
〔13〕疾病 …………………………………… 348
〔14〕起居 …………………………………… 353
〔15〕民俗 …………………………………… 355
〔16〕宗教 …………………………………… 361
〔17〕职业 …………………………………… 363
〔18〕交通 …………………………………… 367
〔19〕文化 …………………………………… 369
〔20〕方位 …………………………………… 373

第十三章　温州话方言特征词

第一节　单字词 …………………………………… 378
第二节　二字词 …………………………………… 414
第三节　三字词 …………………………………… 449
第四节　四字词 …………………………………… 465
第五节　五字词 …………………………………… 475

第十四章　温州话散讲

- [01] 新孺人怕得人憎 …… 478
- [02] 大官爷与大家娘 …… 485
- [03] "一"字温州话读法有讲究 …… 489
- [04] 息儿生小，晓不得头脑 …… 491
- [05] "日"字的不同读法 …… 493
- [06] 温州人嘅奶 …… 497
- [07] 温州人"讲说话"的学问 …… 500
- [08] 温州话中的万能动词"打" …… 504
- [09] 嬉嬉吃吃眙眙戏 …… 508
- [10] 渠嘅个子儿真生好 …… 513
- [11] 阿姆吃馄饨 …… 515
- [12] 个儿真毛！ …… 517
- [13] 吃卵饭配皮蛋 …… 519
- [14] 猫儿拖老鼠，大猫拖蓑衣 …… 522
- [15] 温州人三餐离不开"饭" …… 523
- [16] 温州人最会近钞票 …… 526
- [17] 面上唔有肉，一世共不熟 …… 528
- [18] 倒银里睏不惊冷 …… 531
- [19] 勾鬼打爻一色 …… 532
- [20] 温州话中的 [le] 究竟是什么字？ …… 533
- [21] 温州话中"拉"与"啦"的区别 …… 536
- [22] 天光，日昼，黄昏 …… 540
- [23] 雀跃女儿不绰约 …… 542
- [24] 纱帽翼拗断爻罢 …… 543

目 录

〔25〕"钱"与"钿" …………………………………… 544
〔26〕烂污客与澜浪客 ………………………………… 546
〔27〕遁落秤锤,拔起秤梗 …………………………… 549
〔28〕从院主儿到老人客 ……………………………… 553
〔29〕"汰浪"与"踏浪" ……………………………… 554
〔30〕荒腔塌板漏口风 ………………………………… 555
〔31〕水鸡嘈滥田 ……………………………………… 558
〔32〕读马老的《掇甕客》有感 ……………………… 560
〔33〕水管避不过涌汤 ………………………………… 562
〔34〕麋糟吃麋糟大,了滞吃变猴头 ………………… 565
〔35〕男着眼,女着园 ………………………………… 567
〔36〕字眼断个不,妆起眙三国 ……………………… 572
〔37〕明朝起你着将息将息 …………………………… 576
〔38〕朗眼箆担江蟹——脚漏出完 …………………… 578
〔39〕"物事"与"物色" ……………………………… 580
〔40〕拣过拣,拣个破灯盏 …………………………… 581
〔41〕嬉嬉也会嬉争起 ………………………………… 583
〔42〕肥肉沃园底炫油爻 ……………………………… 584
〔43〕谷砻下嘅雀儿老吓吓 …………………………… 587
〔44〕"掼"与"丑" …………………………………… 589
〔45〕"脱""褪"与"腾" ……………………………… 591
〔46〕摸文和抓阄儿 …………………………………… 593
〔47〕刺鼓老人儿一色 ………………………………… 594
〔48〕唾水八淡冇喝功 ………………………………… 595
〔49〕坐有坐相,倚有倚相 …………………………… 596
〔50〕"糖金樱"与"杏仁" …………………………… 597

007

〔51〕"嫌憎"与"嫌疑人" ……………………………598

〔52〕"划"与"画" ……………………………………599

〔53〕蝉街？禅街？泉街？ ………………………600

〔54〕正月正月慢 ……………………………………603

〔55〕猪未刮，头先刮 ………………………………604

〔56〕肚打筲，嘴挂钩 ………………………………605

〔57〕老安揹着一世爽 ………………………………606

〔58〕九山水龙会，大憎趁头个 ……………………607

〔59〕姆姆，打玟杯 …………………………………610

〔60〕人生几何的"几"该怎么读？ ………………611

〔61〕口本话，温州话 ………………………………612

〔62〕温州话訾那读？ ………………………………613

〔63〕电脑里怎样找字 ………………………………617

第十五章 用温州话吟诵唐诗宋词

第一节 古汉语的活化石 ……………………………620

第二节 吟唱文化的特质 ……………………………622

第十六章 温州地名文化解读

第一节 地名的历史印记 ……………………………631

第二节 地名与传统建筑 ……………………………634

第三节 地名与宗教文化 ……………………………637

第四节 地名与社会心态 ……………………………640

第五节 地名与方言文化 ……………………………642

第十七章 温州话的探索和传承

第一节 前人对温州话的整理 …………… 646

第二节 今人对温州话的研究 …………… 655

第三节 温州话的前瞻和展望 …………… 655

参考文献 …………………………………… 660

后　记 ……………………………………… 664

第一章 温州话概述

第一节 温州话的来历

温州有古老的历史文化，西汉初年越王勾践的子孙就曾在这里建立东瓯国，受封东瓯王。东汉时温州属会稽郡，三国时是东吴的主要开发区。东晋、南朝时，中原名门望族不断南下，郭璞曾在这里"为卜郡城"，王羲之曾在这里"临池作书"，谢灵运、裴松之等先后在这里出任太守。北人南下不断促进了温州经济文化的发展，也使中原汉语在当地产生了深刻的影响。今天的温州话和中原汉语一脉相承，成为吴语重要的一支，是有其历史渊源的。

温州在秦汉以前为瓯越地，属百越的一支，主体民族为百越人。

古代越国世居者为百越之一的於越，而吴国人号称与周同为华族。据传说，吴国人来自中原，王族可能会说华语，但经与越族数百年相处之后，能否在日常说话中将华语保留下来，已很难断定。古代吴越两国的主体疆域东濒大海，西至鄱阳湖，在今上海、江苏、浙江一带，另包括皖南及赣东北地区。

文献记载与语言材料表明，古越语通行于春秋时的吴越两国，跟北面的齐国不能通话，与西边的楚国也不同语。齐楚两国说的是汉语（华语），吴越两国说的不是汉语。古越语属于侗台语，与今日侗语、水语、壮语、傣语、黎语及泰国泰语、越南京语、缅甸掸语等同源,为兄弟语。

最为明显的佐证是定语后置于名词,如"腰身""闹热""菜咸""笋干""饭焦""豆腐软""鱼生""菜头生""楼阁""酒汗""板砟""膀蹄""头衔""鞋套""墙围"等;副词后置于动词,如"吃添""走好"等;副词后置于形容词,如"红显""苦倒"等。

在词汇方面,古越语有许多基本词汇跟今泰、傣、壮、侗语相同,也有一些跟京语相同。例如:櫜 pə^{33},柚子,同侗语。雾 mø^{11},同水语。挮 lai^{34},轻轻抚摩;讃 kaŋ^{42},辱骂,同泰语。迫 pa^{323},鞋隔褙;咄 tai^{323},鸟啄物;亦 ji^{212},又,也;埕 dzəŋ^{31},酒瓮、酒坛,同壮语、侗语。念头 ȵi^{11}dəu^{31},上瘾;㲾 ȵiɛ^{11},勉力支撑,同越南语。

又如温州人将傻、蠢、不明事理说成憨 hø^{33},音蚶,"个人全憨嘅"。也可与名词连用,如"憨猪"。壮、侗语也有近似的音义,这可能是古百越语残留的底层。

语音方面,在壮、侗语族语言中,先喉塞声母是最常见的声母,而在浙南,古帮母和端母有好些地方也念成先喉塞音,如"疤""带"等,这是典型的古吴越语的遗留。

吴越地区在春秋时为吴国、越国领地,后吴为越并,语言并无变化。公元前3世纪,楚国灭越,派春申君治吴越,加强对吴越之地的统治,吴越之地被列为三楚之一的东楚。楚治吴越始于公元前249年,直到秦统一全国后,楚人在吴越之地仍有强大的势力和影响。

东楚方言与古吴越语相融合,形成一种有地方色彩的汉语江东方言。王充在《论衡·自纪》中描述建武十年(34)他八岁就学时,"书馆小幢百人以上",说明东汉初会稽教育已很发达,居民相当稠密。尤其在东吴、西晋期间，郡县屡屡分析增置，说明人口在不断增加，方言区域在不断扩展，这表明楚人给吴越地区带来了最初的华夏语影响。从此，汉语以楚方言的形式大量进入吴越。

上古南方汉语只有楚语，原来不说汉语的吴越江南各地最初也是被楚国收服的，原始吴语也应是楚语分化的。

扬雄在《方言》中曾对各地方言进行对比，值得注意的是，吴语中有十八九条词如"晓""惮""过""篷""嬉""牡狗""篓"等都见于楚语，可见楚语在吴语尤其在南吴语的形成中应起过重要作用。吴语的形成除结合古越语底层外，汉语方面可能由楚语和中原话两源融合而成（中原话主要来自晋室南迁），怪不得中原人说吴人"音楚"。唐《慧琳音义》合称"吴楚之音"。

温州话中至今还保留着南楚沅湘方言，如"惮 da^{11}（发怒）""过 vu^{11}（染病）""瓯 $p'a^4$（抛弃）""嬉 $s\gamma^{33}$（游玩）""訾那 $ts\gamma^{33}na^{212}$（怎么样）""烂污 $la^{11}vu^1$（不修边幅，工作不认真）""晒谷壇""吃吃嬉嬉眙眙戏""牛拔过眙不着""虱爬过密密掐"等最具温州方言特色的词都见于楚语。这正反映了楚并越后对吴越地区的影响，这以后形成的江东方言，更是吴语的直接祖先。温州话中的较古老词语，大多可以追溯到这两个来源。江东方言是温州话中前、中古层次（白读系统）的主要来源。

两晋时期著名文学家、训诂学家郭璞（276—324）为《尔雅》《方言》《山海经》《穆天子传》《楚辞》作注，不时征引当时江东方言，从而为早期吴语留下了一份可贵的记录。他的江东、江南方言词与今温州话相合的也有十余条，如"陧"

"瓯""炀""浦"等。

著名学者颜之推（531—约590）在《音辞篇》中还指出："北人以庶为戍，以如为儒。"这指的是鱼、虞二韵之别，表明北人鱼、虞相混而南人不混。南宋山阴人陆游《老学庵笔记》卷六："吴人讹鱼字，则一韵皆开口。"今温州话中，鱼韵字文读合口呼 y，白读开口呼 ei，齿音则只读开口呼。如许（那）hei、去 kei、渠 gei、猪 tsei、苎 dzei、箸 dzei、蛆 ts'ei、徐 zei、絮 sei、鼠 ts'ei 等。

江东方言在六朝时称为吴语，但性质跟今吴语不同，它应是吴语、江淮话、闽语、徽语的共同祖语。江淮话显然是后代吴语官话化的产物，而闽语则保留更多的六朝吴语的特色。

当时江东方言与今吴、闽二语都有关系。今吴、闽二语分化成这样巨大差异，一是因为当时在双重语制下有两种吴语，太湖周围的吴语受官话同化而成今吴语，再向南扩展，而古吴语则保留在浙南山区，更远的进一步分化为闽语、徽语；二是今闽语受到带有古南方官话性质的客赣语从西而来的影响，进一步转化、向客赣语靠近，从而引起了吴闽方言的分化。

一、秦汉开拓

秦始皇二十六年（前221）分全国为36郡，于吴越地东置会稽郡，西置鄣郡。汉初曾一度合并，后又改会稽为吴郡，改鄣郡为丹阳郡。至东汉又分置会稽、吴郡。秦汉置郡设官驻兵，标志着汉人对吴越地区进入正式开拓阶段。

吴语方言应是以此等地方为中心发展起来的，但当时越族力量还很强，浙南、福建一直还是越人天下。汉武帝虽然诏命徙瓯越、东越、闽越于江淮，但不过迁走了三越的王族、军队主力与豪强，广大散居的、没有被汉化的越人退入山区成为山越，他们后来又重出故地，形成了回浦（温州）、冶（建安）、东冶（福州）三县。直至三国时，在许靖致曹操书中，还叙说自己从会稽"浮涉沧海，南至交州。经历东瓯、闽、越之国，行经万里，不见汉地"（《三国志·蜀书·许靖传》），说明那时浙南、福建还没有被真正完全控制。无怪乎西汉末扬雄所记吴越方言词主要还是侗台语词汇了，这说明后来的吴语方言的形成经历了一段很长的时间。

二、东晋南迁

永嘉之乱，晋室南迁，金陵成为六朝政治文化中心，大量汉族移民南下。据不完全统计，渡江南下的士族和百姓多达一百万人以上。东晋南朝设立侨州以安置南迁的汉人，侨郡、侨县就更多了。这些侨郡、侨县大部分都集中在当时的首都建康府至京口一线。据《晋书·地理志》统计，这一带的侨郡、侨县有二十多个，以山东、徐淮一带来的人最多。

南下汉人带来的北方话和江南原有的吴语差异很大，以至于影响到当时的政治生活。据《世说新语》记载，北来的士族之间必须说洛阳话。东晋的宰相王导为了联络南方士族，常常说吴语，北方的士族耻笑说，王导没有什么特长，只不过会说吴语罢了。这一方面说明北方的士族倨傲自恃，另一方面说明东晋王朝初年，建康一带两大方言的冲突非常明显，曾经有过激烈的竞争，竞争的结果当然是以王室和众多的北方人的方言取胜。

在西晋末年以前，江南是清一色的吴语区。但在东晋以后，长江南方逐渐形成了江东方言，是现代吴语、江淮官话、闽语、徽语的祖语。

三、宋室南渡

宋室南渡，更使首都临安（今杭州）的吴语带上官话色彩，杭人说的就是宋代由汴京中原官话渗入吴语而形成的独特的杭州吴语。由于政治变迁，在江浙一带造成两方面影响：一是汉人人口大量增加，他们努力学习土话，增强了当地汉语方言对非汉的同化力量；二是中原南迁人士大量聚集于新都城，又使都城一带形成双重语言制，即士族说官话，庶民操吴语。但是，尽管北来雅音官话的力量很强，远离京都而发展较慢的南吴语则仍保持较多的古老特征。我们不能肯定，这种变化主要是东晋，还是晚唐南宋的移民造成的，也许是几次移民积累而成的。

中国大规模的几次从北向南的移民高潮都发生在唐宋。中原方言留下了中古层次即文读系统。浙北地区受北来雅音官话的影响形成北吴语（以苏州话为代表）；而南吴语（以温州话为代表）则仍保持较多的古老特征。在现今的汉语方言中，吴语的地位仅次于官话，居第二位，是我国东部沿海经济发达地区的方言用语。

南宋时期，吴语的分布地域比现在要广一些，大致包括今浙江省全部，上海市全部，苏南（除宁镇地区外），苏北的通州、海门，江西的婺源、玉山、上饶、永丰，福建的浦城。

吴、闽两语都从古代的江东方言分化而出。后来，北部吴语在北方话的影响下与闽语之间的差异变得越来越大。温州地处吴语区的最南端，且与闽语区接壤，故温州话中保留了较多与闽语相同的特征，但总体上还是跟着吴语地区一道发展为现代吴语，这是因为温州从东汉开始属会稽，东吴属临海，公元323年才分置永嘉独立建郡。在很长的一段时间内，温州都受会稽郡(郡治在今绍兴一带)的行政管辖。

当闽语与吴语分别独立时,吴语才算真正形成独立方言。那么吴语从江东方言中独立出来,则应在南朝以降。吴语形成的下限应该至少不晚于唐,而其祖语上限可以追溯到汉以至东楚时代。

战乱可造成方言迁徙,安定则可使方言巩固。材料表明,我国各个大方言在唐代都已形成,唐时国家安定兴盛,则吴语自然也形成而巩固了。

温州方言在南宋时已经很有特色了,这从南戏的早期作品《张协状元》可见一斑。宋末永嘉戴侗《六书故》大量采录家乡的温州方言俗语、俗字、俗音,充分表明当时的温州话已很接近今语。

第二节 温州话的演绎

近年来中国人类基因调查表明,汉族南方居民的基因更接近于南方的少数民族,而与北方汉族居民明显不同。这说明南方汉族居民的主体来自古代南方的非汉族居民。如果对史书的记载作深一层的分析,我们也可以得到同样的结论。

古代东南地区居民,文献上通称百越,有於越、瓯越、闽越、东越、扬越、南越、骆越等。这些民族的人数并不像人们认为的那么少。史载吴王濞造反的时候,东瓯曾派军队到丹徒配合作战,兵力达万余人,东瓯国决不会把全国的兵力都派去帮刘濞作战,这万余人只不过是全国兵力的一部分。建元三年(前138),闽越发兵围东瓯,东瓯虽然不支,但是也相持到汉军到来,说明东瓯的兵力即使没有闽越那么多,但是与闽越的数十万相比不会差得太大。如此推测,东瓯国也可能有近百万人口。

东瓯、东越、闽越三国后来都被汉武帝内迁,但是被内迁的只是王国的君臣、军队及王畿居民,实际上仍有大量的遁逃遗民,史称山越。一直到东汉,这些地区的越族势力仍然相当强大,汉王朝在东瓯、东越、闽越三王故都全都建立了军事据点,还派骠骑将军大肆镇压。到三国的时候,内陆仍是越人的势力范围,东南各地还是百越人的居住区。

一、中国文化中心南移的史实

中国早期文明虽以北方为主,但中国文化视北方为正宗的看法是不全面的。因为自西晋末年八王之乱之后,北方文化事业屡遭战乱破坏,大量知识分子因避战乱南迁,中国文化中心就开始逐渐南移。

据史载,"衣冠南渡"以后,80％的北人移居南方,剩下20％的北人与大批涌入的胡人杂居。经过这番民族大迁徙,南北人的结构发生很大变化。大致是:南人为汉人,包括原来的南人与北人;北人为胡人,掺杂少数残留的原北方汉人。原先的北人到了南方,渐渐融入南方,成为真正的南人。而残留北方与胡人杂居的少数北人,又在不断汉化轮番入侵的胡人。

到了南北朝,南人称北人为索虏,北人则称南人为岛夷。北方的索虏们经过汉化,终于脱胎换骨成为汉人,征服了南方的岛夷,建立统一的隋唐王朝。

安史之乱及黄巢之乱,又有大批北人逃亡南方。此次南迁虽不比衣冠南渡,却也动静可观。北方再次由外来民族建立多个王朝,但最后仍由北人逐个征服南方诸国,建立宋朝。

宋代也有大量北人移居南方,至北宋灭亡之际,这一民族迁徙达到高潮，从而使南人北人的比例成了大逆转。汉时北人与南人之比为8:2。南宋时则反过来为2:8。可以认为，传统中国的北方已经完成民族大换血。自夏商周、春秋战国、秦汉以来活跃在中原历史舞台的中国人，基本上换成了一批一批来自更北方的外族人。

这一大换血，至元末历时一千多年。加入中国的外来民族是分期分批来的，无论出自什么原因，都是入境随俗，被分期分批地汉化成北方汉人。他们原来的民族几乎都已消失。而此时的南人，也不再是纯粹的汉人，因为逐次迁来的北人中，可能已带有胡人的血统，甚至本身就是被汉化的胡人。正由于是分期分批，所以换掉的只是血缘，民族文化却被传承下来。当然，汉化从来都不是单向的，胡人文化也极大地影响了汉人文化。如果没有唐及北宋这两大统一王朝的融合，南北间的文化分离会更加大。

一般认为，大约在唐宋年间，北方方言形成并逐渐为汉人接受，成为汉语内部较为一致、相互之间基本能听懂的一大方言；南方方言则不一样，吴、湘、粤、闽、客家之间，基本上相互听不懂。

今天青年人中的大多数对于汉族的血统构成以及汉语的流变过程的认识相当片面。他们普遍认为，长城以南的中国人绝大多数世代居住在固定的地方，也未曾发生民族融合的事件；即使有，也只是汉族同化了四周的少数民族，而被同化者谦虚地接受了汉族的文化。尤其是语言，几千年来并未发生过骨子里的大变化。总之，汉族一直是汉族，汉语一直是汉语，今天的北方话是上古华夏雅言的正宗嫡裔。对于古汉语和现代北方话之间的差异，他们认为这是由于语言在历史变化中的自动刷新、替换所致，仅仅是汉语内部的新陈代谢。

但是，境内外各种关于汉语发展史的研究论著一致指出，汉语语音在宋元易代前后发生过一次重大而影响深远的变化。

北方原金朝统治区内的主流语言较之北宋时的官方语言产生了很大的差异，入声在北方从此消亡，儿化音发展成熟。这种新兴的语音成为一个新的语种——官话。随着元灭南宋统一中国，官话方言漫过宋金边界向长江流域及以南地区扩展传播，进入南方汉语的使用地区，与它们交叉折中，形成西南官话和江淮官话这两种分支，并凭借政治优势，深刻地影响了吴、湘、粤、赣、客、闽等南方汉语的语音、词汇和语法，从而形成了今天中国汉语语种地理的基本格局。

后来，元朝统治者将汉人与南人定性为两个不同民族。当时汉人讲汉语，即讲有卷舌音而没有入声的北方话；南人讲南语，即有入声而无卷舌音的南方话。此种语言状况，一直延续到了21世纪。今天的南方人，讲不好普通话的最大障碍，还是一个老问题：不会卷舌音，其次是前后鼻音分不清楚。

明代先后以朱元璋故里的江淮官话和北平地区的华北官话作为官方语言；清代进一步胡化了华北官话的语音，大量清洗官话中的古汉语词汇，最终奠定了今天的北方汉语以及日后的普通话的基础。

辛亥革命以后，很多人认识到统一的官方用语的重要作用，于是以原大清帝国首都的北京话为基础，去掉一些土话，并加进少许其他地方的用语。这种统一的书面化口语，最终在官话占绝对优势的北洋政府时期的首都，趁着五四反帝运动的社会激动情绪，击溃了与南方汉语有着血脉联系的古代汉语。南方汉语也因落后、不合潮流而沦为弃儿，成为革命的对象。

北方方言与其他六大方言的最大差异，是缺少入声，其次是有卷舌音、儿化音。汉人语言至少在五胡乱华之前应该是没有北方方言的。唐以前的文献中,也基本不见卷舌音与儿化音。

南方汉语基本上保持了历代南迁汉人带来的古汉语传统,保留了大量的古汉语词汇和一部分古代语法,是研究中国古代文化和追溯古典人文传统的重要资料。南方汉语内部的巨大差异,源于北人南迁的批次差异以及受官话影响的程度差异。

二、从百越语到今吴语的嬗变

百越人说的是百越语,即侗台语。温州人的祖先是百越人,温州话后来怎么会演化成为汉语南方方言的一支——南吴语呢?

我们不妨来想象一下发生在古代东南的语言接触情景。这里居住着非汉族居民——百越人,他们很早就与北方来的汉族发生接触,小股的汉人也开始移居江南一些地方。百越族要学习汉族先进的文化技术,必须学习汉语,但是他们学会使用的汉语与中原地区的汉语相当不同,带有当地语言的许多特点,我们只要观察一下现在广东人学普通话的情况就会明白其中的道理。人们在学习另一种语言的时候,总是带有很大的惰性,如果不会造成交际上的麻烦,能沿用本族语言的地方,就尽可能不会去改动。广东人没有卷舌音,碰到普通话读卷舌音的地方就用广东话的舌叶音来代替。古代百越人语法体系中,修饰成分在中心词之后,他们学汉语的时候,把中原地区的"客人"按照自己语言的语法习惯说成"人客",因为语素相同,汉人也能听懂……

于是,在百越社会中相当长的时间里出现了双语现象,百越人本族互相之间说百越语,与汉人打交道时说汉语。这种混合语式的非纯正汉语,在语音、语序上都留有百越的特征,也夹杂着一些百越语词。

随着汉语的影响越来越大,这种混合语式的汉语中百越成分越来越少。此外,长期的双语现象,使百越语自身也吸收越来越多的汉语成分,百越语与混合语式汉语之间的差别越来越小,汉语的语词正是通过双语制进入到这些民族语中。随着时间的推移,这些民族语中的汉语借词越来越多,汉语的成分越来越多,最后双语就成了汉语的一种方言,而且这种方言与中原地区越来越接近,核心词汇中相同的成分也随着时间的推移有所增加。

所以,由此而形成的汉语方言中,除了文化词来自汉语以外,出现频率最高的核心词也必定来自汉语,否则他们就无法用这种语言与汉人交谈。但是,会有相当一部分使用频率并不太高的基本词从他们本民族的语言中被保留下来,每当与汉人交谈时,不使用这些语词也不会造成太大的障碍。现代汉语的南方方言正是这种情况。在南方汉语方言中,多多少少可以找到一些词,如:臭虫→茭虱,田野→垟,它们的读音与侗台语很像,但是在汉语的古文献中找不到来源。这些词都不是文化词,也不是核心词,但都是口语中常常用到的基本词。对于这种词汇面貌,有两种解释。一种解释认为北方汉人迁到南方以后,他们的语言取代了南方的百越语,但是也向百越语借用了如"茭虱""垟"等词语。但是,汉人借用百越语词总是有其原因的,比如"柚子",温州话说 pə^{33},这可能就是一个百越的底层词。北方没有柚子,汉人到了百越人居住的地方,看到这种水果,但不知道这种水果叫什么名称,于是就袭用了当地百越人的说法。另一种解释,百越人为了学习汉人的文化技术,必须向汉人学习汉语,用一种近似的汉语与汉人交谈，这种特殊的汉语后来就形成了汉语方言。他们与汉人交谈的时候不可能没有"你""我""他""一""二""三""太阳""头""手""吃"，但是可以说上一个上午的话不出现"苂虱""垟"等词。

"垟"这个词在农村中实在是太重要了，浙江南部的广大农村，农民们整天说"到垟里去""从垟里来"，"垟"就是田野的意思，在温州，有许多地名中带有"垟"字，如"翁垟""林垟"等。有人考证此字可能是古代百越语的遗留，音同傣语。但是他们同城里人说话的时候，很少会提到"垟"这个词。当年百越人与汉人交往也是如此，他们不必改变"垟"的百越语说法，也照样能与汉人交谈。这就是百越底层词"垟"能够几千年保持不变的原因。

我们还应该注意到另一个特点：南方方言中一大批基本词与北方方言是不一样的。一个民族采用其他民族语言的时候，到底哪些基本词会保留本民族语的形式，是一个很值得研究的问题。比如，为什么单音节动词比名词会更多地保留原来形式？有人认为动词是句子的核心，它们与许多成分发生关系，而名词就没有那么多的关系。潘悟云教授则认为，名词是单身汉，容易调动，动词则拖儿带女，挪动不容易。

先秦时代的百越民族，没能像中原那样，由华夏诸族相互融合成纯正的中原汉族，反而更加分裂，成为相互间连语言都无法顺利沟通的几个族系，沿袭至今。

反观北方，总是处在融汇、统合、包容之中。那些进入中原的外来民族，都无一例外地被汉化：匈奴、氐、羌、鲜卑、突厥、契丹、女真、蒙古、色目、满洲，以及带有欧洲人种特征的罗马人，甚至包括世界上最难被同化的犹太人，他们也在中国北方融入了汉族，留在那里的纯正的汉人已经稀少到几近于无。而南方，保留了中国最大的少数民族群，几千年都没有太大的改变，即使是身为汉族的大部分南人都未能彻底汉化，包括能说好方言八声却说不好普通话四声的温州人，普通话讲得还不如北方的满族人、回族人，甚至不如与汉人混居的蒙古族人、藏族人。

这就是温州话大致的演化史。

第三节　温州话与吴语的异同

温州方言的属系问题有两说：一为闽语说；一为吴语说。最早用现代科学方法调查研究温州话的是我国现代方言学的奠基人之一赵元任。他在1928年所著的《现代吴语的研究》一书中，第一次把温州方言归属于吴语系。如果从方言词汇、语法等方面的基本特点来观察，温州方言属于吴语系应该是毋庸置疑的。但也有人认为，温州地处浙江南部，靠近福建，福建人历代迁徙甚多，在语词语法成分上受到闽语的一些影响。但是闽、温语言差距很大，在温州地区，说闽语的人口虽有百万之众，但温州市区的人几乎一句也听不懂闽语。

吴语是汉语历史最为悠久的方言，其祖语可以追溯到春秋时期的吴越两国上层人士习用的汉语方言。现代的吴语，仍然保存着一些在多数现代汉语方言中已经消失的古汉语特点。

吴语主要分布在长江以南地区，行政区划上基本属于江、浙（包括上海）两省，因而又称江南话、江浙话。而习惯上称为吴语，则是因为吴语是从三吴（现苏州、湖州、绍兴）地区为中心的太湖流域、宁绍平原发展起来的。需要注意的是，吴语不是指吴国的语言，因为春秋时期的吴国除了上层人士，百姓讲的是侗台语而不是汉语,三国的吴国则包括了东南各大方言区。

吴语在使用人数上是汉语第二大方言,不过分布地域并不是很广阔,江苏长江以南除南京、镇江(丹阳、高淳仍是吴语)外的地区,长江以北之靖江、海门、启东、通州地区,上海市,江西上饶,福建浦城北部,及浙江除淳安、建德、苍南、平阳外的地区基本都讲吴语。皖南北部的铜陵、太平地区讲吴语宣州话。吴语分布的总面积约 13.75 万平方千米。作为一种 7500 万人使用的语言,和世界上多数语言一样,吴语内部也存在着分歧,一般将吴语分成六个片(次方言):太湖片、宣州片、台州片、婺州片、处衢片和东瓯片。

官话在历史上曾对吴语产生了巨大影响,永嘉南渡直接导致了江淮地区的吴语官话化而成为江淮官话。

温州话和吴语有许多相似之处。如吴语里"东""通""同"三个字声母不同:"东"的声母不带音(发音时声带不颤动)不送气,"通"的声母不带音但送气,"同"的声母带音但不送气,温州话也是这样。又如吴语里"哥"和"姑"、"打"和"冷"的韵母相同,温州话也一样。

温州话也有不少和吴语不同的地方,如:"猪"和"珠"、"煮"和"志"、"帽"和"貌"、"报"和"豹"等字,温州话不同音,而上海、苏州等地的吴语同音。又如"本""分""真""深""心""陈""棍""灯""能""金""琴""宁""镜""轻""英""赢""影"等字韵母的主要元音,温州话读开口度大的 a 元音,而上海、苏州等地的吴语读开口度较小的 æ 元音或开口度更小的 i 元音。再如"缸""港""糠""讲""巷""黄""旺"等字韵母的主要元音,温州话读舌位靠后的 uɔ 或 o,不带鼻尾音,也不读成鼻音,而上海、苏州等地的吴语则带鼻尾音或读成鼻音。此外,温州话声调为四声八调系统，平上去入各依声母清浊分阴阳，入声韵不带喉塞尾，形成四声一贯，这与上海、苏州等地的吴语也有所不同。

但是，温州话毕竟属于吴语区，所以有很多类同的地方，例如：包子→馒头，布料→料作，东西→物事，房檩→桁条，花招→花头，家具→家生，窟窿→洞眼，提包→拎包，碗橱→厼橱，羡慕→眼热，竹片→竹爿，左手→济手，穿衣服→着衣裳……

第四节　温州话与闽语的异同

通行在温州地区南部的闽语，亦称浙南闽语，当地人多称之为福建话，它属于闽语的闽南话系统。浙南闽语不仅具有福建闽南话的一般通性，还有一个共同特点，就是有复杂的文白异读。有许多字读书时是一个音，说话时是另一个音。文读音受官话的影响接近北京音，白读音是本地原来的音。两种音各成系统，互相对应。福建闽南话是这样，浙南闽语也一样。

浙南闽语也有与福建闽南话不同的地方，语音上主要表现在两个方面：一是福建闽南话还保留入声，而浙南闽语入声已经消失。二是福建闽南话辅音韵尾有三套，分别读 m、n、ŋ 尾，互有区别。而在浙南闽语里，则成了完全同音字。除了语音外，词汇和语法上也有不同之处，如福建闽南话表示形容词程度常用后缀重叠式，形容"红"就说"红炎炎""红炎炎炎"等，重叠越多，程度越高。这在浙南闽语里已很少用，而改用"红显""红显红""红显红红显红"一类说法，这显然是受了温州话的影响。

以温州城区为中心的温州话，虽然归属于南吴语区，但由于温州靠近福建,加之历代有大量福建移民进入温州地区休养生息,因而温州话受福建话的影响也很深。

江南沿海百越之地在历代的开发中,浙南的东瓯、福建的闽越是最晚汉化的地区。温州从东汉开始属会稽,公元323年才独立建郡。汉代的东越、闽越两国,国除后设回浦县、冶县,长期受会稽的行政管辖,后才分立。闽地除晋时归江州外,多与江浙同为江东吴地之一部分。瓯、闽最初的汉语应同出一源。

北方的移民也往往从宁绍一带沿海南下。所以,温州话比起其他吴语来,虽然带有更多的闽语特征,但总体上,它还是跟着吴语地区一道发展为现代吴语,而不是现代的闽语。尽管五代间因闽人王曦之乱曾使闽人大量迁入温州地区,但没有影响温州方言成为闽语,这说明当时温州话已很巩固。

闽语与吴语现在面貌很不相同,历史上却都是从古江东方言分化而来。只是北部吴语后来深受北方官话影响,与闽语之间的差异变得越来越大。而闽语却受相邻的赣、粤语影响,从而发展成不同方言。温州地处吴语最南端,且与闽语接壤,受北方话的影响较小,因为北方话的影响是从北向南的,南部吴语总是比北部吴语保留更多的古江东方言,从而保留了较多与闽语相同的特征,这些特征都非常古老。

现在浙南吴语与闽语语音面貌表面上相差很远,但有些音类隐含着共同的变化过程,又有些音类虽变化有异,却有部分字变化相同,由此可以看出两种方言有着深层次的联系。

例如温州话和福建话如出一辙:挂→钩,宽→阔,亮→光,湿→澹,太→忒,舐→舐,挑→担,玩→嬉,小→细,窄→狭,炊帚→筅帚,蛋黄→卵黄,儿媳→新妇,工具→行头,红薯→番薯,家具→间底,结束→煞尾,垃圾→粪扫,萝卜→菜头,陌生→生分,年青→后生,鸟巢→鸟窠,起床→爬起,勤劳→肯做,去年→旧年,确实→当真,热水→汤,闪电→烁雷,上面→上爿,省俭→做人家,收拾残骸→挾骨,梳子→头梳,舒服→好过,蚊子→蚊虫,无耻→皮厚,蟑螂→胶蚉,蒸饭→炊饭……

闽语远指说"许",近指说"该"。温州话与之相同。

温州话的倒序词像"饭焦""鞋拖""凤飚""人客"等不仅等同于闽语,而且倒序词蕴积更厚于闽语。

语法上温州话跟闽语一样,也有发达的"有字句"。如:"店黄昏有开搭。""昨夜你有睏冇睏?"

其量词可单独与名词结合表近指、特指,如:"只鸡""头牛""本书"。量词可以加形容词,如:"小粒""大粒""一长条""一大个"。

又可用"死人""棺材"等作极度副词表"非常",用来修饰形容词。注意温州话用来表示非常的词除"死人""棺材"外还有"麋糟""瞙瞪""短命"等,比闽语更多。说明这类层次的蕴积同样比闽语更早更厚。

比较式说"牛大似猪""你好似渠"。副词后置格式如"吃碗添""你走先"。这类在浙南和闽南都很普遍。

拿一本书,温州话说"书担一本";你告诉他,温州话说"你伉渠讲"或"你匄渠讲";找不到他,温州话说"寻渠不着"。这类句型也同闽语。

大量语言事实表明,闽语与吴语曾有共同发生的关系。有时有些表面不同,仅是记字的差异所致。

第五节　温州方言的分布

温州地处我国吴语方言区与闽语方言区的交界地带，温州方言种类之多，差异之大，可谓全国之最。在面积仅1.18万平方千米的温州市行政区域内，互相听不懂的语言多达12种，即瓯语、闽南话、闽东话、蛮话、畲客话、大荆话、黄南话、南田话、罗阳话、莒江话、金乡话、汀州话。在这12种方言中，瓯语是分布面积最大、使用人口最多的核心语言。它分布在全市所有的11个县市区，其中龙湾、瓯海两区全部，鹿城区（除藤桥镇岙底乡外），洞头区北部，永嘉县（除北部少数村庄），乐清市（除清江以北），瑞安市（除少数村庄及海岛），平阳县的东部和西南隅，苍南县只有宜山、沪山、龙港、蒲城等少数地区，文成县有将近一半地方，泰顺县仅百丈镇。此外，还有青田的温溪、万山，玉环的坎门、陈岙、李岙、大陈等。浙北的长兴、苏南的宜兴都有温州地区的移民。

瓯语内部一致性很强，但地区差异性也很大，包括语音差异和词汇差异，可谓三里不同调，十里不同音。

根据咸摄、山摄字的不同读音，瓯语可以分为南北两区。南北两区的分界线大致可以划在瓯海与瑞安之间。北区瓯语包括鹿城话、瓯海话、永强话、永嘉话、乐清话；南区瓯语包括瑞安话、文成话、平阳温州话、苍南温州话。

更细一点，瓯语可分为23种不同的方言，即温州话可分为鹿城话、瓯海话、永强话三种，永嘉话可分为江北话、西溪话、楠溪话三种，乐清话可分为柳市话、乐成话、虹桥话、芙蓉话四种，瑞安话可分为城区话、陶山话、高楼话三种，文成话可分为大峃话、玉壶话、珊溪话、顺溪话、百丈口话五种，平阳瓯语可分为万全话、昆阳话、鳌江话三种,苍南瓯语可分为宜山话、蒲城话两种。

  温州城区话是指鹿城古城内的温州话,是温州市影响最大的核心语言,是温州话的代表音,被称为正宗的温州话,本书所介绍的仅仅限于此话。随着普通话的推广和城市化的发展,地道的温州城区话正受到普通话的冲击,其语音明显发生变异,如电视的"视 shì",原本读阳去声,由于普通话的影响,现在多数人都读作阳平声,即 $z_1^{11} \rightarrow z_1^{31}$。

  温州话是汉语最难懂的方言,与普通话的相似度只有39.4%,位居汉语所有方言的末位。但温州话是非常有魅力的语言,特别是温州话具有其他方言无与伦比的词汇量,它的表达性和修辞性的精彩程度远远超过了普通话和汉语所有的方言。2013 年初,中国国际广播电台正式确定温州话为第 61 种对国际传播的语种。温州话的区别性特点是:

  (1)普通话和闽语没有浊音声母,温州话音节的声母保留浊音,而且浊音声母多达 11 个。温州话清浊搭配,婉然动听。

  (2)普通话中最令人讨厌的是卷舌音,这种音如同俄语中的 P 音卷舌且抖动,温州话没有卷舌音,讲话时,舌头始终是平直的。

  (3)普通话有为数众多的韵尾鼻音,温州话中出现了大量韵尾鼻音脱落现象,舒声字不带鼻音尾,入声字不带喉塞尾。

  (4)普通话只有四个声调,温州话保留古入声系统,声调有八个调类,按古音平、上、去、入分类,清音声母为阴调类,浊音声母为阳调类。温州话有七类声母,类类清浊分明,声声阴阳并立。声之清浊与调之阴阳互相配对,互不交错,充分体现了温州话的汉语古音遗风。

第二章 温州话语音系统

吴越地区历史上长期是中国的经济、文化中心,吴越文化是中国多元文化的极重要组成部分。温州话作为南吴语的代表方言,不仅是因其地域,更由它的历史和特点决定的。

温州城区是温州市的政治、经济、文化中心,温州话也随之成为全市最具权威性的方言。语言是最重要的交际工具,是文化的载体。语言本身也是一种文化现象。了解温州最好的办法是从了解温州话入手。

尽管温州话在语音、词汇、语法等各方面都有与众不同的特点,但温州话的语音还是有规律的。我们想学温州话,完全可以参照普通话来学。下面我们就来列举一些温州话和普通话语音的对应规律。

从声韵学来讲,温州话属于今音学范畴,普通话属于北音学范畴。我们所说的今音学,指的是中古时期的语音系统,它是相对上古周秦音系而言的。今音主要指隋唐时代的语音,也就是所谓的中古音。北音学则是研究以《中原音韵》为代表的近代北方话语音系统的一门科学,它还处在初发阶段。北音学的研究,关系到现代汉民族共同语——普通话音系的形成和发展等重要问题,在汉语声韵学上占有重要地位。

第一节　温州话声母

根据汉语声韵学原理,一个汉字音节开头的音称为声母。

普通话有 21 个辅音声母,即 b、p、m、f、d、t、n、l、g、k、h、j、q、x、zh、ch、sh、z、c、s、r。

古汉语有 36 个声母,分清音与浊音。发清音时声带不颤动,靠气流冲出或摩擦口腔的某个部位发出声音;而发浊音时,声带是同时颤动的,所以发出的音比清辅音低沉而明显。

温州话的声母系统要比普通话复杂得多。因为温州话比普通话多了一套带音的浊声母 [b]、[d]、[g]、[ɦ]、[z]、[dz]、[j] 和 2 个鼻音声母 [ŋ]、[n̠],而少了 4 个卷舌声母 [tʂ]、[tʂ']、[ʂ]、[er]。

温州话共有 34 个声母,其中:

(1)浊声母 7 个:

[b]、[d]、[g]、[ɦ]、[dʑ]、[z]、[dz]。

(2)次浊声母 8 个:

[m]、[n]、[l]、[ŋ]、[n̠]、[v]、[j]、[ʑ]。

(3)清声母 14 个:

[p]、[p']、[f]、[t]、[t']、[k]、[k']、[h]、[tɕ]、[tɕ']、[ɕ]、[ts]、[ts']、[s]。

(4)紧音声母 5 个:

['l]、['m]、['n]、['n̠]、['ŋ]。

根据发音部位,分为 5 组:

(1)唇音组 6 个,包括双唇音与唇齿音:

[p]、[p']、[b]、[m]、[f]、[v]。

(2)舌尖齿组 5 个:

[t]、[t']、[d]、[n]、[l]。

（3）舌根组 6 个，包括一个喉音在内：

[k]、[kʻ]、[g]、[ŋ]、[h]、[ɦ]。

（4）舌面组 7 个：

[tɕ]、[tɕʻ]、[dʑ]、[ȵ]、[ɕ]、[ʑ]、[j]。

（5）舌尖齿龈组 5 个：

[ts]、[tsʻ]、[dz]、[s]、[z]。

温州话声母最主要的特点是跟古汉语一样，保持了浊音和清音声母的分别。温州话中的浊音，不像北吴语中的清音浊流，是真正的浊音。普通话中的 b、d、g、z 则是清音。温州话中所保留的浊声母，其声母发音需要振动声带，如英语的浊辅音 b、d、g、w、z 等。

温州话没有翘舌音声母，因而比普通话少了四个翘舌音声母。

温州话塞音声母比普通话多了一组浊音：[b]、[d]、[g]，塞擦音声母多了两个浊音 [dz]、[dʑ]。擦音声母多了 [v]、[z]、[ʑ] 三个浊音。鼻音声母多了 [ȵ]、[ŋ] 两个浊音。

（一）根据发音清浊，分为 3 组

1. 浊声母 7 个：[b]、[d]、[g]、[ɦ]、[z]、[dz]、[dʑ]。

（1）[b]、[d]、[g]、[dz]、[dʑ]、[z] 是浊塞音和浊塞擦音，有轻微的送气成分。发音时带有不很强的浊气流，是浊音浊流。

（2）[ɦ] 是浊音喉擦音，用在齐齿呼、合口呼、撮口呼韵母之前。

2. 次浊声母 5 个：[m]、[n]、[ȵ]、[ŋ]、[l]、[v]、[ʑ]。

其中 [m]、[n]、[ȵ]、[ŋ] 是鼻音，[l] 是边音。它们有清浊两类读音。读阴调时为清鼻音和清边音，发音时带有紧喉动作。读阳调时带有浊流，即浊界音和浊边音。为简化声母，合为一套标示。

3. 清声母 14 个：[p]、[pʻ]、[f]、[t]、[tʻ]、[k]、[kʻ]、[h]、[tɕ]、[tɕʻ]、[ɕ]、[ts]、[tsʻ]、[s]。

（二）根据发音部位分类

大致可分为 p 系、t 系（[t]、[tʻ]、[d]、[n]、[l]）、ts 系（[ts]、[tsʻ]、[dz]、[s]、[z]）、tɕ 系（[tɕ]、[tɕʻ]、[dʑ]、[ȵ]、[ɕ]、[ʑ]）、k 系等五系。p 系又可分为 p 组（[p]、[pʻ]、[b]、[m]）和 f 组（[f]、[v]），k 系又可分为 k 组（[k]、[kʻ]、[g]、[ŋ]）和 h 组（[h]、[ɦ]）。

温州话声母表

发音方法		双唇音	齿唇音	舌尖前音	舌面前音	舌根音	喉音
塞音	清,不送气	[p] 布		[t] 到		[k] 架	
	清,送气	[pʻ] 怕		[tʻ] 太		[kʻ] 刻	
	浊,不送气	[b] 步		[d] 道		[g] 街	
	浊,送气						
塞擦音	清,不送气			[ts] 知	[tɕ] 贵		
	清,送气			[tsʻ] 次	[tɕʻ] 秋		
	浊,不送气			[dz] 迟	[dʑ] 拳		
	浊,送气						
鼻音	浊	[m] 袜		[n] 南	[ȵ] 严	[ŋ] 牛	
边音	浊			[l] 兰			
擦音	清		[f] 灰	[s] 虚	[ɕ] 休		[h] 海
	浊		[v] 胡	[z] 曹	[ʑ] 舌		[ɦ] 岸
零声母		[ø] 暗约					

温州话和普通话的声母对应关系，简述如下。

1. 在温州话中，平舌音与翘舌音不分，舌尖前元音和舌尖后元音不分，即普通话的翘舌音 zh、ch、sh，温州话都读成平舌音 z、c、s。例如：

子	zǐ → tsʅ⁴⁵	此	cǐ → tsʻʅ⁴⁵	私	sī → sʅ³³
止	zhǐ → tsʅ⁴⁵	吃	chī → tsʻʅ³²³	诗	shī → sʅ³³
三	sān → sa³³	山	shān → sa³³		
促	cù → tsʻəu³²³	楚	chǔ → tsʻəu⁴⁵		
酸	suān → sø³³	闩	shuān → sø³³		

2. 普通话中没有鼻声母,温州话中有两个鼻音。

[ȵ] 是介于前鼻音 [n] 和后鼻音 [ŋ] 之间的中鼻音。普通话读 [n] 声母细音的字和零声母的部分字,温州话读 [ȵ] 声母。如:

| 泥 | ní → ȵi³¹ | 纽 | niǔ → ȵiau³⁴ | 鸟 | niǎo → ȵia³⁴ |
| 忍 | rěn → ȵiaŋ³⁴ | 热 | rè → ȵi²¹² | 肉 | ròu → ȵiəu²¹² |

普通话读零声母的古疑母字,温州话读 [ŋ] 声母。在明代的北方话中,这个后鼻音声母还存在。满人入关后,由于满人发不出 [ŋ] 声母,华北一带方言中的 [ŋ] 全部消失,所以普通话中也就没有了这个鼻音。这个声母也是当今北方人学南方话的一个难点。

| 艾 | ài → ŋe¹¹ | 傲 | ào → ŋə¹¹ |
| 额 | é → ŋa²¹² | 偶 | ǒu → ŋau³⁴ |

3. 由于温州话没有翘舌音声母,普通话读 [ts] 声母的字,温州话有的读 [ts],有的读 [tɕ]。如:"朱""章"普通话都是 zh 声母,温州话"朱"是 [ts] 声母,"章"是 [tɕ] 声母。

知	zhī → tsəʅ³³	政	zhèng → tsəŋ⁴²
朱	zhū → tsʅ³³	众	zhòng → tɕioŋ⁴²
周	zhōu → jeu³³	张	zhāng → tɕi³³

4. 普通话读 [tsʻ] 声母的字,温州话有的读 c,有的读 q。如:"初""昌"普通话都是 ch 声母,温州话"初"是 c 声母,"昌"是 q

声母。

5. 普通话读 [s] 声母的字，温州话有的读 s，如"书"；有的读 x，如"伤"。

6. 普通话的 [er] 声母字，温州话有不同的读音。

温州话读 [ȵ] 声母，此为传统的本地读音，即白读：

绕	rào → ȵiɛ³⁴	认	rèn → ȵiaŋ¹¹	热	rè → ȵi²¹²
染	rǎn → ȵi³⁴	肉	ròu → ȵiəu²¹²	箬	ruò → ȵia²¹²
让	ràng → ȵi¹¹	软	ruǎn → ȵy³⁴		

温州话读 [z] 声母：

人	rén → zaŋ³¹	仁	rén → zaŋ³¹		
日	rì → zai²¹²	入	rù → zai²¹²	锐	ruì → zai¹¹
如	rú → zɿ³¹	蕊	ruǐ → zɿ³¹		
仍	réng → zəŋ³¹	茸	róng → zoŋ³¹		

温州话读 [j] 声母：

柔	róu → jiəu³¹	融	róng → jioŋ³¹	燃	rán → ji³¹

7. 普通话中 er 韵母的字也是古"日"母字，它在温州话中没有读成 [l] 声母。

温州话中一般白读 [ŋ]，如：

耳	ěr → ŋ³⁴	儿	ér → ŋ³¹	二	èr → ŋ¹¹
饿	è → ŋ¹¹	额	é → ŋa²¹²	鄂	è → ŋo²¹²

温州话中也有读 [z]，如：耳 ěr → zɿ³¹；而 ér → zɿ³¹。

8. 在普通话中，舌根音 g 和舌面音 j 是分开的，但在温州话中，两者的声母往往是不分的，都读 [k]。

间	jiān → ka³³	介	jiè → ka⁴²
关	guān → ka³³	怪	guài → ka⁴²
角	jiǎo → ko³²³	各	gè → ko³²³

9. 在普通话中，舌根音 k 和舌面音 q 是分开的，但在温州话中，两者的声母往往是不分的，都读 [k']。

恰	qià → k'a³²³	客	kè → k'a³²³
确	què → k'o³²³	阔	kuò → k'o³²³
敲	qiāo → k'uɔ³³	康	kāng → k'uɔ³³

第二节　温州话韵母

一个汉字中除声母以外的音素都是韵母。

普通话共有 39 个韵母，其中单韵母 10 个，复韵母 13 个，鼻韵母 16 个。

温州话只有 29 个韵母，但和普通话的对应关系较为复杂。

单韵母 10 个：[a]、[ɛ]、[ə]、[e]、[ø]、[o]、[ŋ̍]、[i]、[u]、[y]。

复合韵母 13 个：[ia]、[iɛ]、[uɔ]、[yɔ]、[yo]、[ai]、[iai]、[au]、[iau]、[ei]、[əu]、[iəu]、[øy]。

鼻韵母 5 个：[aŋ]、[iaŋ]、[əŋ]、[oŋ]、[ioŋ]。

自成音节 1 个：[ŋ]。

温州话韵母分布图

类别	开口呼（开）	齐齿呼（齐）	合口呼（合）	撮口呼（撮）
全开	[a]01 爸白反丹间	[ia]02 脚雀着鸟削		
半开	[ɛ]03 彭打冷亨硬	[iɛ]04 标漂苗挑辽		
半开			[uɔ]05 包旁方望当	[yɔ]06 钟窗共床双
半开	[ə]07 宝抱遭曹刀			
半闭	[e]08 得台来开菜			
半闭	[ø]09 半判端团尊			[øy]10 布步赌杜夫
半闭	[o]11 八爬法朵炸			[yo]12 局曲触浊束
全闭	[ŋ̍]13 知机此吹除	[i]14 笔田帘长电	[u]15 部普服哥科	[y]16 专传干贵女
复化元音	[ai]17 北梅拂脆国	[iai]18 吉急泣及乙		
复化元音	[au]19 愁斗偷狗口	[iau]20 九丘舅求游		
复化元音	[ei]21 比皮低地飞			
复化元音	[əu]22 丢初豆留左	[iəu]23 舟抽绸肉酒		
鼻化元音	[aŋ]24 本门灯登分	[iaŋ]25 斤钦近宁因		
鼻化元音	[əŋ]26 兵病丁林民			
鼻化元音	[oŋ]27 崩东动风公	[ioŋ]28 军春倾虫询		
鼻音	[ŋ]29 儿二我吴五			

温州话和普通话的韵母对应关系极为复杂，今简述如下。

1. 在普通话中，前鼻音和后鼻音是要分清楚的，但在温州话中，都合并读成中鼻音。

巾	jīn → tɕiaŋ³³	京	jīng → tɕiaŋ³³
频	pín → bəŋ³¹	平	píng → bəŋ³¹
申	shēn → saŋ³³	声	shēng → səŋ³³
心	xīn → saŋ³³	星	xīng → səŋ³³
门	mén → maŋ³¹	名	míng → məŋ³¹

2. 在普通话中，锺韵与东韵是不分的，其韵母均为 ong。但在温州话中，两者是分开的，东韵的韵母为 oŋ，锺韵的韵母为 yɔ。

虫	chóng → dʑioŋ³¹	重	chóng → dʑyɔ³⁴
终	zhōng → tɕioŋ³³	钟	zhōng → tɕyɔ³³

3. 在普通话中，支韵与脂韵是不分的，其韵母均为 i。但在温州话中，两者是分开的，支韵的韵母为 ei，脂韵的韵母为 ɿ。

支	zhī → tsei³³	脂	zhī → tsɿ³³
池	chí → dzei³¹	迟	chí → dzɿ³¹

4. 在普通话中，豪韵与肴韵是不分的，其韵母均为 ɑo。但在温州话中，两者是分开的，豪韵的韵母为 ə，肴韵的韵母为 uɔ。

骚	sāo → sə³³	稍	shāo → suɔ³³
宝	bǎo → pə⁴⁵	饱	bǎo → puɔ⁴⁵
高	gāo → kə³³	交	jiāo → kuɔ³³

5. 在普通话中，鱼韵与虞韵是不分的，其韵母均为 u。但在温州话中，两者是分开的，鱼韵的韵母为 ei，虞韵的韵母为 ɿ。

猪	zhū → tsei³³	蛛	zhū → tsʅ³³
煮	zhǔ → tsei⁴⁵	主	zhǔ → tsʅ⁴⁵
箸	zhù → dzei¹¹	住	zhù → dzʅ¹¹

6. 在普通话中，覃韵与谈韵是不分的，其韵母均为 an。但在温州话中，两者是分开的，覃韵的韵母为 ø，谈韵的韵母为 a。

贪	tān → t'ø³³	坍	tān → t'a³³
短	duǎn → tø⁴⁵	诞	dàn → ta⁴²
潭	tán → dø³¹	谈	tán → da³¹

7. 在普通话中，山摄开口一二等的唇音与合口的舌根音，其韵母均为 an。但在温州话中，两者是分开的。前者的韵母为 a，后者的韵母分别为 y 或 ø。

开口		合口	
关 guān → ka³³		官 guān → ky³³	
还 huán → va³¹		桓 huán → jy³¹	
攀 pān → p'a³³		潘 pān → p'ø³³	
单 dān → ta³³		短 duǎn → tø⁴⁵	
散 sǎn → sa⁴⁵		酸 suān → sø³³	
难 nán → na³¹		男 nán → nø³¹	

8. 在普通话中，"知、蚩、诗、日、资、雌、思"等 7 个音节的韵母用 i。温州话则用 ʅ 表示，以示和"基、欺、希"的韵母 i 的区别。普通话的"资、雌、斯"和温州话的"资、雌、斯"的唯一区别是，温州话把音稍许延长一些。

9. 温州话 i 韵字，普通话有的也读 i 韵，如"壁 pi³²³"等，但更多的读别的韵，如：

普通话 ang 韵	丈 dzi^{34}、上 ji^{11}、张 tɕi^{33}、昌 tɕ'i^{33}
普通话 an 韵	战 tɕi^{42}、善 ji^{34}、展 tɕi^{45}、扇 ɕi^{42}
普通话 e 韵	舌 ji^{212}、热 ȵi^{212}、哲 tɕi^{323}
普通话 iang 韵	亮 li^{11}、想 ɕi^{45}、良 li^{31}、枪 tɕ'i^{33}
普通话 ian 韵	天 t'i^{33}、连 li^{31}、边 pi^{33}、点 ti^{45}
普通话 ie 韵	灭 mi^{212}
普通话 ye 韵	野 i^{45}、业 ȵi^{212}、夜 ji^{11}

10. 温州话 y 韵字,普通话有的也读 ü 韵,如:拘 tɕy^{33}、愚 ȵy^{31},但多数读别的韵,而且一个韵与普通话十多个韵对应。

普通话 an 韵	柑 ky^{33}、旱 jy^{34}、案 y^{42}、甘 ky^{33}
普通话 e 韵	鸽 ky^{323}、核 jy^{212}、割 ky^{323}
普通话 i 韵	季 tɕy^{42}、役 jy^{212}
普通话 uan 韵	专 tɕy^{33}、欢 ɕy^{33}、官 ky^{33}、川 tɕ'y^{33}
普通话 üan 韵	权 dzy^{31}、选 ɕy^{45}、捐 tɕy^{33}、全 jy^{31}
普通话 uei 韵	龟 tɕy^{33}、葵 dzy^{31}、桂 tɕy^{42}、辉 ɕy^{33}
普通话 üe 韵	绝 jy^{212}、雪 ɕy^{323}、决 tɕy^{323}、月 ȵy^{212}
普通话 un 韵	婚 ɕy^{33}、魂 jy^{31}、昏 ɕy^{33}、温 y^{33}
普通话 u 韵	出 tɕ'y^{323}、骨 ky^{323}、术 jy^{212}

11. 温州话的 a 韵比较复杂,虽然有一部分也读 a 韵,但为数不多,如:插、压、啊、爸、挖、闸。

其中有些字在普通话中是带鼻音韵的:

普通话 an 韵	班 pa^{33}、凡 va^{31}、扮 pa^{42}
普通话 ian 韵	艰 ka^{33}、咸 fia^{31}
普通话 uan 韵	关 ka^{33}、换 va^{11}、湾 ua^{33}、赚 dza^{11}

有的是元音尾韵的:

普通话 ai 韵	排 ba^{31}、埋 ma^{31}、宅 dza^{212}、伯 pa^{323}
普通话 uai 韵	快 k'a^{42}、帅 sa^{42}、太 t'a^{42}

此外,还有:

普通话 e 韵	额 ŋa²¹²、厄 a³²³
普通话 iao 韵	尧 ȵia³¹、鸟 ȵia³⁴、药 jia²¹²、钥 jia²¹²
普通话 ie 韵	虐 ȵia²¹²、捏 ȵia²¹²、卸 ɕia⁴²
普通话 üe 韵	削 ɕia³²³、跃 jia²¹²
普通话 uo 韵	惑 va²¹²、获 va²¹²

12. 温州话有 ai 韵,普通话也有 ɑi 韵,但温州话 ai 韵的字,普通话多数是 ei、ui 韵。

杯	bēi → pai³³	北	běi → pai³²³	梅	méi → mai³¹
翠	cuì → tsʻai⁴²	对	duì → tai⁴²	退	tuì → tʻai⁴²

13. 温州话有 au 韵,普通话也有 au 韵,但温州话 au 韵的字,普通话是 ou 韵。

投	tóu → dau³¹	口	kǒu → kʻau⁴⁵
瓯	ōu → au³³	愁	chóu → zau³¹
牛	niú → ŋau³¹	幼	yòu → iau³³

14. 温州话有 aŋ、iaŋ 韵,普通话也有 aŋ、iaŋ 韵,但温州话的 aŋ、iaŋ 韵字,普通话却不读 aŋ、iaŋ,它们分别有下列几种读法:

普通话 ən 韵	本 paŋ⁴⁵、分 faŋ³³
普通话 əŋ 韵	登 taŋ³³、恁 naŋ²¹²
普通话 in 韵	尽 zaŋ³⁴、心 saŋ³³
普通话 iŋ 韵	敬 tɕiaŋ⁴²、庆 tɕʻiaŋ⁴²
普通话 un 韵	顿 taŋ⁴²、棍 kaŋ⁴²

15. 温州话元音尾韵和鼻音尾韵都比较少,元音尾韵只有 ai、iai、au、iau、əu 等 5 个,如:队 dai¹¹、益 iai³²³、旧 dʑiau¹¹、优 iau³³、初 tsʻəu³³。鼻音尾韵也只有 aŋ、iaŋ、əŋ、oŋ、ioŋ 等 5 个,没有鼻化韵,也没有塞音尾韵。

16. 其他注意事项：

（1）普通话中读 ing、eng、in、en 的字，温州话往往读 aŋ 或 iaŋ。如：

应	yīng, iaŋ³³	宁	níng, ȵiaŋ³¹
层	céng, zaŋ³¹	灯	dēng, taŋ³³
阴	yīn, iaŋ³³	心	xīn, saŋ³³
本	běn, paŋ⁴⁵	真	zhēn, tsaŋ³³

（2）普通话读 wei 的字，温州话读 vu。如：

卫	wèi, vu¹¹	围	wéi, vu³¹

（3）普通话中许多 ian 韵的字，温州话读成 i 韵。如：

变	biàn, pi⁴²	见	jiàn, tɕi⁴²	欠	qiàn, tɕʻi⁴²
现	xiàn, ji¹¹	连	lián, li³¹	店	diàn, di⁴²

（4）普通话中部分 ei、ie 和 ü 韵的字，温州话读成 ei 韵。如：

飞	fēi, fei³³	味	wèi, mei¹¹	眉	méi, mei³¹
且	qiě, tsʻei⁴⁵	些	xiē, sei³³	邪	xié, zei³¹
徐	xú, zei³¹	婿	xù, sei⁴²		

（5）普通话中部分 o、uo、e 韵的字，温州话读成 u 韵与 øy 韵。如：

波	bō, pu³³	婆	pó, bøy³¹	破	pò, pʻøy⁴²
过	guò, ku⁴²	和	hé, vu³¹	货	huò, fu⁴²
科	kē, kʻu³³	贺	hè, vu¹¹	哥	gē, ku³³

（6）普通话中部分 ui 韵的字，温州话读成 y 韵，同时声母 g、k、h 也变成 j、q、x："贵"与"句"同音，"跪"与"距"同音，"柜台"读如"具台"，"围巾"读如"于巾"。如：

贵，guì，tɕy⁴²；馗，kuí，dzʮ³¹；辉，huī，ɕy³³。

（7）普通话中部分 a、ia、ua、e、uo 韵的字，温州话读成 o 韵。如：

牙	yá, ŋo³¹	家	jiā, ko³³	化	huà, ho⁴²
车	chē, tsʻo³³	错	cuò, tsʻo³²³	昨	zuó, zo³¹

（8）普通话中部分 ai、ie 韵的字，温州话读成 a 韵。如：

排	pái, ba³¹	泰	tài, tʻa⁴²	柴	chái, za³¹
街	jiē, ka³³	蟹	xiè, ha⁴⁵	鞋	xié, fia³¹

（9）普通话中部分 ie 韵的字，温州话读成 ei 韵与 i 韵。如：

姐	jiě, tsei⁴⁵	写	xiě, sei⁴⁵	谢	xiè, zei¹¹
夜	yè, ji¹¹	爷	yé, ji³¹	聂	niè, ȵi²¹²

（10）普通话中部分 uai 韵的字，温州话读成 a 韵。如：
怪，guài，ka⁴²；快，kuài，kʻa⁴²；坏，huài，vua¹¹。

（11）普通话中部分 e 韵的字，温州话读成 ei 韵。如：
舍，shě，sei⁴⁵；蛇，shé，zei³¹；遮，zhē，tsei³³。

（12）普通话中多数 ai 韵的字，温州话读成 e 韵。如：
袋，dài，de¹¹；海，hǎi，he⁴⁵；再，zài，tse⁴²。

（13）普通话中部分 ei、ui 韵的字，温州话读成 ai 韵。如：

背	bèi, pai⁴²	妹	mèi, mai¹¹	雷	léi, lai³¹
碎	suì, sai⁴²	对	duì, tai⁴²	推	tuī, tʻai³³

（14）普通话中 an、ian 韵的字，温州话读成 a 韵。如：

板	bǎn, pa⁴⁵	蛋	dàn, da¹¹	反	fǎn, fa⁴⁵
碱	jiǎn, ka⁴²	闲	xián, fia³¹	铅	qiān, ka³³

（15）普通话中多数 uan 韵的字，温州话读成 y 韵："眷"与"举"同音，"拳"与"惧"同音，"软"与"女"同音。如：

| 拳 | quán, dʑy³¹ | 卷 | juǎn, tɕy⁴² | 软 | ruǎn, ȵy³⁴ |
| 劝 | quàn, tɕ'y⁴² | 圆 | yuán, jy³¹ | | |

（16）普通话中部分 ang、iang、uang 韵的字，温州话读成 uɔ 韵或 yɔ 韵："江"与"缸"同音，"项"与"航"同音，"忘"与"忙"同音。如：

床	chuáng, jyɔ³¹	双	shuāng, ɕyɔ³³		
创	chuāng, ts'uɔ⁴²	壮	zhuàng, tsuɔ⁴²		
讲	jiǎng, kuɔ⁴⁵	江	jiāng, kuɔ³³	项	xiàng, ɦuɔ³⁴
糖	táng, duɔ³¹	网	wǎng, muɔ³⁴		

（17）普通话中部分 ang 韵的字，温州话读成 i 韵。如：
让, ràng, ȵi¹¹；嚷, rǎng, ȵi¹¹；壤, rǎng, ȵi¹¹。

（18）普通话中部分 eng 韵的字，温州话读成 oŋ 韵。如：
讽, fěng, hoŋ⁴²；峰, fēng, hoŋ³³；缝, féng, ɦoŋ¹。

第三节　温州话的声韵搭配

1. 清声母都是阴调类。浊声母中，[b]、[d]、[dʑ]、[ʐ]、[dz]、[z]、[g]、[ɦ] 都是阳声类，[m]、[n]、[l]、[ȵ]、[ŋ] 等声母，平声、入声有阴有阳，上声只有阴调，去声只有阳调。

2. [əu] 韵只拼 t 组和 ts 组声母。

3. [əŋ] 韵只拼 f 组和 ts 组声母。

4. [ŋ]、[ai]、[əu]、[aŋ]、[əŋ]、[oŋ]、[ie]、[i]、[ioŋ] 等韵母无零声母字。

5. [ɿ] 韵只拼 ts 组声母。

6. f 组只拼 [a]、[æ]、[ɛ]、[ɔ]、[ai]、[aŋ]、[øŋ]、[oŋ]、[i]、[u] 等 10 个韵母。

7. k 组里的 [g] 所拼的韵母较少,只拼 [i]、[a]、[o]、[e]、[ɛ]、[ɔ]、[ai]、[au]、[aŋ] 等 9 个韵母。

8. p 组除了拼齐齿呼的 [i] 和撮口呼的 [yɔ] 外,不拼其他齐齿呼、撮口呼韵母。

9. 在开口呼韵母里,不拼 [ɿ]、[au]、[ue]、[əŋ]。

10. tɕ 组只拼齐齿呼和撮口呼韵母。

11. tɕ 组声母主要和复合韵拼合,所拼的少数单韵除高元音 [i]、[y] 外,基本上是入声韵。

12. ts 组只拼开口呼和合口呼韵母,不拼齐齿呼和撮口呼韵母。

13. t 组除了拼齐齿呼的 [i]、[ie] 韵母和撮口呼的 [y]、[yɔ] 外,不拼其他齐齿呼和撮口呼韵母。在开口呼韵母里,不拼 [ɿ]、[əŋ]。

14. t 组的 [n] 和 k 组的 [ŋ],只拼开口呼和合口呼韵母。

15. 齐齿呼韵母除 [i]、[ie] 外,撮口呼韵母除 [y]、[yɔ] 外,只拼 tɕ 组声母。

第四节　温州话声调

声调是指汉字读音的高低升降的变化。声调贯穿于整个音节之中,是汉语音节不可缺少的组成部分。它除了读音的变化外,还具有区别字义的作用。

古汉语共有四种声调,即平声、上声、去声、入声,简称平上去入。在古汉语中，因为声母清浊不同，又分为阴阳两套共八声，称四声八调。阴调只拼清音声母及紧喉鼻流音声母，阳调只拼浊声母（包括带浊流实即后接气嗓音的鼻流音声母）。阴调调值比阳调高。

　　现代汉语的四声，是由中古时代的平、上、去、入四声发展演变而来的。现代汉语的四声区分明显，名为阴平、阳平、上声、去声。中古入声已全部归并到阴平、阳平、上声、去声里去了。掌握现代的四声音调，可用一个口诀以资帮助："阴阳上去，非常好念，高扬转降，多读几遍。"

　　温州话基本保留古汉语的声调体系，其声韵和声调要比普通话复杂得多。

　　温州话的声之清浊与调之阴阳互相配对，互相交错，充分体现了汉语古音遗风。温州话声调的调值比普通话低许多，例如阴平调，普通话读 55，温州话读 33，甚至出现阳去 11 的调值。温州上声两调特短，绝不能拉长。

　　现今普通话已无入声，但温州话仍保持有入声，而且保留了古音中全部的入声字，入声读音很短促，且自成一调类，不跟其他三声相混。

　　温州话不仅声调的类型多，而且连读变调比较发达。温州话连读变调的情况要比普通话复杂得多，温州本地人习以为常，而外地人则如坠云里雾中，莫名其妙。

　　我国著名语言大师赵元任（1892—1982）曾于 20 世纪 30 年代创制一种五度制标调法，被国际语言学界公认为最好的一种标调方法。他用一条竖线分成四段五点，五点分别表示高、半高、中、半低、低五种声调高度，在旁边用线表示声调的升降变化。今采用赵元任先生的五度标调法，将温州话的四声八调列表如下：

①	阴平	33	˧	刚知天开批拖安牵新班州尖
②	阳平	31	˧˩	穷人唐麻难劳塘钱田羊仇场
③	阴上	45	˦˥	古纸顶体口起好草典酒展
④	阳上	34	˧˦	坐被是老女马件厚簟纣件
⑤	阴去	42	˦˨	种店盖怕唱气靠汉布店咒战
⑥	阳去	11	˩	共阵谢帽奴烂害岸地电宙强
⑦	阴入	323	˧˨˧	铁笔的七曲匹百八发尺跌竹
⑧	阳入	212	˨˩˨	局特杂六月药力白敌逐杰

温州话声调调值一致性很强，以下分别说明：

1. 阴平，温州话读半高平调，一致性很强，调值为 33，有的调查点的实际调值比 33 稍低或稍高，但没有达到阴上调的高度。

2. 阳平，读低降调，调值为 31。

3. 阴上，读高升调，调值为 45。阴上调都升得短促急速，单读时后面还带有特别明显的喉门紧闭作用。

4. 阳上，读高升调，调值为 34。

5. 阴去，读中降调，调值为 42。一致性较强，和阳平相比起点要高。

6. 阳去，读低平调，调值为 11。一致性较强。

7. 阴入，读中降升调，不带塞音韵尾，调值为 323。

8. 阳入，读低降升调，不带塞音韵尾，调值为 212。

普通话的声调：

阴平的调值是高平调（55），发音时，前后一样高而平，不升不降。如：江山多娇，飞妈书家音乒。

阳平的调值是中升调（35），发音时，由中度上扬，升到高处。如：牛羊成群，池河神床笛重。

上声的调值是降升调(214),发音时,起音半低,先降低再往上升。如:远景美好,马把始可果表。

去声的调值是高降调(51),发音时,由高开始一直降到低。如:胜利万岁,电灭醉亚进贡。

温州话的调值用 [^{33}][^{31}][^{45}][^{34}][^{42}][^{11}][^{323}][^{212}] 来表示。[^{33}][^{45}][^{42}][^{323}] 代表阴调类,[^{31}][^{34}][^{11}][^{212}] 代表阳调类。

阴调类	阳调类
[^{33}] 代表阴平	[^{31}] 代表阳平
[^{45}] 代表阴上	[^{34}] 代表阳上
[^{42}] 代表阴去	[^{11}] 代表阳去
[^{323}] 代表阴入	[^{212}] 代表阳入

温州话中还保留了古音中全部的入声字,读音很短促。

温州话共有 8 个单字调,保持古四声格局,清声母为阴调类,浊声母为阳调类,清浊各分四声,平上去入四声各分阴阳,阴调类高,阳调类低。

让我们用温州话念一念下列各组字,感悟一下温州话中的平上去入四声的要领。

温州话四声字例：阴调类

pa	[33]班 [45]板 [42]扮 [323]百		pi	[33]边 [45]扁 [42]变 [323]必
po	[33]巴 [45]靶 [42]霸 [323]八		fai	[33]灰 [45]悔 [42]海 [323]勿
fu	[33]夫 [45]火 [42]货 [323]福		ta	[33]丹 [45]胆 [42]带 [323]搭
tei	[33]低 [45]抵 [42]帝 [323]滴		təu	[33]多 [45]躲 [42]剁 [323]督
ti	[33]颠 [45]典 [42]店 [323]跌		tø	[33]端 [45]短 [42]锻 [323]答
t'a	[33]他 [45]毯 [42]泰 [323]塔		t'ei	[33]梯 [45]体 [42]替 [323]踢
t'i	[33]天 [45]舔 [42]掭 [323]帖		t'ø	[33]贪 [45]吨 [42]探 [323]脱
tsa	[33]斋 [45]盏 [42]债 [323]责		tse	[33]灾 [45]宰 [42]再 [323]则
tsei	[33]枝 [45]纸 [42]借 [323]积		tso	[33]渣 [45]担 [42]炸 [323]作
tsø	[33]尊 [45]纂 [42]钻 [323]匝		tsɿ	[33]追 [45]主 [42]记 [323]只
ts'a	[33]餐 [45]产 [42]蔡 [323]册		ts'ai	[33]崔 [45]脆 [42]翠 [323]七
ts'e	[33]猜 [45]彩 [42]菜 [323]测		ts'ei	[33]妻 [45]鼠 [42]刺 [323]尺
ts'əu	[33]初 [45]楚 [42]锉 [323]促		ts'ɿ	[33]吹 [45]齿 [42]次 [323]吃
sa	[33]三 [45]伞 [42]帅 [323]杀		sei	[33]西 [45]写 [42]世 [323]式
səu	[33]蔬 [45]数 [42]素 [323]速		so	[33]沙 [45]所 [42]閟 [323]索
sø	[33]孙 [45]损 [42]算 [323]刷		ka	[33]关 [45]减 [42]界 [323]甲
ke	[33]该 [45]改 [42]盖 [323]个		ko	[33]家 [45]假 [42]价 [323]各
ku	[33]戈 [45]古 [42]雇 [323]谷		ky	[33]甘 [45]感 [42]贯 [323]骨
k'a	[33]宽 [45]舰 [42]快 [323]客		k'ai	[33]奎 [45]傀 [42]块 [323]磕
k'e	[33]开 [45]凯 [42]慨 [323]刻		k'ø	[33]刊 [45]砍 [42]看 [323]渴
k'u	[33]科 [45]苦 [42]库 [323]哭		ha	[33]哈 [45]喊 [42]勼 [323]赫
tɕi	[33]张 [45]展 [42]见 [323]节		tɕiəu	[33]周 [45]酒 [42]咒 [323]竹
tɕy	[33]专 [45]举 [42]季 [323]决		tɕ'i	[33]千 [45]浅 [42]唱 [323]切
tɕ'iəu	[33]秋 [45]丑 [42]臭 [323]畜		tɕ'y	[33]川 [45]犬 [42]去 [323]屈
ɕi	[33]先 [45]想 [42]向 [323]歇		ɕiəu	[33]收 [45]手 [42]秀 [323]叔
ɕy	[33]欢 [45]选 [42]汉 [323]血		i	[33]衣 [45]氧 [42]亿 [323]页
o	[33]娃 [45]嗯 [42]亚 [323]沃		u	[33]威 [45]委 [42]畏 [323]屋
y	[33]安 [45]稳 [42]怨 [323]郁			

温州话四声字例：阳调类

ba	[³¹]排	[³⁴]罢	[¹¹]办	[²¹²]白	bei	[³¹]皮	[³⁴]被	[¹¹]备	[²¹²]鼻
bø	[³¹]盘	[³⁴]伴	[¹¹]叛	[²¹²]勃	bu	[³¹]菩	[³⁴]部	[¹¹]捕	[²¹²]仆
ma	[³¹]蛮	[³⁴]买	[¹¹]卖	[²¹²]麦	mai	[³¹]梅	[³⁴]每	[¹¹]妹	[²¹²]墨
mi	[³¹]棉	[³⁴]免	[¹¹]面	[²¹²]灭	mo	[³¹]麻	[³⁴]马	[¹¹]幕	[²¹²]摸
mø	[³¹]瞒	[³⁴]满	[¹¹]幔	[²¹²]没	da	[³¹]谈	[³⁴]淡	[¹¹]蛋	[²¹²]达
de	[³¹]台	[³⁴]待	[¹¹]代	[²¹²]特	dəu	[³¹]头	[³⁴]惰	[¹¹]豆	[²¹²]独
di	[³¹]田	[³⁴]簟	[¹¹]电	[²¹²]敌	dø	[³¹]团	[³⁴]断	[¹¹]钝	[²¹²]凸
na	[³¹]难	[³⁴]奶	[¹¹]奈	[²¹²]拿	nø	[³¹]男	[³⁴]暖	[¹¹]嫩	[²¹²]纳
la	[³¹]兰	[³⁴]览	[¹¹]烂	[²¹²]辣	lai	[³¹]雷	[³⁴]磊	[¹¹]泪	[²¹²]捋
lei	[³¹]离	[³⁴]礼	[¹¹]吏	[²¹²]力	ləu	[³¹]刘	[³⁴]柳	[¹¹]馏	[²¹²]六
li	[³¹]良	[³⁴]脸	[¹¹]亮	[²¹²]立	ze	[³¹]才	[³⁴]在	[¹¹]儎	[²¹²]贼
zei	[³¹]齐	[³⁴]社	[¹¹]谢	[²¹²]席	zø	[³¹]存	[³⁴]凿	[¹¹]蚕	[²¹²]杂
dzei	[³¹]池	[³⁴]舐	[¹¹]箸	[²¹²]直	dza	[³¹]残	[³⁴]湛	[¹¹]站	[²¹²]宅
ji	[³¹]前	[³⁴]演	[¹¹]夜	[²¹²]舌	jiəu	[³¹]柔	[³⁴]受	[¹¹]寿	[²¹²]族
jy	[³¹]全	[³⁴]远	[¹¹]县	[²¹²]粤	dʑi	[³¹]场	[³⁴]件	[¹¹]健	[²¹²]杰
dʑiəu	[³¹]绸	[³⁴]纣	[¹¹]宙	[²¹²]逐	dʑy	[³¹]权	[³⁴]跪	[¹¹]具	[²¹²]掘
ȵi	[³¹]言	[³⁴]你	[¹¹]艺	[²¹²]业	ȵia	[³¹]尧	[³⁴]鸟	[¹¹]尿	[²¹²]虐
ȵy	[³¹]元	[³⁴]语	[¹¹]遇	[²¹²]月	ŋa	[³¹]岩	[³⁴]眼	[¹¹]雁	[²¹²]额
ŋo	[³¹]牙	[³⁴]雅	[¹¹]砑	[²¹²]岳	ɦa	[³¹]鞋	[³⁴]限	[¹¹]陷	[²¹²]匣
ɦo	[³¹]华	[³⁴]下	[¹¹]夏	[²¹²]活	va	[³¹]还	[³⁴]犯	[¹¹]外	[²¹²]获

第五节　温州话拼音方案

国际音标（The International Phonetic Alphabet，简称 I.P.A.）是国际语音学会发布的，它是为记录所有语言的语音而设计的。英语的语音需要国际音标来注音，同样，国际音标也适合于记录汉语，包括汉语中的各种方言。从专业学术角度来看，完全可以也应该用国际音标来为温州话注音。然而，国际音标对于大部分中国读者来说非常陌生，电脑中也找不到相应的国际音标符号，故此，考虑到普及性和方便性，一般读者难以接受。

我们国家有汉语拼音方案，它是为普通话注音而制订的，可是温州话的发音要比普通话复杂得多，借用汉语拼音方案来为温州话注音显然是不适合的。为此，笔者参考其他方言的注音方案制订了温州话拼音方案，以方便读者学习和使用。

一、声母系统

温州话的声母系统要比普通话复杂得多。

温州话最主要的特点是保持了浊音和清音声母的分别，有浊辅音声母系统是温州话的重要特征。温州话中的浊声母，其声母发音需要振动声带，如英语的浊辅音 b、d、g、w、z 等。对于温州话中的浊音，我们采用将辅音叠写的办法来注音。

温州话拼音方案中的声母音标采用以下几条原则。

其一，凡是跟普通话相同的音素，一律采用汉语拼音方案，如：b[p], p[pʻ], d[t], t[tʻ], g[k], k[kʻ], h[h], z[ts], c[tsʻ], s[s], j[tɕ], q[tɕʻ], x[ɕ], xx[ʑ], f[f], [ø], y[j], v[ʋ], m[m], n[n], l[l]。

其二，温州话比普通话多了一套带音的浊声母，如：bb[b], dd[d], v[v], gg[g], hh[ɦ], jj[dʑ], ss[z], zz[dz]，则采用将辅音叠写的办法来注音。

其三，两个鼻音声母，设定为：ng[ŋ], ny[ȵ]。

其四，两个半元音：i[i], u[u]。

现将温州话中声母分列如下。

声母表

[p] 组

音	沈氏	苏氏	字 例
[p]	b	p	卜八不比贝巴本丙布北包半边邦百毕冰闭并
[p']	p	p'	匹片扑朴批判屁抨拍披泡怕拼盼品炮派配破
[b]	bb	b	仆币办平白皮步别伴评拔抱败爬贫朋备並
[m]	m	m	万门马木毛灭皿民矛母迈名米忙妈买每免亩
[f]	f	f	飞夫反分勿火付弗灰吩佛返泛纷奋非虎咐贩
[v]	v	v	万凡勿犯帆坟饭范物挽烦晚愤浮未负份务父

[t] 组

音	沈氏	苏氏	字 例
[t]	d	t	丁刀歹丹斗订打东旦冬对当朵多灯低岛妒担
[t']	t	t'	土天太叹他它讨台托吐汤吞坍听体妥坦态帖
[d]	dd	d	大队邓电田代头台动地夺达团同坛投豆但肚
[n]	n	n	人乃女冇内芿奶奴农那男呐努纳呢闹挪南耐
[l]	l	l	力历六厉龙另立兰礼老列劣刘论弄劳李两来

[ts] 组

音	沈氏	苏氏	字 例
[ts]	z	ts	几之己子井支止爪计正札只主汁记执机再至
[ts']	c	ts'	厂七寸叉车气仓尺册处吃创次产忏抄赤苍村
[dz]	zz	dz	才臣尘池宅阵驰技呈住豸沉迟陈直奇郑泽治
[s]	s	s	三山尸水升心书世帅申四生失矢写司圣式扫
[z]	ss	z	十士才夕习仁示石丛市寺在存成任自杂齐字

[tɕ] 组

音	沈氏	苏氏	字 例
[tɕ]	j	ch	九巾久专中见今击节占叫句吉竹舟众决州军
[tɕ']	q	ch'	千乞川犬区切欠丑劝去出曲冲庆充闯抢却抽

续表

音	沈氏	苏氏	字例
[dʑ]	jj	dj	丈及巨长仇仅旧囚仗召场共权虫传件兆杖极
[ɲ]	ny	ny	义女元廿月认玉业鸟宁让肉年仰危扭严吟你
[ɕ]	x	sh	小乡少手双兄闪汉训朽吸先休伤血兴守许收
[ʑ]	xx	j	药从讼松扰床若俗饶娆颂韶受寿邵善匠上从

[k] 组

音	沈氏	苏氏	字例
[k]	g	k	工个广戈介勾甘古归甲加过光刚价各交关江
[kʻ]	k	kʻ	亏口开丐孔刊巧可卡考扩夸坎坑壳块克困估
[g]	gg	g	扛犷旷何怀环茄枷厚峡陷掼倚衔馅渠搁雁溃
[ŋ]	ng	ng	眼唔二儿五牙瓦午牛耳伍吾吴呆我玩卧岩岳
[h]	h	h	丰化风方夯发吓讽访好孝花芳吼妨纺呵放法
[ɦ]	hh	ʻ	下亡也乏凤号划华后合防红匣何含忘闲奉幸

半元音

音	沈氏	苏氏	字例
[u]	u	u	乌污呜於挖威歪弯淤湾窝慰煨喂屋猥
[v]	v	w	与卫互文为户幻禾犯外汇划回伟会混愤
[i]	i	i	一乙亿丫也幺曰夭忆允央印永幼页因衣安阴
[j]	y	y	又丸已王云友匀引术右由用孕有延夜移摇液

零声母

音			字例
[ø]			压扼阿押轭埃挨鸭啊矮汪拗

注：苏氏拼音方案是指一百多年前英国传教士苏慧廉创立的罗马字温州话拼音方案，当时用以编写新约圣经的温州话读本，影响甚广。

二、韵母系统

温州话拼音方案中的韵母音标采用以下几条原则。

其一，凡是跟普通话相同的音素，原则上采用汉语拼音方案，如：a[a], o[o], i[i], u[u], ai[ai], e[ə], ee[e], ei[ei], au[au], ia[ia], iai[iai], eu[əu], ieu[iəu], iau[iau], ang[aŋ], iang[iaŋ], eng[əŋ], ing[iŋ], ong[oŋ], iong[ioŋ] 等。

其二，个别的音标作了适当的调整，如：ü[y]。

其三，普通话中没有的韵母，另行设计，如：oe[ø], oev[øy], üo[yo], üio[yo], uio[uɔ], ae[ɛ], iae[iɛ]。

其四，在普通话中，"知、蚩、诗、日、资、雌、思"等7个音节的韵母用 i[i]，但在温州话拼音方案中则用 ii[ɿ] 表示，以示和"基、欺、希"的韵母 i[i] 的区别。普通话的"资、雌、斯"和温州话的"资、雌、斯"的唯一区别是，温州话把音稍许延长一些。

韵母表

音	沈氏	苏氏	字例
[a]	a	a	乃三万山凡丫太反丹办幻卡帅旦甲白册犯外
[ɛ]	ae	ae	行亨幸哀晏
[ai]	ai	ai	一乙十七人亏个及习不内贝队击北归失汁汇
[aŋ]	ang	ang	门仁分文心邓本申讯臣尘份问灯寻迅尽阵进
[au]	au	au	愁兜斗勾后厚纠究口叩扣楼漏牛欧瓯瘦偷投
[ə]	e	oe	刀毛号讨考老扫早导好牟报劳否牡告皂岛亩
[e]	ee	e	厂才开代台再在劣则色克材来呆财灾改抬态
[ei]	ei	ei	力夕飞支比未世厉丕石且斥写礼皮式地吏
[əŋ]	eng	eng	丁井升仍正丙平另皿令民圣成贞廷名冰并声
[əu]	eu	iu	六左头奴丢多刘豆忒助妥初陆阻陀努拖房罗
[i]	i	i	丈上千亿义已乡天艺匹切见长片欠忆以节灭
[ia]	ia	ia	勺丫鸟闪约却呀若斫削钥卸饶洽酌晓屑弱雀

续表

音	沈氏	苏氏	字例
[iɛ]	iae	iae	刁了小少打龙叫生召吊兆争扰坑更两肖条冷
[iai]	iai	ai	乙入乞及击甩吉吸亦级译泣驿急逆给桔益剧
[iaŋ]	iang	ang	巾刃壬仅斤今认引印宁孕刑因任行庆兴阴形
[iau]	iau	ao	九又友仇右旧由丘纠幼朽有休优求邮纽油幽
[ieu]	ieu	iu	手仇丑囚肉竹舟凤旭州守收纣寿秀肘抽郁叔
[ɿ]	ii	i	吃处此基继其奇起如师士书寺岁戏之知止只
[ioŋ]	iong	ung	弓云中匀凤尹允兄训永虫众旬冲充军驯巡运
[o]	o	o	八下么叉马木车牙瓦仆化乏巴玉目瓜乐加发
[ø]	oe	ö	寸丐刊末半存夺团合杂孙吞坎村男乱伴含判
[øy]	oev	û	土夫父布戊卢务吐吕妇苏步肚补诉附妒图侣
[oŋ]	ong	ong	工丰公风孔功龙东丛匆冬弘动巩同氽农讽红
[u]	u	u	于卫夫无韦戈互乌火为户扑乎母朴过伟伏负
[uɔ]	uio	oa	广亡爪方巧包矛邦扩夸光当壮交江汤忙汪拗
[y]	ü	ü、ue	女专犬巨月劝术句汉权传伪血全危决安
[yɔ]	üio	oa	王从凶双用共妆闯讼狂状枉供往怂重颂
[yo]	üo	yo	玉曲束局卓桌哟俗狱捉浴欲

第六节 温州话中的入声字

一、入声概述

什么叫入声？

入声指一个音节以破音 -p、-t、-k 作结，发出的短而急促的子音；入声是一种一发即收的声调，音短而急。

入声只存在于古汉语中，在近现代汉语中已被派入四声，不复存在了，在普通话中更不见其踪影。但是在许多南方方言中还有遗存，因此多带有方言色彩。

其特点有四：

（1）音短而急；

（2）属仄声，却不得与平上去声通押；

（3）普通话四声中都有入声字；

（4）入声字的韵母只限于 a（含 ia、ua）、o（含 uo）、e（含 ie、üe）、i（含 zh、ch、sh、r、z、c、s 的韵母 -i）、u、ü 六种。

中古声调是平、上、去、入四声，现代普通话声调是阴平、阳平、上声、去声四声。

入声的演化规律是：平分阴阳，浊上变去，入派三声。

1. 平分阴阳。

中古平声在普通话里分化为阴平和阳平，清声母的平声字变成阴平，浊声母的平声字变成阳平。

入声变阴平的如：巴都中将山公；芳他痴千春空。

入声变阳平的如：蒲徒昨常其胡；模奴鱼尼人林。

2. 浊上变去。

中古读全浊声母的上声字，在现代普通话里都变成了去声，这种音变现象在唐代就已出现。现列出中古 11 个全浊声母的上声字今音变为去声的常用例字，以利于辨别：

並母：罢抱部薄辨伴笨蚌並被腰倍棒婢辦；

奉母：犯范父妇负阜奉愤忿；

定母：稻道社待断弟盾动淡舵荡殆怠囤堕；

澄母：丈重柱赵纣雉篆峙兆朕肇杖伫痔；

从母：造皂坐罪在尽静渐聚践；

邪母：象像序叙绪似已祀；

崇母：仕士柿撰；

船母：甚；

禅母：善社上受绍是市氏恃竖肾；

群母：技巨拒距近件键臼舅窘菌跪；

匣母：旱撼限下户沪后厚亥骇混幸祸皓汇。

也有例外，如：读奉母的"釜"辅"腐"，读定母的"挺""艇"，读群母的"俭"，读匣母的"皖"很"缓"等，仍读上声。

3. 入派三声。

《广韵》的入声是有 -p、-t、-k 三种塞音韵尾的，这就使入声与平、上、去三类舒声有不同的性质。到了现代普通话，入声字的塞音韵尾全部脱落，已经不存在入声这一调类，中古入声字只好分派到普通话的阴平、阳平、上声、去声中去了，这就是所谓的入派三声。

入声派入三声的具体情况是：

（1）全浊入声变阳平，如白读"绝""极""合"等；

（2）次浊入声变去声，如"木""纳""落""逆""肉"等；

（3）清母入声变上声，没有显示出明显的规律。

自明清至今，这种入派三声具有很强的规律性。

入声作为一种韵类，有其自身的特点和独立的演变轨迹。入声韵是古汉语的韵类之一。入声韵和入声调都是古代汉语中客观存在的语音现象，这种韵母在现代汉语中已经消失了，但是在吴、粤、闽、客、赣等方言中均或多或少地存在着。特别是在温州话里，似乎保存得更加完整。

入声是古代汉语的一种声调，属仄声，指一个音节以破音 -p、-t、-k 作结，发出短而急促的子音。对于现代人来说，分清入声字是件很难的事情，但对温州人来说，却似乎是一件轻而易举的事。

本书受篇幅限制，不可能展开来叙述，只是把入声字的概貌介绍给读者。

二、入声韵按韵排列

[a] 韵

中古音摄韵	字　　例
咸开一合入	[^{323}] 答搭瘩沓垃拉啦喇邋喝哈 [^{212}] 踏
咸开一盍入	[^{323}] 塌榻塌溻搨遢熽拓卅 [^{212}] 腊蜡
咸开二洽入	[^{323}] 眨插夹挟荚峡颊恰掐 [^{212}] 闸渫煠狭洽
咸开二狎入	[^{323}] 甲胛鸭押压 [^{212}] 匣
山开一曷入	[^{323}] 獭挞擦刹撒萨 [^{212}] 达靼捺辣瘌
山开二黠入	[^{323}] 札扎紮察杀煞刹揠 [^{212}] 轧
山开二鎋入	[^{323}] 匜砸瞎 [^{212}] 辖铡
山合二黠入	[^{323}] 挖
曾合一德入	[^{212}] 或惑
梗开二陌入	[^{323}] 百柏伯迫拍珀魄拆窄格客搭赫吓 [^{212}] 白帛舶陌泽择宅翟额
梗开二麦入	[^{323}] 擘檗擗掰摘责簀策册栅革隔厄扼轭 [^{212}] 麦脉
梗合二陌入	[^{323}] 虢
梗合二麦入	[^{212}] 划获画

[iɛ] 韵

宕开三药入	[^{212}] 略掠
咸开三叶入	[^{212}] 猎

[ai] 韵

深开三缉入	[^{323}] 缉辑葺涩执汁湿 [^{212}] 集习袭蛰十什拾入
山合一末入	[^{323}] 撮 [^{212}] 捋
臻开三质入	[^{323}] 七漆柒膝瑟虱质失室 [^{212}] 疾嫉侄窒蛭秩实日

续表

臻合一没入	[^{323}] 不卒猝
臻合三术入	[^{323}] 率蟀
臻合三物入	[^{323}] 弗拂沸佛氟 [^{212}] 佛勿物物
曾开一德入	[^{323}] 北 [^{212}] 墨默万
曾合一德入	[^{323}] 国（中国）帼（巾帼）

[e] 韵

山合三薛入	[^{212}] 劣
曾开一德入	[^{323}] 德得忒则塞克刻黑 [^{212}] 特肋勒贼鰂劾

[ei] 韵

咸开三叶入	[^{323}] 摄慑
深开三缉入	[^{212}] 笠
山开三薛入	[^{323}] 薛泄设褻浙
臻开三质入	[^{323}] 悉蟋
曾开三职入	[^{323}] 鲫息熄媳饧测恻侧色嗇织职识式饰侧仄 [^{212}] 力直值殖植食蚀
梗开三昔入	[^{323}] 积迹脊瘠惜昔隻炙赤斥尺刺适释 [^{212}] 籍藉席夕汐掷射石硕
梗开四锡入	[^{323}] 的滴嫡惕踢剔绩戚锡析晰 [^{212}] 砾历疬寂

[əu] 韵

通合一屋入	[^{323}] 秃速蹙簇 [^{212}] 独读牍犊渎鹿麓禄碌族
通合一沃入	[^{323}] 笃督夳 [^{212}] 毒
通合三屋入	[^{212}] 六陆

[i] 韵

咸开三叶入	[^{323}] 接妾摺褶靥页 [^{212}] 聂镊蹑颞捷睫叶涉烨晔
咸开三业入	[^{323}] 劫怯胁 [^{212}] 业

续表

咸开四帖入	[323] 跌帖贴愜 [212] 叠牒碟蝶谍喋协侠
深开三缉入	[212] 立
山开三薛入	[323] 别鳖瘪哲蜇折 [212] 别灭列烈裂洌咧彻辙撤折舌热杰孽蘖拽
山开三月入	[323] 谒揭揭歇蝎 [212] 竭碣
山开四屑入	[323] 憋撇瞥铁节切窃沏挈截结洁拮絜噎 [212] 蟞篾蔑迭戾揲颉缬撷
臻开三质入	[323] 笔滗毕必匹疋 [212] 弼蜜密宓谧栗溧慄
臻合三术入	[212] 律率
曾开三职入	[323] 逼即疖亿忆 [212] 愎匿
梗开三陌入	[323] 碧
梗开三昔入	[323] 璧辟僻辟闢
梗开四锡入	[323] 壁癖劈霹噼 [212] 觅汨幂笛迪狄敌涤棣

[ia] 韵

山开四屑入	[323] 屑 [212] 捏
宕开三药入	[323] 爵雀鹊削着酌绰焯脚斫却约谑铄 [212] 嚼着勺芍杓若弱虐疟药钥跃箬龠

[iai] 韵

深开三缉入	[323] 急级给泣吸歙揖挹 [212] 及圾
臻开三质入	[323] 吉一乙壹 [212] 逸佚
臻开三迄入	[323] 乞讫迄
臻合三术入	[323] 桔橘
曾开三职入	[323] 亟棘抑 [212] 极翼
梗开三陌入	[323] 戟 [212] 剧屐逆
梗开三昔入	[323] 益溢 [212] 亦弈译驿绎易蜴液腋掖
梗开四锡入	[323] 击激吃 [212] 溺

[iəu] 韵

通合三屋入	[³²³] 蹴肃宿竹竺筑畜搐矗祝粥叔菊掬鞠曲麯畜蓄育毓郁昱煜 [²¹²] 逐轴妯熟塾孰淑肉
通合三烛入	[³²³] 旭 [²¹²] 辱褥

[o] 韵

咸合三乏入	[³²³] 法砝珐 [²¹²] 乏
山开二黠入	[³²³] 八捌 [²¹²] 拔跋抹
山合一末入	[³²³] 括聒阔豁斡 [²¹²] 活
山合二黠入	[²¹²] 猾滑
山合二辖入	[³²³] 刮
山合三月入	[³²³] 发髪 [²¹²] 伐筏阀罚袜
宕开一铎入	[³²³] 博搏泊舶粕拓托讬作乍错索各阁搁胳壑恶 [²¹²] 薄礴泊箔亳莫膜幕寞摸瞙漠铎诺赂烙络落骆酪洛乐昨柞鹤噩鄂腭鳄愕萼
宕合一铎入	[³²³] 郭廓廓扩霍藿 [²¹²] 镬
宕合三药入	[²¹²] 缚
江开二觉入	[³²³] 剥驳朴璞角觉确榷壳握龌 [²¹²] 雹岳乐狱嶽学岢
通合一屋入	[³²³] 卜仆扑 [²¹²] 仆曝瀑木沐
通合一沃入	[³²³] 沃
通合三烛入	[²¹²] 录绿

[ø] 韵

咸开一合入	[³²³] 合蛤鸽嘈匼鞈答 [²¹²] 纳讷杂合盒
咸开一盍入	[³²³] 磕瞌
深开三缉入	[²¹²] 粒
山开一曷入	[³²³] 割葛渴咳丐钙喝遏
山合一末入	[³²³] 钵砵拨泼泼扑掇脱 [²¹²] 钹末沫抹茉夺
山合二辖入	[³²³] 刷
臻合一没入	[²¹²] 孛勃脖渤馞荸悖没殁突凸呐兀杌
宕开一铎入	[²¹²] 凿矐

[u] 韵

臻合三物入	[³²³] 尉
通合一屋入	[³²³] 谷哭屋 [²¹²] 斛
通合一沃入	[³²³] 酷
通合三屋入	[³²³] 福幅蝠复腹蝮馥覆 [²¹²] 服伏袱目穆牧睦

[y] 韵

山合二黠入	[³²³] 雪拙茁说 [²¹²] 绝悦阅
山合三月入	[³²³] 厥蕨辍哕 [²¹²] 掘橛月越曰粤
山合四屑入	[³²³] 决诀抉缺血 [²¹²] 穴
臻合一没入	[³²³] 骨窟忽笏惚 [²¹²] 核
臻合三术入	[³²³] 焌黢恤戌出 [²¹²] 术怵术述秫
臻合三物入	[³²³] 屈 [²¹²] 倔崛
曾合三职入	[²¹²] 域
梗开二麦入	[²¹²] 核
梗合三昔入	[²¹²] 役疫

[yo] 韵

江开二觉入	[³²³] 卓桌琢啄涿戳龊捉朔 [²¹²] 浊镯
通合三屋入	[³²³] 宿缩
通合三烛入	[³²³] 足促粟烛嘱触束曲 [²¹²] 俗续赎属蜀局偏玉狱欲浴

三、入声韵古诗词赏析

唐诗宋词是中华文化的瑰宝,但时至今日,背诵诗词、欣赏诗词的大有人在,而学习诗词、写作诗词的人已为数不多了。

入声是学诗填词的一个难点。诗词格律的学问,大半在如何用韵。谁能搞懂古代词人骚客如何用入声韵,谁就可以获得写诗的更多自由和空间。

纵观古代流传下来的入声韵诗词，大都具有含蓄、柔婉、悲慨、沉郁等风格。

诗词格律的学问，大半在如何用韵。在当代中国，一般来讲，写诗要懂《平水韵》，填词要懂《词林正韵》。《平水韵》早于《词林正韵》约六百年。也就是说，唐诗宋词都是依照或参照《平水韵》之前的诗韵写成的。《词林正韵》是对诗韵的科学改造。《平水韵》虽把《广韵》由 206 韵归并为 106 韵，但在许多方面仍显得复杂。《词林正韵》有鉴于此，将诗韵进一步归并为 19 部 47 韵（平上去各 14 韵，加上入声 5 韵），并在各部之内仍保留《平水韵》的序号、韵目，明显体现出对《平水韵》的师承关系。可以说，《词林正韵》是古今各种韵书中韵部最少、最为简约的一种。

《词林正韵》参照诗韵的办法，给各韵部起了个带序号的名称，即一东、二萧、三江、四支、五歌、六麻、七虞、八庚、九真、十灰、十一尤、十二侵、十三元、十四盐、十五屋、十六叶、十七洽、十八药、十九锡。

入声韵部有两大特点：

第一，每部之内，数韵通押是主流，独押一韵的诗词偏少；

第二，只要听起来有点押韵感，可以打破界限，自由相押。也就是说，只要听起来顺耳，是不必考虑什么韵部划分的。

入声韵部的这两大特点，是由于近体诗基本上不押入声韵，只押平声韵造成的。入声字只能用来写古诗和填词，其用韵规则比近体诗宽，押韵的自由度远远大于平、上、去三声。因此可以说，入声既是学诗的一个难点，也是学诗的一条捷径。弄懂了入声韵，可以获得写诗的更多自由。

今试录几首代表作，以飨读者。

望大陆
[民国]于右任

葬我于高山之上兮,望我大陆 lù, ləu^{212}(屋)。
大陆不可见兮,只有痛哭 kū, k'u^{323}(屋)!

七步诗
[三国]曹植

煮豆燃豆萁,漉豉以为汁 zhī, tsai^{323}(缉)。
萁在釜下燃,豆在釜中泣 qì, tɕ'iai^{323}(缉)。
本是同根生,相煎何太急 jí, tɕiai^{323}(缉)?

念奴娇·赤壁怀古
[宋]苏东坡

大江东去,浪淘尽千古风流人物 wù, vai^{212}(物)。
故垒西边,人道是三国周郎赤壁 bì, pi^{323}(锡)。
乱石崩云,惊涛裂岸,卷起千堆雪 xuě, ɕy^{323}(薛)。
江山如画,一时多少豪杰 jié, dʑi^{212}(薛)。

遥想公瑾当年,小乔初嫁了,雄姿英发 fā, ho^{323}(月)。
羽扇纶巾,谈笑间,樯橹灰飞烟灭 miè, mi^{212}(薛)。
故国神游,多情应笑我,早生华发 fà, ho^{323}(月)。
人间如梦,一尊还酹江月 yuè, ȵy^{212}(月)。

语意高妙,盛传千古,真古今绝唱,使人一唱而三叹。

念奴娇·昆仑
毛泽东

横空出世,莽昆仑阅尽人间春色 sè, sei^{323}（职）。

飞起玉龙三百万,搅得周天寒彻 chè, dzi^{212}（薛）。

夏日消溶,江河横溢,人或为鱼鳖 biē, pi^{323}（屑）。

千秋功罪,谁人曾与评说 shuō, çy^{323}（薛）。

而今我谓昆仑,不要这高,不要这多雪 xuě, çy^{323}（薛）。

安得倚天抽宝剑,把汝裁为三截 jié, ji^{212}（屑）。

一截遗欧,一截赠美,一截还东国 guó, kai^{323}（德）。

太平世界,环球同此凉热 rè, ɳi^{212}（薛）。

上阕是大胆想象,下阕是更加新奇有趣的设想和议论。词人有着改造世界的理想和抱负。

满江红
[宋]岳飞

怒发冲冠,凭栏处,潇潇雨歇 xiē, çi^{323}（月）。

抬望眼,仰天长啸,壮怀激烈 liè, li^{212}（薛）。

三十功名尘与土,八千里路云和月 yuè, ɳy^{212}（月）。

莫等闲,白了少年头,空悲切 qiè, tɕ'i^{323}（屑）。

靖康耻,犹未雪 xuě, çy^{323}（薛）。

臣子恨,何时灭 miè, mi^{212}（薛）。

驾长车,踏破贺兰山缺 quē, tɕ'y^{323}（薛）。

壮志饥餐胡虏肉,笑谈渴饮匈奴血 xuè, çy^{323}（屑）。

待从头,收拾旧山河,朝天阙 què, tɕ'y^{323}（月）。

一、三、五、七句用的是仄声韵。"雪""缺""血""阙"是入声，读起来很叶韵，普通话"雪""血""阙"是仄声。"缺"读平声。

这是一首气壮山河、光照日月的传世名作。始而怒发冲冠，凌云壮志，气盖山河；继而仰天长啸，满腔忠愤，丹心碧血。既抒发了作者的必胜信念，也展示了汹涌激荡的心潮。全词具有撼人心魄的艺术魅力。

江雪
［唐］柳宗元

千山鸟飞绝 jué, jy^{212},
万径人踪灭 miè, mi^{212}（薛），
孤舟蓑笠翁，
独钓寒江雪 xuě, çy^{323}（薛）。

这首诗本为仄声韵，其中的"绝""灭""雪"是入声，普通话却读成阳平、去声、上声，不合韵律，味道索然。

菩萨蛮·黄鹤楼（节选）
毛泽东

茫茫九派流中国 guó, kai^{323},（仄），
沉沉一线穿南北 běi, pai^{323},（仄）。
烟雨莽苍苍 cāng, ts'uɔ^{33},（平），
龟蛇锁大江 jiāng, kuɔ^{33},（平）。

词牌《菩萨蛮》的前两句为仄声韵，后两句为平声韵。"国"

字温州话读入声,和"北"叶韵。但普通话成了阳平声,跟"北"不叶韵。

有人说温州话是古汉语的活化石,是一座能开启古音韵律的宝库。有人喜爱用温州话(特别是瑞安话)来吟唱古诗词,觉得十分合辙,会吟出一种飘飘欲仙的语境来。难怪一代词宗夏承焘先生当年在杭大教授古诗词时常用温州话吟唱,深受欢迎。

北方话对传统汉语音韵结构继承较少,古汉语中的全浊音几乎被全盘清化,导致北方话总体以高音为主,音感清轻高扬,难怪有人将其称为"唱高调"。无入声使北方话语言节奏呆板,没有了古汉语的抑扬顿挫。

普通话以北方话为基础,以北京音为基本音是无法改变的既成事实。但不可否认,在继承传统汉语音韵结构上普通话有重大缺陷。大量古诗词用普通话读不出韵律,尤其是讲究舒促结构的词曲,用普通话无法讲解词曲格律,影响赏析。这已成不争的事实。

客家人有一句老话:"宁卖祖宗田,不卖祖宗言。"温州人也一样,不论是远涉重洋的华侨,还是背井离乡的商家,都抱着一个信念:"宁离祖宗乡,不丢祖宗腔。"无论你走到哪里,一句温州话就能把你我之间的距离拉得很近很近。作为中国文化价值最高的语言之一,温州话有存活、发扬的必要,温州话急需加以发掘、继承和保护。

如果你是温州人,你会温州话,你学起古诗词就会感到得心应手。这也是温州人学习古诗词的得天独厚之处。因为温州话有其吟唱文化的特质。

如果你想学习古诗词,你就得掌握入声、浊声母和一些古汉语音韵知识,这对学习古汉语也有重要意义。其实,温州话比较合乎古汉语音韵结构,再生僻的字也可按古音推出读法;而普通话不符合古汉语音韵结构,比如入声字在普通话中分派四声并无规律,全浊音字母或归入不送气清音,或归入送气清音。若有朝一日南方方言均遭灭绝,上述诗词就只能借助韩、越等异族语言来诵读出韵脚,岂不遗人笑柄。

现在各地的汉语方言,其声调系统几乎没有与唐宋时的四声完全吻合的,唯有瓯语系的温州话,特别是瑞安话,跟唐宋时期的四声几乎完全吻合。正因为温州话非常完整地保留了古入声字的读音规律,因而对温州人来说,学习古诗词有着得天独厚的有利条件,他们学习音韵学比较方便,一提及现代汉语的"巴 bā""拔 bá""靶 bǎ""坝 bà"能掌握,一说起古代汉语的"巴 [33]""靶 [45]""霸 [42]""八 [323]"也能理解,而北方人就难多了。

第七节　温州话中的半元音

半元音是一种滑音,介于元音跟辅音之间,仍保持单音节,功能上类似辅音。语音学上的半元音,是指擦音中气流较弱、摩擦较小,具有元音的语音特性,但起辅音音系作用的非音节性音段。半元音在功能上类似辅音,但缺乏辅音通常的发音特点(如摩擦或闭塞);半元音的音质为元音音质,但由于出现在音节的界音位置,音延比典型的元音短得多。

在英语中,常见的半元音是 j 和 w。在《汉语拼音方案》中,我们把 a、o、e 当成是纯元音,常见的半元音是 y 和 w。

在温州话中，半元音有着明显的清浊对应关系，我们没有找到可以区分的音标，特以 i → ji、u → vu（ʋu）和 y → jy 的方式来标示其清浊。例如：

一、齐齿音

清　音		浊　音	
i^{33}	伊医衣依淹烟胭湮央秧	ji^{31}	爷耶移怡炎盐延沿羊阳
i^{45}	倚椅掩奄魇厣靥郾偃黡	ji^{34}	冶已以矣苡埮衍演痒
i^{42}	裔意厌餍堰䁔宴燕	ji^{11}	夜曳易肄异艳焰样漾恙
i^{323}	靥谒咽(3)噎亿忆抑臆癔	ji^{212}	叶(1)烨晔

$$ia → jia$$

ia^{323}	约	jia^{212}	药钥跃敫龠蘥

$$iai → jiai$$

iai^{323}	邑挹浥悒揖一乙壹益	$jiai^{212}$	逸佚翼亦译液腋驿弈掖

$$iaŋ → jiaŋ$$

$iaŋ^{33}$	阴音因姻殷应樱英婴	$jiaŋ^{31}$	淫霪寅夤盈嬴楹蠃瀛
$iaŋ^{45}$	饮隐瘾影	$jiaŋ^{34}$	引蚓颖郢颍
$iaŋ^{42}$	荫(2)窨印应(2)映	$jiaŋ^{11}$	胤孕媵

$$iau → jiau$$

iau^{33}	优忧攸幽呦	$jiau^{31}$	尤由邮犹油游蚰猷蝣尢
iau^{45}	煣黝	$jiau^{34}$	友有酉诱莠
iau^{42}	幼蚴	$jiau^{11}$	又右佑囿宥祐柚釉鼬鯈

iɛ → jiɛ

iɛ³³	妖要₍₁₎腰邀吆幺	jiɛ³¹	姚窑谣摇遥徭瑶
iɛ⁴⁵	夭杳窈	jiɛ³⁴	舀
iɛ⁴²	要₍₂₎	jiɛ¹¹	耀鹞曜

iəu → jiəu

iəu³²³	郁₍₁₎彧燠	jiəu²¹²	育昱毓鬻

ioŋ → jioŋ

ioŋ³³	晕₍₂₎蕴氲拥邕雍臃	jioŋ³¹	匀云荣营雄融熊容庸溶
		jioŋ³⁴	允陨尹狁殒永栐
ioŋ⁴²	酝缊蕰₍₁₎	jioŋ¹¹	运晕₍₁₎韵郓咏泳

二、合口音

	清音		浊音
u³³	婀窝乌污呜淤瘀透威	vu³¹	余予盂俞为唯韦违围帏
u⁴⁵	坞伛委₍₁₎	vu³⁴	羽雨禹愈伟苇纬玮炜韪
u⁴²	恶喂屙畏蔚慰霨	vu¹¹	预誉芋谕喻裕彗卫位胃
u³²³	屋		

三、撮口音

	清音		浊音
y³³	迁安鞍蜿鸳冤渊温瘟蕰	jy³¹	员圆缘鸢椽园袁援猿辕
y⁴⁵	碗椀苑婉菀琬畹箢渂	jy³⁴	允远
y⁴²	饫妪按案惋腕怨	jy¹¹	院瑗媛掾
y³²³	曰哕膃郁₍₂₎ 尉₍₂₎熨₍₁₎	jy²¹²	阅悦越粤域阈蜮棫役疫

$yɔ \to jyɔ$

yɔ³³	痈壅	jyɔ³¹	王(1)
yɔ⁴⁵	柱踊(1)	jyɔ³⁴	用佣(2)往涌(1) 甬俑蛹埇
yɔ⁴²	壅		

$yo \to jyo$

yo³²³	唷	jyo²¹²	浴欲鹆峪

第八节　一些语音的演绎规律

（一）合口三等非组微母字，唇齿音变读双唇音。文读声母为 [v]，白读声母为 [m]。

【挽(1)】wǎn, va³⁴ → ma³⁴　　【晚(1)】wǎn, va³⁴ → ma³⁴

【万(1)】wàn, vaŋ¹¹ → maŋ¹¹　　【蚊(1)】wén, vaŋ³¹ → maŋ³¹

【问(1)】wèn, vaŋ¹¹ → maŋ¹¹　　【物(1)】wù, vai²¹² → mai²¹²

【雾(1)】wù, vøy¹¹ → møy¹¹

（二）开合口一三等从母字，其声母会从 [z] 变读为 [dz]。

【才(1)】cái, ze³¹ → dze³¹　　【座(1)】zuò, zo¹¹ → dzo¹¹

【残(1)】cán, za³¹ → dza³¹　　【秦(1)】qín, zaŋ³¹ → dzaŋ³¹

【曾(1)】céng, zaŋ³¹ → dzaŋ³¹

（三）开合口一二等匣母字，其声母会从 [ɦ] 变读为 [g]。

【厚】hòu, ɦau³⁴ → gau³⁴　　【衔】xián, ɦa³¹ → ga³¹

【陷】xiàn, ɦa¹¹ → ga¹¹　　【馅】xiàn, ɦa¹¹ → ga¹¹

【怀】huái, va³¹ → ga³¹　　【环】huán, va³¹ → ga¹¹

【溃】kuì, vai¹¹ → gai¹¹

（四）开合口三等邪母字，其声母会从[ʑ]变读为[dʑ]，或由[z]变读为[dz]。

【像(1)】xiàng, ji³⁴ → dʑi³⁴   【绪(1)】xù, zɿ³⁴ → dzɿ³⁴

（五）合口一二等晓母字，其声母会从[h]变读为[k]。

【花(1)】huā, ho³³ → ko³³   【荒(1)】huāng, huɔ³³ → kuɔ³³

（六）合口一等见母字，其声母会从[k]变读为[k']。

【估(1)】gū, ku³³ → k'u³³   【昆(1)】kūn, kaŋ³³ → k'aŋ³³

（七）合口一等定母字，其声母会从[d]变读为[t]。

【兑(1)】duì, dai¹¹ → tai⁴²。对调，交换。"兑糖担。""我该身衣裳伉你兑爻着。""我用该个玩具伉你兑许个布娃娃，用着不啊？""铜嘅兑个铁嘅，不一色！"

（八）通摄合口三等以母字，由 jyɔ 变读成 ɦuɔ。

【用着】ɦuɔ¹¹dʑia²¹²，当单独使用，表示首肯时，变读成 ɦuɔ，其他情况仍读 jyɔ。"该盆配园冰箱里匄你明朝吃，用着也不？""你所讲嘅事干用着显，大家人肯定沃会同意嘅。""用着那，我会走去嘅哪。"

第三章 中古音与温州话的传承

由于温州话是一种典型的迁徙语代表，温州话的精髓源自汴洛话，而汴洛话属于中古音系，因此，我们要掌握温州话音韵，首先要掌握《广韵》音系。

《广韵》这部书是专为写作诗文而作的，但由于《广韵》对字音进行了分析，对汉字的读音做了系统的归纳，它也为后来研究汉语的历史语音提供了宝贵的资料。正是因为有了《广韵》一类的韵书，我们才能纵向地由此上推古音，下证今音，更好地探讨汉语语音的发展历史，也能横向地找出各种方言的演绎规律。

《广韵》是以四声为纲、韵目为纬而编排的一部韵书，共206韵，所收字数为26194个。平声分57韵，上声分55韵，去声分60韵，入声分34韵。《广韵》各个韵目上所辖的字都是同韵的，但声母不一定相同，因此，一韵之中，又按声母的不同分开排列。凡声韵都相同的字放在一起，称做一个声纽。《广韵》共有26声纽。

第一节　声　母

根据近人的研究成果，中科院语言研究所编的《方言调查字表》把《广韵》中的声类归纳为 37 个声母，又把 37 个声母分为 4 系、12 组列成《广韵声母表》，如下表：

广韵声母表

系	组	清音	全浊音	次浊音
帮系	帮组	帮滂	并	明
	非组	非敷	奉	微
端系	端组	端透	定	
	泥组			泥来
	精组	精清心	从邪	
知系	知组	知彻	澄	
	庄组	庄初生	崇	
	章组	章昌书	船禅	
	日组		日	
见系	见组	见溪	群	疑
	晓组	晓	匣	
	影组	影	云以	

36 字母拟音表

		全清	次清	全浊	次浊	清	浊
唇音	重唇	帮 p	滂 p'	并 b	明 m		
	轻唇	非 f	敷 f'	奉 bv	微 ɱ		
舌音	舌头	端 t	透 t'	定 d	泥 n		
	舌上	知 ṭ	彻 ṭ'	澄 ḍ	娘 ṇ		
齿音	齿头	精 ts	清 ts'	从 dz		心 s	邪 z
	正齿	庄 tɕ 章 tɕ	初 tɕ' 昌 tɕ'	崇 dʑ 船 dʑ		生 ɕ 书 ɕ	禅 ʑ
牙音		见 k	溪 k'	群 g	疑 ŋ		
喉音		影 ∅			云 j 以 j	晓 x	匣 ɣ
半舌音				来 l			
半齿音				日 ȵʑ			

第二节 韵 母

《广韵》共有 206 韵,将主要元音相同或相近的若干个韵归并在一起,概括成十六韵摄。

果摄:歌、戈

假摄:麻

遇摄:鱼、虞、模

蟹摄:齐、佳、皆、灰、咍、祭、泰、夬、废

止摄:支、脂、之、微

效摄:萧、宵、肴、豪

流摄:尤、侯、幽

咸摄:覃、谈、盐、添、咸、衔、严、凡

深摄:侵

山摄:元、寒、桓、删、山、先、仙

臻摄:真、谆、臻、文、欣、魂、痕

宕摄:阳、唐

江摄:江

曾摄:蒸、登

梗摄:庚、耕、清、青

通摄:东、冬、钟

以下为中古音与温州话的对应关系:

阴声韵 [果摄]

果开一

歌韵	əu	[³³] 差搓磋多哆拖 [⁴⁵] 躲左 [³¹] 驼陀鸵驮罗锣萝箩逻 [⁴²] 忒佐 [³⁴] 舵 [¹¹] 大
歌韵	a	[³³] 南那拖他它她 [³¹] 傩 [⁴⁵] 哪 [³⁴] 娜 [⁴²] 那哪 [¹¹] 那那
歌韵	ŋ	[³¹] 蛾俄鹅峨 [³⁴] 我 [¹¹] 饿
歌韵	u	[³³] 阿婀歌哥柯苛疴坷 [³¹] 河何荷 [⁴²] 屙 [¹¹] 贺荷
歌韵	o	[³³] 呵嚰嗦 [⁴⁵] 可
歌韵	ai	[⁴²] 个

果开三

戈韵	ʅ	[³¹] 茄伽

果合一

戈韵	o	[³³] 蓑唆梭莎裟婆波玻菠坡坡颇 [³¹] 蘑摩蘑摩矬脞痤鄱么 [⁴⁵] 朵垛锁琐唢跛簸叵 [³⁴] 坐 [⁴²] 唾播 [¹¹] 糯座薄
戈韵	øy	[³³] 波 [³¹] 魔磨摩馍婆模 [⁴²] 破 [¹¹] 磨
戈韵	əu	[³³] 啰 [³¹] 骡螺脶 [⁴⁵] 妥椭 [³⁴] 惰堕裸 [⁴²] 剁挫锉 [¹¹] 摞瘰
戈韵	ŋ	[³¹] 讹 [¹¹] 卧
戈韵	u	[³³] 倭逶蜗涡莴窝挝锅埚戈科蝌窠棵稞 [³¹] 和禾 [⁴⁵] 火伙夥果课裹颗 [³⁴] 祸 [⁴²] 货过课 [¹¹] 和
戈韵	a	[⁴²] 破

果合三

戈韵	y	[³³] 靴 [³¹] 瘸

阴声韵 [假摄]

假开二

麻韵	o	[³³] 沙砂纱鲨鸦丫桠巴芭疤笆叉杈衩差车家傢加枷嘉笳袈迦虾查渣楂吒担 [³¹] 爬琶杷扒霞瑕遐哈麻蔴嘛蟆牙芽衙伢茶搽查茬 [⁴⁵] 哑把靶姹假贾 [³⁴] 下马码蚂雅 [⁴²] 亚挜娅霸坝假架驾嫁稼价岔榨诈炸蚱吓 [¹¹] 耙齆下夏厦暇骂砑
麻韵	a	[³³] 茄搿 [⁴²] 爸 [¹¹] 骂

假开三

麻韵	ei	[³³] 车些奢赊畲遮 [³¹] 蛇佘邪斜 [⁴⁵] 且扯写舍姐者这 [³⁴] 社屿惹 [⁴²] 笡泄泻卸赦舍蔗借 [¹¹] 射麝谢藉
麻韵	i	[³¹] 耶椰揶爷邪 [⁴⁵] 野 [³⁴] 也冶 [¹¹] 夜

假合二

麻韵	o	[³³] 娃洼窊哇瓜呱花哗 [³¹] 华哗划斜 [⁴⁵] 寡剐傻 [³⁴] 瓦 [⁴²] 化 [¹¹] 华桦

阴声韵 [遇摄]

遇合一

模韵	øy	[³³] 舖粗都铺苏酥稣租 [³¹] 蒲葡徒屠途涂塗图卢炉芦鸬颅浮凫 [⁴⁵] 补谱赌肚堵睹祖浦土吐 [³⁴] 箍肚杜卤 [⁴²] 布怖佈播醋妒铺诉塑素嗦兔吐 [¹¹] 步埠缚赙度渡镀踱路露鹭
模韵	əu	[³¹] 奴 [⁴⁵] 组 [³⁴] 鲁橹虏努 [⁴²] 素做 [¹¹] 怒
模韵	o	[³¹] 模摹无膜 [³⁴] 姥姆 [⁵¹] 暮慕墓募
模韵	ŋ	[³¹] 吴娱蜈蟆吾梧悟 [³⁴] 五伍午忤 [¹¹] 误悟晤寤
模韵	u	[³³] 乌鸣污呼姑沽蛄菇咕诂孤菰箍辜枯估骷 [³¹] 蒲菩脯匍莆胡湖瑚糊葫髯狐弧壶乎 [⁴⁵] 坞鸮虎浒古估牯蛊股鼓瞽贾苦普浦埔圃 [³⁴] 部簿户沪戽 [⁴²] 恶庈故固痼雇顾锯库裤 [¹¹] 捕哺互护糊

遇合三

鱼韵	øy	[31]庐驴桐鱼渔 [34]吕侣旅 [11]虑滤
鱼韵	ei	[33]蛆猪 [31]徐 [45]煮杵鼠 [34]苎 [11]箸薯
鱼韵	ɿ	[33]狙沮胥诸书舒抒纾 [31]除储如茹 [45]暑黍处褚 [34]序叙绪贮伫汝 [42]絮著处庶恕 [11]署薯
鱼韵	əu	[33]初梳疏蔬 [31]锄 [45]阻楚础 [42]诅 [11]助
鱼韵	y	[33]居据车袪墟虚嘘噓 [31]渠 [45]举龆许 [34]女巨拒炬距语 [42]锯据去 [11]御禦
鱼韵	u	[33]於淤迂 [31]余馀舁 [34]与 [11]誉预豫
鱼韵	o	[45]所
虞韵	øy	[33]夫伕麸 [31]符芙 [45]府俯腑殕 [34]父腐缕 [42]付咐赋傅 [11]雾务附驸屦
虞韵	u	[33]夫肤敷麸俘孚蜉孵 [31]夫扶芙无芜竽巫诬毋于俞榆逾瑜渝愉舆奥谀无 [45]俯甫脯斧釜辅抚 [34]武舞侮鹉雨宇禹羽愈瘉腐妩予 [42]赴讣 [11]芋喻裕吁孵
虞韵	ɿ	[33]趋枢诛蛛株朱硃珠输 [31]厨橱儒蠕孺殊 [45]取娶拄主 [34]聚须鬚需柱竖乳墅 [42]趣驻註注蛀铸成 [11]住树
虞韵	əu	[33]刍 [31]雏 [45]数 [42]数
虞韵	y	[33]拘驹区驱躯岖吁 [31]瞿衢禹虞娱愚 [45]矩 [42]句煦酗 [11]具惧俱飓遇寓

阴声韵 [蟹摄]

蟹开一

哈韵	e	[33]唉哀埃猜该赅嗨哈开鳃胎台灾栽哉 [31]台苔抬 鲍孩来徕呆才材财裁 [45]霭乃彩采採睬踩改海凯恺 哈宰崽 [34]待怠殆亥在 [42]爱嗳嫒菜戴概溉忾塞赛 苔态贷黛再载宰 [11]代袋玳逮埭耐碍儗
哈韵	a	[33]崽奶 [45]歹傣 [34]乃鼐 [42]句 [11]坦
泰韵	ai	[42]贝狈沛
泰韵	a	[42]带太汰泰蔡 [11]大汰奈赖癞
泰韵	e	[42]盖丐蔼 [11]艾害

蟹开二

皆韵	a	[33]斋皆阶稽偕街揩埃挨 [31]排埋霾豺谐 [45]解楷 [34]骇骸 [42]拜湃介界解芥尬疥疥戒诫届夬 [11]械
佳韵	a	[33]咱街筛差钗叉 [31]牌簰柴鞋涯崖捱癌 [45]摆解洒蟹骇矮 [34]罢买解奶芴解 [42]派债晒隘 [11]稗卖懈邂
佳韵	o	[33]佳娲
夬韵	a	[11]败呫迈寨

蟹开三

祭韵	ei	[31]厉励蛎 [45]毙 [42]蔽世势祭际穄溅制製 [11]敝弊币滞誓逝
祭韵	i	[31]例 [11]艺呓曳
废韵	i	[11]刈

蟹开四

齐韵	ei	[33]妻凄栖西犀茋低爹梯批砒 [31]齐脐堤题提啼蹄黎鹥迷 [45]洗底抵砥体 [34]荠弟悌礼米 [42]砌细婿济挤剂闭帝渧谛蒂涕剃屉替 [11]剂第递缔丽隶谜
齐韵	i	[31]倪泥霓奚兮 [34]陛 [42]缢瘗 [11]敝鐾诣系係
齐韵	ɿ	[33]溪鸡稽 [45]启 [42]契计继系

蟹合一

灰韵	ai	[33]杯坯胚伓推堆呆崔催摧璀灰诙瑰盔魁恢偎煨 [31]培陪赔裴徘梅霉莓枚玫媒煤颓雷擂蕾桅茴迴徊蛔 [45]腿傀贿猥 [34]倍蓓每馁奶儡磊罪汇 [42]辈背褙配对碓退褪碎块悔晦海 [11]佩背焙妹昧队内溃魏
泰韵	ai	[42]蜕兑最刭会绘桧侩 [11]兑会绘
泰韵	a	[11]外

蟹合二

皆韵	a	[³³]乖 [³¹]怀槐淮 [⁴²]怪 [¹¹]坏
佳韵	a	[³³]歪 [⁴⁵]拐
佳韵	o	[³³]蛙 [⁴²]挂卦褂 [¹¹]画
夬韵	a	[⁴²]快筷
夬韵	o	[¹¹]话

蟹合三

祭韵	ai	[⁴²]脆 [¹¹]芮锐
祭韵	ɿ	[⁴²]岁缀赘税
祭韵	y	[³³]鳜
祭韵	u	[¹¹]卫
废韵	ei	[⁴²]废肺吠
废韵	ai	[⁴²]喙秽

蟹合四

齐韵	y	[³³]圭硅闺鹃娟 [⁴²]桂
齐韵	ai	[³³]奎
齐韵	u	[³¹]携畦 [¹¹]慧惠彗

阴声韵 [止摄]

止开三

支韵	ai	[³³]碑卑
支韵	ei	[³³]披支枝肢厄柂 [³¹]皮疲脾糜弥离篱璃池匙 [⁴⁵]彼玺纸 [³⁴]被婢俾靡舐豸 [⁴²]臂 [¹¹]被避荔离
支韵	ɿ	[³³]雌疵斯厮撕筛只羁差知蜘施牺曦 [³¹]驰弛奇琦崎骑歧伎芪 [⁴⁵]紫此徙咫侈豕 [³⁴]是氏尔徛技妓 [⁴²]刺赐智翅寄企戏 [¹¹]豉

续表

支韵	i	[33]祎祎 [31]宜仪移蛇迤 [45]倚椅漪裔 [34]蚁 [42]臂譬 [11]谊义议易
支韵	ŋ	[31]宜 [11]义
脂韵	ai	[33]悲 [31]徽 [11]媚
脂韵	ei	[33]丕 [31]琵枇毗眉嵋楣梨犁 [45]鄙比秕匕 [34]美履 [42]庇痹屁 [11]备鼻篦坒媚寐魅地利痢莉苈
脂韵	i	[33]伊 [31]尼呢昵夷姨胰彝颐 [42]秘泌辔 [11]腻肄懿
脂韵	ɿ	[33]资姿咨私脂师狮蛳尸饥肌 [31]瓷迟祁耆鳍 [45]姊第死旨指矢屎几 [34]雉 [42]次四肆致缒至挚冀骥器弃 [11]自稚示视嗜
脂韵	ŋ	[31]儿 [11]二贰
之韵	ei	[31]狸厘俚釐 [34]李里理鲤 [11]吏
之韵	ɿ	[33]兹滋孳孜司丝思腮痴辎缁之芝嗤诗基箕欺嘻嬉熹熙 [31]慈磁糍辞词祠持时鲥而其棋期旗琪麒祺踌瘸跐崱痔绪偈曙 [45]子仔梓耻滓使史驶止址趾祉齿始已纪起杞喜蟢答 [34]似祀巳痔士仕柿俟市恃耳 [42]伺思置厕志誌痣炽帜试记眙 [11]字寺嗣饲治事侍饵洱忌
之韵	i	[33]医 [31]疑圮饴怡贻 [34]你拟矣已以 [42]意臆 [11]异
微韵	ɿ	[33]几机讥姬希稀 [31]祈祁 [45]麂岂 [42]既暨汽气
微韵	i	[33]衣依 [31]沂 [11]毅
支韵	ɿ	[33]吹炊 [31]随隋锤捶垂陲 [45]嘴 [34]蕊 [11]瑞
支韵	y	[33]规亏窥麾 [31]危 [45]诡毁 [34]跪 [42]毁 [11]伪
支韵	u	[33]萎 [31]为 [45]委 [42]餧 [11]为
支韵	ai	[33]累亏规 [45]揣 [34]累 [11]累睡
支韵	ei	[45]髓

止合三

脂韵	ʮ	[³³] 虽绥追锥佳椎 [³¹] 槌谁 [⁴⁵] 水 [⁴²] 醉 [¹¹] 遂隧穗坠
脂韵	ai	[³³] 衰 [⁴²] 醉翠摔喟愧 [³⁴] 垒 [¹¹] 泪粹
脂韵	y	[³³] 龟 [³¹] 葵揆夔遗 [⁴⁵] 轨癸 [⁴²] 季悸愧 [¹¹] 柜匮
脂韵	u	[³¹] 维惟帷潍遗 [³⁴] 唯 [¹¹] 位
脂韵	øy	[¹¹] 类
脂韵	a	[⁴²] 帅
微韵	ei	[³³] 飞非菲绯妃翡扉蜚啡 [³¹] 肥淝微薇 [⁴⁵] 匪榧斐 [³⁴] 尾 [⁴²] 痱费喂 [¹¹] 未味尾未味
微韵	ai	[³³] 归挥徽 [¹¹] 魏巍
微韵	y	[³³] 归挥辉晖 [⁴⁵] 鬼 [⁴²] 贵讳纬卉
微韵	u	[³³] 威葳 [³¹] 违围韦玮炜 [³⁴] 伟苇韪 [⁴²] 畏喂尉慰蔚 [¹¹] 纬胃谓

阴声韵 [效摄]

效开一

| 豪韵 | ə | [³³] 褒刀叨滔绦韬遭糟操草骚搔臊缫缲高膏篙羔糕皋睾蒿薅麈燺 [³¹] 袍毛牦桃逃陶淘啕掏萄涛夯劳捞唠涝痨牢曹槽嘈熬遨鳌翱豪壕毫嚎号 [⁴⁵] 保堡宝祷岛捣倒讨早枣蚤澡藻草嫂扫稿搞镐考拷烤栲好懊 [³⁴] 抱鉋道稻脑恼瑙老姥佬皂造浩 [⁴²] 报到倒套躁灶噪操糙扫燥告靠犒好耗奥澳岙 [¹¹] 暴爆曝苞冒帽盗导蹈悼涝傲号 |

效开二

| 肴韵 | ɔu | [³³] 包苞胞抛泡猫抓梢捎稍抄钞剿缫交郊胶茭蛟鲛跤敲骹哮凹坳拗 [³¹] 刨庖咆酵孝茅猫锚铙挠巢肴淆爻 [⁴⁵] 饱跑炒吵爪找绞狡佼铰搅巧拗 [³⁴] 鲍卯咬豹趵爆炮泡疱罩笊教校较窖觉哨稍潲拗 [¹¹] 饱貌闹校效 |

效开三

| 宵韵 | ε | [³³] 臕标膘镖飘漂焦蕉礁樵憔谯椒朝锹繰超橇瞧消霄宵硝销逍肖骄娇嚣夭妖邀腰要昭招烧 [³¹] 瓢嫖苗描瞄燎朝潮嘲韶饶桡乔侨桥荞摇谣窑徭瑶遥姚 [⁴⁵] 表婊镖漂剽悄小筱矫沼少旨 [³⁴] 鳔渺缈秒淼藐赵兆肇绍绕扰 [⁴²] 票醮俏峭肖笑鞘照诏少要翘 [¹¹] 庙妙疗召邵绕轿耀鹞 |

效开四

| 萧韵 | iε | [³³] 刁貂雕凋碉挑萧箫潇浇枭骁幺吆 [³¹] 条调迢笤聊辽燎僚缭镣嘹寥 [⁴⁵] 鸟缴侥激饺铰杳 [³⁴] 掉调了瞭嬲 [⁴²] 钓吊跳叫窍 [¹¹] 掉调料廖 |
| 萧韵 | ia | [³³] 蛲 [³¹] 尧饶蛲 [⁴⁵] 晓 [¹¹] 尿 |

阴声韵 [流摄]

流开一

侯韵	au	[³³] 兜偷镂搂勾钩沟抠区欧瓯讴殴鸥 [³¹] 投楼娄髅喽褛侯喉猴 [⁴⁵] 斗抖蚪陡敨走掫叟狗苟垢诟枸口呕 [³⁴] 篓搂藕偶后厚後厚 [⁴²] 斗透奏揍凑嗽够构购媾篝扣叩寇蔻吼佝鲎怄沤 [¹¹] 漏陋偶候逅逗脰窦读
侯韵	əu	[³¹] 头骰 [¹¹] 豆逗痘荳
侯韵	ə	[³¹] 掊 [⁴⁵] 剖 [³⁴] 亩牡 [¹¹] 戊茂贸
侯韵	o	[³⁴] 某母拇

流开三

尤韵	ə	[³¹] 浮蜉谋蛑 [⁴⁵] 否 [³⁴] 阜缶 [¹¹] 复
尤韵	əu	[³¹] 流刘留榴瘤硫琉 [³⁴] 柳绺 [¹¹] 溜馏
尤韵	uei	[³³] 溜遛抑舟揪秋湫鳅修脩羞馐抽周赒州洲收 [³¹] 囚酋绸稠惆遒筹踌雠仇酬柔揉蹂泅 [⁴⁵] 酒肘丑帚醜手首守 [³⁴] 纣受授绶 [⁴²] 咒昼臭秀绣锈宿兽 [¹¹] 宙袖寿授售就
尤韵	au	[³³] 搜飕艘馊邹 [³¹] 牛愁 [⁴²] 瘦漱皱绉 [¹¹] 胄骤簉

尤韵	iau	[33] 扭赳阄鸠丘蚯邱休优忧悠 [31] 求球仇裘虬尤邮由油犹游蝤蚰 [45] 九久玖韭灸揂朽 [34] 扭纽钮臼咎舅有友酉莠诱 [42] 救究抠厩嗅臭 [11] 旧又右佑柚釉鼬
尤韵	uɔ	[31] 矛
尤韵	øy	[34] 妇 [42] 富副
尤韵	u	[34] 负
幽韵	ε	[33] 彪 [31] 缪廖 [11] 谬
幽韵	əu	[33] 丢
幽韵	iau	[33] 幽 [45] 纠黝蚴 [42] 幼

阳声韵 [咸摄]

咸开一

覃韵	a	[33] 耽 [31] 谭函涵
覃韵	ø	[33] 贪庵鹌谙参堪龛 [31] 潭南男喃楠婪蚕含 [45] 惨憯砍坎侃揞 [34] 漤颔 [42] 探勘瞰阚暗黯 [11] 撼憾
谈韵	a	[33] 担坍三叁 [31] 谈痰蓝篮岚襤幨譀惭 [45] 胆疸毯 [34] 淡览揽槛鉴 [42] 担石 [11] 滥缆暂
谈韵	ø	[33] 甘柑泔酣蚶憨 [45] 敢橄喊揞 [42] 淦赣

咸开二

咸韵	a	[33] 逸馋杉尴缄 [31] 咸鹹 [45] 斩崭减碱硷 [34] 湛 [42] 蘸 [11] 站赚陷馅
衔韵	a	[33] 搀监嵌槛 [31] 岩衔 [45] 衫舰 [42] 忏监鉴

咸开三

| 盐韵 | i | [33] 粘黏尖歼签沾詹瞻占纤奄淹阉腌醃 [31] 帘廉镰奁潜蟾钳黔铃炎盐阎檐 [45] 贬谄陕闪检捡脸险掩 [34] 脸敛渐染冉髯俭 [42] 堑占 [11] 殓验艳盐焰赡 |
| 严韵 | i | [31] 严 [45] 魇厣 [34] 俨 [42] 剑欠厌忺釅 [11] 酽 |

咸开四

| 添韵 | i | [33] 掂踮添拈娘妮兼搛谦 [31] 甜恬鲶嫌 [45] 点玷舔歉 [34] 簟 [42] 店惦掭栝 [11] 念捻 |

咸合三

| 凡韵 | a | [31] 凡帆 [34] 范犯 [42] 泛 [11] 梵 |

阳声韵 [深摄]

深开三

侵韵	əŋ	[31] 林淋琳霖临 [45] 禀品 [34] 檩凛廪
侵韵	ø	[33] 簪参
侵韵	aŋ	[33] 侵心针斟篸砧森参深 [31] 寻沉岑 [45] 寝枕审婶沈 [34] 甚葚 [42] 浸呲渗枕 [11] 赁任妊纴衽
侵韵	iaŋ	[33] 今金禁襟钦衾音阴荫 [31] 任壬吟琴芩岑禽擒淫 [45] 锦饮 [42] 禁撳窨荫 [11] 妗噤

阳声韵 [山摄]

山开一

寒韵	a	[33] 丹单摊滩瘫餐 [31] 檀坛弹难兰拦栏澜残 [45] 掸诞坦袒珊散伞 [34] 懒懶 [42] 旦炭碳叹赞灒灿璨散 [11] 但弹蛋坦难烂
寒韵	ø	[33] 看刊 [42] 看
寒韵	y	[33] 干肝竿乾骭安桉鞍 [31] 寒韩邯 [45] 秆杆擀赶罕 [34] 旱 [42] 干幹汉罕按案 [11] 岸汗悍捍焊翰

山开二

| 山韵 | a | [33] 山潸艰间眼 [31] 潺闲娴 [45] 盏产铲简裥柬拣产眼 [34] 鰥眼限 [42] 扮瓣盼瓣绽间 [11] 办 |
| 删韵 | a | [33] 班斑颁扳攀妈吗蛮删栅奸姦 [31] 爿蛮颜 [45] 板版版阪钣妈 [42] 襻妈慢疝舢谏涧铜晏 [11] 慢谩栈雁赝 |

山开三

仙韵	i	[33] 鞭编篇偏扁翩煎迁仙鲜甄搧蔫嫣 [31] 便绵棉连涟联钱涎蜒缠蝉禅婵焉沿然燃乾虔娟钱延筵 [45] 剪翦浅阐癣藓展辗遣谴 [34] 辨辩免勉娩鲇冕缅沔渑碾辇践善缮单衍件演 [42] 变骗箭溅线腺战颤扇堰偃 [11] 汴卞便面贱钱羡膳单擅缠偃彦谚
元韵	i	[33] 犍轩掀 [31] 言喧 [45] 建 [34] 键 [42] 宪献 [11] 健腱

山开四

先韵	i	[33] 边蝙颠癫巅天笺千阡纤先肩坚牵烟胭湮 [31] 眠田填年怜莲前研贤弦舷 [45] 扁匾典碘腆觍茧趼筧显笕 [34] 辫丏撵 [42] 遍片荐见牮茜燕嚥宴 [11] 麵电殿奠佃钿淀癜钱垫炼练楝链砚现

山合一

桓韵	ø	[33] 般潘番拚端湍钻余酸 [31] 搬盘磐团瞒馒鳗鸾銮峦孪滦 [45] 躯短碫疃纂攒 [34] 伴拌畔满螨懑断暖卵 [42] 半绊判断锻镦钻窜算蒜 [11] 叛幔漫镘段缎乱玩
桓韵	y	[33] 官棺倌观冠昆欢豌剜 [31] 桓垣完丸 [45] 管馆莞碗款 [34] 缓 [42] 贯灌罐观冠唤焕痪腕惋
桓韵	a	[33] 宽髋 [11] 换

山合二

山韵	ua	[33] 鳏 [31] 顽 [42] 幻
删韵	ø	[33] 闩拴 [34] 撰 [42] 篡涮
删韵	a	[33] 关弯湾皖莞 [31] 还环寰 [42] 惯宦 [11] 患换豢

山合三

仙韵	y	[33] 宣萱专砖穿川圈圈捐镌 [31] 全泉传椽船拳权颧员圆缘 [45] 选转喘卷圈 [34] 篆软 [42] 渲转串眷卷绢 [11] 旋璇镟传倦蜷院媛
仙韵	i	[11] 恋
元韵	a	[33] 番翻 [31] 烦藩蕃矾樊繁 [45] 反返 [34] 晚挽晚挽 [42] 贩 [11] 饭万万蔓曼漫
元韵	y	[33] 喧冤鸳 [31] 元原源袁辕猿园援 [45] 宛苑 [34] 阮远兖隽 [42] 劝券楦怨 [11] 愿

山合四

先韵	y	[33] 渊 [31] 玄悬 [45] 犬 [11] 县眩

阳声韵 [臻摄]

臻开一

痕韵	ø	[33] 吞恩 [31] 痕
痕韵	aŋ	[33] 吞根跟跟 [31] 痕 [45] 垦恳很狠 [42] 艮 [11] 恨

臻开三

真韵	əŋ	[33] 彬宾槟滨缤嫔骸斌濒 [31] 贫频颦民岷旻邻鳞磷麟 [34] 闽悯敏抿泯黾 [42] 殡鬓摈 [11] 吝躏
真韵	aŋ	[33] 津亲辛莘新薪珍榛臻真身申伸绅娠 [31] 秦陈尘臣辰晨人仁神 [45] 缜诊疹 [34] 尽任肾 [42] 进晋亲信讯汛迅囟镇趁衬振震赈 [11] 蜃烬刃纫认阵慎
真韵	iaŋ	[33] 巾因姻咽茵 [31] 人银龈寅 [45] 紧 [34] 忍引蚓 [42] 衅印 [11] 刃认韧仅
殷韵	iaŋ	[33] 斤筋欣掀殷 [31] 勤芹 [45] 谨隐 [34] 近 [42] 靳劲

臻合一

魂韵	aŋ	[33] 奔喷昆崑坤昏温 [31] 门们扪饨馄捆 [34] 沌盾混浑 [42] 喷吨顿拃棍諢困睏 [11] 笨坌闷焖

续表

魂韵	ø	[³³] 敦墩蹲村尊樽孙 [³¹] 盆溢屯沌豚臀存论 [⁴⁵] 忖㒰损 [³⁴] 囤 [⁴²] 寸逊巽 [¹¹] 钝遁嫩论
魂韵	y	[³³] 昏婚温瘟 [³¹] 魂 [⁴⁵] 稳

臻合三

谆韵	aŋ	[³¹] 仑伦沦轮囵纶 [⁴²] 迅
谆韵	oŋ	[³¹] 纯莼醇淳
谆韵	ioŋ	[³³] 遵皴荀询椿肫春均钧 [³¹] 唇旬徇循巡纼耘唇旬徇巡窘菌匀 [⁴⁵] 隼榫笋准準蠢允尹 [³⁴] 盾 [⁴²] 俊峻骏浚舜瞬 [¹¹] 殉顺闰润
文韵	aŋ	[³³] 分吩芬纷氛 [³¹] 文纹蚊闻焚坟蚊明 [⁴⁵] 粉 [³⁴] 吻刎愤忿 [⁴²] 粪奋 [¹¹] 问份闻分紊问
文韵	ioŋ	[³³] 君军勋熏薰 [³¹] 群裙云雲 [⁴⁵] 蕴恽 [⁴²] 训熨酝 [¹¹] 郡韵运晕
文韵	y	[³³] 荤

阳声韵 [宕摄]

宕开一

唐韵	cu	[³³] 帮滂膀当铛裆脏赃臧藏仓苍桑丧冈岗刚纲钢缸康糠慷肮 [³¹] 旁螃膀镑磅彷傍忙芒茫氓堂棠膛螳唐糖塘溏囊郎廊狼琅锒螂藏昂行航杭 [⁴⁵] 榜膀髈党挡汤倘淌躺嗓搡磉 [³⁴] 莽蟒荡宕朗 [⁴²] 谤当档烫趟葬丧杠抗炕亢亢园 [¹¹] 宕荡浪藏脏

宕开三

阳韵	i	[³³] 将浆枪相箱厢湘襄镶张章樟彰蟑漳掌商伤殇昌菖娼猖疆僵礓缰姜羌锵香乡央秧殃鸯 [³¹] 娘良凉量粮梁梁墙蔷详祥长肠场常嫦尝裳偿瓤羊徉洋垟烊阳杨扬旸疡翔徜 [⁴⁵] 蒋奖桨抢想长涨掌厂赏晌饷 [³⁴] 襁昶敞鲞享响养氧 [³⁴] 壤攘嚷强犟仰痒两辆俩魉象橡丈仗杖上 [⁴²] 酱浆将呛相帐账胀畅幛障瘴唱倡向 [¹¹] 酿亮谅量靓匠尚上让样仗恙漾

续表

阳韵	uɔ	[33] 庄装妆疮沧舱创 [45] 爽 [42] 壮创爽
阳韵	yɔ	[33] 霜孀妆装 [31] 床 [45] 闯 [42] 壮 [11] 状
阳韵	iɛ	[31] 两

宕合一

唐韵	uɔ	[33] 光胱荒慌肓汪 [31] 黄簧潢磺皇蝗煌惶隍凰 [45] 广谎晃 [42] 旷矿圹

宕合三

阳韵	uɔ	[33] 方肪芳妨坊诓 [31] 房防亡 [45] 仿彷纺访 [34] 罔惘魍网 [42] 放 [11] 忘妄望旺
阳韵	yɔ	[33] 匡筐眶框 [31] 王狂 [45] 枉 [34] 往 [42] 况 [11] 逛

阳声韵 [江摄]

江开二

江韵	uɔ	[33] 邦胮江扛豇肛 [31] 庞 [45] 绑榜讲港 [34] 庞棒蚌项 [42] 胖降杠 [11] 巷
江韵	yɔ	[33] 庄桩窗双 [11] 撞
江韵	i	[33] 腔 [31] 降

阳声韵 [曾摄]

曾开一

登韵	oŋ	[33] 崩绷 [31] 朋棚鹏硼 [42] 迸嘣蹦
登韵	aŋ	[33] 登灯曾增憎啃僧 [31] 腾藤滕誊疼能楞曾层恒姮 [45] 等肯 [42] 凳瞪蹬瞪 [42] 蹭亘 [11] 邓赠

曾开三

蒸韵	əŋ	[33]冰征徵蒸癥称升胜扔乒 [31]凭陵凌棱绫菱澄橙惩澂乘绳塍承丞仍 [45]拯 [42]证症称秤胜 [11]瞪铛剩嵊乘
蒸韵	iaŋ	[33]兴鑫应鹰蝇 [31]凝 [45]兴 [42]兴应 [11]孕

曾合一

| 登韵 | oŋ | [31]弘 |

阳声韵 [梗摄]

梗开二

庚韵	iɛ	[33]烹撑铛生牲笙甥更粳庚赓羹坑亨警 [31]彭膨盲衡行 [45]打省哽梗杏莕澋 [34]猛冷 [42]撑更 [11]孟硬行
庚韵	a	[31]衡
耕韵	iɛ	[33]浜绷争等挣睁耕鹦樱 [31]棚萌争 [45]耿 [34]蚌幸倖 [42]迸 [11]争硬
耕韵	əŋ	[31]橙
耕韵	iaŋ	[33]茎莺鹦樱罂

梗开三

庚韵	əŋ	[33]兵 [31]平评坪枰鸣明盟 [45]丙炳柄秉 [34]皿 [11]病命
庚韵	iaŋ	[33]京惊荆卿英 [31]擎鲸迎柠狞 [45]境景警影 [42]敬竟镜庆映 [11]竞儆
清韵	əŋ	[33]并精晶睛清贞侦帧蛏正征旌声 [31]名茗情晴婧赪呈程埕成城诚盛 [45]饼屏请井阱省骋整 [34]酩领岭静靖逞 [42]并併摒聘性姓正政圣 [11]盛靓净令郑程
清韵	iaŋ	[33]轻氢婴缨樱 [31]盈楹赢瀛 [45]禁颈 [42]劲

梗开四

青韵	əŋ	[³³] 妍拼丁叮钉疔仃盯汀听厅烃拎青蜻星腥猩 [³¹] 瓶屏苹萍铭冥螟瞑灵棂铃伶玲聆苓泠囹羚龄零翎亭停婷廷庭蜓霆 [⁴⁵] 顶鼎醒艇挺 [³⁴] 并並锭碇 [⁴²] 钉订听 [¹¹] 定啶另
青韵	iaŋ	[³³] 经馨 [³¹] 宁咛形刑型邢 [⁴²] 径磬罄 [¹¹] 宁

梗合二

庚韵	uɛ	[³¹] 横 [³⁴] 撗 [¹¹] 横
庚韵	uɔ	[⁴⁵] 矿
耕韵	oŋ	[³³] 轰訇 [³¹] 宏弘 [⁴²] 轰

梗合三

庚韵	ioŋ	[³³] 兄 [³¹] 荣嵘 [⁴⁵] 永 [⁴²] 泳咏
清韵	ioŋ	[³³] 倾 [³¹] 琼营莹 [⁴⁵] 顷
清韵	iaŋ	[³¹] 颖

梗合四

青韵	ioŋ	[³¹] 萤荧萦 [⁴⁵] 炯迥

阳声韵 [通摄]

通合一

东韵	oŋ	[³³] 东通踪棕鬃聪匆忽葱囪公蚣工功攻空烘翁嗡 [³¹] 篷蓬墉熥橦蒙朦檬同铜桐筒童瞳彤笼聋珑胧咙丛红虹洪鸿 [⁴⁵] 董懂捅综总汞孔哄㬒 [³⁴] 懵蒙动桶拢 [⁴²] 冻栋痛粽送贡控空哄蕻瓮齆齉 [¹¹] 洞恫恸弄讧哄
冬韵	oŋ	[³³] 冬宗松淞鬆 [³¹] 农脓浓哝 [⁴²] 统宋

通合三

东韵	oŋ	[³³] 风枫疯丰嵩 [³¹] 冯崇戎绒隆窿 [⁴²] 讽 [¹¹] 凤梦
东韵	ioŋ	[³³] 中忠衷终弓躬宫囱穹充 [³¹] 虫穷熊雄融 [⁴²] 中众铳串 [¹¹] 仲
锺韵	oŋ	[³³] 封峰锋蜂从 [³¹] 逢缝浓龙茸 [⁴⁵] 捧拱巩 [³⁴] 奉垅垄陇冗 [¹¹] 俸缝
锺韵	ioŋ	[³³] 冲春雍 [³¹] 容蓉榕溶熔庸佣 [⁴⁵] 冢宠拥
锺韵	yɔ	[³³] 纵钟锺盅恭供龚凶汹匈胸痈 [³¹] 重 [⁴⁵] 怂耸种肿恐甬勇蛹俑涌踊 [³⁴] 重 [⁴²] 纵种供雍壅 [¹¹] 重共

第三节 声　调

温州话平、上、去、入四声俱全，每声均分阴阳，共计八个声调。阴调有阴平、阴上、阴去、阴入，清声母之字属之。阳调有阳平、阳上、阳去、阳入，浊声母之字属之。

普通话没有入声，只有平、上、去三声，其中平声分阴阳，为四个声调。

中古至现代四声演化表

温州话		现代阴平	现代阳平	现代上声	现代去声
平声	清	开安之天			
	次浊		流牛留难		
	全浊		池从齐唐		
上声	清			准酒讲本	
	次浊			女马老武	
	全浊				旱是似在
去声	清				对富唱报
	次浊				卖用浪怒
	全浊				宙大盗树

续表

温州话		现代阴平	现代阳平	现代上声	现代去声
入声	清	约劈哭七	国菊节得	百雪尺铁	必色益作
	次浊				叶日木纳
	全浊		白杂学食		

温州话与普通话调类演绎表

温州话调类			字例	普通话调类
平声	阴平	全清	刚知专尊丁边安巴丹番更	阴平
		次清	开超初天偏亨三飞崔冲操	
	阳平	全浊	穷陈床唐平寒时详丛坟沉	阳平
		次浊	鹅娘人龙难麻文云雷玲矛	
上声	阴上	全清	古展纸走短比袄把宝堵景	上声
		次清	口丑楚草体普好死宠遣挑	
	阳上	次浊	五女染老暖买武有	
		全浊	近柱是坐断倍亥似罢淡技	去声
去声	阴去	全清	盖涨正醉对变爱豹斗奋故	
		次清	抗唱菜怕汉世送放翅翠费	
	阳去	全浊	共阵助暂大备害谢办盗但	
		次浊	岸闰漏怒帽望用吝曼宁闰	
入声	阴入		八逼剥擦吃跌发格黑积哭	阴平
			柏察答福阁即壳识胁则哲	阳平
			百北笔尺得法谷甲渴匹血	上声
			必毕别册赤触扼复各客扩	去声
	阳入	全浊	凸突夕勒摸曰汐	阴平
			拔白薄达笛额伐合极仆舌	阳平
			辱属瘪拉蜀	上声
		次浊	彻划或剧落乐麦内热术特	去声

第四章 温州话特点

温州古为瓯越地，温州话在古代瓯越语和瓯越文化中占有举足轻重的地位。温州话是古吴语的继承者，是南吴语的代表，保留了很多的古语古音，比受官话影响的北吴语更古老。温州话又与古闽语、古楚语、古江东语有着密切的联系。

正由于温州方言独特，所以温州方言历来深受国内和国际学界的重视。有关温州话的研究，在汉语方言研究、汉语历史研究领域都占据重要地位。

正因为温州历史文化蕴积丰厚，经济发展模式独特，在国内外都很出名，加之来温外来务工者及在外温籍侨胞众多，国人及世界都希望能了解温州，了解温州方言。要和温州人打交道，更不能不了解温州话。

但是，由于温州话在语音、语法等各方面都有与众不同的特点，温州话成为一种特别难懂的方言，就是沪、苏、杭、甬等同属吴语区的人也听不懂温州话，更何况非吴语区的人。难怪北方人有一句口头禅："天不怕，地不怕，就怕温州人说温州话。"

第一节 温州话音韵特点

普通话与温州话的最大差异,是前者有卷舌音而没有入声,后者有入声而无卷舌音。

温州话基本保留了古汉语的声调体系,其声韵和声调要比普通话复杂得多,读音的区别要细微得多,外地人往往难以辨别。如温州城内有座大楼叫"温州大厦",温州的最高学府叫"温州大学",这两个词,用温州话念起来是一样的,只是声调不同。温州人能分得清楚,而外地人却觉得莫名其妙。

从音韵学角度来分析,温州话有三大特点。

其一,温州话清浊分明,语素丰富。

清浊是古人关于发音气流性质的基本概念。清浊大都用来指称声母类别。

音韵学家根据声母的发音方法,把三十六字母分为清音和浊音两大类。清浊的区别主要在于声带的颤动与否。

发清音时声带不振动,靠气流冲出或摩擦口腔的某个部位发出声音;发浊音时声带振动,所以发出的音比清辅音低沉而明显。

清音又细分为全清和次清,浊音又细分为全浊和次浊。

音韵学上常见的三十六字母有"全清、次清、全浊、次浊"四分。从语音学的角度看:

全清是指不送气、声带不颤动的塞音、塞擦音和声带不颤动的擦音。帮、非、端、知、精、心、照、审、见、晓、影属之。

次清是指送气、声带不颤动的塞音、塞擦音。滂、敷、透、彻、清、穿、溪属之。

全浊是指声带颤动的塞音、塞擦音和擦音。並、奉、定、澄、从、邪、床、禅、群、匣属之。

次浊是指声带颤动的鼻音、边音和半元音。明、微、泥、娘、疑、喻、来、日属之。

后来，北方游牧民族入主中原，他们对发这些音不感兴趣，之后学汉语时，也就没学好这些音。这导致现在的普通话没有继承古汉语的全浊音声母，而是被全盘清化。浊音清化导致普通话总体以高音为主，音感清轻高扬，符合草原生活环境。

温州话最主要的特点是保持了浊音和清音声母的分别。温州话比普通话多了一套浊声母，即：塞音、塞擦音的浊音 b、d、g、z、dz、dʑ，擦音的浊音 v、ɦ、j。温州话中的浊音，不像北吴语中的清音浊流，是真正的浊音。普通话中的 b、d、g、z 是清音。温州话中的浊声母需要振动声带，如英语的浊辅音 b、d、g、w、z 等。

有浊辅音的声母系统是温州话的重要特征之一。例如：

八 po^{323} →薄 bo^{212}	比 pei^{45} →被 bei^{34}
单 ta^{33} →大 da^{11}	冻 toŋ^{42} →同 doŋ^{31}
甲 ka^{323} →轧 ga^{212}	归 kai^{33} →溃 gai^{11}
瞎 ha^{323} →狭 ɦa^{212}	海 he^{45} →孩 ɦe^{34}
嫂 sə^{45} →造 zə^{34}	赛 se^{42} →材 ze^{31}
扎 tsa^{323} →择 dza^{212}	精 tsəŋ^{33} →郑 dzəŋ^{11}
尖 tɕi^{33} →件 dʑi^{11}	救 tɕiau^{42} →球 dʑiau^{31}

温州话清浊分明，古全浊声母今都仍读浊音，而且带明显浊流，尤其是浊擦音仍读真浊音。泥母与来母、疑母与零声母绝不相混，这虽然是其他吴语也有的特点，但像温州话读得这样分明、与《广韵》一一对应的也不多。

其二，温州话中保留入声，抑扬顿挫。

参见本书第二章第六节"温州话中的入声字"。

其三，温州话中四声八调，富于韵律。

温州话基本保留古汉语的声调体系，其声韵和声调要比普通话复杂得多。

从声调来看，温州话的声调体系要比普通话复杂得多。普通话是四声，温州话也是四声，但完全不一样。

普通话妈麻马骂，ma^{55}，ma^{35}，ma^{214}，ma^{51}。mā，má，mǎ，mà。

温州话埋[^{31}]买[^{34}]卖[^{11}]麦[^{212}]。

普通话中有四声，温州话实际上是四声八调：

答[^{55}]达[^{35}]打[^{214}]大[^{51}]；

丹[^{33}]胆[^{45}]带[^{42}]搭[^{323}]，谈[^{31}]淡[^{34}]蛋[^{11}]达[^{212}]。

枝[^{55}]执[^{35}]止[^{214}]志[^{51}]；

枝[^{33}]纸[^{45}]借[^{42}]积[^{323}]，池[^{31}]舐[^{34}]箸[^{11}]直[^{212}]。

收[^{55}]熟[^{35}]手[^{214}]寿[^{51}]；

收[^{33}]手[^{45}]秀[^{42}]叔[^{323}]，柔[^{31}]受[^{34}]寿[^{11}]族[^{212}]。

值得特别注意的是，今日温州话的声韵调系统都跟《切韵》《广韵》系统相当接近。

温州为四声八调系统，平上去入各依声母清浊分阴阳，如"丹胆带搭，谈淡蛋达"。字的平上去入归类也基本上同《切韵》，古浊母上声都读阳上。温州声调的调形，阴上阳上相似，都读升调，阴入阳入相似，都读降升调，阴阳调形相同，只是高低略有区别。

温州阴调字中，平声读平调33，上声读升调45，去声读降调42，入声读曲调323，调形基本上跟平、上、去、入的字义相当。这表明温州声调系统跟《切韵》的确相近。

第二节　温州话词汇特点

在温州话的词汇系统方面，有一大批词形和词义比较特殊的词语，今分述如下。

一、温州话词汇与普通话词汇存在着较大差别

1. 在温州话中，修饰成分后置的偏正式复合词较多，即把修饰语素放在中心语素后面。这些复音词的语素顺序跟普通话正好相反。

有的词素的词性是并列的，但普通话和温州话的词序是相反的，如：人客、膀蹄、衔头、身腰、板砧、气力、牢监、欢喜。

有的将修饰词素后置，跟普通话是倒序的，如：米碎、饭焦、篾青、豆腐软、牛娘、老鼠黄、鞋拖、鞋套、裙衬、墙围、纸蓬、酒汗、楼阁、针金、肉碎儿、虾扁、甘蔗淡。

有些词素的能产性很强，如：菜干、笋干、虾干、螟脯干、鱼咸、菜咸、鱼生、豆腐生、江蟹生、菜头生、盆菜生。

有的则把动词移到名词后面，如：潮涨、潮落、闹热。

2. 温州话里，有相当数量的词，构成的部分词素与北京话不同，如：今天→该日，明天→明朝，昨天→昨夜，前天→前日，早晨→天光，中午→日昼，晚上→黄昏，吃点心→吃接力，吃夜宵→吃夜厨，小孩→息儿，少女→院主儿，青年→后生儿，妻子→老安，舅母→妗娘儿，公鸡→雄鸡，河蟹→田嬉儿，老虎→大猫，蟋蟀→田狗，乌鸦→老鸦，海蜇→蛇鱼，白糖→糖霜，桂圆→圆眼，鸡蛋→鸡卵，南瓜→金瓜，眼睛→眼灵珠，膝盖→脚胐头，脖子→头颈，菜刀→斧刀，脸盆→面盂，木柴→柴爿，菜蔬→肴配,打雷→响佛,闪电→烁龙,渡口→渡头,闸门→陡门,发誓→忏愿,害羞→得人憎,口吃→大舌,回家→走归,干净→光生,容易→便当,现在→能界,游泳→泅河儿,抱→佗,忧虑→烦心,全部→统统。

有些复合词意义相同,但说法只是部分相同。例如:台风→风飓,做伴→做队,起床→爬起,依旧→原旧。

有些词语形式上有单音词与复音词的区别,在普通话里是复音词,而在温州话里是单音词。如:顽皮→皮,咳嗽→嗽,狭窄→狭,寒冷→冷。

二、温州话词汇保存了许多古词古义

1. 普通话和温州话都来自古汉语,都是以古汉语为主体发展而来的。温州话中大量词汇传承古汉语而来,保留了不少古代的词语。但是,古汉语许多词汇在普通话里已经死去,不再使用,而在温州话里却还活着,仍大量使用。

2. 温州话还有保留古义的,如:提→拎,不冷不热→温炖,筷子→箸,热水→汤,错误→赚,傻气→憨。或保留古音古义,如:小鸟→雀儿(音将儿),孵→伏(音捕),不止→不啻(音斧世)。

随着时间的推移,温州话里有许多词已经很难找到来源。如:小孩儿→姆,蚯蚓→康蟮,腋窝、胳肢窝→拉扎下等,都还有待于进一步考证。

3. 温州话中还保留有古代瓯越人所遗留的底层词,如:一点儿→厘儿,鞋袼褙→迫,雾→幔,挖→镂,轻摩→捋,都跟同是百越后裔的侗、水、壮、傣语言相同;瘾→念头,勉力支撑→叆,则跟越南语相同。

温州话词汇里保存的古词古义是大量的。温州话里的古词古义,对研究古汉语词汇、了解古代的书面语、阐释诗词曲赋及古代白话小说中的一些生僻词语具有很重要的作用。

三、温州话中有不少特色词汇

1. 温州话词汇在吴方言词汇中具有自己的特点,有些词语说法相同,而意义却不相同或不完全相同。如:温州话的馒头是指有馅的包子,而温州话的实心包是指无馅的馒头。温州人说的槐豆是指蚕豆,而温州人说的蚕豆是指豌豆。

2. 温州话里有丰富的同义词群,如:"洗""汰""荡"都表洗,"躁""悻""涌""发脾气"都表生气,"阵""谱头""计策""法子""法门"都表计谋。有些同义词由转义产生,如以水沸的"涌"兼表发脾气,以"有""冇"分别表富和穷,以"挂囡""发市"表开始。

有些同义词的产生是出于婉饰、讳忌的需要,如避粗俗而说拉屎为"上坑",拉肚子为"坑溏";讳忌不吉而说口舌(音折本的折)为"口近",生病为"不健",出痘为"做客"。

3. 温州话有一个很有趣的现象,即用一些令人很忌讳的、很不吉利的詈词作副词,用于修饰动词或形容词,极言程度之深,一般用于消极意义,常带有厌恶、惧怕等感情色彩,如"死人""棺材""短命""瞙瞎""麿糟"等等:"短命好。""短命苦。""短命长。""棺材贵。""棺材硬。""棺材重。""瞙瞎重。""死人热。""死人咸。""死人远。""麿糟大。""麿糟壮。""瞙瞎灵清。""瞙瞎好眙。""天色死人热。""个人死人难妆。""菜烧起短命咸。"

4. 北方话称"此"为"这",称"彼"为"那",称"何"为"哪";温州话称"此"为"该",称"这个"为"该个",称"彼"为"许",称

"那个"为"许个",称"何"为"狃",称"哪里"为"狃宕"。上述词汇皆是古汉语中没有的。

第三节　温州话语法特点

一、词法

1.温州话构词法很有特色,如在亲属称谓名词前大都可以加"阿",在小名及兄弟姐妹排行前也可以加词头"阿"。词头"老"可以加在单音节的姓氏之前和表示长幼的序数之前。

此外,用"头"作词尾,使用范围比普通话广泛。温州话的儿尾词也非常丰富,加"儿"尾后表小、表爱或表轻声。此外,还有后缀"子""客""功""牢""相""煞"等。

2.温州话的语序比较特殊,如普通话表示动态的副词一般放在动词前面,而温州话"先""起""添""罢"等表示动态的副词却通常放在动词后面。又用"快""道""紧"后置于动词,表示动作立刻要发生:"门关拢快。""你眙书真紧,两百页嘅小说一日功夫就眙完罢。""上班时间快到吧,你妆紧走道。""你嘅文章写写紧厘。"

这种特殊的语序现象,还常常表现在动词带受事词的句子里。普通话"你什么时候去香港？""你吃了早饭没有？"温州话是:"香港你几能界去？""天光吃爻罢也未？"

3.可以后置于形容词表示程度加深的副词,除"显"外,还有"爻""倒""死""甚""先""忒"等,如"苦爻""臭倒""鹹死""软甚"。这一类"形容词＋副词"的格式一般没有重叠形式。

4.跟其他方言一样,由两个字组成的形容词中,有本字在后,前加一个同义的描写性的单音节语素,这和倒序一样,都是古越语特征的遗留,如"碧清""冰冷""末碎""屁轻""铁硬"等。

5. 动词、形容词有特殊的重叠方式。在构词上,温州话特别重视词语性状范畴的表达,用重叠、加词缀、加衬字、加摹状词素、加对仗词素等不同手段进行构词变化,来达到修辞效果。以至于这些语词能拥有不同的词形变化形式,作为区别于基本式的强调式。例如:

十二月→十二冷月→十二忙月

红→血红→血血红→→血滴红→血滴辣红

棒→棒儿→棒棒儿→棒棒梗→棒棒梗儿。

6. 单音节词还可以与数词搭配,表示动作的重复。如:

【钉一耙二】 təŋ^{33}iai^{323}po^{45}ŋ^{11},争执不休,不肯退让。"该倷小事干,夠恁钉一耙二,冇神气嘅。"

【三脚两跳】 sa^{33}tɕia^{323}liɛ^{34}t'iɛ^{42},三步并作两步,形容行动迅速。

【三拳两脚】 sa^{33}dzɿ^{31}liɛ^{34}tɕia^{323},指拳脚麻利,出手快。"渠是武警出身嘅,只用三拳两脚,就逮小偷捉牢道。"

【三日两头】 sa^{33}ne^{212}liɛ^{34}dəu^{31},三天中的首、尾两天,意谓经常、时常。

【三等三样】 sa^{33}taŋ^{45}sa^{33}ji^{11},同"三等六样"。各式各样。

【三翻四复】 sa^{33}fa^{33}sɿ^{42}fu^{323},一次又一次。"我三翻四复寻爻几下次,就是寻不着。"

【低三下四】 tei^{33}sa^{33}ɦo^{34}sɿ^{42},地位卑下,低人一等。

【老三老四】 lə^{34}sa^{33}lə^{34}sɿ^{42},吴语方言。形容自以为是、摆老资格的神态。"你若再恁老三老四,夠怪我对你不客气。"亦作"老下老下"。

【三厨五祷】 sa³³dzŋ³¹ŋ¹¹tə⁴²，20世纪40年代流行的用语，基督徒每天三餐，加之早晨起床、晚上安睡都要感恩祷告。意谓每天日常少不了的、必干的事。"吴老板三厨五祷沃宿酒店里吃。""五"字音变读ŋ¹¹。

【三番五次】 sa³³fa⁴²ŋ³⁴ts'ŋ⁴²，多次重复原来的语言或行为。

【三等六样】 sa³³taŋ⁴⁵ləu²¹²ji¹¹，形容都不相同,各种各样。

【三姑六婆】 sa³³ku³³ləu²¹²bøy³¹，三姑原指尼姑、道姑和卦姑，六婆原指牙婆、媒婆、虔婆、药婆、稳婆和师婆,泛指不正派的女人。"勾三姑六婆瞓牢,还会有好结果嘎。"

【四方八面】 sŋ⁴²huɔ³³pɔ³²³mi¹¹，脸形方正,有富贵之相。"个后生儿四方八面,实长实大,有妆样显。"

【四时八节】 sŋ⁴²zŋ³¹pɔ³²³tɕi³²³，四时为春夏秋冬,八节为立春、春分、立夏、夏至、立秋、秋分、立冬、冬至。泛指各种节日。"每逢四时八节,村里沃放电影勾大家人胎。"

【搭七搭八】 ta¹¹ts'ai²³ta¹¹pɔ²³。胡扯,乱搭腔。"该人随便走拉狃宕,总喜欢搭七搭八嘅。"

【犷七犷八】 guɔ³⁴ts'ai³²³guɔ³⁴pɔ³²³，蛮不讲理。"该个后生儿犷七犷八,叩你还是离离远厘好。"

【七零八落】 ts'ai³²³ləŋ³¹pɔ³²³lo²¹²，飘散零落。"公园里嘅花木勾台风打㕭七零八落。"

【七拼八凑】 ts'ai³²³p'əŋ⁴²pɔ³²³ts'au⁴²，把零碎的都凑到一起。

【老七老八】 lə³⁴ts'ai³²³lə³⁴pɔ³²³，亦作"老三老四"。

【讲七讲八】 kuɔ⁴⁵ts'ai³²³kuɔ⁴⁵pɔ³²³，七言八语。

二、句法

温州话中没有用"而""又"连接的联合词组,而用"亦……

亦……"的结构形式,如:普通话的"漂亮而贤惠",温州话要说成"亦割切亦贤德"。

【亦……亦……】 $ji^{212}…ji^{212}…$,在普通话中,常以"又……又……"连用的方式表示几种情况或性质同时存在。在温州话中,则以"亦……亦……"的句型取而代之。"亦步亦趋。""个人亦会評亦会搭。""该个金瓜亦甜亦生粉,好吃显。""个是旧屋,道坦亦大,阶沿头亦阔,住爽显。"

在普通话中,"又"是个常用词,而在温州话中却不见踪影,取而代之的是"亦"。"亦"的出现应该远远早于"又"字。"亦"字温州话有两读。

【亦(1)】 yì,$jiai^{212}$,音译。1.副词,表示同样、也是。"亦无不可。"2.副词,表示加强或委婉的语气。"亦工亦农。""不亦乐乎。""学而时习之,不亦说乎?"

【亦(2)】 yī,ji^{212},音叶,白读。义同亦(1)。"讲爻亦讲。""亦冷亦饿。""天光吃面,日昼亦吃面。"

在普通话中,"也"是个常用字;在温州话中,"也"属于假开三麻韵见系字,读音较为复杂。有一种文读、两种白读,而且绝大多数情况下要白读。

【也(1)】 yě,ji^{34},音演。有人误读成 jie^{34},不妥。1.副词,表示同样、并行的意思。"你去,我也去。"2.在否定句里表示语气的加强。"一厘儿也不毛。"3.在复句中表转折意。

【也(2)】 yě,a^{323},音压,白一。语气助词。a 韵是底层方言的遗存,温州话习惯将"也"字白读。"有也冇?""昨黄昏一厘儿也不冷。""死也着吊大树上死。""死也着跳大河里死。"

【又】 yòu,$jiau^{11}$,音右。温州话常用"亦"不用"又"。"又及。""十又五年。"

第五章 温州话的语流音变

常见的语流音变有同化、合音、减音、转音等。

第一节 同化现象

一、顺同化

顺同化,即后一字的韵母跟着前一个字的韵母起变化。如:

【横贿】 viɛ³¹fai⁴⁵ → viɛ³¹fiɛ⁴⁵,外快。"上班打瞌瞌,落班近横贿。""个人眙不出,一个官官颏儿,横贿多显嘅哪。"

【横旁】 viɛ³¹buɔ³¹ → viɛ³¹biɛ³¹,旁边。"正门关在搭,叩你走横旁小门儿底。"

【灵喉】 ləŋ³¹ɦiau³¹ → ləŋ³¹ŋau³¹,"喉"读如"牛"。咽喉。"灵喉有海恁深。""三寸灵喉深似海。""铁打灵喉争不清。""上不到灵喉,下不到肚肠。""两只眼孔最浅,三寸灵喉最深。"亦作"灵喉头"。

【卵袋】 lø³⁴de¹¹ → lø³⁴dø¹¹,变音的"卵"字常用来指称人的阴部,如女阴称"臀卵峡",男阴称"臀卵脖"。

【尸骸】 sʅ³³ɦia³¹ → sʅ³³za³¹,尸体。"踏着别人尸骸望上爬。"

【歪怠】 ua³³ba¹¹ → ua³³pa³³,音歪叭。心术不正。"该个人歪怠显,生意伉渠有得做嘅。"

【侏儒】 tsȵ³³zȵ³¹ → tsȵ³³sȵ³³,"儒"读如"需"。形容人智力低下,拙于应对,缺乏应变的能力。"个息儿八岁罢还恁侏儒,连买厘儿物事也不会。""不好逮息儿园搭咄,越咄越会侏儒爻嘅。"这里的"儒"因顺同化变读成 sȵ³³。

【妆样】 tɕyɔ³³ji¹¹ → tɕyɔ³³i⁴²,"样"读如"亿"。长相。"你个人嘅妆样直头毛显。"

【白澢灡】 ba²¹²p'u⁴⁵la³⁴ → ba²¹²bu¹¹la³⁴,音白鹭灡。从嘴里流出的白沫,口水。"个人新颏啦爻,嘴边沃是白澢灡。"

【倒拔账】 tə⁴⁵bo²¹²tɕi⁴² → tə⁴⁵bo²¹²dʑi³¹,结账后又要求重算账,比喻反悔不认账,抵赖。

【肚皮胀】 døy³⁴bei³¹tɕi⁴² → døy³⁴bøy³¹tɕi⁴²,"皮"读如"婆"。有腹水,肚皮发胀,分明是病入膏肓的症状,见其人肚皮发胀自然会感到心怵。"人烧爻乌焦烂炭,胎着真肚皮胀。""个后婶真肚皮胀,饭也冇匀渠吃饱。""个人肚皮胀显,一厘儿钞票也不肯掏出。"

【脑盖髓】 nə³⁴kei⁴²sei⁴⁵ → nə³⁴kə⁴²sei⁴⁵,"盖"读如"告"。脑浆。

【三郎桥】 sa³³luɔ³¹dʑiɛ³¹ → sa³³la³¹dʑiɛ³¹,"郎"读如"栏"。

【莴苣笋】 u³³dʑy³⁴ɕioŋ⁴⁵ → u³³tɕy⁴⁵ɕioŋ⁴⁵,一种蔬菜,味道鲜美,口感爽脆,可刺激消化酶分泌,增进食欲,促进人体的肠壁蠕动,防治便秘。

【叫叭叭】 tɕiɛ⁴²pa³³pa³³ → tɕiɛ⁴²piɛ³³piɛ³³,形容一个人的叫唤语速快、声音亮,滔滔不绝。

二、逆同化

逆同化,即前一字的韵母跟着后一字的韵母起变化。如:

【绑架】 puɔ⁴⁵ko⁴² → po⁴⁵ko⁴²,"绑"读如"靶"。

【兜脚】 tau³³tɕia³²³ → tau³³tɕia³³，音兜迦。罗圈腿。

【豆腐】 dəu¹¹vøy³⁴ → døy¹¹vøy¹¹，这里的"豆"字受"腐"字逆同化影响，韵母变读成 døy，"腐"字又受"豆"字顺同化影响，变读成阳去声。

【江蟹】 kuɔ³³⁻⁴⁵ha⁴⁵，音港蟹。三疣梭子蟹。"江蟹生。""江蟹膏。""江蟹走路夹横爬。""江蟹钳钳在铁板上。""破布头钓江蟹，逮夜犷爻。"

【累堆】 lai³¹⁻³³tai³³，麻烦，棘手。"该起事干真累堆。""个人真累堆。"

【戾悖】 lei¹¹bai¹¹ → lai¹¹bai¹¹，音泪佩。乖张背离，引申指昏乱。"个老人真戾悖，连自嘅孙儿也认不着。"

【萝卜】 lɔu³¹bo → lo³¹bo，"萝"读如"洛"。菜头。

【骆驼】 lo²¹²dəu³¹ → lɔu²¹²dəu³¹，"骆"读如"六"。

【泼赖】 p'ø³²³la¹¹ → p'a⁴²la¹¹，"泼"读如"派"。无理而凶悍。"个老人客泼赖显，根本有何乜理好讲。""穷人穷泼赖，半升米煮硬饭。"

【山魈】 sa³³ɕiɛ³³ → ɕia³³ɕiɛ³³，音闪烧。晋葛洪《抱朴子·登涉》："山精形如小儿，独足向后，夜喜犯人，名曰魈。"山中精怪。"山魈鬼。""山魈报勼蛊听恁。"

【糖糕】 duɔ³¹kɔ³³ → də³¹kɔ³³，"糖"读如"桃"。旧俗过年时捣制的一种糕点。"糖糕印印落一色。"

【赤身裸体】 ts'ei³²³saŋ³³ləu³⁴t'ei⁴⁵ → ts'ei³²³saŋ³³lei³⁴t'ei⁴⁵，音赤身礼体。光着身子。

【冷眼相眙】 liɛ³⁴ŋa³⁴ɕi³³ts'ɿ⁴² → la³⁴ŋa³⁴ɕi³³ts'ɿ⁴²，"冷"读如"览"。旁观。"你也有份嘅，訾那好冷眼相眙，不理不睬呢。"

【日久日长】 zai²¹²jau⁴⁵ne²¹²dʑi³¹ → zai²¹²jau⁴⁵ɲi²¹²dʑi³¹，第二

个"日"读如似"热"。日子久远。

三、声调同化

【巴掌】 po^{33}tɕi$^{45-33}$，1.手掌，也指打耳光。"打渠两个巴掌。"2.表示地方小。"个屋宕只巴掌恁大,一家人轧显轧。"

【边沿】 pi^{33}ji^{31} → pi^{33}ɕi^{33}，前音为清音，后音随前音变为清音,"沿"读如"仙"。旁边,附近。"公园边沿就是山。"

【轻轨】 tɕ'iaŋ^{33}tɕy$^{45-33}$,城市轨道交通中的一种。

【勴响儿】 fai^{33}ɕi$^{45-33}$ŋ^{31},悄悄地,不声不响地。"你勴响儿走底,我沃晓不得。""渠能界有病倒在医院里,你勴响儿恁走去眙眙渠。"

【老健】 lə$^{34-11}$dzi^{11},音似牢健。年纪虽大仍很健康。"只要老健,勴讲体面。""年龄大爻,老健比随何乜沃要紧。"

第二节　减音现象

儿尾词在快速的连读语流中会出现减音现象,当儿尾前字也带 -ŋ 尾时,为促使前字异化,常省去 -ŋ,有的甚至出现合音现象,尾变为相近元音韵。

【女儿】 na^{34}ŋ^{31} → naŋ^{31},女孩。

【瓶儿】 bəŋ^{31}ŋ^{31} → bəŋ^{31} → biŋ^{31},音便儿。"玻璃瓶儿。""塑料瓶儿。""墨水瓶儿。""老酒瓶儿。""洋油瓶儿。""洋奶瓶儿。""单斤瓶儿。"

【饼儿】 pəŋ^{45}ŋ^{31} → pi^{45}ŋ^{31} → piŋ^{31},音扁儿。用籼米粉做成的一种家常饼。"菜咸饼儿。""糯米饼儿。""硬米饼儿迟早会裂。""冬节汤圆吃爻笑,清明饼儿吃爻哭。""番薯饼儿勾拳搥爻恁——难眙显。"

【轮儿】 laŋ³¹ŋ³¹ → liɛ³¹ŋ³¹ → ləŋ³¹，转音。如"风车轮儿"，一种玩具风车。

【筒儿】 doŋ³¹ŋ³¹ → dəu³¹ŋ³¹ → dəuŋ³¹，音头儿，转音。"竹管筒儿。""合升筒儿。""茅竹筒儿。""花鼓筒儿。"

一些词还会出现约音现象：

【该下儿】 这个词可以合音为三至六个合音形式：ke³³ɦo³⁴ŋ³¹ → ko³⁴ŋ³¹ → koŋ³²³。这会儿，刚才。"姆，你麼烦，阿妈该下儿有事干。"

【晓不得】 ɕia⁴⁵fu⁴⁵te³²³ → ɕiau⁴⁵te³²³，不知道。"晓不得饭是米煮嘅。""晓得死晓不得逃。""晓不得葫芦里卖何乜药。""天光吃爻晓不得黄昏事。""眙一世嘅牛，还晓不得牛卵袋。""讲一世张阁老，还晓不得张阁老姓张。"

第三节　连读变调

梭子蟹是温州人非常爱吃的海鲜，温州人给它起了个名字叫"江蟹"，大概是从瓯江口上捕捞而来的缘故，但是我们听起来好像不读"江蟹"而读"港蟹"。这是什么缘故呢？

"江"字本读阴平，但当它组成一个词组的时候，为了突出某个字，往往会发生与单读时不同的变化，这种现象称为连读变调。这样的例子不胜枚举，如温州人把"工厂"读成"贡厂"，把"资本"读成"记本"，把"兰花豆"读成"览花豆"等，都是这个道理。

连读变调属于韵律表现的范畴。每个汉字都有基本字调，相对于变调而言，基本字调通常称为本调。发生变调的情况基本有两种：一种是在合成词和固定短语中，由于结构紧凑，意义较为明确，又经常使用，前后字调互相影响，致使一部分字失去本调而改读变调。这种变调是一种静态的模式化变调，规则明显，便于描写。另一种是在话语中，字和字组临时构成新组合所产生的变调，这时的变调要取决于临时组合的具体情况，往往要受其他韵律因素的影响，这是一种动态的、难以模式化的变调，缺乏明显的规则，不便于描写清楚。本文主要针对前一种情况进行探讨。

温州话声调调类比较多，连读变调也就比较复杂，其中最基本的是二字组变调，其他三字组或多字组都是在二字组变调的基础上发展起来的。

温州话有 8 个基本调类，两两组合可产生 64 种连读字组，连读时这些字组有少数前后字均变调，有少数两字均不变调，但大多数只变前字。

之所以会出现连读变调，是为了减少拗口，实现语音和谐。温州话跟其他吴语一样，也是以突出前字个性、削弱非前字个性来达到和谐。它主要通过以下两条途径来达到和谐的效果：一是减少连读后的调型曲折；二是减少前后两字的音高差别，尽量使前后字调值相近或相衔。

当前后两字均为平调，没有曲折拗口感，就不必变调；如果两字的调值高度相差过大，那就需要作些必要的调整，譬如前字如是降升调，那就截去上升部分；如果前字调值高于后字，那就使它降到适当高度，以使前后接近或减少曲折。

第六章 温州话文白异读

第一节　文白异读概论

外地人来温州,感到温州话最难学的是辨别不了某个字、某个词在什么时候该怎么念。发音不当,不但令人听不懂,有时候还会闹出笑话。如:"浦发银行"的"浦"该怎么读?"下吕浦"的"浦"又该怎么读?

汉语中的各种语言,包括北方话,虽然都有少量的字词有文读、白读之别,但都不如温州话中有那么多的字词有着文白读音对应。而且并不是书面语里方有文读音,平时在口语里也有文读音,二者往往是交错在一起的。利用文白读的变化来表达不同的意义,这就大大提高了温州话的丰富内涵,增强了语言的表现力。

温州话文读、白读交错的成因是个有趣又值得研究的课题。一般来说,白读音代表本地传统方言比较久远的源头,它是以前中原汉人南迁所带来的汉语与当地瓯越土著的语言相结合形成的一种独特的语音体系;文读音则是温州话与本民族权威方言(古代的雅言、通语、近代的官话、现代的国语、普通话)交流,从而在语音、词汇、语法等方面向权威的共同语靠拢的表现。因此,可以说白读音是温州土话之根,文读音则是华夏民族的共同语之源。

温州话中文白读音丰富多样,变化复杂,使方言词语更加丰富。文白读音运用不同，含意也不相同，但多数词的文白读音是相对固定，不能任意变读的。比如"大人"一词，用文读 $da^{11}zaŋ^{31}$ 表示敬称，如父亲大人；白读 $dəu^{11}naŋ^{31}$ 则指成年人，相对于"息儿"（小孩）。而普通话则一律读为 dàrén。

一般来说，汉字的读书音与说话音是相同的，即一字一音。一字两音在普通话里较少见，即使有两音，其字义也不同。但是，在温州话中，一个字既有读书音又有说话音，却是较为普遍的，这就是人们常说的文读与白读。例如第一百货商店的缩写"一百"，要用文读；作为基数词就要用白读，如"一个"。

文白系统又都不只属于一个层次，一般说来，白读的层次来自不同时代读音的遗留或受不同方言的影响，而文读则来自官话的读书音。

另外，有一些比较零散的异读，是受其他方言影响而来的，例如：

"车"本应读 $ts'ei^{33}$，今文读 $ts'o^{33}$，是受沪音"汽车""黄包车"的影响，反使本地"风车""油车""水车"的 $ts'ei^{33}$ 转为白读，这些是特殊的文白变化。

"个傢伙""摆架子"的"傢""架"，文读为 ko^{33}、ko^{42}，白读为 ja^{33}、ja^{42}，明显是借用官话。

"规矩"文读 $tɕy^{33}dʑy^{34}$，白读 $kai^{33}tɕy^{45}$，也是借官话。

"狮"文读 $sɿ^{33}$，白读 sai^{323}，是受闽音影响。

"卸"本读 sei^{42}，但"装卸"的"卸"读 $ɕia^{42}$，是受沪语影响。

"沿"文读 ji^{31}，在"边沿"中读 $ɕi^{33}$，是受闽东话、闽南话共同的影响。

"野"本读 ji^{34}，但在表假伪、不正宗时则读 ia^{45}，也是借的沪音。

有的字古反切来源就不同，"不"，文读 pai^{323}，来自分勿切或后起的逋骨切,白读 fu^{45},倒继承了《广韵》原来的方久切。

有些入声字口语读上声,如"寂籍藉"读 zei^{34},"缉"读 tse^{45},"扴"读 ka^{45},也当属这类变化的后果。

民谚和成语可谓异曲同工,相辅相成,共同成为汉语言中最生动最活泼的成分。成语多出自文人创作的经典诗文中最精彩的句章,是个性化的;谚语多出自山野村夫、落魄文人的口头创作,是地域化的;成语是文读的、书面的,谚语是白读的、口头的。例如温州民谣《叮叮当》中有一句"三角门外仙人井,妙果寺里猪头钟",这里的"角"字应白读,念成 tɕia^{323},而人们常说的"三角城头"里的"角"却只能文读成 ko^{323}。这些文白对应的语音材料,为我们了解汉语语音发展演变提供了一定的线索。

有人打了这样一个比喻:汉字像是一部总乐谱,而各种乐器却奏出了不同音色。这说明汉字超越时间和空间的特性是靠各时代、各方言的有声"乐器"支撑起来的。

从总的趋势来看,由于文化教育日益普及,交通日渐发达,经济交流日趋频繁和民族共同语影响的加强,克服因方言障碍所带来的交际上的困难成为越来越迫切的需要。其结果,就是方言的特征逐渐削弱,越来越向规范化的汉语靠拢,文读音也逐步扩大其应用范围,而白读音则相对在萎缩。原来文白两读皆可的双音节词语日趋于文读,从通用语中吸收的词汇也越来越多。这从温州老一辈人中保持的白读音较多,而新一代青少年则倾向于多使用文读音可以看得出来。方言向通用语贴近是大势所趋,但是,由于历史、社会、文化、习惯诸多方面的原因,方言还将长期存在。

总之,中国的汉字和汉语属于两个不同的信息系统。汉字只有一个系统,而汉语却有七个系统,即北方话、吴语、赣语、湘语、闽语、粤语和客家话七大方言,温州方言属于南吴语即瓯语的代表。在历史上由于种种原因,北方的汉人一波一波地南下,于是就把北方的中原话陆陆续续地带到温州,这些北方方言的语音便零零碎碎地沉淀在温州方言中,造成了温州方言中部分汉字的一字两读现象。

让我们举一些例子。凡是古微母字,原是个唇齿鼻音,比较接近 m。所以,在温州话中白读成 m,如:蚊 maŋ^{31} 虫、还未 mei^{11}、物 møy^{11} 事、问 maŋ^{11} 候、望 muɔ^{11} 闻问 maŋ^{11} 切。但这类字普通话读零声母 w,所以文读为 v,比如:灭蚊 vaŋ^{31}、未 vei^{11} 来、物 vai^{212} 理、问 vaŋ^{11} 题、新闻 vaŋ^{31}。

普通话 r 声母的字主要是古汉语的日母字,有不少是多音字。比如"人",白读类同"能 naŋ^{31}"音,文读类同"神 zaŋ^{31}"音。又如"日头、日脚、日昼"等的"日"只能白读如"耐 ne^{212}","日期、日历、日记"等的"日"只能文读如"入 zai^{212}"。

普通话中读 er 的也是古日母字。如"儿"字,温州话中一般白读成"鹅 ŋ^{31}",如"儿子""息儿"等,它与普通话的主要区别是舌尖不翘。

从前温州私塾不用说了,连中小学也用温州土话教学。老师教的是读书音,读书看报都这样念。其读音大多也和口语相同,但也有一部分不相同。例如:"去"字读"劝 tɕ'y^{42}",口语说"慨 k'e^{42}";"破"字读"铺 p'øy^{42}",口语说"派 p'a^{42}";脱衣脱鞋的"脱"字读"探"的入声"t'ø^{323}",口语说"退 t'ai^{42}";"一"字读"乙 iai^{323}",口语说"咽 i^{323}"。我们把读书音称为文读,口语音称为白读。

温州人说"面"不说"脸",这是什么原因?因为"面"字比起来要文气一些。"面"的本义是指头前边从额到下巴的部位，引申义为当面、面对、会面等等，这时候的"面"，温州话一律读成 mi[11]。这是文读。如："该日天光雾重显,对面沃眙不灵清。"

另外，"面"字是"麵"的简化字，这时候温州话也念 mi[11]。如"面疙瘩""拌面""长寿面""清汤面""滗粉面""米面""飞面（面粉）""炒面""面店"等。

在温州话中，"面"字还有两个白读。当"面"作为词的后缀，附在方位词的后面，相当于"边"时，读如"幔 mø[11]"或"妹 mai[11]"，如"正面""背面""反面""东面""西面""后面""右面""左面""许面"等。

比较重要、成系列的文白异读大致可以分为两类，即声母的文白异读和韵母的文白异读。

韵母发生文白异读，主要是由于韵母音值与普通话的韵母相差过大，或在读书时实在难以将就，不得不做些调整。调整的结果,有的与普通话韵母颇近,有的仍有一定的差距。

发生文白异读的韵母较多，有的较成系统，有的仅只个别字，我们只能选择主要的类似白读音作一简述。

声母发生文白异读，其白读声母多为古声母的残留。

第二节 声母的文白异读

△並母字,文读声母为 [b],白读声母为 [p']。
拌 bàn　bø[34],音伴。拌面　　bø[31],音勃。讲话讲拌起
△並母字,文读声母为 [p],白读声母为 [p']。
瓣 bàn　pa[42],音败。豆瓣酱　　p'a[42],音派。花瓣
△非母字,文读声母为 [f],白读声母为 [p]。

粪 fèn　　faŋ⁴²,音奋。粪坑　　　　paŋ⁴²,音本去声。粪扫
△敷母字,文读声母为 [f],白读声母为 [b]。
稃 fū　　fu³³,音呼。麦稃　　　　bu³¹,音鄙。炮稃
孵 fū　　fu³³,音夫。孵化　　　　bu³¹,音捕。孵坊
△敷母字,文读声母为 [f],白读声母为 [pʻ]。
蝮 fù　　fu³²³,音福。蝮蛇　　　　pʻu³²³,音朴。骇蝮蛇
覆 fù　　fu³²³,音复。颠覆　　　　pʻu³²³,音扑。覆搭睏
△奉母字,文读声母为 [v],白读声母为 [ʑ]。
凤 fèng　　ɦioŋ¹¹,音缝。龙凤　　　　jioŋ¹¹,音运。凤凰胎
△奉母字,文读声母为 [v],白读声母为 [b]。
肥 féi　　vei³¹,音薇。肥大　　　　bei³¹,音皮。肥肉
吠 fèi　　vei¹¹,音未。鸡鸣犬吠　　bei¹¹,音备。狗吠起
△微母字,文读声母为 [ɦ],白读声母为 [m]。
望 wàng　　ɦuɔ¹¹,音旺。名望　　　　muɔ¹¹,音貌。望潮儿
△端母字,文读声母为 [t],白读声母为 [tʻ]。
瞪 dèng　　taŋ⁴²,音凳。瞪眼睛　　tʻaŋ⁴²,音佘。眼灵珠瞪起
△透母字,文读声母为 [tʻ],白读声母为 [d]。
坦 tǎn　　tʻa⁴⁵,音毯。坦白　　　　da¹¹,音大。空坦。
△清母字,文读声母为 [tɕʻ],白读声母为 [ɕ]。
悄 qiǎo　　tɕʻiε⁴⁵,音超。静悄悄　　ɕiε³³,音烧。影悄悄
△从母字,文读声母为 [dʑ],白读声母为 [d]。
钱 qián　　dʑi³¹,音钳。钱塘江　　di³¹,音甜。钱学森
△从母字,文读声母为 [z],白读声母为 [ts]。
剂 jì　　tsei⁴²,音借。调剂　　　　zei¹¹,音谢。发剂
△心母字,文读声母为 [ɕ],白读声母为 [tɕʻ]。
屑 xiè　　ɕi³²³,音削。木屑　　　　tɕʻia³²³,音鹊。风屑

115

△知母字，文读声母为 [tɕ]，白读声母为 [dʑ]。
桩 zhuāng　tɕyɔ^{33}，音钟。打桩　　dʑyɔ^{31}，音狂。烂树桩
△澄母字，文读声母为 [dʐ]，白读声母为 [ʐ]。
仗 zhàng　dʑi^{34}，音件。打仗　　ji^{11}，音夜。打炮仗
△庄母字，文读声母为 [ts]，白读声母为 [dz]。
争 zhēng　tsiɛ^{33}，音诤。竞争　　dziɛ^{31}，音诤浊音。争夺
△初彻母字，文读声母为 [ts']，白读声母为 [ts]。
姹 chà　　tsʻa^{45}，音铲。姹紫嫣红　tsa^{33}，音斋，娑姹
测 cè　　 tsʻei^{323}，音戚。测量。　　tsei^{323}，音则。测过测
△章母字，文读声母为 [tɕ]，白读声母为 [dʑ]。
账 zhàng　tɕi^{42}，音帐。进账　　dʑi^{11}，音场。倒拔账
拙 zhuō　 tɕy^{323}，音决。笨拙　　dʑy^{212}，音掘。人老爻拙显
△禅母字，文读声母为 [ʐ]，白读声母为 [dʑ]。
常 cháng　ji^{31}，音盐。平常　　dʑi^{31}，音强。常常
△日母字，文读声母为 [z]，白读声母为 [n̠]。
入 rù　　zai^{212}，音集。入门　　n̠iai^{212}，音逆。箱未入满
△日母字，文读声母为 [ʐ]，白读声母为 [dʑ]。
若 ruò　　jia^{212}，音药。郭沫若　dʑia^{212}，音若屋宕
△日母字，文读声母为 [z]，白读声母为自成音节 [ŋ]。
耳 ěr　　zɿ^{34}，音是。聂耳　　　ŋ^{34}，音五。耳朵
△见母字，文读声母为 [k]，白读声母为 [tɕ]。
宫 gōng　koŋ^{33}，音工。宫殿　　tɕioŋ^{33}，音中。皇宫
△见母字，文读声母为 [k]，白读声母为 [g]。
搁 gē　　ko^{323}，音各。耽搁　　go^{212}，音各浊声。搁臀
枷 jiā　　ko^{33}，音家。枷锁　　go^{31}，音家浊声。饭镂枷儿
犷 guǎng　kuɔ^{45}，音广。　　　　guɔ^{34}，音旷上声

△溪母字,文读声母为[k'],白读声母为[g]。
旷 kuàng　k'uɔ⁴²,音抗。空旷　　guɔ³¹,音犷平声。功夫旷爻
△溪母字,文读声母为[k'],白读声母为[tɕ']。
圹 kuàng　k'uɔ⁴²,音抗。空圹　　tɕ'yɔ⁴²,音窗去声。一圹坟
△疑母字,文读声母为[ŋ],白读声母为[g]。
雁 yàn　ŋa¹¹,音捱。雁荡山　　ga³¹,音衔。雁鹅。养雁雁
△疑母字,文读声母为[ȵ],白读声母为[j]。
宜 yí　ȵi³¹,音娘。适宜　　　　ji³¹,音耶。便宜
△疑母字,文读声母为[ȵ],白读声母为[k]。
钰 yù　ȵyo²¹²,音玉。珍宝　　　ko³²³,音各。人名
△匣母字,文读声母为[ɦ],白读声母为[g]。
颔 hàn　ɦø³⁴,音撼。颔下　　　gø³⁴,面颔。两颔
何 hé　vu³¹,音鞋。任何　ɦa³¹,音衔。何乜　ga³¹,音衔。何乜
△匣母字,文读声母为[ɦ],白读声母为[g]。
峡 xiá　ka³²³,音夹。长江三峡　　ga²¹²,音轧。河峡儿
△匣母字,文读声母为[ɦ],白读声母为[h]。
骇 hài　ɦa³⁴,音限。惊骇　　　　ha⁴⁵,音蟹。骇覆蛇
下 xià　ɦo³⁴,音华上声。上下　　ho⁴⁵,音花上声。下种
△匣母字,文读声母为[ɦ],白读声母为[k]。
肴 yáo　ɦuɔ³¹,音亡。菜肴　　　kuɔ³³,音光。肴配
△匣母字,文读声母为[j],白读声母为[ɕ]。
悬 xuán　jy³¹,音全。悬挂　　　ɕy³³,音欢。裤脚悬搭

第三节　韵母的文白异读

△果摄开一字,文读韵母为 [əu],白读韵母为 [ei]。
左 zuǒ　tsəu^{45},音组。方位名　　　tsei^{45},音纸。左手
△果摄开一字,文读韵母为自成音节 [ŋ],白读韵母为 [ai]。
蛾 é　ŋ^{31},音俄。飞蛾　　　　　mai^{31},音媒。灯蛾
饿 è　ŋ^{11},音悟。饥饿　　　　　ŋai^{11},音魏。肚饿
△果摄开一字,文读韵母为自成音节 [ŋ],白读韵母为 [o]。
鹅 é　ŋ^{31},音吴。雁鹅　　　　　ŋo^{31},音牙。鹅兜
△果摄合一字,文读韵母为 [əu],白读韵母为 [a]。
拖 tuō　t'əu^{33},音秃平声。拖延　t'a^{33},音摊。鞋拖
△果摄合一字,文读韵母为 [əu],白读韵母为 [ai]。
裸 luǒ　ləu^{34},音鲁。裸体　　　lai^{34},音累。赤膊裸
△果摄合一字,文读韵母为 [o],白读韵母为 [ai]。
唾 tuò　t'o^{42},音唾。唾弃　　　t'ai^{42},音退。痰唾
△果摄合一字,文读韵母为 [o],白读韵母为 [oŋ]。
懦 nuò　no^{11},音诺去声。懦夫
　　　　noŋ^{11},音农去声。你真懦
糯 nuò　no^{11},音诺去声。糯米
　　　　noŋ^{11},音农去声。枕头忒糯
△果摄合一字,文读韵母为 [o],白读韵母为 [ai]。
簸 bò　po^{45},音靶,簸箕　　　　pai^{42},音辈,心头簸米恁
△果摄合一字,文读韵母为 [o],白读韵母为 [øy]。
波 bō　po^{33},音巴。波浪　　　　pøy^{33},音铺。宁波
播 bō　po^{42},音波。广播　　　　pøy^{33},音布。发播

第六章　温州话文白异读

△果摄合一字，文读韵母为 [u]，白读韵母 [øy]。
夫 fū　　fu^{33}，音呼。吴王夫差　　føy^{33}，音伕。丈夫。夫爷
腐 fǔ　　vu^{34}，音胃。腐馂　　　　vøy^{34}，音务。腐败。豆腐
浦 pǔ　　p'u^{45}，音普。浦口。黄浦　p'øy^{45}，音铺。下吕浦
△果摄合一字，文读韵母为 [øy]，白读韵母为 [a]。
破 pò　　p'øy^{42}，音铺。破坏　　　p'a^{42}，音派。破嘴。破柴
△果摄合一字，文读韵母为 [o]，白读韵母为 [øy]。
摩 mó　　mo^{31}，音麻。按摩。摩崖　møy^{31}，音魔。按摩。摩擦
△果摄合三戈韵字，文读韵母为 [y]，白读韵母为 [ɿ]。
瘸 qué　　dʑy^{31}，音权。瘸腿　　　dzɿ^{31}，音旗。瘸姆妳
△假摄开二麻韵字，文读韵母为 [o]，白读韵母为 [ia]。
家 jiā　　ko^{33}，音加。家庭。回家　　tɕia^{33}，音脚的平声。家伙
架 jià　　ko^{42}，音卦。衣架　　　　tɕia^{42}，音脚去声。架子
丫 yā　　o^{33}，音鸦。烂嘴丫　　　　ia^{33}，音呀。丫头
△假摄开二麻韵字，文读韵母为 [o]，白读韵母为 [əu]。
锉 cuò　　ts'o^{42}，音岔。锉刀　　　ts'əu^{42}，音促去声。锉刀
△假摄开三字，文读韵母为 [ei]，白读韵母为 [a]。
姐 jiě　　tsei^{45}，音纸。姐妹　　　tsa^{33}，音咱。阿姐。娑姐
△假摄开三字，文读韵母为 [ei]，白读韵母为 [o]。
斜 xié　　zei^{31}，音齐。偏斜。倾斜　zo^{31}，音昨。斜视
△假摄开三字，文读韵母为 [i]，白读韵母为 [a]。
也 yě　　ji^{34}，音野。也许　　　　a^{323}，音压。我也走
野 yě　　ji^{34}，音椅。田野。野蛮　　ia^{45}，音丫上声。野货
△假蟹摄合二字，文读韵母为 [o]，白读韵母为 [ua]。
划 huá　　ɦo^{31}，音霞。划龙船　　　va^{212}，音或。计划
画 huà　　ɦo^{11}，音夏。油画　　　　va^{212}，音或。笔画

△遇摄合一字，文读韵母为 [əu]，白读韵母为 [øy]。

卤 lǔ　　ləu³⁴，音柳。盐碱地　　løy³⁴，音吕。用卤汁煮

素 sù　　səu⁴²，音数。朴素　　søy⁴²，音诉。吃素

徒 tú　　dəu³¹，音头。门徒　　døy³¹，音途。徒弟

△遇摄合一字，文读韵母为 [y]，白读韵母为 [e]。

居 jū　　tçy³³，音龟。居住。居民　　ke³²³，近指代词。居个

渠 qú　　dʑy³¹，音瞿。渠道　　ge³¹，第三人称指代词。

去 qù　　tç'y⁴²，音劝。去世　　k'e⁴²，音慨。去爻几十万

许 xǔ　　音选。渠许过你个事干　　he⁴⁵，音海。远指代词。

△遇摄合三字，文读韵母为 [ɿ]，白读韵母为 [ei]。

薯 shǔ　　dzɿ¹¹，音技。马铃薯　　zei³⁴，音齐。番薯

△遇摄合三字，文读韵母为 [y]，白读韵母为 [ei]。

絮 xù　　çy⁴²，音四。棉絮　　sei⁴²，音西。天罗瓜絮

△遇摄合三字，文读韵母为 [əu]，白读韵母为 [ɿ]。

锄 chú　　zəu³¹，音雏。锄头　　zɿ³¹，音如。板锄

础 chǔ　　ts'əu⁴⁵，音楚。基础　　ts'ɿ⁴⁵，音齿。磉础

梳 shū　　səu³³，音疏。梳妆台　　sɿ³³，音师。头梳。梳头

数 shǔ　　səu⁴⁵，音蔬上声。数落　　sɿ⁴⁵，音水。数一数

△遇摄合三字，文读韵母为 [y]，白读韵母为 [a]。

女 nǔ　　n̠y³⁴，音语。女人。男女　　na³¹，音奶。女儿。女儿宝

△遇摄合三字，文读韵母为 [y]，白读韵母为 [u]。

锯 jù　　tçy⁴²，音句。弓锯　　ky⁴²，音贯。木锯　　ku⁴²，音过。锯末

△蟹摄开一字，文读韵母为 [e]，白读韵母为 [ɿ]。

在 zài　　ze³⁴，音材上声。自由自在　　zɿ³⁴，音是。在搭

△蟹摄开一字，文读韵母为 [e]，白读韵母为 [a]。

埭 dài　　de¹¹，音代。常作地名　　da¹¹，音但。一埭路

戴 dài　te⁴²,音德去声。戴姓　　ta⁴²,音带。戴帽

△蟹止摄开二字,文读韵母为 [ɿ],白读韵母为 [a]。

筛 shāi　 sɿ³³,音师。米筛　　　sa³³,音山。筛酒。筛选
驶 shǐ　 sɿ⁴⁵,音水。驾驶。　　　sa⁴⁵,音伞。驾驶证

△蟹摄开四字,文读韵母为 [ei],白读韵母为 [y]。

谜 mí　mei³¹,音迷。谜语　　　 ȵy¹¹,音遇。猜谜

△蟹摄合一字,文读韵母为塞擦音 [ai],白读韵母为塞音 [e]。

罪 zuì　zai³⁴,音什上声。犯罪　　ze³⁴,音在。罪过
最 zuì　tsai⁴²,音醉。人走最显罢　tse⁴²,音再。最初。最近

△止深曾摄开三、蟹摄开四字,文读韵母为 [ei], 白读韵母为 [i]。

逼 bī　pei³²³,音彼入声。逼迫　　pi³²³,音笔。逼近
鼻 bí　bei¹¹,音币。鼻头　　　　bi¹¹,音别。耳鼻喉科
棣 dì　dei¹¹,音代。棠棣　　　　di²¹²,音狄。人名用字

△止摄开三字,文读韵母为 [ei],白读韵母为 [øy]。

履 lǚ　lei³⁴,音礼。履鞋拖　　　 løy³⁴,音吕。履行义务

△止摄开三字,文读韵母为 [i],白读韵母为 [a]。

蚁 yǐ　ȵi³⁴,音议。蚂蚁　　　　 ŋa³⁴,音眼。白蚁。虎蚁

△止摄开三字,文读韵母为 [i],白读韵母为自成音节 [ŋ]。

义 yì　ȵi¹¹,音念。主义　　　　 ŋ¹¹,音饿。义冢
疑 yí　ȵi³¹,音娘。怀疑　　　　 ŋ³¹,音儿。迟疑。疑心

△止摄开三字,文读韵母为 [ɿ],白读韵母为 [ai]。

狮 shī　sɿ³³,音师。雄狮　　　　sai³²³,音室。狮子

△止摄开三字,文读韵母为 [ɿ],白读韵母为 [ei]。

刺 cì　ts'ɿ⁴²,音处。刺激。刺刀　ts'ei⁴²,音且去声。生刺
施 shī　sɿ³³,音书。实施。措施　 sei⁴²,音世。布施

121

随 suí　zŋ³¹，音如。跟随。随便　　zei³⁴，音社。随便
△止摄合三字，文读韵母为 [ai]，白读韵母为 [ŋ]。
醉 zuì　tsai⁴²，音最。虾儿醉起吃　tsŋ⁴²，音注。酒喝醉爻
△止摄合三字，文读韵母为 [ŋ]，白读韵母为 [y]。
蕊 ruǐ　zŋ³⁴，音序。花蕊　　　　ny̆¹¹，音愿。该朵花蕊多显
△止摄合三字，文读韵母为 [ai]，白读韵母为 [y]。
归 guī　kai³³，音归。回归　　　tɕy³³，音居。当归
△止摄合三字，文读韵母为 [y]，白读韵母为 [ai]。
规 guī　tɕy³³，音居。规定。圆规　kai³³，音归。规矩
贵 guì　tɕy⁴²，音句。尊贵　　　kai⁴²，音个。薛平贵
挥 huī　ɕy³³，音欢。指挥　　　　fai³³，音灰。挥挥手
亏 kuī　tɕ'y³³，音川。亏你　　　k'ai³³，音魁。亏空
△效摄开一字，文读韵母为 [ə]，白读韵母为 [au]。
膏 gāo　kə³³，音糕。药膏　　　　kau³³，音勾。梨膏糖
铐 kào　k'ə⁴²，音靠。镣铐　　　k'au⁴²，音扣。手铐。
△效摄开二字，文读韵母为 [uɔ]，白读韵母为 [a]。
蛟 jiāo　kuɔ³³，音刚。蛟龙　　　ka³³，音关。蛟翔巷
狡 jiǎo　kuɔ⁴⁵，音广。狡辩　　　ka⁴⁵，音简。狡猾
铰 jiǎo　kuɔ⁴⁵，音讲。铰链　　　ka⁴⁵，音简。铰剪
校 jiào　kuɔ⁴²，音教。校对　　　ka⁴²，音界。校场头
△效摄开二字，文读韵母为 [uɔ]，白读韵母为 [u]。
搅 jiǎo　kuɔ⁴⁵，音广。搅调　　　ku⁴⁵，音古。妆搅。搅糊儿
△效摄开三字，文读韵母为 [iɛ]，白读韵母为 [ai]。
小 xiǎo　ɕiɛ⁴⁵，音少。与大相对　sai⁴⁵，音琐。古方言白读
△效摄开三字，文读韵母为 [iɛ]，白读韵母为 [ia]。
饶 ráo　jiɛ³¹，音姚。富饶。饶恕　nia³¹，音尧。上饶

△效摄开四字,文读韵母为[iɛ],白读韵母为[uɔ]。
啸 xiào　ɕiɛ⁴²,音笑。撮口吹声音　　suɔ⁴²,音哨。海啸
△流摄开一字,文读韵母为[əu],白读韵母为[øy]。
豆 dòu　dəu¹¹,音痘。绿豆　　　døy¹¹,音度。豆腐
△流摄开一字,文读韵母为[o],白读韵母为自成音节[ŋ]。
母 mǔ　mo³⁴,音马。父母　　　ŋ³⁴,音五。丈母娘
△咸摄开二字,文读韵母为[a],白读韵母为[iaŋ]。
赚 zhuàn　dza¹¹,音站。出赚错　dziaŋ³⁴,音近。赚钞票
△咸摄开三字,文读韵母为[i],白读韵母为[ia]。
闪 shǎn　ɕi⁴⁵,音赏。腰闪着　　ɕia³²³,音削。闪光
镊 niè　n̠i²¹²,音热。镊子　　　n̠ia²¹²,音捏。夹镊儿
慊 qiè　tɕʻi³²³,音切。慊快　　ɕia⁴²,音卸。慊意
△深摄开三字,文读韵母为[ai],白读韵母为[ɿ]。
涩 sè　sai³²³,音室。羞涩。苦涩　tsʻɿ⁴²,音次。涩口
△山摄开二字,文读韵母为[o],白读韵母为[a]。
八 bā　po³²³,音搏。八月十五　pa³²³,音百。小八癞子
△山摄开三字,文读韵母为[i],白读韵母为[ai][ø]。
面 miàn　mi¹¹,音面。面貌。方面
　　　　mai¹¹,音妹。面旗　　　mø¹¹,音幔。后面
△山摄开四字,文读韵母为[i],白读韵母为[a]。
研 yán　n̠i³¹,音娘。研究　　　ŋa³¹,音颜。逮药研做粉末
△山摄开四字,文读韵母为[i],白读韵母为[ø]。
边 biān　pi³³,音鞭。边疆　　　pø³³,音搬。背脊后边
△山摄开四字,文读韵母为[i],白读韵母为[y]。
砚 yàn　ji¹¹,音夜。砚台　　　jy¹¹,音县。砚瓦
△山摄合一字,文读韵母为[a],白读韵母为[ø]。

绊 bàn　pa⁴², 音拜。打脚绊　　　bø¹¹, 音伴。绊脚石
△咸山摄开合一字, 文读韵母为 [ø], 白读韵母为 [a]。
漫 màn　mø¹¹, 音幔。水漫出　　ma¹¹, 音卖。散漫。浪漫
纳 nà　nø²¹², 音南入声。纳入　　na²¹², 音捺。译音用字
匝 zā　tsø³²³, 音尊入声。一匝　　tsa³²³, 音札。大桥匝道
△咸山摄开合一字, 文读韵母为 [ø], 白读韵母为 [ai]。
拨 bō　pø³²³, 音钵。挑拨　　　　pai³²³, 音北。白拨
咄 duō　tø³²³, 音答。咄咄逼人　tai³²³, 音啄。鸡咄米
夺 duó　dø²¹², 音突。抢夺　　　dai²¹², 音队入声。赌抢赌夺
磕 kē　k'ø³²³, 音渴。磕磕绊绊　k'ai³²³, 音瞌。磕头
瞌 kē　k'ø³²³, 音渴。瞌睡　　　k'ai³²³, 音奎入声。打睏瞌
△山臻摄合一字, 文读韵母为 [y], 白读韵母为 [aŋ]。
管 guǎn　ky⁴⁵, 音赶。自来水管　kaŋ⁴⁵, 音滚。水管。毛管
△山摄合三字, 文读韵母为 [y], 白读韵母为 [ai]。
掘 jué　dzy²¹², 音倔。挖掘　　　dziai²¹², 音及。掘井
△山摄合三字, 文读韵母为 [y], 白读韵母为 [oŋ]。
穿 chuān　tɕ'y³³, 音川。揭穿。穿刺　tɕ'ioŋ³³, 音春。穿针
△臻摄开一字, 文读韵母为 [aŋ], 白读韵母为 [əŋ]。
申 shēn　saŋ³³, 音伸。引申。申报　saŋ³³, 音声。申冤
新 xīn　saŋ³³, 音伸。崭新。新旧　səŋ³³, 音升。新鲜
△咸山臻摄开合一字, 文读韵母为 [ø], 白读韵母为 [aŋ]。
段 duàn　dø¹¹, 音缎。分段。身段　daŋ¹¹, 音邓。木段
根 gēn　kø³³, 音官。断根。根本　kaŋ³³, 音跟。结根
痕 hén　ɦø³¹, 音含。痕迹　　　　ɦiaŋ³¹, 音恒。伤痕
跟 gēn　kø³³, 音官。脚下跟头　　kaŋ³³, 音昆。跟踪。跟班
憾 hàn　ɦø¹¹, 无近似音。遗憾　　ɦiaŋ³⁴, 音恒阳上。憾肚里

第六章 温州话文白异读

盒 hé　　ɦø²¹²,音合。饼干盒　　　ɦia²¹²,音匣。盒儿
卵 luǎn　　lø³⁴,音乱上声。卵袋　　laŋ³⁴,音轮上声。鸡卵
暖 nuǎn　　nø³⁴,音南上声。暖气　　naŋ³⁴,音能上声。暖氤氲
团 tuán　　dø³¹,音团。汤团　　　　daŋ¹¹,音滕。饭团
吞 tūn　　t'ø³³,音贪。吞咽　　　　t'aŋ³³,音腾。温吞

△山臻摄合一字,文读韵母为 [y],白读韵母为 [aŋ]。

昏 hūn　　ɕy³³,音婚。昏迷。黄昏　　faŋ³³,音分。昏君。昏沉沉
温 wēn　　y³³,音安。温州。温暖　　uaŋ³³,音浑清音。温吞

△臻摄合一字,文读韵母为 [ø],白读韵母为 [y]。

巽 xùn　　sø⁴²,音算。卦名　　　　ɕy⁴²,音汉。巽山

△臻摄合三字,文读韵母为 [y],白读韵母为 [ɿ]。

出 chū　　tɕ'y³²³,音缺。提出　　　ts'ɿ⁴²,音处。出巴脚

△臻摄合三字,文读韵母为 [aŋ],白读韵母为 [əŋ]。

轮 lún　　laŋ³¹,音棱。车轮　　　　ləŋ³¹,音林。打火轮

△宕摄开三字,文读韵母为 [i],白读韵母为 [iɛ]。

两 liǎng　li³⁴,音脸。半斤八两　　liɛ³⁴,音冷。两班倒

△宕摄开三字,文读韵母为 [i],白读韵母为 [e]。

厂 chǎng　tɕ'i⁴⁵,音抢。茅棚厂　　ts'e⁴⁵,音彩。工厂

△宕摄开三字,文读韵母为 [uɔ],白读韵母为 [yɔ]。

妆 zhuāng　tsuɔ³³,音抓。化妆　　　tɕyɔ³³,音钟。妆灵清
庄 zhuāng　tsuɔ³³,音装。庄严　　　tɕyɔ³³,音钟。坐庄。做庄
装 zhuāng　tsuɔ³³,音抓。武装。　　tɕyɔ³³,音钟。装门面
壮 zhuàng　tsuɔ⁴²,音罩。强壮　　　tɕyɔ⁴²,音纵。猪怕壮

△宕摄合一字,文读韵母为 [uɔ],白读韵母为 [a]。

黄 huáng　ɦuɔ³¹,音杭。黄豆。　　　ɦia³¹,音鞋。黄昏
谎 huǎng　huɔ⁴⁵,音纺。谎言　　　 ha⁴⁵,音蟹。讲谎话

△宕摄合三字，文读韵母为 [uɔ]，白读韵母为 [aŋ]。

忘 wàng　　ɦuɔ^{11}，音防。难忘　　　maŋ^{31}，音门。忘记

△江摄开二字，文读韵母为 [yo]，白读韵母为 [o]。

擢 zhuó　　dʑyo^{212}，音局。擢升　　do^{212}，音铎。擢起当官

△梗摄开二字，文读韵母为 [a]，白读韵母为 [o]。

陌 mò　　ma^{212}，音麦。阡陌　　　mo^{212}，音摸。陌生

△梗摄开二字，文读韵母为 [iɛ]，白读韵母为 [aŋ]。

筝 zhēng　　tsiɛ^{33}，音争。乐器　　tsaŋ^{33}，音针。古筝

△梗摄开二字，文读韵母为 [iɛ]，白读韵母为 [oŋ]。

迸 bèng　　piɛ^{42}，音俵。迸出　　　poŋ^{42}，音蹦。迸卵个

棚 péng　　biɛ^{31}，音彭。金瓜棚　　boŋ^{31}，音朋。牛棚

△梗摄开三字，文读韵母为 [ei]，白读韵母为 [i]。

掷 zhì　　dzei^{212}，音直。拉掷尿　　dzi^{212}，音彻。掷铁饼

△梗摄开四字，文读韵母为 [ei]，白读韵母为 [i]。

疬 lì　　lei^{212}，音力。瘰疬　　　　li^{212}，音栗。疬瘮起

△梗摄合三字，文读韵母为 [ioŋ]，白读韵母为 [iaŋ]。

萤 yíng　　jioŋ^{31}，音云。萤火虫　　jiaŋ^{31}，音形。火荧光光

营 yíng　　jioŋ^{31}，音云。营业　　　jiaŋ^{31}，音形。兵营巷

△通摄合一字，文读韵母为 [əu]，白读韵母为 [au]。

毒 dú　　dəu^{212}，音独。中毒　　　dau^{11}，音逗。毒老鼠

△通摄合一字，文读韵母为 [o]，白读韵母为 [ø]。

扑 pū　　p'o^{323}，音粕。扑空　　　p'ø^{323}，音泼。扑拉去

△通摄合三字，文读韵母为 [oŋ]，白读韵母为 [iɛ]。

龙 lóng　　loŋ^{31}，音笼。龙舟　　　liɛ^{31}，音撩。龙船

△通摄合三字，文读韵母为 [yɔ]，白读韵母为 [oŋ]。

恭 gōng　　tɕyɔ^{33}，音妆。恭敬　　　koŋ^{33}，音工。恭贺。恭候

蓉 róng　jyɔ³¹,音王。芙蓉　　　jioŋ³¹,音容。椰蓉
踊 yǒng　jyɔ³⁴,音勇。踊跃　　ioŋ³³,音雍。大猫踊啦过
△通摄合三字,文读韵母为[yɔ],白读韵母为[iaŋ]。
凶 xiōng　ɕyɔ³³,音双。凶恶　　ɕiaŋ³³,音欣。个人凶显个
△入声喉牙字,文读韵母为[ai],白读韵母为[i]。
一 yī　　iai³²³,音乙。一五一十　i³²³,音页。一色一样
易 yì　　jiai²¹²,音译。交易。贸易　ji¹¹,音现。简易。容易
△入声喉牙字,文读韵母为[ai],白读韵母为[ɿ]。
极 jí　　dziai²¹²,音及。积极　　dzɿ¹¹,音治。苦极

第四节　声调的文白异读

崩 bēng　poŋ³³,音崩。地板崩起　poŋ⁴²,音奔。一崩香烟
鄙 bǐ　　pei⁴⁵,音彼。卑鄙　　　pei⁴²,音闭。一斤还鄙厘
草 cǎo　tsʻɔ⁴⁵,音绰。草花　　　tsʻɔ³³,音造。潦草
沉 chén　dzaŋ³¹,音尘。沉坑　　dzaŋ¹¹,音阵。沉闷
撑 chēng　tsʻie³³,撑雨伞。撑腰　tsʻiɛ⁴²,撑牢。撑客
宕 dàng　duɔ¹¹,音溏。宕地　　　duɔ³⁴,音荡。屋宕
点 diǎn　ti⁴⁵,音典。地点。点名　ti⁴²,音店。点渠一下
掉 diào　diɛ¹¹,音调。掉包　　　diɛ³⁴,音调上声。掉钞票
棱 léng　ləŋ³¹,音林。棱镜　　　laŋ³¹,音轮。方棱砖
厘 lí　　lei³¹,音梨。厘米　　　lei³³,无近似音。一厘儿
里 lǐ　　lei³⁴,音礼。公里　　　lei³³,音丽清音。该里
榴 liú　　ləu³¹,音刘。手榴弹　　ləu³⁴,音柳。石榴
妈 mā　　ma³⁴,音买。阿妈　　　ma³³,音买清音。妈妈
蛮 mán　ma³¹,音曼。野蛮　　　ma³³,音妈。蛮好

奶 nǎi　　na^{34},音乃。奶头　　　　na^{33},音妳。奶奶头儿

树 shù　　ʑl^{11},音自。大树　　　ʑl^{34},音竖。树立

坛 tán　　da^{31},音谈。文坛　　 da^{34},音淡。永嘉岩坛

溏 táng　　duɔ^{31},音堂。池塘　　duɔ^{11},音荡。树溏爻

眼 yǎn　　ŋa^{34},音蚁。眼睛　　 ŋa^{33},音眼清音。眼眼

蒸 zhēng　tsəŋ^{33},音晶。蒸馒头　tsəŋ^{45},音井。太阳蒸起热

第七章 温州话异音字

每个汉字都有它本来的读音和含义,这叫本音本义。由于汉字的内涵丰富,往往一个字除了本字的本音本义外,有时用作借字,于是又有了通假或通借,有的甚至有多个通假音、义。这样就形成了一些字多音现象。

一般来说,汉字的读书音与说话音是相同的,即一字一音,一字两音在普通话里较少见,即使有两音,其字义也不同,属于辨义异读。但是,在方言中,一字既有读书音又有说话音,却是较为普遍和常见的。如果这种多音的字在读音上都出自一个源头,那属于文白异读现象。例如普通话的角有 jué(角色)、jiǎo(角落)两读,都出自同一个古音古岳切。如果不是同一个古音来源且在意义上有很大的差别,那是两个词的读音,例如好的 hǎo 和 hào。前者来自古音的呼皓切,做形容词;后者来自古音的呼到切,做动词。这个"好"字实际上是两个词,叫异读词。普通话和汉语许多方言,都有一字(词)多音的现象。

在历史上由于种种原因,北方的汉人一波一波地南下,于是就把北方话陆陆续续地带到温州,这些北方方言的语音便零零碎碎地沉淀在瓯语中。

温州方言是吴语中比较特殊的一支,方言中保留有较多的古音古词。语音上既保留有上古、中古、近古、近代各个历史层次的读音沉积成分,又受到相邻闽语的影响。当然也与全国其他方言一样,受到普通话的影响。因此,一字多音现象很普遍,好些字有两读、三读,甚至四读。

第一节　有四读或更多的异音字

蒙(1)mēng,moŋ³³,音梦(清音)。头脑发蒙。蒙头转向。

蒙(2)měng,moŋ³⁴,音懵。蒙古。

蒙(3)méng,moŋ³¹,音朦。蒙蔽。蒙难。

蒙(4)(矇)mēng,moŋ³³,音梦(清音)。蒙骗。你勿蒙我。

蒙(5)(濛)méng,moŋ³¹,音朦。蒙蒙细雨。

蒙(6)(懞)méng,moŋ³¹,音朦。懞直。懞厚老实。

蒙(7)(矇)méng,moŋ³¹,音朦。矇眬。

台(1)tái,de³¹,音抬。兄台。台启。

台(2)tāi,tʻe³³,音胎。台州。天台山。

台(3)(臺)tái,de³¹,音抬。阳台。戏台。一台机床。

台(4)(颱)tái,de³¹,音抬。台风。

台(5)(檯)tái,de³¹,音抬。柜台。写字台。

系(1)xì,ji¹¹,音现。系统。数学系。

系(2)(係)xì,ji¹¹,音现。干系。关系。名誉所系。

系(3)(係)xì,ɕi⁴²,音向。确系实情。

系(4)(繫)xì,ji¹¹,音现。系恋。系念。

系(5)(繫)jì,tsʅ⁴²,音计。系鞋带。系裤带。

几(1)jī,tsʅ³³,音朱。茶几。窗明几净。

几(2)(幾)jī,tsʅ³³,音朱。几乎。几近。

几(3)(幾)jǐ,tsʅ⁴⁵,音主。几曾。几何。所剩无几。

131

几(4)(幾)jǐ, ke⁴⁵, 音改。几岁。几个人。冇几日。

差(1)chā, ts'o³³, 音叉(2)。差不多。差不显。

差(2)chà, ts'a⁴², 音蔡。初祒去假开二。还差十元。成绩差。

差(3)chāi, ts'a³³, 音钗。初佳平蟹开二。差遣。出差。

差(4)cī, ts'ɿ³³, 音吹。参差。

行(1)xíng, ɦɛ³¹, 音幸的阳平声。行走。行人道。行动。

行(2)xíng, ɦɛ¹¹, 音幸的阳去声。罪行。修行。

行(3)háng, ɦuɔ³¹, 音皇。行列。排行。银行。

行(4)xíng, ɕiaŋ⁴⁵, 音兴(3)的阴上声。该起事干你眙行不行？

沓(1)tà, dø²¹², 音突。两笔账沓起算。沓拢。厮伉屁沓臭。

沓(2)dá, da²¹², 音达(1),量词。一沓钞票。一沓纸。

沓(3)tà, t'ø³²³, 音脱(1),量词。用于成套的器物。

沓(4)tɑ, t'a³²³, 音塔。疲沓。拖沓。

第二节 有三读的异音字

阿(1)a, a³³, 音压。词前缀,用于称谓前。阿舅。阿飞。

阿(2)ā, u³³, 音污。阿县。阿胶。

阿(3)ē, o³³, 音鸦。无古音记录。阿弥陀佛。

般(1)pán, bø³¹, 音盘。般配。

般(2)bān, pø³³, 音搬。一般。十八般武艺。

般(3)bō, pø³²³, 音钵。梵语音译字。般若。般比。

藏(1)cáng, zuɔ³¹, 音巢。隐藏。保藏。贮藏。

藏(2)zàng, zuɔ¹¹, 音脏。西藏。藏族。

藏(3)zāng, tsuɔ³³, 音抓。三读。藏青。

车(1)chē, ts'o³³, 音叉。火车。车床。车零件。

车（2）chē, ts'ei^{33}, 音妻。纺车儿。水车。车水。

车（3）jū, tɕy^{33}, 音拘。车马炮。

乘（1）chéng, zəŋ^{31}, 音成。乘法。大乘。上乘。

乘（2）shèng, zəŋ^{11}, 音净。千乘之国。

乘（3）chéng, ts'aŋ^{42}, 音趁。乘车。乘兴。乘便。

单（1）dān, ta^{33}, 音丹。单独。

单（2）shàn, ji^{34}, 音象。姓。

单（3）chán, ji^{31}, 音前。单于。

恶（1）è, o^{323}, 音沃。恶毒。个姆姆恶显。

恶（2）ě, o^{45}, 音哑。原写噁。恶心。

恶（3）wù, u^{42}, 音屙。讨厌。可恶。万人恶。

干（1）gān, ky^{33}, 音肝。干扰。干涉。互不相干。

干（2）（乾）gān, ky^{33}, 音肝。干旱。干杯。干着急。

干（3）（幹）gàn, ky^{42}, 音贯。树干。躯干。干练。

哄（1）hōng, hoŋ^{33}, 音轰。哄堂大笑。

哄（2）hǒng, hoŋ^{45}, 无近似音。哄骗。欺哄。哄姆姆。

哄（3）hòng, hoŋ^{42}, 音讽。起哄。一哄而散。

糊（1）hū, vu^{31}, 音湖。糊一层泥。

糊（2）hú, vu^{31}, 音湖。裱糊。糊墙。糊口。糊涂。糊里糊涂。

糊（3）hù, vu^{11}, 音贺。糊弄。

会（1）kuài, kai^{42}, 音个。会计。

会（2）huì, vai^{11}, 会审。会话。会亲。会议。

会（3）huì, vai^{34}, 音汇（1）。你讲嘅意思我会底罢。

豁（1）huō; huò, ho^{323}, 音法。豁达。豁免。豁出性命。

豁（2）huá, fa^{33}, 音翻。豁拳。

解（1）jiě, ka^{45}, 音减。解剖。解鞋带。解决。

解（2）jiè, ka⁴²，音介。逮犯人解牢监里。解钞票。

解（3）xiè, ɦa³⁴，音限，姓氏。解腔。解签诗。

令（1）lìng, ləŋ¹¹，音吝。令尊。命令。时令。使令。

令（2）líng, ləŋ³¹，音林。姓。令狐。

令（3）lǐng, ləŋ³⁴，音领。译音用字。一令纸。

膀（1）bǎng, puɔ4，音榜。膀臂。肩膀。翅膀。

膀（2）pāng, p'uɔ³³，音抛。膀蹄。

膀（3）páng, buɔ³¹，音旁。膀胱。

朴（1）pò, p'o³²³，音璞。落叶乔木。

朴（2）（樸）pǔ, p'o³²³，音璞。朴素。朴实。

朴（3）piáo, biɛ³¹，音嫖。姓。

茄（1）qié, dʑ³¹，音其。茄儿。茄花色。

茄（2）jiā, ko³³，音加。古国名。

茄（3）jiā, ga³¹，音衔。番茄。雪茄。

曲（1）qū, tɕ'yo³²³，音触。弯曲。曲折。曲解。

曲（2）qǔ, tɕ'yo³²³，音触。曲艺。曲高和寡。异曲同工。

曲（3）（麴）qū, tɕ'iəu³²³，音揪。酒曲。曲霉。

兴（1）xīng, ɕiaŋ³³，音欣。兴建。新兴。百废待兴。

兴（2）xìng, ɕiaŋ⁴²，音衅。兴致勃勃。兴高采烈。

兴（3）xìng, ɕiaŋ⁴⁵，音行（3）。作兴。

宿（1）sù, ɕyo³²³，音束。露宿。宿舍。名宿。宿敌。

宿（2）xiǔ, ɕyo³²³，音束。一宿。两宿。

宿（3）xiù, ɕiəu⁴²，音秀。星宿。

轧（1）yà, a³²³，音压。象声词。倾轧。机器开起轧轧声。

轧（2）zhá, tsa³²³，音扎。轧钢。

轧（3）gá, ga²¹²，音衔的入声。轧姘头。轧账。

重(1)chóng, dzyɔ³¹, 音狂。重复。重生。重新。

重(2)zhòng, dzyɔ³⁴, 音狂的上声。重量。繁重。

重(3)zhòng, dzyɔ¹¹, 音撞。重迭。一重书。

复(1)(複)fù, fu³²³, 音福。重复。恢复。

复(2)(復)fù, fu³²³, 音福。复印。

复(3)(復)fù, və¹¹, 音浮的阳去声。复活。复兴。

第三节　有两读的异音字

把(1)bǎ, po⁴⁵, 一把米	把(2)bà, po⁴², 把柄
背(1)bèi, pai⁴², 汗背心	背(2)bēi, pai³³, 原作揹
绷(1)bēng, piɛ³³, 藤绷	绷(2)bèng, piɛ⁴², 绷手绷脚
比(1)bǐ, pei⁴⁵, 比较	比(2)bǐ, bei¹¹, 比邻
扁(1)biǎn, pi⁴⁵, 扁担	扁(2)piān, p'i³³, 一叶扁舟
便(1)biàn, bi¹¹, 方便。便利	便(2)pián, bi³¹, 便宜
将(1)jiāng, tɕi³³, 将来	将(2)jiàng, tɕi⁴², 大将。将领
别(1)bié, bi²¹², 特别。别人	别(2)biè, pi³²³, 别扭
泊(1)bó, bo²¹², 淡泊	泊(2)pō, p'o³²³, 湖泊
擘(1)bò, pa³²³, 擘指。巨擘	擘(2)bāi, p'a³²³, 擘开。擘饼
不(1)bù, pai³²³, 不安。不妨	不(2)fǒu, fu⁴⁵, 睏不着
参(1)cān, tsʻø³³, 参加	参(2)shēn, saŋ³³, 人参
侧(1)zè, tsei³²³, 翻转侧	侧(2)cè, tsʻei³²³, 侧面
曾(1)zēng, tsaŋ³³, 曾祖。姓	曾(2)céng, zaŋ³¹, 音寻。曾经
叉(1)chā, tsʻa³³, 叉车。叉烧包	叉(2)chá, tsʻo³³, 柴爿叉儿
查(1)chá, dzo³¹, 调查。查办	查(2)zhā, tso³³, 姓。查良镛
绰(1)chuò, tɕʻia³²³, 盘旋而下	绰(2)chuò, tɕʻə³³, 绰号
朝(1)cháo, dzie³¹, 朝廷	朝(2)zhāo, tɕiɛ³³, 明朝

续表

吵（1）chǎo, tsʻuɔ⁴⁵, 宿搭吵	吵（2）chāo, tsʻuɔ³³, 吵生伯
称（1）chēng, tsʻəŋ³³, 称呼	称（2）chèn, tsʻəŋ⁴², 相称
冲（1）chōng, tɕʻioŋ³³, 冲锋	冲（2）chòng, tɕʻioŋ⁴², 冲压
仇（1）chóu, dʑiəu³¹, 仇恨	仇（2）qiú, dʑiau³¹, 姓氏
臭（1）chòu, tɕʻiəu⁴², 乌焦臭	臭（2）xiù, ɕiau⁴², 铜臭
处（1）chǔ, tsʻŋ⁴⁵, 处理	处（2）chù, tsʻŋ⁴², 用处
畜（1）chù, tɕʻiəu³²³, 畜生	畜（2）xù, ɕiəu³²³, 畜牧
传（1）chuán, dʑy³¹, 宣传	传（2）zhuàn, dʑy¹¹, 传记
创（1）chuāng, tsʻuɔ³³, 创伤	创（2）chuàng, tsʻuɔ⁴², 创造
从（1）cóng, jy³¹, 从来	从（2）cōng, tsʻoŋ³³, 从容
呆（1）ái, ŋe³¹, 呆痴	呆（2）dāi, tai³³, 书呆
担（1）dān, ta³³, 负担	担（2）dàn, ta⁴², 重担
弹（1）dàn, da¹¹, 炸弹	弹（2）tán, da³¹, 弹琴
当（1）dāng, tuɔ³³, 应当	当（2）dàng, tuɔ⁴², 妥当
挡（1）dǎng, tuɔ⁴⁵, 抵挡	挡（2）dàng, tuɔ⁴², 摒挡
倒（1）dào, tə⁴², 倒退	倒（2）dǎo, tə⁴⁵, 打倒
钉（1）dīng, təŋ³³, 螺丝钉	钉（2）dìng, təŋ⁴², 钉板箱
斗（1）dǒu, tau⁴⁵, 北斗星	斗（2）dòu, tau⁴², 斗争
读（1）dú, dəu²¹², 读书	读（2）dòu, dau¹¹, 句读
肚（1）dù, døy³⁴, 肚饿	肚（2）dǔ, tøy⁴⁵, 猪肚
度（1）dù, døy¹¹, 温度	度（2）duó, do²¹², 忖度
敦（1）dūn, tø³³, 伦敦	敦（2）dùn, taŋ⁴², 汽车敦路当中
垛（1）duò, dəu³⁴, 垛拢妆乜啊	垛（2）duǒ, duɔ¹¹, 柴垛
番（1）fān, fa³³, 番茄	番（2）pān, pʻø³³, 番禺
反（1）fǎn, fa⁴⁵, 造反	反（2）fǎn, pa⁴⁵, 反转
菲（1）fēi, fei³³, 芳菲	菲（2）fěi, fei⁴⁵, 菲薄
沸（1）fèi, fei⁴², 沸沸扬扬	沸（2）fèi, fai³²³, 沸腾

续表

分（1）fēn，faŋ³³，分岁	分（2）fèn，vaŋ¹¹，本分
缝（1）féng，fioŋ³¹，裁缝	缝（2）fèng，fioŋ¹¹，门缝
夫（1）fū，føy³³，丈夫	夫（2）fú，vu³¹，古文中发语词
伏（1）fú，vu²¹²，埋伏	伏（2）fù，bu¹¹，伏鸡儿
嘎（1）gā，ka³²³，唧唧嘎嘎	嘎（2）gá，ga²¹²，嘎嘎抖
盖（1）gài，ke⁴²，华盖山	盖（2）gě，kø³²³，姓
杠（1）gāng，kuɔ³³，床杠	杠（2）gàng，kuɔ⁴²，杠段
更（1）gēng，kiɛ³³，更新	更（2）gèng，kiɛ⁴²，更加
供（1）gōng，tɕyɔ³³，供给	供（2）gòng，tɕyɔ⁴²，供养
呱（1）gū，ku³³，呱呱而泣	呱（2）guā，ko³³，呱呱叫
观（1）guān，ky³³，观察	观（2）guàn，ky⁴²，道观
冠（1）guān，ky³³，皇冠	冠（2）guàn，ky⁴²，三连冠
哈（1）hǎ，ha⁴⁵，哈达	哈（2）hā，hø³²³，哈气
含（1）hán，fiø³¹，包含	含（2）hàn，fiaŋ³¹，饭含嘴里
好（1）hǎo，hɔ⁴⁵，美好	好（2）hào，hɔ⁴²，嗜好
号（1）hào，fiɔ¹¹，记号	号（2）háo，fiɔ³¹，号叫
和（1）hé，vu³¹，和平	和（2）hè，vu¹¹，唱和
阂（1）hé，fiɛ²¹²，阻隔不通	阂（2）gāi，gai¹¹，问佛打阂
荷（1）hé，vu³¹，荷花	荷（2）hè，vu³⁴，负荷
华（1）huá，fio³¹，中华	华（2）huà，fio¹¹，华山
哗（1）huá，fio³¹，喧哗	哗（2）huā，ho³³，哗啦
毁（1）huǐ，ɕy⁴⁵，毁坏	毁（2）huì，ɕy⁴²，毁牙
藉（1）jí，zei²¹²，藉田	藉（2）jiè，zei¹¹，藉口
贾（1）gǔ，ku⁴⁵，商贾	贾（2）jiǎ，ko⁴⁵，姓氏
假（1）jiǎ，ko⁴⁵，真假	假（2）jià，ko⁴²，暑假
间（1）jiān，ka³³，房间	间（2）jiàn，ka⁴²，间底
监（1）jiān，ka³³，牢监	监（2）jiàn，ka⁴²，监视

续表

降（1）jiàng, kuɔ⁴², 降落伞	降（2）xiáng, ji³¹, 投降
角（1）jiǎo, ko³²³, 三角门	角（2）jué, tɕia³²³, 角色
觉（1）jué, ko³²³, 觉悟	觉（2）jiào, kuɔ⁴², 懒觉
禁（1）jìn, tɕiaŋ⁴², 禁止	禁（2）jīn, tɕiaŋ³³, 情不自禁
据（1）jū, tɕy³³, 拮据	据（2）jù, tɕy⁴², 根据
卷（1）juàn, tɕy⁴², 考卷	卷（2）juǎn, tɕy⁴⁵, 花卷
隽（1）jùn, tɕioŋ⁴², 隽秀	隽（2）juàn, jy³⁴, 隽永
空（1）kōng, k'oŋ³³, 天空	空（2）kòng, k'oŋ⁴², 亏空
了（1）liǎo, liɛ⁴⁵, 了结	了（2）le, liɛ, 断了
累（1）lěi, lai³⁴, 连累	累（2）léi, lai³¹, 累堆
离（1）lí, lei³¹, 脱离	离（2）lì, lei¹¹, 离间
蠡（1）lǐ, lei³⁴, 范蠡	蠡（2）luó, løy³¹, 河蠡蚌
丽（1）lì, lei¹¹, 美丽	丽（2）lí, lei³¹, 丽水
量（1）liáng, li³¹, 商量	量（2）liàng, li¹¹, 重量
瞭（1）liǎo, liɛ³⁴, 瞭如指掌	瞭（2）liào, liɛ¹¹, 瞭望
溜（1）liù, ləu¹¹, 溜口出	溜（2）liū, ləu³³, 光溜溜
露（1）lù, løy¹¹, 暴露	露（2）lòu, lau¹¹, 露马脚
纶（1）lún, laŋ³¹, 涤纶	纶（2）guān, ka³³, 纶巾
论（1）lùn, lø¹¹, 讨论	论（2）lún, lø³¹, 音变。论语
捋（1）luō, lai²¹², 头捋转	捋（2）lǔ, lai³⁴, 捋胡须
率（1）lǜ, li²¹², 效率	率（2）shuài, sai³²³, 率领
绿（1）lǜ, lo²¹², 红花绿叶	绿（2）lǜ, lo²¹², 绿林
猫（1）máo, muɔ³¹, 大猫	猫（2）māo, muɔ³³, 熊猫
么（1）me, mo³¹, 怎么	么（2）mó, mo³¹, 幺麽
秘（1）bì, pi⁴², 秘鲁	秘（2）mì, mi¹¹, 秘密
磨（1）mó, møy³¹, 磨刀	磨（2）mò, møy¹¹, 石磨
姆（1）mǔ, mo³⁴, 保姆	姆（2）m̄, mo³³, 师姆

续表

哪（1）nǎ, na³⁴, 音乃。同那	哪（2）né, nuɔ³¹, 音囊。哪吒
娜（1）nuó, no³¹, 安娜	娜（2）nà, na³⁴, 人名
南（1）nán, nø³¹, 南北	南（2）nā, na³³, 南无阿弥陀
难（1）nán, na³¹, 困难	难（2）nàn, na¹¹, 患难
泥（1）ní, ȵi³¹, 泥水	泥（2）nì, ȵi¹¹, 泥墙
鸟（1）niǎo, ȵia³⁴, 大鹏鸟	鸟（2）diǎo, tiɛ⁴⁵, 鸟儿
尿（1）niào, ȵia¹¹, 尿酸	尿（2）suī, sʅ³³, 糖尿病
乜（1）miē, miɛ⁴⁵, 乜斜	乜（2）niè, ȵi³¹, 何乜
宁（1）níng, ȵiaŋ³¹, 安宁	宁（2）nìng, ȵiaŋ¹¹, 宁可
彷（1）páng, buɔ³¹, 彷徨	彷（2）fǎng, huɔ⁴⁵, 彷佛
胖（1）pàng, p'uɔ⁴², 肥胖	胖（2）pán, bø³¹, 心宽体胖
刨（1）páo, buɔ³¹, 逮别人刨厘去	刨（2）bào, buɔ¹¹, 刨床
喷（1）pēn, p'aŋ³³, 喷水	喷（2）pèn, p'aŋ⁴², 喷香
辟（1）bì, pi³²³, 复辟	辟（2）pì, p'i³²³, 开辟
漂（1）piāo, p'iɛ³³, 漂泊	漂（2）piǎo, p'iɛ⁴⁵, 漂白
屏（1）píng, bəŋ³¹, 屏风	屏（2）bǐng, pəŋ⁴⁵, 屏墙
魄（1）pò, p'a³²³, 魂魄	魄（2）tuò, t'o³²³, 落魄
铺（1）pū, p'øy³³, 铺床	铺（2）pù, p'øy⁴², 一铺路
仆（1）pū, p'o³²³, 仆倒	仆（2）pú, bo²¹², 仆人
期（1）qī, dzʅ³¹, 学期	期（2）jī, tsʅ³³, 期年
奇（1）qí, dzʅ³¹, 奇怪	奇（2）jī, tsʅ³³, 奇数
铅（1）qiān, k'a³³, 铅锅	铅（2）yán, ji³¹, 铅山
强（1）qiáng, dzi³¹, 坚强	强（2）qiǎng, dzi³⁴, 勉强
亲（1）qīn, ts'aŋ³³, 亲人	亲（2）qìng, ts'aŋ⁴², 亲家
圈（1）quān, tɕ'y³³, 花圈	圈（2）juàn, tɕy⁴², 羊圈
任（1）rèn, zaŋ¹¹, 任何	任（2）rén, ȵiaŋ³¹, 姓
塞（1）sāi, se³²³, 塞住	塞（2）sài, se⁴², 音赛。边塞

139

续表

散(1)sǎn, sa⁴⁵, 散讲	散(2)sàn, sa⁴², 分散
丧(1)sāng, suɔ³³, 出丧	丧(2)sàng, suɔ⁴², 丧失
上(1)shàng, ji¹¹, 上下	上(2)shǎng, ji³⁴, 上声
少(1)shǎo, ɕiɛ⁴⁵, 少数	少(2)shào, ɕiɛ⁴², 少将
舍(1)shè, sei⁴², 进舍	舍(2)shě, sei⁴⁵, 舍弃
省(1)shěng, siɛ⁴⁵, 省略	省(2)xǐng, səŋ⁴⁵, 反省
盛(1)shèng, zəŋ¹¹, 旺盛	盛(2)chéng, zəŋ³¹, 盛饭
识(1)shí, sei³²³, 相识	识(2)zhì, tsɿ⁴², 标识
氏(1)shì, zɿ³⁴, 姓氏	氏(2)zhī, tsɿ³³, 大月氏
衰(1)shuāi, sai³³, 衰落	衰(2)cuī, ts'ai³³, 等衰
飕(1)sī, sɿ³³, 阴飕冷	飕(2)cī, ts'ɿ³³, 打风飕
台(1)tái, de³¹, 台湾	台(2)tāi, t'e³³, 天台
苔(1)tái, de³¹, 苔藓	苔(2)tāi, t'e⁴², 舌苔
挑(1)tiǎo, t'iɛ⁴⁵, 挑拨	挑(2)tiāo, t'iɛ³³, 挑花
调(1)tiáo, diɛ³¹, 调和	调(2)diào, diɛ¹¹, 调度
听(1)tīng, t'əŋ³³, 一听炼乳	听(2)tīng, t'əŋ⁴², 打听
吐(1)tǔ, t'øy⁴⁵, 吐痰唾	吐(2)tù, t'øy⁴², 酒吃吐爻
褪(1)tùn, t'aŋ⁴², 人手褪不出	褪(2)tuì, t'ai⁴², 拉屁褪裤
脱(1)tuō, t'ø³²³, 脱离	脱(2)tuō, t'ai⁴², 脱鞋
袜(1)wà, mo²¹², 鞋袜	袜(2)mò, mø²¹², 袜胸
万(1)wàn, va¹¹, 万年青	万(2)mò, mai²¹², 万俟
王(1)wáng, jyɔ³¹, 国王	王(2)wàng, jyɔ¹¹, 王天下
为(1)wéi, vu³¹, 年轻有为	为(2)wèi, vu¹¹, 为什么
唯(1)wéi, vu³¹, 唯一	唯(2)wěi, vu³⁴, 唯唯诺诺
委(1)wěi, u⁴⁵, 委员	委(2)wēi, u³³, 委蛇
闻(1)wén, vaŋ³¹, 新闻	闻(2)wèn, vaŋ¹¹, 闻所未闻
无(1)wú, vu³¹, 无空讲	无(2)mó, mu³¹, 南无

续表

吓（1）xià, ho^{42}，人吓人	吓（2）hè, ho^{323}，恐吓
纤（1）(縴)qiàn, tɕ'i^{42}，纤夫	纤（2）(纖)xiān, ɕi^{33}，纤维
鲜（1）xiān, ɕi^{33}，新鲜	鲜（2）xiǎn, ɕi^{45}，鲜为人知
相（1）xiāng, ɕi^{33}，互相	相（2）xiàng, ɕi^{42}，相貌
肖（1）xiào, ɕiɛ^{42}，生肖	肖（2）xiāo, ɕiɛ^{33}，姓
校（1）xiào, ɦuɔ^{11}，学校	校（2）jiào, kuɔ^{42}，校对
吁（1）xū, ɕy^{33}，气喘吁吁	吁（2）yù, vu^{31}，呼吁
咽（1）yān, iaŋ^{33}，咽喉	咽（2）yè, i^{42}，呜咽
盐（1）yán, ji^{31}，食盐	盐（2）yàn, ji^{11}，盐咸菜
燕（1）yàn, i^{42}，燕儿	燕（2）yān, i^{33}，燕山
养（1）yǎng, i^{45}，养育	养（2）yàng, ji^{11}，头发养起长
要（1）yāo, iɛ^{33}，要求	要（2）yào, iɛ^{42}，要紧
叶（1）yè, ji^{212}，叶落归根	叶（2）xié, ji^{212}，叶韵
荫（1）yīn, iaŋ^{33}，树荫	荫（2）yìn, iaŋ^{42}，荫庇
应（1）yīng, iaŋ^{33}，应该	应（2）yìng, iaŋ^{42}，反应
油（1）yóu, jiau^{31}，石油	油（2）yòu, jiau^{11}，重新油一油
崽（1）zǎi, tse^{45}，牛崽	崽（2）zāi, tsa^{33}，卵崽
脏（1）zāng, tsuɔ^{33}，肮脏	脏（2）zàng, zuɔ^{11}，肝脏
凿（1）záo, zø^{212}，凿子	凿（2）zuò, zø^{11}，凿洞
炸（1）zhà, tso^{42}，爆炸	炸（2）zhá, tsa^{323}，油炸馃
占（1）zhān, tɕi^{33}，占卜	占（2）zhàn, tɕi^{42}，占领
长（1）cháng, dʑi^{31}，长短	长（2）zhǎng, tɕi^{45}，成长
折（1）zhé, tɕi^{323}，折扣	折（2）shé, ji^{212}，折本
正（1）zhèng, tsəŋ^{42}，真正	正（2）zhēng, tsəŋ^{33}，正月
挣（1）zhēng, tsiɛ^{33}，挣扎	挣（2）zhèng, tsiɛ^{42}，渠会挣显
只（1）zhǐ, tsʅ^{45}，仅仅	只（2）zhī, tsei^{323}，一只虾儿
殖（1）zhí, dzei^{212}，繁殖	殖（2）shi, sei^{323}，骨殖

141

续表

中（1）zhōng, tɕioŋ³³, 中国	中（2）zhòng, tɕioŋ⁴², 中意
种（1）zhǒng, tɕyɔ⁴⁵, 品种	种（2）zhòng, tɕyɔ⁴², 种植
钻（1）zuān, tsø³³, 钻研	钻（2）zuàn, tsø⁴², 钻石

第八章 温州话同音字汇

同音字汇先按韵母列部，依次为 a、ia、ɛ、iɛ、uɔ、yɔ、ɜ、e、ø、o、yo、ɿ、i、u、y、ai、iai、au、iau、ei、əu、iəu、øy、aŋ、iaŋ、əŋ、oŋ、ioŋ、ŋ。

同韵字按声母次序排列，依次为 p、p'、b、m、f、v、t、t'、d、n、l、ts、ts'、dz、s、z、tɕ、tɕ'、dʑ、ȵ、ɕ、ʑ、k、k'、g、ŋ、h、ɦ、j、ʋ。

同声母的字按声调编号次序用数码表示，即：阴平 [^{33}]、阳平 [^{31}]、阴上 [^{45}]、阳上 [^{34}]、阴去 [^{42}]、阳去 [^{11}]、阴入 [^{323}]、阳入 [^{212}]。

【a】

pa	[pa^{33}] 叭扳爸攽班颁斑瘢 [pa^{45}] 反$_{(2)}$板版摆$_{(1)}$摆$_{(2)}$阪坂钣舨 [pa^{42}] 扮绊$_{(1)}$拜瓣$_{(1)}$蓥 [pa^{323}] 八$_{(2)}$百$_{(1)}$伯$_{(2)}$迫柏佰檗擘$_{(1)}$ [pa] 吧$_{(2)}$
p'a	[p'a^{33}] 啪攀 [p'a^{42}] 拌$_{(3)}$盼派破$_{(2)}$湃瓣$_{(2)}$孬哌襻 [p'a^{323}] 拍舶掰魄$_{(1)}$珀擗$_{(2)}$脈
ba	[ba^{31}] 排牌爿俳簿 [ba^{34}] 罢$_{(2)}$ [ba^{11}] 办败惫稗 [ba^{212}] 白帛鲌

续表

ma	[ma^{33}] 吗$_{(1)}$ 妈$_{(2)}$ 蛮$_{(2)}$ [ma^{31}] 埋蛮$_{(1)}$ 霾鬘鳗 [ma^{34}] 吗$_{(2)}$ 吗$_{(3)}$ 妈$_{(3)}$ 买挽$_{(2)}$ 晚$_{(2)}$ 晚$_{(2)}$ [ma^{11}] 万$_{(2)}$ 迈卖骂曼蔓$_{(1)}$ 漫$_{(2)}$ 慢唛谩 [ma^{212}] 麦陌$_{(1)}$ 脉$_{(1)}$ 貊
fa	[fa^{33}] 番$_{(1)}$ 豁$_{(2)}$ 翻幡藩$_{(1)}$ 馞 [fa^{45}] 反$_{(1)}$ 返 [fa^{42}] 泛贩畈氾疲
va	[va^{31}] 凡帆矾烦繁钒蕃樊璠燔藩$_{(2)}$ 繁凡哦还$_{(1)}$ 还$_{(2)}$ 怀$_{(1)}$ 环$_{(1)}$ 顽洦槐圜寰鬟 [va^{34}] 犯范挽$_{(1)}$ 晚$_{(1)}$ 皖莞$_{(2)}$ [va^{11}] 饭外万$_{(1)}$ 梵幻坏玩$_{(2)}$ 宦换患豢擐$_{(1)}$ [va^{212}] 或惑划$_{(2)}$ 划$_{(3)}$ 画$_{(2)}$ 获$_{(2)}$
ta	[ta^{33}] 丹担$_{(1)}$ 单$_{(1)}$ 眈眈郸殚箪儋髧 [ta^{45}] 胆疸掸歹 [ta^{42}] 石$_{(2)}$ 旦担$_{(2)}$ 诞带戴$_{(2)}$ 瘅 [ta^{323}] 搭答$_{(2)}$ 瘩怛妲夺嗒靼褡溚哒
t'a	[t'a^{33}] 他它她拖$_{(2)}$ 摊滩瘫坍聃拕 [t'a^{45}] 坦$_{(1)}$ 毯忐 [t'a^{42}] 太叹汰炭泰傣碳肽 [t'a^{323}] 拓$_{(2)}$ 塔塌踏$_{(1)}$ 蹋沓$_{(4)}$ 挞遢趿濌榻褟獭鳎搨溚黩煯
da	[da^{31}] 坛$_{(1)}$ 坛$_{(2)}$ 谈弹$_{(2)}$ 痰谭檀昙鳣燂夭 [da^{34}] 坛$_{(3)}$ 淡氮袒啖澹 [da^{11}] 大$_{(2)}$ 大$_{(4)}$ 但坦$_{(2)}$ 弹$_{(1)}$ 蛋埭$_{(2)}$ 惮汏筦坎 [da^{212}] 达$_{(1)}$ 踏$_{(2)}$ 沓$_{(2)}$ 囡鞑阘涾篖
na	[na^{33}] 奶$_{(2)}$ 那$_{(1)}$ 南$_{(2)}$ [na^{45}] 姆 [na^{31}] 女$_{(2)}$ 拿难$_{(1)}$ [na^{34}] 乃女$_{(3)}$ 奶$_{(1)}$ 哪$_{(1)}$ 娜$_{(1)}$ 艿氖籾鼐迺妳$_{(1)}$ [na^{11}] 奈难$_{(2)}$ [na^{212}] 那$_{(2)}$ 呐纳$_{(2)}$ 捺

续表

la	[la^{33}] 啦 [la^{323}] 拉$_{(1)}$ 垃鞡砬 [la^{31}] 兰拦栏蓝澜篮児岚襤斓襕幱 [la^{34}] 览揽榄懒瀾 [la^{11}] 烂缆赖滥濑癞籁 [la^{212}] 拉$_{(2)}$ 落$_{(2)}$ 喇腊蜡辣剌垃瘌邋蝲鯻
tsa	[tsa^{33}] 姐$_{(2)}$ 咱斋姹$_{(2)}$ 崽$_{(2)}$ [tsa^{45}] 只$_{(3)}$ 斩咋$_{(4)}$ 盏崭 [tsa^{42}] 炸$_{(2)}$ 债赞瓒蘸瓚 [tsa^{323}] 扎$_{(1)}$ 扎$_{(2)}$ 扎$_{(3)}$ 轧$_{(3)}$ 责眨砸窄摘札匝$_{(2)}$ 迮啧舴谪簀磔拶$_{(1)}$ 箚
ts'a	[ts'a^{33}] 叉$_{(1)}$ 差$_{(3)}$ 掺搀餐钗 [ts'a^{45}] 铲姹$_{(1)}$ 昋 [ts'a^{42}] 灿差$_{(2)}$ 蔡忏衩粲璨儳$_{(2)}$ 划 [ts'a^{323}] 册拆$_{(1)}$ 拆$_{(2)}$ 刹$_{(1)}$ 插策察擦鍤嚓$_{(1)}$ 嚓$_{(2)}$ 镲
dza	[dza^{31}] 残$_{(1)}$ 惭 [dza^{34}] 湛 [dza^{11}] 栈站绽暂赚$_{(1)}$ 寨 [dza^{212}] 宅择泽喋$_{(2)}$ 翟$_{(1)}$ 煠
sa	[sa^{33}] 三山杉删衫珊叁栅筛$_{(2)}$ 仨姗舢潸 [sa^{45}] 伞产驶$_{(2)}$ 散$_{(2)}$ 徹霰$_{(2)}$ [sa^{42}] 帅洒晒散$_{(1)}$ 煞$_{(2)}$ 汕汕疝翮 [sa^{323}] 杀刹$_{(2)}$ 萨啥煞$_{(1)}$ 撒霎卅飒趿唼歃瞌喢撒
za	[za^{31}] 残$_{(1)}$ 柴豺馋侪谗孱潺巉瘥 [za^{34}] 骤鳏 [za^{11}] 撕 [za^{212}] 咋$_{(1)}$ 闸铡煠蚻
ka	[ka^{33}] 关阶奸间$_{(1)}$ 乖艰皆监$_{(1)}$ 街纶$_{(2)}$ 菅偕喈蛟$_{(2)}$ 缄鳏 [ka^{45}] 拣拐柬狡$_{(2)}$ 减简解$_{(1)}$ 碱铰$_{(2)}$ 铜硷 [ka$^{42)}$ 介戒芥尬间$_{(2)}$ 怪届界诫校$_{(3)}$ 监$_{(2)}$ 涧惯鉴解$_{(2)}$ 夬玠疥谏裥鲠疨 [ka^{323}] 甲夹咖$_{(2)}$ 挟革峡$_{(1)}$ 格钾颊隔旮伽$_{(2)}$ 郏岬荚胛浃戛$_{(1)}$ 戛铗蛱嗝嘎$_{(1)}$ 膈骼镉虢扴呷

146

续表

kʻa	[kʻa³³] 铅₍₁₎ 宽揩嵌悭髋₍₁₎ [kʻa⁴⁵] 舰楷槛锴 [kʻa⁴²] 快筷蒯 [kʻa³²³] 卡₍₂₎ 咖₍₁₎ 恰客掐咔喀缂搭
ga	[ga³¹] 何₍₃₎ 怀₍₂₎ 茄₍₃₎ 衔₍₂₎ 雁₍₂₎ [ga³⁴] 撧 [ga¹¹] 环₍₂₎ 陷₍₂₎ 馅₍₂₎ 掼 [ga²¹²] 轧₍₁₎ 峡₍₂₎ 嘎₍₂₎
ŋa	[ŋa³³] 眼₍₂₎ [ŋa³¹] 岩研₍₂₎ 挨₍₂₎ 崖涯颜癌睚 [ŋa³⁴] 蚁₍₂₎ 眼₍₁₎ [ŋa¹¹] 雁₍₁₎ 赝䫡 [ŋa²¹²] 额齾
ha	[ha⁴⁵] 哈₍₁₎ 骇₍₂₎ 谎₍₂₎ 喊蟹䅟 [ha⁴²] 匂𧛾 [ha³²³] 喝₍₂₎ 赫郝瞎呷評疤㱃
ɦa	[ɦa³¹] 何₍₂₎ 闲函咸黄₍₂₎ 衔₍₁₎ 涵谐嫌₍₂₎ 鞋衡娴痫鹇骸蘅 [ɦa³⁴] 限骇₍₁₎ 解₍₂₎ 菡 [ɦa¹¹] 陷₍₁₎ 械馅₍₁₎ 懈邂澥 [ɦa²¹²] 匣狭洽盒₍₂₎ 辖狎硤嗋黠
ua	[ua³³] 歪弯湾塆 [ua⁴⁵] 绾 [ua³²³] 挖
a	[a³³] 阿₍₁₎ 埃挨₍₁₎ 啊₍₁₎ 啊₍₅₎ 腌₍₂₎ [a⁴⁵] 啊₍₂₎ 啊₍₃₎ 俺矮埯 [a⁴²] 啊₍₄₎ 隘螘眲 [a³²³] 也₍₂₎ 轧₍₂₎ 压扼押鸭厄呃轭握苊

【ia】

tɕia	[tɕia³³] 家₍₂₎ 迦₍₂₎ [tɕia⁴²] 架₍₂₎ [tɕia³²³] 角₍₃₎ 灼酌着₍₃₎ 着₍₄₎ 脚爵妁斫

续表

tɕ'ia	[tɕ'ia⁴⁵] 卡₍₁₎抾 [tɕ'ia³²³] 却怯屑₍₂₎雀₍₁₎绰₍₁₎绰₍₃₎鹊郄焯
dʑia	[dʑia²¹²] 若₍₂₎著₍₂₎着₍₁₎着₍₂₎着₍₅₎噱₍₂₎鹻燶
ȵia	[ȵia³¹] 尧饶₍₂₎峣峣垚 [ȵia³⁴] 鸟₍₁₎ [ȵia¹¹] 尿₍₁₎脲 [ȵia²¹²] 疟虐捏搦箬镊₍₂₎
ɕia	[ɕia⁴⁵] 晓 [ɕia⁴²] 卸愢₍₂₎ [ɕia³²³] 闪₍₂₎削烁铄谑
ia	[ia³³] 丫₍₁₎呀吖 [ia⁴⁵] 野₍₂₎ [ia³²³] 约
jia	[jia²¹²] 药跃钥敫龠蘥勺若₍₁₎弱嚼芍杓汋

【ε】

hε	[hε³³] 哼亨 [hε⁴⁵] 擤 [hε⁴²] 挳
ɦiε	[ɦiε³¹] 行₍₁₎珩桁鸻 [ɦiε³⁴] 幸荇悻 [ɦiε¹¹] 行₍₂₎绗
uε	[uε⁴⁵] 奆潜
ε	[ε³³] 哀莺₍₂₎樱₍₂₎鹦₍₂₎罂₍₂₎ [ε⁴⁵] 杏 [ε⁴²] 晏

【iε】

piε	[piε³³] 标彪飑膘₍₁₎飙镖镳瀌绷₍₁₎浜 [piε⁴⁵] 表₍₁₎表₍₂₎婊裱 [piε⁴²] 俵绷₍₂₎迸₍₁₎

续表

p'iɛ	[p'iɛ³³] 漂₍₁₎飘膘砯烹抨怦 [p'iɛ⁴⁵] 漂₍₂₎缥 [p'iɛ⁴²] 票漂₍₃₎嘌
biɛ	[biɛ³¹] 朴₍₃₎瓢嫖藻彭棚₍₁₎澎膨嘭蟛塠莛 [biɛ³⁴] 殍摽鳔蚌₍₂₎髯 [biɛ¹¹] 剽骠₍₂₎氅掋
miɛ	[miɛ³³] 咩喵 [miɛ³¹] 苗描瞄鹋盲氓₍₁₎萌虻 [miɛ³⁴] 秒渺藐乜₍₁₎杪眇缈淼猛锰勐蜢艋 [miɛ¹¹] 妙庙谬缪₍₂₎缪₍₃₎孟擝
viɛ	[viɛ³¹] 横黉 [viɛ³⁴] 擤
tiɛ	[tiɛ³³] 刁叼雕凋貂碉 [tiɛ⁴⁵] 打鸟₍₂₎嗲 [tiɛ⁴²] 吊钓
t'iɛ	[t'iɛ³³] 挑₍₂₎佻 [t'iɛ⁴⁵] 挑₍₁₎ [t'iɛ⁴²] 跳眺粜籴
diɛ	[diɛ³¹] 条迢调₍₁₎苕筲 [diɛ³⁴] 调₍₃₎掉₍₂₎窕翟 [diɛ¹¹] 调₍₂₎掉₍₁₎铫
niɛ	[niɛ³¹] 侎₍₂₎ [niɛ¹¹] 人₍₄₎牲
liɛ	[liɛ⁴⁵] 了₍₁₎ [liɛ³¹] 龙₍₂₎辽聊僚寥撩嘹缭蹽廖獠潦寮燎₍₁₎鹩镣 [liɛ³⁴] 冷两₍₂₎俩₍₂₎了₍₃₎瞭₍₁₎钌蓼燎₍₂₎憭嫽 [liɛ¹¹] 疗料瞭₍₂₎尥撂 [liɛ²¹²] 掠略猎躐鬣擽智 [liɛ] 了₍₂₎
tsiɛ	[tsiɛ³³] 争₍₁₎挣₍₁₎狰睁筝₍₁₎峥铮桦狰 [tsiɛ⁴²] 挣₍₂₎诤

续表

tsʻiɛ	[tsʻiɛ³³] 铛撑(1)琤瞠 [tsʻiɛ⁴²] 撑(2)
dziɛ	[dziɛ³¹] 争(2)枨 [dziɛ¹¹] 争(3)碾諹
siɛ	[siɛ³³] 生牲笙甥鉎 [siɛ⁴⁵] 省(1)
tɕiɛ	[tɕiɛ³³] 招昭浇娇骄朝(2)椒焦蕉礁钊 [tɕiɛ⁴⁵] 侥沼饺矫剿(1)缴铰(3)皎噍 [tɕiɛ⁴²] 叫照诏徼醮潐㘥
tɕʻiɛ	[tɕʻiɛ³³] 超跷锹撬瞧橇缲 [tɕʻiɛ⁴⁵] 悄(1) [tɕʻiɛ⁴²] 俏峭窍翘
dʑiɛ	[dʑiɛ³¹] 乔侨桥朝(1)嘲潮憔荞峤谯樵殣 [dʑiɛ³⁴] 兆赵肇 [dʑiɛ¹¹] 召轿诮噍
ɲiɛ	[ɲiɛ³⁴] 袅嬲 [ɲiɛ¹¹] 绕
ɕiɛ	[ɕiɛ³³] 肖(2)烧消悄(2)宵萧硝销箫潇霄嚣枭枵骁逍绡魈 [ɕiɛ⁴⁵] 小(1)少(1)筱 [ɕiɛ⁴²] 少(2)肖(1)笑啸(1)鞘
kiɛ	[kiɛ³³] 更(1)庚耕羹赓 [kiɛ⁴⁵] 埂耿梗哽鲠 [kiɛ⁴²] 更(2)
kʻiɛ	[kʻiɛ³³] 坑铿摼
ŋiɛ	[ŋiɛ¹¹] 硬
iɛ	[iɛ³³] 吆妖要(1)腰邀幺 [iɛ⁴⁵] 夭杳窈 [iɛ⁴²] 要(2)
jiɛ	[jiɛ³¹] 遥摇姚窑谣徭瑶媱饶(1)桡韶 [jiɛ³⁴] 舀扰娆 [jiɛ¹¹] 耀鹞曜邵劭绍

【uɔ】

puɔ	[puɔ³³] 包邦苞帮胞梆甭哴 [puɔ⁴⁵] 饱绑榜膀₍₁₎莠 [puɔ⁴²] 泵豹谤爆₍₁₎趵
p'uɔ	[p'uɔ³³] 抛泡₍₂₎膀₍₂₎脬滂 [p'uɔ⁴⁵] 跑₍₁₎ [p'uɔ⁴²] 泡₍₁₎胖₍₁₎炮₍₁₎炮₍₂₎疱胖
buɔ	[buɔ³¹] 刨₍₁₎庞炮₍₃₎旁跑₍₂₎膀₍₃₎磅₍₁₎螃彷₍₁₎咆庖孢匏麃 [buɔ³⁴] 蚌₍₁₎棒鲍 [buɔ¹¹] 刨₍₂₎傍磅₍₂₎镑
muɔ	[muɔ³³] 猫₍₂₎ [muɔ³¹] 矛芒忙茅氓₍₂₎茫猫₍₁₎锚眸 [muɔ³⁴] 网莽罔泖惘辋漭蟒魍 [muɔ¹¹] 望₍₂₎貌
tuɔ	[tuɔ³³] 当₍₁₎铛₍₁₎珰裆 [tuɔ⁴⁵] 挡₍₁₎党₍₁₎谠₍₂₎ [tuɔ⁴²] 当₍₂₎挡₍₂₎档
t'uɔ	[t'uɔ³³] 汤鼞嘡蹚趟 [t'uɔ⁴⁵] 倘淌躺帑 [t'uɔ⁴²] 烫趟
duɔ	[duɔ³¹] 唐堂棠塘膛糖搪溏₍₁₎铛螳 [duɔ³⁴] 荡宕₍₂₎瞊 [duɔ¹¹] 垛₍₂₎砀宕₍₁₎溏₍₂₎趤
nuɔ	[nuɔ³³] 曩 [nuɔ³¹] 哪₍₂₎囊孬₍₁₎铙 [nuɔ³⁴] 挠 [nuɔ¹¹] 闹淖齉
luɔ	[luɔ³³] 啷 [luɔ³¹] 郎狼琅廊榔银螂 [luɔ³⁴] 朗烺 [luɔ¹¹] 浪阆眼
tsuɔ	[tsuɔ³³] 妆₍₁₎庄₍₁₎抓赃脏₍₁₎装₍₁₎藏₍₃₎臧 [tsuɔ⁴⁵] 爪找 [tsuɔ⁴²] 壮₍₁₎葬罩笊奘₍₂₎

续表

ts'ɔ	[ts'uɔ^{33}] 仓创$_{(1)}$抄苍吵$_{(2)}$沧钞疮$_{(1)}$舱剿$_{(2)}$伧 [ts'uɔ^{45}] 吵$_{(1)}$炒 [ts'uɔ^{42}] 创$_{(2)}$怆踔$_{(1)}$
dzuɔ	[dzuɔ^{11}] 棹
suɔ	[suɔ^{33}] 丧$_{(1)}$捎桑梢$_{(1)}$稍$_{(1)}$睄筲艄飕 [suɔ^{45}] 爽嗓搡磙 [suɔ^{42}] 丧$_{(2)}$哨梢$_{(2)}$啸稍$_{(2)}$潲
zuɔ	[zuɔ^{31}] 巢藏$_{(1)}$ [zuɔ^{34}] 奘$_{(1)}$ [zuɔ^{11}] 脏$_{(2)}$藏$_{(2)}$蛇
kuɔ	[kuɔ^{33}] 冈扛$_{(1)}$光刚交江杠$_{(1)}$岗$_{(1)}$肛纲肴$_{(2)}$郊荒$_{(1)}$钢缸胶跤茭豇罡胱蛟$_{(1)}$鮏鲛 [kuɔ^{45}] 广扛$_{(2)}$讲岗狡$_{(1)}$绞搅$_{(1)}$港邝犷$_{(1)}$佼姣铰$_{(1)}$ [kuɔ^{42}] 杠$_{(2)}$降$_{(1)}$觉$_{(2)}$校$_{(2)}$较教窖酵迸绛珓
k'ɔ	[k'uɔ^{33}] 康敲慷糠骹夸垮挎 [k'uɔ^{45}] 巧 [k'uɔ^{42}] 亢抗圹$_{(1)}$矿炕圹$_{(1)}$伉囥跨胯
guɔ	[guɔ^{31}] 圹$_{(2)}$ [guɔ^{34}] 犷$_{(2)}$䏰 [guɔ^{11}] 扛$_{(3)}$诓
ŋuɔ	[ŋuɔ^{31}] 昂卬 [ŋuɔ^{34}] 咬 [ŋuɔ^{11}] 佼
huɔ	[huɔ^{33}] 方坊$_{(1)}$坊$_{(2)}$芳妨肪荒$_{(1)}$哮慌肓枋 [huɔ^{45}] 仿纺恍谎$_{(1)}$彷$_{(2)}$眆 [huɔ^{42}] 访孝放舫泮
ɦuɔ	[ɦuɔ^{31}] 亡行$_{(1)}$防吭杭肴$_{(1)}$房皇航黄$_{(1)}$凰洧惶煌蝗簧夌崤隍遑徨潢璜篁蟥磺𪙧 [ɦuɔ^{34}] 项晃沆 [ɦuɔ^{11}] 妄忘$_{(1)}$旺巷校$_{(1)}$效望$_{(1)}$笑
uɔ	[uɔ^{33}] 凹汪拗$_{(3)}$肮 [uɔ^{45}] 拗$_{(1)}$ [uɔ^{42}] 拗$_{(2)}$坳盎

【yɔ】

tɕyɔ	[tɕyɔ³³] 妆₍₂₎庄₍₂₎纵₍₂₎供₍₁₎钟₍₁₎钟₍₂₎恭₍₁₎桩₍₁₎装₍₂₎龚 [tɕyɔ⁴⁵] 肿种₍₁₎冢踵 [tɕyɔ⁴²] 壮₍₂₎纵₍₁₎供₍₂₎种₍₂₎戆₍₂₎
tɕ'yɔ	[tɕ'yɔ³³] 疮₍₂₎框眶筐窗匡 [tɕ'yɔ⁴⁵] 闯恐₍₁₎ [tɕ'yɔ⁴²] 圹₍₂₎
dʑyɔ	[dʑyɔ³¹] 狂重₍₁₎桩₍₂₎幢₍₁₎ [dʑyɔ³⁴] 重₍₂₎ [dʑyɔ¹¹] 共状重₍₃₎迸撞㡧
n̠yɔ	[n̠yɔ³¹] 浓₍₂₎
ɕyɔ	[ɕyɔ³³] 凶₍₁₎双匈汹胸霜舂孀讻 [ɕyɔ⁴⁵] 耸怂擞 [ɕyɔ⁴²] 况
yɔ	[yɔ³³] 痈壅 [yɔ⁴⁵] 柾 [yɔ⁴²] 壅
jyɔ	[jyɔ³¹] 床王₍₁₎蓉₍₂₎从₍₁₎松₍₃₎ [jyɔ³⁴] 往涌₍₁₎ [jyɔ¹¹] 用颂王₍₂₎佣₍₂₎讼诵

【ə】

pə	[pə³³] 褒 [pə⁴⁵] 宝保堡鸨葆煲褓 [pə⁴²] 报
p'ə	[p'ə³³] 橐鞟 [p'ə⁴⁵] 剖
bə	[bə³¹] 袍抔掊 [bə³⁴] 抱 [bə¹¹] 暴曝爆₍₂₎

续表

mə	[mə³³] 哞 [mə³¹] 毛₍₁₎谋牟牦侔毷旄髦缪₍₁₎蝥蟊蛑 [mə³⁴] 毛₍₃₎牡亩 [mə¹¹] 毛₍₂₎茂冒₍₁₎贸帽耄铆懋
fə	[fə³³] 孵₍₂₎ [fə⁴⁵] 否
və	[və³¹] 浮罘涪蜉琈 [və³⁴] 阜缹 [və¹¹] 复₍₃₎
tə	[tə³³] 刀叨₍₁₎ [tə⁴⁵] 岛捣倒₍₂₎祷 [tə⁴²] 到倒₍₁₎
t'ə	[t'ə³³] 叨₍₂₎滔洮绦韬饕弢 [t'ə⁴⁵] 讨 [t'ə⁴²] 套
də	[də³¹] 逃桃涛陶掏₍₁₎萄淘啕鼗匋䘺 [də³⁴] 道稻 [də¹¹] 导掏₍₂₎盗悼蹈焘纛
nə	[nə³⁴] 恼脑瑙 [nə¹¹] 耨
lə	[lə³³] 捞唠 [lə³¹] 劳牢崂痨醪 [lə³⁴] 老姥₍₂₎佬笔痨 [lə¹¹] 涝耢
tsə	[tsə³³] 遭糟 [tsə⁴⁵] 早枣蚤澡藻 [tsə⁴²] 灶噪躁
ts'ə	[ts'ə³³] 草₍₂₎绰₍₂₎操 [ts'ə⁴⁵] 草₍₁₎ [ts'ə⁴²] 糙慥

续表

sə	[sə³³] 搔骚臊缫 [sə⁴⁵] 嫂 [sə⁴²] 扫燥愫
zə	[zə³¹] 曹槽嘈漕艚艚 [zə³⁴] 皂造唣
kə	[kə³³] 疙高羔膏₍₁₎糕皋睾篙 [kə⁴⁵] 搞镐稿杲缟 [kə⁴²] 告郜诰
k'ə	[k'ə³³] 尻 [k'ə⁴⁵] 考拷烤槁洘 [k'ə⁴²] 铐₍₁₎靠犒
ŋə	[ŋə³¹] 熬₍₁₎敖遨嗷獒聱螯翱鳌 [ŋə¹¹] 傲骜鏊
hə	[hə³³] 蒿薅 [hə⁴⁵] 好₍₁₎ [hə⁴²] 好₍₂₎耗
ɦə	[ɦə³¹] 号₍₂₎毫豪嚎蚝嗥壕濠 [ɦə³⁴] 浩皓昊颢灏 [ɦə¹¹] 号₍₁₎
ə	[ə³³] 熬₍₂₎麀爊 [ə⁴⁵] 袄 [ə⁴²] 奥澳懊岙隩

【e】

te	[te⁴²] 戴₍₁₎ [te³²³] 得德嘚
t'e	[t'e³³] 台₍₂₎苔₍₂₎胎邰 [t'e⁴⁵] 嘡 [t'e⁴²] 态贷 [t'e³²³] 忒忑₍₁₎铽

续表

de	[de³¹] 台₍₁₎台₍₃₎台₍₄₎台₍₅₎抬苔₍₁₎跆薹 [de¹¹] 代袋岱玳埭₍₁₎黛 [de³⁴] 待怠迨殆绐 [de²¹²] 特
ne	[ne³¹] 挼 [ne¹¹] 耐 [ne²¹²] 日₍₂₎
le	[le³¹] 来莱倈 [le¹¹] 睐 [le³²³] 仂 [le²¹²] 肋勒叻嘞鳓
tse	[tse³³] 灾哉栽 [tse⁴⁵] 载₍₁₎宰崽₍₁₎缌 [tse⁴²] 再载₍₂₎最₍₂₎ [tse³²³] 则
ts'e	[ts'e³³] 猜 [ts'e⁴⁵] 厂₍₁₎采彩睬踩茝 [ts'e⁴²] 菜
dze	[dze³¹] 才₍₂₎
se	[se³³] 鳃 [se⁴²] 塞₍₂₎赛 [se³²³] 塞₍₁₎噻
ze	[ze³¹] 才₍₁₎材财裁 [ze³⁴] 在₍₁₎罪₍₂₎ [ze¹¹] 载₍₃₎儎 [ze²¹²] 贼鲗
ke	[ke³³] 该剀垓赅 [ke⁴⁵] 几₍₄₎改 [ke⁴²] 盖₍₁₎溉概 [ke³²³] 居₍₂₎

续表

k'e	[k'e³³] 开 [k'e⁴⁵] 凯闿恺铠 [k'e⁴²] 去₍₂₎慨忾 [k'e³²³] 克₍₁₎克₍₂₎刻剋
ge	[ge³¹] 渠₍₂₎ [ge³⁴] 徛竢 [ge¹¹] 隑赾 [ge⁰] 嘅
ŋe	[ŋe³¹] 呆₍₁₎皑獃 [ŋe¹¹] 艾₍₁₎碍硋
he	[he³³] 嗨哈 [he⁴⁵] 许₍₂₎海 [he³²³] 黑嘿
ɦie	[ɦie³¹] 咳₍₂₎孩 [ɦie³⁴] 亥氦 [ɦie¹¹] 害 [ɦie²¹²] 劾阂₍₁₎
e	[e³³] 哎唉欸 [e⁴²] 爱蔼嗳₍₁₎嗳₍₂₎嫒暧

【ø】

pø	[pø³³] 边₍₂₎般₍₁₎ [pø⁴²] 半 [pø³²³] 拨₍₁₎般₍₂₎钵砵
p'ø	[p'ø³³] 拌₍₂₎番₍₂₎潘 [p'ø⁴²] 判泮 [p'ø³²³] 扑₍₂₎泼
bø	[bø³¹] 盆胖₍₂₎盘搬柈磐瘢蹒蟠槃 [bø³⁴] 伴拌₍₁₎ [bø¹¹] 绊₍₂₎叛畔瀊 [bø²¹²] 勃脖渤荸钹饽鹁哱浡艴醇

续表

mø	[mø³¹] 蔓₍₂₎馒瞒颟鳗鞔 [mø³⁴] 满螨 [mø¹¹] 面₍₄₎漫₍₁₎墁幔缦镘 [mø²¹²] 末没₍₁₎抹₍₁₎抹₍₂₎抹₍₃₎茉沫袜₍₂₎殁秣
tø	[tø³³] 敦₍₁₎端墩蹲惇磙镦蹾耑 [tø⁴⁵] 短 [tø⁴²] 断₍₂₎锻煅瑖 [tø³²³] 咄₍₁₎答₍₁₎掇剟
tʻø	[tʻø³³] 吞₍₂₎贪湍暾吨₍₁₎ [tʻø⁴²] 探赸 [tʻø³²³] 脱₍₁₎沓₍₃₎罿
dø	[dø³¹] 屯团₍₁₎豚潭臀覃赕 [dø³⁴] 囤断₍₁₎ [dø¹¹] 钝段₍₁₎缎 [dø²¹²] 凸夺₍₁₎突沓₍₁₎
nø	[nø³³] 囡 [nø³¹] 男南₍₁₎喃楠 [nø³⁴] 暖₍₁₎腩 [nø¹¹] 嫩 [nø²¹²] 纳₍₁₎钠讷衲肭
lø	[lø³¹] 论₍₂₎峦娈孪挛栾挛鸾脔滦銮孪 [lø³⁴] 卵₍₁₎瘘 [lø¹¹] 论₍₁₎乱 [lø²¹²] 粒
tsø	[tsø³³] 钻₍₁₎尊樽簪噂 [tsø⁴⁵] 昝纂趱 [tsø⁴²] 钻₍₂₎ [tsø³²³] 匝₍₁₎咂拶拶₍₂₎噆凿₍₃₎
tsʻø	[tsʻø³³] 村参₍₁₎参₍₂₎氽撺蹿邨 [tsʻø⁴⁵] 惨忖 [tsʻø⁴²] 寸窜篡 [tsʻø³²³] 撮₍₁₎
dzø	[dzø¹¹] 栫

续表

sø	[sø^{33}] 孙拴栓酸闩荪狲痠 [sø^{45}] 损糁 [sø^{42}] 逊涮蒜算巽$_{(1)}$ [sø^{323}] 刷唰
zø	[zø^{31}] 存蚕 [zø^{34}] 撰馔 [zø^{11}] 凿$_{(2)}$攒 [zø^{212}] 杂凿$_{(1)}$
kø	[kø^{33}] 甘柑根$_{(1)}$跟$_{(1)}$坩苷泔疳 [kø^{45}] 赶敢感橄 [kø^{42}] 赣绀淦 [kø^{323}] 合$_{(2)}$鸽盖$_{(2)}$葛蛤$_{(1)}$袷割噶佮
k'ø	[k'ø^{33}] 刊看$_{(2)}$堪龛戡 [k'ø^{45}] 坎砍侃 [k'ø^{42}] 看$_{(1)}$勘阚瞰墈磡 [k'ø^{323}] 丐咳$_{(1)}$钙渴磕$_{(1)}$嗑溘瞌$_{(1)}$
gø	[gø^{34}] 颔$_{(2)}$颌$_{(2)}$ [gø^{212}] 馂不
ŋø	[ŋø^{11}] 玩$_{(1)}$ [ŋø^{212}] 兀杌
hø	[hø^{33}] 憨蚶 [hø^{45}] 罕 [hø^{42}] 熯 [hø^{323}] 哈$_{(2)}$喝$_{(1)}$
ɦø	[ɦø^{31}] 含$_{(1)}$痕$_{(1)}$酣唅焓 [ɦø^{34}] 撼颔$_{(1)}$颌$_{(1)}$ [ɦø^{11}] 憾$_{(1)}$琀 [ɦø^{212}] 合$_{(1)}$合$_{(3)}$盒$_{(1)}$曷盍阖
ø	[ø^{33}] 恩庵谙鹌盦 [ø^{45}] 黯唵揞 [ø^{42}] 暗摁 [ø^{323}] 遏褐胺蔼餲

【o】

po	[po³³] 巴芭吧₍₁₎波₍₁₎玻疤菠笆粑啵 [po⁴⁵] 把₍₁₎跛靶簸₍₁₎疤 [po⁴²] 坝₍₁₎坝₍₂₎把₍₂₎播₍₁₎霸灞 [po³²³] 卜₍₁₎八₍₁₎扒₍₂₎驳捌剥博搏膊卟濮蹼机镈槫硼薄₍₂₎
p'o	[p'o³³] 葩舥 [p'o⁴⁵] 笸 [p'o⁴²] 帕怕 [p'o³²³] 仆₍₂₎扑₍₁₎朴₍₁₎朴₍₂₎泊₍₂₎趴钋粕噗璞璞醭
bo	[bo³¹] 扒₍₁₎爬簸₍₂₎杷琶箔 [bo¹¹] 耙罢₍₁₎鲃 [bo²¹²] 卜₍₂₎仆₍₁₎拔泊₍₁₎跋雹薄₍₁₎薄₍₃₎瀑铂亳箔礴膊
mo	[mo³³] 姆₍₁₎嬷 [mo³¹] 么₍₁₎么₍₂₎麻嘛摩₍₁₎蟆蘑仫麽搣 [mo³⁴] 马母₍₁₎妈₍₁₎玛拇码姆₍₁₎某蚂姥₍₁₎犸鈤蹢 [mo¹¹] 蓦杩祸 [mo²¹²] 木目沐牧陌₍₂₎脉₍₂₎莫袜₍₁₎摸幕睦漠寞膜穆茞钼瘼邈瞙
to	[to⁴⁵] 朵哚埵担₍₂₎ [to³²³] 沰毲
t'o	[t'o⁴²] 唾₍₁₎ [t'o³²³] 托拓₍₁₎魄₍₂₎柝庹橐侂箨籜祏
do	[do²¹²] 度₍₂₎铎擢₍₂₎剢
no	[no³¹] 娜₍₂₎挪傩傩₍₁₎ [no³⁴] 喏 [no¹¹] 懦₍₁₎糯₍₁₎偌堧 [no²¹²] 诺搙
lo	[lo¹¹] 峈 [lo²¹²] 乐₍₁₎录洛络骆烙绿₍₁₎绿₍₂₎落₍₁₎氯酪泺铬珞渌雒刴
tso	[tso³³] 咋₍₃₎查₍₂₎喳渣挝₍₂₎楂吒 [tso⁴⁵] 痄鮺担₍₁₎ [tso⁴²] 诈咋₍₂₎炸₍₂₎榨咤蚱 [tso³²³] 作₍₁₎作₍₂₎苴嘬

续表

ts'o	[ts'o^{33}] 叉$_{(2)}$车$_{(1)}$差$_{(1)}$权馇 [ts'o^{42}] 岔挫$_{(2)}$措汊诧厝锉$_{(1)}$佐 [ts'o^{323}] 错楷
dzo	[dzo^{31}] 茬茶查$_{(1)}$搽碴 [dzo^{11}] 乍座$_{(2)}$
so	[so^{33}] 沙纱砂唆梭鲨莎娑挲痧蓑羧裟 [so^{45}] 所耍琐锁傻唢 [so^{42}] 嗄閜 [so^{323}] 索嗦褨
zo	[zo^{31}] 斜$_{(2)}$嵯矬瘥睉 [zo^{34}] 坐 [zo^{11}] 挫$_{(1)}$座$_{(1)}$胙祚唑鲊 [zo^{212}] 昨怍柞酢礐
ko	[ko^{33}] 瓜加花$_{(2)}$茄$_{(2)}$佳家$_{(1)}$蜗嘉伽$_{(3)}$呱$_{(2)}$迦$_{(1)}$珈枷$_{(1)}$胍痂娲笳袈葭跏 [ko^{45}] 贾$_{(2)}$假$_{(1)}$寡剐舸锞段胬瘕 [ko^{42}] 价卦驾挂架$_{(1)}$假$_{(2)}$褂嫁稼 [ko^{323}] 各角$_{(1)}$角$_{(2)}$刮$_{(1)}$刮$_{(2)}$括阁觉$_{(1)}$胳郭搁$_{(1)}$珏咯钰$_{(2)}$聒椁榷袼煿
k'o	[k'o^{45}] 可坷岢 [k'o^{42}] 骼 [k'o^{323}] 扩壳确阔廓恪悫蛞堁
go	[go^{31}] 枷$_{(2)}$ [go^{212}] 搁$_{(2)}$硌爅
ŋo	[ŋo^{31}] 牙芽鹅$_{(2)}$衙伢岈 [ŋo^{34}] 瓦雅佤 [ŋo^{11}] 讶玗蚜砑 [ŋo^{212}] 乐$_{(2)}$岳鄂愕鹤噩鳄谔萼腭鹗锷颚
ho	[ho^{33}] 花$_{(1)}$虾诃嗬 [ho^{45}] 下$_{(3)}$ [ho^{42}] 化吓$_{(1)}$唬罅 [ho^{323}] 发$_{(1)}$发$_{(2)}$法霍豁$_{(1)}$珐砝吓$_{(2)}$壑攉藿嚯

续表

ɦo	[ɦo³¹] 划₍₁₎华₍₁₎哗蛤₍₂₎霞骅铧遐瑕 [ɦo³⁴] 下₍₁₎踝鲑 [ɦo¹¹] 下₍₂₎华₍₂₎画₍₁₎话桦夏厦暇 [ɦo²¹²] 乏伐学罚阀活获₍₁₎筏猾滑缚₍₁₎涸貉镬岜
o	[o³³] 丫₍₂₎阿₍₃₎鸦哇洼娃蛙娅桠 [o⁴⁵] 哑恶₍₃₎噁 [o⁴²] 亚挜 [o³²³] 沃恶₍₁₎握喔渥斡鋈龌

【yo】

tɕyo	[tɕyo³²³] 足卓捉桌烛啄嘱瞩倬涿
tɕ'yo	[tɕ'yo³²³] 曲₍₁₎曲₍₂₎触戳蛐龊踔₍₂₎
dʑyo	[dʑyo²¹²] 局浊属蜀浞焗撅₍₂₎擢₍₁₎濯镯鱊
ȵyo	[ȵyo²¹²] 玉狱钰₍₁₎
ɕyo	[ɕyo³²³] 束宿₍₁₎宿₍₂₎粟数₍₃₎缩朔谡搠嗍蓿
yo	[yo³³] 哟₍₁₎哟₍₂₎唷
jyo	[jyo²¹²] 俗浴欲峪鹆续赎

【ɿ】

tsɿ	[tsɿ³³] 几₍₁₎之氐₍₂₎讥叽饥₍₁₎饥₍₂₎芝机朱₍₁₎朱₍₂₎肌吱鸡奇₍₂₎知沮追咨姿兹珠株脂资诸基期₍₂₎椎蛛滋锥蜘箕稽玑乩矶孜侏狙诛甾祗笄疽姬淄雎缁赀辎嗞嵫挚越睢锱龇畿髭鲻羁孖 [tsɿ⁴⁵] 几₍₂₎己子止只₍₁₎仔主旨纪₍₁₎纪₍₂₎址姊拄指籽趾紫嘴芷扯轵咀沚枳秭咫梓渚酯訾廖滓徵麈芪₍₁₎轵笫湝 [tsɿ⁴²] 计记至志系₍₅₎识₍₂₎帜注驻既挚致₍₁₎致₍₂₎继著₍₁₎蛀寄缀铸智置赘醉₍₂₎冀炷贽轾觊恣痣蓟暨髻骥痓
ts'ɿ	[ts'ɿ³³] 吹枢炊差₍₄₎欺痴溪雌茨郗姝蚩眵笞疵嗤媸蹊₍₁₎飕₍₂₎豀 [ts'ɿ⁴⁵] 处₍₁₎此岂企启取齿侈起耻础₍₁₎娶芑杞绮楮褚 [ts'ɿ⁴²] 气处₍₂₎次弃汽刺₍₁₎契翅涩₍₂₎趣器炽眙₍₁₎觑傺觇 [ts'ɿ³²³] 吃₍₁₎

续表

dzʅ	[dzʅ]³¹] 弛驰迟其茄₍₁₎奇₍₁₎歧垂祈持除捶崎骑₍₁₎期₍₁₎棋厨储畴锤旗橱癬鳍亓祁圻茋岐伽₍₁₎衼₍₁₎呲俟₍₂₎蓍陲萁淇骐琪琦棋滁祺槌蛴綦蜞蕲跽簏躇蹰麒 [dzʅ]³⁴] 技妓贮柱绪₍₂₎伎伫豸杼峙痔雉時 [dzʅ]¹¹] 住忌坠治骑₍₂₎署稚薯₍₁₎曙缒 [dzʅ]²¹²] 极₍₂₎
sʅ	[sʅ]³³] 尸书司丝师抒私希尿₍₂₎诗思虽须₍₁₎须₍₂₎狮₍₁₎施₍₁₎牺梳₍₂₎斯稀筛₍₁₎舒输偲熙需撕嘶纾咝胥荽唏绥鸶眭晞烯螄蓍眭厮豨僖嬉熹羲曦偲飔₍₁₎澌巇霳虒 [sʅ]⁴⁵] 水史矢死使始驶₍₁₎屎徙喜暑豕黍禧稀醯鯑 [sʅ]⁴²] 四岁戏伺试说₍₂₎祟恕庶赐税肆泗驷弑啻遂
zʅ	[zʅ]³¹] 而如时词祠殊瓷谁隋随₍₁₎锄₍₂₎辞慈磁儒蠕茌荣茹洙鷀蕤鲥糍嚅濡襦漦缡 [zʅ]³⁴] 士巳氏₍₁₎尔市耳₍₁₎在₍₂₎似汝序祀乳柿树₍₂₎竖是叙恃绪₍₁₎聚墅蕊₍₁₎仕氾姒迡俟₍₁₎洱珥耟漵耝 [zʅ]¹¹] 示寺自字事侍伺视树₍₁₎饵遂瑞嗜隧穗豉眦渍谥嗣澍燧孺

【i】

pi	[pi³³] 边₍₁₎编蝙鞭砭箯煸蹁萹 [pi⁴⁵] 贬饼₍₂₎扁₍₁₎匾褊碥 [pi⁴²] 变秘₍₂₎遍臂辔彼祕 [pi³²³] 必毕别₍₂₎泌₍₂₎笔逼₍₁₎辟₍₁₎碧癟憋壁璧鳖荜哔筚跸滗觱撑
p'i	[p'i³³] 扁₍₂₎偏篇翩 [p'i⁴²] 片骗 [p'i³²³] 匹辟₍₂₎撇僻劈霹噼瞥癖甓
bi	[bi³¹] 便₍₂₎毗骈胼 [bi³⁴] 辨辩辫 [bi¹¹] 便₍₁₎鼻₍₂₎卞弁抃苄汴 [bi²¹²] 别₍₁₎愎弼蹩趯

续表

mi	[mi³¹] 眠绵棉 [mi³⁴] 免勉缅丏娩冕渑湎腼鮸 [mi¹¹] 面₍₁₎面₍₂₎ [mi²¹²] 灭觅泌₍₁₎秘₍₁₎密蓂蜜汨宓幂谧嘧篾搣
ti	[ti³³] 掂颠巅癫 [ti⁴⁵] 典玷点₍₁₎碘踮刮 [ti⁴²] 店点₍₂₎惦 [ti³²³] 跌
t'i	[t'i³³] 天添 [t'i⁴⁵] 舔腆 [t'i⁴²] 掭 [t'i³²³] 帖贴铁餮
di	[di³¹] 田恬钱₍₂₎甜填滇钿₍₁₎ [di³⁴] 殄簟磹 [di¹¹] 电佃甸垫淀₍₁₎淀₍₂₎奠殿钿₍₂₎靛癜 [di²¹²] 迪迭敌涤笛谍叠碟蝶狄垤荻堞叇棣₍₂₎喋₍₁₎牒翟₍₂₎
li	[li³¹] 连良怜₍₂₎帘莲梁联量₍₁₎廉粮梁镰佥涟桋裢鲢濂醵 [li³⁴] 两₍₁₎俩₍₁₎敛脸撵琏辇魉裣 [li¹¹] 练亮炼恋凉谅辆量₍₂₎晾链殓靓₍₂₎楝踉潦倞洌 [li²¹²] 立列咧律栗烈率₍₁₎裂冽疠₍₂₎冽捩傈趔溧策溧
tɕi	[tɕi³³] 占₍₁₎尖歼坚张沾肩毡将₍₁₎姜浆兼章煎彰樟僵缰瞻疆旃笺犍湔詹獐漳璋鲣谵蟑礓桷鄣嫜氊 [tɕi⁴⁵] 长₍₂₎茧奖捡桨涨展检剪蒋掌辗笕睑蹇謇褋跰蓟 [tɕi⁴²] 见占₍₂₎帐账₍₁₎胀建荐战剑将₍₂₎溅酱障箭颤荦毽嶂獐瘴 [tɕi³²³] 节折₍₁₎折₍₂₎劫即洁结晢桔₍₁₎唧接雀₍₂₎揭₍₁₎睫子讦疖拮栉蛭楫羯邑晢絜喆詟蚴鲒镊
tɕ'i	[tɕ'i³³] 千迁呛₍₂₎枪昌牵猖腔谦签仟阡扦芊伥佥羌忏舰菖跄阊娼跹蜣悫骞锵搴鲳塞玱锖鏻 [tɕ'i⁴⁵] 厂₍₂₎抢浅阐敞遣歉昶诣羥悄慊氅缱鋻啩葳辴 [tɕ'i⁴²] 欠纤呛₍₁₎畅倡唱谴伥戗炝茜₍₁₎倩堑椠憩綪繾 [tɕ'i³²³] 切砌₍₂₎窃沏妾挈惬₍₁₎锲箧

续表

dzi	[dzi³¹] 长₍₁₎场₍₁₎场₍₂₎肠钱₍₁₎钳乾常₍₂₎强₍₁₎黔铃虔捐搛锵 [dzi³⁴] 丈仗₍₁₎件杖俭强₍₂₎键像₍₂₎苋犟 [dzi²¹²] 彻杰掷₍₂₎揭₍₂₎竭撤澈辙桀碣揲 [dzi¹¹] 账₍₂₎健缠₍₁₎偈腱踺糨
ȵi	[ȵi³³] 妮姨₍₂₎粘₍₁₎粘₍₂₎拈黏 [ȵi³¹] 仪尼年严言呢泥₍₁₎宜₍₁₎研₍₁₎娘疑₍₁₎嚷₍₂₎瓤妍坭怩倪阋秜霓鲵巍穰穄猊婼輗麑 [ȵi³⁴] 仰拟你您蚁₍₁₎染碾壤嚷₍₁₎儜祢铌旎攘伲舣颙妳₍₂₎ [ȵi¹¹] 义₍₁₎艺艾₍₂₎泥₍₂₎让议念唁谊验谚腻酿毅乂廿刈呓诣彦羿酾劓 [ȵi²¹²] 日₍₃₎业匿热聂捻溺孽乜₍₂₎邺昵涅啮嗫嶭镊₍₁₎镍谳颟蹑蘖陧嵲闑蘗暱
ɕi	[ɕi³³] 乡仙先伤纤₍₂₎轩相₍₁₎香扇₍₂₎厢商湘鲜₍₁₎箱镶芗氙苫殇籼浠舱缃酰塮暹膻襄骧埏₍₂₎瓖 [ɕi⁴⁵] 闪₍₁₎享陕显响洗₍₂₎险饷赏想鲜₍₂₎癣饷铣₍₁₎飨跣鲞薛燹狝崄晛笲 [ɕi⁴²] 向系₍₄₎线相₍₂₎宪扇₍₁₎献腺煽苋骟霰₍₁₎珦缐搧 [ɕi³²³] 胁屑₍₁₎歇蝎楔燮躞
i	[i³³] 央伊衣医依殃鸯秧烟焉淹燕₍₂₎泱祎咿恹胭崦铱猗阉阕犄湮鄢蔫鞅漪嫣噫黟 [i⁴⁵] 养₍₁₎氧倚掩椅奄郾偃罨旖魇黡弇扅黡㡯 [i⁴²] 厌要₍₃₎咽₍₂₎宴堰意燕₍₁₎怏裔缢餍瘗翳餲掩 [i³²³] 一₍₂₎亿忆抑咽₍₃₎谒餍噎臆癔
ji	[ji³¹] 炎前扬夷延爷羊阳杨沿怡宜₍₂₎贻洋姨₍₁₎盐₍₁₎铅₍₂₎胰蛇₍₂₎移阎椰蜒檐俹圯旸炀₍₁₎沂迨耶₍₁₎耶₍₂₎迆佯饴疡徉眙₍₂₎烊₍₁₎挪蚌筵腌₍₁₎颐蹊₍₂₎彝訚场飏蜓₍₁₎垟珧簃单₍₃₎详弦降尝祥常₍₁₎偿然翔禅₍₂₎嫌₍₁₎墙裳蝉潜燃兮戎庠涎奚徜舷婵蔷嫱嫦髯桅澶蟾伱蚰侁鬵懿 [ji³⁴] 演痒已也₍₁₎以冶矣衍野₍₁₎苡剡₍₁₎琰爩上₍₂₎冉单₍₂₎象渐践善像₍₁₎橡岘苒剡₍₂₎鳝漾 [ji¹¹] 现样夜异系₍₁₎系₍₂₎系₍₃₎易₍₂₎养₍₂₎艳盐₍₂₎焰漾曳炀₍₂₎恙烊₍₂₎焱肄滟觋羡上₍₁₎仗₍₂₎匠尚砚₍₁₎贱羡禅₍₁₎擅赡伐缮膳嬗 [ji²¹²] 协舌叶₍₁₎叶₍₂₎页亦₍₂₎侠烨颉撷飐缬晔折₍₃₎涉捷截婕

【u】

pu	[pu^{33}] 逋晡鵏
p'u	[p'u^{33}] 坡脯$_{(2)}$颇 [p'u^{45}] 圃浦$_{(1)}$普匍埔$_{(1)}$溥氆钸氆 [p'u^{323}] 覆$_{(2)}$蝮$_{(2)}$
bu	[bu^{31}] 菩孵$_{(2)}$匍莆稃$_{(2)}$蒲醅擎 [bu^{34}] 部簿蔀 [bu^{11}] 伏$_{(2)}$捕哺
mu	[mu^{31}] 无$_{(2)}$馍摹模$_{(1)}$谟嫫 [mu^{11}] 募墓慕暮
fu	[fu^{33}] 肤孚夫$_{(2)}$俘孵$_{(1)}$敷呋郛莩麸桴趺稃$_{(1)}$烰乎呼烀溥 [fu^{45}] 斧火不$_{(2)}$父$_{(1)}$抚$_{(1)}$甫俯辅脯$_{(1)}$呒拊釜滏黼頫蜅伕$_{(1)}$ 伕$_{(2)}$虎浒夥 [fu^{42}] 货戽$_{(1)}$ [fu^{323}] 福幅复$_{(1)}$复$_{(2)}$辐腹蝠覆$_{(1)}$蝮$_{(1)}$馥
vu	[vu^{31}] 无$_{(1)}$夫$_{(3)}$毋凫扶芙$_{(1)}$芜巫诬蚨鹕桠湖禾何$_{(1)}$和$_{(1)}$和$_{(3)}$ 和$_{(5)}$狐河弧胡$_{(1)}$胡$_{(2)}$壶荷$_{(1)}$菏畦葫瑚携鹕蝴糊$_{(1)}$糊$_{(2)}$ 醐稣 [vu^{34}] 武负庑怃妩服$_{(2)}$侮瑢鹉舞腐$_{(1)}$滹户过$_{(3)}$沪戽$_{(2)}$(戽 水)荷$_{(3)}$涸扈祸鄠夥 [vu^{11}] 贺互冱护和$_{(2)}$和$_{(4)}$瓠惠慧$_{(1)}$蕙糊$_{(3)}$ [vu^{212}] 袱服$_{(1)}$伏$_{(1)}$茯洑菔匐幞斛鹄$_{(2)}$槲觳$_{(1)}$
ku	[ku^{33}] 戈过$_{(2)}$估$_{(1)}$咕孤姑哥菇辜锅箍瘑 [ku^{45}] 古果股贾$_{(1)}$搅$_{(2)}$鼓裹诂牯罟钴盅粿稞脶瞽 [ku^{42}] 过$_{(1)}$固沽故顾雇锯$_{(3)}$崮锢痼堌 [ku^{323}] 谷$_{(1)}$谷$_{(2)}$梏鹄$_{(1)}$縠峼 [ku] 过$_{(3)}$
k'u	[k'u^{33}] 估$_{(2)}$苛枯科棵颗蝌刳珂柯轲稞窠骷髁 [k'u^{45}] 苦 [k'u^{42}] 库课裤绔 [k'u^{323}] 哭酷喾
gu	[gu^{34}] 剕 [gu^{212}] 觳

续表

u	[u³³] 乌圬邬污呜肟阿$_{(2)}$委$_{(2)}$於挞$_{(1)}$威$_{(1)}$钨莴倭涡婀萎透淤葳蹀窝瘀煰 [u⁴⁵] 委$_{(1)}$坞伛痿 [u⁴²] 畏恶$_{(2)}$屙尉$_{(1)}$喂$_{(1)}$蔚熨$_{(2)}$慰霨 [u³²³] 屋
ʋu	[ʋu³¹] 愉于吁$_{(2)}$韦为$_{(1)}$予$_{(2)}$邘圩玙违欤围帏余$_{(1)}$余$_{(2)}$闱洿妤孟臾竽昇俞谀萸唯帷惟维揄遗畲逾腴渝瑜榆觎舆潍蝓 [ʋu³⁴] 雨与$_{(1)}$予$_{(1)}$伟宇羽苇纬玮炜禹庾貐瑀跥暐愈瘐 [ʋu¹¹] 胃与$_{(2)}$卫为$_{(2)}$芋吁$_{(3)}$位预彗谓谕喻猬渭裕蓣滪誉豫

【y】

tɕy	[tɕy³³] 专车$_{(3)}$归$_{(2)}$龟$_{(1)}$规$_{(1)}$拘居$_{(1)}$驹砖闺捐娟据$_{(1)}$硅鹃圭涓琚裾鲑颛镌蠲珪 [tɕy⁴⁵] 轨柜$_{(2)}$转$_{(1)}$转$_{(2)}$卷$_{(2)}$诡矩鬼举疢瓯苣畎昋桦婏筥 [tɕy⁴²] 句$_{(1)}$季卷$_{(1)}$贵$_{(1)}$桂绢据$_{(2)}$圈$_{(2)}$眷愧$_{(1)}$锯$_{(1)}$刿倨狷鄄啳悸踞鳜鲲 [tɕy³²³] 决诀拙$_{(1)}$橘孒抉玦炔绌桷啜厥辍谲撅$_{(1)}$蕨噘蹶欻
tɕ'y	[tɕ'y³³] 亏$_{(2)}$川区$_{(1)}$岖驱穿$_{(1)}$圈$_{(1)}$躯痊趋窥墟圩$_{(1)}$氪诠荃祛悛铨暌朕醛祛 [tɕ'y⁴⁵] 犬喘舛绻跬龋朐 [tɕ'y⁴²] 劝去$_{(1)}$券$_{(1)}$钏 [tɕ'y³²³] 出$_{(1)}$出$_{(2)}$屈缺阒阕阙$_{(1)}$阙$_{(2)}$黜黢诎
dzy	[dzy³¹] 权传$_{(1)}$葵拳渠$_{(1)}$葵缠$_{(2)}$痊$_{(1)}$迮馗橼蜷瞿夔颧衢 [dzy³⁴] 巨拒炬距跪讵苣揆篆岠钜 [dzy¹¹] 传$_{(2)}$柜$_{(1)}$具俱倦惧馈匮飓遽 [dzy²¹²] 术$_{(2)}$拙$_{(1)}$倔掘$_{(1)}$崛怵橛镢
ȵy	[ȵy³¹] 元危原娱隅愚源芫沅禹鼋喁嵎塬虞螈媛 [ȵy³⁴] 女$_{(1)}$软语阮俣圄圉铻$_{(1)}$龉颙 [ȵy¹¹] 伪谜$_{(1)}$遇御$_{(1)}$御$_{(2)}$寓愿蕊$_{(2)}$驭 [ȵy²¹²] 月刖玥

续表

ɕy	[ɕy³³] 吁₍₁₎欢昏₍₁₎挥₍₂₎荤宣虚悬₍₂₎婚辉喧靴旴顼珲₍₂₎埙阍谖萱犟瑄喧煊嘘鼾貛祎昋晖惛愃儇嬛 [ɕy⁴⁵] 许₍₁₎选毁₍₁₎诩栩烜珝蠵 [ɕy⁴²] 卉汉讳券₍₂₎绚唤涣酗焕痪渲絮₍₁₎毁₍₂₎戍奂巽₍₂₎楦煦 [ɕy³²³] 戌血忽恤说₍₁₎雪洫笏唿惚魆噱₍₁₎鳕昒欻欻軐瘖
ky	[ky³³] 干₍₁₎干₍₁₎观₍₁₎杆₍₁₎肝昆₍₃₎官竿冠₍₁₎棺玕酐倌虷蔻 [ky⁴⁵] 杆₍₂₎秆馆管₍₁₎茛₍₁₎脘琯擀筦鳡 [ky⁴²] 干₍₃₎观₍₂₎贯冠₍₂₎锯₍₂₎灌罐盱矸涫盥瓘鹳裸 [ky³²³] 骨汩鹘菁馉
k'y	[k'y⁴⁵] 款 [k'y⁴²] 困₍₂₎睏 [k'y³²³] 窟矻䯊₍₂₎
y	[y³³] 迂安氤鸳冤渊温₍₁₎瘟鞍豌纤桉剜铵蜿垵瑽婠榅薀₍₂₎ [y⁴⁵] 苑宛婉碗稳莞琬畹筢浣椀 [y⁴²] 按怨案惋腕饫妪 [y³²³] 郁₍₂₎尉₍₂₎哕熨₍₁₎膃
jy	[jy³¹] 完韩丸玄汗₍₂₎园员袁圆缘悬₍₁₎寒魂邗芫纨邯鸢垣洹萑烷辕橼玹萱峘痃綄貆瓛全泉船垸桓遄漩璇圜暶 [jy³⁴] 远旱焊缓沇泫铉浣琄隽₍₂₎䏝 [jy¹¹] 县岸汗₍₁₎砚₍₂₎炫院捍悍翰眩掾媛瑗瀚扞昡埨衒旋 [jy²¹²] 悦阅役疫域越粤聿钺阈蚎樾鹬棫裔潏遹术₍₁₎穴述绝核纥囫沭秫趉

【ai】

pai	[pai³³] 杯卑背₍₃₎悲碑裨 [pai⁴²] 贝呗₍₁₎狈背₍₁₎辈簸₍₃₎钡褙 [pai³²³] 不₍₁₎北拨₍₂₎
p'ai	[p'ai³³] 坯胚呸醅 [p'ai⁴²] 沛配霈
bai	[bai³¹] 陪培徘赔裴 [bai³⁴] 倍蓓琲 [bai¹¹] 佩背₍₃₎悖孛旆焙

续表

mai	[mai^{33}] 姆 [mai^{31}] 玫枚梅媒煤霉莓酶鲥蚌 [mai^{34}] 每 [mai^{11}] 妹媚 [mai^{212}] 万$_{(3)}$物$_{(2)}$冒$_{(2)}$墨默
fai	[fai^{33}] 灰徽麾挥$_{(1)}$麇糜 [fai^{45}] 贿虺 [fai^{42}] 诲晦悔烩哕 [fai^{323}] 拂弗佛$_{(2)}$苇$_{(1)}$氟氮绋芾
vai	[vai^{31}] 回$_{(1)}$回$_{(2)}$徊茴洄桅蛔 [vai^{34}] 汇会$_{(3)}$抌 [vai^{11}] 会$_{(2)}$绘$_{(1)}$溃$_{(1)}$魏 [vai^{212}] 物$_{(1)}$佛$_{(1)}$勿
tai	[tai^{33}] 呆$_{(2)}$堆 [tai^{45}] 刨 [tai^{42}] 对兑$_{(2)}$碓 [tai^{323}] 咄$_{(2)}$
t'ai	[t'ai^{33}] 推刲 [t'ai^{45}] 腿 [t'ai^{42}] 退唾$_{(2)}$脱$_{(2)}$蜕褪$_{(2)}$
dai	[dai^{31}] 颓 [dai^{11}] 队兑$_{(1)}$ [dai^{212}] 夺$_{(2)}$
nai	[nai^{33}] 脮 [nai^{34}] 馁 [nai^{11}] 内诿
lai	[lai^{31}] 累$_{(2)}$雷擂$_{(1)}$嫘缧儡$_{(1)}$镭羸膌罍 [lai^{34}] 垒累$_{(1)}$裸$_{(1)}$磊蕾耒诔捋$_{(2)}$儡$_{(2)}$瘰 [lai^{11}] 泪累$_{(3)}$擂$_{(2)}$酹檑礌铼勒瘰踭塁 [lai^{212}] 捋$_{(1)}$
tsai	[tsai^{42}] 拽最$_{(1)}$醉$_{(1)}$悴 [tsai^{323}] 汁执质卒窒郅桎戢蛭骘宰繁汦

续表

ts'ai	[ts'ai^{33}] 衰$_{(2)}$崔揣$_{(3)}$催摧 [ts'ai^{45}] 揣$_{(2)}$璀漼 [ts'ai^{42}] 脆揣$_{(1)}$翠啐淬焠踹剿 [ts'ai^{323}] 七柒缉$_{(1)}$缉$_{(2)}$辑漆撮$_{(2)}$猝茸
dzai	[dzai^{212}] 侄秩帙
sai	[sai^{33}] 衰$_{(1)}$ [sai^{45}] 小$_{(2)}$ [sai^{42}] 碎谇 [sai^{323}] 失狮$_{(2)}$室涩$_{(1)}$率$_{(2)}$湿瑟摔膝蟀虱窣
zai	[zai^{34}] 罪$_{(1)}$ [zai^{11}] 悴锐睡粹芮蚋萃瘁睿蕤 [zai^{212}] 十入$_{(1)}$习日$_{(1)}$什$_{(1)}$实拾疾袭集嫉捽蒺隰
kai	[kai^{33}] 归$_{(1)}$规$_{(2)}$瑰妫饭 [kai^{42}] 个$_{(1)}$会$_{(1)}$贵$_{(2)}$绘$_{(2)}$侩刽狯浍桧$_{(1)}$桧$_{(2)}$脍帼 [kai^{323}] 国掴蝈腘馘个$_{(2)}$
k'ai	[k'ai^{33}] 亏$_{(1)}$恢盔魁屶诙奎喹蛪 [k'ai^{45}] 傀 [k'ai^{42}] 块愧$_{(2)}$喟 [k'ai^{323}] 磕$_{(2)}$瞌$_{(2)}$
gai	[gai^{11}] 溃$_{(2)}$阂$_{(2)}$
ŋai	[ŋai^{31}] 巍嵬鲵 [ŋai^{34}] 隗 [ŋai^{11}] 饿$_{(1)}$硊
vai	[vai^{31}] 回$_{(1)}$回$_{(2)}$徊茴洄桅蛔 [vai^{34}] 汇$_{(1)}$会$_{(3)}$ [vai^{11}] 汇$_{(2)}$会$_{(2)}$绘$_{(1)}$溃$_{(1)}$魏
uai	[uai^{33}] 威$_{(2)}$偎限崴煨葨飐 [uai^{45}] 猥 [uai^{42}] 秽荟痕 [uai^{323}] 頞

【iai】

tçiai	[tçiai³²³] 击古级急给₍₁₎给₍₂₎桔₍₂₎棘激汲刼呕戟殛
tç'iai	[tç'iai³²³] 乞吃₍₂₎迄泣隙讫诘
dziai	[dziai²¹²] 及圾极₍₁₎剧掘₍₂₎芨岌佶笈扊
ȵiai	[ȵiai²¹²] 入₍₂₎日₍₄₎屹逆
çiai	[çiai³²³] 甩吸汔翕肸擤
iai	[iai³²³] 一₍₁₎乙邑益壹挹浥悒揖
jiai	[jiai²¹²] 亦₍₁₎译易₍₁₎绎逸液腋溢翼弋佚驿轶弈奕掖翊翌蜴熠

【au】

tau	[tau³³] 兜蔸篼颞 [tau⁴⁵] 斗₍₁₎抖陡蚪钭 [tau⁴²] 斗₍₂₎
t'au	[t'au³³] 偷 [t'au⁴⁵] 敨 [t'au⁴²] 透
dau	[dau³¹] 投 [dau¹¹] 毒₍₂₎逗读₍₂₎窦脰
nau	[nau³⁴] 冇
lau	[lau³³] 搂₍₂₎劙 [lau³¹] 娄楼偻蒌喽耧蝼髅 [lau³⁴] 搂₍₁₎篓 [lau¹¹] 陋漏露₍₂₎镂瘘
tsau	[tsau³³] 邹诌陬驺偬橄 [tsau⁴⁵] 走 [tsau⁴²] 奏皱揍绉
ts'au	[ts'au⁴⁵] 瞅搊 [ts'au⁴²] 凑辏腠
dzau	[dzau¹¹] 骤籀

续表

sau	[sau³³] 搜艘嗖馊溲飕蔸 [sau⁴⁵] 叟嗾擞薮䉺 [sau⁴²] 瘦嗽漱
zau	[zau³¹] 愁
kau	[kau³³] 勾句₍₂₎沟钩膏₍₂₎缑篝韝 [kau⁴⁵] 苟狗垢诟枸 [kau⁴²] 构购够彀₍₁₎媾 [kau³²³] 彀₍₂₎
k'au	[k'au³³] 抠眍 [k'au⁴⁵] 口 [k'au⁴²] 叩扣銬₍₂₎寇蔻鲘
gau	[gau³¹] 跔勪 [gau³⁴] 厚₍₂₎
ŋau	[ŋau³¹] 牛 [ŋau³⁴] 偶藕耦
hau	[hau³³] 齁 [hau⁴⁵] 吼犼₍₁₎ [hau⁴²] 㕶鲎 [hau³²³] 犼₍₂₎
ɦau	[ɦau³¹] 侯喉猴瘊骷篌 [ɦau³⁴] 后₍₁₎后₍₂₎厚₍₁₎ [ɦau¹¹] 候逅堠
au	[au³³] 区₍₂₎欧鸥讴瓯颙 [au⁴⁵] 呕殴堀 [au⁴²] 沤怄噢

【 iau 】

tɕiau	[tɕiau³³] 龟₍₂₎鸠赳阄匀 [tɕiau⁴⁵] 九久纠玖灸韭 [tɕiau⁴²] 究疚救厩咎

续表

tɕ'iau	[tɕ'iau³³] 丘蚯邱筇 [tɕ'iau⁴⁵] 搊
dʑiau	[dʑiau³¹] 仇₍₁₎求球虬俅逑裘镠₍₂₎ [dʑiau³⁴] 臼舅柏 [dʑiau¹¹] 旧柩
ȵiau	[ȵiau⁴⁵] 扭妞狃 [ȵiau³⁴] 纽钮 [ȵiau²¹²] 狃
ɕiau	[ɕiau³³] 休咻 [ɕiau⁴⁵] 朽 [ɕiau⁴²] 臭₍₂₎嗅溴
iau	[iau³³] 优忧幽攸呦 [iau⁴⁵] 黝苭 [iau⁴²] 幼蚴
jiau	[jiau³¹] 尤由邮犹油₍₁₎悠游疣铀蚰鱿猷繇蝣尢 [jiau³⁴] 友有酉诱莠 [jiau¹¹] 又右佑油₍₂₎柚囿宥釉鼬鼬祐蜏

【ei】

pei	[pei³³] 萆屄毸 [pei⁴⁵] 匕比彼毙鄙₍₁₎吡妣秕龇痞 [pei⁴²] 闭庇鄙₍₂₎痹蔽怭嬖 [pei³²³] 逼₍₂₎ [pei] 呗₍₂₎
p'ei	[p'ei³³] 批披丕纰苤砒罴伾狉剃 [p'ei⁴⁵] 嚭 [p'ei⁴²] 屁譬帔埤湃睥媲
bei	[bei³¹] 皮肥₍₂₎疲啤脾邳陂枇毗蚍琵貔鼙陴椑篦 [bei³⁴] 被圮陛俾婢 [bei¹¹] 币吠₍₂₎备鼻₍₁₎弊避敝澨鞴髀坒

续表

mei	[mei^{33}] 咪眯$_{(1)}$ [mei^{45}] 洝 [mei^{31}] 没$_{(2)}$弥迷眉眯$_{(2)}$谜$_{(1)}$糜$_{(1)}$獼脢峗湄楣醚縻 [mei^{34}] 米尾$_{(1)}$美靡$_{(2)}$弭娓镁芈艉 [mei^{11}] 未味媚魅袂寐
fei	[fei^{33}] 飞妃非菲$_{(1)}$啡绯扉蜚$_{(1)}$霏 [fei^{45}] 匪诽菲$_{(2)}$斐榧蜚$_{(2)}$翡朏$_{(1)}$棐篚 [fei^{42}] 肺废沸费芾$_{(2)}$狒腓痱
vei	[vei^{31}] 肥$_{(1)}$微薇浘 [vei^{11}] 吠$_{(1)}$
tei	[tei^{33}] 低爹氐$_{(1)}$羝 [tei^{45}] 抵底氐$_{(2)}$邸诋坻柢砥$_{(1)}$骶苤$_{(2)}$ [tei^{42}] 帝蒂谛碲媂渧 [tei^{323}] 的嘀滴嫡镝玓扚
t'ei	[t'ei^{33}] 梯锑 [t'ei^{45}] 体軆 [t'ei^{42}] 达$_{(2)}$屉剃涕替嚏䏲 [t'ei^{323}] 剔惕踢倜
dei	[dei^{31}] 提堤啼题蹄绨鹈缇醍媞 [dei^{34}] 弟逮$_{(1)}$悌娣 [dei^{11}] 大$_{(3)}$地递第逮$_{(2)}$缔棣$_{(1)}$睇炪
lei	[lei^{33}] 里$_{(3)}$厘$_{(2)}$哩$_{(1)}$ [lei^{31}] 丽$_{(2)}$厘$_{(1)}$狸离$_{(1)}$梨犁璃漓黎篱鹂喱缡鲡罹黧浬鳌 [lei^{34}] 礼李里$_{(1)}$里$_{(2)}$哩$_{(2)}$理鲤履$_{(1)}$俚娌锂澧醴蠡$_{(1)}$ [lei^{11}] 厉吏丽$_{(1)}$励利隶荔俐莉离$_{(2)}$痢戾俪苈砺蛎唳詈劙 [lei^{212}] 力历$_{(1)}$历$_{(2)}$劣沥砾雳呖疬$_{(1)}$鬲笠
tsei	[tsei^{33}] 支枝肢猪遮卮衼$_{(2)}$栀砥$_{(2)}$嗟跻渚廗 [tsei^{45}] 左$_{(2)}$这纸者姐$_{(1)}$济$_{(2)}$煮赭褶啫 [tsei^{42}] 际制$_{(1)}$制$_{(2)}$剂$_{(1)}$挤济$_{(1)}$借祭蔗柘鹧霁鸅漈鼒 [tsei^{323}] 只$_{(2)}$侧$_{(1)}$织迹测$_{(2)}$积脊浙职绩鲫仄炙陟崱稷瘠

续表

ts'ei	[ts'ei³³] 车₍₂₎妻栖凄悷萋蛆趄笡 [ts'ei⁴⁵] 且扯鼠杵 [ts'ei⁴²] 刺砌₍₁₎唬掣裁䌥 [ts'ei³²³] 尺斥赤₍₁₎刺₍₃₎厕侧₍₂₎测₍₁₎戚叱饬恻敕喊
dzei	[dzei³¹] 池 [dzei³⁴] 苎舐褫纻猡 [dzei¹¹] 滞箸 [dzei²¹²] 直值掷₍₁₎植殖₍₁₎埴蛰湜踯稙
sei	[sei³³] 西些奢犀茜₍₂₎硒赊畲樨篩 [sei⁴⁵] 写舍₍₂₎洗₍₁₎髓冼玺铣₍₂₎ [sei⁴²] 世势舍₍₁₎泻细施₍₂₎赦絮₍₂₎婿库螫 [sei³²³] 式色₍₁₎色₍₂₎设识₍₁₎昔析饰泄拭适息悉惜殖₍₂₎晰释摄锡媳熄薛蟋轼啬淅亵晢慑蜥螅穑寔
zei	[zei³¹] 邪齐徐脐匙₍₁₎匙₍₂₎蛇₍₁₎斜₍₁₎佘蛴 [zei³⁴] 屿社若₍₃₎惹薯₍₂₎苧₍₁₎苧₍₂₎鲚随₍₂₎ [zei¹¹] 剂₍₂₎逝射谢誓藉₍₂₎籂榭噬麝 [zei²¹²] 夕石₍₁₎食蚀席硕寂藉₍₁₎籍汐岁矽趙
ʋei	[uei⁴²] 喂₍₂₎

【 əu 】

təu	[təu³³] 丢多哆 [təu⁴⁵] 跺躲 [təu⁴²] 剁 [təu³²³] 督笃
t'əu	[t'əu³³] 拖₍₁₎ [t'əu⁴⁵] 妥椭 [t'əu⁴²] 忒₍₂₎ [t'əu³²³] 秃
dəu	[dəu³¹] 头驮驼徒₍₂₎鸵佗陀砣酡跎骰 [dəu³⁴] 垛₍₁₎舵堕惰種 [dəu¹¹] 大₍₁₎豆₍₁₎痘 [dəu²¹²] 毒₍₁₎独读₍₁₎渎犊牍黩髑椟碡

续表

nəu	[nəu³¹] 奴驽呶 [nəu³⁴] 努弩 [nəu¹¹] 怒
ləu	[ləu³³] 啰溜₍₁₎熘撸噜蹓 [ləu³¹] 刘罗浏留流琉萝硫逻锣馏₍₁₎榴₍₁₎箩骡瘤螺㊣旒骝镏镠₍₁₎鎏飗塗嘹 [ləu³⁴] 卤₍₁₎虏柳鲁裸₍₁₎榴₍₂₎撸绺橹瘰倮抑 [ləu¹¹] 馏₍₂₎溜₍₂₎遛摞漯 [ləu²¹²] 六陆₍₁₎陆₍₂₎鹿禄碌₍₁₎碌₍₂₎籙漉辘戮簏用璙勠
tsəu	[tsəu⁴⁵] 左₍₁₎佐阻组诅俎 [tsəu⁴²] 做
tsʻəu	[tsʻəu³³] 初刍磋蹉 [tsʻəu⁴⁵] 础₍₁₎楚憷 [tsʻəu⁴²] 锉₍₂₎ [tsʻəu³²³] 促簇蔟蔟镞蹙
dzəu	[dzəu¹¹] 捌
səu	[səu³³] 梳₍₁₎搓疏蔬 [səu⁴⁵] 数₍₂₎ [səu⁴²] 素₍₁₎数₍₁₎嗉愫 [səu³²³] 速涑觫簌蔌
zəu	[zəu³¹] 锄₍₁₎雏徂殂瘵 [zəu¹¹] 助

【iəu】

tɕiəu	[tɕiəu³³] 舟州周₍₁₎周₍₂₎洲揪啁啾朅 [tɕiəu⁴⁵] 肘帚酒 [tɕiəu⁴²] 咒昼僦 [tɕiəu³²³] 竹祝菊筑粥鞠竺掬槭
tɕʻiəu	[tɕʻiəu⁴⁵] 丑₍₁₎丑₍₂₎ [tɕʻiəu⁴²] 臭₍₁₎ [tɕʻiəu³³] 抽秋₍₁₎秋₍₂₎湫瘳鳅鳅踧 [tɕʻiəu³²³] 曲₍₃₎畜₍₁₎搐琡麴

续表

dʑiəu	[dʑiəu³¹] 仇₍₂₎囚绸畴酬稠筹俦酋惆遒踌雠帱 [dʑiəu³⁴] 纣苟 [dʑiəu¹¹] 宙售胄 [dʑiəu²¹²] 轴逐妯舳
ȵiəu	[ȵiəu²¹²] 肉衄恧
ɕiəu	[ɕiəu³³] 收修羞馐脩 [ɕiəu⁴⁵] 手守首滫艏 [ɕiəu⁴²] 秀绣兽宿₍₃₎锈狩琇 [ɕiəu³²³] 旭叔肃畜₍₂₎蓄夙项俶倏菽勖骕鷫
iəu	[iəu³²³] 郁₍₁₎彧
jiəu	[jiəu³¹] 柔揉蹂泅糅鞣 [jiəu³⁴] 受绶 [jiəu¹¹] 寿袖授就岫鹫 [jiəu²¹²] 族熟育昱毓鷟辱淑褥孰蓐煜溽缛塾妯

【øy】

pøy	[pøy³³] 波₍₂₎餔 [pøy⁴⁵] 补谱 [pøy⁴²] 布怖播₍₂₎
pʻøy	[pʻøy³³] 铺₍₁₎ [pʻøy⁴⁵] 浦₍₂₎ [pʻøy⁴²] 破₍₁₎铺₍₂₎
bøy	[bøy³¹] 婆葡蒲鄱皤 [bøy³⁴] 瓿箁 [bøy¹¹] 步埠埔₍₂₎垪 [bøy²¹²] 缚₍₂₎
møy	[møy³¹] 模₍₂₎摩₍₂₎磨₍₁₎魔₍₁₎ [møy¹¹] 戊物₍₃₎雾₍₂₎磨₍₂₎魔₍₂₎
føy	[føy³³] 夫₍₁₎玞 [føy⁴⁵] 府腑棓 [føy⁴²] 付咐赴副赋傅富讣

续表

vøy	[vøy³¹] 芙(2)符苻槦 [vøy³⁴] 父(1)妇腐 [vøy¹¹] 务附雾(1)驸婺骛鲋赙鹜
tøy	[tøy³³] 都阇嘟 [tøy⁴⁵] 肚(2)堵赌睹 [tøy⁴²] 妒蠹
tʻøy	[tʻøy⁴⁵] 土吐(1)钍 [tʻøy⁴²] 吐(2)兔堍菟
døy	[døy³¹] 图徒(1)途涂(1)涂(2)屠 [døy³⁴] 杜肚(1) [døy¹¹] 豆(2)度(1)渡镀踱
løy	[løy³¹] 卢芦庐驴炉颅垆泸栌轳胪间鸬舻橹鲈澏鳌(2) [løy³⁴] 吕卤(2)侣旅铝缕履(2)膂褛招 [løy¹¹] 类虑屡路滤露(1)璐鹭
tsøy	[tsøy³³] 租 [tsøy⁴⁵] 祖
tsʻøy	[tsʻøy³³] 粗 [tsʻøy⁴²] 醋
søy	[søy³³] 苏(1)苏(2)酥稣甦 [søy⁴²] 诉素(2)塑溯
ŋøy	[ŋøy³¹] 鱼渔蜈

【 aŋ 】

paŋ	[paŋ³³] 奔(1)贲锛犇 [paŋ⁴⁵] 本苯(1)畚 [paŋ⁴²] 奔(2)粪(2)
pʻaŋ	[pʻaŋ³³] 喷(1) [pʻaŋ⁴²] 喷(2)
baŋ	[baŋ³¹] 湓唸 [baŋ³⁴] 笨苯(2) [baŋ¹¹] 坌

续表

maŋ	[maŋ³³] 闷₍₂₎ [maŋ³¹] 门们忘₍₂₎明₍₂₎蚊₍₂₎扪亹 [maŋ¹¹] 问₍₂₎闷₍₁₎焖懑
faŋ	[faŋ³³] 分₍₁₎芬吩纷昏₍₂₎汾玢₍₁₎酚饙 [faŋ⁴⁵] 粉 [faŋ⁴²] 奋粪₍₁₎偾
vaŋ	[vaŋ³¹] 文纹坟氛闻₍₁₎蚊₍₁₎焚棼雯豶芝炆濆浑珲₍₁₎馄 [vaŋ³⁴] 吻愤忿刎混 [vaŋ¹¹] 紊份分₍₂₎问₍₁₎闻₍₂₎汶璺诨溷恩
taŋ	[taŋ³³] 灯敦₍₂₎登蹬璒 [taŋ⁴⁵] 等凼戥丼 [taŋ⁴²] 吨₍₂₎顿凳瞪₍₂₎炖磴磴镫扽燉
t'aŋ	[t'aŋ³³] 吞₍₁₎腾₍₂₎橙 [t'aŋ⁴⁵] 畽 [t'aŋ⁴²] 褪₍₁₎瞪₍₃₎伆蹳
daŋ	[daŋ³¹] 疼蜓腾₍₁₎誊藤饨噔滕 [daŋ³⁴] 盾₍₁₎断₍₃₎沌砘 [daŋ¹¹] 邓团₍₂₎段₍₂₎遁
naŋ	[naŋ³¹] 人₍₂₎能 [naŋ³⁴] 暖₍₂₎恁
laŋ	[laŋ³³] 抡₍₂₎卵₍₃₎ [laŋ³¹] 仑伦抡₍₁₎沦轮₍₁₎棱囵纶₍₁₎塄楞 [laŋ³⁴] 卵₍₂₎埨
tsaŋ	[tsaŋ³³] 针珍津真筝₍₂₎曾₍₁₎斟增憎₍₁₎砧蓁甄溱榛箴臻罾櫼 [tsaŋ⁴⁵] 诊枕₍₁₎怎疹轸胗眕朕缜 [tsaŋ⁴²] 进枕₍₂₎振晋浸₍₁₎震镇圳赈缙潜珒祲瑨
ts'aŋ	[ts'aŋ³³] 侵亲₍₁₎浸₍₂₎抻郴骎琛₍₁₎嗔瞋 [ts'aŋ⁴⁵] 寑碜锓 [ts'aŋ⁴²] 沁衬亲₍₂₎乘₍₃₎趁蹭呎谶₍₁₎榇
dzaŋ	[dzaŋ³¹] 臣尘沉₍₁₎忱陈秦₍₂₎曾₍₃₎ [dzaŋ¹¹] 阵沉₍₂₎鸩

续表

saŋ	[saŋ^{33}] 心申$_{(1)}$芯$_{(1)}$伸身辛呻参$_{(3)}$绅深森锌新$_{(1)}$僧薪诜胂莘$_{(1)}$砷娠琛$_{(2)}$屾侁珅駪甡燊 [saŋ^{45}] 沈审婶哂谂伈矧瞫 [saŋ^{42}] 讯汛迅信渗囟瘆
zaŋ	[zaŋ^{31}] 人$_{(1)}$仁什$_{(2)}$寻纫辰层神秦$_{(1)}$晨曾$_{(2)}$岑$_{(1)}$挦荨浔涔宸谌嗪鲟 [zaŋ^{34}] 尽$_{(1)}$尽$_{(2)}$肾甚饪荏葚稔蕈椹 [zaŋ^{11}] 刃$_{(1)}$任$_{(1)}$芯$_{(2)}$赁慎赠仞轫妊纴荩浕衽烬蜃揕戡
kaŋ	[kaŋ^{33}] 昆$_{(1)}$根$_{(2)}$尴跟$_{(2)}$哏琨焜锟鲲裈鹍腿 [kaŋ^{45}] 滚管$_{(2)}$衮绲辊磙鲧鳖 [kaŋ^{42}] 棍亘艮爟謴
k‘aŋ	[k‘aŋ^{33}] 坤昆$_{(2)}$髡髖$_{(2)}$堃 [k‘aŋ^{45}] 肯垦捆恳啃壸 [k‘aŋ^{42}] 困$_{(1)}$裉硍
gaŋ	[gaŋ^{31}] 含$_{(3)}$浛 [gaŋ^{34}] 頜
haŋ	[haŋ^{33}] 夯 [haŋ^{45}] 很狠
ɦaŋ	[ɦaŋ^{31}] 含$_{(2)}$恒痕$_{(2)}$姮 [ɦaŋ^{34}] 憾$_{(2)}$ [ɦaŋ^{11}] 恨
uaŋ	[uaŋ^{33}] 温$_{(2)}$ [uaŋ^{45}] 恽韫
aŋ	[aŋ^{33}] [aŋ^{45}] 揞

【 iaŋ 】

tɕiaŋ	[tɕiaŋ^{33}] 巾斤今茎金京经$_{(1)}$荆惊筋禁$_{(2)}$兢襟泾衿矜粳釿 [tɕiaŋ^{45}] 紧颈景锦境警刭槿憬璟卺璥 [tɕiaŋ^{42}] 劲$_{(1)}$劲$_{(2)}$径经$_{(2)}$竟敬禁$_{(1)}$镜胫靳迳滰
tɕ‘iaŋ	[tɕ‘iaŋ^{33}] 轻钦氢卿衾嵚穇 [tɕ‘iaŋ^{42}] 庆揿綮磬罄

续表

dzian	[dzian^{31}] 芹琴禽勤擒擎鲸芩噙檎黥 [dzian^{34}] 近谨赚$_{(2)}$痊 [dzian^{11}] 仅竞妗儆馈觐瑾噤墐
ȵian	[ȵian^{31}] 人$_{(3)}$壬宁$_{(1)}$任$_{(2)}$吟迎拧狞银凝岑$_{(2)}$咛垠鄞龈聍 [ȵian^{34}] 忍柠沏 [ȵian^{11}] 刃$_{(2)}$认宁$_{(2)}$韧泞佞
ɕian	[ɕian^{33}] 凶$_{(2)}$兴$_{(1)}$欣馨忻昕炘掀锨歆鑫 [ɕian^{45}] 行$_{(4)}$兴$_{(3)}$ [ɕian^{42}] 兴$_{(2)}$衅额
ian	[ian^{33}] 因阴应$_{(1)}$英茵荫$_{(1)}$咽$_{(1)}$音姻莺$_{(1)}$殷婴蝇樱$_{(1)}$鹦$_{(1)}$鹰洇氤瑛堙喑愔嘤罂$_{(1)}$缨赟膺 [ian^{45}] 饮隐影瘾 [ian^{42}] 印应$_{(2)}$荫$_{(2)}$映窨
jian	[jian^{31}] 形刑盈莹$_{(2)}$淫寅赢楹夤赢霪瀛蠃型萤$_{(2)}$营$_{(2)}$邢陉 [jian^{34}] 引蚓颖吲郢颍婞 [jian^{11}] 孕胤䲱

【əŋ】

pəŋ	[pəŋ^{33}] 冰并$_{(3)}$兵宾彬斌滨濒玢$_{(2)}$傧槟豳 [pəŋ^{45}] 丙秉饼$_{(1)}$屏$_{(2)}$禀邴炳昺鈵 [pəŋ^{42}] 并$_{(1)}$柄鬓摒摈殡
p'əŋ	[p'əŋ^{33}] 乒拼缤姘娉俜 [p'əŋ^{45}] 品 [p'əŋ^{42}] 聘
bəŋ	[bəŋ^{31}] 平评坪苹$_{(1)}$苹$_{(2)}$凭贫屏$_{(1)}$瓶萍频枰嫔鼙 [bəŋ^{34}] 并$_{(2)}$牝膑髌 [bəŋ^{11}] 病
məŋ	[məŋ^{31}] 民名明$_{(1)}$鸣闽冥铭盟旻岷珉缗溟暝瞑螟玟 [məŋ^{34}] 皿悯敏闵茗抿黾泯酩湣愍 [məŋ^{11}] 命

续表

təŋ	[təŋ³³] 丁叮盯钉₍₁₎仃玎町₍₂₎疔酊₍₂₎耵 [təŋ⁴⁵] 顶鼎酊₍₁₎ [təŋ⁴²] 订钉₍₂₎
t'əŋ	[t'əŋ³³] 厅听₍₁₎汀烃 [t'əŋ⁴⁵] 挺艇町₍₁₎铤打 [t'əŋ⁴²] 听₍₂₎
dəŋ	[dəŋ³¹] 廷亭庭停莛葶婷霆 [dəŋ³⁴] 澄₍₂₎ [dəŋ¹¹] 定啶腚碇锭
ləŋ	[ləŋ³³] 拎 [ləŋ³¹] 令₍₂₎伶邻灵林轮₍₂₎怜₍₁₎玲临铃凌陵聆菱羚淋琳零龄磷鳞苓棱囹瓴楞啉蛉崚翎绫粼嶙遴璘霖辚鲮鄂麟潾潾 [ləŋ³⁴] 令₍₃₎岭领凛廪檩懔 [ləŋ¹¹] 另令₍₁₎吝愣躏呤蔺膦
tsəŋ	[tsəŋ³³] 正₍₂₎贞侦征₍₁₎征₍₂₎怔症₍₂₎晶睛蒸₍₁₎精憎帧祯菁₍₁₎旌腈烝 [tsəŋ⁴⁵] 井拯蒸₍₂₎整阱肼 [tsəŋ⁴²] 正₍₁₎证政症₍₁₎甑
ts'əŋ	[ts'əŋ³³] 青称₍₁₎清蜻菁₍₂₎圊蛏氰 [ts'əŋ⁴⁵] 请骋 [ts'əŋ⁴²] 秤称₍₂₎
dzəŋ	[dzəŋ³¹] 呈橙埕程惩澄₍₁₎酲澂 [dzəŋ³⁴] 逞 [dzəŋ¹¹] 郑剩瞪₍₁₎铛艡
səŋ	[səŋ³³] 升申₍₂₎声星猩腥新₍₂₎莘₍₂₎惺昇陞骍 [səŋ⁴⁵] 省₍₂₎醒 [səŋ⁴²] 圣性姓胜
zəŋ	[zəŋ³¹] 仍扔成诚承城乘₍₁₎盛₍₂₎情绳晴饧丞塍噌缯宬 [zəŋ³⁴] 靖静婧 [zəŋ¹¹] 净乘₍₂₎盛₍₁₎晟靓₍₁₎嵊

【oŋ】

poŋ	[poŋ³³] 崩(1)嘣 [poŋ⁴²] 崩(2)蹦迸(2)镚
p'oŋ	[p'oŋ³³] 乓 [p'oŋ⁴⁵] 捧 [p'oŋ⁴²] 碰椪
boŋ	[boŋ³¹] 朋棚(2)蓬鹏篷埄硼塳 [boŋ³⁴] 埲燤 [boŋ¹¹] 槰
moŋ	[moŋ³³] 蒙(1) [moŋ³¹] 蒙(3)蒙(4)蒙(5)蒙(6)蒙(7)檬朦獴艨幪礞 [moŋ³⁴] 蒙(2)懵蠓 [moŋ¹¹] 梦
toŋ	[toŋ³³] 东冬咚氡 [toŋ⁴⁵] 董懂 [toŋ⁴²] 冻栋胨
t'oŋ	[t'oŋ³³] 通(1)囲 [t'oŋ⁴⁵] 统(2)捅 [t'oŋ⁴²] 统(1)通(2)痛
doŋ	[doŋ³¹] 同彤桐铜筒童幢(2)瞳佟峂酮僮潼仝 [doŋ³⁴] 动桶硐 [doŋ¹¹] 洞侗恫恸胴
noŋ	[noŋ³¹] 农浓(1)脓侬哝 [noŋ¹¹] 懦(2)糯(2)
loŋ	[loŋ⁴²] 弄(2) [loŋ³¹] 龙(1)咙胧聋笼隆窿茏珑砻昽癃眬 [loŋ³⁴] 拢垄陇 [loŋ¹¹] 弄(1)哢
tsoŋ	[tsoŋ³³] 宗综棕踪鬃 [tsoŋ⁴⁵] 总 [tsoŋ⁴²] 粽
ts'oŋ	[ts'oŋ³³] 从(2)匆囱葱聪偬骢璁熜

续表

soŋ	[soŋ³³] 松₍₁₎松₍₂₎忪凇菘淞嵩崧 [soŋ⁴⁵] 悚竦挏 [soŋ⁴²] 宋送
zoŋ	[zoŋ³¹] 丛戎纯茸绒崇淳醇莼淙琮鹑揌 [zoŋ³⁴] 冗
koŋ	[koŋ³³] 工弓公功红₍₂₎攻宫₍₁₎恭₍₂₎蚣躬肱 [koŋ⁴⁵] 巩汞拱戆₍₁₎ [koŋ⁴²] 贡剐
kʻoŋ	[kʻoŋ³³] 空₍₁₎倥崆箜 [kʻoŋ⁴⁵] 孔恐₍₂₎ [kʻoŋ⁴²] 空₍₂₎控
goŋ	[goŋ³¹] 硿
hoŋ	[hoŋ³³] 丰风枫轰封哄₍₁₎疯峰烘锋蜂吽訇烽薨 [hoŋ⁴⁵] 哄₍₂₎ [hoŋ⁴²] 讽哄₍₃₎鞚
ɦoŋ	[ɦoŋ³¹] 宏弘红₍₁₎虹洪逢鸿缝₍₁₎闳泓竑纮荭冯 [ɦoŋ³⁴] 奉唪 [ɦoŋ¹¹] 俸讧缝₍₂₎凤₍₁₎
oŋ	[oŋ³³] 翁嗡 [oŋ⁴²] 瓮滃齆

【ioŋ】

tɕioŋ	[tɕioŋ³³] 中₍₁₎军均龟₍₃₎君忠终钧宫₍₂₎衷谆遵肫盅鞿 [tɕioŋ⁴⁵] 卷₍₃₎准₍₁₎准₍₂₎炯囧 [tɕioŋ⁴²] 中₍₂₎众旽俊骏竣峻₍₂₎隽₍₁₎焌
tɕʻioŋ	[tɕʻioŋ³³] 冲₍₁₎冲₍₂₎充春穿₍₂₎倾涌₍₂₎椿忡穹皱憧髩艟翀 [tɕʻioŋ⁴⁵] 顷宠蠢頵 [tɕʻioŋ⁴²] 冲₍₃₎串铳趟䒺吮皷
dʑioŋ	[dʑioŋ³¹] 虫穷琼裙群 [dʑioŋ³⁴] 盾₍₂₎菌窘 [dʑioŋ¹¹] 仲郡

续表

ɕioŋ	[ɕioŋ³³] 兄询勋熏荀薰醺 [ɕioŋ⁴⁵] 笋隼榫 [ɕioŋ⁴²] 训峻₍₁₎瞬浚舜诇矄
ioŋ	[ioŋ³³] 拥晕₍₂₎踊₍₂₎蕴邕氲雍臃 [ioŋ⁴²] 酝缊蕰₍₁₎
jioŋ	[jioŋ³¹] 匀荣云₍₁₎云₍₂₎佣₍₁₎耘莹₍₁₎容营₍₁₎庸雄蓉₍₁₎溶榕熔熊融芸纭昀萦嵘筼滢蝾镛鳙筽镕旬驯巡荧唇萤₍₁₎循荥徇慵 [jioŋ³⁴] 永允陨尹狁迥殒吮 [jioŋ¹¹] 运韵咏泳晕₍₁₎郓凤₍₂₎闰顺殉润

【ŋ】

ŋ	[ŋ³³] 哦₍₁₎哦₍₂₎哦₍₃₎ [ŋ³¹] 儿讹吾吴俄峨娥梧鹅₍₁₎蛾₍₁₎疑₍₂₎莪唔牾铻₍₂₎嗯₍₁₎ [ŋ³⁴] 五午母₍₂₎耳₍₂₎伍我尾₍₂₎仵迕嗯₍₂₎ [ŋ¹¹] 二义₍₂₎卧贰捂误饿₍₂₎悟忤晤痦嗯₍₃₎痞

【m】

m	[m³¹] 呣₍₁₎ [m¹¹] 呣₍₂₎

第九章 温州话词汇

第一节　温州话代词

一、人称代词

普通话中的人称代词用"我、你、他",而温州话中的人称代词用"我、你、渠"。两者区别不大。

第一人称代词,温州话也用"我",读 ŋ³⁴,音五。如:"该个物事我要用道,你快厘送来。"

第二人称代词,温州话也用"你",读 ȵi³⁴,音染。

第三人称代词,温州话用"渠",读 gi³¹,是一个非常独特的发音。古人也曾用"渠"指代人。

在普通话中,第三人称有"他、她、它"之分,而在温州话中,一律用"渠"。"渠"字在温州话中有两读。

【渠(2)】　qú,ge³¹,音徛的阳平声,白读。第三人称指代词"他"。"我等半日罢,渠还未走来。"

温州话中的人称代词复数,一律在我、你、渠后加个复数后缀"俫",这个"俫"读 le³¹,音来,相当于普通话中的"些"或"们"。

【我俫】　ŋ³⁴le³¹,第一人称复数"我们"。"我俫三个人承小儿就共起,是四十多年嘅老朋友罢。"

【你俫】　ȵi³⁴le³¹,第二人称复数"你们"。"你俫狃宕走来啊?""阿爸近钞票也近苦嘅,你俫也着省厘。"

【渠傢】 gi³¹le³¹，第三人称复数"他们"。"我勾渠傢敲煞显。""眼光光勾渠傢抢去爻。"

普通话说"我和你"，温州话说"我伉你"，这是温州话中一个颇有特色的词组。

【卬你】 ŋuɔ³¹n̠i³⁴，"我伉你 ŋ³⁴kʻuɔ⁴²n̠i³⁴"的合音，指说话人和听话人双方，相当于"我们"。"卬你讲起事干。""天坍落有长人顶，卬你不用愁（你麰恁不乜三四，卬你讲正经嘅）。"

二、指示代词

温州话中有几个具有指示作用的代词。我们把这类词按其指代对象的不同分为：

1. 单纯指示词。对应于普通话的"这"，温州话过去用"居"，现在用"居""该"；对应于普通话的"那"，温州话用"许"。

温州话的单纯指示词只有一种用法，即与量词构成指量短语，不能像普通话的指示代词那样独立充当主宾语，也不能直接修饰名词。如："该件事干你晓得啊不？""该只鸡冇许只鸡恁大。""摆桌上嘅许两本书。"

【居】 jū，ke³²³，无近似音，白读。近指代词。俗作"该"。"居个。"

【该】 gāi，ke³³，音垓。近指代词，相当于"这"，着重指出前面说过的人或事物。"该恁大。""该境你身体好不好？""该日有台风，轮船冇开。""该遍我一定会逮渠做好。"

【许】 xǔ，he⁴⁵，音海，远指代词，相当于"那"，指示较远的人或物。它只有与量词相结合才能充当主语、宾语和直接修饰名词。"我最喜欢许个。""许个茶杯是我新买嘅。"

2. 名物指代词。由单纯指示词加泛指量词"个"或不定量词"俫"构成。对应于普通话的"这个/些""那个/些"。

【该个】 ke³³kai⁴², 这个。"该个画（话）着裱起。""该个人勾狗嚼还着拌糖霜。"

【许个】 he⁴⁵kai⁴², 那个。"许个不好吃。""许个事干有着落也不啊？"

【该起】 ke³³ts'ŋ⁴⁵, 这件。"该起事干我土想恁会成功嘅。""该起事干未了结, 做上辈嘅沃心挈牢在搭。"

【许起】 he⁴⁵ts'ŋ⁴⁵, 那件。

【该俫】 ke³³le³¹, "该"的复数。也可简略成入声的"俫"。这些。

【许俫】 he⁴⁵le³¹, "许"的复数。那些。

【狃俫】 niau²¹²le³¹, 哪些。"狃俫人。""狃俫物事。"

3. 时间指代词。无论在意义上还是用法上都与普通话的"这会儿、那会儿"相当。唯一不同的是, 温州话的"该下""许下"还有小称形式"该下儿""许下儿"。

【该日】 ke³³ne²¹², 今天。"该日栽竹, 明朝就想吃笋。"

【许日】 he⁴⁵ne²¹², 那天。"摆拦街福许日, 路上人沃轧抬起。"

【该年】 ke³³ɲi³¹, 今年。"旧年吃冬瓜, 该年放冷屁。"

【许年】 he⁴⁵ɲi³¹, 那一年。

【该境】 ke³³tɕiaŋ⁴², 这段时间。"你甯那现出罢, 该境沃死狃宕爻？"

【该下儿】 ke³³o⁴²ŋ³¹, 合读成koŋ⁴⁵。这一刻, 这一会。"你甯那现出罢, 该下儿沃死狃宕爻？"

【许下儿】 he⁴⁵o⁴²ŋ³¹, 合读成hoŋ⁴⁵。那刻, 那时, 那一会。

三、方位代词

对应于普通话的方位指代词"这里、那里、哪里",温州话用的是"该屋宕、许屋宕、若屋宕"。

温州话中,也可以用"该里 ki³³lei³³""该柢 ki³³tei⁴⁵""该面 ki³³mai¹¹""该头 ki³³dəu³¹"来指"这里、这一边"。用"许柢 he⁴⁵tei⁴¹""许面 he⁴⁵mai¹¹¹""许头 he⁴⁵dəu³¹"来指"那里、那儿、那一边、那一方面"。也可用"旁单 buɔ³¹ta³³¹""旁面 buɔ³¹mai¹¹¹""旁头 buɔ³¹dəu³¹"来指"那里"。

人住的房屋,温州人叫"屋宕 u³²³duɔ³⁴"。除了作地方解释以外,还解释作"房子",实际上都从处所一义引申而出。如:"该间屋宕有三席地板。""你该套屋宕买来便宜显。"

温州话中有几个特殊的合音字,属于越语的残留。

普通话中表示"这里""那里""哪里"的代词,温州话该怎么说呢?我在前人的有关温州方言著作中找到了"瞉""狐""狃"三个生僻字,当时就觉得很别扭,因为查各类字书,这几个字根本没有这样的义项。显然,这是温州人自造的俗字。

由于这是当年越人所说的话,有音无字,后人只好找了几个字代用。也可理解为是合音省音字:"瞉"是"居屋"的合音字,"狐"是"许屋"的合音字,"狃"是"若屋"的合音字。这是方言学中一种普遍现象。

【瞉】 gòu,本读 gòu,kau⁴²,音够,使劲张弓义。温州话借用,作"居屋"的合音。读 kau³²³,音够的阴入声。

居屋→ [ke³²³][u³²³] → [keu³²³] → [kau³²³] →瞉。

表示动作在近处进行:"我俫正在搭商量事干,你夢宿瞉搭七搭八。""该下儿渠也还是瞉,磕头转晓不得闪狃宕爻罢?"

【瞉宕】 kau⁴²duɔ³⁴,是"居屋宕"的合音和省音。这里。"渠嘅作业本在我豰宕。""卬你该日留豰宕睏嘅。""卬你宿豰宕嬉下儿先,再走去吃饭,用着也不?"

【犼】 hǒu,hau⁴⁵,音吼。本指古书上说的一种似狗而吃人的北方野兽。温州话将其借用,用作"许屋"的合音。读 hau³²³,音吼的阴入声,"那,那里"的意思。

许屋 [he⁴⁵][u³²³] → [heu³²³] → [hau³²³] →犼。

【犼宕】 hau⁴⁵duɔ³⁴,"许屋宕"合音和省音,那里。"犼宕嘅安置房不近会起好。""我新该下儿到我朋友犼宕去爻。"

【狃】 niǔ,本读n̠iau³⁴,音纽。因袭,拘泥。今温州话将其借用,作"若屋"的合音,读n̠iau²¹²,音纽的阳入声。"哪儿,哪里"的意思。"你该能界望狃走?""狃只船冇老大?""金身着佛保,狃还顾得了别人。"

若屋 [jia²¹²][u³²³] → [jiau³²³] → [n̠iau³²³] →狃。

【狃宕】 n̠iau³⁴duɔ³⁴,是"若个屋宕"的合音和省音。哪儿,哪里。"吃狃宕水,做狃宕人。""宿狃宕死,做狃宕鬼。""脚踏西瓜皮,滑拉狃宕算狃宕。""你狃宕烁出嘎?我寻你寻来苦。""个人远远三十六,晓不得走狃宕爻罢。""人老爻拙显,个物事园狃宕想不起爻罢。"

【狃个】 n̠iau²¹²kai⁴²,哪个,哪一个。"狃个老鼠不偷油?""狃个猫儿不贪腥?"

【狃恁】 n̠iau²¹²naŋ²¹²,怎么样。"狃恁嘅眼,打狃恁嘅鸟。""个事干你讲狃恁好厘。"

【宕】 dàng,duɔ³⁴,音荡。洞屋,处所。"吃饭宕。""赌宕。"

【屋宕】 u³²³duɔ³⁴,房子,处所。"该一大爿屋宕路整整着沃着拆嘅。""该座屋宕卖爻罢,下个月就着搬出。""该座屋宕是上辈人留落嘅,两兄弟沃有份。"

【宕地】 duɔ³⁴dei¹¹，同"地宕"。处所。"走痕爻寻个宕地坐一下儿先。"

【地宕】 dei¹¹duɔ³⁴，处所。"你住嘅地宕吵显。""有灯不坐暗地宕。"

【赌宕】 tøy⁴⁵duɔ³⁴，赌场。"开赌宕。"

【后宕】 ɦau³⁴duɔ³⁴，传统木结构房屋中堂分隔开来的后面部分。

【间宕】 ka³³duɔ³⁴，房屋的平面大小。"该间屋宕嘅间宕深显。"

【客宕】 k'a³²³duɔ³⁴，接待客人的房间。

【别屋宕】 bi²¹²u³²³duɔ³⁴，别处。

【吃饭宕】 ts'ɿ³²³va¹¹duɔ³⁴，家里用餐的地方。

【大毛宕】 dəu¹¹mə³¹duɔ³⁴，妓院。"犼宕是大毛宕，你覅走底嘅。"

【税屋宕】 sɿ⁴²u³²³duɔ³⁴，租房子。

四、程度代词

对应于普通话的"这样、那样""这么、那么"，温州话没有特别的程度指代词，它与方式指示代词同音，采用"恁""该恁""许恁"。

"该恁""许恁"可修饰名词、形容词和动词，也可以直接作主谓语。修饰名词时要带结构助词"个"。例如："事干本柢就是该恁嘅，我訾那瞒呢？""许恁个花瓶还有几个？"

在没有"许恁"对举的情况下，"该恁"一般省略为"恁"，读入声。如："恁多。""恁做。""恁走。"这时候，如果没有上下文，有时会产生歧义。如单说一句"恁好"，"恁"可以理解为方式指代词,意思是"这样做好",或"这种方式好",表示赞同;也可理解为程度指代词,意思是"有这么好吗?"表示怀疑。所以,后一种意思一般要加上表怀疑的句调以示区分。

表示程度的"这么"或"那么",在普通话中有远近指之别,至少在形式上如此。但吴语大都只有一种表示方式,各点的表现形式也比较一致。大致说来,北部吴语多用"该"系,南部吴语多用"许"系。从历史来源说,"该"系来自于近指的"这么","许"系来自于远指的"那么",温州还有远近指之分,但是也有合成一种的趋势。

【该恁】 ke^{33}naŋ^{212},这样。"该恁高。""该恁做。"

【许恁】 he^{45}naŋ^{212},那样。"我该恁讲许恁讲,渠直头不听。"

【该恁做】 ke^{33}naŋ^{212}tsəu^{42},这么做。

【许恁做】 he^{45}naŋ^{212}tsəu^{42},那么做。

五、疑问代词

普通话的"怎么",温州话是"眥那"。

【眥那】 tsʅ^{33}na^{34},怎么。"讲眥那就眥那。""老太手里嘅事干,我眥那晓得?"

【眥那恁】 tsʅ^{33}na^{34}naŋ^{31},怎么样。"你眥那恁文长,我夠渠听。""你眥那恁慢性,催也催不去嘅。"

【眥那妆】 tsʅ^{33}na^{34}tɕyɔ^{33},怎么办。"随便你眥那妆沃用着。"

【乜(1)】 miē,miɛ^{34},音秒。乜斜。"眯眼斜视。"

【乜(2)】 niè,n̠i^{212},音尼,白读。方言用词。什么。"何乜。""何乜人。""何物事。"

【何(1)】 hé,vu^{31},音湖。疑问代词,相当于"什么""哪里""为什么""怎么"。

【何(2)】 hé, ɦa³¹,音鞋,白一。"何乜。"

【何(3)】 hé, ga³¹,音衔,白二。"何乜。"

【何乜】 ga³¹ȵi³¹; a³²³ȵi³¹,在文言中,"何"是疑问代词,"乜"是语气助词。"何乜"相当于普通话的"什么"。"何乜鸟吃何乜虫。""吹何乜风,落何乜雨。""打何乜鼓板唱何乜曲。""到何乜庙,烧何乜香。""到何乜山,唱何乜歌。""眙何乜佛,舍何乜缘。""鬼门关相会,有何乜恁快活。""十三岁做娘,随何乜沃着自干。""何乜葫芦何乜瓢,何乜种出何乜苗。""你还是走医院里精细查一查,到底生何乜毛病。""你有何乜打算,也着伉我坦一坦,勾我心中有数。"

【何乜道理】 ga³¹ȵi³¹dɘ³⁴lei³⁴,什么理由。"你有何乜道理恁妆啊。""个不讲道理嘅人,伉渠讲何乜道理啊。"

【何乜人】 ga³¹ȵi³¹naŋ³¹,什么人。"何乜人赞成,请背手。""眙何乜人,开何乜门。""你想逮女儿勾何乜人?""吃何乜人奶,像何乜人范。""事后诸葛亮,何乜人不会做?""嘎鹅眼生起,见何乜人咄何乜人。""个人是脚踏两只船,乜人得势讲乜人好。"亦说"乜人"。

【何乜时节】 ga³¹ȵi³¹zŋ³¹tɕi³²³,什么时候。"能界何乜时节罢?你还讲来讲去?"

【何乜事干】 ga³¹ȵi³¹zŋ¹¹ky⁴²,什么事。"有俫生意人想近钞票,随何乜事干也会干出。""辞典未妆好,干随何乜事干沃冇着落。"

【何乜物事】 ga³¹ȵi³¹mø⁴²zŋ¹¹,什么东西。"个箱儿屁轻嘅,底转园何乜物事啊?"

【何乜缘故】 ga³¹ȵi³¹jy³¹ku⁴²,什么原因。"该日何乜缘故啊?事干沃不顺。""你问问渠眙,事干妆爻恁款色,到底何乜缘故。"

【何时节】 ga³¹zʅ³¹tɕi³²³，很晚的时候。"你何时节新走来，酒水也吃差不多罢。"

【不乜】 fu⁴⁵ȵi³¹，不怎么样。"槽头肉便宜是便宜，就是不乜好吃。"

【不乜三四】 fu⁴⁵ȵi³¹sa¹¹sʅ⁵³，不三不四，言谈举止不正派。"麹该恁不乜三四，着正经厘。"

【不乜死活】 fu⁴⁵ȵi³¹sʅ⁴⁵ɦo²¹²，不死不活的。亦作"不乜死健"。

【别乜】 bi²¹²ȵi³¹，由"别何乜"的合音缩变而来。相当于"别的"。"我只会烧饭，别乜事干干不来。"

【冇何乜】 nau⁴⁵ga³¹ȵi³¹，没有什么。"伉渠冇何乜讲功。"

【妆何乜】 tɕyɔ³³ga²¹²ȵi³¹，干什么，为什么。"你日日恁烂臀凳，宿渠屋里妆何乜？""你眼灵珠恁光我，妆何乜啊？"亦说"妆乜"或"做何乜"。

【冇何乜显】 nau⁴⁵ga³¹ȵi³¹ɕi⁴⁵，不多。"我衣裳冇何乜显。""我冇何乜显走渠拉嬉。"

【寻何乜人】 zaŋ³¹ɦia²¹²ȵi³¹naŋ³¹，找谁。"你寻何乜人？"

【乜人】 ȵi³¹naŋ³¹，什么人。"不吹螺，乜人晓得你卖肉。""脚踏两只船，乜人得势讲乜人好。"

第二节　温州话介词

温州方言中有以下一些介词："望""朝""逮""句""伉""宿""夹"等等。温州话原有的介词都为单音节，双音节介词有明显的文语色彩和外来语感。

一、望，朝

【望】 wàng，muɔ¹¹，音貌，白读。后接表示地点的名词、方位词或代词，构成介词宾语，前置于动词，指有方向性的移动，大致相当于"向"。"望外走。""望出走。""望转走。""望底走。""望朋友拉走。""外甥狗，吃爻望出走。""打落门牙望肚里吞。"

【望底走】 muɔ¹¹tei⁴⁵tsau⁴⁵，向里走。

【望外走】 muɔ¹¹va¹¹tsau⁴⁵，向外走。亦说"望出走"。

【望转走】 muɔ¹¹tɕy⁴⁵tsau⁴⁵，往回走。

【望门前走】 muɔ¹¹maŋ³¹ji³¹tsau⁴⁵，向前走。"鸡只会望门前走，不会倒退嘅。"

【朝】 cháo，dziɛ³¹，音桥。1. 朝廷。"朝野。""朝政。"2. 朝代。"改朝换代。"3. 臣子上朝觐见帝王，宗教徒到圣地、庙宇礼拜神佛。"朝见。""朝圣。"4. 正对着。"朝前。""朝阳。"5. 介词，引入动作的方向或对象，相当于"向"或"对"。"渠头仰起朝天叹口气。""下爿眼泪朝上爿流。"6. 理睬。"用着渠说话恁讲好，用不着就臀也不朝渠。"

在普通话中，介词"往"与"望"同音，两者通用。在温州话中，"往"读 jyɔ³⁴，"望"读 muɔ¹¹。说明是一个明母字的读音："望"后接表示地点的名词、方位词或代词，构成介词宾语，前置于动词，大致相当于普通话的"向"。"望归走。""水望东面流。""望学堂底走。""望后面眙。"

与方向有关的另一个介词是"朝"。如："警察朝逃犯开枪。"

这两个表方向性的介词，其语义显然是不一样的："望"是指有方向性的移动，是动态的；"朝"只指朝向，是静态的。所以"该爿窗朝东开"，不能改作"该爿窗望东开"；"望每个公司发一封业务信",不能说成"朝每个公司发一封业务信"。有些看似两可的例子,实际上是有细微区别的:"汽车朝东开",也可说"汽车望东开"。前句是说汽车开的方向,后者指汽车向着东方的移动。

二、逮

"逮"在普通话中是个用途不很大的字,其本义是追及、赶上,其引申义是捉、捕;而在温州话中,却是个用途很大的字。

【逮(1)】 dǎi,dei^{34},音弟。作动词,本义为捉。"逮捕。"

【逮(2)】 dì,dei^{11},音地。

1. 因为温州话在动词谓语之前的往往是施事,为了不至于造成混乱,要在受事前面加受事标记"逮",构成处置式,作介词,作为施事标志,相当于"把"。"渠逮瓶儿打破爻。""逮该捆书缚缚牢厘。""逮西瓜擘做两对半。""渠逮话讲拉完就走。""逮桌上嘅灰尘掸一掸。""逮别人嘅棺材抬屋里哭。""逮自当灵嘅,逮别人当呆嘅。"

2. 后置于动词,在不同语境中分别表示"比不上""来不及"等意思,一般用于否定结构,不把、不给义。

【不逮】 fu^{45}dei^{34},1. 来不及。"会死也死不逮。""相打还愁拳头捏不逮?""打赌人嘅银,千里马也报不逮信。""只一日功夫逮个报告写好,赶不逮嘅。""屙拉啦臀卵屁头儿寻茅坑 —— 赶不逮。"2. 不把。"你不逮我当和尚眙,我还代你念经?""外转恁刮风落雨,你甏那不逮窗门关好?"

【勿逮】 fai^{33}dei^{11},不要把,不要为。"勿逮阿猫阿狗沃叫来嬉。""话还未讲完,你勿逮我打断爻。""宁可逮灵人挈尿壶,勿逮呆大撑雨伞。"

【赶逮】 kø⁴⁵dei¹¹，来得及。"能界还早，慢慢理，飞机航班还赶逮。"

【逮渠】 dei¹¹ge³¹，将其。"逮渠怂起伉别人乱。""饭伉配沃逮渠吃爻完。""该本书我能够逮渠背完。""姆姆在搭睏，嫑逮渠吵醒。""你逮渠监牢，嫑勾渠溜爻。"

【赶不逮】 ky⁴⁵fu⁴⁵de¹¹，来不及。

三、伉

【伉】 kàng，kʻuɔ⁴²，音抗。

1. 引进动词作为对象，相当于普通话中的"跟"。"伉你讲讲清，下半年出正。""你伉渠比比胎，何乜人力大厘。""拔我坟头一根草，官司伉你打到老。""着伉别人比种田，嫑伉别人比过年。"

2. 还可以用作连词，相当于普通话的"和""与"。"你伉渠做下走。""我伉渠是隔壁邻舍。""柑嘅颜色伉橘差不显。""香蕉伉苹果沃是水果。""吃嘅是盐伉米，讲嘅是情伉理。""该起事干我伉你讲过。"

四、宿

【宿】 sù，ɕyo³²³，音束。作为介词，前置于表示处所的名词或代词，构成介词宾语，在句中充任状语，相当于普通话的"在"。"渠有个息儿宿美国读博士。"

温州话的"宿"跟普通话的"在"，其用法不完全相同。"宿"本来是动词，有"住""躲"的意思，并非完全虚化，所以下列的句子中的"宿"就不能用"在"代替，如："你宿该里嬉，嫑走旁搭嬉。"

【宿搭】 ɕyo³²³ta³²³，在那里。"渠宿搭工作好显嘅。""你该两日宿搭妆何乜？""你宿搭掏坟恁，寻何乜物事？""我走去眙罢，你啦嘅息儿宿搭不毛显。""渠日夜宿搭赌，家私肯定会句渠败爻完。""你孬专门宿搭掏老账，陈年百代嘅事干掏出讲有何乜意思？"

【宿起寻】 ɕyo³²³tsʻŋ⁴⁵zaŋ³¹，一种儿童游戏。

五、夹

【夹】 jiā，ka³²³，音甲。作动词时，本义为从两旁钳住，两旁有物限制住。"夹生饭。""夹钳儿。""夹镊儿。"

作介词时，有一种典型的句式，即"夹＋A＋V"。

【夹暗摸】 ka³²³ø⁴²mo²¹²，暗摸摸。"楼梯头有灯，走上走落沃着夹暗摸。"

【夹淡吃】 ka³²³da³⁴tsʻŋ³²³，不吃菜只吃饭。

【夹干嗤】 ka³³ky³³tsʻŋ³³，不加油放锅里烤，比喻不花本钱，过于吝啬。亦作"夹燥嗤"。

【夹横划】 ka³²³viɛ³¹ɦo³¹。"龙船夹横划，个个是头家。"

【夹活𠴀】 ka³³ɦo²¹²lei¹¹，倒楣，得人憎。"好人不在世，恶人夹活𠴀。"

【夹活葬】 ka³²³ɦo²¹²tsuɔ⁴²，把活人埋了。

【夹囵吞】 ka³³laŋ³¹tʻø³³，囫囵用餐。"蛇吃物事沃夹囵吞嘅。"

【夹生吃】 ka³²³siɛ³³tsʻŋ³²³，没有烧熟就吃。

【夹夜赶】 ka³²³ji¹¹ky⁴⁵，开夜车。

【夹燥煏】 ka³²³sə⁴²tʻa³²³，不加水来煎。"豆腐鲞夹燥煏起好吃甚。"

第三节　温州话虚词

一、爻

普通话中的常用字"了"在温州话中不见了,取而代之的是"爻"。

【爻】 yáo, ɦuɔ³¹,音皇。这个词是从做结果补语的动词(或形容词)"爻"虚化而来,其本义不明,但是它广泛存在于温州话中。动词"爻"的基本义是消失;助词"爻"的核心义是完成,很像普通话中的"了"。

【V+爻】 …ɦuɔ³¹,"爻"的主要功能是作助词,后置于动词。

1. 表示动作完成。"饭吃爻先再走。""你逮该杯茶喝爻。""逮屋里许头鸡刣爻。""昨黄昏医院里有个病人死爻。"

2. 表示消失、消极的后续状态,并引申为从正常状态向消极方向的变化。"爻"通常带有失去义,因此,它一般只能与带消极结果的动词合用,而不能与表示积极义或产生某种积极结果的动词或动词短语合用。"树斫爻。""眙书眙醉底爻,连饭也不晓得吃。""牛死爻角还硬。""人死爻捏双拳去。"

3. 作副词,表示程度高,达到极点。"急爻。""痛爻。""苦爻。"

【V+里爻】 …lei³⁴ɦuɔ³¹,相当于普通话的"去了"。"丐儿米倒草坦里爻。""死山里爻不用做坟。""逮该个犯人解牢监里爻。""鼻头捏牢钻茅坑里爻。猫儿屙拉米桶里爻。""粉搽臀里爻。""吃蛇嘅人还逮鳗落镬里爻。""逮饼干入饼干箱里爻。"

【V+爻罢】 …ɦuɔ³¹ba³⁴,"爻"与"罢"叠加,作为助词,构成双重完成,这时的"罢"只是个语气助词。"有个碗打破爻罢。""棉胎晒爻罢。""球打输爻罢。""该日热度退爻罢。""该下天色阴爻罢。""阿弟走上海爻罢。""行李包沃散爻罢。""渠个节目演过爻罢。""我饭吃爻罢,你吃爻罢未?""门开爻罢,大家人走底面吧。""生意折也折爻罢,再难过也冇用嘅。""许本书眙爻半年罢,早就忘记爻罢。""该篇文章冇句我过眼就发出爻罢。"

【V+爻恁】 …ɦuɔ³¹naŋ³⁴,"爻"与"恁"叠加,表示"像……似的"。"燕儿窠捣散爻恁。""马踏爻,狗嚼爻恁。"

还有一个怪现象,在温州话中,陈述句中"爻"独立成句的情况不多。动词与"爻"结合,句子一般要有宾语,而且宾语往往要前置,"爻"位于句末。例如"跳舞"是动宾短语,在温州话中,一般不说"跳爻舞再走",而是说"舞跳爻再走"。如:"裤头儿当爻,也着逮姆姆养大。""作业做爻先,再走去嬉。"

【除爻】 dzŋ³¹ɦuɔ³¹,除了。"除爻尿裤棚儿,就只你最撑。"

【毒爻】 dau¹¹ɦuɔ³¹,毒死。

【饿爻】 ŋai¹¹ɦuɔ³¹,饿了。

【关爻】 ka³³ɦuɔ³¹,停业。

【掼爻】 ga¹¹ɦuɔ³¹,丢了。"抓牢芝麻,掼爻西瓜。""捉起是块骨,掼爻是粒肉。"

【回爻】 vai³¹ɦuɔ³¹,回绝。

【遁爻】 daŋ¹¹ɦuɔ³¹,丢了。"手机遁爻。""魂遁爻。""该起事干干爻咸鱼儿头遁爻一色。"

【枊爻】 go³¹ɦuɔ³¹,在纸上或卷上打"×"。"赚嘅题目逮渠枊爻。"

【冇爻】 nau³⁴ɦuɔ³¹,死的隐语。

【颏爻】 uai³²³ɦuɔ³¹,溺死。

【翘爻】 tɕ'iɛ⁴²ɦuɔ³¹,人去世的婉词或诙谐说法。"个人平日做忒毛,日后肯定会两头翘爻。"

【冰烊爻】 pəŋ³³ji³¹ɦuɔ³¹,冰化了。

【吃伤爻】 tsʻɿ³²³ɕi³³ɦuɔ³¹,因食滞而消化不良。"不乜吃伤爻,不乜睏冻爻。"

【捣破爻】 tə⁴⁵pʻa⁴²ɦuɔ³¹,碰破皮。

【倒翻爻】 tə⁴⁵fa³³ɦuɔ³¹,器物倾覆。"醋瓶儿倒翻爻。""蜂桶倒翻爻。"

【灯捺爻】 taŋ³³na²¹²ɦuɔ³¹,关灯。

【灯熄爻】 taŋ³³u³³ɦuɔ³¹,灯熄灭,喻指事情很糟糕。亦作"灯光爻"。

【肚饿爻】 døy³⁴ŋai¹¹ɦuɔ³¹,肚子饿了。"肚饿爻唧哩咕噜。"

【赶出爻】 ky⁴⁵tɕʻy³²³ɦuɔ³¹,撵出去。

【落搭爻】 la¹¹ta³²³ɦuɔ³¹,遗落下。

【瘀牢爻】 tɕy³²³lə³¹ɦuɔ³¹,一时糊涂了。"个题目晓不得啻那做,一下瘀牢爻。"

【干痗爻】 ky⁴²uai⁴²ɦuɔ³¹,干累了。"人沃干痗爻,着嬉两日先。""你体格真好,日日恁用力也冇干痗爻。"

【割破爻】 kø³²³pʻa⁴²ɦuɔ³¹,拉个口子。

【灌醉爻】 ky⁴²tsɿ⁴²ɦuɔ³¹,强人饮酒使致醉。

【昏君爻】 faŋ³³tɕioŋ³³ɦuɔ³¹,头脑发昏,意谓昏庸。"你昏君爻啊,恁多钞票也不园园好。"

【叫底爻】 tɕiɛ⁴²tei⁴⁵ɦuɔ³¹,被司法拘留。"渠句公安局叫底爻罢。"

【瘀去爻】 tɕy³²³kʻe⁴²ɦuɔ³¹,休克。瘀:气逆。

【坑松爻】 kʻiɛ³³soŋ³³ɦuɔ³¹,泻肚,拉肚子。这里的"坑"指大便。

【坑溏爻】 kʻiɛ³³duɔ³¹ɦuɔ³¹,大便稀。

【姆遁爻】 mai³³daŋ¹¹ɦuɔ³¹,自然流产。

【脑塌爻】 nə³⁴tʻa³²³ɦuɔ³¹,比喻说话做事糊涂没主见。"脑塌爻降落伞一色,恁事干也会干出。"

【热昏爻】 n̠i²¹²faŋ³³ɦuɔ³¹,头脑发热而不知所以。

【人冇爻】 naŋ³¹nau⁴⁵ɦuɔ³¹,人去世的婉词。"人冇爻不会再健起,大家人想开厘。"

【神昏爻】 zaŋ³¹faŋ³³ɦuɔ³¹,头脑发昏。"你真是神昏爻,明晓得该个人会骗嘅,还逮钞票借勾渠。"

【岁大爻】 sŋ⁴²dəu¹¹ɦuɔ³¹,人去世的婉词隐语。"岁大爻,走路沃趟趟动爻。"

【塌静爻】 tʻa³²³tsie³³ɦuɔ³¹,脱臼。"下巴骨讲塌静爻。"

【探去爻】 tʻø⁴²kʻe⁴²ɦuɔ³¹,死亡的讳饰语。"健搭恁苦,还不如早厘探去爻。"

【头杀爻】 dəu³¹sa³²³ɦuɔ³¹,被砍了头。"头杀爻臀也认着。""头杀爻只碗疤恁大。"

【雪烊爻】 ɕy³²³ji³¹ɦuɔ³¹,雪化了。

【雨静爻】 vu³⁴zəŋ³⁴ɦuɔ³¹,雨停了。

【装入爻】 tɕyɔ³³zai²¹²ɦuɔ³¹,隐语,意谓死去。

【走过爻】 tsau⁴⁵kuʻ⁴²ɦuɔ³¹,去世的隐语。"我拉阿妈大前年走过爻嘅。"亦作"走去爻"。

【走眼爻】 tsau⁴⁵ŋa³⁴ɦuɔ³¹,看错了。"该下儿走眼爻,冇眙灵清。"

【坐落爻】 zo³⁴lo²¹²ɦuɔ³¹,沉陷。"地基冇厘儿坐落爻。"

【风静落爻】 hoŋ³³zəŋ³⁴lo²¹²ɦuɔ³¹,风停了。

【价钿塌爻】 ko⁴²di³¹tʻa³²³ɦuɔ³¹,减价,跌价。

【两间手爻】 lie³⁴ka⁴²ɕiəu⁴⁵ɦuɔ³¹,事前事后两人分别经办,没有通气,互不经手而造成误会。"该起事干印你妆两间手爻。"

【尿拉出爻】 sŋ³³la³²³tɕ'y³²³ɦuɔ³¹，尿床。

【皮擦破爻】 bei³¹ts'a³²³p'a⁴²ɦuɔ³¹，蹭破皮。

【头咄去爻】 dəu³¹tai³²³k'e⁴²ɦuɔ³¹，很想睡，打盹儿。

【字眼写爻】 zŋ¹¹ŋa³⁴sei⁴⁵ɦuɔ³¹，立字据。

【走寨下爻】 tsau⁴⁵dza¹¹ɦo³⁴ɦuɔ³¹，寨下即今泽雅，离郡城七十里。从城内走到泽雅去了，意谓迷失方向。

二、罢

【罢】 bà，ba³⁴，音排的阳上声。常用副词，仅作补语，其功能有二。

【V+罢】 …ba³⁴，置于动词后，表示动作、行为的完成，此时的副词"罢"仅作补语，一定要重读。"我等爻三个钟头罢。""该件事干总算料理起停停当当罢。""一丈沃过来罢，还在乎该一尺？"

【A+罢】 …ba³⁴，置于修饰词后，表示性状变化的实现。"番茄红罢。""晒燥罢。""衣裳洗好罢。""桌掇转罢。""我嘅后生儿大学考牢罢。""冰箱里嘅物事沃吃完罢。"

注意，"罢"都处在句末，即后置于动词或形容词，除语气词外，后面不能再有其他的实义成分，但可后接另一分句。"饭煮熟罢，你俫快厘走来吃。""渠两三日罢，一掷尿也冇拉。""渠走一个多月罢，还未走转。""太阳出来罢，地下燥罢未？"

【罢啊】 ba³⁴a³³，后置于完成体动词，用于句末，作疑问语气助词，相当于普通话中的"了吗"。"门关爻罢啊？""衣裳晒起罢啊？""浴洗爻罢啊？"

【罢嗳】 ba³⁴e⁴²，"罢哪"的弱化形式。"门开开罢嗳。"

【罢哪】 ba³⁴na³⁴，后置于动词，"罢"作为完成体标志，"哪"

表示肯定。"会开罢哪。""汽车驶来罢哪。""你㤩丁爻罢哪,十岁还只恁大。"

【过罢】 ku⁴²ba³⁴,"罢"与经历体"过"叠加,表示已经有过的经历,"罢"只是个语气助词。"该件衣裳我洗一遍过罢。""该种菜我吃过罢。""我昨黄昏走学堂过罢。"

【起罢】 tsʻ1⁴⁵ba³⁴,起始体补语"起"还可以跟语气词"罢"连用,置于句尾,表示动作涉及某物。"天暖起罢,棉衣着囥起爻。""哭爻打苦膦儿起罢。""该境热起罢,着妆厘吃凉嘅药吃吃。""昨黄昏水龙头忘记爻关,镬灶间通田恁,逮楼下也漏起罢。""渠饿慌起罢,饭吃完逮碗也舐爻。"

【罢也未】 ba³⁴a³²³mei¹¹,是疑问语气助词,后置于完成体动词,用于句末,作疑问语气助词,相当于普通话的"了没"。"落班罢也未?""饭吃爻罢也未?""个物事寻着罢也未?""浴洗爻罢也未?""渠你认出罢也未?""衣裳晒起罢也未?""作业做好罢也未?""你天光吃爻罢也未?""渠到底走罢也未?你着问问灵清。"

【吵你罢】 tsʻu⁴⁵ȵi³⁴ba³⁴,常用寒暄语。打搅你了,客人对主人的客气话。

【妆好罢】 tɕyɔ³³hə⁴⁵ba³⁴,完事了。

【用着罢】 jyɔ¹¹dʑia²¹²ba³⁴,行(可以)了。

【寻着罢】 zaŋ³¹dʑia²¹²ba³⁴,找着了。

【雨落歇罢】 vu³⁴lo²¹²ɕi³²³ba³⁴,雨停了。

【会+V+罢】 vai¹¹…ba³⁴,表述将会发生的事件。"昨夜我就听讲渠会走罢。"

【要+V+罢】 iɛ⁴²…ba³⁴,表述将要发生的事件。"渠不近快要走罢。""我俫要吃饭罢。"

三、起

【起】 qǐ，tsʻŋ⁴⁵，音齿。副词，通常只能后置于带积极意义的动词，用作补语标志。1. 表示动作的趋向。2. 表示动作完成，产生某种结果或状态。3. 表示起始。"扮起割切显。""摊起蟹汁浆恁。""头剃起和尚恁。""身里涂起墨恁黑。""通知写起贴屏墙上。""我想起个人就头痛。""鬼灵起阎罗王也灵起。"

"起"还可以作量词，用于事件等。"一起事干。""送来五起物事。"

【病起】 bəŋ¹¹tsʻŋ⁴⁵，生病。

【出起】 tɕʻy³²³tsʻŋ⁴⁵，长出来。"头发出起多显。"

【癫起】 ti³³tsʻŋ⁴⁵，发疯。

【抖起】 tau⁴⁵tsʻŋ⁴⁵，发抖，打冷战。

【咄起】 tai³²³tsʻŋ⁴⁵，打瞌睡。"渠坐搭坐长久爻，沃咄起罢。"

【乇起】 niɛ¹¹tsʻŋ⁴⁵，拼命地。"乇起叫。""乇起哭。"

【告起】 kə⁴²tsʻŋ⁴⁵，告状。

【狠起】 haŋ⁴⁵tsʻŋ⁴⁵，努力，用劲。"一定着狠起学，新能跟得上。"

【犼起】 hau⁴⁵tsʻŋ⁴⁵，急切希望，急于实现某种愿望。"渠俫犼起想喝酒。一家人吼起想走东南亚旅游。"

【哕起】 y³²³tsʻŋ⁴⁵，干哕。

【劲起】 tɕiaŋ⁴²tsʻŋ⁴⁵，用尽一切力量想办法。"你劲起走，算不牢还会赶上该班车。"

【开起】 kʻe³³tsʻŋ⁴⁵，开业。"店新开起还有生意。"

【乱起】 lø¹¹tsʻŋ⁴⁵，吵嘴。"两兄弟称称恁妆乱起。"

【慌起】 huɔ³³tsʻŋ⁴⁵，着急。"渠饿慌起罢。"

【妆起】 tɕyɔ³³tsʻŋ⁴⁵，搞得。"好肉麨妆起烂。""临老还妆起塌脏。""妆起大壹嘅壹字恁。""妆起番薯粉恁假细。""妆起糖甜蜜甜,亲女儿恁。"

【捏起】 ȵia²¹²tsʻŋ⁴⁵,着手。"你着逮渠盯牢坚,渠新会捏起手逮你办。"

【爬起】 bo³¹tsʻŋ⁴⁵,起来,起床。"爬起翻落。""跦倒爬起,爬起跦倒。""昨黄昏睏不好,天光爬起难过显。""天光爬起唔冇米,黄昏倒落唔冇被。""夜里排阵千条路,天光爬起磨豆腐。"

【燧起】 boŋ³⁴tsʻŋ⁴⁵,1.火烧旺起来。"火油燧起。""镬灶洞里嘅火烧燧起。""该俫柴好烧显嘅,火一点就燧起道嘅。""该俫说话听爻肚底火气沃燧燧起。"2.引申为走运,红火。

【漆起】 tsʻai³²³tsʻŋ⁴⁵,患漆疮,由漆酚引起的皮肤过敏。

【齐起】 zei³¹tsʻŋ⁴⁵,一起行动。"大家人若齐起不上班,老板也怕嘅。"

【起起】 tsʻŋ⁴⁵tsʻŋ⁴⁵,建筑物建起来。"三间屋宕起起还冇三个月日。"

【热起】 ȵi²¹²tsʻŋ⁴⁵,上火。"该境热起罢,着妆厘吃凉嘅药吃吃。"

【氽起】 tʻaŋ⁴²tsʻŋ⁴⁵,浮上来。"蒲瓜嘅命,捺落氽起。""人頯爻两三日罢,该下儿新氽起。"

【眙起】 tsʻŋ⁴²tsʻŋ⁴⁵,看起来,看得起,重视。"中国人能界随便走狃宕,也匄人眙起罢。"

【躁起】 tsə⁴²tsʻŋ⁴⁵,急躁,不冷静。"渠躁起蹿起遁落捺也捺不牢。"

【涨起】 tɕi⁴⁵tsʻŋ⁴⁵,涨价。

【重起】 dʑyo¹¹tsʻŋ⁴⁵,1.两者相重复。"该本书买重起罢。"2.码起来。"凳重起高显。""床头嘅书重起高显高,长久显未整理罢。"

【冰冻起】 pəŋ³³toŋ⁴²tsʻŋ⁴⁵,结冰。

【打垛起】 tiɛ⁴⁵duɔ¹¹ts'ŋ⁴⁵，扎成堆，形容过于集中。"觳宕嘅人才沃打垛起，着分厘别乜部门新好。"

【打喊起】 tiɛ⁴⁵ha⁴⁵ts'ŋ⁴⁵，喊倒彩。"歌唱起荒腔塌板，戏台下沃打喊起。"

【疔生起】 təŋ³³siɛ³³ts'ŋ⁴⁵，长疔。

【贺喜起】 vu¹¹sŋ⁴⁵ts'ŋ⁴⁵，妊娠，怀孕。"渠贺喜起罢。"

【脚扛起】 tɕia³²³guɔ¹¹ts'ŋ⁴⁵，跷起二郎腿。"脚扛起抖抖。""该两年专门脚扛起嬉。""脚扛起三港爷点尸恁。"

【筋抽起】 tɕiaŋ³³tɕ'iəu³³ts'ŋ⁴⁵，筋肉痉挛，比喻突然生气的激动样子。"你筋抽起啊，无空白地恁大哭哭起。"

【筋杠起】 tɕiaŋ³³kuɔ⁴²ts'ŋ⁴⁵，静脉曲张。"青筋杠起紫带豆恁。"

【睏鼾起】 k'y⁴²ɕy³³ts'ŋ⁴⁵，打鼾。"该日吃力显，黄昏沃睏鼾起。"

【想睏起】 ɕi⁴⁵k'y⁴²ts'ŋ⁴⁵，出现睡意。

【霜降起】 ɕyɔ³³kuɔ⁴²ts'ŋ⁴⁵，降霜。

【天光起】 t'i³³kuɔ³³ts'ŋ⁴⁵，天亮。

【雾发起】 møy¹¹ho³²³ts'ŋ⁴⁵，下雾。

【眼瞪起】 ŋa³⁴t'aŋ⁴²ts'ŋ⁴⁵，瞪眼。"眼瞪起鰊鯒死洞里爻恁。"

【士岔起】 zŋ³⁴ts'o⁴²ts'ŋ⁴⁵，支士，象棋术语。

【眙不起】 ts'ŋ⁴²fu⁴⁵ts'ŋ⁴⁵，瞧不起。"后生儿衣着忒毛，会句人眙不起嘅。"

【云障起】 jioŋ³¹tɕi⁴²ts'ŋ⁴⁵，云层加厚。"该下儿云障起，估计会落雨嘅。"

【妆拗起】 tɕyɔ³³uɔ⁴²⁻³³ts'ŋ⁴⁵，1. 被人搞生气了。"眙样子，渠有厘儿句渠妆拗起罢。"2. 闹矛盾，产生意见。"渠两个人妆拗起罢。"

【红起肿起】 ɦoŋ³¹ts'ŋ⁴⁵tɕyɔ⁴⁵ts'ŋ⁴⁵，红肿。

【火烛烧起】　fu⁴⁵tɕyo³²³ɕiɛ³³ts'ŋ⁴⁵，失火了。

【毛管陡起】　mə³¹kaŋ⁴⁵ge¹¹ts'ŋ⁴⁵，起鸡皮疙瘩。

【衫袖扎起】　sa³³jiəu¹¹tsa³²³ts'ŋ⁴⁵，挽袖子。

【身体暖起】　saŋ³³t'ei⁴⁵naŋ³⁴ts'ŋ⁴⁵，发烧。

【世妆长起】　sei⁴²tɕyɔ³³dʑi³¹ts'ŋ⁴⁵，形容行动太慢。"你恁宿搭磨洋工,沃匄你世妆长起,我直头力不牢显罢。"

【霜冰结起】　ɕyɔ³³pəŋ³³tɕi³²³ts'ŋ⁴⁵，结冰。

【心火着起】　saŋ³³fu⁴⁵dʑia²¹²ts'ŋ⁴⁵，中医学称口舌生疮或烦躁、心烦、焦虑为心火亢炎。喻日夜焦灼不安。亦作"火油着起"。

【屪儿结起】　i⁴⁵ŋ³¹tɕi³²³ts'ŋ⁴⁵，结痂。

四、相

在温州话中，"相"是一个常用的词汇。它有两个读音。

【相(1)】　xiāng,ɕi³³，音先。1.互相。"相亲相爱。""针锋相对。"2.表示动作、情况是一方对另一方的。"相救。""相碰头。""相靠老。"

【相伴】　ɕi³³bø³⁴，相随,陪伴,一起。"个地方难寻显,我伉你相伴走。"

【相帮】　ɕi³³puɔ³³，帮助；旧指帮工,泛指帮手。"你相帮一下,逮该张床抬拉楼上。"

【相称】　ɕi³³ts'əŋ³³。"你老公恁长大,你恁小磊,两个人不相称显。"

【相佮】　ɕi⁴²ky³²³，一起。"昨黄昏我伉渠相佮走五马街嬉。"

【相唤】　ɕi³³ɕy⁴²，互相呼唤作揖,拱手报名,行相见礼,俗称唱喏。"大街上相唤,冷巷里打巴掌。"

【相乱】　ɕi³³lø¹¹，作乱；吵架。"相打唔好拳,相乱唔好言。"

"两个哑佬相乱——是非难分。"

【相识】 ɕi³³sei³²³。"不打不相识。"

【相像】 ɕi³³ji³⁴,和……一样。"渠嘅面貌伉渠阿妈相像显。"

【相因】 ɕi³³iaŋ³³,合算,便宜,受惠。"吃亏叫,相因笑。"

【相赢】 ɕi³³jiaŋ³¹,受惠,上算,便宜。"兄弟儿分家,老大总相赢厘。"

【相帮忙】 ɕi³³puɔ³³muɔ³¹,相帮忙。

【相碰头】 ɕi³³p'oŋ⁴²dəu³¹,碰头。

【相情愿】 ɕi³³zəŋ³¹ɲy¹¹,心甘情愿。"我相情愿逮该份财产送勾渠,不用你多管闲事。"

【相打相乱】 ɕi³³tiɛ⁴⁵ɕi³³lø¹¹,互相吵架。"想逮问题解决爻,就着商量相处,不好相打相乱。"

【相(2)】 xiàng, ɕi⁴²,音向。1.模样,容貌,姿态。"相貌。""长相。"2.事物的本质。"星相。""真相。"3.察看判定。"相面。""相机行事。"4.辅助,辅助的人。"傧相。"5.古代辅佐帝王的最高官员,现在某些国家也指政府首脑。"丞相。""外相。""首相。"

【相亲】 ɕi⁴²ts'aŋ³³,寻亲。

【相貌】 ɕi⁴²muɔ¹¹,长相。

五、在,搭,在搭

普通话常用字"在",在温州话中有两读。

【在(1)】 zài, ze³⁴,音材的阳上声。文读。本为存、居、存留于某地义。作介词,表示事情的时间、地点、情形、范围等。"在所难免。""棋输棋子在。"

【在（2）】 zài, zʅ^{34},音是。白读。作介词,引入跟动作行为有关的时间、处所、范围或事物存在的位置,也表示时间。温州话讲"在搭""在敦""在犼",表示动作进行,但不指示距离。

【在搭】 zʅ^{34}ta^{323},表示动作在此处进行。"我在搭吃饭。"

【在敦】 zʅ^{34}kau^{323},表示动作在近处进行。"我在敦吃饭。"

【在犼】 zʅ^{34}hau^{323},表示动作在远处进行。"渠在犼写字眼。"

【搭】 dā, ta^{323},音嗒。

1.作动词。"搭茅棚厂。""身头搭搭。""姆姆着搭搭睏。""走路覅搭我肩胛头。""渠宿外转做生意,伉个女嘅搭牢。"

【搭本】 ta^{323}paŋ^{45},费钱。"起该座屋宕也搭本显,能界还欠不少铜钿。"

【搭队】 ta^{323}dai^{11},做伴。"个息儿不讲读书,你覅伉渠搭队。"

【搭对】 ta^{323}tai^{42},结成对子,互相配合。"一个当校长,一个当书记,搭对好显。"

【搭界】 ta^{323}ka^{42},相关,有关系。"该两起事干全不搭界嘅。"

【搭脉】 ta^{323}ma^{212},诊脉。

【搭股份】 ta^{323}ku^{45}vaŋ^{11},合伙(也说"搭一股份")。

【搭搭扁】 ta^{323}ta^{323}pi^{45},稍懂某种语言,很不熟练。

【搭搭边儿】 ta^{323}ta^{323}pi^{33}ŋ^{31},勉强凑合。

【搭空头份】 ta^{323}k'oŋ^{33}dəu^{31}vaŋ^{11},搭干股。

【搭嘴搭舌】 ta^{323}tsʅ^{45}ta^{323}ji^{212},不合宜地插嘴,搭腔。"个人随便走拉狃宕,总喜欢搭嘴搭舌嘅。""该起事干伉你有关系,你不用搭嘴搭舌。"亦作"搭七搭八"。

2.常用在两个动词之间,表示前后两个动作同时持续进行。"翻搭睏。""坐搭想。""跪搭哭。"

3.后置于动词,由"在搭"虚化而成,表示动作或状态的持续。"门开搭。""灯点搭。""到年龄罢,渠还赖搭不肯退。"

【园搭】 k'uo^{42}ta^{323},放在那儿。"人园搭冻,衣园搭空。""渠宿外转逮我园搭糟。""个问题园搭先,等下再商量。""留口气,园搭十二月烘烘暖。"

【仰搭】 n̠i^{34}ta^{323},脸朝上。"佝背仰搭睏。"

4. 量词,用于成片的花纹等。"脚肚髈上有一搭乌青。""裤上有一搭油打起。"

【在搭】 z̩^{34}ta^{323},音是瘩,作时间副词,其核心语义是持续,相当于普通话的"在那里"。

【正在搭】 tsəŋ^{42}z̩^{34}ta^{323},正在。

【在搭+V】 z̩^{34}ta^{323}…,当出现在动词之前方时,表示动态的持续,即动作正在进行。"汽车在搭驶。""个息儿在搭看书嘅。""阿妈在搭洗衣裳。""公司正在搭征地起厂房。""外面在搭落雨,着带雨伞。"

【在搭+V+罢】 z̩^{34}ta^{323}…ba^{34},表示事件在进行中。"雨在搭落罢,逮衣裳收底爻。""渠在搭哭罢,你俫再麬讲渠哪。""我在搭妆个事干罢,你放心嘅。""你麬催,我在搭着鞋罢,马上就走来道。"

【在搭不在搭】 z̩^{34}ta^{323}fu^{45}z̩^{34}ta^{323},意为在不在。"昨黄昏厂里火烛烧起,你在搭不在搭?"

【V+在搭】 …z̩^{34}ta^{323},当出现在动词之后面时,表示静态的持续,即持续体。"灯点在搭。""渠坐在搭。""个店还开在搭。""门开在搭,屋底肯定有人。""书稿沃摊在搭,还未理拢。"

【V+在搭罢】 …z̩^{34}ta^{323}ba^{34},表示事件在进行中。"饭烧好在搭罢。""该张画昨黄昏就贴在搭罢。"

有时候"在搭"还会虚化成"搭"或"啦",读 ta^{323} 或 la^{33}。

如:"坐搭讲。""水晶棺材明摆搭嘅。"

进行体与持续体在温州话中的语义和形式都不一样,前者是动态的持续,后者是静态的持续。所以静态动词不能有进行体,如不能说"在搭晓得""在搭快活"。动态动词不能有持续体,如不能说"笑在搭""走在搭"。当然,也有个别动词兼有动态与静态两种情状,如"在搭关"意思是说正在关门,"关"为动态动词;"关在搭"意思是门正关着,"关"为静态动词,表示一种状态。

第四节 温州话副词

一、道

在温州话中,"道"是一个高频字。

【道】 dào, də^{34},音稻。后置副词,用在陈述语后做补语,表示某种动态、事态、状态即将发生变化,相当于普通话的"马上就",可理解为后置副词。"你走来道,大家人沃在搭等你。"

"道"可以用在三种陈述谓语之后做补语。

1. 用于动词谓语后:"汽车开道。"
2. 用于形容词谓语后:"子女一成家立业,大人就心清道罢。"
3. 用于体词谓语后:"过两日重五道。"

"道"对句类也有一定的选择性,大致说来,只能出现在四种基本句类中。

1. 在陈述句中:"饭马上熟道,你麭急。""面着趁暖吃爻道。"
2. 在祈使句中:"放心就走归道。""跌倒爬起道。"
3. 在疑问句中:"十二点钟罢哪,吃饭道也未?"
4. 在感叹句中:"听讲北方有冷空气,渠出差冇带冬衣,人不冻爻道!"

"道"有时候还可以构成复合名词,表示某种状态。

【出道】 tɕ'y³²³ də³⁴,走上社会,立足谋生。"出道是我早,运道是你好。"

【劲道】 tɕiaŋ⁴² də³⁴,有精神,劲儿,力气。"渠讲话有劲道显。"

【力道】 lei²¹² də³⁴,力气,力量。"个酒嘅力道猛显,有后劲。"

【气道】 ts'ɿ⁴² də³⁴,气味。"渠身里嘅香水气道直头猛显。"

【相道】 ɕi⁴² də³⁴,人的相貌。"你眙该个人相道恁难眙,肯定不是个好人。""眙你不出,七十八老还恁坏相道。"

【运道】 jioŋ¹¹ də³⁴,命运,运气。"我运道生不好,一世也冇出头嘅日。"

【天暑热道】 t'i³³ sɿ³²³ ȵi²¹² də³⁴,大热天。"能界天暑热道,日昼阵走出着带把雨伞。"亦作"天色热道"。

二、显

温州有家店铺的招牌是"好西好",你懂得它的意思吗?

温州人形容好不用"很好",也不用"非常好",而是用"好 ɕi 好",这个 ɕi 是添加词,表示程度。这是古代越人的用法,并没有文字相对应。如果找一个汉字来代替,用"西"肯定不对,因为"西"的温州话读音是 sei³³,也有人用"兮",这倒是古代韵文中的一个语气助词,表示停顿或感叹,如项羽有一句绝唱"力拔山兮气盖世"。只是"兮"属于胡鸡切,匣母齐韵平声,蟹摄开口四等。普通话虽然读 xī,但温州话却应该读"前",所以也不对。温州话专家潘悟云、游汝杰都用"显",郑张尚芳用"险"。显然这是个代用字,只要读音准确就行了。正因为如此,用"显"或"险"都比"兮"好。如:"三只脚个蛙蟆寻不着,两只脚个人多显多。"

【显】 xiǎn, çi⁴⁵,音享。相当于普通话中的"很""十分",用来表示形容词程度的加深,属于广用式。

普通话中的副词"很",要放在被修饰词的前边,而温州话的"显"却要放在被修饰词的后边或中间。犹如"很"字后置,用以修饰它前面的词语,讲时拉长语音。

1."显"字放字后。"听讲显。""吃爽显。""用着显。""呆大相显。""莽草火性显。"

2."显"字放重复的形容词中间,也同"很"字,用以修饰两边的词,讲时加重语气。"长显长。""甜显甜。""香显香。""想显想。""快活显快活。""清气显清气。""闹热显闹热。"

3.如果意犹未尽,还可以把上述重叠式反复一次。"大显大大显大。""软显软软显软。""硬显硬硬显硬。""滑溜显滑溜显滑溜显。""勤力显勤力显勤力显。"

后两种情况都表示形容词的程度,相当于普通话的"好极了""好得很"。第二种情况在表示程度上要比第一种强一些,第三种则更强。"显"没有具体的词汇意义,它在语音上的特点是不变调。

几乎所有的形容词,包括单音节形容词和双音节形容词,都毫无例外地可以加"显"来表示程度,但如果不是形容词,就不能这样,而且亦毫无例外。

后缀"显"还有一个功能,即跟"大"组合成固定结构"大显",作形容词的后缀,表示比较范围的较高程度,试比较:

a. 个房间大显 —— 这个房间大得很。

b. 个房间大大显 —— 这个房间比别的房间大得多。

a. 个人勤力显 —— 他勤劳得很。

b. 个人勤力大显 —— 他比别人勤劳得多。

【鄙显】 pei⁴⁵ɕi⁴⁵，生活拮据。"靠清水工资，一家人生活鄙显嘅。"

【差不显】 tsʻəu³³fu⁴⁵ɕi⁴⁵，差不多。"渠两个差不显高矮嘅。""我嘅饭量小，该汤碗儿饭句我吃差不显。"

【吃苦显】 tsʻŋ³²³kʻu⁴⁵ɕi⁴⁵。"个人讲话噜里巴嗦嘅，直头吃苦显。"

【睏沉显】 kʻy⁴²dzaŋ³¹ɕi⁴⁵，睡熟了。

【争不显】 tsiɛ³³fu⁴⁵ɕi⁴⁵，差不多。"渠老公的岁数争不显比渠大一倍。""两只皮箱争不显重。"

【不毛显】 fu⁴⁵mə³¹ɕi⁴⁵，不错。"你手劲不毛显，百几斤嘅物事也挈动。"

【不訾那显】 fu⁴⁵tsŋ³³na³¹ɕi⁴⁵，不怎么样。"一套西装一百番钿，也还不訾那显。"

【肝经健显】 ky³³tɕiaŋ³³dzi¹¹ɕi⁴⁵，肝经，中医学上指肝火亢盛的病理现象，"肝经健显"指肝火旺。也用于形容急躁易怒。"渠该境肝经健显，你千万覅伉渠讲趣笑。"

三、沃

【沃】 wò，o³²³，音握。温州话中用"沃"代表普通话中的"都"义。范围副词，后置于被总括的对象，表示总括全部。"手心手背沃是肉。""皮剥爻沃是胆。""毛嘅事干你沃有份。""个公司大家人沃有份嘅。"

温州话的"沃"跟普通话的"都"不完全相对应。普通话的"都"另含有"甚至、已经"两义，温州话的"沃"没有这两项词义，所有下列普通话例句中的"都"不能用"沃"对译，必须换用

别的表达法。例如:

1. (普通话)今天一点儿都不冷。
   (温州话)该日一厘儿也不冷。
2. (普通话)都十二点了,还不睡?
   (温州话)十二点钟罢,还不睏?
3. (普通话)这件事连你都不知道,我怎么会知道?
   (温州话)该起事干连你也晓不得,我嗰那会晓得?

四、恁(能)

【恁】 nèn,naŋ^{34},音能的阴上声。"恁"是"能"字的近指变调,作副词,意为那么、那样、如此、这样。"恁大。""恁高。""恁好眙。""你还想嗜那恁啊。"

"恁"在古代写作"能",表示"如此、这般",是一个副词,以单独修饰形容词为多。在古代的文献中出现得很早,例如:

杜甫《赠裴南部》:"独醒时所嫉,群小谤能深。"

石孝友《愁倚阑》:"人好远,路能长,奈思量。"

《金线池》剧楔子:"虽然故友情能密,争似新欢兴更浓。"

杨万里《秋日见橘花》:"着花能许细,落子不多长。"

皮日休《夏首病愈因招鲁望》:"贫养山禽能个瘦,病关芳草就中肥。"

贺铸《浣溪沙》:"不拼尊前泥样醉,居(该)能痴。"

在温州话中,"恁"独用的情况较少,只是放在语尾作后缀助词,表示状态,一般跟指示代词合用。

"恁"在描写性词语后摹状,有很强的派生能力,如:"硬绷绷恁。""柴筋筋恁。"

后缀"恁"有两个功用:

1. 用在重叠的形容词之后，一起充当动词的修饰语，如："轻轻恁敲。""慢慢恁吃。""教师讲嘅，你着好好恁记落。"

2. 作形容词性谓语，如："粥糊冻冻恁,你爱不爱吃？"

【夠恁】 fai^{33}naŋ^{34}，不要这样。"你着想走就走，夠恁痴痴疑疑。""后生儿做事干夠恁闯。""能界正是人生黄金期，你夠恁宿搭嬉嬉尒尒。""妆妆起大局厘，夠恁缩下缩下嘅。"

【屁斗恁】 pei^{33}tau^{42}naŋ^{34}，形容穷愁潦倒，不成样子。"该两年病爻，屋里妆爻屁斗恁。"

【称称恁】 tsʻəŋ^{33}tsʻəŋ^{33}naŋ^{34}，常常。"渠称称恁走来嬉。""两兄弟称称恁妆乱起。"亦作"称称儿"。

【灯旋恁】 taŋ^{33}jy^{11}naŋ^{212}，像走马灯那样转来转去。"人沃匀渠妆爻灯旋恁，晓不得做狃个事干好。"

【狗癫恁】 kau^{45}ti^{33}naŋ^{212}，像狗那样发狂。"你夠狗癫恁癫起。"

【蛊吵恁】 ku$^{45-33}$tsʻuɔ^{33}naŋ^{212}，形容吵闹不已。

【假特恁】 ko^{45}de^{212}naŋ^{212}，故意做作。"该日恁香人，假特恁妆起嘅。"

【特特恁】 de^{212}de^{212}naŋ^{212}，特地，故意。"我特特恁走俫瞻你。""我特特恁逮渠叫来嬉嘅。"

【蟹酱恁】 ha^{45}tɕi^{42}naŋ^{212}，乱七八糟。亦作"蟹酱恁儿""蟹汁酱恁儿"。

【蟹爬恁】 ha^{45}bo^{31}naŋ^{212}，形容字写得零乱难看。"字眼写起蟹爬恁。"

【蟹䟐恁】 ha^{45}jy^{212}naŋ^{212}，像篰中的蟹爬来爬去，很焦急又无奈。

【胎坯恁】 tsʻŋ^{42}pʻai^{33}naŋ^{212}，看样子。"胎坯恁渠不会走来吧。""胎坯恁该日黄昏会落雨。"

【只特恁】 tsŋ⁴⁵de²¹²naŋ²¹²，特地，故意。"你聋聋嘅还是只特恁，恁多说话一句也冇听底？"

【捣稬谷恁】 tə⁴⁵ha⁴⁵ku³²³naŋ²¹²，心跳得厉害。"句渠吓爻心头捣稬谷恁。"

【鬼呲呲恁】 tɕy⁴⁵tai³²³tai³²³naŋ²¹²，窃窃私语。

【鬼抬轿恁】 tɕy⁴⁵de³¹dziɛ¹¹naŋ²¹²，被人愚弄、蒙骗，像被鬼在轿中抬着一样。"鬼抬轿恁抬起。""个人亦会讲亦会搭，我句渠鬼抬轿恁，臀儿挡底滥糟糟。"

【一把粽恁】 i³²³po⁴⁵tsoŋ⁴²naŋ²¹²，比喻被完全掌控。"我句老安捏牢一把粽恁，一厘儿权也冇。"

【云抬月恁】 jioŋ³¹de³¹ȵy²¹²naŋ²¹²，云朵中月亮时隐时现，时明时晦，喻人神思恍惚，糊里糊涂。"你勥云抬月恁，事干灵清显，你訾那沃妆不懂。"亦简作"云抬"。

五、能界

【能界】 naŋ³¹ka⁴²，作时间副词，表示此时，现在。"能界是几点钟？""你走能界着逮门锁爻。""我能界要睏显，饭也勥嘅吃。""真难为你罢，宿里妆拉能界。""能界嘅退休佬真爽，吃用不愁。""个官司打到能界十年罢还冇结煞。""你能界是大人罢，勥伉息儿相像。""行李囥一囥先，等趁车能界走来担。""做小能界嘅事干，能界还记灵清显。""渠能界还在屋里，你格格走去会碰着嘅。"

【该能界】 ke³³naŋ³¹ka⁴²，表示现在。"我该能界冇空，你后半日走来吧。"

【许能界】 he⁴⁵naŋ³¹ka⁴²，表示过去或将来的某一时刻。"许能界你还未出世呢。""等到许能界你成家立业，就会晓得当家难。"

【狌能界】 ȵiau²¹²naŋ³¹ka⁴²，什么时候。"吃麦饼晓不得狌能界麦熟。"

【几能界】 ke⁴⁵naŋ³¹ka⁴²，表示几时，什么时候，或任何时候。"你几能界出差？""渠几能界帮过我忙？""你几能界有空就几能界来。""几能界买书便就逮我带本《温州话》来。"

【有能界】 jiau³⁴naŋ³¹ka⁴²，有时候。"渠有能界缩渠自拉过年，有能界走丈母娘拉过年。"

【做小能界】 tsəu⁴²sai⁴⁵naŋ³¹ka⁴²，小时候。"做小能界个事干，能界还记灵清显。"

六、添

【添】 tiān，tʻi³³，音天。后置动词，作副词，表示重复或继续。"吃碗添。""坐下儿添。""个酒好喝，我还想喝添。""橄榄两头尖，吃爻还要添。"

"添"也可以跟"再"呼应使用，构成"再……添"。

再……添，强调"再"的意思。"明朝再走来嬉添。""故事好听显，你再讲个添。""水泥里嘅沙还忒少，再掺厘儿添。""间底我已经买几件罢，准备还再买厘添。"

"添"也可以重叠使用，加重意气。"该日冇上班，我睏下儿添添。""分格讲起，好亦好俫添添。"

七、先

【先】 xiān，ɕi³³，音仙。1.时间在前的，次序在前的，与后相对。"先前。""先期。"2.家族或民族的较早的一代或几代。"先世。""先民。"3.对死去的人的尊称。"先祖。""先贤。"

【头先】 dəu³¹ɕi³³，起初，刚才。"渠头先还在搭嘅，该下儿晓不得走狃宕爻?"

【起先】 ts'ŋ⁴⁵ɕi³³,先前,起初。

【起头先】 ts'ŋ⁴⁵dəu³¹ɕi³³,先前,起初。

【先不先】 ɕi³³fu⁴⁵ɕi³³,首先。常用于数落别人时。"先不先,一斤鸡卵匄你倒破爻罢。"

【V+先】 …ɕi³³,副词"先"通常后置于动词,表示行为次序、动作先后。"我走先。""打个电话问问眙先。""浴洗爻先,再走出嬉。""等我饭吃爻先,再伉你着棋。""你走底先,我宿外转等个人。""大家人先嫑插嘴,匄我逮话讲爻先。"

【先+V+先】 ɕi³³…ɕi³³,表示先后。"你先走先,我就走来道。""你先嫑急先,等我精细寻一寻眙。"

在这里,把"你先走"说成"你走先",这是侗台语的语序,可能是古代百越语遗留下来的。

八、死

【死】 sǐ,sŋ⁴⁵,音水。温州话中有一特殊用法,表示走义,用于詈语。"童子痨不晓得死狃爻。"

"死"可以后置于动词、形容词,作副词,表示程度最高。"菜烧起咸死。""吓个半死。"

【倒死】 tə⁴⁵sŋ⁴⁵,摔死。"个打工嘅从顶楼跌落倒死爻。"

【单下死】 ta³³ɦo³⁴sŋ⁴⁵,暴死,猝。"老爻着能单下死,也算是上世福修起嘅。"

【格会死】 ka³²³vai¹¹sŋ⁴⁵,完了,这下子没命了。温州人的一句口头禅。

"死"也可以作前缀:

【死頹】 sŋ⁴⁵dai³¹,詈语。无用之人。"你个死頹,有你不多冇你不少。"

【死话】 sɿ⁴⁵fio¹¹，俏皮话，不正经的话。"身边一班人，该俫死话眚那会讲得出口。"

【死窟】 sɿ⁴⁵kʻy³²³，死地方，喻没有生机。"你眚那钻该个死窟里底爻？"亦作"牢洞死窟"。

【死坏】 sɿ⁴⁵pʻai³³，快要死的样子。"你眙该个病人面沃乌青间蓝，有俫死坏起罢。"

【死拙】 sɿ⁴⁵tɕy³²³，特别笨拙。"你眚那恁死拙，连个饭沃不会煮。"

【死固执】 sɿ⁴⁵ku⁴²tsai³²³，顽固坚持己见。"渠是有名嘅死固执。"

九、忒

【忒】 tuī, tʻəu⁴²，音秃的阴去声，白读。程度副词，十分，过分，太，过于。"忒不识相。""个枕头忒懦。""该个物事忒毛草。""该俫货色忒推班。""风忒大，好虽船冇开。""个人大憯恁，忒难眙。""渠宿上辈人面前忒唔坏。""个菜烧起忒油，不好吃。""个物事眙着忒小样，不大局。""题目实在忒难，也怪不得渠。""打个金嘅忒黄，打个银嘅忒白。""路上忒冷清，我单个人唔胆走。""忒就，会逮后生儿宠不好爻嘅。""事干忒生复杂，一下也难理灵清。""该条衣忒花哩斑啦，勾你着起不好眙。""你个人忒豪悇，随妆何乜事干沃答应别人。""门前嘅屋宕忒高，冬天嘅太阳沃勾渠撕牢爻。""住一楼凉是凉，就是地气忒重，有关节炎直头力不牢。"

十、甚

【甚】 shèn, zaŋ³⁴,音尽。后置副词,表示程度相当高,相当于"很"。"个院主生好甚。""山下该爿垟还大甚。""你该套屋宕买来便宜甚。""该起物事买来我打悔心甚。""眙渠不出,渠讲课嘅套头还妆牢甚。""病人黄昏透气有厘儿急,眙厘伤脑筋甚。""个新孺人大局甚,一厘儿也不怕得人憎。""渠官当大甚,但冇架子,杀声也一厘儿不猛。""该粒布花样清水甚,句我阿妈做衣裳蛮好嘅。"

【甚前个月】 zaŋ³⁴ji³¹kai⁴²n̩y²¹²,上个月前的一个月。

十一、尽

【尽】 jǐn, zaŋ³⁴,音甚。1.介词。以某个范围为界限。"尽该俫馄饨放该俫水。""老鼠尽大也大不过猫儿。""潮水尽大,满不过江心寺。"2.介词。把某些人或某些事物的顺序放在最先。"先尽着息儿吃。"3.副词。置于方位词前,表示"最"。"尽外转。""尽底转。"

【尽力】 zaŋ³⁴lei²¹²,同"尽量"。"我尽力逮你想想办法,你覅急。""四个人尽力乇也抬不起。"

【尽门】 zaŋ³⁴maŋ³¹,到顶,最大限度。"尽门讲,总不会一百番钿一斤吧?"

【尽世】 zaŋ³⁴sei⁴²,一辈子,永久。"靠该几个工资,尽世也买不起屋宕。"

【尽臀】 zaŋ³⁴dø³¹,最里面,最底部。

【尽早】 zaŋ³⁴tsɔ⁴⁵,很久以前。"尽早走仙岩嬉只有趁小轮船,能界公共车也有好几路。"

【尽喜尽欢】 zaŋ³⁴sʅ⁴⁵zaŋ³⁴ɕy³³,尽兴。

十二、转

转，普通话有两读：zhuǎn, zhuàn，温州话只有一读 tɕy⁴⁵，音举。它在组词中，既可以前置，也可以后置。

1. 前置。"转送。""转日。""转勾。""转角。""转移。""天气转晴。"

【转侧】 tɕy⁴⁵tse³²³，转侧，原为来去、辗转迁移义。温州人把侧卧称为"侧转睏"。把睡觉中翻身称为"翻转侧"或"礧转侧"。"腰痛，转侧也礧不转。"

【转日】 tɕy⁴⁵ne²¹²，改日，改天。

【转会】 tɕy⁴⁵vai³⁴，转弯，拐弯。"门前着转会吧，汽车开慢厘。"

【转念头】 tɕy⁴⁵ɲi¹¹dəu³¹，动脑筋，打主意。

【转青春】 tɕy⁴⁵tsʻəŋ³³tɕʻioŋ³³，变年轻了。"你真是转青春，越来越年轻起罢。"

【转弯门角】 tɕy⁴⁵ua³³maŋ³¹ko³²³，转弯。

2. 后置于动词，表示人或其他事物随动作从别处返回。"走转。""头礧转。""两个人重新逮渠讲转。"

【底转】 tei⁴⁵tɕy⁴⁵，里面。"外面落大雨，底转落小雨。""众人底转有圣贤，石土底转有金银。"

【反转】 pa⁴⁵tɕy⁴⁵，反过来。

【走转】 tsau⁴⁵tɕy⁴⁵，回去。

【牵牵转】 tɕʻi³³tɕʻi³³tɕy⁴⁵，将其糅合在一起，和稀泥。"一百〇三优九十七牵牵转。"

【上转】 ji¹¹tɕy⁴⁵，上面，上方。"该日上转有个大官头走来。"

【外转】 va¹¹tɕy⁴⁵，外面。

【弯转】 ua³³tɕy⁴⁵，转弯。

【下转】 ɦo³⁴tɕy⁴⁵，下面，下方。"该条路门前拦爻走不过爻罢,你着从许个栏杆下转剗拉过。"

【趛转】 jy²¹²tçy⁴⁵,折回,回转。"渠趛转身望归走。"

【倒退转】 tə⁴⁵t'ai⁴²tçy⁴⁵,退回去。

【尽上转】 zaŋ³⁴ji¹¹tçy⁴⁵,最高处。"该张字眼着挂尽上转。"

【倒走转】 tə⁴⁵tsau⁴⁵tçy⁴⁵,倒回去。"你妆何乜倒走转啊?"

【尽下转】 zaŋ³⁴ɦo³⁴tçy⁴⁵,最低处。"该本书伉在尽下转嘅柜格。"

【礧头转】 lai¹¹dəu³¹tçy⁴⁵,一刹那。

【走底转】 tsau⁴⁵tei⁴⁵tçy⁴⁵,往里面走。

【走外转】 tsau⁴⁵va¹¹tçy⁴⁵,往外面去。"个是空壳村,后生儿沃走外转打工爻罢。"

十三、透

【透】 tòu,t'au⁴²,音偷的阴去声。作副词,表示达到充分的程度。"饭未烧透不好吃嘅。""个故事我听透显罢。"

【透顶】 t'au⁴²təŋ⁴⁵,到极点。"该俫沃是阿拉伯货,你逮渠恁迎灯恁迎来,真是憨里坍气透顶。"

【透日】 t'au⁴²ne²¹²,成日。亦说"透长日"。

【透世】 t'au⁴²sei⁴²,一生一世。"渠透世住温州,连杭州一脚也未踏过。"亦说"透长世"。

【透夜】 t'au⁴²ji¹¹,整夜,成夜。亦说"透长夜"。

【透直】 t'au⁴²dzei²¹²,深刻,清楚。"该起事干,我已讲透直显罢,你听底听不底,伉我冇关系。"

【透大气】 t'au⁴²dəu¹¹ts'ŋ⁴²,叹气。"后生儿麩透大气。"

【透漏通】 t'au⁴²lau¹¹t'oŋ³³,器物底边破漏通孔。"该只水桶透漏通嘅。"

【透夜冲】 t'au⁴²ji¹¹tɕ'ioŋ³³，通宵干活。"你个生活着真要紧,我就逮你透夜冲赶出。"

【透气不力】 t'au⁴²tsʻɿ⁴²fu⁴⁵lei²¹²，气喘吁吁。"该粒石碑重显重,四个人抬爻沃透气不力。"

【透长＋N】 t'au⁴²ji¹¹…，表示"整"的意思。"透长日。""透长年。""透长夜。""渠是透长世只讲别人不讲自。"

第五节　温州话连词

一、好虽

【好虽】 hə⁴⁵sɿ⁴²，用于引出因果复句中的正句,相当于普通话中的"所以"。"渠生病,好虽翻在床上。""脑里血止牢在搭,好虽头恁痛。""物事亦好亦便宜,好虽走来买嘅人恁多。""昨黄昏嘅虾儿不鲜,好虽肚有厘儿痛。"

二、嘅说话

"嘅话"或"嘅说话",后置于假设复句,用于引出偏句,相当于普通话的"的话",如："风大起添嘅说话,船就着倒开转。""渠着走来嘅说话,我一定着请渠吃厨饭。"

前面还可以加个"着",即"着……嘅说话",相当于普通话的"要是……的话",作状语,表示假设。如："着翻地下眍嘅说话,一定着摊个褥。"

前面还可以加个"假使",如："假使明朝着落雨嘅说话,叩你就勠走。"

三、许末

【许末】 he^{45}mø^{212}，用于语意的转折，是"既然如此，那么"的意思，表示顺着上文的语意，申述应有的结果。例如：

甲：北京忒远。乙：许末走上海嬉。

甲：轮船忒慢。乙：许末坐飞机。

四、恁么

【恁么】 naŋ^{34}mo^{31}，相当于普通话的"那么"，承接前后两个情况，表示轻微的因果关系。"渠不肯走，恁么只好我走。""该日黄昏停电，间里墨黑，恁么我只好早厘翻底睏爻。"

五、宁教

【宁教】 ȵiaŋ^{11}kuɔ^{45}，相当于普通话的"宁可""任可""宁愿"，用于引出选择复句的正句。如："宁教信其有，不可信其无。""宁教少活十年，休得一日无权。""宁教逮灵人挈尿壶，勿逮呆大撑雨伞。""我宁教睏地下，也勿翻该张破床儿里睏。""叫我走电影院里眙电影，我宁教宿屋里眙电视。"

六、不得

【不得】 fu^{45}te^{323}，是"如果不这样"的意思，相当于普通话的"否则"。如："全靠你嘅面子新请到渠，不得是请渠不到嘅。"

"不得"之前也可以加"白得"或"白实"，表示由于某种有利条件，使幸得避免。

【白得……不得……】 ba^{212}te^{323}…，fu^{45}te^{323}…，表示侥幸避免，还好的意思。"白得你点我一句，不得我嘅臀儿匄渠挡底罢。"

【白实……不得……】 ba²¹²zai²¹²…，fu⁴⁵te³²…，幸亏。"我白实冇乘该车，不得该条命也保不牢。"

第六节　温州话形容词

温州话里的形容词，形式生动活泼，描写细腻形象，许多与普通话不同，如：好←→毛，精←→肥，壮←→瘵等。有的词语虽与普通话意义相同，但用法有所不同，如："长"可用于人的身高，"尖"可用于耳眼灵敏，"壮"既用于人，又用于动物。另外，"后生""壮质""劲道""村气""牢腔""定板""软场""歪经""善分""硬码"等从名词转来，"生旺""割切""光烫""汏浪""经用""紧夹""舍割""推藻""断坯""塌阴""踔跃"等从动词转来，"邋遢""尴尬"等词更由于含义别致，已为普通话所吸收。

与普通话一样，温州话的形容词有各种各样的生动形式。

一、前加法

由二字组成的形容词中，有本字在后，前加一个同义的描写性的单音节语素。

【碧绿】　pi³²³lo²¹²，青绿色。"碧绿生青。"

【碧清】　pi³²³tsʻəŋ³³，形容液体洁净，清澈见底。"溪水碧清。"

【冰冷】　pəŋ³³liɛ³⁴，像冰一样冷。

【绯红】　fei³³ɦoŋ³¹，十分红。"酒喝底面绯红。"

【腐镤】　vu¹¹fa³³，音芋番。1. 食品煮得很熟。"该俫牛蹄筋麎爻腐镤罢，匄老人吃正好。"2. 引申东西被腐化，事情记得烂熟。"该张桌脚匄虫吃爻腐镤爻。""还小能界背爻腐镤烂熟，几十年过爻还记牢坚坚恁。""该起事干讲爻腐儴烂熟罢。"

【梗直】 kiɛ⁴⁵dzei²¹²,刚直义。亦作"鲠直"。

【濛细】 moŋ³³sei⁴²,很细的样子。

【咪甜】 mei³³di³¹,非常甜。

【末碎】 mø²¹²sai⁴²,破碎得像粉末似的。"玻璃花瓶勾小个儿倒爻末碎。"

【屁轻】 p'ei⁴²tɕ'iaŋ³³,形容物品很轻,轻得跟屁一样。亦说"屁轻轻"。

【铁硬】 t'i³²³ŋiɛ¹¹,非常坚硬。"肉囥冷库里冻起铁硬。"

【唾淡】 t'ai⁴²da³⁴,味道很淡,指烧好的菜淡而无味。"该碗汤唾淡,冇喝功,着囥厘儿盐底。"

【䨲清】 uɛ⁴⁵ts'əŋ³³,天清无云。"该日嘅天色真好,天䨲清嘅。"

【雪白】 ɕy³²³ba²¹²,像雪一样白。

二、后加法

也有本字在前的,后加一个同义的描写性的单音节语素。

【矮矬】 a⁴⁵zo¹¹,矮矬是同义连文,意指身材短小、矮而粗壮。

【白皙】 ba²¹²sei⁴²,皙音世。脸色苍白。"你嘅面色白皙显,妆何乜?"

【横膘】 viɛ³¹piɛ³³,膘音标。本指皮下的厚脂肪,引申指人长得很粗大。

【浅僻】 tɕ'i⁴⁵p'i³²³,从上到下或从里到外距离很短,和"深顿"相对。"个碗忒浅僻,吃两碗还不够。"

【深顿】 saŋ³³taŋ⁴²,1.从外到里或从表面到底距离长。"该座老屋还真深顿,从门台头到后道坦,足足有三十米。"2.指人有城府,或指事情很复杂、深奥,难以理解。"个人深顿显。""该起事干深顿显,冇恁简单嘅。"

【酸齑】 sø³³tsei³³,略有酸味。"该篓杨梅有厘儿酸齑嘅。"

【长梢】 dʑi³¹suɔ³³,形容像杉木条那样长。

三、叠音法

温州话中的形容词重叠更是异彩纷呈。重叠式形容词中最丰富的是 ABB 式,可以前加或后加两个重叠的摹状成分,这种词缀有些实义,如"白雪雪""圆卵卵""铁硬硬";有的完全虚化,如"黄霜霜""尖溜溜"。

(一)ABB

【矮墩墩】 a⁴⁵taŋ³³taŋ³³,形容身材矮胖而结实。

【暗黢黢】 ø⁴²dzø¹¹dzø¹¹,黑暗无光亮。

【白雪雪】 ba²¹²ɕy³²³ɕy³²³,形容颜色雪白。"长发妹嘅头发由黑黝黝变成白雪雪爻罢。"

【饱瞪瞪】 puɔ⁴⁵taŋ³³taŋ³³,吃得很饱貌。"黄昏吃底饱瞪瞪,坐落眙百晓讲新闻。""日昼吃三碗饭,到黄昏还觉着饱瞪瞪。"

【笔直直】 pi³²³dzei²¹²dzei²¹²,同笔直。

【瘶筋筋】 za¹¹tɕiaŋ³³tɕiaŋ³³,瘦瘦的样子,形容瘦得皮包骨。"渠阿爸瘶筋筋恁嘅。""天养人,瘶筋筋;人养人,饱瞪瞪。"

【臭熇熇】 tɕ'iəu⁴²hoŋ⁴²hoŋ⁴²,形容难闻的臭味。

【大膨膨】 dəu¹¹biɛ³¹biɛ³¹,形容体积大。"个纸箱大膨膨恁,占地方显。"

【孤零零】 ku³³ləŋ³¹ləŋ³¹,孤单无伴。

【光溜溜】 kuɔ³³ləu³³ləu³³,光滑。"头烂爻光溜溜,荄虱爬上打千秋。"

【光烁烁】 kuɔ³³ɕiɑ³²³ɕiɑ³²³，形容光芒闪烁。"太阳照落，河底光烁烁。"

【光䌺䌺】 kuɔ³³ɕiaŋ³¹ɕiaŋ³¹，"䌺"由"烁儿"合音而成。

【汗滋滋】 jy¹¹tsʅ³³tsʅ³³，微微出汗貌。"天气忒热，身里亦汗滋滋。"

【黑汏汏】 he³²³tʻa³²³tʻa³²³，对黑的描摹。

【黑黢黢】 he³²³tʻa³²³tʻa³²³，对黑的描摹，形容很黑。

【红东东】 fioŋ³¹toŋ³³toŋ³³，形容很红。"面脸晒爻红东东。""面脸红东东，一心想老公。"

【红猎猎】 fioŋ³¹liɛ²¹²liɛ²¹²，形容色彩斑斓，也形容富贵的气氛。"渠拉该几年生意顺境，屋里妆起红猎猎恁。"

【厚秩秩】 gau³⁴dzai²¹²dzai²¹²，形容很厚实貌。

【糊冻冻】 vu³¹toŋ⁴²toŋ⁴²，黏黏糊糊，冻结，凝聚。"番薯粥煮起糊冻冻恁，好吃显。"

【糊溏溏】 vu³¹duɔ³¹duɔ³¹，模糊不清。"眼乌珠糊溏溏恁，眙不灵清。"

【滑溜溜】 fio²¹²ləu³³ləu³³，很光滑的样子或感觉。"地板滑溜溜。""泥鳅滑溜溜。"

【滑糍糍】 fio²¹²dzei³⁴dzei³⁴，又滑又腻的感觉。"洗碗布滑糍糍嘅。"

【黄霜霜】 fiuɔ³¹ɕyɔ³³ɕyɔ³³，黄色貌。"屏墙掸起黄霜霜恁。"

【浑淘淘】 vaŋ¹¹də³¹də³¹，头脑发昏，糊涂。

【豁喇喇】 ho³²³la²¹²la²¹²，象声词。亦作"豁辣辣"。

【尖溜溜】 tɕi³³ləu³³ləu³³，很尖的样子。"棒儿尖溜溜嘅，人触着冇解。"

【叫绷绷】 tɕiɛ⁴²piɛ³³piɛ³³，形容一个人的叫唤语速快、声音亮,滔滔不绝。

【紧绷绷】 tɕiaŋ⁴⁵piɛ³³piɛ³³,1.形容物体表面呈紧张状态。"冇擦面油,面里觉着紧绷绷恁。"2.形容经济不宽裕。"送爻一个人情,个月日手头觉着紧绷绷恁。"

【空荡荡】 k'oŋ³³duɔ¹¹duɔ¹¹,空旷,冷清。

【滥糟糟】 la¹¹tsə³³tsə³³,湿漉漉,很湿貌。"泞风天地下沃滥糟糟恁。""一落雨,地下就滥糟糟。""衣裳未捰燥就晾搭,地下滴起滥糟糟。"

【冷冰冰】 liɛ³⁴pəŋ³³pəŋ³³,比喻不热情或不温和。"个人冷冰冰恁,一厘儿也不热情。"

【冷飕飕】 liɛ³⁴sŋ³³sŋ³³,形容有点儿寒冷。"该日觉着冷飕飕嘅,多着件衣裳保险厘。""人有厘儿冷飕飕嘅,大概昨黄昏冻爻罢。"

【蛮高高】 ma³³kə³³kə³³,高高出。

【蛮长长】 ma³³dʑi³¹dʑi³¹,长长的。

【满淋淋】 mø³⁴lǝŋ³¹lǝŋ³¹,满满的。"饭兜起满淋淋。"

【毛估估】 mə³¹ku³³ku³³,大致估算;含有水分的、不精确的估计。

【墨黑黑】 mai²¹²he³²³he³²³,非常黑。亦说"墨墨黑"。

【泞湫湫】 ȵiaŋ¹¹tɕiəu³³tɕiəu³³,形容潮湿的感觉。"身里汗流出逮衣裳妆起泞湫湫恁,全身迫滋胶黏不好过。"

【暖氛氛】 naŋ³⁴faŋ³³faŋ³³,形容温暖的感觉。

【糯烘烘】 noŋ¹¹hoŋ³³hoŋ³³,形容很软的样子。"饭煮忒烂,糯烘烘嘅,㧍老人吃还马马虎虎。"

【糯糎糎】 noŋ¹¹dzei³⁴dzei³⁴,比喻人的性格软弱无能。"渠糯糎糎恁,好讲显嘅。""个人糯糎糎恁,死爻罢未葬恁。"

233

【屁轻轻】 p'ei^{42}tɕ'iaŋ^{33}tɕ'iaŋ^{33}，很轻的样子。

【破衰衰】 p'a^{42}sai^{33}sai^{33}，形容很破貌。"裘衣整件挈爻破衰衰。"

【气膨膨】 ts'ɿ^{42}biɛ^{31}biɛ^{31}，肚子里因有气而鼓鼓的，形容很生气。

【轻飘飘】 tɕ'iaŋ^{33}p'iɛ^{33}p'iɛ^{33}，得意忘形的样子。

【韧筋筋】 ɲiaŋ^{11}tɕiaŋ^{33}tɕiaŋ^{33}，形容食物软而黏。"麻糍韧筋筋，难消化。"

【散花花】 sa^{45}ho^{33}ho^{33}，由花朵飘散引申指东西散而不成团。"乡下嘅厂房大是大，就是散花花恁，不集中。"

【沙磊磊】 so^{33}lai^{34}lai^{34}，皮肤有如沾上细沙般的感觉。"你身上摸去沙磊磊恁，着洗浴吧。"

【铁硬硬】 t'i^{323}ŋiɛ^{11}ŋiɛ^{11}，非常硬。

【尾齐齐】 mei^{34}zei^{31}zei^{31}，很整齐。亦作"尾齐尾齐"。

【现真真】 ji^{11}tsaŋ^{33}tsaŋ^{33}，很真实。"我是现真真眙着嘅，不是做梦，信不信由你。"

【影悄悄】 iaŋ^{45}ɕiɛ^{33}ɕiɛ^{33}，毫无动静。"拆屋宕嘅事干讲起早显罢，能界亦影悄悄爻。""刀鹰放个屁——影悄悄。"

【硬硌硌】 ŋiɛ^{11}go^{212}go^{212}，接触硬物的感觉。"摸去硬硌硌嘅，你包里装嘅是何乜物事？"亦作"硬锤硌落"。

【油啦啦】 jiau^{31}la^{33}la^{33}，形容多油的样子。"头梳起油啦啦，苍蝇歇上打滑达。"

【燥飞飞】 sə^{42}fei^{33}fei^{33}，干燥的感觉。

【长㨃㨃】 dzi^{31}viɛ^{34}viɛ^{34}，形容棍棒等细长。"该条笐竿长㨃㨃恁，留心䎡逮别人触着。"

【缜坚坚】 tsaŋ^{45}tɕi^{33}tɕi^{33}，十分拥挤的样子。亦说"缜缜坚"。

【直挺挺】 dzei²¹²t'əŋ⁴⁵t'əŋ⁴⁵，形容僵直的样子。"个人直挺挺翻搭,估计病重显罢。"

【重敦敦】 dʑyɔ¹¹taŋ³³taŋ³³，沉甸甸。

(二)BBA

【溚溚滴】 ta³²³ta³²³tei⁴²，溚音搭。液体成滴地不断掉下。"眼泪溚溚滴。""衣裳淋交溚溚滴。"

【嘎嘎抖】 ga³¹ga³¹tau⁴⁵，瑟瑟发抖。"我匄渠吓爻嘎嘎抖。"

【烘烘暖】 hoŋ³³hoŋ³³naŋ³⁴，取暖。

【硿硿响】 goŋ³⁴goŋ³⁴ɕi⁴⁵，硿为象声词。形容落水声,也形容雷鸣、落石等响声。亦作"硿硿声"。

【猎猎响】 la²¹²la²¹²ɕi⁴⁵，拟声词,形容声音很响。

【彭彭声】 biɛ³¹biɛ³¹səŋ³³，拟声词。东西撞击的声音。

【翩翩飞】 p'iɛ³³p'iɛ³³fei³³，跑得飞快。"狗逮鸡赶起翩翩飞。"

【渣渣滚】 da²¹²da²¹²kaŋ⁴⁵，滚烫, 水沸。渣渣,带汁液的食物受热沸腾的样子或声音。"涌汤烧起渣渣滚。""粥渣渣滚起罢,逮煤气关小厘。""听着镬里渣渣滚起罢,走去眙眙有涌出也冇。"亦作"渣渣涌"。

【团团踅】 dø³¹dø³¹jy²¹²，形容忙碌,焦急,不知所措。"急爻团团踅。"亦作"团团旋"。

【温温暖】 uaŋ³³uaŋ³³naŋ³⁴，有点儿暖。

【温温痛】 uaŋ³³uaŋ³³t'oŋ⁴²，隐隐作痛。"心头温温痛,晓不得何乜缘故。"

【呀呀武】 ia³³ia³³vu³⁴，象声词,戏中打败仗的武将常发出的叫声,今作叹词。比喻:1.做事不认真。2.惊异或不以为然。3.不值一谈。"该倈时装沃是呀呀武嘅。"亦作"呀呀呼"。

【呀呀响】 ia³³ia³³ɕi⁴⁵，私下嘀咕。"你倈宿搭呀呀响妆何乜？有意见就当面讲。"

【嗡嗡声】 oŋ³³oŋ³³səŋ³³，象声词。

【誉誉声】 jiaŋ³¹jiaŋ³¹səŋ³³，声音聒耳。

【潸潸滴】 tsa⁴²tsa⁴²tei⁴²，形容水不断地往下滴。"天色忒热，一干事干，汗就潸潸滴。"

温州话中 BBA 形式词汇是普通话中没有的，如"血血红""温温暖""墨墨黑""锃锃亮"等。温州话中的形容词形容程度可由形态标志级别，"冷冰冰"是像冰一样的冷，程度较低，而"冰冰冷"则是非常冷了。程度最高的用三个字来修饰最后一字，如用"石、骨、铁"来形容"硬"，真是硬得不能再硬了。此类词还有"滴粒滚圆""碧绿生青""刮辣松脆""簌刮辣新"等。

（三）ABAB

【冰冷冰冷】 pəŋ³³liɛ³⁴pəŋ³³liɛ³⁴，又冰又冷。

【尾齐尾齐】 mei³⁴zei³¹mei³⁴zei³¹，非常整齐。

【笔直笔直】 pi³²³dzei²¹²pi³²³dzei²¹²，非常直。

【铁硬铁硬】 t'i³²³ŋiɛ¹¹t'i³²³ŋiɛ¹¹，非常硬。

【碧清碧清】 pi³²³ts'əŋ³³pi³²³ts'əŋ³³，非常清澈。

【墨黑墨黑】 mai²¹²he³²³mai²¹²he³²³，非常黑。

（四）AABB

【安安耽耽】 y³³ ~ ta³³ ~，安心，安定，安乐。

【半半日日】 pø⁴² ~ ne²¹² ~，形容时间长，慢慢吞吞。

【便便当当】 bi¹¹ ~ tuɔ⁴² ~，非常方便。

【扯扯拔拔】 ts'ei⁴⁵ ~ bo²¹² ~，拉拉扯扯。

【痴痴疑疑】 ts'ɿ³³ ~ ŋ³¹ ~，痴呆。此处的"疑"为古读。

【笃笃定定】 təu³²³ ~ dəŋ¹¹ ~，极有把握。

【飞飞扬扬】 fei³³ ~ ji³¹ ~，到处议论，满城风雨。

【沸沸扬扬】 fei^{42} ~ ji^{31} ~，像沸腾的水一样喧闹，议论纷纷。

【服服帖帖】 vu^{212} ~ t'i^{323} ~，顺从，不敢违抗。

【疙疙瘩瘩】 ka^{323} ~ ta^{323} ~，处事不爽快或节外生枝。

【割割切切】 ky^{323} ~ tɕ'i^{323} ~，漂漂亮亮。

【光光生生】 kuɔ^{33} ~ siɛ^{33} ~，干干净净。

【红红猎猎】 ɦoŋ^{31} ~ la^{212} ~，形容富贵的气氛。

【唧唧嘎嘎】 tɕi^{323} ~ ka^{323} ~，语速很快，说个不停。

【快快活活】 k'a^{42} ~ ɦo^{212} ~，非常快活。

【了了滞滞】 lie^{34} ~ dzei^{11} ~，清洁干净，干干净净。

【冷冷清清】 lie^{34} ~ ts'əŋ^{33} ~，冷静而凄凉，冷落寂寞。

【哩哩啦啦】 lei^{01}lei^{33}la^{01}la^{33}，说话拖腔，不干脆利落。

【闹闹热热】 nuɔ^{11} ~ ṅi^{212} ~，很热闹。

【七七八八】 ts'ai^{323} ~ po^{323} ~，零零碎碎不完整，也比喻说话唠叨。

【清清水水】 ts'əŋ^{33} ~ sɿ^{45} ~，干净整洁，清清爽爽。

【商商量量】 ɕi^{33} ~ li^{31} ~，相互商量。

【上上落落】 ji^{11} ~ lo^{212} ~，上上下下。

【四四方方】 sɿ^{42} ~ huɔ^{33} ~，很方正。

【团团圈圈】 dø^{31} ~ tɕ'y^{33} ~，四围。

【小小磊磊】 sai^{45} ~ lai^{34} ~，小巧。

【样样色色】 ji^{11} ~ se^{323} ~，各种各样。

【原原本本】 n̠y^{31} ~ paŋ^{45} ~，从头到尾。

【杂杂恰恰】 zø^{212} ~ ky^{323} ~，混杂。

【指指呶呶】 tsɿ^{45} ~ nəu^{31} ~，指手画脚。

（五）ABAC

【碍手碍脚】 ŋe^{11}ɕiəu^{45}ŋe^{11}tɕia^{323}，有妨碍，行动不便。"车停

路当中,碍手碍脚嘅,訾那用着。"

【白眼白笃】 ba²¹²ŋa³⁴ba²¹²təu³²³,以白眼瞪人,形容态度冷峻。亦说"白眼白急"。

【绊脚绊手】 pa⁴²tɕia³²³pa⁴²ɕiəu⁴⁵,比喻行动不方便。碍手碍脚。

【绷手绷脚】 piɛ⁴²ɕiəu⁴⁵piɛ⁴²tɕia³²³,碍手碍脚。

【冰浆冷气】 pəŋ³³tɕi⁴²liɛ³⁴ts'ŋ⁴²,饭菜冷了。"你落班走狃宕爻罢,饭沃冰浆冷气爻,着重新暖一暖。"

【蹈脚蹈手】 də¹¹tɕia³²³də¹¹ɕiəu⁴⁵,手舞足蹈。

【滴水滴东】 tei³²³sŋ⁴⁵tei³²³toŋ³³,不断地滴水。

【赌抢赌夺】 tøy⁴⁵tɕ'i⁴⁵tøy⁴⁵dai²¹²,拼命掠夺。"该班姆姆荒起一色,吃物事赌抢赌夺,冇妆样显。"

【赶打赶趣】 kø⁴⁵tiɛ⁴⁵kø⁴⁵bi²¹²,匆匆忙忙,赶来赶去。"黄昏睏忒迟,天光难爬起,每日上班沃着赶打赶趣嘅。"

【关前关后】 ka³³ji³¹ka³³ɦau³⁴,顾前顾后,前后关照。

【犷头犷脑】 guɔ³⁴dəu³¹guɔ³⁴nə³⁴,倔强固执。亦说"犟头犟脑"。

【鬼头鬼脑】 tɕy⁴⁵dəu³¹tɕy⁴⁵nə³⁴,形容行为鬼祟。

【憨头憨脑】 hø³³dəu³¹hø³³nə³⁴,一副憨态。

【諝里諝气】 ɦuɔ³¹lei³⁴ɦuɔ³¹ts'ŋ⁴²,说话不实,作弄人。"你覅逮我妆起諝里諝气。""你覅宿搭諝里諝气,当訾那就着訾那嘅。"

【滑头滑脑】 ɦo²¹²dəu³¹ɦo²¹²nə³⁴,同"滑头滑脱"。形容油滑不老实,处事狡猾不踏实。

【活灵活现】 ɦo²¹²ləŋ³¹ɦo²¹²ji¹¹,形容神情、形态非常生动逼真。亦作"活龙活现"。

【急死急活】 tɕiai³²³sŋ⁴⁵tɕiai³²³ɦo²¹²,非常生气貌。"你恁急死急活,冇用嘅。"

【假痴假呆】 ko⁴⁵ts'ŋ³³ko⁴⁵ŋe³¹,装聋作哑,佯作不知,故意装糊涂。"你明明晓得嘅,还装起假痴假呆。"

【纠皮纠韧】 tɕiau³³bei³¹tɕiau³³ȵiaŋ¹¹,柔韧得难以断开。"猪母娘肉纠皮纠韧嘅,直头咬不落。"

【快手快脚】 kʻa⁴²ɕiəu⁴⁵kʻa⁴²tɕia³²³,动作迅速,手脚麻利。"做事干快手快脚嘅。"

【快长快大】 kʻa⁴²dʑi³¹kʻa⁴²dəu¹¹,颂词,祝孩子发育好。"求上帝保祐我嘅姆姆快长快大。"

【赖皮赖脸】 la¹¹bei³¹la¹¹li³⁴,形容刁钻撒泼,无理抵赖。

【冷冰冷浆】 liɛ³⁴pəŋ³³liɛ³⁴tɕi⁴²,指饭菜冷冰冰。"该俫饭冷冰冷浆嘅,我吃不落。"

【两头两尾】 liɛ³⁴dəu³¹liɛ³⁴mei³⁴,头尾齐全。

【咧牙咧齿】 li²¹²ŋo³¹li²¹²tsʻŋ⁴⁵,互相指责;大声争辩。"有话慢慢恁讲,不用恁咧牙咧齿,忒伤面情。""咧牙咧齿嘅讲。"

【露筋露骨】 løy¹¹tɕiaŋ³³løy¹¹ky³²³,毫不含蓄。"你恁讲露筋露骨,别人匄你吓死。"

【慢脚慢手】 ma¹¹tɕia³²³ma¹¹ɕiəu⁴⁵,形容做事情慢腾腾。

【扭皮扭休】 ȵiau¹¹bei³¹ȵiau¹¹ɕiau³³,纠缠不止;拖泥带水。"做事干不好恁扭皮扭休,着干脆厘。"亦作"扭休"。

【爬起爬倒】 bo³¹tsʻŋ⁴⁵bo³¹tə⁴⁵,起来躺下,坐卧不安。

【趷死趷活】 po⁴⁵sŋ⁴⁵po⁴⁵ɦo²¹²,拼死拼活,竭尽全力。"大人趷死趷活近来钞票沃匄息儿。"

【上凳上桌】 ji¹¹taŋ⁴²ji¹¹tɕyo³²³,比喻贪得无厌,欲望无穷尽。"上凳上桌,上桌还想上佛堂阁。"

【声叫声应】 səŋ³³tɕiɛ⁴²səŋ³³iaŋ⁴²,意谓马上兑现,有求必应。

【实长实大】 zai²¹²dʑi³¹zai²¹²dəu¹¹,身材魁梧高大。"个人生起实长实大。"

【熟门熟路】 jiəu²¹²maŋ³¹jiəu²¹²løy¹¹，道路非常熟悉。

【土头土脑】 t'øy⁴⁵dəu³¹t'øy⁴⁵nə³⁴，平庸鄙俗。"想不到你揿个老安恁土头土脑嘅。"

【学人学样】 ɦo²¹²naŋ³¹ɦo²¹²ji¹¹，学习别人的做法，含贬义。

【学嘴学舌】 ɦo²¹²tsη⁴⁵ɦo²¹²ji²¹²，模仿别人的口气说话。

【谣风谣雨】 jiɛ³¹hoŋ³³jiɛ³¹vu³⁴，散布谣言，搞得沸沸扬扬。"你麴谣风谣雨，无中生有。"

【要紧要慢】 i⁴²tɕiaŋ⁴⁵i⁴²ma¹¹，紧要关头，关键时刻。

【正月正头】 tsəŋ³³ny²¹²tsəŋ³³dəu³¹，春节期间。"正月正头，一家大小走亲眷啦嬉，扯扯拔拔嘅，麻烦显。"

【皱皮皱笃】 tsau⁴²bei³¹tsau⁴²təu³²³，皱纹很多。"老老娘儿嘅脸沃皱皮皱笃罢，还做何乜美容呢。"

【自觉自愿】 zη¹¹ko³²³zη¹¹ȵy¹¹，自己认识到应该如此而甘心情愿。

【自说自话】 zη¹¹ɕy³²³zη¹¹ɦo¹¹，自以为是。

【自挣自力】 zη¹¹tsiɛ⁴²zη¹¹lei²¹²，自力更生。"渠自挣自力开间店起，妆好甚。"

【自酌自召】 zη¹¹tɕia³²³zη¹¹dʑiɛ¹¹，擅自主张。

【……头……脑】 …dəu³¹…nə³⁴，嵌入同一单音节形容词，表示具有某种神情状态。"昏头昏脑。""土头土脑。""犷头犷脑。""晕头晕脑。""强头强脑。"

（六）BACA

【打生陌生】 tiɛ⁴⁵siɛ³³mo²¹²siɛ³³，不熟悉。

【捣娘入娘】 tə⁴⁵ȵi³¹zai²¹²ȵi³¹，此处"捣"和"入"均为动词。詈语，奸淫你母之意，此处的"捣"是"操屌"的合音。

【横问直问】 viɛ³¹maŋ¹¹dzei²¹²maŋ¹¹，东问西问。

【零碎八碎】　ləŋ³¹sai⁴²po³²³sai⁴²，零星散碎。"我屋里人阵细,零碎八碎嘅事干也多甚。"亦作"零碎八末"。

【拗撑八撑】　uɔ⁴²tsʻiɛ⁴²po³²³tsʻiɛ⁴²，亦说"拗里八撑"。做事不顺利。

【七搭八搭】　tsʻai³²³ta³²³po³²³ta³²³，1.作风虚浮,东搭一手,西插一脚。2.说话东拉西扯,乱搭腔。"个人平时节七搭八搭,要紧嘅事干托不起嘅。"

【头跳尾跳】　dəu³¹tʻiɛ⁴²mei³⁴tʻiɛ⁴²，快乐兴奋貌,欢蹦乱跳。"头跳尾跳,狗儿匄火烫爻恁。"

【硬撑八撑】　ŋiɛ¹¹tsʻiɛ⁴²po³²³tsʻiɛ⁴²，态度生硬。"个人讲说话硬撑八撑嘅。"

【横……直……】　viɛ³¹…dzei²¹²…，后置动词,表示反复。"横问直问。""横讲直讲。""横拣直拣。""横量直量。""横想直想。"

四、词嵌法

说起中嵌字,任何方言都有,只不过温州话中特别丰富多彩罢了。在形容词的基式中加以中嵌衬字"巴""啦""哩""里"等,这些字属于虚义的中嵌,没有什么意义。用这种方式构成的词只不过表示程度的加深,增添了语言的色彩而已。

【巴】　po³³,当前字为清音时,可以加上虚义的中嵌衬词"巴"。

【赤巴脚】　tsʻŋ⁴²po³³tɕia³²³，赤脚。"袜着起不好过,我宁教赤巴脚。"亦作"赤里巴脚"。

【鏖哩巴糟】　ə³³lei³³po³³tsə³³，鏖糟义。"个地方鏖里巴糟嘅,訾那好住人呢?"

【赤哩巴脚】　tsʻei³²³lei³³po³³tɕia³²³，赤脚义。

【噜哩巴嗖】 ləu³³lei³³po³³səu³³，啰唆义。

【拗哩巴撑】 uɔ⁴²lei³³po³³ts'iɛ⁴²，拗撑义。

【眼泪巴沙】 ŋa³⁴lai¹¹po³³so³³，形容眼泪汪汪。"你訾那有厘儿事干就恁眼泪巴沙嘅。"

【啦】 la³³，当前字为清音时，加以虚义的中嵌衬词"啦"，如"东叭啦腔""黏滋格啦""吱啦汪叫"。

【哩】 lei³³，当前字为清音时，可以加上虚义的中嵌衬词"哩"。

【麋哩麋糟】 ə³³lei³³ə³³tsə³³，麋糟义。

【糙哩哈古】 ts'ə⁴²lei³³ha⁴⁵ku⁴⁵，粗糙义。

【底哩叨唠】 tei⁴⁵lei³³tə³³lə³³，叨唠义。指说话写文章啰哩啰唆，说话没完没了。

【疙哩疙瘩】 kə³³lei³³kə³³ta³²³，疙瘩义。"个人脾气疙哩疙瘩，难服侍显。"

【各哩各经】 ko³²³lei³³ko³²³tɕiaŋ³³，各经义（性情、行为比较怪异）。

【古哩古怪】 ku⁴⁵lei³³ku⁴⁵ka⁴²，古怪义。

【怪哩怪气】 ka⁴²lei³³ka⁴²ts'ŋ⁴²，怪气义。

【光哩光生】 kuɔ³³lei³³kuɔ³³siɛ³³，光生义（一点不剩）。"屋里出个搽扫星，不到两年，家底就匄渠糟夊光哩光生。"

【过哩过格】 ku³³lei³³ku³³ka³²³，过分，出格义。

【憨哩坍气】 hø³³lei³³t'a³³ts'ŋ⁴²，憨气义。不明事理，愚蠢糊涂。"个老人客真憨哩坍气，七十八老罢，还扮起貂蝉恁。"亦作"憨哩憨气"。

【慌哩慌张】 huɔ³³lei³³huɔ³³tɕi³³，慌张义。

【唧哩咕噜】 tɕi³²³lei³³ku³³ləu³³，唧咕义。其中"哩"和"噜"是衬词。

【噜哩噜嗦】 ləu³³lei³³ləu³³səu³²³，啰唆义。

【涕哩汰嗟】 t'ei⁴²lei³³t'a⁴²ts'ŋ³³，义同"噜哩噜嗦"。

【瞎哩瞎搭】 ha³²³lei³³ha³²³ta³²³，瞎搭义，即撒谎。"你覅瞎哩瞎搭，做人恁做眚那用着呢？"

【里】 lei³⁴，当前字为浊音时，可以加上虚义的中嵌衬词"里"。

【胡里峡弄】 vu³¹lei³⁴ga²¹²loŋ¹¹，胡弄义。

【糊里糊涂】 vu³¹lei³⁴vu³¹døy³¹，糊涂义。

【糊里夹综】 vu³¹lei³⁴ka³²³tsoŋ³³，和稀泥。"你不用恁讲细，糊里夹综，逮要紧嘅讲一讲就行。"

【混里混沌】 vaŋ³⁴lei³⁴vaŋ³⁴daŋ³⁴，混沌义。糊里糊涂，搞不清楚。"个事干本来清爽显嘅，眚那妆爻混里混沌。"

【混里淘糟】 vaŋ³⁴lei³⁴də³¹tsə³³，混糟义。

【邋里邋遢】 la²¹²lei³³la²¹²t'a³²³，邋遢义。

【牢里牢腔】 lə³¹lei³⁴lə³¹tɕ'i³³，牢腔义。

【流里流气】 ləu³¹lei³⁴ləu³¹ts'ŋ⁴²，流气义。轻浮油滑，举止不端。"个人流里流气嘅，一股流氓习气。"

【墨里炭黑】 mai²¹²lei³⁴t'a⁴²he³²³，墨黑义。

【特里特别】 de²¹²lei³⁴de²¹²bi²¹²，特别义。非常古怪，多用于贬义。"渠该个人特里特别嘅。"

【洋里洋气】 ji³¹lei³⁴ji³¹ts'ŋ⁴²，打扮像洋人，华而不实。

【油里油气】 jiau³¹lei³⁴jiau³¹ts'ŋ⁴²，油腔滑调义。"个人一股油里油气，眙着不舒服显。"

【杂里杂佮】 zø²¹²lei³⁴zø²¹²kø³²³，杂乱义。

我国各地方言都历史悠久，积累了群众生活中形成的大量生动活泼的词语，对于生活中事物、动作、形状都能描写得淋漓尽致、深切入微。普通话主要来自书面语，要进一步丰富普通话在日常生活这一方面的词汇，理应从各地方言中汲取生动活泼的和有特色的口语词汇。各地方言的某些长处，也许正是普通话或其他方言所短，比如温州话的 BBA 式形容词，为普通话和北方官话所无。我们应该把这些特色介绍到普通话中去，各取所长，在竞争中优胜劣汰，这是生物以至于人类语言发展的普遍规律。

笔者认为，温州话有其特有的天生优势，温州话里这些富有表现力的词语和语法形式，应该积极大胆地在自由使用中介绍给普通话，使民族共同语更丰富多彩。

第七节　联合复句

联合复句由两个或两个以上的分句平等地连接起来，分句之间的关系常见的有并列、连贯、递进和选择等。例如：

【不＋S，不＋S】 $fu^{45}\cdots$，$fu^{45}\cdots$，表示加重否定。"不上当，不内行。""三伏不热，五谷不结。""书不读不熟，字不写不顺。""生不带来，死不带去。""小钿不去，大钿不来。""打铁不惜炭，养儿不惜饭。""单丝不成线，独木不成林。""朋友千个不多，冤家半个不少。"

【不乜＋S，不乜＋S】 $fu^{45}ȵi^{31}\cdots$，$fu^{45}ȵi^{31}\cdots$。相当于普通话的"不像……，不像……"。"不乜癫，不乜仙。""不乜米筛上，不乜米筛下。""不乜师姑，不乜斋娘。""不乜死，不乜健。"

【不怕＋S，只怕＋S】 $fu^{45}p'o^{42}\cdots$，$tsŋ^{323}p'o^{42}\cdots$。如："不怕折，只怕歇。""不怕荒年，只怕靠天。""不怕人不灵，只怕学不精。""不怕不识货，只怕货比货。""不怕明拳打斗，只怕暗掌伤人。"

【不是+S,也是+S】 fu⁴⁵zŋ³⁴…, a³²³zŋ³⁴…。如:"不是你田里稻,也是你田里草。"

【会+S,不会+S】 vai¹¹…, fu⁴⁵vai¹¹…。如:"会省省谷仓,不会省省米缸。""会选选儿郎,不会选选田庄。""会拣拣儿郎,不会拣拣田房。"

【一个+S,一个+S】 i³²³kai⁴²…, i³²³kai⁴²…。如:"一个人吹箫,一个人捺窟。""一个未生出,一个死爻罢。"

【有+S,冇+S】 jiau³⁴…, nau⁴⁵…。如:"有来冇去。""有脚冇路走。""有阿姐还怕冇姐夫。""有理扁担三,冇理三扁担。"

【有+S,唔+S】 jiau³⁴…, ŋ³¹…。表示有前者而无后者,强调后者,如:"有娘生,唔娘教。""有银一日干千事,唔银千日事难干。"

【有+S,也有+S】 jiau³⁴…, a³²³jiau³⁴…。如:"牛有傣力,马也有傣力。""吃纱面汤有份,背死姆儿也有份。"

【有……就有……】 jiau³⁴…jiəu¹¹jiau³⁴…。如:"有初一就有十五。""有殿就有佛。"

【只+S,不+S】 tsŋ⁴⁵…, fu⁴⁵…。如:"只顾自嘅肚饱,不管别人镬漏。""只怕真唔冇,不怕真会。"

【只有+S,唔冇+S】 tsŋ⁴⁵jiau³⁴…, ŋ³¹nau⁴⁵…。如:"只有念佛,唔冇丧葬。""只有人敬人,唔冇人怕人。""只有上孝落,唔冇下孝上。""只有匀蜂叮,唔冇蜂蜜吃。""石头下只有扁蟹,唔冇死蟹。""只有千年房族,唔冇百年亲眷。""只有勤来唔冇俭,好比有针唔冇线。"

第十章 温州话的语缀

第一节　前　缀

在汉语中，我们经常会在词根前或词根后加上一个字，这种构词成分就称前缀或后缀，总称语缀。

一、阿×

【阿】　ā，a^{33}，音埃。前缀。1.附着在姓、名、排行前，构成称谓词。2.附着在某些亲属称谓前，构成称谓词。

"阿"用在单音节的亲属称谓前面，如"阿大""阿妈""阿叔""阿婶""阿哥""阿妹"。

"阿"也用在单音节人名前面，如"阿福""阿琴""阿飞"。

"阿"做词头，在温州亲属名词中用得很普遍，并且都念轻声。

一些有特殊意义的名词、动词、形容词可以前加"阿"，后加"儿"，构成表示带这一特征的人品名词，全是谑称。

【阿爸】　$a^{33}pa^{33}$，爸爸，父亲。

【阿伯】　$a^{33}pa^{323}$，伯父。

【阿弟】　$a^{33}dei^{34}$，弟弟。

【阿哥】　$a^{33}ku^{33}$，哥哥。

【阿姐】　$a^{33}tsei^{45}$，姐姐。

【阿妗】　$a^{33}dʑiaŋ^{11}$，妗子。

【阿舅】　$a^{33}dʑiau^{34}$，亦称"老婆舅"。妻子之兄弟，内兄内弟。

【阿妈】　$a^{33}ma^{34}$，妈妈，母亲。

【阿妹】　$a^{33}mai^{11}$，妹妹。

【阿妳】　$a^{33}na^{33}$，郊区人对母亲的面称。

【阿渠】　$a^{33}ge^{31}$，对同辈人的称呼；也用于称呼陌生人，表亲昵。

【阿嫂】　$a^{01}sə^{45}$，称已婚的年轻妇人。

【阿婶】　$a^{33}saŋ^{45}$，对父亲的弟媳妇，即叔母的面称。

【阿叔】　$a^{33}ɕiəu^{323}$，对父亲的弟弟，即叔父的称呼。

【阿太】　$a^{33}t'a^{42}$，对曾祖父母的称呼。

【阿爷】　$a^{33}ji^{31}$，对祖父（爷爷）的称呼。

【阿姨】　$a^{33}ȵi^{33}$，指姑母、姨母或姑。对父母亲姐妹的称呼。

【阿媛】　$a^{33}jy^{11}$，本指美女，今为对媳妇的昵称。

【阿侄】　$a^{33}dzai^{212}$，对侄子的叙称。

【阿宝儿】　$a^{33}pə^{45}ŋ^{31}$，傻瓜，愚昧可笑者。

【阿吵儿】　$a^{33}ts'ɔu^{45}ŋ^{31}$，爱吵吵闹闹者。

【阿会儿】　$a^{33}vai^{34}ŋ^{31}$，过分能干的人。

【阿婆儿】　$a^{33}bøy^{31}ŋ^{31}$，伴娘。

【阿颓儿】　$a^{33}dai^{31}ŋ^{31}$，孱头，不中用的人。

【阿壮儿】　$a^{33}tɕyɔ^{42}ŋ^{31}$，过分肥胖臃肿者。

二、老 ×

【老】　lǎo，lə^{34}，音佬。1. 年纪大，时间长，有经验，陈旧的。"渠还是老脑筋，伉时代跟不牢。"2. 对年纪大的人的尊称。"老人家。""老大爷。"3. 极，很。"老羞成怒。"4. 老年人。"老有所为。"5. 晚年。"老年。"6. 总是，经常。"老是生病。"7. 原来的。"老地方。"8. 用于词头，表排行，表相互尊称，或加在某些动植物名前构成多音节词。"老鹰。"

"老"做词头时,置于若干人物名词前,意义虚化,不含表示老年意义,如"老安妻子""老公丈夫""老司师傅""老人客妇女""老李""老陈""老二"等。

【老策】 lə³⁴ts'a³²³,年纪不大但做事干练。"个后生儿做事干老策显。"

【老到】 lə³⁴tə⁴²,老练稳妥;办事周到。"渠做事干老到显嘅。"

【老定】 lə³¹dəŋ¹¹,镇定,从容,冷静,沉着,稳健。"你也忒老定,火车就会开罢还新走来。"

【老鬼】 lə³⁴tɕy⁴⁵,谑指精明的行家。

【老菱】 lə³⁴ləŋ³¹,菱角,黄菱。

【老寿】 lə³⁴jiəu¹¹,棺材(讳)。

【老鼠】 lə³⁴ts'ei⁴⁵,"老鼠牙儿。""老鼠黄只该爿皮。""老鼠生儿,逮猫养老。""打大猫,剺捉老鼠儿。""暝瞎猫碰着死老鼠。"

【老蟹】 lə³⁴ha⁴⁵,熟门熟道、富有经验、工于心计的人。含揶揄意。"个人是老蟹,真难打交道。""空壳大老蟹。"

【老鸦】 lə³⁴o³³,乌鸦。"老鸦嘴破心好。"

【老衣】 lə³⁴i³³,人死后入殓时穿的衣服,一般多为生前缝制。

【老早】 lə³⁴tsə⁴⁵,很早以前。"该个问题老早就讨论过罢嘅。"

【老贼】 lə³⁴ze²¹²,惯窃。

【老牌】 lə³⁴ba³¹,年轻人对长辈的不尊敬的称呼。

【老板娘】 lə³⁴pa⁴⁵n̠i³¹,老板的妻子或女老板。

【老不大】 lə³⁴fu⁴⁵dəu¹¹,蔑称那些个子不高,但自以为是的年轻人。

【老搭档】 lə³⁴ta³²³tuɔ⁴²，一直协作的人。

【老古式】 lə³⁴ku⁴⁵sei³²³，式样故旧。"个时辰钟老古式显。"

【老猴大】 lə³⁴ɦiau³¹dəu¹¹⁻³⁴，老猴子。常用来詈称厚颜无耻的人。

【老虎灶】 lə³⁴fu⁴⁵tsɔ⁴²，旧时烧卖茶水的地灶。

【老酒汗】 lə³⁴tɕiəu⁴⁵jy¹¹，温州特产的一种白酒，由黄酒经蒸馏而成，浓度极高。或简作"酒汗"。

【老老娘】 lə³⁴lə³⁴ȵi³¹，1. 对妻子的昵称，"老老头"的对称。2. 老太婆。"老老娘干。""老老娘死爻腾张床出。"

【老毛蓝】 lə³⁴mɔ³¹la¹¹，本指人又老又毛又烂，光会吹牛什么也不会。后将"烂"字写成了"蓝"，索性用"老毛蓝加青——全儳烂"来形容该人已无用到登峰造极。"渠真是老毛蓝，一起事干沃捏不起。"

【老婆舅】 lə³⁴bøy³¹dʑiau³⁴，阿舅，对妻子之兄弟的叙称。

【老婆算】 lə³⁴bøy³¹sø⁴²，一种简单的计算收益的方法。

【老茄茄】 lə³⁴ga¹¹ga¹¹，1. 形容少女年龄偏大，长得老相，2. 自以为知道的事情很多，混充老资格。"个女嘅眙去老茄茄，狃晓得还是个院主儿。"

【老人家】 lə³⁴naŋ³¹ko³³，对老人的尊称。

【老鼠吃】 lə³⁴tsʻei⁴⁵tsʻɿ³²³，指儿童吃东西慢吞吞地。

【老鼠黄】 lə³⁴tsʻei⁴⁵ɦuɔ³¹，黄鼠狼。"老鼠黄走鸡啦拜年——冇好心。""黄鼠狼匄鸡拜年——冇好心肠。"

【老鼠痣】 lə³⁴tsʻei⁴⁵tsɿ⁴²，疣，瘊子。一种皮肤病。

【老油条】 lə³⁴jiau³¹diɛ³¹，指那些老于世故、华而不实的人，或指那些处世经验多而油滑的人。"个人老油条显，对渠实在有办法。"

【老主顾】 lə³⁴tsʅ⁴⁵ku⁴²,常来的顾客。

【老极狡猾】 lə³⁴dzʅ¹¹ka³²³ɦo²¹²,自吹自擂,狂妄自大,极其诡诈刁钻。"渠个后生儿老极狡猾显嘅,你不用朝渠。""极"字本读 dzʅ²¹²,清变读 tsʅ,轻音。

【老酒钿儿】 lə³⁴tɕiəu⁴⁵di³¹ŋ³¹,额外收入的小费或工钱。

【老老娘儿】 lə³⁴lə³⁴ɲi³¹ŋ³¹,老太婆。"老老娘儿死爻怨柴仓。""日好老老娘儿也抬走。""头叉就逮老老娘儿叉倒。""老老娘儿做小旦,不怕你会扮。""老老娘儿吃酸(眙孙),越酸(玄孙)越好吃(眙)。"

【老鼠黄儿】 lə³⁴tsʻei⁴⁵ɦuɔ³¹ŋ³¹,黄鼬。

【老鼠皮翼】 lə³⁴tsʻei⁴⁵bei³¹jiai²¹²,蝙蝠。

【老鼠梯儿】 lə³⁴tsʻei⁴⁵tʻei³³ŋ³¹,特别险峻的山路。

【老鼠牙儿】 lə³⁴tsʻei⁴⁵ŋo³¹ŋ³¹,指牙齿细密。

三、头 ×

【头】 tóu,dəu³¹,音陀。作前缀时,表示最前部分、顶端、起点或首脑等。

【头寸】 dəu³¹tsʻø⁴²,指银根。银根紧叫头寸紧,反之叫头寸松。

【头大】 dəu³¹dəu¹¹,形容伤脑筋,感到为难。"恁难嘅题目,勾渠做爻头大起罢。"

【头埭】 dəu³¹da¹¹,第一回,第一次。"温州我还是头埭来。"

【头寤】 dəu³¹ɕy³²³,刚睡熟的一段时间。

【头回】 dəu³¹vai³¹,首次。

【头家】 dəu³¹ko³³,赌博时的坐庄者。"头家先出牌。"

【头泺】 dəu³¹kʻə⁴⁵,熬第一遍的中药汤汁。亦作"头令"。

【头垺】 dəu³¹la²¹²,第一排。"眙戏坐头垺。""头垺坐搭沃是领导。"

【头路】 dəu³¹løy¹¹,门路。"渠单下提啦出该个意见,大家人未摸出头路,沃唔胆开口。"

【头年】 dəu³¹ȵi³¹,第一年。"三年眙头年,头年眙眼前。"

【头前】 dəu³¹ji³¹,刚才。

【头上】 dəu³¹ji¹¹,老天爷。

【头生】 dəu³¹siɛ³³,生第一胎。"头生生个大脚姆。"

【头顶心】 dəu³¹təŋ⁴⁵saŋ³³,头顶。"眼生头顶心——认不着人。"

【头咄咄】 dəu³¹tai³²³tai³²³,点头。

【头颈骨】 dəu³¹tɕiaŋ⁴⁵ky³²³,颈椎。

【头颈领】 dəu³¹tɕiaŋ⁴⁵ləŋ³⁴,领子。

【头磕落】 dəu³¹kʻai³²³lo²¹²,低头。"头磕落孝子封龙门恁。"

【头皮胀】 dəu³¹bei³¹tɕi⁴²,厌烦,讨厌。"头皮胀起方斗恁大。"

【头碗菜】 dəu³¹y⁴⁵tsʻe⁴²,酒宴中上的第一道菜,比喻单位或部门中的头面人物。"你也算是公司嘅头碗菜,你出面肯定有用嘅。"

【头頿頿】 dəu³¹ɕiaŋ⁴²ɕiaŋ⁴²,摇头。

【头粒珠儿】 dəu³¹lø²¹²tsʅ³³ŋ³¹,指最有人望、最有权势者,也指最出色者。"渠聪明显,读书好,宿班里算头粒珠儿嘅。"

【头痛膏药】 dəu³¹tʻoŋ⁴²kə³³jia²¹²,很伤脑筋的事。

【头尾三儿】 dəu³¹mei³⁴sa³³ŋ³¹,指小孩虚岁三岁。

【头悬尾滴】 dəu³¹ɕy³³mei³⁴tei⁴²,头昏脑涨,垂头丧气。"眙渠头悬尾滴,一厘儿精神也冇,肯定是碰着难题罢。"或作"头悬眉低"。

第二节 后 缀

一、×儿

温州话跟北京话、杭州话一样，具有非常丰富的儿尾词。这种儿尾词，在构成词形、区分词义、变换词性等方面，具有丰富多彩的修辞作用。

儿，ér，ŋ³¹，音吴。用于儿化尾。温州方言中"儿"的声母原本是 n̩，受后面的高元音影响成为 ŋ，进一步自成音节。

在温州人语言的表述中，这个儿犹如代数中的 X，无所不代，无所不涉，并将其作用发挥到了出神入化的境界，充分反映了温州话言简意赅、变化多端的语言特色。

有些儿尾名词，不加"儿"时本身也是能独立单说的名词，但加了儿尾以后意义变化了，另成一个词形不同、词义也不同的新词。例如：

包→包儿（送礼包，酬金）

绷→绷儿（绷子，镜框子，玻璃绷儿）

边→边儿（刚才）

茶→喝茶儿（中药汤剂）

吹→吹儿（哨儿）

飞→飞儿（货运票签，小纸条儿签）

隔→隔儿（等会儿，待会儿）

末→末儿（小个子，称小弟小妹、小儿女）

摊→摊儿（摊子，做小买卖的货摊）

糖→糖儿（果糖，糖果）

臀→臀儿（底部，结尾，尾部）

网→网儿(髻网、发网,又指扒手)

嘴→嘴儿(突出的部分、尖头)

绊→打绊儿(出岔子,不顺利)

拐→拐儿(骗子)

叉→叉儿(挑衣服用的带长杆的叉子)

糊→糊儿(面糊)

头→头儿(刚才,开初;开头,头头,剩余的块粒)

筻(扁圆形竹器,大而深)→筻儿(小而浅)

牌(牌匾)→牌儿(小牌子)→拔牌儿(一种占卜的方法)

阿婆(对年长老妇人的面称)→阿婆儿(喜娘,年纪不拘)

板头(名堂)→板头儿(小木块。"逮板头儿录起当柴烧")

呲牙(咧牙)→呲牙儿(谑称钱)

打刀(打制刀子)→打刀儿(旧称代人捉刀的土讼师)

剺响(别吵)→剺响儿(悄悄地,偷偷地,不声不响地)

佛殿(庙)→佛殿儿(龛式小庙)

后生(年轻)→后生儿(小伙子、小青年)

扣门(小心,做事恰如其分)→扣门儿(刚好,恰好)

老虎钳(台口钳)→老虎钳儿(钢丝钳,钳子)

咪嘴(闭嘴)→咪嘴儿(微笑)

儿尾词的成分可以增减变换,现分述如下。

1. 后展。

女儿→女儿宝,女儿婿

丐儿→丐儿头,丐儿壮

鸟儿→鸟儿笼,鸟儿窠

羊儿→羊儿角,羊儿屙,羊儿健

雀儿→雀儿麦,雀儿屙,雀儿弹,雀儿窠

篮儿→篮儿錾

糖儿→糖儿纸,糖儿担

辫儿→辫儿头,辫儿翘

2. 前展。

布衫儿→红布衫儿,花布衫儿

布头儿→破布头儿

船儿→小船儿,破漏船儿

店儿→酒味店儿,店店儿

锅儿→铅锅儿,药锅儿

床儿→板床儿,小床儿

门儿→小门儿,单爿门儿

姆儿→三岁姆儿,城底姆儿

瓯儿→手掌瓯儿

皮筅儿→橡皮筅儿

枣儿→红枣儿,番薯枣儿

以下试举一些温州话儿尾词,以飨读者。

【边儿】 $pi^{33}ŋ^{31}$,刚才。接近。"冬至边儿。""日昼边儿。""临时边儿。""个人五十边儿罢。"

【辫儿】 $bi^{34}ŋ^{31}$,辫子。

【簿儿】 $bu^{34}ŋ^{31}$,本子。

【蚕儿】 $zø^{11}ŋ^{31}$,家蚕的幼虫。

【厂儿】 $ts'e^{45}ŋ^{31}$,棚子。

【髦儿】 $ta^{33}ŋ^{31}$,刘海。

【刀儿】 $tə^{33}ŋ^{31}$,小刀。

【篼儿】 $di^{34}ŋ^{31}$,竹制盛器。

【碟儿】 $di^{212}ŋ^{31}$,碟子。"酱油醋碟儿。""侬酱油碟儿里开荤。"

【丐儿】　k'ø³²³ŋ³¹,乞丐。

【隔儿】　ka³²³ŋ³¹,过一会儿。

【狗儿】　kau⁴⁵ŋ³¹,小狗。

【拐儿】　ka⁴⁵ŋ³¹,骗子。

【盒儿】　ɦø²¹²ŋ³¹,盒子,匣子。"铅笔盒儿。""饼干盒儿。""铁盒儿。""该个盒儿有三脱嘅。"

【糊儿】　vu³¹ŋ³¹,面糊。

【饺儿】　tɕiɛ⁴⁵ŋ³¹,饺音沼。饺子。

【篮儿】　la³¹ŋ³¹,用藤、竹、柳条、塑料等编成的容器,上面有提梁。

【痨儿】　lə³¹ŋ³¹,长不大的孩子。

【老儿】　lə³⁴ŋ³¹,年老时生的儿子。

【瘰儿】　lai³¹ŋ³¹,音雷。疖子,皮肤起小疙瘩。"瘰子儿。""头里瘰儿生起。"

【李儿】　lei³⁴ŋ³¹,李子。

【驴儿】　løy³¹ŋ³¹,驴。亦指助动车。

【摸儿】　mo²¹²ŋ³¹,指扒手。这里的"摸"故意改读成音网。

【男儿】　nø³¹ŋ³¹,男孩。

【鸟儿】　tiɛ⁴⁵ŋ³¹,较小的鸟。"鸟儿问老鼠借谷吃。"

【牛儿】　ŋau³¹ŋ³¹,小称变调。小牛,牛犊。"牛娘问牛儿揿奶吃。"

【耙儿】　bo¹¹ŋ³¹,聚拢或疏散柴草粮食的工具。

【旗儿】　dzɿ³¹ŋ³¹,旗子。"旗儿背起高显。"

【茄儿】　dzɿ³¹ŋ³¹,茄子,植物名,一名落苏。"老起八月嘅茄儿恁。"

【亲儿】　ts'aŋ³³ŋ³¹,义子。

【授儿】 jiəu^{11}ŋ^{31},嗣子,义子。与亲生儿子相对而言,指别人授给的儿子。

【孙儿】 sø^{33}ŋ^{31},孙子。

【梭儿】 so^{33}ŋ^{31},梭子。

【摊儿】 t'a^{33}ŋ^{31},地摊。

【糖儿】 duɔ^{31}ŋ^{31},糖果。

【头儿】 dəu^{31}ŋ^{31},刚才。亦作"新头儿"。

【绾儿】 ua^{45}ŋ^{31},扁簪,绾髻的首饰。

【虾儿】 ho^{33}ŋ^{31},虾。

【小儿】 sai^{45}ŋ^{31},"儿"字读轻音。最小的儿子。

【蟹儿】 ha^{45}ŋ^{31},小蟹。"蟹儿爬水缸恁爬爬上,遁遁落。"

【眼儿】 ŋa^{45}ŋ^{31},微不足道。"该眼儿饭也吃饱嘎?"

【燕儿】 i^{45}ŋ^{31},音养。燕,温州话不说燕子。

【羊儿】 ji^{31}ŋ^{31},羊。"羊儿吃爻不用种,牛吃爻不用壅。"

【蟛儿】 a^{42}ŋ^{31},蟛音押。栖息于近海或河口泥沙滩上的一种小蟹。

【鳙儿】 za^{34}ŋ^{31},龙头鳙,即龙头鱼的干制品。

【爪儿】 tsuɔ^{45}ŋ^{31},猪爪。

【猪儿】 tsei^{33}ŋ^{31},猪崽。猪音枝。

【纂儿】 tsø^{45}ŋ^{31},纂音钻的上声。发髻。

【糕儿】 kə^{33}ŋ^{31},印糕。

【矮屋儿】 a^{45}u^{323}ŋ^{31},平房。

【板桥儿】 pa^{45}dʑiɛ^{31}ŋ^{31},木桥。

【矮椅儿】 a^{45}i^{45}ŋ^{31},儿童坐的小椅子。

【白羊儿】 ba^{212}ji^{31}ŋ^{31},谑指白化病患者。

【摆摊儿】 pa^{45}t'a^{33}ŋ^{31},在路旁或市场中设摊做小买卖。

【板条儿】 pa⁴⁵die³¹ŋ³¹,狭长的木板条。

【板头儿】 pa⁴⁵dəu³¹ŋ³¹,小木块。"自烧棺材板,还有板头儿卖匄你?"

【棒棒儿】 buɔ³⁴buɔ³⁴ŋ³¹,小棍子。"竹篱棒棒儿拔爻不认窟。"

【步水儿】 bøy¹¹sʅ⁴⁵ŋ³¹,1. 在浅水中走着玩。2. 游泳时人直立用脚打水前进。"不步水,晓不得河深浅。"

【草花儿】 ts'ə⁴⁵ho³³ŋ³¹,草本花卉。

【插科儿】 ts'a³²³k'u³³ŋ³¹,插科本指戏曲中穿插引人发笑的动作,插科儿指以诙谐的语言引人发笑。

【唱书儿】 tɕ'i⁴²sʅ³³ŋ³¹,温州唱词的脚本;又喻说话啰唆。"你讲说话訾那唱书儿恁嘅。""匄渠唱书儿恁唱唱完心里新会好过起。"

【承小儿】 zəŋ³¹sai⁴⁵ŋ³¹,从孩提以来。"渠承小儿是宿娘娘边厢大起嘅。"

【吃糕儿】 ts'ʅ³²³kə³³ŋ³¹,表示做事很方便。

【呲牙儿】 dzʅ³¹ŋo³¹ŋ³¹,谑称金钱。"有厘儿呲牙儿匄你,就头跳尾跳起。"

【打辫儿】 tiɛ⁴⁵bi³⁴ŋ³¹,梳辫子。

【打叉儿】 tiɛ⁴⁵ts'o³³ŋ³¹,画个叉叉,意谓否定。

【打吵儿】 tiɛ⁴⁵ts'uɔ⁴⁵ŋ³¹,1. 即打快板。温州一带流行。艺人手持竹板,能见景生情,随意编出顺口溜,现编现讲。2. 引申指遭到打扰、妨碍。"我侎有要紧事干商量,你麨宿底打吵儿。"

【打反儿】 tiɛ⁴⁵pa⁴⁵ŋ³¹,原义为倾覆,引申为受到处罚。"做爻三十年嘅事干,一次也有打反儿。"

【打瞪儿】 tiɛ⁴⁵taŋ³³ŋ³¹,呃逆,干噎,打嗝。"病人打瞪儿恁。"

【代柴儿】 de¹¹za³¹ŋ³¹,做替身,代人受过。"渠闯祸叫我当代柴儿。"

【单个儿】 ta³³kai⁴²ŋ³¹,独子。

【当大儿】 tuɔ³³dəu¹¹ŋ³¹,长子。

【倒水儿】 tə⁴⁵sʅ⁴⁵ŋ³¹,逆水行舟。"天下总是背顺风旗嘅多,吃倒水儿嘅少。"

【倒摊儿】 tə⁴⁵tʻa³³ŋ³¹,喻指坍台、破产。"公司办起还不到半年就倒摊儿爻罢。"

【舣船儿】 tʻei⁴²jy³¹ŋ³¹,在小河边自拉绳纤的渡船儿。

【殿居儿】 di¹¹tɕy³³ŋ³¹,庙祝,庙宇中管香火的人。"土地爷不在,殿居儿最大。"

【簟笼儿】 di³⁴ləu³¹ŋ³¹,小箩筐。

【顶针儿】 təŋ⁴⁵tsaŋ³³ŋ³¹,做针线活时戴在手指上的工具。

【肚脐儿】 døy³⁴zei³¹ŋ³¹,肚脐。

【渡船儿】 døy¹¹jy³¹ŋ³¹,载运行人、货物等横渡江河的小船。

【兑糖儿】 tai⁴²duɔ³¹ŋ³¹,以前常拿家里的废铜烂铁与叫卖的糖儿担兑换敲糖。

【耳朵儿】 ŋ³⁴to⁴⁵ŋ³¹,回扣、好处费的隐称。"割耳朵儿。"

【范子儿】 va³⁴tsʅ⁴⁵ŋ³¹,人的长相、模样或装束打扮。"个老人客嘅范子儿倒是蛮好嘅,就是讲说话忒不细雅。"

【赶埭儿】 kø⁴⁵da¹¹ŋ³¹,同"挈来呀"。一种儿童游戏。亦说"赶坎儿"。

【割粒儿】 ky³²³lø²¹²ŋ³¹,脔割,即凌迟。

【个子儿】 kai⁴²tsʅ⁴⁵ŋ³¹,一般指女性的身材,偶尔亦可指男人的身材。"你老安嘅个子儿还真生好。""个老人客面皮沃打祠爻罢,个子儿还恁生好。"

【拱水儿】 koŋ⁴⁵sʅ⁴⁵ŋ³¹,潜水。

【棺材儿】 ky^{33}ze^{31}ŋ^{31}，小称变调。对小孩子的昵称，或用以咒骂小孩。

【绲身儿】 kaŋ^{45}saŋ^{33}ŋ^{31}，小褂。

【汗衫儿】 jy^{11}sa^{33}ŋ^{31}，汗衫。"佝背着汗衫儿——前长后短。"

【河峡儿】 vu^{31}ga^{212}ŋ^{31}，小河。"早日温州城底，每条巷弄沃有一条河峡儿。"

【猴大儿】 ɦau^{31}dəu^{31}ŋ^{31}，小猴子。常用来詈称顽皮的小孩。"香烟衔起，猴大儿放火恁。""猴大儿翻筋斗，代丐儿妆人家。"

【会人儿】 vai^{34}naŋ^{31}ŋ^{31}，能干的人，含贬义。

【鲚鱼儿】 zei^{31}ŋøy^{31}ŋ^{31}，凤尾鱼。

【家私儿】 ko^{33}sɿ^{33}ŋ^{31}，小称变调；谑指孩子心爱的玩具或小量家庭积蓄。

【角落儿】 ko^{323}lo^{212}ŋ^{31}，角落。

【搅糊儿】 ku^{45}vu^{31}ŋ^{31}，由搅拌糨糊意，引申喻指故意制造混乱或混淆是非。"渠会妆花样显嘅，小小嘅事干搅糊儿恁搅起，妆闹热显。"

【轿车儿】 dʑiɛ^{11}tsʻe^{33}ŋ^{31}，一种婴儿坐具。

【戒方儿】 ka^{42}huo^{33}ŋ^{31}，戒尺。旧时对学童施行体罚的木尺。

【妗娘儿】 dʑiaŋ^{11}ni^{31}ŋ^{31}，对舅母的俗称。"舅舅有钞票，妗娘儿好办事。""只有姑娘恋内侄，唔有妗娘儿恋外甥。"

【酒杯儿】 tɕiəu^{45}pai^{33}ŋ^{31}，酒杯。

【抠门儿】 kʻau^{33}maŋ^{31}ŋ^{31}，吝啬义，引申指刚刚好。"兜兜里抠门儿有十个番钿。""该双鞋大小抠门儿就我嘅脚。"这里的"抠"变读成上声。

【扣门儿】 kʻau$^{42-45}$maŋ^{31}ŋ^{31}，刚好。

【恰恰儿】 kʻa^{323}kʻa^{323}ŋ^{31}，刚好。

【矮人儿】 a⁴⁵naŋ³¹ŋ³¹，矮子。对矮个子的蔑称。

【裤头儿】 kʻu⁴²dəu³¹ŋ³¹，贴身穿的短裤。"神算鬼算，裤头儿着一半。""裤头儿冇得着，雨伞勾袋袋起。"

【癞头儿】 la¹¹dəu³¹ŋ³¹，患头癣的人；亦喻指不完美的孩子。"癞头儿讲自辫儿长。""癞头儿撑雨伞无法无天。""三分人貌七分扮，癞头儿扮起做小旦。"

【利市儿】 lei¹¹ʐŋ³⁴ŋ³¹，主人家送的红包。

【利子儿】 lei¹¹tsŋ⁴⁵ŋ³¹，做买卖所得的利润。

【两老儿】 liɛ³⁴lə³⁴ŋ³¹，夫妻俩，含亲切口气。

【两娘儿】 liɛ³⁴ni³¹ŋ³¹，娘儿俩。

【两爷儿】 liɛ³⁴ji³¹ŋ³¹，爷儿俩。

【领甲儿】 ləŋ³⁴ka³²³ŋ³¹，坎肩，马甲。"赤膊裸着领甲儿——断妆样。"

【楼阁儿】 lau³¹ko³²³ŋ³¹，阁楼。"楼阁儿里丝网绷起多显。"

【麦条儿】 ma²¹²diɛ³¹ŋ³¹，一种面食。

【麦珠儿】 ma²¹²tsŋ³³ŋ³¹，面疙瘩，一种面食。

【瞒桩儿】 mø³¹tɕyɔ³³ŋ³¹，一种用条布将一个人蒙住眼睛去抓一班人的游戏。

【帽幡儿】 mə¹¹fa³³ŋ³¹，帽舌。

【帽圈儿】 mə¹¹tɕʻy³³ŋ³¹，帽沿。

【帽头儿】 mə¹¹dəu³¹ŋ³¹，瓜皮帽。

【门铉儿】 maŋ³¹jy³⁴ŋ³¹，门环。

【米糊儿】 mei³⁴vu³¹ŋ³¹，用米粉做的糊状食物。

【米碎儿】 mei³⁴sai⁴²ŋ³¹，细粒的米。

【米蛘儿】 mei³⁴ji³¹ŋ³¹，米中小黑虫。储粮的主要害虫。

【面疵儿】 mi¹¹tsʻŋ³³ŋ³¹，粉刺。

【面范儿】 mø^{11}va^{34}ŋ^{31}，脸的轮廓形状。"个院主儿面范儿生割切显。"

【墨墨儿】 mai^{212}mai^{212}ŋ^{31}，小乌贼的咸干品。亦作"墨墨星"。

【喃喃儿】 nø^{01}nø^{31}ŋ^{31}，小猪，猪崽。

【脑丁儿】 nə^{34}təŋ^{33}ŋ^{31}，用食指、中指屈起来弹击人家的脑袋。"动不动就脑丁儿毁啦去。"

【嫩头儿】 nø^{11}dəu^{31}ŋ^{31}，指年纪轻，阅历浅。"你不用逮我当嫩头儿欺。"

【皮头儿】 bei^{31}dəu^{31}ŋ^{31}，碎皮。

【片子儿】 p'i^{42}tsɿ^{45}ŋ^{31}，名片。

【起头儿】 ts'ɿ^{45}dəu^{31}ŋ^{31}，刚才。"5 路车起头儿开过罢，能界大概着 10 分钟等。"

【挈盒儿】 tɕ'i^{323}ɦø^{212}ŋ^{31}，一种专供盛礼品的器具，上有提梁，供走亲戚时使用。

【挈篮儿】 tɕ'i^{323}la^{31}ŋ^{31}，"挈合升篮儿。""合升优篮儿里挈——多管闲事。"若无"儿"，系提菜篮子，加上"儿"，指替人作嫁衣衫；表示要替人家帮忙办事。

【挈钟儿】 tɕ'i^{323}tɕyɔ^{33}ŋ^{31}，一种小型时钟。

【泅河儿】 jiəu^{31}vu^{31}ŋ^{31}，游泳。"不会泅河儿，勥埋怨臀重。"

【蟧蟀儿】 jiau^{31}mə^{31}ŋ^{31}，亦作蟧蠓，音由蒙。青蟹。"空壳蟧蟀儿——装装样子。"

【忍水儿】 ȵian^{34}sɿ^{45}ŋ^{31}，在水中屏住呼吸。

【肉丝儿】 ȵiəu^{212}sɿ^{33}ŋ^{31}，切成丝状的肉。

【肉碎儿】 ȵiəu^{212}sai^{42}ŋ^{31}，切成丝状或小块的肉。

【沙螖儿】 so^{33}a^{42}ŋ^{31}，一种常见的小蟹。

【鲨鱼儿】 so^{33}ŋøy^{31}ŋ^{31}，喻那些顽皮、喜欢恶作剧、捉弄别人的捣蛋者。

【生瘰儿】 sie³³lai³⁴ŋ³¹，长疮。

【柿瓤儿】 zı̩³⁴n̩i³¹ŋ³¹，柿子核。

【手罐儿】 ɕiəu⁴⁵ky⁴²ŋ³¹，生铁铸制煨热水的用具。

【手镣儿】 ɕiəu⁴⁵liɛ³¹ŋ³¹，金属手圈。

【手套儿】 ɕiəu⁴⁵tə⁴²ŋ³¹，手套。

【送包儿】 soŋ⁴²puɔ³³ŋ³¹，送人情。

【套头儿】 tə⁴²dəu³¹ŋ³¹，小称变调。各种仪式、礼节、花样。"套头儿真多。"

【田螯儿】 di³¹sı̩³³ŋ³¹，河蟹。"田螯儿夹横爬。""田螯儿伉咸草有何乜感情？""田螯儿过河，七只脚八只手。"

【铁耙儿】 t'i³²³bo³¹ŋ³¹，钉耙。

【铜板儿】 doŋ³¹pa⁴⁵ŋ³¹，铜元。

【瓦橡儿】 ŋo³⁴dʑy³¹ŋ³¹，橡子。

【外甥儿】 va¹¹sie³³ŋ³¹，外甥。"外甥儿做喜事不要紧，舅舅会匄你蒸蒸死。"

【望潮儿】 muɔ¹¹dʑiɛ³¹ŋ³¹，小章鱼。"一篰望潮儿匄一只乌贼断。"

【尾巴儿】 mei³⁴po³³ŋ³¹，指整体工作尚有小部分未处理好。"尾巴儿轧牢。""蜻蜓吃尾巴儿——自吃自。"

【乌龟儿】 u³³tɕy³³ŋ³¹，小称变调。对私生子的詈称。

【嬉下儿】 sı̩³³ɦo³⁴ŋ³¹，歇息。

【咸鱼儿】 ɦa³¹ŋøy³¹ŋ³¹，海产小鱼的咸干制品。"事干做起好比咸鱼儿头遁爻一色。"

【线礚儿】 ɕi⁴⁵lai³²ŋ²¹，缝纫机用的缠着线的轴形物。

【笑靥儿】 ɕiɛ⁴²i⁴²ŋ³¹，酒丼，面颊上的小圆窝。

【鞋锤儿】 ɦa^{34}dzɿ^{11}ŋ^{12},小榔头。统称铁锤。

【新妇儿】 saŋ^{33}vøy^{34}ŋ^{31},童养媳。儿自成音节。

【兄弟儿】 ɕioŋ^{33}dei^{34}ŋ^{31},盟兄弟的昵称。

【旋盘儿】 jy^{11}bø^{31}ŋ^{31},一种玩具。

【仰摊儿】 ȵi^{34}t'a^{33}ŋ^{31},仰泳。

【药锅儿】 jia^{212}ku^{33}ŋ^{31},药罐。

【银绾儿】 ȵiaŋ^{31}ua^{45}ŋ^{31},因天寒,水被冻结成柱状悬挂在树枝或屋檐下的现象。

【硬柴儿】 ŋiɛ^{11}za^{31}ŋ^{31},质地坚硬的枝干。

【纸条儿】 tsei^{45}diɛ^{31}ŋ^{31},小纸片。

【纸头儿】 tsei^{45}dəu^{31}ŋ^{31},小纸片。"地下匀渠摊起沃是纸头儿。"

【指头儿】 tsɿ^{45}dəu^{31}ŋ^{31},手指。

【刟刟儿】 tɕiəu^{33}tɕiəu^{33}ŋ^{31},对小鸡的称呼。

【竹筷儿】 tɕiəu^{323}da^{11}ŋ^{31},大型的大眼筛子;竹制的筛谷用具。

【姊妹儿】 tsɿ^{45}mai^{11}ŋ^{31},小姐妹。

【走差儿】 tsau^{45}ts'a^{33}ŋ^{31},为人奔走打杂。

【走水儿】 tsau^{45}sɿ^{45}ŋ^{31},踩水。

【坐椅儿】 zo^{34}i^{45}ŋ^{31},专供婴儿坐的小椅子。

【八哥鸟儿】 po^{323}ku^{33}tiɛ^{45}ŋ^{31},童阴。

【八字胡儿】 po^{323}zɿ^{11}vu^{31}ŋ^{31},八字胡子。

【白鼻头儿】 ba^{212}bei^{212}dəu^{31}ŋ^{31},白鼻头,指鼻子上涂抹白粉的京剧脸谱,属丑角,借喻狡诈的性格,詈指那些惹是生非、狡诈的人。"个人一世也只会做白鼻头儿。""白鼻头儿杀爻团圆。"

【摆摆盆儿】 pa^{45}pa^{45}bø^{31}ŋ^{31},几个小孩凑合食物和玩具一起吃吃玩玩。"姆姆在搭摆摆盆儿,嬉有味道显。"

【摆轮鼓儿】 pa⁴⁵laŋ³¹ku⁴⁵ŋ³¹，古称鼗，如鼓而小，有柄，两耳，持其柄而摇之。"头额起摆轮鼓儿恁。"亦作"货郎鼓""波浪鼓""博浪鼓""拨浪鼓"。

【办事员儿】 ba¹¹zl¹¹jy³¹ŋ³¹，对办事员的蔑称。

【半死老儿】 pø⁴²sl⁴⁵lə³⁴ŋ³¹，指六七十岁的男人。

【饱饱个儿】 puɔ⁴⁵puɔ⁴⁵kai⁰ŋ³¹，相当饱。

【鼻头珠儿】 bei¹¹dəu³¹tsl³³ŋ³¹，鼻尖。

【扁担头儿】 pi⁴⁵ta⁴²dəu³¹ŋ³¹，扁担端部。

【变把戏儿】 pi⁴²po⁴⁵sl⁴²ŋ³¹，玩把戏。

【布衫头儿】 pøy⁴²sa³³dəu³¹ŋ³¹，布衣衫。

【擦米头儿】 ts'a³²³mei³⁴dəu³¹ŋ³，使米色光洁；米头儿，即碎米。米是用作食用而不是观赏的，故比喻当着勤着，勤着偏偏着。"你勤专门宿搭擦米头儿，正经嘅事干妆紧捏起做。"

【菜头条儿】 ts'e⁴dəu³¹diɛ³¹ŋ³¹，萝卜干儿。

【草狗娘儿】 ts'ə⁴⁵kau⁴⁵ȵi³¹ŋ³¹，母狗。

【吃倒水儿】 ts'l³²³tə⁴⁵sl⁴⁵ŋ³¹，比喻不趋炎附势。

【尺六镬儿】 ts'ei³²³ləu²¹²fio²¹²ŋ³¹，中号铁锅。"人情大如债，尺六镬儿挈去卖。"

【打火刀儿】 tiɛ⁴⁵fu⁴⁵tə³³ŋ³¹，古人用打火刀敲击火石以取火，故称打火机为打火刀儿。

【打苦膛儿】 tiɛ⁴⁵k'u⁴⁵taŋ³³ŋ³¹，反胃时觉得有苦味。"哭爻苦膛儿也打不转。"亦说"打冷膛儿"。

【打冷膛儿】 tiɛ⁴⁵liɛ³⁴taŋ³³ŋ³¹，打呃。

【打小铁儿】 tiɛ⁴⁵ɕiɛ⁴⁵t'i³²³ŋ³¹，干白铁老司的活。

【打盐水针】 tiɛ⁴⁵ji³¹sl⁴⁵tsaŋ³³，滴注。

【单个人儿】 ta³³kai⁴²naŋ³¹ŋ³¹，独身人。

【洞洞丝儿】 doŋ¹¹doŋ¹¹sɿ³³ŋ³¹，小洞。"镬底有个洞洞丝儿，着补吧。"

【斗斗班儿】 tau⁴⁵tau⁴⁵pa³³ŋ³¹，指杂七杂八拼凑而成的戏班子。

【耳朵垂儿】 ŋ³⁴to⁴⁵dzɿ¹¹ŋ³¹，耳垂。耳廓的一部分，在耳轮的下面。

【耳朵耙儿】 ŋ³⁴to⁴⁵bo¹¹ŋ³¹，掏耳朵垢的小勺子。

【丐儿头儿】 k'ø³²³ŋ³¹dəu³¹ŋ³¹，丐帮头子。

【割耳朵儿】 ky³²³ŋ³⁴to⁴⁵ŋ³¹，回扣、好处费的隐称。

【佝背佬儿】 hau³³pai⁴²lə³⁴ŋ³¹，驼背的老人。

【瓜子脸儿】 ko³³tsɿ⁴⁵li³⁴ŋ³¹，指脸型的上部略圆，下巴略尖，线条流畅。

【挂银绾儿】 ko⁴²ȵiaŋ³¹ua⁴⁵ŋ³¹，冰锥冻结在物体表面的现象。

【河鳗溜儿】 vu³¹mø³¹ləu³³ŋ³¹，一种小型别致的水上交通工具。

【胡须桩儿】 vu³¹sɿ³³dʑyɔ³¹ŋ³¹，修剪得极短的胡子。

【黄肿男儿】 ɦuɔ³¹tɕyɔ⁴⁵nø³¹ŋ³¹，面黄肌瘦的人。"黄肿男儿强似红葱女儿。"

【鲫鱼板儿】 tsei³²³ŋøy³¹pa⁴⁵ŋ³¹，鲫鱼。

【角落头儿】 ko³²³lo²¹²dəu³¹ŋ³¹，亦作"角头儿"。角落。

【角落峡儿】 ko³²³lo²¹²ga²¹²ŋ³¹，狭小的角落。

【铰剪头儿】 ka⁴⁵tɕi⁴⁵dəu³¹ŋ³¹，剪刀头部。

【脚肚珠儿】 tɕia³²³døy³⁴tsɿ³³ŋ³¹，腿肚，小腿。"脚肚珠儿硬起。""抻脚肚珠儿叫肚痛。"

【脚眼睁儿】 tɕia³²³ŋa³⁴tsiɛ³³ŋ³¹，小腿与足的连接部分，呈圆形突出，内有踝关节。

【脚盂头儿】 tɕia³²³vu³¹dəu³¹ŋ³¹，小脚盆。

【脚趾头儿】 tɕia³²³tsɿ⁴⁵dəu³¹ŋ³¹，脚趾。"脚趾头儿甚长，也

长不过手指。"

【酒味店儿】 tɕiəu⁴⁵mei¹¹ti⁴²ŋ³¹，出售酱、醋、盐、酒等日用品的小店。

【舅老爷儿】 dziau³⁴lə³⁴ji³¹ŋ³¹，对妻子兄弟的谑称。

【看牛息儿】 kʻø⁴²ŋau³¹sei³²³ŋ³¹，牧童。

【口门头儿】 kʻau⁴⁵maŋ³¹dəu³¹ŋ³¹，门口。

【口舌头儿】 kʻau⁴⁵ji²¹²dəu³¹ŋ³¹，口舌前端。

【裤连衣儿】 kʻu⁴²li³¹i³³ŋ³¹，连衣裙。

【快大疵儿】 kʻa⁴²dəu¹¹tsɿ³³ŋ³¹，痤疮，粉刺。

【快大瘤儿】 kʻa⁴²dəu¹¹lai³¹ŋ³¹，痤疮感染后化脓。

【蜡烛台儿】 la²¹²tɕyo³²³de³¹ŋ³¹，烛台。

【蜡烛头儿】 la²¹²tɕyo³²³dəu³¹ŋ³¹，蜡烛头。

【滥嘴鸟儿】 la¹¹tsɿ⁴⁵tie⁴⁵ŋ³¹，喻指爱嚼舌的人。

【荔枝袋儿】 lei¹¹tsei³³de¹¹ŋ³¹，指小儿的阴囊。

【两颔珠儿】 lie³⁴gø³⁴tsɿ³³ŋ³¹，两腮。

【两张牌儿】 lie³⁴tɕi³¹ba³¹ŋ³¹，以扑克牌为道具的一种赌博游戏。

【楼梯头儿】 lau³¹tʻei³³⁻⁴⁵dəu³¹ŋ³¹，楼梯口。

【麻疯丐儿】 mo³¹hoŋ³³kʻø³²³ŋ³¹，患麻风病的乞丐。"麻疯丐儿恋小旦。""麻疯丐儿不过烂树桥。"

【尿裤绷儿】 sɿ³³kʻu⁴²piɛ³³ŋ³¹，即尿布棚。供晾晒衣裤的一种夹子。

【懦懦佛儿】 noŋ¹¹noŋ¹¹vai²¹²ŋ³¹，性格懦弱的人。

【皮领甲儿】 bei³¹ləŋ³⁴ka³²³ŋ³¹，谑指极其吝啬的人。

【破漏船儿】 pʻa⁴²lau¹¹jy³¹ŋ³¹，船有小漏，比喻体弱多病者。"破漏船儿最经得划。""破漏船儿碰着顶头风。"

【恰两恰儿】 k'a³²³liɛ³⁴k'a³²³ŋ³¹,正好,刚好。"该条裤长短恰两恰儿,就是身腰忒紧厘儿。"

【铅笔头儿】 k'a³³pi³²³dəu³¹ŋ³¹,短枝铅笔。

【敲梆佬儿】 k'uɔ³³puɔ³³lə³⁴ŋ³¹,旧时以敲梆为职业的老者。

【亲眷气儿】 ts'aŋ³³tɕy⁴²ts'ʅ⁴²ŋ³¹,比较疏远的亲戚关系。

【红花男儿】 ɦoŋ³¹ho³³nø³¹ŋ³¹,童男。

【清水人儿】 ts'əŋ³³sʅ⁴⁵naŋ³¹ŋ³¹,衣着装扮简朴素雅的人。

【三脚撑儿】 sa³³tɕia³²³ts'iɛ³³ŋ³¹,用三根竹竿联结成支架,搁置笕竿,以晾晒衣物。

【三张牌儿】 sa³³tɕi³³ba³¹ŋ³¹,一种赌博方式,用调换三张扑克牌的方法来猜中其中的一张,猜中为赢。"三张牌儿归本。""三张牌儿捺牢,鬼也捉牢。"

【桑树枣儿】 suɔ³³zʅ¹¹tsə⁴⁵ŋ³¹,桑葚。

【山粉糊儿】 sa³³faŋ⁴⁵vu³¹ŋ³¹,以甘薯淀粉加水煮成的糊。

【山沟渎儿】 sa³³kau³³dəu²¹²ŋ³¹,山涧。

【衫袖套儿】 sa³³jiəu¹¹tə⁴²ŋ³¹,袖套。

【狮子狗儿】 sai³²³tsʅ⁴⁵kau⁴⁵ŋ³¹,哈巴狗。一种小型宠物狗。

【石头子儿】 zei²¹²dəu³¹tsʅ⁴⁵ŋ³¹,小石块。

【手掌瓯儿】 ɕiəu⁴⁵tɕi⁴⁵au³³ŋ³¹,并拢五指,使手掌和手指成勺状。

【手指头儿】 ɕiəu⁴⁵tsʅ⁴⁵dəu³¹ŋ³¹,手指。

【双条眼儿】 ɕyɔ³³diɛ³¹ŋa³⁴ŋ³¹,双眼皮。

【水沟渎儿】 sʅ⁴⁵kau³³dəu²¹²ŋ³¹,地面上的排水沟,田圳。

【踏田甿儿】 da²¹²di³¹guɔ³⁴ŋ³¹,耘田。

【太平茶儿】 t'a⁴²bəŋ³¹dzo³¹ŋ³¹,戏指那些不对病症而又无碍的中医方剂。"我老安冇何乜病,你逮渠开几帖太平茶儿就会好嘞。"

【调羹头儿】　die³¹kiɛ³³dəu³¹ŋ³¹，羹匙端部。

【跳舞衣儿】　t'iɛ⁴²vu³⁴i³³ŋ³¹，连衣裙的通称。

【瓦砾爿儿】　ŋo³⁴lei²¹²ba³¹ŋ³¹，碎瓦。亦说"瓦砾爿锋"。

【洗手盂儿】　sei⁴⁵ɕiəu⁴⁵vu³¹ŋ³¹，用于洗手的脸盆之类器皿。

【洗碗樽儿】　sei⁴⁵y⁴⁵tsø³³ŋ³¹，用于洗碗的器具。

【洗浴凳儿】　sei⁴⁵jyo²¹²taŋ⁴²ŋ³¹，洗浴时用的小坐凳。

【喜面人儿】　sɿ⁴⁵mi¹¹naŋ³¹ŋ³¹，讨人喜欢的人。

【下脚末儿】　ɦo³⁴tɕia³²³mø²¹²ŋ³¹，排在最后的。

【现铜钿儿】　ji¹¹doŋ³¹di¹¹ŋ³¹，现钱。"仓桥老老娘儿，只讲现铜钿儿。"

【香烟头儿】　ɕi³³i³³dəu³¹ŋ³¹，即烟蒂，香烟抽完后剩下的部分。

【巷口头儿】　ɦuɔ¹¹k'au⁴⁵dəu³¹ŋ³¹，巷口。

【小口舌儿】　ɕiɛ⁴⁵k'au⁴⁵ji²¹²ŋ³¹，小舌。

【新该下儿】　saŋ³³ke³³ɦo³⁴ŋ³¹，刚才。

【白玉瓯儿】　ba²¹²n̠yo²¹²au³³ŋ³¹，栀子，一种常绿灌木。

【压岁包儿】　a³²³sɿ⁴²puɔ³³ŋ³¹，压岁钱。

【烟筒杯儿】　i³³doŋ³¹pai³³ŋ³¹，烟筒。

【眼泪丝儿】　ŋa³⁴lai¹¹sɿ³³ŋ³¹，泪花。"你眙渠眼泪丝儿映映，一定有何乜事干。"

【雨毛丝儿】　vu³⁴mə³¹sɿ³³ŋ³¹，毛毛雨。

【蟑蜢船儿】　tɕi⁴²miɛ³⁴jy³¹ŋ³¹，梭船，即舴艋舟，江中尖头小船。又称"青田船儿"。

【猪脚蹄儿】　tsei³³tɕia³²³dei³¹ŋ³¹，指作食品用的猪蹄子。亦简作"脚蹄儿"。

【N＋佬儿】　…lə³⁴ŋ³¹，对某种职业人表示轻视。

【鼻头额梁儿】 bei¹¹dəu³¹ŋa²¹²li³¹ŋ³¹，鼻梁。

【大蛮指头儿】 dəu¹¹ma³¹tsɿ⁴⁵dəu³¹ŋ³¹，大拇指。

【当中指头儿】 tuɔ³³tɕioŋ³³tsɿ⁴⁵dəu³¹ŋ³¹，中指。

【零头套三儿】 ləŋ³¹dəu³¹t'ə⁴²sa³³ŋ³¹，琐琐碎碎的。"养个姆姆，零头套三儿也多显嘅。"

【三脚蛙蟆儿】 sa³³tɕia³²³o³³mo³¹ŋ³¹，指一知半解者，没有自知之明的人。"三脚蛙蟆儿最会趵。"

【山头礌岩儿】 sa³³dəu³¹lai¹¹ŋa³¹ŋ³¹，原指山里人靠开岩石过日子，后成为民间对山里人的贬称。

【守寡老人儿】 ɕiəu⁴⁵kɔ⁴⁵lə³⁴ȵiaŋ³¹ŋ³¹，寡妇。"守寡老人儿求子，送子娘娘急死。"

【套头二三儿】 t'ə⁴²dəu³¹ŋ¹¹sa³³ŋ³¹，花样。"套头二三儿真多。"

【童子痨头儿】 doŋ³¹tsɿ⁴⁵lə³¹dəu³¹ŋ³¹，孩子王。

【蛙蟆虫子儿】 o³³mo³¹dʑioŋ³¹tsɿ⁴⁵ŋ³¹，小蝌蚪。

【小蛮指头儿】 sai⁴⁵ma³³tsɿ⁴⁵dəu³¹ŋ³¹，小指。

【眼灵珠圈儿】 ŋa³⁴ləŋ³¹tsɿ³³tɕ'y³³ŋ³¹，眼眶，眼圈。

【鼻头下一横儿】 bei²¹²dəu³¹ɦo³⁴i³²³viɛ³¹ŋ³¹，代嘴，用于糊口之意。

【大蛮脚指头儿】 dəu¹¹ma³¹tɕia³²³tsɿ⁴⁵dəu³¹ŋ³¹，大脚趾。

二、× 头

"头"作为后缀词并没有"儿"那样的派生能力，它与前头的语素已经合成一个词，读一般变调。"头"的一般用法如下：

1. 加在阴历初一、初十和二十后面，表示是每旬的开头一天。如："该日是初一头，勥侥别人乱。"

2. 加在某些数目字后面，表示钱的意思。如："单分头。"

"五角头。""单百头。""三百头嘅和菜妆一个。"

3. 作名词后缀。如:"石头""砖头""苦头""浇头""拳头""裤头"。

4. 作方位词后缀。如:"上头""下头""东头"。

【板头】 pa⁴⁵dəu³¹,本指演奏中的一板一眼,即节奏,引申指没有绺。"个人板头沃妆不牢,大家人眙着渠头皮胀显。"

【钵头】 pø³²³dəu³¹,陶瓷制的盛具,形状像盆而较小。

【菜头】 ts'e⁴²dəu³¹,萝卜。"菜头出,医生没。"

【大头】 dəu¹¹dəu³¹,大的、多的部分。"卬你四六分,大头归你。"

【对头】 tai⁴²dəu³¹,1. 正常,合适。"个办法对头。"2. 冤家,仇敌。"渠两个是死对头。""冤家碰着对头人。"

【咄头】 tai³²³dəu³¹,点头,打招呼。

【斧头】 fu⁴⁵dəu³¹,斧子。"木匠手里借斧头。""斧头逮柄刬底爻。"

【掴头】 kai³²³dəu³¹,梳头。

【脚头】 tɕia³²³dəu³¹,用脚踢人。"一脚头踢啦我小肚里落。"

【近头】 dziaŋ³⁴dəu³¹,做生意的利润部分。"该笔生意近头不乜大,风险不会有嘅。"

【坑头】 k'ie³³dəu³¹,厕所。

【来头】 le³¹dəu³¹,指人的来历、身份、关系、背景。"个人嘅来头大显。"

【癞头】 la¹¹dəu³¹,患头癣,瘌痢头。"癞头和尚唔冇好道场。""头遍剃头,碰着癞头。""蛮好道场,癞头和尚。""好好嘅院主儿养癞头爻。"

【榔头】 luɔ³¹dəu³¹,锤子。

【牢头】 lə³¹dəu³¹,狱卒。

【花头】 ho³³dəu³¹,花样,办法,本领,含贬义。"泼妇多眼泪,婊子多花头。"

【撩头】 liɛ³¹dəu³¹,手指作耙齿形整理头发。

【领头】 leŋ³⁴dəu³¹,领子。

【馒头】 mø³¹dəu³¹,一种用面粉发酵蒸成的食品,形圆而隆起。北方人称无馅的为馒头,有馅的为包子;温州人称有馅的为馒头,无馅的为实心包。"馒头大,蒸笼小。""馒头大不过蒸笼。""东欠馒头西欠债。""一个馒头也着发剂。"

【门头】 maŋ³¹dəu³¹,门前,门口。"门头坑越掏越臭。"

【名头】 məŋ³¹dəu³¹,名义。

【行头】 ɦiɛ³¹dəu³¹,工具。

【块头】 k'ai⁴²dəu³¹,指身材大小和胖瘦。

【寿头】 jiəu¹¹dəu³¹,不谙人情世故,受愚弄而不知吃亏的人。

【木头】 mo²¹²dəu¹¹,呆笨、不开窍、不明事理者。

【盘头】 bø³¹dəu³¹,酒席上的冷盘。

【旁头】 buo³¹dəu³¹,那,那里。"做亲嘅事,女嘅旁头还冇回话。"亦作"旁面"。

【起头】 ts'ŋ⁴⁵dəu³¹,刚才。"5路车起头开过罢,能界大概着10分钟等。"

【清头】 ts'əŋ³³dəu³¹,穿着整洁素雅。"该个老老扮起清头显。"

【人头】 naŋ³¹dəu³¹,指人际关系。"能界嘅天下,你着人头不熟,随何乜事干沃难办显。"

【肉头】 ȵiəu²¹²dəu³¹,指鱼、肉、瓜、果等里面可吃的部分,喻指文章等的内容。"该刀肉嘅肉头真厚。"

【神头】 zaŋ³¹dəu³¹,神志,头脑。"神头不灵清,警察当盐兵。"

【贪头】 t'ø³³dəu³¹，喜欢。"该款手机我不贪头。"

【套头】 t'ə⁴²dəu³¹，这里的"套"读轻音。陈陈相因的固定格式。"一下头痛，一下脚痛，我老安嘅套头直头多显多。"亦作"板头"。

【剃头】 t'ei⁴²dəu³¹，理发。"剃头老司带徒弟——从头教起。""剃头割耳朵——外行。"

【甜头】 di³¹dəu³¹，好处。"你恁落力，渠肯定会有甜头匄你尝。"

【媒头】 mai³¹dəu³¹，受雇以欺骗手段推销伪劣商品的人。

【牌头】 ba³¹dəu³¹，名望，势力，排场。

【辣头】 la²¹²dəu³¹，苦头。"不叫你吃俫辣头，你不识相嘅。"

【横头】 viɛ³¹dəu³¹，亦称"床横头"。横边。

【钟头】 tɕyo³³dəu³¹，小时。"我俫等爻半个多来钟头门新开爻。"

【听头】 t'əŋ⁴²dəu³¹，罐头。英语 tin 的音译词。

【歪头】 ua³³dəu³¹，斜颈。

【先头】 ɕi³³dəu³¹，早先，刚才。见"头先"。

【小头】 sai⁴⁵dəu³¹，细小的东西。"小头剩贪。""三七分小头就匄我。"

【心头】 saŋ³³dəu³¹，亦称"心头丼"。胸口。

【噱头】 ɕy³²³dəu³¹，花招，引人发笑的或引人特别注意的言语或行动，也指本领、手段。"摆噱头。"

【由头】 jiau³¹dəu³¹，理由，借口，口实。"公司好好恁，你有何乜由头想逮渠解散爻？"

【征头】 tsəŋ³³dəu³¹，来势，情势。"不会眙征头会吃亏嘅。""征头眙不倒，院主儿当阿嫂。"

【直头】 dzei²¹²dəu³¹，实在，完全。"我帮厘儿忙是应本分嘅，受你钞票直头用不着。""我恁讲许恁讲，渠直头不听。"

【樽头】 tsø³³dəu³¹，钵。

【拔长头】 bo²¹²dʑi³¹dəu³¹，一种由抓阄决定先后或胜负的方法。

【布衫头】 pøy⁴²sa³³dəu³¹，贴身的内衣。"布衫头儿。""布衫头裤。"

【吃喷头】 tsʻɿ³²³pʻaŋ³³dəu³¹，受到批评、训斥或责备。"该起事干着匄老板晓得，肯定会吃喷头。"

【触霉头】 tɕʻyo³²³mai³¹dəu³¹，运气不好，惹得没趣；出乖露丑。"心想出风头，反而触霉头。"

【床横头】 jyɔ³¹viɛ³¹dəu³¹，床两端的栏板。

【打回头】 tiɛ⁴⁵vai³¹dəu³¹，将头往回转。

【打结头】 tiɛ⁴⁵tɕi³²³dəu³¹，打个结，使其不散开来。

【顶倒头】 təŋ⁴⁵tə⁴⁵dəu³¹，见"衣顶倒头"。

【额角头】 ŋa²¹²ko³²³dəu³¹，前额，额头。

【和尚头】 vu³¹ji¹¹dəu³¹，光头，剃光头发的头。"和尚头上的虱——明摆着。""和尚头吹风——空妆（多事）。"

【河埠头】 vu³¹bøy¹¹dəu³¹，河边用于泊船、洗涤的石阶或有阶的石台。"河埠头讲阿婆，念经堂讲新妇。"亦称"河埠踏头""船埠头"。

【黄馒头】 ɦuɔ³¹mø³¹dəu³¹，本指因碱加得太多以至于馒头发黄，比喻能力差的人。"黄馒头也有三出戏。""吃饭老司头，做事黄馒头。"

【火煤头】 fu⁴⁵mai¹¹dəu³¹，小纸卷儿，以质粗易燃的纸搓成空心细圆条供引火的小纸卷儿。"火煤头遁落地——霉倒光。"

【肩胛头】 tɕi³³ka³²³dəu³¹，肩膀。"拳背肩胛头走。"

【贱骨头】 ji¹¹ky³²³dəu³¹，詈语，指不识抬举的人或不知自重的人。

【酱菜头】 tɕi⁴²tsʻe⁴²dəu³¹，用盐腌成，并以姜染黄的萝卜。

【角落头】 ko³²³lo²¹²dəu³¹，角落。

【脚肒头】 tɕia³²³kʻy³²³dəu³¹，膝盖。"医生讲我嘅脚肒头有骨刺生起。""自冇裤着，还笑别人脚肒头漏出。""天色冷起，脚肒头沃有厘儿酸酸痛。""不留心逮脚肒头齾捣散爻。"亦作"脚下肒头"。

【阶沿头】 ka³³ji³¹dəu³¹，房屋檐柱之外通向台阶的台基部分。

【裤腰头】 kʻu⁴²iɛ³³dəu³¹，裤子上端系腰带的地方。

【老花头】 lə³⁴ho³³dəu³¹，仍是旧东西，没有新内容。

【老老头】 lə³⁴lə³⁴dəu³¹，1. 老头儿。2. 对丈夫的昵称。

【莲蓬头】 li³¹boŋ³¹dəu³¹，淋浴设备。

【码道头】 mo³⁴də³⁴dəu³¹，码头。亦作"码道"。

【茅坑头】 muɔ³¹kʻiɛ³³dəu³¹，厕所。"茅坑头嘅苋菜，日大夜大。""茅坑头头钉个匾匄你。"简称"坑头"。

【眠床头】 mi³¹jyɔ³¹dəu³¹，床头。"眠床头奏本，一奏一个准。"

【起花头】 dəu³¹ho³³dəu³¹，耍花样。"渠直头会起花头显，一厘儿厘儿事干，沃匄渠吹起大个显。"

【轻骨头】 tɕʻiaŋ³³ky³²³dəu³¹，轻浮不自重的人。

【软骨头】 ȵy³⁴ky³²³dəu³¹，比喻没有骨气的人。

【上横头】 ji¹¹viɛ³¹dəu³¹，酒席中的贵宾或长辈的位置，即正座，表示尊敬，通常位于进门的对面或中堂靠屏风的地方。"下横头眙上横头饭满厘。""上横头挂草荐——不是画（话）。"

【脚下头】 tɕia³²³ɦo³⁴dəu³¹，人睡在床上靠脚的一边。

【棠梨头】 duɔ³¹lei³¹dəu³¹,指人的头颅圆而小。

【手踭头】 ɕiəu⁴⁵tsiɛ³³dəu³¹,手肘,胳臂肘。"手踭头望底弯。""手踭骨头烂爻也望底弯。"亦说"手踭骨头"。

【手指头】 ɕiəu⁴⁵tsʅ⁴⁵dəu³¹,指头,手指。"手指头有长有短,人无十全十美。"亦说"手指头儿"。

【嚏舌头】 tʻe⁴⁵ji²¹²dəu³¹,说话不清。嚏,音胎的上声。言不正。

【瓦背头】 ŋo³⁴pai⁴²dəu³¹,用瓦片铺成的屋面。"爬瓦背头吃露水。"

【瓦檐头】 ŋo³⁴ji³¹dəu³¹,亦作"檐头下"。房檐。

【屋角头】 u³²³kɔ³²³dəu³¹,1.房子拐角处。2.房子的一角。"千银难买屋角头。"

【屋檐头】 u³²³ji³¹dəu³¹,屋檐下。

【橡皮头】 ji³⁴bei³¹dəu³¹,指香烟的过滤嘴。

【光溜头】 kuɔ³³ləu³³dəu³¹,光头,和尚头。

【眼角头】 ŋa³⁴kɔ³²³dəu³¹,眦。

【眼睛头】 ŋa³⁴tsəŋ³³dəu³¹,眼前。"眼睛头屋宕还宽,等明年息儿亲摸来就会住不落。"

【有吃头】 jiau³⁴tsʻʅ³²³dəu³¹,有味道,值得吃。

【有花头】 jiau³⁴hɔ³³dəu³¹,吴语词汇。有问题,有不正当关系。

【贼骨头】 ze²¹²ky³²³dəu³¹,偷东西的人。

【轧姘头】 ga²¹²pʻəŋ³³dəu³¹,搞不正常的男女关系,通奸。

【正月头】 tsəŋ³³n̠y²¹²dəu³¹,春节期间。一般指初一至初五。亦说"正月正头"。

【老套头】 lə³⁴tə⁴²dəu³¹,旧的工作方法或思路,没有新的内容。亦作"老套套""老汤套"。

【老牌头】 lə³⁴ba³¹dəu³¹,老资格,老牌子,年轻人对长辈的不尊敬的称呼。

【渡船儿头】 døy¹¹jy³¹ŋ³¹dəu³¹,停靠渡船的小码头。

【镬灶额头】 fio²¹²tsɔ⁴²ŋa²¹²dəu³¹,灶头。"狃个镬灶额头冇镡,狃个老人客冇孙。"

【脚下跟头】 tɕia³²³fio³⁴ky³³dəu³¹,脚掌的后部。

【闹热门头】 nuɔ¹¹ɲi²¹²maŋ³¹dəu³¹,闹哄哄的样子。

【生煎馒头】 siɛ³³tɕi³³mø³¹dəu³¹,用油和水煎熟的小肉包子。

【手睁骨头】 ɕiəu⁴⁵tsiɛ³³ky³²³dəu³¹,手肘,胳臂肘。"人死爻,手睁骨头望底弯。"亦简作"手睁头"。

【头堂行头】 dəu³¹duɔ³¹fiɛ²¹²dəu³¹,高档服装。

【衣顶倒头】 i³³təŋ⁴⁵tə⁴⁵dəu³¹,意谓衣服和顶戴上下颠倒。"该张楼梯衣顶倒头陷搭。"亦简作"衣顶倒""顶倒头"。

【散讲老司头】 sa⁴⁵kuɔ⁴⁵lə³⁴sɿ³³dəu³¹,谑指那些善于闲侃、不干实事的人。温州人常将擅于散讲的人尊称为散讲老司头,可见散讲也是一门技艺。

三、×客

后置于名词、形容词、动宾词组,构成名词,表示职业、人员等,词义较实。例如:

【出客】 tɕʻy³²³kʻa³²³,外出做客。"人生苦极,出客该套衣裳,上茅坑也该套衣裳。"

【人客】 naŋ³¹kʻa³²³,客人。相对于"主人家"。

【撑客】 tsʻiɛ⁴²kʻa³²³,喻衣着新奇华丽、打扮入时、追求时髦、特别引人注目的男人。含贬义。"西风出,撑客没。"

【吃客】 tsʻŋ³²³kʻa³²³,常吃或精于吃食的人,美食家。

【背刀客】 pai³³tə³³kʻa³²³,旧指男性拉皮条的人。

【背猪客】 pai³³tsei³³kʻa³²³,旧指女性拉皮条的人。

【插稻客】 tsʻa³²³də³⁴kʻa³²³,临时为人插秧的雇工。

【滑头客】 ɦo²¹²dəu³¹kʻa³²³,滑头的人。

【粪扫客】 paŋ⁴²sə⁴²kʻa³²³,清扫垃圾的人。

【打船客】 tiɛ⁴⁵jy³¹kʻa³²³,艄公,在内河划船的船工。

【割稻客】 ky³²³də³⁴kʻa³²³,临时为人割稻的临时工。

【卖绡客】 ma¹¹ɕiɛ³³kʻa³²³,货郎担。

【男子客】 nø³¹tsɿ⁴⁵kʻa³²³,对已婚男人的一般称呼。相对于老人客。

【难过客】 na³¹ku⁴²kʻa³²³,詈指性情乖张的人。"个难过客大家人勥理渠,越理渠毛越妆长起。""老安是难过客,难妆显。"

【下路客】 ɦo³⁴løy¹¹kʻa³²³,从东部滨海地区来的人。

【长远客】 dʑi³¹jy³⁴kʻa³²³,好久不见的稀客。"该日何乜风逮你吹来,真是长远客爻呗。"

【打生客】 tiɛ⁴⁵siɛ³³kʻa³²³,亦作"生客"。陌生的客人。

【打赌客】 tiɛ⁴⁵tøy⁴⁵kʻa³²³,嗜好赌博的人。

【过路客】 ku⁴²løy¹¹kʻa³²³,过路人。

【兑糖客】 tai⁴²duɔ³¹kʻa³²³,穿巷走户,以麦芽糖兑换旧物的小商贩。

【担水客】 ta³³sɿ⁴⁵kʻa³²³,旧时以替人担水为业的人。

【捉烂客】 tɕyo³²³la¹¹kʻa³²³,拾垃圾捡破烂的人。

【眙山客】 tsʻɿ⁴²sa³³kʻa³²³,看护山林、照管坟地的人。

【掏屎客】 də³¹sɿ⁴⁵kʻa³²³,掏粪的人。

【做大客】 tsəu⁴²dəu¹¹kʻa³²³,讳称天花。

【做小客】 tsəu⁴²ɕiɛ⁴⁵kʻa³²³,讳称麻疹。

四、×老、×佬

【老】 lǎo, lə³⁴,音佬,放在词尾,表示对老年人的尊重。

【到老】 tə⁴²lə³⁴,说到底,反正。"随便你訾那讲,我到老不听。"亦说"到老煞"。

【舅老】 dziau³⁴lə³⁴,对阿舅的尊称。

【老老】 lə³⁴lə³⁴,1.对老人不尊敬的称呼。2.老年夫妻中妻子对丈夫的称呼。

【野老】 ji³⁴lə³⁴,本指村野老人。温州话引申指好色老叟。

【丈老】 dzi³⁴lə³⁴,岳父,妻子的父亲的叙称。

【相靠老】 ɕi³³k'ə⁴²lə³⁴,相互依靠,度过晚年。

【七十八老】 ts'ai³²³zai²¹²po³²³lə³⁴,年逾古稀。"七十八老,晓不得头脑。"

【佬】 lǎo, lə³⁴,音老。后置于名词、形容词、动词或动宾词组,构成名词,表示职业、人员等,多带贬义,能产性不强。

【赤佬】 ts'ei³²³lə³⁴,喻指虚伪的人。

【撮佬】 ts'ai³²³lə³⁴,鬼。

【好佬】 hə⁴⁵lə³⁴,有身份的人。

【和佬】 vu³¹lə³⁴,冤大头,上当受骗的人。

【厚佬】 gau³⁴lə³⁴,厚颜无耻者,爱在女性面前挑逗的好色之徒。

【漆佬】 ts'ai³²³lə³⁴,对油漆老司的詈称。

【死佬】 sŋ⁴⁵lə³⁴,詈称缺德、该死的老头。

【岁佬】 sŋ⁴²⁻⁴⁵lə³⁴,詈称嫖娼、卖淫的人。"个人专门宿外转做头毛做岁佬嘅。"

【哑佬】 o⁴⁵lə³⁴,哑巴。

【野佬】 ji³⁴lə³⁴,本指村野老人。温州话引申指好色老叟。

【扒灰佬】 bo³¹fai³³lə³⁴，訾指与儿媳有暧昧关系的老人。

【大亨佬】 dəu¹¹hɛ³³lə³⁴，大款，大腕；有钱有势的人。

【佝背佬】 hau³³pai⁴²lə³⁴，驼背人。

【和事佬】 vu³¹ʐ̩¹¹lə³⁴，专门做好事、调解纠纷的人。

【华侨佬】 ɦo³¹dʑiɛ³¹lə³⁴，对华侨的谑称。

【门房佬】 maŋ³¹ɦuo³¹lə³⁴，传达室的工作人员。

【皮鞋佬】 bei³¹ɦa³¹lə³⁴，做皮鞋的从业人员。

【生胡佬】 siɛ³³vu³¹lə³⁴，手艺不熟练的人。"头日学剃头，碰着生胡佬。"

【太监佬】 t'a⁴²ka³³lə³⁴，自讨没趣。"你个人太监佬做不痕嘎，还想再做啊？"

【退休佬】 t'ai⁴²ɕiau³³lə³⁴，退休老人。

五、×母、×姆、×嬷

【母】 mǔ，mo³⁴，音马。对女性长辈的称呼。"姑母。""舅母。"

【伯母】 pa³²³mo³⁴，父亲的嫂嫂。

【舅母】 dʑiau³⁴mo³⁴，母亲兄弟配偶的叙称。

【亲家母】 ts'aŋ³³ko³³mo³⁴，儿子的岳母或女儿的婆婆。

【两亲家母】 liɛ³⁴ts'aŋ³³ko³³mo³⁴，亲家母（无"两"字表情妇）。

【叔伯母】 ɕiəu³²³pa³²³mo³⁴，丈夫兄弟的配偶，妯娌。

【先生母】 ɕi³³siɛ³³mo³⁴，称呼先生的妻子。

【两叔伯母】 liɛ³⁴ɕiəu³²³pa³²³mo³⁴，妯娌俩。

【姆】 m̄，mo³³，音嬷。对年长妇女的称呼。"姆妈。""大姆。"

【阿姆】 a³²³mo³³，1.对伯母或年长妇女的称呼。2.对已婚妇女（包括保姆、女仆）的称呼。"个阿姆生拙显，煮饭烧配沃妆不来。"亦作"阿嬷"。

【老姆】 lə^{34}mo^{33}，旧时对年老女仆的称呼。亦作"老嬷"。

【师姆】 sɿ^{33}mo^{33}，对师父或老师的妻子的称呼。

【嬷】 mó，mo^{33}，音姆。本指母亲，后泛指年长妇女。同"姆"。

【阿嬷】 a^{323}mo^{33}，1.对年长妇女的称呼。2.对保姆、女佣的称呼。

【大嬷】 da^{11}mo^{33}，大伯母。对父亲的大嫂的面称或叙称。

【老嬷】 lə^{34}mo^{33}，年老的女仆。

【月里嬷】 ȵy^{212}lei^{34}mo^{33}，专门护理产妇的女佣。

【送人嬷】 soŋ^{42}naŋ^{31}mo^{33}，以介绍保姆为职业的妇人。亦作"送人姆"。

六、×子

后置于名词，能产性不强，如"狮子""日子""格子""牌子"等。

【草子】 ts'ə^{45}tsɿ^{45}，苜蓿。

【放子】 huɔ^{42}tsɿ^{45}，鱼蛙等产卵。"每年子鲚沃游江心寺后放子嘅。"

【份子】 vaŋ^{11}tsɿ^{45}，集体花钱时各人出的一份钱，也指送礼的人情份子。

【礌子】 lai^{11}tsɿ^{45}，滑轮。

【面子】 mi^{11}tsɿ^{45}，情面。"面子倒牢，回渠不爻。""我会逮大家人面子顾起嘅。"

【男子】 lø^{31}tsɿ^{45}，称自家的丈夫。

【骰子】 dəu^{31}tsɿ^{45}，色子。形状为小立方体，投掷它决定胜负。常作赌具。"掷骰子。"

【腰子】　iɛ³³tsɿ⁴⁵,肾脏的俗称。亦指食用动物的肾脏。

【鱼子】　ŋøy³¹tsɿ⁴⁵,鱼卵。

【打弹子】　tiɛ⁴⁵da³¹tsɿ⁴⁵,弹球。

【大蒜子】　da¹¹sø⁴²tsɿ⁴⁵,蒜头。

【滚狮子】　kaŋ⁴⁵sai³²³tsɿ⁴⁵,舞狮。

【浪败子】　luɔ¹¹ba¹¹tsɿ⁴⁵,吴语词汇。挥霍家产,使家庭破落的败家子。"贞节女只怕浪败子。""求儿求个浪败子,求雨求个大风飔。""平阳出戏子,瑞安出才子,温州出浪败子。"

【礧弹子】　lai¹¹da¹¹tsɿ⁴⁵,儿童滚玻璃球的游戏。

【铅角子】　k'a³³ko³²³tsɿ⁴⁵,硬币。

【踢毽子】　t'ei³²³tɕi⁴⁵tsɿ⁴⁵,一种体育活动。

【阴袋子】　iaŋ³³de¹¹tsɿ⁴⁵,睾丸。

【掷骰子】　dʑi²¹²dəu³¹tsɿ⁴⁵,掷色子。

【摆摆样子】　pa⁴⁵pa⁴⁵ji¹¹tsɿ⁴⁵,装模作样。"上头走来检查,也总着摆摆样子,逮办公室理一理。"

【弹槐豆子】　da¹¹va³¹dəu¹¹tsɿ⁴⁵,一种儿童游戏。

【过房儿子】　ku⁴²ɦuɔ³¹ŋ³¹tsɿ⁴⁵,非亲生、认领同宗的儿子为养子。

【落雪霰子】　lo²¹²ɕy³²³sa⁴⁵tsɿ⁴⁵,下霰子。"十二月落雪霰子。"

【太阳瓜子】　t'a⁴²ji³¹ko³³tsɿ⁴⁵,葵花子,因其吃时有香气,又名"香瓜子"。

【小八癞子】　ɕiɛ⁴⁵pa³²³la¹¹tsɿ⁴⁵,小人物,地位卑下者。

【太阳佛花子】　t'a⁴²ji³¹vai²¹²ho³³tsɿ⁴⁵,葵花子。

七、功

【功】　gōng,koŋ³³,音工。尾缀字,用作副词。1.表示某种感官的享受程度。2.表示某种能力。

【吃功】 ts'ŋ³²³koŋ³³,吃的味道,品菜的能力。

【喝功】 ha³²³koŋ³³,喝的劲道。"该种茶叶蛮有喝功嘅。"

【冇喝功】 nau⁴⁵ha³²³koŋ³³,没什么好喝的。"该种酒冇喝功嘅。""该种茶叶蛮有喝功嘅。""个汤唾水八淡,冇喝功嘅。"

【冇吃功】 nau⁴⁵ts'ŋ³²³koŋ³³,不好吃。"该俫江蟹是空壳嘅,冇吃功。"

【心智功】 saŋ³³tsŋ⁴²koŋ³³,耗费心血,下了苦功。"化夋十年心智功,新写出该部书。"亦作"心气功"。

八、× 相

【相】 ɕi⁴²,可以虚化为名词的类后缀,后置于名词或形容词,表示某种样子或显出某种样子。"吃有吃相,坐有坐相,徛有徛相。"

【吃相】 ts'ŋ³²³ɕi⁴²,进食时的姿态。"你个人啊,吃冇吃相,坐冇坐相。"

【老相】 lə³⁴ɕi⁴²,生老。相貌比实际年龄显得老。

【卖相】 ma¹¹ɕi⁴²,表示商品的外观品相。"冇卖相。""个物色卖相好。"

【趣相】 ts'ŋ⁴²ɕi⁴²,趣味。"该部电影有趣相,不胎忒可惜。"

【生相】 siɐ³³ɕi⁴²,表示长相、相貌。"个人嘴忒小,生相不乜好。"

【洋相】 ji³¹ɕi⁴²,"蛮有把握嘅事干,反而出夋洋相。"

【胎相】 ts'ŋ⁴²ɕi⁴²,通过观察人的外貌推知吉凶祸福、贫富贵贱等。"个算命先生胎相胎准显。"

【滴卤相】 tei³²³løy³⁴ɕi⁴²,小气。"你勥妆起恁滴卤相,不犯逮屋里嘅霉伉搭倒。"

【短命相】 tø⁴²məŋ¹¹ɕi⁴²，骂人不会长寿，常用的骂詈语，也有小气、小局的意思。"个人短命相显嘅，一厘儿物色也舍不得送人。"

【丐儿相】 k'ø³²³ŋ³¹ɕi⁴²，亦作"讨饭相"。指人的穿着行为像个乞丐。

【苦极相】 k'u⁴⁵dzŋ²¹²ɕi⁴²，"渠单独自人，一股苦极相。"

【烂污相】 la¹¹vu¹¹ɕi⁴²，"个人烂污相，书借去恁长久也不肯还。"

【难过相】 na³¹ku⁴²ɕi⁴²，一股不耐烦的神情。"个人眙着一股难过相。"

【拗孽相】 uɔ⁴²ni²¹²ɕi⁴²，恶腻，感觉不舒服。"息儿吃饭不严正色，经常吃底吐出，拗孽相。"亦作"恶腻相"。

【太保相】 t'a⁴²pə⁴⁵ɕi⁴²，老实朴素的模样。"个人平时一股太保相，绝对不会做该种缺德嘅事干。""渠个人出来恁太保相，衣裳着随便显嘅。"

【唔趣相】 ŋ³¹ts'ŋ⁴²ɕi⁴²，没有意思。"事干到了恁嘅地步，真真唔趣相显罢。"

【有趣相】 jiau³⁴ts'ŋ⁴²ɕi⁴²，1.可爱貌。"该对双生姆有趣相显。"2.合于情理。"该起事干虽然有厘儿拗聱，勾渠妆起还算有趣相。"

【清水相】 ts'əŋ³³sŋ⁴⁵ɕi⁴²，衣着打扮很素雅干净。

【罪过相】 ze³⁴ku⁴²ɕi⁴²，一副愧不敢当的模样。"眙渠样子，罪过相显。"

【喜面人相】 sŋ⁴⁵mi¹¹naŋ¹¹ɕi⁴²，笑眯眯的，外表讨人喜欢。"个姆姆生起蛮小巧，喜面人相。"

【院主儿相】 jy¹¹tsʅ⁴⁵ŋ³¹ɕi⁴²,女孩子似的。

九、× 牢

【牢】 láo，lə³¹，音劳，来豪平效开一。跟某些动词结合，作补语，相当于普通话的"住"。如："路拦牢走不过。""人着心好，树着根牢。""砻糠掺水黏不牢。""嘴边唔毛，讲话拦不牢。""菜嘅味道妆好，勾人吃牢。""两幅半被单，遮头遮不牢脚。""钞票沃勾渠捏牢，我手头断分番细。""结发夫妻丑也好，粗布缝衣衣也牢。"

【拔牢】 bo²¹²lə³¹，抓住。"做贼勾人拔牢。""考试不好通同，拔牢冇解道。"

【被牢】 bei³⁴lə³¹，透不过气来。"松糕炊被牢夹生爻罢。""渠哮咕嘅气被牢就当算道嘅。"

【撕牢】 za¹¹lə³¹，遮住。"你勠徛起逮我撕牢。""窗帘放落逮太阳光撕牢。"

【挡牢】 tuɔ⁴²lə³¹，当场抓牢。"渠偷物事能界勾人当场挡牢。"

【倒牢】 tə⁴⁵lə³¹，碰到困难、障碍。"个题目勾渠倒牢罢。""该起事干倒牢硬显硬。""该起事干人情倒牢，眙厘不干不行。"

【佫牢】 kø³²³lə³¹，合算。"十万番细买一套屋，佫牢显罢。"

【归牢】 kai³³lə³¹，集中而不分散。"个礼堂旧是旧，声音还归牢。"

【及牢】 dʑiai²¹²lə³¹，碍于情面。"我勾渠及牢，冇办法。"

【接牢】 tɕi³²³lə³¹，接连不断。"该两日人客接牢走来。""该年不顺境显，一家人接牢生病。"

【考牢】 kʻə⁴⁵lə³¹，1.考上，考中。"渠啦嘅女儿该年大学考牢罢。"2.被难住了。"大学教授也有勾中学生考牢嘅时候。"

【扣牢】 k'au^{42}lə^{31},火候掌握得很好。"咸淡扣牢。""老嫩扣牢。"

【勒牢】 le^{212}lə^{31},指有把柄在他人之手而受到讹诈。"勒牢铁坚。"

【连牢】 li^{31}lə^{31},连续不断。"该个礼拜连牢落雨。"

【逆牢】 ȵiai^{212}lə^{31},噎住。"渠气逆牢,晕去爻罢。"

【捏牢】 ȵia^{212}lə^{31},控制住。"捏牢一把粽恁。"

【迫牢】 pa^{323}lə^{31},挨在一起。"两爿村是迫牢嘅。""你个童子迫牢啊,伉阿妈真迫牢。"

【噎牢】 i^{323}lə^{31},(吃饭)噎住。

【眙牢】 ts'ɿ^{42}lə^{31},1.看中意。"个息儿勾我眙牢,肯定聪明嘅。"2.盯住。"你逮渠眙牢,勿勾渠溜走爻。"

【捉牢】 tɕo^{323}lə^{31},逮住。"逮小偷捉牢。"

【吃呆牢】 ts'ɿ^{323}ŋe^{31}lə^{31},本指胃纳呆滞,引申被难住了。"该起事干我勾渠吃呆牢罢。"

【劲吃牢】 tɕiaŋ^{42}ts'ɿ^{323}lə^{31},有实权。"个老兄能界当局长,劲吃牢显。"

【气逆牢】 ts'ɿ^{42}ȵiai^{212}lə^{31},窒息的感觉。"我平时冇锻炼,该日恁跑几步,就气逆牢道。"

【眙被牢】 ts'ɿ^{42}bei^{34}lə^{31},看不懂,看不透。"我沃勾渠眙被牢,个屋宕辔那会买起。"

【比不牢】 pei^{45}fu^{45}lə^{31},比不上。"个牌子比不牢许个牌子。"

【顶不牢】 təŋ^{45}fu^{45}lə^{31},受不了,挡不住。"牙痛起直头顶不牢。"

【佮不牢】 kø^{323}fu^{45}lə^{31},不合算。"眙眙恁佮不牢就勿嘅。"

【力不牢】 lei^{212}fu^{45}lə^{31},受不了。"皮袍熰爻唔要紧,破布臭力不牢。"

【捏不牢】 nia²¹²fu⁴⁵lə³¹，控制不住。"捏不牢嘅枇杷核。""个人泥鳅一色，直头捏不牢。"

【拼不牢】 p'əŋ³³fu⁴⁵lə³¹，不相称。

【算不牢】 sø⁴²fu⁴⁵lə³¹，也许。"明朝算不牢会落雨。"

【贴不牢】 t'i³²³fu⁴⁵lə³¹，挨不上。"别人嘅皮肉贴不牢，别人嘅老安过不得夜。"

【V+牢坚】 …lə³¹tɕi³³，后置于动词，表示坚固。"肉冻冻牢坚显。""黄昏着逮门胎牢坚。""逮麻袋扎牢坚。""逮板锄櫼牢坚厘。"

【V+不牢】 …fu⁴⁵lə³¹，后置于动词，表示无法做到。

十、× 煞

【煞】 shā, sa³²³，音杀。本为"杀"的俗写，是唐宋后的字义引申，作助词，后置于动词或形容词，表示程度达到极点。"急煞。""息儿匄渠阿爸打煞。""足足睏一日，睏煞显罢。""留心楼上跌落，倒煞显。"

【结煞】 tɕi³²³sa³²³，了结，结束。"官司打到京，品爻结煞。"

【到老煞】 tə⁴²lə³⁴sa³²³，说到底，反正。亦简作"到老"。

【后结煞】 ɦau³⁴tɕi⁴²sa³²³，结局。"后结煞两个人还是做了夫妻。"

【冇结煞】 nau⁴⁵tɕi³²³sa³²³，没有结果。"临时抱佛脚，到老冇结煞。""闲爻凑凑脚，输爻冇结煞。"

【唔结煞】 ŋ³¹tɕi³²³sa³²³，同"冇结煞"。

十一、× 煞气

【煞气】 sa³²³ts'ŋ⁴²，本指出气，发火。温州话后置于动词，作补语,指尽兴,痛快;或发泄心里的情绪。"恁两瓶啤酒还朆那勾我喝个煞气?"

【V+通煞气】 …t'oŋ³³sa³²³ts'ŋ⁴²,"我不管,随你妆通煞气。""你夐理渠,勾渠妆通煞气。""我买一篮儿杨梅,勾你俫吃通煞气。"

【V+个煞气】 …kai⁴²sa³²³ts'ŋ⁴²,"你想哭就哭个煞气。"

十二,老司

温州人称有一定技艺的工匠为"老司 lə³⁴sŋ³³",称之为老司的有以下这些行业:

【白铁老司】	ba²¹²t'i³²³~~	【补镬老司】	pøy⁴⁵ɦo²¹²~~
【裁缝老司】	ze³¹ɦoŋ¹¹~~	【厨房老司】	dzŋ³¹ɦuɔ³¹~~
【粗石老司】	ts'øy³³zei²¹²~~	【打篾老司】	tiɛ⁴⁵mi²¹²~~
【打石老司】	tiɛ⁴⁵zei²¹²~~	【打铁老司】	tiɛ⁴⁵t'i³²³~~
【打铜老司】	tiɛ⁴⁵doŋ³¹~~	【打银老司】	tiɛ⁴⁵ȵiaŋ³¹~~
【大木老司】	dəu¹¹mo²¹²~~	【镦猪老司】	tø³³tsei³³~~
【方木老司】	huɔ³³mo²¹²~~	【供账老司】	tɕyɔ³³tɕi⁴²~~
【行教老司】	ɦiɛ³¹kuɔ⁴²~~	【解板老司】	ka⁴⁵pa⁴⁵~~
【开岩老司】	k'e³³ŋa³¹~~	【木头老司】	mo²¹²dəu³¹~~
【泥水老司】	ȵi³¹sŋ⁴⁵~~	【起屋老司】	ts'ŋ⁴⁵u³²³~~
【笝桶老司】	tɕ'iau³³doŋ³⁴~~	【剃头老司】	t'ei⁴²dəu³¹~~
【刣猪老司】	t'ai³³tsei³³~~	【圆木老司】	jy³¹mo²¹²~~
【做木老司】	tsəu⁴²mo²¹²~~	【做鞋老司】	tsəu⁴²ɦa³¹~~
【做衣老司】	tsəu⁴²i³³~~		

十三、先生

【先生】 ɕi³³siɛ³³,对教师、医生或文化人的称呼。

【教书先生】 kuɔ^{42}sɿ^{33}ɕi^{33}siɛ^{33}，原指私塾老师，现泛指教师。

【账房先生】 tɕi^{42}ɦuɔ^{31}ɕi^{33}siɛ^{33}，管财务的人。

【医药先生】 i^{33}jia^{212}ɕi^{33}siɛ^{33}，旧称医生，多称中医。

【柜台先生】 dʑy^{11}de^{31}ɕi^{33}siɛ^{33}，旧称商店的营业人员。

第十一章
温州话中的骂詈语

从古至今，上至帝王将相，下至草民百姓，无论是学识渊博的文人雅士，还是目不识丁的蛮妇村氓，他们在行为活动中都不可避免运用形形色色的粗野、恶意的话语，来表达对对方的愤怒、憎恨、厌恶、嫉妒等情感，从而形成一个与美好温馨的言语世界迥异的另一个世界——骂詈。

所谓"骂詈"，即谓用"粗野或恶意的话使人遭受耻辱"。骂詈语与"脏话""下流话"不能等同。对于骂詈语与骂詈行为，我们不能简单地予以肯定或否定，而应根据具体情况来分析。总之，在人类的语言世界中，骂詈语是一个别样的复杂存在。

骂詈语是一种为全人类所共有的普遍的语言现象，但是不同的民族、不同的时代、不同的地域、不同的社会层次、不同的性别，构成了骂詈语的诸多差异。温州话中的骂詈语有的委婉含蓄，意味无穷，有的诙谐幽默，戏谑亲昵，从而形成了骂詈语的形形色色的各种功能。

骂詈语与骂詈行为的存在源远流长。几千年来，骂詈语形成了一个种类繁多、语义丰富、形式各异的庞大的骂詈语家族。这里作一个粗疏的分类。

第一节 性 语

温州人把男人的生殖器称为"颓"。

【颓】 tuí、dai^{31}，音队的阳平声。本指雄马的生殖器。"謂马颓。""人也颓恁嘅。"引申指男人的生殖器。"你颓人颓犟嘅。"

【荡颓】 duɔ^{34}dai^{31}，闲着无事，四处游荡。"屋里事干沃不干，专门宿外转荡颓。"

【颓灰】 dai^{31}fai^{33}，草包，无用的人。"你个颓灰。"

【颓浆】 dai^{31}tɕi^{33}，精液。"一厘儿颓浆也冇。"

【矮颓哥】 a^{45}dai^{31}ku^{33}，对矮子的詈称。"矮颓哥，遁地炮。"

【大颓翻】 dəu^{11}dai^{31}fa^{33}，吹牛皮。"少大颓翻厘，听着直头力不牢罢。"

【格歇颓】 ka^{323}ɕi^{323}dai^{31}，叹词，表示遗憾的惋叹，这下子全完了。"格歇颓，车驶去爻罢。""格歇颓，瓶儿倒破爻罢。"亦简作"格歇"。

【各颓经】 ko^{323}dai^{31}tɕiaŋ^{33}，亦作"各经"。性情、行为比较怪异。"你个人真各颓经，匄你加一级工资你也覅嘅。"

【狗颓韧】 kau^{45}dai^{31}ȵiaŋ^{11}，形容很坚韧，含贬义。

【颓火儿】 dai^{31}fu^{45}ŋ^{31}，心中的火气。"颓火儿着起只想乱。""眙渠恁嘅妆样，颓火儿着啦头顶心。"

【官官颓儿】 ky^{33}ky^{33}dai^{31}ŋ^{31}，詈指那些官不大却自以为然的小人，含轻蔑义。亦作"官官儿"。

【乡下颓儿】 ɕi^{33}ɦo^{34}dai^{31}ŋ^{31}，蔑称那些来自山头岙窟的人。

温州人称男人的阴囊为"卵袋"，阴茎为"卵脬"。称女人的生殖器为"屄"（亦作"毴"）。

【屄】 bī，pei³³，音比的平声，俗读。女性外生殖器。"你个人啊，只会屄讲恁，正经事干沃不会。""个屄地方真难走。"

【毴】 bī，pei³³，音比的平声，借音。古同"屄"。

【屄相】 pei³³ɕi⁴²，詈语。骂人的言行举止十分难看。"剺妆起恁屄相。"

【妆屄】 tɕyɔ³³pei³³，交合。

【牛屄】 ŋau³¹pei³³，牛逼，赞赏对方很厉害，但含有嘲讽之意。"牛屄吹起稻桶恁大。"

【唐屄】 duɔ³¹pei³³，詈指那些言语荒唐的人。"你真是唐屄，勾人骗底深深恁。"

【吹牛屄】 ts'ŋ³³ŋau³¹pei³³，夸口，说大话。"吹牛屄不用纳税。"吹牛皮是吹牛屄的避讳形式，今人写作"吹牛逼"。

【猫屄客】 muɔ³³pei³³k'a³²³，吝啬鬼。

【猫儿屄】 muɔ³³ŋ³¹pei³³，亦作"猫屄客"。吝啬鬼。

【牛屄客】 ŋau³¹pei³³ka³²³，骂爱说大话的人。

【瞎屄三】 ha³²³pei³³sa³³，詈指说谎者，胡说八道的人。"瞎屄三许愿。"

【瞎屄妆】 ha³²³pei³³tɕyɔ³³，乱来，胡搞。

【瞎瓯讲】 ha³²³pø³³kuɔ⁴⁵，瓯，破瓦；温州人借指女阴。

【小气屄】 ɕiɛ⁴⁵ts'ŋ⁴²pei³³，对钱财名利等很计较；形容胸襟不宽、气量不大。"你真是个小气屄，该厘儿钞票也不出。"

跟"屄"挨得很近的是"臀"。

【臀】 tún，dø³¹，音潭。1.屁股。"臀爿。""臀兜。""臀爿腿。""臀儿搭搭就走。""臀掑起勾人笑。""臀儿挡底滥糟糟。""橄榄臀，坐不牢。""臀儿勾渠挡底深深恁。""臀儿夹牢排枪也打不底。""打个臀顿，臀髁倒爻痛显痛。""个人臀儿夹显，从来冇请别人吃厨饭。"2. 器物底部。

【赤臀】 ts'ı⁴²dø³¹,光屁股,不穿裤子。"赤臀颓。""赤臀来,赤臀去。""姆姆还小,不怕得人憎,沃赤臀跳落游泳。"

【股臀】 ku⁴⁵dø³¹,亦作"股臀头"或"脚下股臀"。屁股。

【扴臀】 ka⁴⁵dø³¹,1. 大便后擦屁股。"扴臀逮手指头儿扴底。" 2. 引申为处理善后。"你每次事干沃干起烂起一色,沃着我逮你扴臀。"

【臀髋】 dø³¹k'aŋ³³,髋部。

【挡臀儿】 tuɔ⁴²dø³¹ŋ³¹,暗算别人。"个人会挡臀儿嘅,着留心。"

【屁股臀】 p'ei⁴²ku⁴⁵dø³¹,屁股。"屁股臀坐屙里爻。"

【臀儿夹】 dø³¹ŋ³¹ka³²³,吝啬鬼。

请读者别误解,以为这些是粗话,其实只有当人把人家的性征特意指出来用于骂詈的时候,才是不可启齿的。

温州人把性行为称为"妆屄"或"妆逼",tɕyɔ³³pei³³。古今中外,利用性器官或性行为来骂人,似乎是最恶毒,也是最惯常的手段。例如"他妈的""×你妈"为典型的国骂。而温州话中的骂人话则是"捣你妳""捣你入娘"等等。

在温州话中,男人骂人称"謴"。女人骂人称"讖"。老人骂人称"警"。各有一套行话,互相不会倒错。

【謴】 gùn,kaŋ⁴²,音棍。本义为戏谑、嘲弄;引申为用秽语谩骂。"你个人訾那恁蛮,开口就謴人。""好人有人謴,恶人有人敬。"

【謴马颓】 kaŋ⁴²mo³⁴dai³¹,用下流语言骂人。"你有话好好恁讲,勿搭口号謴马颓。"

【讖】 chàn,ts'a⁴²,音蔡。女性骂人,往往采用较为委婉、隐晦的方式来保持自己的文雅，最为常见的有"短命相""坏相道"等等。"谶死谶活。""个老人客会谶显。""点佛灯匄佛谶，好良心匄佛破。"

【謷】 zuó, zo²¹², 音昨。一般用于老人骂人。"渠不肯读书，匄阿爸謷煞。""相謷冇好话，相打冇好拳。""我狃做赚爻，你逮我园搭謷何乜啊。"

第二节　贬称，直陈语，驱逐语，威胁语，诅咒语

【扒灰】 bo³¹fai³³, 指翁媳有暧昧关系。亦作"爬灰"。清李元复谓爬行灰上则膝污，"膝"与"媳"偕音，故"扒灰"即"污媳"之隐语。

【百草膏】 pa³²³ts'ə⁴⁵kə³³, 百草膏本是一种药物，用于疮肿、风气、跌打损伤。今用来比喻凡事稍通而不精的人，亦喻人善于交际、左右逢源。"渠百草膏一色，东也迫牢，西也迫牢。"

【半雌雄】 pø⁴²ts'ɿ³³jioŋ³¹, 两性人。常比喻女性化的男人。

【草班】 ts'ə³³pa³³, 不仔细，不精致。"渠做事干草班显嘅。""该座楼造草班显，还未搬底屏墙就裂爻罢。"

【搭扫星】 dzo³¹sə⁴²səŋ³³, 比喻败家子。

【吵生伯】 ts'uɔ³³siɛ³³pa³²³, 詈指爱吵闹的孩子。

【臭皮蛋】 tɕ'iəu⁴²bei³¹da¹¹, 对吝啬鬼的詈称。

【捣你妳】 tə⁴⁵ni³⁴na³³, 相当于普通话的"操（肏 cào 的谐音）你娘"。"你捣你妳嘅，该厘儿事干也干不来。"

【短命】 tø⁴²məŋ¹¹, 该死的。女人常用的骂詈语。"五月五卖菖蒲——短命生意。"

【凤凰胎】 jioŋ¹¹ɦuɔ³¹t'e³³, 对愚昧无知者、不成器者的詈

称。"凤凰胎,不伏卵。"

【干僵】 ky^{33}tɕi^{33},干枯僵死,詈指那些干瘦矮小的人。"你个干僵老老娘儿,妆起还恁凶。"

【鬼抽筋】 tɕy^{45}tɕ'iəu^{33}tɕiaŋ^{33},行为举止出人意料,含贬义。"渠鬼抽筋恁,也妆起开店罢。"

【哈㜥狗】 ha^{323}pa^{45}kau^{45},短胫狗。

【贱螺陀】 ji^{11}ləu^{11}dəu^{31},1.亦叫旋盘儿。陀螺,一种儿童游戏用具,不用绳子抽打不会旋转。2.喻指人很贱,任人唾骂。

【开破矗】 k'e^{33}p'a^{42}də^{11},自吹自播。"你开何乜破矗,我佾夠个听。"

【哭死卒】 k'u^{323}sɿ^{45}tsai^{323},詈指爱哭的孩子。

【赖歪骨】 la^{33}ua^{33}ky^{323},称蛮不讲理,不守信用的无赖。"个是赖歪骨,早迟会出霉头嘅。"

【痨丁鬼】 lə^{31}təŋ^{33}tɕy^{45},骂孩子长不大。"你痨丁鬼爻罢哪,廿岁罢还只恁一撮大。"

【两边嘴】 liɛ^{34}pi^{33}tsɿ^{45},挑拨离间。

【难妆爷】 na^{31}tɕyɔ^{33}ji^{31},难伺候的人。"一个难过客,一个难妆爷,两个人真拼好。"

【顺毛挦】 jioŋ^{11}mə^{31}lai^{34},比喻专拣别人遂心的话说,顺着别人的意思行事。"个人专门顺毛挦,背顺风旗。"

【嬲死鬼】 ȵiɛ^{34}sɿ^{45}tɕy^{45},指两个死鬼纠缠在一起。形容两个人纠缠不休。"你俩个嬲死鬼恁嬲牢妆何乜啊。""我句渠嬲死鬼恁嬲牢真冇解。"

【呸扫】 p'ei^{33}sɔ^{42},表示唾弃、斥责、晦气的一句口头禅。一种消灾的咒语。亦作"呸声煞扫"。"呸扫,天光冷头冇好话。"

【破讼师】 p'a^{42}jyɔ^{11}sɿ^{33},对专门代人打官司者的詈称。

【骚货】 sə³³fu⁴²，詈词，指卖弄风情的女子。

【神头北】 zaŋ³¹dəu³¹pai³²³，指人头脑不清。"个死佬神头北显，你夠伉渠打交道。"

【生意鬼】 siɛ³³i⁴²tɕy⁴⁵，狡诈的商人。

【十三点】 zai²¹²sa³³ti⁴⁵，詈指不明事理、疯疯癫癫、不正经的人。

【水推藻】 sɿ⁴⁵tʻai³³biɛ³¹，原指河塘里的浮萍在水里漂来漂去，詈称那些一天到晚整天在外边乱跑的人。"个后生儿不香人，水推藻恁，一日也不牢家。""身里嘅污零脏水推藻恁推下。"

【唐三】 duɔ³¹sa³³，对荒唐者的詈称。亦说"唐头三"。

【童子痨】 doŋ³¹tsɿ⁴⁵lə³¹，1.中医谓儿童所患的结核病，亦泛指由慢性疾病所引起的虚弱症。2.詈称淘气的孩子。"童子痨儿。""童子痨气。""童子痨头儿。""宣统童子痨，三年尽命熬。""该个童子痨会造孽显，大人沃爱渠不得。"

【万人恶】 va¹¹naŋ³¹u⁴²，令人讨厌万分。"苍蝇顶万人恶，赶也赶不出，打也打不着。""牢监里嘅生尿桶——万人恶。"

【无赖骨】 vu³¹la¹¹ky³²³，对游手好闲者的詈称。"日日伉一班无赖骨嬲牢嬉，啙那用着呢？"

【现世报】 ji¹¹sei⁴²pə⁴²，人做了坏事，得到了报应。意谓恶有恶报。"该个人缺德显，生个姆姆十不全嘅，真是现世报。"

【长鳖】 dzi³¹biɛ¹¹，詈称高身材的人。鳖音蚌，方言指瓮。长鳖是对高身材人的詈称。

【猪头三】 tsei³³dəu³¹sa³³，吴语词汇。"猪头三牲"的缩语。詈语。骂不谙人情世故的人为畜生，傻瓜。

【罪过悔】 ze³⁴ku⁴²mai³¹，这里的"悔"为白读，读似霉。佛教戒律用语,泛指一切恶孽和犯戒行为。"该头狗勾你活活打死爻,真是罪过悔显。"

【垫棺材底】 di¹¹ky³³ze³¹tei⁴⁵,本义为替死人垫背,引申指替人受罪。

【狗屁倒糟】 kau⁴⁵pʻei⁴²tə⁴⁵tsə³³,比喻做事不讲信誉、不合情理、不守诺言,也喻吝啬、小气、令人不屑。"昨夜讲好你肯嘅,訾那亦反悔爻罢,恁狗屁倒糟。"

【皇天三宝】 fiuɔ³¹tʻi³³sa³³pə⁴⁵,"三宝"佛、法、僧。佛教指众生轮回的欲界、色界和无色界为"三界"。亦作"皇天三界"。

第十二章 温州话分类词汇

〔01〕天文

【白雨】 ba^{212}vu^{34},晴空中不掩阳光忽然而下的大点雨。

【潮落】 dʑiɛ^{31}lo^{212},落潮,退潮,潮水开始下降。

【潮平】 dʑiɛ^{31}bəŋ^{31},平潮,水位升到最高。

【潮泽】 dʑiɛ^{31}dza^{212},停潮,潮水水位降到最低。

【潮涨】 dʑiɛ^{31}tɕi^{45},涨潮,潮水开始上升。

【打风飕】 tiɛ^{45}hoŋ^{33}tsʻɿ^{33},台风。

【大旱】 da^{11}jy^{34},旱天。

【倒潮】 tə^{45}dʑiɛ^{31},船航行和潮水流动的方向相反。

【倒风】 tə^{45}hoŋ^{33},顶风。

【地藏王转肩】 dei^{11}zuɔ^{31}jyɔ^{31}tɕy^{45}tɕi^{33},地震。

【顶头风】 təŋ^{45}dəu^{31}hoŋ^{33},逆风。

【发雾】 ho^{323}møy^{11},雾,下雾。

【风打㴸】 hoŋ^{33}tiɛ^{45}bø^{11},旋风。

【挂鲎】 ko^{42}hau^{42},出现彩虹。

【鬼头风】 tɕy^{45}dəu^{31}hoŋ^{33},旋风。

【横河】 viɛ^{31}vu^{31},银河。

【鲎】 hau^{42},音吼。彩虹。戴侗《六书故》:"越人谓虹为鲎。"夏天雷雨之后空中出现的彩虹。"鲎䎬伉太阳斗。"

【鲎天】 hau⁴²tʻi³³,泞风天,潮湿天气。

【黄梅天】 ɦuɔ³¹maiʻ³¹tʻi³³,梅雨季节。"黄梅天落雨记前情。"

【雷轰烁电】 lai³¹hoŋ³³ɕia³²³di¹¹,雷雨天气。"外转雷轰烁电嘅,你也有胆走出?"

【落潃雨】 lo²¹²ji³⁴vu³⁴,夏天的雷阵雨。

【满大水】 mø³⁴dəu¹¹sʅ⁴⁵,发大水。

【梅雨】 mai³¹vu³⁴,江南一带每年6、7月份都会出现持续天阴有雨的气候现象,由于正是江南梅子的成熟期,故称其为梅雨。由于这一季节器物易霉,亦称"霉雨"。

【秋霖】 tɕʻiəu³³ləŋ³¹,秋天的小阵雨。秋霖隔牛背,形容雨量小,界线清楚。

【扫帚星】 sə⁴²tɕiəu⁴⁵səŋ³³,彗星。

【烁电】 ɕia³²³di¹¹,闪电。亦作"烁龙"。

【太阳佛】 tʻa⁴²ji³¹vai²¹²,太阳。

【太阳佛下】 tʻa⁴²ji³¹vai²¹²ɦo³⁴,太阳底下。

【太阳光】 tʻa⁴²ji³¹kuɔ³³,阳光。

【天光晓】 tʻi³³kuɔ³³ɕia⁴⁵,启明星。

【天色】 tʻi³³sei³²³,天气。"恁嘅天色,打狗也不出门。"

【天色冷】 tʻi³³sei³²³liɛ³⁴,天冷。

【天色热】 tʻi³³sei³²³ȵi²¹²,天热。

【天时】 tʻi³³zʅ³¹,天气。

【乌云】 u³³jioŋ³¹,黑云。

【雾重】 møy¹¹dʑyɔ³⁴,下大雾。

【响佛】 ɕi⁴⁵vai²¹²,打雷。

【响雷】 ɕi⁴⁵lai³¹,打雷。

【星光月夜】 səŋ³³kuɔ³³ȵy²¹²ji¹¹,月色明亮的夜晚。

【阴时天】 iaŋ³³zι³¹t'i³³，阴天。

【阴飕天】 iaŋ³³sι³³t'i³³，阴冷的天气。

【雨夹雪】 vu³⁴ka³²³ɕy³²³，又下雨，又下雪霰子。

【雨落歇罢】 vu³⁴lo²¹²ɕi³²³ba³⁴，雨停了。

【雨毛溢】 vu³⁴mə³¹baŋ³¹，毛毛细雨。

【雨毛霎】 vu³⁴mə³¹ts'ι³³，小雨，细雨。

【月光】 ȵy²¹²kuɔ³³，月亮。

【月光佛】 ȵy²¹²kuɔ³³vai²¹²，月亮。

【月光夜】 ȵy²¹²kuɔ³³ji¹¹，有月亮的夜晚。

【月晕】 ȵy²¹²jioŋ¹¹，月亮周围形成的大圆环，常预示天气变化。"月晕风，日晕雨。"

【燥风天】 sə⁴²hoŋ³³t'i³³，干燥的天气。

【涨潮】 tɕi⁴⁵dʑiɛ³¹，潮涨，潮水开始上升。

【阵头风】 dzaŋ¹¹dəu³¹hoŋ³³，阵风。

【泞风天】 ȵiaŋ¹¹hoŋ³³t'i³³，刮东南风时的潮湿天气。亦说"鲎天"。

[02] 地理

【岙门】 ə⁴²maŋ³¹，海湾。

【半山腰】 pø⁴²sa³³iɛ³³，山腰。

【菜园地】 ts'e⁴²jy³¹dei¹¹，菜园。

【草坦】 ts'ə⁴⁵da¹¹，草坪，草地。

【城底】 zəŋ³¹tei⁴⁵，城里。"拉番薯屁，讲城底话。"

【地峡】 dei¹¹ga²¹²，地面之下，水旁地。

【丁步】 təŋ³³bøy¹¹，丁础。

【洞桥】 doŋ¹¹dʑiɛ³¹，一种石拱桥。

【陡门】 tau⁴⁵maŋ³¹，江河间的水闸或闸门，也作"斗门"。

【斗门】 tau⁴⁵maŋ³¹，见"陡门"。

【芙蓉村】 vøy³¹jyɔ³¹tsʻø³³，在永嘉岩头镇。两字白读。

【海坛】 he⁴⁵da¹¹，指鹿城东北角海坛山。"海坛沙涨，温州出相。"

【河埭】 vu³¹de¹¹，河流岸边以土石修筑的挡水的堤。

【河墈】 vu³¹kʻø⁴²，河岸。

【河滩】 vu³¹tʻa³³，河床两侧。

【河塘】 vu³¹duɔ³¹，河堤。

【河臀】 vu³¹dø³¹，河床中心。

【横渎】 viɛ³¹dəu²¹²，东西流向的小河。

【荒地】 huɔ³³dei¹¹，空地。

【黄泥】 ɦuɔ³¹n̠i³¹，红黄色的山土。

【火烧山】 fu⁴⁵ɕiɛ³³sa³³，垦荒烧山，又指被火烧过的山。

【浃井】 ka³²³taŋ⁴⁵，田间屋后的小池塘，用于洗涤灌溉。

【街路】 ka³³løy¹¹，街道，旧时有店面的街坊通道。

【空坦】 kʻoŋ³³da¹¹，平坦无物的空地。

【癞头山】 la¹¹dəu³¹sa³³，荒山秃岭。

【门台】 maŋ³¹de³¹，大门口的台阶。

【平垟】 bəŋ³¹ji³¹，平坦开阔的地方。"虎落平垟勾狗欺。"

【桥间】 dʑiɛ³¹ka³³，桥洞，桥孔。

【三角门】 sa³³tɕia³²³maŋ³¹，温州旧城门之一，今称来福门。

【山㟉】 sa³³ə⁴²，山间的小平原。

【山坳】 sa³³uɔ⁴²，被山崖包围的山间平原，山间的平地。

【山背】 sa³³pai⁴²，山脊。

【山底】 sa³³tei⁴⁵，与外界距离很远的山区。

【山底角】 sa³³tei⁴⁵ko³²³，深山较偏僻的地方。

【山顶】 sa³³təŋ⁴⁵，山的最高处。

【山丼】 sa³³taŋ⁴⁵，山中低洼的地方。

【山坪】 sa³³bəŋ³¹，山间平地。

【山水】 sa³³sʅ⁴⁵，泉水。

【山坦】 sa³³da¹¹，较平缓的、可辟为园地的山坡。

【山头岙窟】 sa³³dəu³¹ə⁴²k'y³²³，山区最为偏僻荒凉的地方。

【山弯】 sa³³ua³³，山坳。

【山峡】 sa³³ga²¹²，特别狭窄的山谷。

【山园】 sa³³jy³¹，旱地，山地。

【上河乡】 ji¹¹vu³¹ɕi³³，指温州市区西南郊，三溪河之下游。

【上下阶坎】 ji¹¹ɦo³⁴ka³³k'ø⁴⁵，阶沿的上下。

【深山冷岙】 saŋ³³sa³³liɛ³⁴ə⁴²，人迹罕至的深山老林。

【石腊】 zei²¹²la²¹²，原指锡兰，即斯里兰卡。斯里兰卡古阿拉伯语Sirandib，宋代音译为细兰，明代称锡兰。锡兰离中国很远，但温州人为了谋生，早在明末清初，就有人远涉重洋去经商，甚至在那儿安家落户。温州人常说："个地方比石腊还远哩。""个人石腊也走到罢。"意谓已跑到老远老远的地方去了。

【水丼】 sʅ⁴⁵taŋ⁴⁵，亦作"水凼"。水坑，平地积水处。

【水泥坦】 sʅ⁴⁵n̠i³¹da¹¹，混凝土浇注的地坪。

【水圩】 sʅ⁴⁵vu³¹，蓄水池。

【塘股】 duɔ³¹ku⁴⁵，堤。

【田岸】 di³¹jy¹¹，田埂。

【涂坦】 døy³¹da¹¹，涂头。"涂坦是大田，够你吃千年。"

【土墩】 t'øy⁴⁵tø³³，土堆。

【溪沟】 ts'ŋ³³kau³³,两山夹水的山涧。

【溪坑】 ts'ŋ³³k'iɛ³³,小溪。

【下河乡】 ɦo³⁴vu³¹ɕi³³,指温州市东南郊,三溪河之下游。

【下山】 ɦo³⁴sa³³,指温州东部海岛地区,包括洞头、玉环等地。"下山人。""下山嘅海货反而比市区还贵厘。"

【岩坦】 ŋa³¹da¹¹,平坦的山崖。

〔03〕时令

【八月十五】 po³²³n̪y²¹²zai²¹²ŋ³⁴,中秋节。

【半夜过】 pø⁴²ji¹¹ku⁴²,过了午夜的深夜。

【半夜三更】 pø⁴²ji¹¹sa³³kiɛ³³,三更半夜。

【成年】 zəŋ³¹n̪i³¹,亦作"成长年"。一年到头。

【成世】 zəŋ³¹sei⁴²,亦作"成长世"。一辈子。

【成夜】 zəŋ³¹ji¹¹,亦作"成长夜"。整夜。

【成长年】 zəŋ³¹dʑi³¹n̪i³¹,一年到头。亦简作"成年"。

【成长世】 zəŋ³¹dʑi³¹sei⁴²,一辈子。亦简作"成世"。

【成长夜】 zəŋ³¹dʑi³¹ji¹¹,整夜。亦简作"成夜"。

【春三八九】 tɕ'ioŋ³³sa³³po³²³tɕiau⁴⁵,指春秋气候宜人的日子。

【二月二】 ŋ¹¹n̪y²¹²ŋ¹¹,阴历二月初二为中和节,温州习俗大家要吃芥菜饭,城里要摆拦街福。

【隔夜】 ka³²³ji¹¹,隔一天,过了夜。

【后边来】 ɦau³⁴pø³³le³¹,过后。

【后年】 ɦau³⁴n̪i³¹,明年的明年。

【将来三】 tɕi³³le³¹sa³³,将来。

【交秋】 kuɔ³³tɕ'iəu³³,立秋。

【九月九】 tɕiau⁴⁵n̠y²¹²tɕiau⁴⁵，重阳节。"九月九蚊虫叮捣臼。"

【久后】 tɕiau⁴⁵ɦiau³⁴，往后。

【旧年】 dʑiau¹¹n̠i³¹，去年。

【年冬节到】 n̠i³¹toŋ³³tɕi³²³tə⁴²，快到年关。

【年头】 n̠i³¹dəu³¹，年初。

【廿九夜】 n̠i¹¹tɕiau⁴⁵ji¹¹，除夕，泛指大年夜。

【廿四夜】 n̠i¹¹sɿ⁴²ji¹¹，腊月二十四日的夜晚。

【旁世】 buɔ³¹sei⁴²，下世，后世。

【旁月】 buɔ³¹n̠y²¹²，下个月。"屋宕旁月就会结顶嘅。"

【平时不节】 bəŋ³¹zɿ³¹pai³²³tɕi³²³，通常的时候。

【平时节】 bəŋ³¹zɿ³¹tɕi³²³，平日，通常的时候。

【七月半】 ts'ai³²³n̠y²¹²pø⁴²，中元节，即鬼节。

【七月七】 ts'ai³²³n̠y²¹²ts'ai³²³，七夕。"七月七，生阿巧。"

【前个月】 ji³¹kai⁴²n̠y²¹²，上个月。亦作"前个月日"。

【前境】 ji³¹tɕiaŋ⁴⁵⁻⁴²，前些日子。

【前两年】 ji³¹lie³⁴n̠i³¹，前几年，前些年。

【前年】 ji³¹n̠i³¹，去年的前一年。

【前世】 ji³¹sei⁴²，前生。

【清早】 ts'əŋ³³tsɔ⁴⁵，清晨。

【三九年夜】 sa³³tɕiau⁴⁵n̠i³¹ji¹¹，隆冬腊月，指年关将到。

【三十年夜】 sa³³zai²¹²n̠i³¹ji¹¹，除夕。

【上半年】 ji¹¹pø⁴²n̠i³¹，前半年。

【上半夜】 ji¹¹pø⁴²ji¹¹，前半夜。

【十二冷月】 zai²¹²ŋ¹¹lie³⁴n̠y²¹²，寒冬腊月。

【时节】 zɿ³¹tɕi³²³，节令，时光。"清明时节雨纷纷。"

【天暗落】 t'i³³ø⁴²lo²¹²，天黑了。

【天光】　t'i³³kuɔ³³，上午。

【天光早】　t'i³³kuɔ³³tsə⁴⁵，清晨。

【乌暗夜】　u³³ø⁴²ji¹¹，黑夜。

【五日年】　ŋ³⁴ne²¹²n̩i³¹，从正月初一到初五的五天。

【下半夜】　ɦo³⁴pø⁴²ji¹¹，夜晚12点以后到黎明以前。

【闲时年】　ɦa³¹zŋ³¹n̩i³¹，往年。

【闲时节】　ɦa³¹zŋ³¹tɕi³²³，平时，平日。"闲时节用功厘儿，大考能界就不用临时抱佛脚。"

【闲月】　ɦa³¹n̩y²¹²，农闲时节。

【夜底】　ji¹¹tei⁴⁵，夜里。

【夜地】　ji¹¹dei¹¹，夜间。

【夜来】　ji¹¹le³¹，夜间。

【夜里】　ji¹¹lei³⁴，夜间。

【以早】　ji³⁴tsə⁴⁵，从前。"以早该里有条河。"

【永世】　jioŋ³⁴sei⁴²，永远。

【月底】　n̩y²¹²tei⁴⁵，一个月的最后时日。

【月尽】　n̩y²¹²zaŋ³⁴，月终。

【月头】　n̩y²¹²dəu³¹，月初。

【月月】　n̩y²¹²n̩y²¹²，每月。

【早年】　tsə⁴⁵n̩i³¹，过去。"年轻的时候。早年下孝上，能界上孝落。"

【长远】　dʑi³¹jy³⁴，永远。

【正月】　tsəŋ³³n̩y²¹²，农历年第一个月。"正月不做鞋，一年着破鞋。"

【正月半】　tsəŋ³³n̩y²¹²pø⁴²，元宵节。

【正月初一】　tsəŋ³³n̩y²¹²ts'əu³³⁵ai¹³，年初一。

【正月十五】　tsəŋ³³n̩y²¹²zai²¹²ŋ³⁴，元宵节。

【昨夜】　zo²¹²ji¹¹，昨天。

〔04〕农事

【板锄】　pa⁴⁵zʅ³¹，锄头。

【畚斗】　paŋ⁴⁵tau⁴⁵，清除垃圾用的畚箕。

【插田】　tsʻa³²³di³¹，插秧。"乡村四月闲人少，才了蚕桑又插田。"

【柴刀】　za³¹tə³³，砍刀。

【柴爿】　za³¹ba³¹，经过截断、剖劈的木柴。

【铲草】　tsʻa⁴⁵tsʻə⁴⁵，锄草。

【锄锥】　zʅ³¹tsʅ³³，一种类似于十字镐的农具。

【担担】　ta³³ta⁴²，挑担。

【捣杵】　tə⁴⁵tsʻei⁴⁵，杵。"捣杵头也着背归过年。"

【捣米】　tə⁴⁵mei³⁴，舂米。"捣米人逮姆姆饿死。"

【䞍担】　dzəŋ¹¹ta⁴²，扁担两头荷重大致相称。

【䞍头】　dzəŋ¹¹dəu³¹，让扁担两头的荷物重量大致相称。

【簟箩】　di³⁴ləu³¹，箩筐。

【镦猪】　tø³³tsei³³，猪阉割。"你伉镦猪人讲不灵清嘅。"

【粉筛】　faŋ⁴⁵sʅ³³，筛粉用罗筛。

【粪箕】　paŋ⁴²tsʅ³³，用于盛粪和装泥土的簸箕。

【粪扫堆店】　paŋ⁴²sə⁴²tai³³ti⁴²，销售家庭日用杂品的小店。

【粪扫垛】　paŋ⁴²sə⁴²duɔ¹¹，垃圾堆。

【风车】　hoŋ³³tsʻei³³，扇车。

【伏坊】　bu¹¹huɔ³³，孵化雏禽的作坊。

【笕杈】 ɦuɔ¹¹tsʻo³³,架笕竿用的带枝杈的竿。

【笕竿】 ɦuɔ¹¹ky³³,晒衣的竹竿。

【合升】 kø³²³səŋ³³,量粮食的器皿,容量为一升的十分之一。

【花樽】 ho³³tsø³³,花盆。"花樽里嘅花长久冇浇水沃炒爻罢。"

【交青】 kuɔ³³tsʻəŋ³³,青黄不接。"做贼也留后,稻熟着逮交青愁。"

【绞米】 kuɔ⁴⁵mei³⁴,由稻谷加工成大米的过程。

【绞糖】 kuɔ⁴⁵duɔ³¹,由甘蔗制糖的过程。

【砻糠】 loŋ³¹kʻuɔ³³,谷糠,碾米时稻谷脱下的外壳。

【落垟】 lo²¹²ji³¹,下地。

【茅竹】 muɔ³¹tɕiəu³²³,毛竹的别称。"茅竹筒。""茅竹爿。""茅竹笋。""茅竹臀儿。""刀破茅竹两分开。""佛是深山黄泥墩,卦是深山茅竹根。"

【焖火泥】 mai¹¹fu⁴⁵n̩i³¹,用草叶蒿秆闷烧干土制成土肥。

【米筛】 mei³⁴sʅ³³,筛米用的筛子。

【磨担】 møy¹¹ta³³,磨把。

【磨心】 møy¹¹saŋ³³,磨脐。

【牛栏】 ŋau³¹la³¹,牛屋。

【耙猪沙】 bo¹¹tsei³³so³³,拾粪。"轮着耙猪沙,猪也拉亚屙。"

【破柴】 pʻa⁴²za³¹,劈柴。

【破篾】 pʻa⁴²mi²¹²,用刀将竹子劈成薄片。

【葡萄棚】 bøy³¹dɔ³¹biɛ³¹,供栽培葡萄用的大棚架。

【敲罟】 kʻuɔ³³ku⁴⁵⁻³³,一种海洋捕捞黄花鱼的作业方法,现已禁止。

【软簟】 n̩y³⁴di³⁴,竹篾编制而成的大竹席,稻熟收成时晒谷用的簟簟。

【箬笠】 ȵia²¹²lei²¹²,用箬竹叶和篾编制成的斗笠。

【筲箕】 suɔ³³tsɿ³³,筲音稍,淘米竹器。

【十字镐】 zai²¹²zɿ¹¹kə⁴⁵,洋镐。

【石礧】 zei²¹²lai¹¹,碌碡。

【粟米】 ɕyo³²³mei³⁴,原泛指粮食,也指小米,温州人又指玉米,或称粟麦。"粟米段。""粟米粉。"

【踏碓】 da²¹²tai⁴²,旧时碾米的场所。

【踏笼】 da²¹²loŋ³¹,捕捉鸟兽的笼子,笼内放置诱饵,笼门装有机关,一经触动,即自动关闭,从而将入笼的鸟兽捕获。喻指圈套。"你不用逮踏笼妆起害我。"

【踏水】 da²¹²sɿ⁴⁵,旧时指用脚踩动龙骨水车来灌溉。"田沃裂开爻罢,着踏水快吧。"

【掏水】 də³¹sɿ⁴⁵,戽水。

【铁板】 tʻi³²³pa⁴⁵,锄头。

【通田】 tʻoŋ³³di³¹,泡田,比喻满水。

【拖田】 tʻa³³di³¹,犁田。"老牛拖田,四脚朝天。"

【弯刀】 ua³³tə³³,割草用镰刀。

【晚稻熟】 ma³⁴də³⁴jiəu²¹²,秋收。

【下田】 fio³⁴di³¹,下地干农活。

【压番薯】 a³²³fa³³zei³⁴,在大田中插种甘薯苗。

【羊栏】 ji³¹la³¹,羊圈。

【耘草】 jioŋ³¹tsʻə⁴⁵,耘田。

【早稻熟】 tsə⁴⁵də³⁴jiəu²¹²,夏收。

【轧米】 ga²¹²mei³⁴,机器碾米。

【猪槽盂】 tsei³³zə³¹vu³¹,猪槽。

【猪栏间】 tsei³³la³¹ka³³,猪圈。

【斫草】 tɕia³²³tsʻə⁴⁵,割草。

【斫柴】 tɕia³²³za³¹,砍柴。

【斫刀】 tɕia³²³tə³³,砍柴用的工具。

【斫树】 tɕia³²³zʅ¹¹,砍树。

【走田里】 tsau⁴⁵di³¹lei³⁴,下地。

〔05〕植物

【菠薐菜】 pa³²³laŋ³¹tsʻe⁴²,菠菜。

【八棱瓜】 pa³²³laŋ³¹ko³³,指果实有八条棱线的丝瓜。

【白菜】 ba²¹²tsʻe⁴²,大白菜。

【白菊瓜】 ba²¹²tɕiəu³²³ko³³,薄皮甜瓜的一个品种。

【白茅根】 ba²¹²muɔ³¹kø³³,白茅的根茎,可入药。

【白银豆】 ba²¹²ȵiaŋ³¹dəu¹¹,一种球形菜豆。

【板栗】 pa⁴⁵li²¹²,一种可食的果实。

【包罗粟】 puɔ³³ləu³¹ɕyo³²³,玉米。

【本地早】 paŋ⁴⁵dei¹¹tsɔ⁴⁵,橘子的品种之一。

【荸荠】 bø²¹²zei³⁴,皮色紫黑,肉质洁白,味甜多汁。

【扁豆】 pi⁴⁵dəu¹¹,常用蔬菜,嫩荚或成熟的豆粒可供食用。

【菜头缨】 tsʻe⁴²dəu³¹iaŋ³³,萝卜缨儿。

【蚕豆】 zø³¹dəu¹¹,温州人指豌豆。

【灿柿】 tsʻa⁴²zʅ³⁴,柿子的干制品。

【糙米】 tsʻə⁴²mei³⁴,碾得不精的大米。

【菖蒲】 tɕʻi³³bøy³¹,端午节门上悬菖蒲和艾叶。

【大头菜】 da¹¹dəu³¹tsʻe⁴²,大头菜,芥菜的变种。

【稻秆】 də³⁴ky⁴⁵,稻草。

【稻秆垛】 də³⁴ky⁴⁵dəu¹¹，柴草垛。亦作"稻秆墙"。

【稻秆绳】 də³⁴ky⁴⁵zəŋ³¹，1.稻草打的绳子。2.一种油炸面食。

【稻秆桩】 də³⁴ky⁴⁵dʑyɔ³¹，稻茬。

【稻桶】 də³⁴doŋ³⁴，打谷桶。

【发菜】 ho³²³tsʻe⁴²，一种生在海上的状如头发丝的食用藻。

【番椒】 fa³³tɕiɛ³³，辣椒。

【番人芋】 fa³³naŋ³¹vu¹¹，马铃薯。

【番薯】 fa³³zei³⁴，甘薯，红薯，地瓜。

【番薯丝】 fa³³zei³⁴sɿ³³，北方叫甘薯丝或地瓜干，上海叫山芋干。

【番薯藤】 fa³³zei³⁴daŋ³¹，地瓜藤。

【高粱粟】 kə³³li³¹ɕyo³²³，高粱。

【瓜心】 ko³³saŋ³³，瓜瓤。

【红菜】 ɦoŋ³¹tsʻe⁴²，胡萝卜。亦说"红萝卜"。

【红瓟】 ɦoŋ³¹n̩i³¹，苦瓜。

【花菜】 ho³³tsʻe⁴²，花椰菜，菜花。

【花麦】 ho³³ma²¹²，荞麦。

【花心】 ho³³saŋ³³，花蕊。

【槐豆】 va³¹dəu¹¹，蚕豆。

【黄花菜】 ɦuɔ³¹ho³³tsʻe⁴²，一种蔬菜，即金针菜。

【黄菱】 ɦuɔ³¹ləŋ³¹，菱角。

【黄秧菜】 ɦuɔ³¹i³³tsʻe⁴²，形似大白菜，但不会卷心。

【茭笋】 kuɔ³³ɕioŋ⁴⁵，茭白。

【芥菜】 ka⁴²tsʻe⁴²，大叶芥，一种蔬菜。

【金弹】 tɕiaŋ³³da³¹，金橘。果实卵形，果皮橙黄色，味甜。

【金瓜】 tɕiaŋ³³ko³³，南瓜。"黄起金瓜蒂恁。"

【金丝蜜枣】 tɕiaŋ³³sʅ³³mi²¹²tsə⁴⁵,枣子的一种。

【空心菜】 kʻoŋ³³saŋ³³tsʻe⁴²,蕹菜。

【辣蓼】 la²¹²liɛ³⁴,一年生草本植物,可入药。

【狼萁】 luɔ³¹tsʅ³³,蕨。

【稞谷】 ha⁴⁵ku³²³,秕谷。空的或不饱满的稻谷。

【络麻】 lo²¹²mo³¹,黄麻。

【落花生】 lo²¹²ko³³siɛ³³,花生。"落花生肉出风爻不好吃嘅。"

【霉干菜】 mai³¹ky³³tsʻe⁴²,经特色加工的咸菜干,有浓郁的香味。

【糯柿】 noŋ¹¹zʅ³⁴,或作软柿。柿子。

【盆菜】 bø³¹tsʻe⁴²,芜菁,一种温州及周边地区特产的菜蔬。

【椪柑】 pʻoŋ⁴²kø³³,柑橘的一种。

【蒲瓜】 bøy³¹ko³³,瓠瓜。

【荠菜】 zei³⁴tsʻe⁴²,一种野菜。

【茄儿】 dzʅ³¹ŋ³¹,茄子。

【青椒】 tsʻəŋ³³tɕiɛ³³,柿子椒。

【琼花】 dʑioŋ³¹ho³³,昙花。

【球菜】 dʑiau³¹tsʻe⁴²,卷心菜,结球甘蓝。

【三年背】 sa³³ȵi³¹pai³³,桉树的俗称。

【山茶花】 sa³³dzo³¹ho³³,杜鹃花。

【杉树顶】 sa³³zʅ¹¹təŋ⁴⁵,杉木伐倒后切下的梢头。

【生毛芋】 siɛ³³mo³¹vu¹¹,芋头。

【生仁】 siɛ³³zaŋ³¹,花生米。

【薯芋】 zei³⁴vu¹¹,大薯,多年生藤本植物。

【薯蓣】 zei³⁴vu¹¹,山药。

【树杈】 zʅ¹¹tsʻo³³,树枝。

【树栽】　zī¹¹tse³³，树苗。

【四季豆】　sī⁴²tɕy⁴²dəu¹¹，菜豆，一种长荚的蔬菜。

【松树】　jyɔ³¹zī¹¹，马尾松。观赏用的松。

【粟麦】　ɕyo³²³ma²¹²，玉米。

【笋菜】　ɕioŋ⁴⁵tsʻe⁴²，莴笋。

【太阳佛花】　tʻa⁴²ji³¹vai²¹²ho³³，向日葵。

【天罗瓜】　tʻi³³ləu³¹ko³³，丝瓜。

【天罗瓜絮】　tʻi³³ləu³¹ko³³sei⁴²，丝瓜络。

【筒菜】　doŋ³¹tsʻe⁴²，大白菜的俗称。

【文旦】　vaŋ³¹ta⁴²，柚子的一个良种。以台州玉环楚门所产最为有名。温州话称柚子为pʻə³³，借用"橐"字。

【乌豆】　u³³dəu¹¹，黑豆。

【咸草】　ɦa³¹tsʻə⁴⁵，一种生长在海涂中的草。

【香菜】　ɕi³³tsʻe⁴²，芫荽。

【香葱】　ɕi³³tsʻoŋ³³，洋葱。

【消梨】　ɕiɛ³³lei³¹，梨的总称。

【芽㑚出】　ŋo³¹nie³¹tɕʻy³²³，发芽。

【杨梅】　ji³¹mai³¹，温州人特别喜爱的水果。

【杨梅芋】　ji³¹mai³¹vu¹¹，马铃薯。

【油菜心】　jiau³¹tsʻe⁴²saŋ³³，油菜苔。

【油冬菜】　jiau³¹toŋ³³tsʻe⁴²，青菜的一种，形似小白菜。

【油焖笋】　jiau³¹maŋ¹¹ɕioŋ⁴⁵，将笋用文火焖熟的菜肴。

【圆眼】　jy³¹ŋa³⁴，桂圆。

【栽树】　tse³³zī¹¹，种树。

【早白】　tsə⁴⁵ba²¹²，早籼米。

【针金】　tsaŋ³³tɕiaŋ³³，黄花菜。

【指甲花】 tsʅ⁴⁵ka³²³ho³³，凤仙花。

【竹衣】 tɕieu³²³i³³，竹膜。

【紫带豆】 tsʅ⁴⁵ta⁴²dəu¹¹，豇豆。

〔06〕动物

【八哥儿】 po³²³ku³³ŋ³¹，八哥。

【八脚蟹】 po³²³tɕia³²³ha⁴⁵，蟢子，即扁蟹。

【白鸽】 ba²¹²kø³²³，鸽子。

【白鲞】 ba²¹²ɕi⁴⁵，黄鱼的干制品。

【白蚁】 ba²¹²ŋa³⁴，一种对建筑物破坏性极大的形似蚂蚁的害虫。

【白鱼】 ba²¹²ŋøy³¹，鳓鱼，一种海鱼。

【白鳝生】 ba²¹²da³¹sie³³，小带鱼的糟制品。

【百脚】 pa³²³tɕia³²³，蜈蚣。

【豹儿】 puɔ⁴²ŋ³¹，豹子。

【扁蟹】 pi⁴⁵ha⁴⁵，壁钱，蜘蛛类蛛形纲的一目。"肚饿夊扁蟹恁。"

【蚕虾】 zø³¹ho³³，海虾的一种。

【苍蝇蟊】 ts'uɔ³³iaŋ³³sei⁴²，蝇卵及蝇蛆。

【藏鱼】 zuɔ³¹ŋøy³¹，海蜇，水母。"藏鱼乌。""藏鱼白。""藏鱼头。""藏鱼花。""藏鱼靠虾儿当眼。""一桶藏鱼沃是头。""虾仔肉蘸藏鱼鲜显鲜。""藏鱼水做嘅，阎王鬼做嘅。""吃豆腐问骨，吃藏鱼问血。"

【膁食虫】 zə³¹zei²¹²dʑioŋ³¹，俗指蛔虫。

【草狗】 ts'ə⁴⁵kau⁴⁵，也叫草狗娘儿，母狗。

【鲳鱼】 tɕ'i³³ŋøy³¹，一种海鱼。

【臭桶蟞】 tɕ'ieu⁴²doŋ³⁴biɛ³¹，一类翅膀变化异常的昆虫的通称，体后有一个臭腺开口，遇到敌人时就放出臭气，学名叫椿象。

【刀鹰】 tə³³iaŋ³³，老鹰的通称。

【灯蚌】 taŋ³³mai³¹，一种田间害虫。

【屙坑虫】 u⁴²k'iɛ³³dʑioŋ³¹，粪坑蛆虫。

【纺车踏】 huɔ⁴⁵tsʻei³³da²¹²，纺织娘。

【嘎鹅】 ga²¹²ŋ³¹，鹅。

【瓜子蚶】 ko³³tsʅ⁴⁵hø³³，彩虹明樱蛤。

【海蜓】 he⁴⁵ji³¹，一种小鱼干。

【骇覆蛇】 ha⁴⁵p'u³²³zei³¹，一种毒蛇，即蝮蛇。

【骇蛇】 ha⁴⁵zei³¹，毒蛇。

【河蠡蚌】 vu³¹løy³¹biɛ³⁴，蚌科贝类的通称。

【河鳗】 vu³¹mø³¹，一种可食之鳗鱼，似蛇，但无鳞。

【河虾虮】 vu³¹ho³³tsʅ⁴⁵，指从塘河捕捞的剑水蚤及沼虾卵的混合物。

【红膏江蟹】 ɦoŋ³¹kɔ³³kuɔ⁴⁵ha⁴⁵，即膏蟹，带蟹黄的梭子蟹。

【猴大】 ɦau³¹dəu¹¹⁻³⁴，猴子。"共不熟嘅猴大。""猴大吃鲜桃恁。""猴大教显灵起。""猴大打狮子格。""面红起猴大臀恁。""山中有大猫，猴大称大王。""个人黏上毛，比猴大还精。"

【狐狸】 vu³¹lei³¹，狐。

【虎蚁】 fu⁴⁵ŋa³⁴，蚂蚁。

【花蚶】 ho³³hø³³，泥蚶，肉味美，有补血功能，可食用。

【鲫鱼】 tsei³³ŋøy³¹，一种淡水食用鱼。

【蛱虫】 ka³²³dʑioŋ³¹，蛱音夹。衣鱼，衣蛾。

【剪裾娘】 tɕi⁴⁵tɕy³³n̠i³¹，螳螂。

【江蟹】 kuɔ⁴⁵ha⁴⁵，梭子蟹。

【茭虱】 kuɔ³³sai³²³，床上的臭虫。

【胶蛰】 kuɔ³³za²¹²，蟑螂，一种小蝉。"胶蛰伉镬灶佛鸡儿打斗。"

【脚鱼】 tɕia³²³ŋøy³¹，即甲鱼。因其有脚，故名，又叫团鱼。

【叫嘴夹】 tɕiɛ⁴²tsŋ⁴⁵ka³²³，鸟喙。

【九里达】 tɕiau⁴⁵lei³⁴da²¹²，马蜂。

【康蟮】 k'uɔ³³ɕy⁴⁵，蚯蚓。"一条康蟮钓条鳗。"

【鯻鯆】 la²¹²vu³¹，跳鱼，弹涂鱼。"鯻鯆不会捉,死人坏会摆。"

【癞蛙蟆】 la¹¹o³³mo³¹，蟾蜍的通称。

【狼狗】 luɔ³¹kau⁴⁵，狼。

【老逐】 lə³⁴dʑiəu²¹²，猫头鹰。

【鲤鱼】 lei³⁴ŋøy³¹，一种淡水鱼。

【蛎膏】 lei¹¹kau³³，牡蛎。一种软体动物,肉可食。

【六畜】 ləu²¹²tɕ'iəu³²³，畜牲。

【鸬鹚】 løy³¹ẓŋ³¹，水鸟名,俗称鱼鹰、水老鸦。"鸬鹚臭。""长脚鸬鹚。""鸬鹚衔鱼冇落肚。""去时流星赶月,来时鸬鹚点雪。"《六书故》19 卷："卢鹚 …… 渔人畜之,环约其嗉,使取鱼。"

【鲈甲】 løy³¹ka³²³，鲈鱼。

【螺蛳】 ləu³¹sŋ³³，田螺的通称。"螺蛳壳里做道场。"

【马鲛】 mo³⁴kuɔ³³，一种海鱼。"马鲛好吃橹难摇。"

【蚂蟥】 mo³⁴ẓŋ³¹，水蛭。

【鳗鱼】 mø³¹ŋøy³¹，海鳗。

【毛截蜊】 mə³¹ts'ei⁴²la²¹²，毛虫。

【茅坑虫】 muɔ³¹kʻiɛ³³dʑioŋ³¹，生于粪坑中的蝇蛆。亦作"厕坑虫"。

【梅童鱼】 mai³¹doŋ³¹ŋøy³¹，小黄鱼。梅童鱼长得童稚可爱，头很大，所以又叫大头梅童鱼。"一篓梅童鱼沃是头。"

【墨墨】 mai²¹²mai²¹²，俗指乌贼墨囊中的墨液。

【墨鱼】 mai²¹²ŋøy³¹，乌贼的别称。

【囡囡猪】 nø³³nø³³tsei³³，饲养中的肉猪，包括小猪。

【泥蟍】 ȵi³¹ʐ̩³¹，泥螺。"白眼泥蟍也想吃大咸鱼儿。"

【泥鳅】 ȵi³¹tɕʻiəu³³，一种生活在池沼、水田中的小鱼。

【牛牯】 ŋau³¹ku⁴⁵，公牛的通称。雄性的猪、羊、猫也可称"牯"。

【牛娘】 ŋau³¹ȵi³¹，母牛的通称。雌性的猪、羊、猫也可称"娘"。

【胖头鱼】 pʰuɔ⁴²dəu³¹ŋøy³¹，鳙鱼和鲢鱼的统称，俗称大头鱼。亦称塘鱼。因"胖"音变读，有人误写作包头鱼。

【蟛蜞】 biɛ³¹dʐ̩³¹，音彭其。一种穴居江岸的小蟹，可供食用。

【蟳蟛】 jiau³¹moŋ³¹，锯缘青蟹。"褪壳嘅蟳蟛最壮。""空壳蟳蟛，只好个外门面。"《六书故》："海滨谓之蟳蝥。"

【蟳蟛虎】 jiau³¹moŋ³¹fu⁴⁵，俗称花江蟹。

【蟳蟛骹】 jiau³¹moŋ³¹kʻuɔ³³，蟳蟛的螯足。

【蛆虫】 tsʻei³³dʑioŋ³¹，孑孓，蚊子的幼虫。

【沙蟥】 so³³ɕy⁴⁵，水丝蚓，可作鱼儿的食饵。

【鲨鲞】 so³³ɕi⁴⁵，小鲨鱼的咸干品。

【山头黄鱼】 sa³³dəu³¹ɦuɔ³¹ŋøy³¹，黄姑鱼，形似大黄鱼。

【蛇蚰】 zei³¹tɕʻyo³²³，蜥蜴（郊区说蛇蚰儿）。

【蛇鱼】 zei³¹ŋøy³¹,鳗鲡鱼的别称,黄鳝的俗称。

【蟋蟀】 ɕy³²³ɕy³²³,蟋蟀。

【水鱙】 sɿ⁴⁵za³⁴,龙头鱼,鱼体柔软,呈半透明状。

【丝网】 sɿ³³muɔ³⁴,蛛网。

【鳎鳗】 tʻa³²³mø³¹,比目鱼。

【天雁鹅】 tʻi³³ga³¹ŋ³¹,雁。

【田螺】 di³¹ləu³¹,螺蛳。"空快活,捉个田螺壳。"

【条虾】 diɛ³¹ho³³,一种淡水虾。

【土狗】 tʻøy⁴⁵kau⁴⁵,蝼蛄的别名。

【兔儿】 tʻøy⁴²ŋ³¹,兔子。

【团鱼】 dø³¹ŋøy³¹,鳖的俗称。

【蛙蟆】 o³³mo³¹,青蛙和蟾蜍的统称。

【蚊虫】 maŋ³¹dʑioŋ³¹,蚊子。

【蚊蝇】 maŋ³¹jiaŋ³¹,一种小飞虫,喜叮人畜。

【乌狼】 u³³luɔ³¹,河豚的别名。

【乌鲤】 u³³lei³⁴,黑鱼。"乌鲤娘嚼鱼——只顾自吃。"

【乌贼】 u³³ze²¹²,墨鱼。"乌贼板儿。""乌贼膏。""乌贼卵。"

【虾虮】 ho³³tsɿ⁴⁵,海虾的卵子,晒干后橙黄色,做调味用。亦作"虾子"。

【虾叩弹】 ho³³kʻau⁴²da³¹,即虾蛄。

【虾米】 ho³³mei³⁴,晒干的去头去壳的虾。"大鱼吃小鱼,小鱼吃虾米。"

【虾皮】 ho³³bei³¹,秋汛所产,稍大于炊虾,烘干,也叫淡皮。

【鲜蛏】 ɕi³³tsʻəŋ³³,鲜活的蛏蛏。

【咸货】 ɦia³¹fu⁴²,盐渍水产品或咸肉咸蛋等。

【象拔蚌】 ji³⁴bo²¹²buɔ³⁴,生物名称是太平洋潜泥蛤,是远东人崇尚食用的高级海鲜。因其又大又多肉的虹管,很似大象的鼻子,故称。

【蜒蚰螺】 ji³¹jiau³¹ləu³¹,蛞蝓,俗称鼻涕虫。

【翼膀】 jiai²¹²puɔ⁴⁵,鸟类及昆虫的翅膀通称翼。

【蚜】 jiau¹¹,蚜虫。

【鱼鲞】 ŋøy³¹kʻau⁴²,小型鱼类干制食品,多经腌制或煮熟后晒干而成。

【鱼生】 ŋøy³¹siɛ³³,白鳝生、鯵梅生、鲻鱼生等糟制品。

【鱼鲞】 ŋøy³¹ɕi⁴⁵,剖开晒干的鱼。

【圆脐】 jy³¹zei³¹,雌蟹,因腹甲圆而得名。

【鲊鱼】 zo¹¹ŋøy³¹,海蜇;水母。

【章举】 tɕi³³tɕy⁴⁵,小型乌贼。

【蟑螇】 tɕi³³miɛ³⁴,蚱蜢、蝗虫。亦作"蟙蟒"。

【长脚蜂】 dʑi³¹tɕia³²³hoŋ³³,马蜂。

【长脐】 dʑi³¹zei³¹,雄蟹因腹甲尖长而得名。

【真番】 tsaŋ³³fa³³,纯种番鸭。

【知了】 tsɿ³³liɛ³⁴,蝉。

【猪牯】 tsei³³ku⁴⁵,雄性种猪,即专为配种的公猪,不含肉猪。

【猪母娘】 tsei³³ŋ³⁴ȵi³¹,老猪娘。

【猪娘】 tsei³³ȵi³¹,母猪。与猪牯相对,专为繁殖的雌性猪。

【鯵鯒】 tsɿ³³mai³¹,梅童鱼,一名黄花鱼。

【竹雀】 tɕiəu³²³jy³¹,猫头鹰。

【子鲚】 tsɿ⁴⁵zei³⁴,鲚鱼,凤尾鱼。"岂有此理,猫儿拖子鲚。"

〔07〕房屋

【白玉】 ba^{212}ṅyo^{212}，细蛎灰。对贝壳蛎灰的饰称。

【板壁】 pa^{45}pi^{323}，亦作"门窗板壁"。

【板障】 pa^{45}tɕi^{42}，板壁，木板隔墙屏障。"床靠板障边不占地方。"

【边间】 pi^{33}ka^{33}，旧式传统民居中位于左右两边的房间。

【窗门】 tɕ'yɔ^{33}maŋ^{31}，温州人说窗门，不说窗户。

【捣泥墙】 tə^{45}ṅi^{31}ji^{31}，打土墙。

【倒吸】 tə^{45}ɕiai^{323}，天花板。"年底掸新能界，逮倒吸扫一扫。"

【道坦】 də^{34}da^{11}，指中庭，天井。围墙之内的称内道坦，围墙之外的称外道坦；面积大的称大道坦，小的称道坦儿；蛎灰夯的为灰坦，水泥浇的为水泥坦。"道坦头嘅鸡麭叉。"

【地板簦】 dei^{11}pa^{45}tsa^{323}，铺地板时用以支承地板的横梁。

【顶层】 təŋ^{45}zaŋ^{31}，同"倒吸"。天花板。

【栋柱】 toŋ^{42}dzʅ^{34}，柱子。"打栋柱，应板障。"

【洞眼】 doŋ^{11}ŋa^{34}，较小的窟窿。

【二间】 ŋ^{11}ka^{33}，旧七间式民居中位于正间和边间之间的房间。

【方棱】 huɔ^{33}laŋ^{31}，一种实心的烧结的黏土砖。

【桁条】 ɦɛ^{31}diɛ^{31}，房檩。

【后边门】 ɦau^{34}pø^{33}maŋ^{31}，后门。

【灰锹板】 fai^{33}tɕ'iɛ^{33}pa^{45}，泥水匠用的拖板。

【灰坦】 fai^{33}da^{11}，用砺灰和黄土分层夯实的地坪。

【间底】 ka^{33}tei^{45}，屋里的家具。"渠啦屋里有整堂嘅红木间底。"

【间门】 ka³³maŋ³¹，房间的门。

【阶沿墢】 ka³³ji³¹k'ø⁴²，阶沿，指房屋台基外缘露出的石头。

【金钿眼】 tɕiaŋ³³di³¹ŋa³⁴，排污管道的盖板。

【壳子板】 k'o³²³tsŋ⁴⁵pa⁴⁵，供浇筑混凝土构件时用的模板。

【坑缸】 k'iɛ³³kuɔ³³，盛粪的大缸，兼作便所。

【蛎灰】 lei¹¹fai³³，贝壳灰，俗称白玉。温州用蛎灰代替石灰以涂墙，将贝壳烧成灰搅拌成蛎灰，称烧白玉，亦叫烧蛎灰。"蛎灰坛。""蛎灰窑。""细蛎灰儿。""蛎灰做地地不平。"

【楼簀】 lau³¹tsa³²³，亦作"楼板簀"。支撑楼面板的梁。

【路廊】 løy¹¹luɔ³¹，骑楼下的长廊。

【茅坑】 muɔ³¹k'iɛ³³，简陋的厕所。

【茅坑板】 muɔ³¹k'iɛ³³pa⁴⁵，戏称小孩的乳牙。"茅坑板句贼掇爻（戏称小孩换牙）。"

【茅棚厂】 muɔ³¹boŋ³¹tɕ'i⁴⁵，用茅草搭建的房舍。"茅棚厂底出公卿。"

【门背后】 maŋ³¹pai⁴²ɦau³⁴，门扇的后面。

【门枋】 maŋ³¹huɔ³³，门柱。

【门环】 maŋ³¹ga¹¹，钌铞。

【门角后】 maŋ³¹ko³²³ɦau³⁴，门背后与墙之间形成的间隙。

【门槛】 maŋ³¹k'a⁴⁵，门坎。"蹩脚碰着高门槛。"

【门前门】 maŋ³¹ji³¹maŋ³¹，正门。

【偏轩】 p'i³³ɕi³³，厢房。

【平台】 bəŋ³¹de³¹，阳台（也指楼顶）。

【平屋】 bəŋ³¹u³²³，平房。

【屏墙】 pəŋ⁴⁵ji³¹，墙壁。

【屏墙角】 pəŋ⁴⁵ji³¹ko³²³，墙角。

【起屋】　ts'ŋ⁴⁵u³²³,造房子。"有福唔福,买田起屋。"

【墙围】　ji³¹vu³¹,"围墙"的倒置。院墙,围墙。

【礤础】　suɔ⁴⁵ts'ŋ⁴⁵,柱顶石。

【晒谷坛】　sa⁴²ku³²³da¹¹,晒稻谷专用的场地。

【晒棚】　sa⁴²biɛ³¹,阳台。

【上间】　ji¹¹ka³³,旧民居正中的厅堂,用于祭祀或接待宾客。

【书房间】　sŋ³³ɦuɔ³¹ka³³,书房。

【水凼】　sŋ⁴⁵taŋ⁴⁵,水坑,平地积水处。"该条路沃是大大小小嘅水凼,难走显。"

【水门汀】　sŋ⁴⁵maŋ³¹t'ən³³,水泥的旧称。

【水皮】　sŋ⁴⁵bei³¹,檩。

【樟头】　ɕioŋ⁴⁵dəu³¹,榫。

【踏步级】　da²¹²bøy¹¹tɕiai³²³,河边的石级,门前的台阶。

【台坎】　de³¹k'ø⁴⁵,用砖石或混凝土等砌成的阶梯。

【抬楼】　de³¹lau³¹,在建筑物上加层。

【梯踏板】　t'ei³³da²¹²pa⁴⁵,梯级。用钢格板外加防滑条和侧板组合而成的深加工产品。主要用于钢梯上作踏步。

【踢脚线】　t'ei³²³tɕia³²³ɕi⁴²,墙脚近地面处的装饰保护带。

【铜环】　doŋ³¹ga¹¹,合页。

【瓦毗】　ŋo³⁴guɔ³⁴,瓦椽之间的间隙。"瓦毗里沃有草出起,个屋宕陈年百代罢。"

【瓦光】　ŋo³⁴kuɔ³³,屋顶上开的供采光用的小窗。

【瓦砾丬锋】　ŋo³⁴lei²¹²ba³¹hoŋ³³,碎瓦。

【屋基】　u³²³tsŋ³³,房基。

【厢房】　ɕi³³ɦuɔ³¹,在正房前面两旁的房屋。

【巷弄毗】　ɦuɔ¹¹loŋ¹¹guɔ³⁴,狭小的巷弄。亦作"巷弄峡儿"。

【新人间】 saŋ³³ȵiaŋ³¹ka³³，洞房间。"新人间里有老嫩。"

【新屋】 saŋ³³u³²³，新房。"搬新屋吧,旧家生干脆夠渠算罢。"

【轩间】 ɕi³³ka³³，厢房。

【檐头水】 ji³¹dəu³¹sȵ⁴⁵，从屋檐流下来的天落水。"留心檐头水滴落逮你打湿。"

【阴沟洞】 iaŋ³³kau³³doŋ¹¹，阴沟。"阴沟洞里想吃天鹅肉。"

【渔寮】 ŋøy³¹liɛ³¹，在海边搭建的简陋草屋。

【圆洞门】 jy³¹doŋ¹¹maŋ³¹，圆月形的门洞。

【栅栏齿】 sa³³la³¹tsʻȵ⁴⁵，栅齿。

【宅基】 dza²¹²tsȵ³³，住宅的基地。亦说"地基"。

【照屏】 tɕiɛ⁴²bəŋ³¹，影壁。

【正间】 tsəŋ⁴²ka³³，正房。旧民居中堂两侧的房间,一般供作主卧室。

【竹篱】 tɕiəu³²³lei³¹，篱笆。

【砖不】 tɕy³³gø²¹²，破碎断裂的砖。

【砖坯】 tɕy³³pʻai³¹，土坯。

[08] 器物

【矮凳】 a⁴⁵taŋ⁴²，凳子。亦说"矮凳儿"。

【矮椅】 a⁴⁵i⁴⁵，椅子。

【八仙桌】 po³²³ɕi³³tɕyo³²³，每边可坐二人用餐的大方桌。

【白铁皮】 ba²¹²tʻi³²³bei³¹，镀锌的马口铁皮。

【扳牙】 pa³³ŋo³¹，用于加工外螺纹的工具。

【扳钻】 pa³³tsø⁴²，木工钻孔用的工具。

【板砧】 pa⁴⁵tsaŋ³³，"砧板"的倒置,切鱼肉用的垫板。"板砧上嘅肉。"

【棒棰】 buɔ³⁴tsŋ⁴⁵，拐杖，手杖。"灯心草当棒棰。"

【背心袋】 pai⁴²saŋ³³de¹¹，塑料薄膜袋子。

【被单】 bei³⁴ta³³，被里。

【布帐】 pøy⁴²tɕi⁴²，床帐的统称。

【布帐钩】 pøy⁴²tɕi⁴²kau³³，帐钩。

【苍蝇搭】 tsʻuɔ³³iaŋ³³ta³²³，苍蝇拍。

【草纸】 tsʻə⁴⁵tsei⁴⁵，手纸。

【搻扫】 dzo³¹sə⁴²，扫帚。亦说"搻扫脚""搻扫枝儿"。

【尺八镬】 tsʻei³²³po³²³ɦo²¹²，大铁锅，以直径一尺八寸而名。

【床底角】 jyɔ³¹tei⁴⁵ko³²³，床的里侧，与"床外角"相对。

【床杠】 jyɔ³¹kuɔ³³，床两边的横档。

【床头柜】 jyɔ³¹dəu³¹dʑy¹¹，放在床边的小柜子。

【床外角】 jyɔ³¹va¹¹ko³²³，床外侧，与"床底角"相对。

【床簥】 jyɔ³¹tsa³²³，用于承托床板的粗木条。

【荡刀布】 duɔ³⁴tə³³pøy⁴²，剃头师傅用来刮擦剃刀使之锋利的专用布条，故也比喻衣服肮脏。"渠身上嘅衣裳荡刀布一色。"

【荡口杯】 duɔ³⁴kʻau⁴⁵pai³³，漱口用的杯子。

【地拖】 dei¹¹tʻəu³³，拖把。"逮地拖里嘅水捩一捩燥。"

【鹅兜】 ŋo³¹tau³³，旧时一种木盆。

【方盛】 huɔ³³zəŋ³¹，盛物的方柜。

【陔士林】 ge¹¹zŋ³⁴ləŋ³¹，汽油的旧称，英文 gasolin 的音译。

【杠段】 kuɔ⁴²daŋ¹¹，一种用较粗毛竹或木头做的用于抬较重东西的棍子。

【格斗】 ka³²³tau⁴⁵，抽屉。

【公事桌】 koŋ³³zŋ¹¹tɕyo³²³，写字台。"该张公事桌有六搂长。"

【官剪】 ky³³tɕi⁴⁵,一种专供剪指(趾)甲的剪刀,刃口较宽,较短,较薄。

【柜格】 dʑy¹¹ka³²³,抽屉。"柜格推开寻寻眙,钞票有囥底也有。"亦作"柜格桶"。

【柜格桶】 dʑy¹¹ka³²³doŋ³⁴,抽屉。

【鹤兜】 ŋo²¹²tao³³,带雕有鹤头竖柄的脚盂。

【花鼓桶】 ho³³ku⁴⁵doŋ³⁴,一种腰鼓形的家具。

【火酒】 fu⁴⁵tɕiəu⁴⁵,酒精。

【火笼】 fu⁴⁵loŋ³¹,农家用竹篾编成的中置小火盆的笼状取暖或熏衣被的器具。

【火箱】 fu⁴⁵ɕi³³,冬天取暖用的一种手炉,一般为铜制。

【火纸】 fu⁴⁵tsei⁴⁵,一种较粗糙的黄色土纸,用作炮仗、纸钱等。盛唐时,鬼神事繁,以纸钱代焚帛,故造者名曰火纸。

【镬戳】 ɦo²¹²tɕ'yo³²³,锅铲。

【镬灶】 ɦo²¹²tsə⁴²,锅台。

【镬灶佛】 ɦo²¹²tsə⁴²vai²¹²,灶神。"镬灶佛升天直直报。"

【镬灶间】 ɦo²¹²tsə⁴²ka³³,厨房间。

【家生伙】 ko³³siɛ³³fu⁴⁵,工具,亦指日常用具。

【铰剪】 ka⁴⁵tɕi⁴⁵,剪刀,是铰和剪的同义合璧。

【脚盂】 tɕia³²³vu³¹,脚盆。

【齐橱】 ka⁴²dʐŋ³¹,菜橱,碗柜。

【齐刀】 ka⁴²tə³³,菜刀。亦说"肴配刀"。

【金钵】 tɕiaŋ³³pø³²³,盛骨殖的甏子,因外涂金黄色釉,故名。

【镜台】 tɕiaŋ⁴²de³¹,梳妆台。

【酒埕】 tɕiəu⁴⁵dzəŋ³¹,同"甑"。酒坛子。

【楝捶挞】 li²¹²dʐŋ³¹da²¹²,洗衣物用的棒槌。

【两头锤】　lie³⁴dəu³¹dzɿ³¹,练习举重用的石担。

【螺丝刀】　ləu³¹sɿ³³tə³³,起子。

【马光铁】　mo³⁴kuɔ³³t'i³²³,马光铁盒儿。亦说"白口铁"。

【马桶】　mo³⁴doŋ³⁴,本指妇女屎尿之桶,自清代起盛行。

【马子桶】　mo³⁴tsɿ⁴⁵doŋ³⁴,小马桶。

【蒙帚】　moŋ¹¹tɕiəu⁴⁵,一种用五节芒捆扎而成的扫把。

【眠床】　mi³¹jyɔ³¹,卧具。

【面盂】　mi¹¹vu³¹,脸盆。"粉洗面盂底——白白糟爻。"亦说"面桶"。

【面盂架】　mi¹¹vu³¹ko⁴²,脸盆架。

【篾席】　mi²¹²zei²¹²,竹席。

【尿壶】　sɿ³³vu³¹,夜壶。

【扭钻】　ȵiau⁴⁵tsø⁴²,或作"搂钻"。锥子。

【暖锅】　nø³⁴ku³³,火锅。

【蒲墩】　bøy³¹tø³³,蒲团。

【蒲扇】　bøy³¹ɕi⁴²,用蒲葵叶或芭蕉叶做的圆形扇子。

【蒲鞋】　bøy³¹ɦa³¹,用稻草或蒲草编成的鞋。"狗儿拖蒲鞋恁。""破蒲鞋套丝袜。""挈只破蒲鞋凑凑对。"

【器物家生】　ts'ɿ⁴²vai²¹²ko³³siɛ³³,器具。

【铅碗】　k'a³³y⁴⁵,搪瓷碗。

【挈梁】　tɕ'i³²³li³¹,有提梁的小桶,常用于从井里汲水。

【砂锅】　so³³ku³³,用陶土烧成的锅,有盖。

【砂盉】　so³³uai³³,用陶土烧制的锅。

【蛇皮袋】　zei³¹bei³¹de¹¹,一种用聚丙烯扁平丝编织的包装袋。

【时辰钟】　zɿ³¹zaŋ³¹tɕyɔ³³,时钟。"时辰钟停爻好几日罢,你沃晓不得。"

【柿漆】 $zŋ^{34}ts'ai^{323}$,椑柿捣碎提取的一种胶状液体,可作涂料以防腐御湿,多用以漆涂器物,故名。

【手挈】 $ɕiəu^{45}tɕ'i^{323}$,手提包(也说"手挈袋")。

【书案桌】 $sŋ^{33}y^{42}tɕyo^{323}$,书桌。

【书章】 $sŋ^{33}tɕi^{33}$,图章。亦作"私章"。

【水缸】 $sŋ^{45}kuɔ^{33}$,厨房中陶制的盛水器具。

【司的克】 $sŋ^{33}tei^{323}k'e^{323}$,手杖的旧称,英文 stick 的音译。

【司匹林】 $sŋ^{33}p'i^{323}ləŋ^{31}$,弹簧门锁,英文 spring 的音译。

【锁匙开】 $so^{45}zei^{31}k'e^{33}$,钥匙。

【踏床】 $da^{212}jyɔ^{31}$,旧式床前供脚踩的木板台阶。"踏床头嘅尿盘。"

【藤绷】 $daŋ^{31}piɛ^{33}$,藤制的床屉子,以木为框架,穿以藤条。

【梯凳】 $t'ei^{33}taŋ^{42}$,有梯级的高凳。

【调羹】 $diɛ^{11}kiɛ^{33}$,汤匙,舀羹汤的小匙。"调羹头儿。"

【铁礅】 $t'i^{323}tø^{33}$,打铁时垫在下面的方形大铁块。

【铁听】 $t'i^{323}t'əŋ^{33}$,用马口铁制成的罐子。

【网袋】 $muɔ^{34}de^{11}$,网兜。

【围身布】 $vu^{31}saŋ^{33}pøy^{42}$,工作时系在身前的围腰,围裙。

【蚊虫香】 $maŋ^{31}dzioŋ^{31}ɕi^{33}$,蚊香。

【五斗橱】 $ŋ^{34}tau^{45}dzŋ^{31}$,橱的一种。

【吸铁石】 $ɕiai^{323}t'i^{323}zei^{212}$,磁石。

【筅帚】 $ɕi^{45}tɕiəu^{45}$,洗刷锅子的用具。

【洋钉】 $ji^{31}təŋ^{33}$,钉子。

【洋灰】 $ji^{31}fai^{33}$,水泥。

【洋伞】 $ji^{31}sa^{45}$,用金属做骨架,用布或尼龙做面的伞。

【洋皂】 $ji^{31}zɔ^{34}$,肥皂。亦作"胰皂"。

【洋皂瀑】 ji^{31}zə^{34}bo^{212},肥皂泡。

【洋烛】 ji^{31}tɕyo^{323},蜡烛,通常为白色。亦说"洋蜡烛"。

【铡刀】 za^{212}tə^{33},切草或切其他东西的器具。

【长条桌】 dzi^{31}die^{31}tɕyo^{323},条案。

【笊篱】 tsuɔ^{42}lei^{31},用铁丝、竹篾编制的漏勺。

【箸笼】 dzei^{11}loŋ^{31},放筷子用的器皿。

【桌毯】 tɕyo^{323}t'a^{45},台布。

【自来火】 zꞑ^{11}le^{31}fu^{45},火柴。

【字纸篓】 zꞑ^{11}tsei^{45}lau^{34},纸篓。

【棕绷】 tsoŋ^{33}pie^{33},用棕绳穿在木框上制成的床屉子。"棕绷绐落爻,人翻底不好睏。"

【座垫】 dzo^{11}di^{11},座椅的垫子。鞍座。

〔09〕饮食

【爣糕】 ə^{33}kə^{33},煮年糕。

【白开水】 ba^{212}k'e^{33}sꞑ^{45},不加茶叶或其他东西的开水。

【白片肉】 ba^{212}p'i^{42}ȵiəu^{212},略加食盐煮熟后切成片状的猪肉。

【白鱼丸】 ba^{212}ŋøy^{31}jy^{31},用鱼肉制作的一种菜肴,纯白色,球形。亦作"七星鱼丸"。

【白粽】 ba^{212}tsoŋ^{42},没有馅心的粽子。

【拌面】 bø^{34}mi^{11},加大蒜等作料搅拌的无汤的面条。

【冰条】 pəŋ^{33}die^{31},冰棍。"冰条炀爻变水罢。"

【菜干】 ts'e^{42}ky^{33},干菜。

【菜咸】 ts'e^{42}ɦa^{31},本地腌的芥菜、雪里蕻。

【叉烧包】 ts'a^{33}ɕiɛ^{33}puɔ^{33},以叉烧肉为馅心的包子。

331

【茶叶渣】 dzo^{31}ji^{212}tso^{33},茶叶渣。

【煿菜】 tɕ'ia^{323}ts'e^{42},烧菜,炒菜。

【炒粉干】 ts'uɔ^{45}faŋ^{45}ky^{33},炒米粉。

【炒糕】 ts'uɔ^{45}kə^{33},炒年糕。

【炒面】 ts'uɔ^{45}mi^{11},炒面条。

【出骨】 tɕ'y^{323}ky^{323},剔除骨头。"出骨刀。""出骨肉。"

【炊虾】 ts'ŋ^{33}ho^{33},虾皮的熟干品。

【次脯】 ts'ŋ$^{42-33}$p'u^{33},猪的腹部肉,肉质较差。

【淡水味】 da^{34}sŋ^{45}mei^{11},味道很淡。

【当吃】 tuɔ^{42}ts'ŋ^{323},婉谢吃请。"该日重忙走不来,就算当吃。"

【捣镬臀】 tə^{45}ɦo^{212}dø^{31},一种有地方特色的小吃。

【灯盏糕】 taŋ^{33}tsa^{45}kə^{33},温州特色小吃之一。

【冻米糖】 toŋ^{42}mei^{34}duɔ^{31},一种米花糖。

【豆瓣酱】 dəu^{11}pa^{42}tɕi^{42},一种温州人常用的发酵过的红褐色调味品,主要材料有蚕豆、黄豆等,辅料有辣椒、香油、食盐等。"豆瓣酱蘸鲊鱼,味道好爻冇讲道。"

【豆腐被】 døy^{11}vøy^{34}bei^{34},豆腐皮。

【豆腐软】 døy^{11}vøy^{34}ny^{34},豆腐脑儿。

【豆腐渣】 døy^{11}vøy^{34}tso^{33},豆渣。

【肚内】 døy^{34}nai^{11},内脏。

【短切】 tø^{45}tɕ'i^{323},一种面制食品。

【饿肚】 ŋai^{11}døy^{34},挨饿。"任可饿肚也不走外转吃饭。"

【发剂】 ho^{323}zei^{11},发酵用的面团。"一个馒头也着发剂。"

【飞面】 fei^{33}mi^{11},面粉,一种小麦磨成的粉。

【粉干】 faŋ^{45}ky^{33},粉丝,米粉。

【蜂糕】 hoŋ^{33}kə^{33},一种糕点,因中间有较大的空隙,如蜂巢,故名。

【芙蓉糖】 vu³¹jioŋ³¹duɔ³¹,类似于萨其玛的一种地方食品。

【缸饼】 kuɔ³³pəŋ⁴⁵,一种烧饼。

【光面】 kuɔ³³mi¹¹,阳春面。亦说"清汤面"。

【桂花年糕】 tɕy⁴²ho³³ȵi³¹kə³³,温州特色糕点之一,以年糕为主料。

【餲吨气】 ø³²³tʻø⁴⁵tsʻŋ⁴²,食物变质腐败而发出馊味。"该俫米有股餲吨气,霉爻罢。""何乜物事臭爻一股嘅餲吨气。"

【花卷】 ho³³tɕy⁴⁵,一种蒸熟吃的面食,卷成螺旋状。

【馄饨担】 vaŋ³¹daŋ³¹ta³³,旧时手敲竹梆沿街叫卖馄饨的担子。

【济力】 tsei⁴⁵lei²¹²,中餐和晚餐之间所吃的点心。亦作"接力"。

【挟配】 ka³²³pʻai⁴²,夹取下饭的菜。

【漖粉】 tɕiaŋ⁴²faŋ⁴⁵,山粉。

【漖粉面】 tɕiaŋ⁴²faŋ⁴⁵mi¹¹,用甘薯淀粉制成的粉丝。

【浇头】 tɕiɛ³³dəu³¹,盖浇在熟的面、饭上的菜。

【脚爪】 tɕia³²³tsuɔ⁴⁵,爪子。

【酒配】 tɕiəu⁴⁵pʻai⁴²,佐酒的菜肴。

【酒水】 tɕiəu⁴⁵sŋ⁴⁵,酒席。

【橘红糕】 tɕiai³²³ɦoŋ³¹kə³³,温州特色糕点之一。

【腊肠】 la²¹²dʑi³¹,香肠。

【辣姜】 la²¹²tɕi³³,番姜。

【老酒】 lə³⁴tɕiəu⁴⁵,1.泛指陈年佳酿。2.温州人特指黄酒。

【冷开水】 liɛ³⁴kʻe³³sŋ⁴⁵,煮沸后冷却的凉水。

【冷水】 liɛ³⁴sŋ⁴⁵,凉水。

【里脊肉】 lei³⁴tsei³²³ȵiəu²¹²,家畜椎骨内侧的条状嫩肉。

【路食】 løy¹¹zei²¹²,零食。

【绿豆糕】 lo^{212}dəu^{11}kə^{33}，一种清凉解热的夏令食品。

【绿豆粥】 lo^{212}dəu^{11}tɕiəu^{323}，大米加绿豆煮成的稀饭。

【麻糍】 mo^{31}zɿ^{31}，把糯米蒸熟捣碎后做成的食品,温州人将煮熟的麻心汤圆滚上豆粉,冬节时吃。又称"馍糍"。"快活麻糍苦极饼。"

【麻巧】 mo^{31}k'uɔ^{45}，沾上芝麻的巧食,七月七吃。

【麻糖】 mo^{31}duɔ^{31}，麦牙糖。麦牙糖乃趁热不断揉搓,使其变硬变白而制成,因其未揉搓时呈褐色,故名麻糖。

【马蹄松】 mo^{34}dei^{31}soŋ^{33}，一种温州特色小吃。

【麦饼】 ma^{212}pəŋ^{45}，用麦粉制成的饼,尤以永嘉楠溪最为有名,以虾皮、葱花、肉丁、咸菜或梅菜干为馅,擀成团扇大小状,烙熟即成。"吃麦饼,爬山岭。"

【麦麦糕】 ma^{212}ma^{212}kə^{33}，一种儿童喜食的糖制品。

【鳗鲞】 mø^{31}ɕi^{45}，鳗音瞒,海鳗的干制品。

【门头杯】 maŋ^{31}dəu^{31}pai^{33}，宴席上摆在面前的一杯酒。

【米澧琼】 mei^{34}lei^{34}dzioŋ^{31}，一种酒精度较高,类似于状元红的糯米甜酒。亦作"蜜林檎"。

【米面】 mei^{34}mi^{11}，温州一带的小吃,大米水磨成浆,蒸制成形,刀切成丝,入汤煮熟。佐以精肉丝、香菇丝。

【米烧】 mei^{34}ɕiɛ^{33}，以大米为原料制成的白酒。

【米碎】 mei^{34}sai^{42}，"碎米"的倒置。米碎儿:细粒的米。

【面干】 mi^{11}ky^{33}，挂面。

【面疙瘩】 mi^{11}ka^{323}ta^{323}，一种面制食品。

【螟蜅】 məŋ^{31}fu^{45}，乌贼的干制品。螟可能为墨鱼的合音。

【明府】 məŋ^{31}føy^{45}，与"螟蜅"谐音。宁波古称明州,乌贼干是宁波明代五大贡品之一,故称其为"明府"。

【馍糍】 mo³¹ẓ³¹,将煮熟的麻心汤圆滚上豆粉称为馍糍。

【南北货】 nø³¹pai³²³fu⁴²,食品商店经营的商品尊称。南货指荔枝、桂圆等,北货指红枣、胡桃等。

【南货店】 nø³¹fu⁴²ti⁴²,食品店的旧称。

【牛皮糖】 ŋau³¹bei³¹dɔ³¹,一种薄而韧的糖。

【盘脚】 bø³¹tɕia³²³,盘里的剩菜。

【盘碗】 bø³¹y⁴⁵,泛指餐具。

【膀蹄】 p'uɔ³³dei³¹,蹄膀。

【炮稃】 p'uɔ⁴²bu³¹,爆米花儿。

【盆菜生】 bø³¹tsʻe⁴²siɛ³³,芜菁的盐腌品。"盆菜生嘅吃功好甚。"

【皮蛋】 bei³¹da¹¹,松花蛋。

【枇杷梗】 bei³¹bo³¹kiɛ⁴⁵,一种油炸糕点。

【拼盘】 p'əŋ³³bø³¹,由两种以上菜肴拼装而成的冷盘。

【平碗】 bəŋ³¹y⁴⁵,碗盛饭不满。"饭吃不落,兜一平碗就够罢。"

【千张】 tɕʻi³³tɕi³³,一种薄的豆腐干片,一种家常菜肴,又称百页。"门对门,户对户,卖千张嘅女儿嫁勾卖豆腐。"亦作"千张卷"。

【敲糖】 k'uɔ³³duɔ³¹,硬麦芽糖。

【敲鱼】 k'uɔ³³ŋøy³¹,温州著名特色菜肴。

【巧食】 k'uɔ⁴⁵zei²¹²,一种油炸的小片糕饼。

【清炖】 tsʻəŋ³³taŋ⁴²,清蒸。

【清明饼儿】 tsʻəŋ³³məŋ³¹piŋ³¹,清明节家常的应节食品。"冬节汤圆吃爻笑,清明饼儿吃爻哭。"

【肉丸】 ȵieu²¹²jy³¹,猪肉丸子。亦作"肉圆"。

【箬糕】 ȵia²¹²kɔ³³,一种糕点。

【三偣粉】 $sa^{33}kø^{323}faŋ^{45}$，由黄豆粉、糯米粉、面粉和糖合成混合物。

【三锦】 $sa^{33}tɕiaŋ^{45}$，一种苏式月饼。

【筛酒】 $sa^{33}tɕiəu^{45}$，斟酒。

【摆酒】 $pa^{45}tɕiəu^{45}$，摆酒席。

【山粉】 $sa^{33}faŋ^{45}$，淀粉。

【烧饼】 $ɕiɛ^{33}pəŋ^{45}$，一种包点。"烧饼炉外凉内热。"

【烧鹅】 $ɕiɛ^{33}ŋ^{31}$，熏鹅。

【烧酒】 $ɕiɛ^{33}tɕiəu^{45}$，白酒。未经烧制的黄酒叫"红酒"。

【烧配】 $ɕiɛ^{33}p'ai^{42}$，烧菜，烹调菜肴。

【生冷】 $siɛ^{33}liɛ^{34}$，指生的和冷的食物。"医生讲，生冷嘅物事覅吃。"

【时件】 $zๅ^{31}dʑi^{34}$，鸟兽类的内脏，鸡鸭的肫、肝、心等食品。"大蒜炒时件。"

【实心包】 $zai^{212}saŋ^{33}puɔ^{33}$，无馅的馒头，即包子。

【食啖】 $zei^{212}da^{34}$，1.吃。2.食量。"该个老人食啖好显，一厨着一大碗饭吃。"

【食积】 $zei^{212}tsei^{323}$，"积食"的倒置。中医指吃进的东西积存在肠胃中不消化。

【柿饼】 $zๅ^{34}pəŋ^{45}$，用柿子制成的饼状食物。

【双炊糕】 $ɕyɔ^{33}ts'ๅ^{33}kə^{33}$，一种糕点，以瑞安李大同最为有名。

【水晶糕】 $sๅ^{45}tsəŋ^{33}kə^{33}$，年糕。

【松豆】 $soŋ^{33}dəu^{11}$，油炸的黄豆，一般用作佐餐小菜。

【松糕】 $soŋ^{33}kə^{33}$，温州特色小吃之一。

【索面】 $so^{323}mi^{11}$，挂面，面条的一种。"有银不识索面店。"

【饧糖】 $zəŋ^{31}duɔ^{31}$，饧音晴。用米和麦芽制成的糖。

【棠梨】 duɔ³¹lei³¹，杜梨，一种果实，俗称野梨。

【糖霜】 duɔ³¹ɕyɔ³³，白糖。

【蹄胴】 dei³¹doŋ¹¹，猪腿的最上部，分前胴和后胴。

【调调口味】 diɛ¹¹diɛ¹¹k'au⁴⁵mei¹¹，换换口味。

【五香干】 ŋ³⁴ɕi³³ky³³，由五种调味香料做成的豆腐干。

【洗米】 sei⁴⁵mei³⁴，淘米。

【虾儿炮】 ho³³ŋ³¹p'uɔ⁴²，将小虾加调料，裹上面粉糊油炸而成的一种家常菜。

【鲜面】 ɕi³³mi¹¹，相对于面干而言。

【咸滋】 ɦa³¹tsɿ³³，含有盐的滋味，即带有咸味。

【馅心】 ga¹¹saŋ³³，馅子。面食、点心里所包的糖、菜、肉等馅料。

【香肠】 ɕi³³dʑi³¹，腊肠。用猪的小肠装上肉料和作料制成的食品。

【香糕】 ɕi³³kə³³，一种传统特色糕点，以椒盐香糕最为有名。

【香料】 ɕi³³liɛ¹¹，作料。

【香韵】 ɕi³³jioŋ¹¹，香气。"该日你买鱼吃啊？我香韵着罢。"

【洋粉】 ji³¹faŋ⁴⁵，粉丝。

【肴配】 kuɔ³³p'ai⁴²，下饭的菜肴。"肴配刀。""肴配脚。"

【肴配刀】 kuɔ³³p'ai⁴²tə³³，菜刀。

【夜厨】 ji¹¹dzɿ³¹，夜宵，夜点心，夜里吃的酒食点心等。

【鱼丸】 ŋøy³¹jy³¹，温州特色小吃之一。

【鱼咸】 ŋøy³¹ɦa³¹，海产鱼虾的腌制品。

【鱼腥气】 ŋøy³¹səŋ³³ts'ɿ⁴²，生鱼的气味。"三年冇闻鱼腥气，胎着螺蛳带壳嗑。"

【扎羊】 tsa³²³ji³¹，一种酱羊肉。将羊腿用咸草捆扎成块，在

337

酱汁中卤制而成。

【长寿面】 dzi³¹jiəu¹¹mi¹¹,生日吃的面条。

【芝脚糖】 tsɿ³³tɕia³²³duɔ³¹,一种很有特色的米花糖。

【粥饮】 tɕiəu³²³iaŋ⁴⁵,煮成如米汤的薄粥。

【猪脚爪】 tsei³³tɕia³²³tsuɔ⁴⁵,猪爪。

【猪口近】 tsei³³kʻau⁴⁵dziaŋ³⁴,"猪口舌"的变读。

【猪头肉】 tsei³³dəu³¹ȵiəu²¹²,用猪头作原料的熟肉。

[10] 衣饰

【暗兜】 ø⁴²tau³³,缝在衣服衬里或其他暗处的口袋。

【百裥裙】 pa³²³ka⁴²dzioŋ³¹,在裙子上打褶儿。

【板鞋拖】 pa⁴⁵fia³¹tʻa³³,木屐。

【本装】 paŋ⁴⁵tsuɔ³³,中装。

【撑针】 pi³²³tsaŋ³³,别针。

【篦箠】 bei¹¹tsɿ³³,篦子,密齿梳。

【表兜】 piɛ⁴⁵tau³³,中山装和各种制服上衣靠胸部左侧的小口袋。

【布襕】 pøy⁴²la³¹,一种旧式衣服款式。"前生有过,布襕改裤。"

【布衫头裤】 pøy⁴²sa³³dəu³¹kʻu⁴²,内衣内裤的合称。

【插兜】 tsʻa³²³tau³³,上衣两侧的口袋,袋口倾斜,可以插手。

【单布衫】 ta³³pøy⁴²sa³³,单衣,单褂子。

【单爿裤】 ta³³ba³¹kʻu⁴²,单层的长裤。

【灯笼裤】 taŋ³³loŋ³¹kʻu⁴²,练功时穿的,裤腿肥大、下端用松紧带箍住的裤子。

【丁香】 təŋ³³ɕi³³,耳环。

【兜兜】 tau³³tau³³,1.兜肚。2.口袋。

【兜篷】 tau³³boŋ³¹,披风。

【肚裆】 døy³⁴ta³²³,兜肚。

【短打】 tø⁴⁵tiɛ⁴⁵,短衣,与"长衫"相对。

【对襟】 tai⁴²tɕiaŋ³³,中装上衣的一种式样。

【高桶】 kə³³doŋ³⁴,高帮。"高桶橡皮鞋。"

【绲边】 kaŋ⁴⁵pi³³,绲音滚。在衣服等的边缘特别缝制的一种圆棱的边儿。

【绲条】 kaŋ⁴⁵diɛ³¹,缝在衣服、鞋面等的边缘的布条儿。

【裕里】 kø³²³lei³⁴,衣服的内衬。

【紧袜带】 tɕiaŋ⁴⁵mo²¹²ta⁴²,服饰上的松紧带。

【开裆裤】 kʻe³³tuɔ³³kʻu⁴²,儿童穿的裆部开口的裤子。"开裆裤朋友。"

【拷边】 kʻə⁴⁵pi³³,衣料裁剪后,先用机器缝毛边,再缝合成衣,缝毛边就称拷边。

【裤连袜】 kʻu⁴²li³¹mo²¹²,连脚裤。

【澜防兜】 la³⁴ɦuɔ³¹tau³³,涎布(围嘴儿)。

【力士鞋】 lei²¹²ʐ̩³⁴ɦa³¹,一种轻便的布面胶鞋。

【两丫裤】 liɛ³⁴o³³kʻu⁴²,开裆裤。"着两丫裤倒爬眙不得。"

【履鞋拖】 lei³⁴ɦa³¹tʻa³³,拖鞋。

【鞔裆裤】 mo³¹tuɔ³³kʻu⁴²,小孩穿的裤裆缝合的裤子。

【帽撕】 mə¹¹za¹¹,帽舌。

【门前襟】 maŋ³¹ji³¹tɕiaŋ³³,衣襟。

【棉绲身】 mi³¹kaŋ⁴⁵saŋ³³,中式的棉衣,对襟,立领。

【捺钮】 na²¹²n̠iau³⁴,揿钮。

【纽珠】 n̠iau³⁴tsʅ³³,纽扣。

【纽珠窟】 ȵiau³⁴tsʅ³³kʻy³²³，纽扣门儿。

【纽珠襻】 ȵiau³⁴tsʅ³³pʻa⁴²，纽襻。

【铅钮】 kʻa³³ȵiau³⁴，亦称"捺钮"。纽扣。

【绒衫】 zoŋ³¹sa³³，毛衣。

【衫袖】 sa³³jiəu¹¹，袖子。"手长衫袖短。"

【衫袖口】 sa³³jiəu¹¹kʻau⁴⁵，袖子的边缘。

【捎马袋】 suɔ³³mo³⁴de¹¹，褡裢。

【手巾】 ɕiəu⁴⁵tɕiaŋ³³，手帕。

【躺底布】 tʻuɔ⁴⁵tei⁴⁵pøy⁴²，鞋底贴脚掌部位的一层布。

【套鞋】 tʻə⁴²ɦa³¹，雨鞋。

【贴边】 tʻi³²³pi³³，缝在衣服里子边上的窄条。

【祏肩】 tʻo³²³tɕi³³，祏音托，衣服的衬肩，垫肩。

【外皮衣】 va¹¹bei³¹i³³，外衣。

【橡皮鞋套】 ji³⁴bei³¹ɦa³¹tʻə⁴²，套鞋，雨鞋。

【鞋拖】 ɦa³¹tʻa³³，拖鞋。"五六月有鞋拖，覅走我南塘街；十二月有灯笼裤，覅走我南塘街上过。"

【鞋袜头脚】 ɦa³¹mo²¹²dəu³¹tɕia³²³，鞋袜的总称。亦作"鞋袜儿"。

【学士帽】 ɦo²¹²zʅ³⁴mə¹¹，礼帽。

【胭脂花粉】 i³³tsei³³ho³³faŋ⁴⁵，化妆品的总称。

【衣裳】 i³³ji³¹，古时衣指上衣，裳指下裙，后亦泛指衣服。

【衣裳儿服】 i³³ji³¹ŋ³¹vu²¹²，衣服。

【衣裳襟】 i³³ji³¹tɕiaŋ³³，衣襟。

【圆胴衫】 jy³¹dau¹¹sa³³，圆领套衫。

【长衫短打】 dʑi³¹sa³³tø⁴⁵tie⁴⁵，喻指服饰不配套、不合身。

【罩衫】 tsuɔ⁴²sa³³，穿在短袄或长袍外面的单褂，套衫。

【针黹】 tsaŋ³³tsʅ⁴⁵，黹音旨。针线活。

〔11〕称谓

【伯伯】 pa³²³pa³²³,伯父,对父亲的哥哥的面称或叙称。

【伯父】 pa³²³vøy³⁴,对父亲的哥哥的叙称。

【大爸】 da¹¹pa³³,对父亲的哥哥的面称。

【大伯伯】 dəu¹¹pa³²³pa³²³,对大伯父的称呼。

【大伯娘】 dəu¹¹pa³²³n̠i³¹,丈夫的大嫂子。

【大伯爷】 dəu¹¹pa³²³ji³¹,大伯子。

【大夫姨】 dəu¹¹føy³³ji³¹,对母亲的大姐夫的面称。

【大脚嫂】 dəu¹¹tɕia³²³sə⁴⁵,谑称从事家务劳动的男人。

【大姨娘】 dəu¹¹ji³¹n̠i³¹,对妻子之大姐的叙称。

【当大】 tuɔ³³dəu¹¹⁻³⁴,排行第一。"当大儿。""当大女儿。"

【稻桶太】 də³⁴doŋ³⁴tʻa⁴²,形容非常大的太,等同于祖父祖母和曾祖父曾祖母的阿太及以上各代。

【底婆】 tei⁴⁵bøy³¹,祖母,相对于"外婆"而言。

【底孙】 tei⁴⁵sø³³,孙子,相对于"外孙"而言。"底孙外孙沃是孙。"

【弟新妇】 dei³⁴saŋ³³vøy³⁴,弟媳。

【房份】 ɦuɔ³¹vaŋ¹¹,家族内亲,一般指同祖父或同曾祖的支系。

【夫家】 føy³³ko³³,婆家,相对于"娘家"而言。

【夫姨】 føy³³ji³¹,对姑父、姨父的面称或叙称。

【共辈】 dʑyɔ¹¹pai⁴²,同辈。

【姑娘】 ku³³n̠i³¹,大姑子。

【后婶】 ɦau³⁴saŋ⁴⁵,后妈。

【后叔】 ɦau³⁴ɕiəu³²³，继父。

【妗婆娘】 dʑiaŋ¹¹bøy³¹ȵi³¹，父母亲的舅母。亦简作"妗婆"。

【舅舅】 dʑiau³⁴dʑiau³⁴，舅父。

【舅爷】 dʑiau³⁴ji³¹，舅父的背称。

【看护】 k'ø⁴²vu¹¹，护士的旧称。

【老公】 lə³⁴koŋ³³，丈夫。

【连襟】 li³¹tɕiaŋ³³，姐姐的丈夫和妹妹的丈夫之间的亲戚关系。

【两亲家】 liɛ³⁴ts'aŋ³³ko³³，亲家（无"两"字表情夫）。

【两姨夫】 liɛ³⁴ji³¹føy³³，连襟。

【盟兄弟】 məŋ³¹ɕioŋ³³dei³⁴，拜把兄弟。

【盟姊妹】 məŋ³¹tsɿ⁴⁵mai¹¹，结拜姐妹。

【男嘅】 nø³¹ge⁰，男人。

【内侄】 nai¹¹dzai²¹²，妻子的侄子。

【妳娘】 na³³ȵi³¹，指乳母，或对父亲小老婆的称呼。

【娘舅】 ȵi³¹dʑiau³⁴，母亲的兄弟的叙称，舅舅。

【娘舅外甥】 ȵi³¹dʑiau³⁴va¹¹siɛ³³，舅甥俩。

【娘娘】 ȵi³¹ȵi³¹，对祖母的传统面称或叙称。

【朋友家】 boŋ³¹jiau³⁴ko³³，朋友。

【亲房】 ts'aŋ³³ɦuɔ³¹，堂房，家族中的近支。

【亲家】 ts'aŋ³³ko³³，儿子的丈人或女儿的公公。

【亲眷】 ts'aŋ³³tɕy⁴²，亲戚。

【亲娘】 ts'aŋ³³ȵi³¹，义母。

【亲爷】 ts'aŋ³³ji³¹，义父。

【上辈】 ji¹¹pai⁴²，长辈。

【婶婶】 saŋ⁴⁵saŋ⁴⁵，父亲的弟媳妇。

【师父】 sȵ³³vøy³⁴，师傅。

【叔伯】 ɕiəu³²³pa³²³，丈夫的兄弟，堂房。

【孙新妇】 søʔ³³saŋ³³vøy³⁴，孙子的妻子。

【太公】 tʻa⁴²koŋ³³，祖父之父母。

【唐头三】 duɔ³¹dəu³sa³³，言行荒唐狂诞者。

【堂房】 duɔ³¹ɦuɔ³¹，谓同宗而非嫡亲的。亦作"叔伯"。

【外公爷】 va¹¹koŋ³³ji³¹，对外祖父的叙称。

【外婆娘】 va¹¹bøy³¹ȵi³¹，外祖母。亦说"外婆"。

【外甥女婿】 va¹¹siɛ³³ȵy³⁴sei⁴²，外甥女的丈夫。

【外甥孙】 va¹¹siɛ³³sø³³，外孙。

【外甥新妇】 va¹¹siɛ³³saŋ³³vøy³⁴，外甥的妻子。

【晚娘】 ma³⁴ȵi³¹，后娘。

【屋里】 u³²³lei³⁴，对妻子的叙称。

【小姹】 sai⁴⁵tsa³³，对小姐姐的面称。

【小夫姨】 sai⁴⁵føy³³ji³¹，母亲的小妹夫，小姨父。

【小叔】 sai⁴⁵ɕiəu³²³，小叔子。

【新妇】 saŋ³³vøy³⁴，妻子。

【新郎官】 saŋ³³luɔ³¹ky³³，新郎。"乡下新郎官。""暴做新郎官慌慌恁。"

【兄嫂】 ɕioŋ³³sə⁴⁵，哥哥的配偶。

【兄叔】 ɕioŋ³³ɕiəu³²³，丈夫的兄弟。

【玄孙】 jy³¹sø³³，孙子的儿子。

【爷娘】 ji³¹ȵi³¹，父母。

【爷爷】 ji³¹ji³¹，对祖父的面称。

【姨夫】 ji³¹føy³³，仅指妻子的姐妹的丈夫。对母亲的姐妹的丈夫则称夫姨。

【姨娘】 ji³¹ni³¹，一般指妻子的姐妹，而不指母亲的姐妹。对母之姐妹则称姨母或姨妈。

【长子孙】 tɕi⁴⁵tsɿ⁴⁵sø³³，长子的儿子，长孙。

【丈母娘】 dzi³¹ŋ³²ni²¹，岳母，对妻子母亲的叙称。

【侄妇】 dzai²¹²vøy³⁴，侄子的妻子。

【侄女婿】 dzai²¹²ny³⁴sei⁴²，侄女的丈夫。

【侄孙】 dzai²¹²sø³³，侄子的儿子。

【重孙】 dʑyɔ¹¹sø³³，孙子的儿子。

【子息】 tsɿ⁴⁵sei³²³，子女。

【姊夫】 tsɿ⁴⁵føy³³，姐夫。

【姊妹】 tsɿ⁴⁵mai¹¹，姐妹。

【姊妹队】 tsɿ⁴⁵mai¹¹dai¹¹，众姐妹。

【姊妹夫】 tsɿ⁴⁵mai¹¹føy³³，姐妹的配偶连襟。

【族长公】 jiəu²¹²tɕi⁴⁵koŋ³³，宗族中最尊长者。

【祖公三代】 tsøy⁴⁵koŋ³³sa³³de¹¹，祖孙三代。

【祖公爷】 tsøy⁴⁵koŋ³³ji³¹，祖父。

【祖婆娘】 tsøy⁴⁵bøy³¹ni³¹，祖母的叙称。

〔12〕身体

【瘢痣】 bø³¹tsɿ⁴² → bu¹¹tsɿ⁴²，人出生时身上所带的青紫色斑块。

【背肩身】 pai⁴²tɕi³³saŋ³³，后背部。

【背肩身骨】 pai⁴²tɕi³³saŋ³³ky³²³，亦作"背胛身骨"。脊柱。"年轻能界干忒苦爻,老爻经常背肩身骨痛,手脚沃不灵便。"

【鼻涕水】 bei¹¹tʻei⁴²sɿ⁴⁵，清鼻涕。

【鼻头】 bei¹¹dəu³¹,鼻子。

【鼻头孔】 bei¹¹dəu³¹kʻoŋ⁴⁵,鼻孔。"一个鼻头孔出气。"

【鼻头梁】 bei¹¹dəu³¹li³¹,鼻梁。

【鼻头水】 bei¹¹dəu³¹sʅ⁴⁵,清鼻涕。

【鬓脚】 pəŋ⁴²tɕia³²³,鬓角,耳朵两边的头发。

【槽牙】 zə³¹ŋo³¹,大牙。

【赤身露体】 tsʻʅ³²³saŋ³³løy¹¹tʻei⁴⁵,全裸。

【赤臀颓】 tsʻʅ³²³dø³¹dai³¹,光屁股。

【刀䐃】 tə³³lai³¹,手指甲两旁开裂而成的皮肤细条。

【肚棚】 døy³⁴biɛ³¹,腰。"肚棚里穿支手出。"

【肚棚骨】 døy³⁴biɛ³¹ky³²³,腰部两肋。"肚棚骨楼梯档恁。"

【肚脐窟】 døy³⁴zei³¹kʻy³²³,肚脐眼。"雄黄抹抹姆儿肚脐窟。"亦作"肚脐丼"。

【耳朵后】 ŋ³⁴to⁴⁵ɦau³⁴,耳沟。耳朵和颈部相连的部位。

【耳朵窟】 ŋ³⁴to⁴⁵kʻy³²³,耳坠孔。

【骸骨】 ɦa³¹ky³²³,尸骨。

【后边身】 ɦau³⁴pø³³saŋ³³,背。

【后枕才】 ɦau³⁴tsaŋ⁴⁵dze³¹,后脑勺。"渠从楼上銤落,后枕才着地,当下就冇救道。"

【脊柱骨】 tsei³²³dzʅ³⁴ky³²³,龙心骨,脊梁骨。

【济手】 tsei⁴⁵ɕiəu⁴⁵,左手。

【脚板】 tɕia³²³pa⁴⁵,脚掌。

【脚板背】 tɕia³²³pa⁴⁵pai⁴²,脚背。"水浇脚板背——洗不清。"

【脚底心】 tɕia³²³tei⁴⁵saŋ³³,脚朝下的那一部分,脚掌的中央部分。

【脚肚】 tɕia³²³døy³⁴,小腿。"姆姆生脚肚里出——骗骗

345

息儿。"

【脚骨】 tɕia³²³ky³²³，1. 脚踝骨。2. 脚力。

【脚后跟】 tɕia³²³ɦau³⁴kaŋ³³，脚跟，脚的后部。亦作"脚后跟头"。

【脚脚】 tɕia³²³tɕia³²³，足或腿的统称。"脚脚不留心摒着。"

【脚筋】 tɕia³²³tɕiaŋ³³，跟腱。

【脚筒骨】 tɕia³²³doŋ³¹ky³²³，大腿。

【脚弯峡】 tɕia³²³ua³³ga²¹²，膝盖的后部。

【脚下峡】 tɕia³²³ɦo³⁴ga²¹²，女人的会阴部。

【脚正前】 tɕia³²³tsəŋ³³ji³¹，胫面骨。

【脚趾甲】 tɕia³²³tsʅ⁴⁵ka³²³，趾甲。

【酒丼】 tɕiəu⁴⁵taŋ⁴⁵，酒窝，笑时颊上出现的小圆窝。

【口瀾水】 kʻau⁴⁵la³⁴sʅ⁴⁵，涎水，口水。"讲起口瀾水灒灒滴。""口瀾水翻起桐油恁。"

【口舌】 kʻau⁴⁵ji²¹²，舌头。

【口舌头】 kʻau⁴⁵ji²¹²dəu³¹，舌头。

【两颔骨】 liɛ³⁴gø³⁴ky³²³，颧骨。

【灵喉桩】 ləŋ³¹ɦau³¹dʑyɔ³¹，喉结。

【笼心骨】 loŋ³¹saŋ³³ky³²³，脊柱（脊梁骨）。

【脉门】 ma²¹²maŋ³¹，手腕。

【面股】 mi¹¹ku⁴⁵，脸。"面股红彤彤，一心想老公。""面股唔有肉，一世共不熟。"

【面颔】 mi¹¹gø³⁴，脸颊。"牙床肉发炎，面颔沃肿起。"

【青筋】 tsʻəŋ³³tɕiaŋ³³，肉眼能看见的皮下静脉血管。

【上排牙】 ji¹¹ba³¹ŋo³¹，上牙。

【身胴】 saŋ³³doŋ¹¹，身躯，躯干；身材。

【身段】 saŋ³³dø¹¹,身材。

【手肌肚】 ɕiəu⁴⁵tsʅ³³døy³⁴,胳膊(下臂)。

【手节骨】 ɕiəu⁴⁵tɕi³²³ky³²³,胳膊。

【手手】 ɕiəu⁴⁵ɕiəu⁴⁵,手。

【手弯峡】 ɕiəu⁴⁵ua³³ga²¹²,肘窝。

【手掌拍】 ɕiəu⁴⁵tɕi⁴⁵pʻa³²³,手掌。

【手掌心】 ɕiəu⁴⁵tɕi⁴⁵saŋ³³,亦作"手底心"。手心。

【手睁头】 ɕiəu⁴⁵tsiɛ³³dəu³¹,肘。

【手指头桠】 ɕiəu⁴⁵tsʅ⁴⁵dəu³¹o³³,手指缝。

【顺手】 jioŋ¹¹ɕiəu⁴⁵,右手。

【胎盘】 tʻe³³bø³¹,胞衣。

【太阳筋】 tʻa⁴²ji³¹tɕiaŋ³³,太阳穴。

【痰唾瀾】 da³¹tʻai⁴²la³⁴,痰与口水。

【头颈】 dəu³¹tɕiaŋ⁴⁵,脖子。

【头颈下】 dəu³¹tɕiaŋ⁴⁵ɦo³⁴,脖子。

【头毛纂】 dəu³¹mə³¹tsø⁴⁵,髻。

【臀屵】 dø³¹ba³¹,屁股蛋。

【臀屵腿】 dø³¹ba³¹tʻai⁴⁵,屁股连大腿后部。

【尾巴骨】 mei³⁴po³³ky³²³,尾骨。

【无名指】 vu³¹məŋ³¹tsʅ⁴⁵,无名指。

【西装头】 sei³³tsuɔ³³dəu³¹,分头。

【下巴骨】 ɦo³⁴po³³ky³²³,下巴。

【下排牙】 ɦo³⁴ba³¹ŋo³¹,下牙。

【心肝丼】 saŋ³³ky³³taŋ⁴⁵,胸部。

【血脉】 ɕy³²³ma²¹²,血管。

【牙床肉】 ŋo³¹dʑyɔ³¹ȵiəu²¹²,牙床、齿龈的通称。

【眼白】 ŋa³⁴ba²¹²，白眼珠。

【眼泪水】 ŋa³⁴lai¹¹sŋ⁴⁵，眼泪。

【眼灵珠】 ŋa³⁴ləŋ³¹tsŋ³³，眼睛。

【眼灵珠窟】 ŋa³⁴ləŋ³¹tsŋ³³k'y³²³，眼窝。

【眼皮】 ŋa³⁴bei³¹，眼皮。

【眼桃】 ŋa³⁴də³¹，上眼皮。"眼桃哭肿起。"

【眼汪】 ŋa³⁴uɔ³³，眼眵，俗称眼屎。

【眼乌】 ŋa³⁴u³³，黑眼珠。

【眼乌珠】 ŋa³⁴u³³tsŋ³³，瞳孔。

【腰缚】 iɛ³³bøy²¹²，腰间。"最近腰缚痛显。"

【腰缚骨】 iɛ³³bøy²¹²ky³²³，腰部的椎骨。

【阴袋】 iaŋ³³de¹¹，阴囊。

【正手】 tsəŋ⁴²ɕiəu⁴⁵，做事时常用的一只手，通常指右手，与"左手"相对。

【指甲眼】 tsŋ⁴⁵ka³²³ŋa³⁴，指甲沟。

【指头印】 tsŋ⁴⁵dəu³¹iaŋ⁴²，指印，指纹。

【中楣】 tɕioŋ³³mei³¹，人中。

【中央指】 tɕioŋ³³i³³tsŋ⁴⁵，中指。

【嘴丫】 tsŋ⁴⁵o³³，嘴角。"嘴丫烂起。"

【嘴嘴】 tsŋ⁴⁵tsŋ⁴⁵，嘴巴。

【鬈发】 tɕ'ioŋ³³ho³²³，卷发。

〔13〕疾病

【龅牙】 bo¹¹ŋo³¹，龅音耙。牙齿不齐，门齿露于唇外。

【鏖牙】 bei¹¹ŋo³¹，磨牙。

【躄脚】 p'i³²³tɕia³²³，瘸子。

【表汗】 piɛ⁴⁵jy¹¹，中医通过发汗解除表邪的一种治疗方法。

【病好厘】 bəŋ¹¹hə⁴⁵lei³¹，病轻了。

【蚕沙】 zø¹¹so³³，家蚕的粪便，可入药。

【搽药】 dzo³¹jia²¹²，上药。

【舂筒】 ɕyɔ³³doŋ³¹，捣中药的铜器。

【抽脚筋】 tɕ'iəu³³tɕia³²³tɕiaŋ³³，腿部抽筋。

【出宝】 tɕ'y³²³pə⁴⁵，天花出痘。

【大颔】 dəu¹¹gø³⁴，腮腺炎。"渠大颔起面里沃顊起。"

【大头颈】 dəu¹¹dəu³¹tɕiaŋ⁴⁵，大脖子。

【带疾】 ta⁴²zai²¹²，残疾，残废。"渠支手还细能界生小儿麻痹症带疾爻。""两个瞙瞠人生嘅姆姆不一定会带疾嘅。"

【丹方】 ta³³huɔ³³，效果显著的药方。

【冻瘰】 toŋ⁴²lai³⁴，冻疮。

【遁头发】 daŋ¹¹dəu³¹ho³²³，脱头发。

【噁心】 o⁴⁵saŋ³³，恶心。

【耳朵背】 ŋ³⁴to⁴⁵bai¹¹，老年失聪。

【发神经】 ho³²³zaŋ³¹tɕiaŋ³³，神经病，形容人容易兴奋激动。

【风疸】 hoŋ³³ta⁴⁵，荨麻疹。

【风屑】 hoŋ³³tɕ'ia³²³，头皮屑。

【佝背】 hau⁴²pai⁴²，驼背。"佝背着圆胵衫儿。"

【挂起打】 ko⁴²ts'ŋ⁴⁵tiɛ⁴⁵，滴注。

【鬼抽风】 tɕy⁴⁵tɕ'iəu³³hoŋ³³，一种突发性的手脚痉挛、口眼歪斜的症状。癫痫。

【滚肚】 kaŋ⁴⁵døy³⁴，腹痛、腹泻、肠鸣等急性肠炎症状。

【瘌痨】 ku³³lə³⁴，疥疮，皮肤之疾。"瘌痨宕里挑好汉。"

【汗酸臭】 jy^{31}sø^{33}tɕ‘iəu^{42}，汗臭味。"两天也冇洗浴，身里汗酸臭显嘅。"

【红鼻头】 ɦoŋ^{31}bei^{11}dəu^{31}，酒渣鼻。

【糊瞙瞙】 vu^{11}duɔ$^{34-11}$duɔ$^{34-11}$，模糊不清。"眼乌珠糊瞙瞙㤹，眙不灵清。"

【化食】 ho^{42}zei^{212}，消食。

【荒额】 huɔ^{33}ŋa^{212}，秃头，谢顶。"老张年轻能界就是荒额，肯定聪明显嘅。"

【黄肿】 ɦuɔ^{31}tɕyɔ^{45}，指脸部、身体萎黄、消瘦。

【黄肿敷伤】 ɦuɔ^{31}tɕyɔ^{45}fu^{33}ɕi^{33}，形容面黄肌瘦。

【毁牙】 ɕy^{45}ŋo^{31}，小孩换乳牙。

【煎药】 tɕi^{33}jia^{212}，熬药。

【脚疔】 tɕia^{323}təŋ^{33}，鸡眼。"脚疔生起痛显痛。"

【脚骨手软】 tɕia^{323}ky^{323}ɕiəu^{45}n̠y^{34}，疲惫不堪。

【脚气】 tɕia^{323}ts‘ŋ^{42}，脚癣，香港脚。

【解毒】 ka^{45}dəu^{212}，去毒。

【开药方】 k‘e^{33}jia^{212}huɔ^{33}，开处方。

【领脓】 gaŋ^{34}noŋ^{31}，溃脓。

【痨病】 lə^{31}bəŋ^{11}，肺病。

【老老斑】 lə^{34}lə^{34}pa^{33}，老人斑。

【利湿】 lei^{11}sai^{323}，去湿。

【流瀬】 ləu^{31}la^{34}，流口水。

【抑痒】 ləu^{45}ji^{34}，在身上抓痒。"男人怕抑痒是怕老安嘅。""我怕抑痒显嘅，你勿伉我迫牢。"

【聋瞽】 loŋ^{31}biɛ^{34}，聋子。

【聋耳朵】 ɦoŋ^{31}ŋ^{34}to^{45}，聋。

【麻疯病】 mo³¹hoŋ³³bəŋ¹¹,麻疯病。

【麻脸】 mo³¹li³⁴,麻脸。

【满面生胡】 mø³⁴mi¹¹siɛ³³vu³¹,络腮胡子。

【霉口】 mai³¹kʻau⁴⁵,鹅口疮。

【瞙瞠】 mo²¹²duɔ³⁴,眼睛有病,看不见,瞎眼。

【皮包骨】 bei³¹puɔ³³ky³²³,形容人骨瘦如柴。

【破伤冷】 pʻa⁴²ɕi³³liɛ³⁴,伤风感冒。"该两日破伤冷爻罢,难过显。"

【破伤冷热】 pʻa⁴²ɕi³³liɛ³⁴ȵi²¹²,伤风。

【破嘴】 pʻa⁴²tsʅ⁴⁵,豁唇子。

【清火】 tsʻəŋ³³fu⁴⁵,去火。

【热头气逼底】 ȵi²¹²dəu³¹tsʻʅ⁴²pi³²³tei⁴⁵,中暑。

【散风】 sa⁴⁵hoŋ³³,去风。

【沙眼】 so³³ŋa³⁴,眼睛的慢性传染病。

【痧气】 so³³tsʻʅ⁴²,中暑。

【伤风】 ɕi³³hoŋ³³,感冒。

【蛇皮癣】 zei³¹bei³¹ɕi⁴⁵,鱼鳞病,一种皮肤病。

【身上有】 saŋ³³ji¹¹jiau³⁴,月经来了(婉)。

【身体暖】 saŋ³³tʻei⁴⁵naŋ³⁴,发烧。

【生胡】 siɛ³³vu³¹,络腮胡子。

【湿气】 sai³²³tsʻʅ⁴²,中医指湿疹、手癣、脚癣等症。

【食伤底】 zei²¹²ɕi³³tei⁴⁵,积食。

【手疔】 ɕiəu⁴⁵təŋ³³,老趼(手上)。

【手术】 ɕiəu⁴⁵jy²¹²,动手术。

【双垇牙】 ɕyo³³bei¹¹ŋo³¹,乳牙和恒牙并存的现象。

【水臌胀】 sʅ⁴⁵ku⁴⁵tɕi⁴²,中医本指腹水,引申为骂人暴饮暴食。

【水牛晕】 sๅ⁴⁵ŋau³¹jioŋ¹¹，双个顶。

【水泡眼】 sๅ⁴⁵p'uɔ⁴²ŋa³⁴，喻指那些眼球突出的人或哭肿眼睛的人。

【丝网瘊】 sๅ³³muɔ³⁴lai³⁴，接触性皮炎。

【痠痞痛】 sø³³sๅ³³t'oŋ⁴²，酸痛。

【瘫疯】 t'a³³hoŋ³³，瘫痪。

【瘫手】 t'a³³ɕiəu⁴⁵，上肢残疾。

【秃顶】 t'əu³²³təŋ⁴⁵，秃头。

【推眶眼】 t'ai³³tɕ'yɔ³³ŋa³⁴，斗鸡眼。

【齆鼻】 oŋ⁴²bi²¹²，鼻塞多涕，说话鼻音重。"齆鼻头。""齆鼻声。""个人齆鼻嘅。"

【乌青】 u³³ts'əŋ³³，皮下的淤血。

【乌紫血】 u³³tsๅ⁴⁵ɕy³²³，淤血。

【兀倒】 ŋø²¹²tə⁴⁵，休克。

【矽肺】 zei²¹²fei⁴²，是由于长期吸入大量游离二氧化硅粉尘等所引起，以肺部广泛的结节性纤维化为主的疾病。

【香港脚】 ɕi³³kuɔ⁴⁵tɕia³²³，脚癣，脚上生湿气。

【哮咕】 huɔ³³ku³³，音孝姑，哮喘。

【泻肚】 sei⁴²døy³⁴，腹泻。

【疤鼻旦】 ha³²³bi¹¹ta⁴²，谑称扁鼻的人。"该人生起疤鼻旦嘅。"

【疤声磅】 ha³²³səŋ³³lə³¹，谑称声音嘶哑的人。

【牙齿屙】 ŋo³¹ts'ๅ⁴⁵u⁴²，牙屎。

【牙齿筋】 ŋo³¹ts'ๅ⁴⁵tɕiaŋ³³，牙根。"渠气起牙齿筋沃嚓起。"

【牙鲎】 ŋo³¹hau⁴²，牙垢。

【眼袋】 ŋa³⁴de¹¹，稍鼓的下眼皮。

【眼泡袋水】 ŋa³⁴p'uɔ⁴²de¹¹sๅ⁴⁵，眼睑水肿。

【羊癫疯】 ji³¹ti³³hoŋ³³,羊角风。癫痫的俗称。

【痒痦痛】 ji³⁴sʅ³³t'oŋ⁴²,又痒又痛。

【腰子病】 iɛ³³tsʅ⁴⁵bəŋ¹¹,肾炎。

【药茶】 jia²¹²dzo³¹,汤药。

【药渣】 jia²¹²tso³³,药渣。

【野宝】 ji³⁴pə⁴⁵,水痘。

【种宝】 tɕyɔ⁴²pə⁴⁵,种痘。

【做客】 tsəu⁴²k'a³²³,(出)痘。

〔14〕起居

【鐯指甲】 dʑia²¹²tsʅ⁴⁵ka³²³,剪指甲。

【被铺】 bei³⁴p'øy⁴²,铺盖。

【擦背】 ts'a³²³pai⁴²,搓澡。

【厨到】 dzʅ³¹tə⁴²,固定的进餐时间。"厨到总着走屋里吃,外转不卫生。"

【厨房间】 dzʅ³¹ɦuɔ³¹ka³³,灶房间。

【搓绳】 səu³³zəŋ³¹。"烂麻搓绳,力大千斤。""砻糠搓绳起头难。"

【打嗳】 tiɛ⁴⁵e⁴²,嗳气。

【掸新】 ta⁴⁵saŋ³³,过年时大扫除,打扫门庭、居室。"十二月日日好掸新,六月日日好尝新。"

【掸帚】 ta⁴⁵tɕiəu⁴⁵,用鸡毛制作的扫灰尘的清洁用具。

【荡街】 duɔ³⁴ka³³,逛街。"吃爻黄昏走外转荡街,对身体有好处嘅。"

【荡一荡】 duɔ¹¹i³²³duɔ¹¹,散散步。

【趔街】 duɔ¹¹ka³³，逛马路。"趔街趔啦江滨路。""该俍老人客喜欢趔街显嘅。"

【灯芯】 taŋ³³saŋ³³，旧时照明灯具，需用灯心草作灯捻，俗称灯芯。"卖灯芯，过光阴。""吃灯芯草，放轻松屁。""肚肠灯芯悫。""灯芯勺油浸爻一色。""尽该俍灯芯尽该俍油。""两条灯芯一条茎，你讲冤心不冤心。"

【灯盏】 taŋ³³tsa⁴⁵，旧时油灯的灯台，作燃料的食用油盛在里面。"囥灯盏里开荤。""灯盏冇油白费心。"

【垫被】 di¹¹bei³⁴，褥子。

【劂额】 do²¹²ŋa²¹²，妇女修脸，旧时将妇女额面上的细毛扯掉。"揨米劂额便带。"

【翻落】 fa³³lo²¹²，躺下。

【饙泔】 faŋ⁴²kø³³，泔水，淘米水。

【粪扫】 paŋ⁴⁵sə⁴²，1.扫帚。2.垃圾。"粪扫客。""粪扫堆店。"

【格子铺】 ka³²³tsʅ⁴⁵p'øy⁴²，一种双层的木床。

【罎被】 kaŋ⁴⁵bei³⁴，盖被。

【孤老堂】 ku³³lə³⁴duɔ³¹，养老院。"孤老堂里挑好汉。"

【觳口】 fu³²³k'au⁴⁵，漱口。

【脚布】 tɕia³²³pøy⁴²，洗脚时用的毛巾。

【刨胡须】 gau³¹vu³¹sʅ³³，刮胡子。

【撩头柴】 liɛ³¹dəu³¹za³¹，楠木刨花的浸出液有黏性，可供润发，旧时人们撩头时常用它来湿润头发。

【晒霉】 sa⁴²mai³¹，晒晒太阳，把霉气去掉。"六月初六晒霉节。"

【晒晒暖】 sa⁴²sa⁴²naŋ⁴²，晒太阳。

【銼缸】 siɛ³³kuɔ³³，銼音生，补缸。

【水烟筒】 sɿ⁴⁵ i³³ doŋ³¹，水烟。

【挺懒腰】 tʻəŋ⁴⁵ la³⁴ iɛ³³，伸懒腰。

【洗面】 sei⁴⁵ mi¹¹，洗脸。

【洗浴】 sei⁴⁵ jyo²¹²，北方人说洗澡，上海人说汏浴，温州人说洗浴。

【雪花膏】 ɕy³²³ ho³³ kə³³，一种白色化妆品，很香，可滋润皮肤。

【燂燂暖】 da³¹ da³¹ naŋ³⁴，烤火取暖。"宿雪地里柴爿火架起燂燂暖。"

【烟筒】 i³³ doŋ³¹，旱烟。

【沮屙】 tso⁴⁵ u⁴²，把屎。

【沮尿】 tso⁴⁵ sɿ³³，把尿。

【正厨】 tsəŋ³³ dzɿ³¹，正餐。"后生儿正厨着吃饱，零食最好麭吃。""正厨不好好吃，专门吃零食，偖那用着呢？"

【嘴唇膏】 tsɿ⁴⁵ jioŋ³¹ kə³³，唇膏。

〔15〕民俗

【矮椅坟】 a⁴⁵ i⁴⁵ vaŋ³¹，温州流行的坟墓式样，略呈靠椅形，筑在山坡上。亦作"交椅坟"。

【拔签诗】 bo²¹² tɕʻi³³ sɿ³³，求签。

【百岁】 pa³²³ sɿ⁴²，棺材（讳）。

【百子炮】 pa³²³ tsɿ⁴⁵ pʻɔ⁴²，鞭炮、炮仗、爆竹。因以许多小鞭炮串成，故雅称为百子。"先敲铜锣后放炮，中央挂起百子炮。"

【拜寿】 pa⁴² jiəu¹¹，做寿。

【伴手】 bø³⁴ ɕiəu⁴⁵，探亲访友时买的礼物，一般是当地特产或纪念品等。

【殡殓】 pəŋ⁴²li¹¹，音柄亮，入殓和出殡。

【财礼】 ze³¹lei³⁴，聘礼，定婚时男方送给女方的礼物。

【忏愿】 ts'a⁴²ny¹¹，在神前起誓。"该侬事干我忏爻愿也不再干吧。"

【唱花鼓】 tɕ'i⁴²ho³³ku⁴⁵，温州地方曲艺的一种。

【抄麻将】 ts'uɔ³³mo³¹tɕi⁴²，打麻将牌。玩麻将牌，各地称呼不同，有用叉的，有用抄的，有用搓的，有用打的，不胜枚举。温州人惯用"抄麻将"。

【陈十四娘娘】 dzaŋ³¹zai²¹²sๅ⁴²ȵi³¹ȵi³¹，温州民间供奉的送子娘娘。

【成亲】 zəŋ³¹ts'aŋ³³，结婚。

【呈会】 dzəŋ³¹vai¹¹，温州民间一种小规模的经济互助借贷活动。

【饬口】 ts'ei³²³k'au⁴⁵，旧时帮会或行业中使用的隐语。

【出丧】 tɕ'y³²³suɔ³³，出殡。亦说"发丧"。

【吹班】 ts'ๅ³³pa³³，为婚丧喜庆活动演奏的民间乐队。

【吹打班】 ts'ๅ³³tiɛ⁴⁵pa³³，吹鼓手。

【祠堂】 zๅ³¹duɔ³¹，同族人祭祀祖先的地方。"屙拉祠堂角——一姓人淘气。"

【达爷】 da²¹²ji³¹，旧时指在办理红白喜事中安排礼仪的人。

【打卦】 tiɛ⁴⁵ko⁴²，卜卦。

【单圹坟】 ta³³tɕ'yɔ⁴²vaŋ³¹，只有一个墓室的坟墓。

【定亲】 dəŋ¹¹ts'aŋ³³，订婚。

【洞房间】 doŋ¹¹ɦuɔ³¹ka³³，新房。

【对对】 tai⁴²tai⁴²，小儿周岁。

【对周】 tai⁴²tɕiəu³³，小儿一周岁。

【分岁】 faŋ³³sɿ⁴²，除夕夜阖家聚餐，以享天伦之乐。"分岁酒。"

【坟地】 vaŋ³¹dei¹¹，坟墓所在的地方。

【坟圹】 vaŋ³¹tɕʻyɔ⁴²，墓穴。

【坟山】 vaŋ³¹sa³³，用做坟地的山。

【福礼】 fu³²³lei³⁴，祭祀所用的牲物礼品。温州近海，用鱼加上鸡、猪头来祀神，叫三牲福礼，与别处不同。

【盖图章】 ke⁴²døy³¹tɕi³³，盖章。

【公印】 koŋ³³iaŋ⁴²，公章。

【功子巾】 koŋ³³tsɿ⁴⁵tɕiaŋ³³，男用孝巾。

【关门炮】 ka³³maŋ³¹pʻuɔ⁴²，除夕安寝前在庭院里燃放的鞭炮。

【过世】 ku⁴²sei⁴²，长者逝世。

【河祟鬼】 vu³¹sei⁴⁵tɕy⁴⁵，河里的魔鬼，指溺水而死的鬼魂。"河祟鬼专门魔熟人。""河祟鬼升起当城隍爷。"

【红白喜事】 ɦoŋ³¹ba²¹²sɿ⁴⁵zɿ¹¹，男女结婚是喜事，高寿者病逝叫喜丧，统称红白喜事。

【回花】 vai³¹ho³³，女子出嫁后首次偕丈夫回娘家探亲。

【回山】 vai³¹sa³³，葬礼完毕，死者的亲属身佩红布条，返回家中。

【会亲】 vai¹¹tsʻaŋ³³，新婚后由男方置办酒宴，请双方亲属会面。

【家先】 ko³³ɕi³³，家中先人的灵魂。"外姓家先。""狗眙着家先恁。"

【叫皇天】 tɕiɛ⁴²ɦuɔ³¹tʻi³³，呼天喊地。"面皮打裥有药医，苍蝇夹牢叫皇天。"

【教友】 kuɔ⁴²jiau³⁴，教徒（天主教或基督教）。

【结婚酒】 tɕi³²³ɕy³³tɕiəu⁴⁵，喜酒，婚礼上招待宾客的酒席。

【解魇酒】 ka⁴⁵i⁴⁵tɕiəu⁴⁵,旧俗婴儿出生三天后置办酒宴,以禳除魇魅。"解魇酒吃不着,锄锥背着。"

【进舍】 tsaŋ⁴²sei⁴²,《霞外攟屑·释谚》:"越以入舍为进舍。"入赘。"渠是进舍嘅,息儿沃姓渠老安嘅姓。"

【九十】 tɕiau⁴⁵zai²¹²,即"玖拾",纸钱的一种。用质地较粗糙、厚实的手工纸压上价钱印痕制成,价钱印痕呈9×10排列,故名。

【拦街福】 la³¹ka³³fu³²³,温州一种很有特色的民俗。

【礼数】 lei³⁴səu⁴²,礼节。

【莲花落】 li³¹ho³³lo²¹²,简称莲花,即道情,曲艺的一种,用竹板打节拍。

【摸周】 mo³¹jieu³³,同"对周"。旧俗,孩子一周岁时,父母常将许多东西放在盘子里让孩子任抓一件,据说可以预测孩子将来的喜好、志向和职业。后来这一习俗消失,但"摸周"却成了小孩周岁的代名词。

【木头戏】 mo²¹²dəu³¹sɿ⁴²,木偶戏。

【捺宝】 na²¹²pə⁴⁵,押宝。

【捺背】 na²¹²pai⁴²,一种青少年游戏。

【捺花会】 na²¹²ho³³vai³⁴,一种打赌方式。

【捺指头印】 na²¹²tsɿ⁴⁵dəu³¹iaŋ⁴²,按手印。

【闹洞房】 nuɔ¹¹doŋ¹¹ɦuɔ³¹,闹新房。

【怕打生】 pʻo⁴²tiɛ⁴⁵siɛ³³,认生。

【排八字】 ba³¹po³²³zɿ¹¹,算命、占卜的一种方法。

【跑马灯】 pʻuɔ⁴⁵mo³⁴taŋ³³,旧时一种传统的游戏。

【炮仗】 pʻuɔ⁴²ji¹¹,爆竹。"炮仗纸。""炮仗儿。""买串炮仗雇人打。"

【配阴亲】 p'ai⁴²iaŋ³³ts'aŋ³³，冥亲，冥婚。

【敲铜鼓】 k'uɔ³³doŋ³¹ku⁴⁵，打鼓。

【庆生】 tɕ'iaŋ⁴²siɛ³³，庆祝生日。

【入室】 zai²¹²sai³²³，亦作"入棺""入殓"。将死人移入棺材内。

【三梁冠】 sa³³li³¹ky³³，温州农村风俗，人死后出殡时，孝子孝孙着麻衣，着蒲鞋，腰束草绳，头戴三梁草冠；侄子辈戴二梁草冠。

【杀头】 sa³²³dəu³¹，斩首。

【筛锣】 sa³³ləu³¹，敲锣。

【殇官】 ɕi³³ky³³，无主之鬼。温州风俗元宵龙灯必兼祀殇官。

【上坟】 ji¹¹vaŋ³¹，扫墓，到坟前祭奠逝者。"上坟做坟式，落床买草席。"

【寿方】 jiəu¹¹huɔ³³，老人生前备下的棺材。亦作"寿枋"。

【寿坟】 jiəu¹¹vaŋ³¹，生前建造的坟墓。亦作"生寿坟"。

【寿礼】 jiəu¹¹lei³⁴，为祝寿而送的礼物。

【双生】 ɕyɔ³³siɛ³³，双胞胎。

【送人情】 soŋ⁴²zaŋ³¹zəŋ³¹，逢亲友的红白喜事时送去礼金。

【送上山】 soŋ⁴²ji³⁴sa³³，出殡。

【送元宝】 soŋ⁴²n̩y³¹pə⁴⁵，旧时乞丐为讨好施主所唱说的吉利话。亦作"掇元宝"。

【踏亲】 da²¹²ts'aŋ³³，相亲。

【抬阁】 de³¹kɔ³²³，温州民间一种传统的游艺活动。

【抬会】 de³¹vai³⁴，温州民间流行的一种营利性民间金融活动。

【抬轿】 de³¹dʑiɛ¹¹，喻指一种舞弊行为或为某人捧场。"抬轿嘅是鬼，坐轿嘅也是鬼。""我匄渠侎抬轿恁抬爻。"

【田契】 di³¹ts'ʅ⁴²，地契。

【田租银】 di³¹tsøy³³ȵiaŋ³¹，地租。

【拖大肚】 tʻa³³dəu¹¹døy³⁴，怀孕。

【拖身体】 tʻa³³saŋ³³tʻei⁴⁵，怀孕的中后期。

【煨春】 uai³³tɕʻioŋ³³，温州风俗，立春时烧樟叶，燃爆竹，以宣达阳气。

【围丧】 vu³¹suɔ³³，温州丧葬风俗，亲属们手拉着手绕着灵柩顺走三圈，再逆走三圈。后成为詈辞，将人群围观骂为围丧。

【孝头甑】 huɔ⁴²dəu³¹kaŋ⁴⁵，女用孝巾。

【写契墨】 sei⁴⁵tsʻɿ⁴²mai²¹²，立字据。

【燀春】 da³¹tɕʻioŋ³³，旧时迎春风俗。

【燀红】 da³¹ɦoŋ³¹，旧时风俗，除夕时在中庭燃烧木柴并放鞭炮。

【焰火】 ji¹¹fu⁴⁵，烟火。"屄放起焰火恁。"

【迎灯】 ȵiaŋ³¹taŋ³³，旧时元宵节举行的灯会游行。

【揉磕跤】 dʑi²¹²lai¹¹kuɔ³³，摔跤。"就算打你不过，揉磕跤也着揉三跤。"

【捯马】 də³¹mo³⁴，推手。"猴大儿捯马恁。"

【执绋】 tsai³²³fai³²³，旧时送葬的人牵着灵车的绳索（俗称功布）以助行进，因称送葬为执绋。

【重五】 dʑyɔ¹¹ŋ³⁴，端午节。亦作"重五节""重五日"。

【租谷】 tsøy³³ku³²³，以谷算的地租。

【族谱】 jiəu²¹²pøy⁴⁵，谱牒。

【做坟】 tsəu⁴²vaŋ³¹，修坟。

【做媒】 tsəu⁴²mai³¹，说媒。

【做亲】 tsəu⁴²tsʻaŋ³³，为男子定亲，结为姻亲。

【做十】 tsəu⁴²zai²¹²，逢十周岁生日举行庆贺活动。

【做寿】 tsəu⁴²jiəu¹¹,寿庆。"做寿做九不做十。"

【做素】 tsəu⁴²søy⁴²,带孝。

【做喜事】 tsəu⁴²sʅ⁴⁵zʅ¹¹,办喜事,结婚。

【做小月里】 tsəu⁴²sai⁴⁵n̠y²¹²lei³⁴,小产。

【做孝】 tsəu⁴²huɔ⁴²,带孝。

【做月里】 tsəu⁴²n̠y²¹²lei³⁴,坐月子。

〔16〕宗教

【庵堂】 ø³³duɔ³¹,庵音恩。师姑尼寮。小寺庙。

【白帽姑娘】 ba²¹²mə¹¹ku³³n̠i³¹,旧称天主教修女,因头戴白纱,故名。

【城隍殿】 zəŋ³¹ɦuɔ³¹di¹¹,传说中指管理某个城市的神庙。"城隍殿嘅鼓,不打会白殨。""城隍殿嘅猪头——冇主顾。"

【佛殿】 vai²¹²di¹¹,神庙。

【关老爷殿】 ka³³lə³⁴ji³¹di¹¹,关帝庙。

【观世音】 ky³³sei⁴²iaŋ³³,观音菩萨。

【观音佛】 ky³³iaŋ³³vai²¹²,观音菩萨。

【跪落拜】 dʐy³⁴lo²¹²pa⁴²,磕头。

【降灵姑】 kuɔ⁴²ləŋ³¹ku³³,跳神(女)。

【降童】 kuɔ⁴²doŋ³¹,跳神。

【解签诗】 ɦia³⁴tɕʻi³³sʅ³³,由庙祝解析签诗的内容,判断吉凶祸福。"走圣井山解签诗。"

【魁星】 kʻai³³səŋ³³,指北斗七星的第一星天枢,亦指掌管文运的神。"魁星打斗。"

【蜡烛香】 la²¹²tɕyo³²³ɕi³³,供拜神、祭祀用的蜡烛和线香的合称。"拜佛肯拜,蜡烛香不肯买。"

【礼拜堂】 lei^{34}pa^{42}duɔ^{31},教堂。

【灵姑童】 ləŋ^{31}ku^{33}doŋ^{31},巫婆。

【弥老佛】 mei^{31}lə^{34}vai^{212},弥勒,佛教菩萨之一。梵语 Maitreyia。

【木螺】 mo^{212}ləu^{31},即木鱼。"木螺不敲不响。""木螺恁日日着敲。""打破木螺剩半张嘴。""和尚吃肉,木螺受苦。"

【木主】 mo^{212}tsɿ^{45},神主牌。

【南无】 na^{33}mu^{31},梵文音译,皈依、敬礼义。"南无阿弥陀佛。"

【娘娘宫】 ȵi^{31}ȵi^{31}tɕioŋ^{33},女神的庙。

【签诗】 tɕ'i^{33}sɿ^{33},写着吉凶祸福内容的忏牌。

【求签诗】 dʑiau^{31}tɕ'i^{33}sɿ^{33},在神佛前抽签,以占卜吉凶。

【求雨】 dʑiau^{31}vu^{34},祈雨。

【三宝殿】 sa^{33}pə^{45}di^{11},泛指佛殿。常用于比喻登门求教或求助。

【三官】 sa^{33}ky^{33},道教所信奉的神祇,即天官、地官和水官。

【神童】 zaŋ^{31}doŋ^{31},男巫。

【生烧】 siɛ^{33}ɕiɛ^{33},僧尼死后火化。"和尚问生烧,日日有明朝。"

【师姑尼】 sɿ^{33}ku^{33}ȵi^{31},尼姑。

【师姑尼寮】 sɿ^{33}ku^{33}ȵi^{31}liɛ^{31},尼姑庵。

【寺院寮】 zɿ^{11}jy^{11}liɛ^{31},佛寺。也可单说"寺院""寮"。

【天妃宫娘娘】 t'i^{33}fei^{33}tɕioŋ^{33}ȵi^{31}ȵi^{312},妈祖娘娘(天妃)。

【天主堂】 t'i^{33}tsɿ^{45}duɔ^{31},天主教堂。

【土地殿】 t'øy^{45}dei^{11}di^{11},土地庙。

【土地爷】 t'øy^{45}dei^{11}ji^{31},管理一方土地的小神。"土地爷不在屋,屋里吵爻天翻地覆。"

【仙官】 ɕi^{33}ky^{33},本指有尊位的神仙,亦指民间供奉的小财神。温州民俗,赛龙舟时都要将仙官请上船,以图吉利。有人作"殇官",无主之鬼,温州风俗元宵龙灯必兼祀殇官。

【显灵】 ɕi⁴⁵ləŋ³¹,指神鬼现出威力。

【香案】 ɕi³³y⁴²,香桌。

【香球】 ɕi³³dziau³¹,将香插满柚子,为地藏王菩萨贺诞。

【信道理】 saŋ⁴²də³⁴lei³⁴,信仰基督教。

【信佛】 saŋ⁴²vai²¹²,信仰佛教。"个人讲说话不实嘅,你麽信佛恁信渠。"

【阎罗王】 ji³¹ləu³¹jyɔ³¹,佛教称鬼王,主宰地狱。

【摇签诗】 jiɛ³¹tɕ'i³³sʅ³³,求签。

【耶稣堂】 ji³¹søy³³duɔ³¹,基督教堂。

【迎佛】 ȵiaŋ³¹vai²¹²,迎神赛会。

【斋尼】 tsa³³ȵi³¹,道姑,女道士。

【瞻礼单】 tɕi³³lei³⁴ta³³,天主教里使用的年历单。

【招财爷】 tɕiɛ³³ze³¹ji³¹,财神。

【纸马】 tsei⁴⁵mo³⁴,神马,旧俗祭祀时所用的神像纸。

【做道场】 tsəu⁴²də³⁴dzi³¹,又称水陆道场。

〔17〕职业

【扒手】 po³²³ɕiəu⁴⁵,小偷的别称,又叫三只手、贼、摸皮包。现在多指公交车上、火车站、商场、闹市等人流拥堵的场所的小偷。见"套手"。

【菜馆】 ts'e⁴²ky⁴⁵,饭馆。

【拆场面】 ts'a³²³dzi³¹mi¹¹,还债。

【拆账】 ts'a³²³tɕi⁴²,按比例分配某种利益。

【秤花】 ts'əŋ⁴²ho³³，秤星。

【船老大】 jy³¹lə³⁴da¹¹，指驾船的掌舵者或船主。

【凑秤】 ts'au⁴²ts'əŋ⁴²，售货时给顾客多加一点。

【撮药】 ts'ai³²³jia²¹²，根据中医处方到中药店买药。

【打肉】 tiɛ⁴⁵ȵiəu²¹²，买肉。

【担班】 ta³³pa³³，挑夫。

【单帮】 ta³³puɔ³³，小行贩，小本生意。

【膪堆】 dø³¹tai³³，成批买来的贱货。

【倒场】 tə⁴⁵dʑi³¹，倒闭。

【倒账】 tə⁴⁵tɕi⁴²，收不回的坏账。

【店面】 ti⁴²mi¹¹，铺面。

【斗账】 tau⁴²tɕi⁴²，核算账目。

【掇壅客】 tø³²³yɔ⁴²k'a³²³，掏粪的人，倒马桶的清洁工。"山头千，垟下百，学不着城底掇壅客。"亦作"掏屎客"。

【发市】 ho³²³zŋ³⁴，开市，商店一天里第一次成交。

【发薪水】 ho³²³saŋ³³sŋ⁴⁵，发工资。

【发兴】 ho³²³ɕiaŋ⁴²，开业。

【翻梢】 fa³³suɔ³³，赢回已输掉的赌本。

【佮伙】 ky³²³fu⁴⁵，与人结伙，合作经营。"该间公司是大家人佮伙开嘅。"

【广货】 kuɔ⁴⁵fu⁴²，泛指百货。

【广货店】 kuɔ⁴⁵fu⁴²ti⁴²，百货店的旧称。

【行当】 ɦuɔ³¹tuɔ⁴²，职业。

【行贩】 ɦuɔ³¹fa⁴²，贩卖鱼货的小商贾、小商贩。

【行纲水脚】 ɦiɛ³¹kuɔ³¹sŋ⁴⁵tɕia³²³，路费。也可单说"行纲""水脚"。

【行俏】 ɦuɔ³¹tɕ'iɛ⁴²，货物畅销。

【会市】 vai^{11}zŋ^{34},墟场。农村集市。

【混堂】 vaŋ^{34}duɔ^{31},公众澡堂的旧称。

【火头君】 fu^{45}dəu^{31}tɕioŋ^{33},对炊事员的谑称。

【货色】 fu^{42}sei^{323},货物。

【剪布】 tɕi^{45}pøy^{42},买布。

【剪绺】 tɕi^{45}ləu^{34},小偷的隐称。

【酱园】 tɕi^{42}jy^{31},旧时的酿造作坊。

【脚仵】 tɕia^{323}ŋ^{34},收拾死人的职业。

【缴税银】 tɕiɛ^{45}sŋ^{42}n̠iaŋ^{31},纳税。

【解板】 ka^{45}pa^{45},锯解木板。"黄连树解板两面苦。"

【解出】 ka^{42}tɕ'y^{323},押解。

【近钞票】 dʑiaŋ^{34}ts'uɔ^{33}p'iɛ^{42},赚钱。"生意做顺,不愁不近钞票。"

【近铜钱】 dʑiaŋ^{34}doŋ^{31}di^{31},挣钱,赚钱。

【开店】 k'e^{33}ti^{42},开铺子。

【零碎】 ləŋ^{31}sai^{42},零钱。

【录钞票】 lo^{212}ts'uɔ^{33}p'iɛ^{42},攒钱。

【买客】 ma^{34}k'a^{323},顾客。

【面店】 mi^{11}ti^{42},饭馆。

【泥水汜】 n̠i^{31}sŋ^{45}tsai^{323},对泥瓦匠的蔑称。

【盘存】 bø^{31}zø^{31},盘货。

【跑单帮】 p'uɔ^{45}ta^{33}puɔ^{33},跑单帮。

【疲市】 bei^{31}zŋ^{34},商品销路差,价格低。"近来菜场里鲚鱼多,行情有厘儿疲市。"

【钱秤】 di^{31}ts'əŋ^{42},戥子。

【欠场面】 tɕ'i^{42}dʑi^{31}mi^{11},负债,也说背场面。

【欠账】 tɕʻi⁴²tɕi⁴²，负债。

【抢劫贼】 tɕʻi⁴⁵tɕi³²³ze²¹²，劫匪。"敲梆船碰着抢劫贼。"

【敲梆】 kʻuɔ³³puɔ³³，打更。

【侨贩】 dʑiɛ³¹fa⁴²，二道批发。"药材着经侨贩嘅手，肯定会贵大显。"

【肉架】 ȵiəu²¹²ko⁴²，肉铺。

【三只手】 sa³³tsei³³ɕiəu⁴⁵，贼。

【散工】 sa⁴⁵koŋ³³，短工。

【山架】 sa³³ko⁴²，商店里的货架。

【上账】 ji¹¹tɕi⁴²，记账。

【生活】 siɛ³³ɦo²¹²，营生；活计。"种三分，管七分，田里生活像绣花针。""料码未运到，生活还捏不起做。"

【生意经】 siɛ³³i⁴²tɕiaŋ³³，1. 做买卖的窍门，做生意的方法门道。"宁波人讲生意经，比不着温州人头发空心。"2. 买卖。"我有一批生意经照顾你。"

【实码】 zai²¹²mo³⁴，买卖方可以接受的价格。

【摊儿基】 tʻa³³ŋ³¹tsɿ³³，摊子，做小买卖的货摊。亦简作"摊儿"。

【套手】 tʻə⁴²ɕiəu⁴⁵，扒手。

【剃头店】 tʻei⁴²dəu³¹ti⁴²，理发馆。

【天平秤】 tʻi³³bəŋ³¹tsʻəŋ⁴²，天平。

【田礚】 di³¹lai¹¹，乡巴佬。

【粜米】 tʻiɛ⁴²mei³⁴，买米，卖米。

【团堆】 dø³¹tai³³，全包。

【外快】 va¹¹kʻa⁴²，正常收入以外的进账。

【碗店】 y⁴⁵tʻi⁴²，瓷器店。

【洗生婆】 sei⁴⁵siɛ³³bøy³¹，旧时接生婆。

【髹漆】 jiau¹¹tsʻai³²³,髹音又,白读油漆。

【学生意】 fio²¹²siɛ³³i⁴²,当学徒。

【牙郎】 ŋo³¹luɔ³¹,买卖的经纪人、中介方。

【衙门】 ŋo³¹maŋ³¹,指官署和官吏。"衙门当老起,红缨帽挈手里走。""衙门钿,一阵烟;种田钿,万万年。"

【医生】 i³³siɛ³³,医师。

【银秤】 ȵiaŋ³¹tsʻəŋ⁴²,戥子。

【运道好】 jioŋ¹¹də³⁴hə⁴⁵,走运。

【轧账】 ga²¹²tɕi⁴²,核算或核对账目。"做会计嘅,每个月底沃着轧账。"

【栈房】 dza¹¹fiuɔ³¹,仓库。

【账房间】 tɕi⁴²fiuɔ³¹ka³³,账房。

【主顾】 tsʅ⁴⁵ku⁴²,顾客。

【走菜馆吃】 tsau⁴⁵tsʻe⁴²ky⁴⁵tsʻʅ³²³,下馆子。

【走江湖嘅】 tsau⁴⁵kuɔ³³vu³¹ge⁰,走江湖的。

【坐牢监】 zo³⁴lə³¹ka³³,坐牢。

【做生活】 tsəu⁴²siɛ³³fio²¹²,干活。

【做生意】 tsəu⁴²siɛ³³i⁴²,做买卖。

【做小生意】 tsəu⁴²ɕiɛ⁴⁵siɛ³³i⁴²,小贩,本钱很少的小商贩。

【做夜息】 tsəu⁴²ji¹¹sei³²³,夜里干活,做夜工。

〔18〕交通

【拔车】 bo²¹²tsʻo³³,拉车。

【板车】 pa⁴⁵tsʻo³³,大车。

【车路】 tsʻo³³løy¹¹,公路。

【车司】 tsʻo³³sɿ³³，司机。

【趁车】 tsʻaŋ⁴²tsʻo³³，乘车。

【趁船】 tsʻaŋ⁴²jy³¹，乘船。

【撑船】 tsʻiɛ³³jy³¹，在溪河中驾船航行。

【撑篙】 tsʻiɛ³³kə³³，撑船的竹竿。"老大嘅撑篙一撑，只一下儿竹排就漂去老远。"

【船埠头】 jy³¹bøy¹¹dəu³¹，内河码头。

【船舱】 jy³¹tsʻuɔ³³，舱。

【船篷】 jy³¹boŋ³¹，河船舱背遮阳的竹篷。

【打鱼船】 tiɛ⁴⁵ŋøy³¹jy³¹，渔船。

【不臀】 gø²¹²dø¹¹，不通。"面前该条路是不臀嘅。"

【赶潮船】 kø⁴⁵dʑiɛ³¹jy³¹，赶时间。

【公共车】 koŋ³³dʑyɔ¹¹tsʻo³³，公共汽车。

【航船】 ɦuɔ³¹jy³¹，定期航行于城乡之间的载客运货的木船或机器船。"千日航船一日会。""迟落航船早上岸。""河里嘅航船不赶潮。"

【后马桥】 ɦau³⁴mo³⁴dʑiɛ³¹，木船的后部。"后马桥捎捎牢。"

【黄包车】 ɦuɔ³¹puɔ³³tsʻo³³，旧时用人拉的两轮车。

【黄鱼车】 ɦuɔ³¹ŋøy³¹tsʻo³³，脚踏三轮货车。

【脚踏车】 tɕia³²³da²¹²tsʻo³³，自行车。"脚踏车偷爻也就歇，还走狃宕寻？"

【冷巷】 liɛ³⁴ɦuɔ¹¹，偏僻的小巷。

【料车】 liɛ¹¹tsʻo³³，货车。

【拢岸】 loŋ³⁴jy¹¹，靠上码头。

【路菜】 løy¹¹tsʻe⁴²，带有地方特色的菜肴。

【路道】 løy¹¹də³⁴，门道，路数。

【路整】 løy¹¹tsən⁴⁵⁻⁴²，为城镇建设而修整道路。

【轮盘】 laŋ³¹bø³¹，轮子，车轮。

【马达卡】 mo⁰¹da⁰¹k'a⁴⁵，摩托车。

【码道】 mo³⁴də³⁴，码头。

【脑盖】 nə³⁴kai⁴²，本指头额，引申指机动船上的轮机人员。

【篷船】 boŋ³¹jy³¹，帆船。

【跛落】 biɛ³¹lo²¹²，下船（上岸），跛是跨的意思。

【舢舨】 sa³³pa⁴⁵，一种划桨的小木船。

【艄桨】 suɔ³³tɕi⁴⁵，安在船尾的桨，划动时不仅能使船进退，还可以起船舵的作用，控制行船方向。

【梭船儿】 so³³jy³¹ŋ³¹，舴艋，江中尖头小船。

【踏脚车】 da²¹²tɕia³²³ts'o³³，自行车。

【屉船儿】 t'ei⁴²jy³¹ŋ³¹，河中小船。

【巷弄】 ɦuɔ¹¹loŋ⁴²，胡同。

【巷弄峡】 ɦuɔ¹¹loŋ⁴²ga²¹²，小胡同。

【巷臀】 ɦuɔ¹¹dø³¹，巷底。

【小船儿】 sai⁴⁵jy³¹ŋ³¹，小船。

【重僦】 dʑyɔ³¹ze¹¹，满载的运货船。

【竹簰】 tɕiəu³²³ba³¹，竹筏。

〔19〕文化

【挨胡琴】 a³³vu³¹dʑiaŋ³¹，拉二胡。

【白路念】 ba²¹²løy¹¹ɲi¹¹，顺着文章的行文一直念下去，却不去理解文意。

【摆瓦】 pa⁴⁵ŋo³⁴，抄麻将的隐称。

【笔氍】 pi³²³kaŋ⁴⁵，笔套（毛笔用）。

【笔纡】 pi³²³zaŋ¹¹，笔芯。

【变把戏】 pi⁴²po⁴²sɿ⁴²，变戏法。

【布棚】 pøy⁴²boŋ³¹，临时搭的看棚。

【步马】 bøy¹¹mo³⁴，马步，武术或体操的一种动作。"步马煞落当起事干恁。"

【猜谜】 tsʻe³³ny¹¹，猜谜语。"大姐喜欢猜谜，百猜百中。"

【叉麻将】 tsʻo³³mo³¹tɕi⁴²，抄麻将。

【唱词】 tɕʻi⁴²zɿ³¹，温州鼓词的俗称。

【唱莲花落】 tɕʻi⁴²li³¹ho³³lo²¹²，唱莲花。

【车马炮】 tɕy³³mo³⁴pʻuɔ⁴²，车马炮。

【戳棋】 tɕʻyo³²³dzɿ³¹，双方对弈时第三者在旁指指点点。

【打头通】 tiɛ⁴⁵dəu³¹tʻoŋ³³，开演前先打锣鼓。

【大花脸】 dəu¹¹ho³³li³⁴，花脸。

【单百分】 ta³³pa³²³faŋ³³，满分。

【单耳朵】 ta³³ŋ³⁴to³³，单耳旁，汉字偏旁之一。

【弹词】 da¹¹zɿ³¹，用琵琶、三弦伴奏的曲艺的一种，流行于市区。

【当家旦】 tuɔ³³ko³³ta⁵³，青衣。

【道情】 də³⁴zəŋ³¹，俗称莲花，曲艺的一种。

【道筒】 də³⁴doŋ³¹，"道情筒"的简称。唱道情时用的伴奏乐器。

【的笃班】 tei³²³təu³²³pa³³，指越剧的前身；越剧团的旧称。

【顶戏鳍】 təŋ⁴⁵sɿ⁴²dzɿ³¹，倒立，拿大顶，体育游戏的一种。

【冻石】 toŋ⁴²zei²¹²，青田石中的名品，俗称腊石，石有数种，灯光冻石为最。

【翻筋倒】 fa^{33}tɕian^{33}tə^{45},翻跟头。

【放鹞】 huɔ^{42}jiɛ^{11},放风筝。"布帐底放鹞。""少年骑马放鹞,后生担笼抬轿,临老拣字纸住庙。"

【粉板擦】 faŋ^{45}pa^{45}ts'a^{323},板擦儿。

【改卷】 ke^{45}tɕy^{42},评卷子。

【共班】 dʑyɔ^{11}pa^{33},同班。

【狗爬式】 kau^{45}bo^{31}sei^{323},指一种没有经过正规训练的游泳姿势。

【骨牌九】 ky^{323}ba^{31}tɕiau^{45},骨牌。

【黑板擦】 he^{323}pa^{45}ts'a^{323},板擦儿。

【花笺纸】 ho^{33}tɕi^{33}tsei^{45},一种手工制作的竹浆纸,呈浅黄色,较粗糙,多供学生习字用。

【滑滑梯】 fio^{212}fio^{212}t'ei^{33},儿童在滑梯上玩。

【豁拳】 fa^{33}dʑy^{31},猜拳,一种通俗的酒令,饮酒时一种博戏。

【搅调】 kuɔ^{45}diɛ^{11},玩耍。

【界方】 ka^{42}huɔ^{33},镇纸。亦作"戒方"。

【开锣】 k'e^{33}ləu^{31},开戏了。

【蓝水笔】 la^{31}sɿ^{45}pi^{323},钢笔。

【乱弹】 lø^{11}da^{11},流行于温州的一种戏曲剧种,后改称瓯剧。

【乱弹白】 lø^{11}da^{11}ba^{212},瓯剧的唱白。

【锣鼓响】 ləu^{31}ku^{45}ɕi^{45},开戏了。

【潤开】 løy^{31}k'e^{33},洇。

【磨墨】 møy^{31}mai^{212},研墨。

【墨笔】 mai^{212}pi^{323},毛笔。

【墨水】 mai^{212}sɿ^{45},墨汁。

【炮耨去】 p'uɔ^{42}nə^{11}k'e^{42},拉炮。

【撒拦】 p'i³²³la³¹，一种凑钱宴饮的游戏。今人往往误读似"飘篮"。

【挈来呀】 tɕ'i³²³le³¹ia³³，同"趑起挈"，一种儿童游戏。

【趑跑】 zei²¹²p'uɔ⁴⁵，赛跑。

【趑起挈】 zei²¹²tsʅ⁴⁵tɕ'i³²³，同"挈来呀"，一种儿童游戏。

【沙蟹】 so³³ha⁴⁵，扑克的一种玩法。

【上学堂】 ji¹¹ɦo²¹²duɔ³¹，入学。

【绍兴戏】 jiɛ¹¹ɕiaŋ³³sʅ⁴²，越剧。

【踏高跷】 da²¹²kə³³tɕ'iɛ³³，踩高跷。一种传统戏剧、舞蹈。

【王坐出】 jyɔ³¹zo³⁴tɕ'y³²³，出老将。

【温书】 y³³sʅ³³，复习功课。

【戏班】 sʅ⁴²pa³³，戏曲剧团的旧称。

【戏出】 sʅ⁴²tɕ'y³²³，戏曲演出中的一场。

【戏团圆】 sʅ⁴²dø³¹jy³¹，散戏了。

【相飞上】 ɕi⁴²fei³³ji¹¹，飞相。

【小花脸】 ɕiɛ⁴⁵ho³³li³⁴，小丑。

【信壳】 saŋ⁴²k'o³²³，信封。

【学堂】 ɦo²¹²duɔ³¹，学校。

【踅磨金刚】 jy²¹²møy³¹tɕiaŋ³³kuɔ³³，一种儿童游戏。

【压台戏】 a³²³de³¹sʅ⁴²，压轴戏。

【影戏】 iaŋ⁴⁵sʅ⁴²，今亦指电影。

【影写纸】 iaŋ⁴⁵sei⁴⁵tsei⁴⁵，一种半透明的可隐现背后图文的纸，相当于现在的描图纸。

【硬板纸】 ŋiɛ¹¹pa⁴⁵tsei⁴⁵，马粪纸，瓦楞纸。"硬板纸箱儿。""硬板纸盒儿。"亦作"白板纸"。

【自来水笔】 zʅ¹¹le³¹sʅ⁴⁵pi³²³，钢笔。

【卒儿拱过】 tsai³²³ȵ³¹koŋ⁴²ku⁴²,拱卒。

【做谜猜】 tsəu⁴²ȵy¹¹ts'e³³,出谜。

【做戏】 tsəu⁴²sɿ⁴²,演戏。

【做桩】 tsəu⁴²tɕyɔ³³,坐庄。

【病壳】 bəŋ¹¹k'o³²³,汉字偏旁之一,病字头。

【草头】 ts'ə⁴⁵dəu³¹,汉字偏旁之一,草字头。

【耳朵爿边】 ŋ³⁴to⁴⁵ba³¹pi³³,汉字偏旁之一,耳朵边。

【反犬】 fa⁴⁵tɕ'y⁴⁵,汉字偏旁之一,反犬旁。

【反文】 fa⁴⁵vaŋ³¹,汉字偏旁之一,反文旁。

【覆瓯】 p'u³²³au³³,汉字偏旁之一,形状为冖。

【陷刀爿边】 ge¹¹tə³³ba³¹pi³³,汉字偏旁之一,即"刂",竖刀旁。

【陷人】 ge¹¹zaŋ³¹,汉字偏旁之一。"单陷人。""双陷人。"

【爿边】 ba³¹pi³³,汉字偏旁之一,相当于"旁"。"木字爿边。"

【竖心】 zɿ³⁴saŋ³³,汉字偏旁之一,竖心旁。

【挑手】 t'iɛ³³ɕiəu⁴⁵,汉字偏旁之一,提手旁。

【挑土】 t'iɛ³³t'øy⁴⁵,汉字偏旁之一,提土旁。

【挑王】 t'iɛ³³jyɔ³¹,汉字偏旁之一,斜玉旁。

【走之】 tsau⁴⁵tsɿ³³,汉字偏旁之一,走之旁。

〔20〕方位

【半当中】 pø⁴²tuɔ³³tɕioŋ³³,半道,半路上。

【边厢】 pi³³ɕi³³,旁边。亦作"边轩"。

【当中】 tuɔ³³tɕioŋ³³,正当中,当当中中。中间。

【后边】 ɦau³⁴pø³³,后。"后边门。""后边来。""后边身。""后边间。"

【旁单】 buɔ³¹ta³³，那边。

【前埭】 ji³¹da¹¹，前一次，上次。

【上面】 ji¹¹mai¹¹，上头。

【下埭】 ɦo³⁴da¹¹，下次，以后。

【中央】 tɕioŋ³³i³³，中间。

【济手面】 tsei⁴⁵ɕiəu⁴⁵mai¹¹，左边。

【顺手面】 jioŋ¹¹ɕiəu⁴⁵mai¹¹，右边。

【门前】 maŋ³¹ji³¹，面前。

【门前头】 maŋ³¹ji³¹dəu³¹，面前。

【后面】 ɦau³⁴mai¹¹，后面。

【背后】 pai⁴²ɦau³⁴，背后。

【对面】 tai⁴²mi¹¹，对面。

【底面】 tei⁴⁵mai¹¹，里面。

【底角】 tei⁴⁵ko³²³，里侧。

【外面】 va¹¹mai¹¹，外面。

【外角】 va¹¹ko³²³，外侧。

【边埏】 pi³³ɕi³³，旁边。

【碗臀】 y⁴⁵dø³¹，碗底。

【团圈】 dø¹¹tɕ'y³³，附近。

【地底】 dei¹¹tei⁴⁵，地底下。

【路上】 løy¹¹ji¹¹，途中。

【路里】 løy¹¹lei³³，途中。

【街里】 ka³³lei³³，街上。

【门口头】 maŋ⁴²k'au⁴⁵dəu³¹，门口。

【心里】 saŋ³³lei³³，心里。

【车里】 ts'o³³lei³³，车上。

【角落斗里】 ko³²³lo²¹²tau⁴⁵lei³³，角儿上。

【床下】 jyɔ³¹ɦo³⁴，床下。

【走落】 tsau⁴⁵lo²¹²，下去。

【趄底】 zei²¹²tei⁴⁵，跑进来。

【下爿】 ɦo³⁴ba³¹，下面。

【上爿】 ji¹¹ba³¹，上面。

【左面】 tsəu⁴⁵mai¹¹，左边。

【右面】 jiau¹¹mai¹¹，右边。

【西廓】 sei³³ko³²³，西郊。

【背后边】 pai⁴²ɦau³⁴pø³³，背地里。

【甲】 jiǎ，ka³²³，音格。天干第一位。

【乙】 yǐ，iai³²³，音益。天干第二位。

【丙】 bǐng，pəŋ⁴⁵，音炳。天干第三位。

【丁】 dīng，təŋ³³，音叮。天干第四位。

【戊】 wù，møy¹¹，音磨。天干第五位。

【己】 jǐ，tsɿ⁴⁵，音主。天干第六位。

【庚】 gēng，kiɛ³³，音耕。天干第七位。

【辛】 xīn，saŋ³³，音心。天干第八位。

【壬】 rén，ȵiaŋ³¹，音银。天干第九位。

【癸】 guǐ，dzy³¹，音权。天干第十位。

【子】 zǐ，tsɿ⁴⁵，音主。地支第一位。

【丑】 chǒu，tɕʻiəu⁴⁵，音秋的阴上声。地支第二位。

【寅】 yín，jiaŋ³¹，音盈。地支第三位。

【卯】 mǎo，muɔ³⁴，音莽。地支第四位。

【辰】 chén，zaŋ³¹，音仁。地支第五位。

【巳】 sì，zɿ³⁴，音士。地支第六位。

【午】 wǔ, ŋ³⁴, 音五。地支第七位。

【未】 wèi, mei¹¹, 音媚。地支第八位。

【申】 shēn, saŋ³³, 音心。地支第九位。

【酉】 yǒu, jiau³⁴, 音有。地支第十位。

【戌】 xū, ɕy³²³, 音雪。地支第十一位。

【亥】 hài, ɦie³⁴, 音孩的阳上声。地支第十二位。

第十三章 温州话方言特征词

每种方言除了特有的语音特征，都有自己的词汇特征。方言特征词是表现该方言词汇特征的最重要的词汇。本节所列的为温州话的特征词。其中大部分为承传词，即从古代汉语直接承传下来、词义未发生明显变异的词语。

温州话特征词为数不少，可以说，温州人中用来用去频率很高的往往是这些方言特征词。这些词语古人都曾用过，但现在的北方人是不大用的。学会了这些词的用法，才可以说真正认识温州话，掌握温州话。

这些字在《汉语大字典》《康熙字典》等大型字书中能找到书证，但一般人已不大认识了，所以常出现会说不会写的现象。

第一节　单字词

一、特征字

【擐】　huàn, ga^{34}，无近似音。"背背擐擐（反手背人）。"

【䪥】　zhuō, dʑia^{212}，音着。用剪刀剪。"䪥纸。""䪥头发。""䪥指甲。"

【挨】　āi, a^{33}，音埃。依次，顺次。"一个挨一个。""个礼拜日挨着我值班。""个村里挨份人家沃在搭挑花。"

【盦】 ān, ø^{33},音恩。1.覆盖。"盦酱。""天暖起罢,还逮姆姆恁盦起,妆何乜啊?"2.古代盛食物的器皿。

【扒】 pá, bo^{31},音爬。搔,抓。"扒扒痒。""扒鼻头屙逮血扒出。""扒扒皮破,吃吃嘴馋。""头痒起宿脚上扒。""六个指头儿扒痒 —— 加一待你。"

【败】 bài, ba^{11},音办。糟蹋。"国败出奸臣,村败出闲人。""兴家犹如针挑土,败家好似水推舟。"

【扳】 bān, pa^{33},音班。往下或往里拉。"扳开关。""扳手力。""扳手。""山头人吃鲫鱼 —— 底扳出。"

【趵】 bào, puɔ^{42},音豹。物体突然跃起,急速弹起。"皮球趵起高显高。""油锅里水趵起吓人显。"

【褙】 bèi, pai^{42},音辈。把布或纸等一层一层地粘在一起。粘贴。"裱褙。""褙标语。""板壁匄白纸褙起,眙着会清水俫。"

【鐾】 bèi, bei^{11},音币。将刀剑等在粗糙表面来回摩擦使之锋利。"逮刀囥磨石上鐾两鐾,快俫。""逮地下嘅痰唾用脚鐾爻。"

【坌】 bèn, baŋ^{11},音笨的阳去声。被尘土沾染。"坌尘。""坌塕。""趁一日个汽车,坌一身个泥粉。"

【绷】 bēng, piɛ^{33},音浜。张口,睁眼。"嘴绷开脏头也眙着。""渠匄我嘴问绷搭爻。"

【蹦】 bèng, poŋ^{42},音崩。1.双脚并拢跳。"蹦蹦跳跳。"2.破裂。"气打忒足爻,轮胎打蹦爻。"

【痹】 bì, pei^{42},音闭。触电。"用电痹鱼是违法嘅。""旋灯泡着留心,叀痹着。"

【滗】 bì, pi^{323},音必。挡住容器里的固体物质,把浮在液体面上的杂质倾倒出来。"药煎好罢,你逮渠滗一滗出。"

379

【蹩】 bié, bi²¹², 音弼。蹩脚, 跛行义。又指走路扭伤了脚。

【瘪】 biē, pi³²³, 音必。瘪三: 指城市中无正当职业而以乞讨或偷窃为生的流氓游民。

【擘】 bāi, p'a³²³, 音拍。同"掰"。分开, 剖裂。"两脚擘开。""擘饼。""擘腿。""擘脚。""一粒米也擘爻对半分。""卖缸客, 对半擘。"

【嘈】 cáo, zə³¹, 音曹。1.指鸭、鹅等阔嘴禽类吃东西的形态; 引申为小孩能吃。"一碗饭沃匀鸭嘈底爻罢。""成株嘅白菜, 雁鹅嘈不底嘅。""几盘好厘儿嘅配, 沃匀两个蟹饭嘈底爻。"2.人因久不吃油荤而引起胃里难受, 不舒服。"几日冇吃油腥, 肚底沃嘈显嘈罢。"

【搀】 chān, ts'a³³, 音钗。把一种东西混合到另一种东西里去。"搀假。""搀杂。""个瓶酒里肯定有水搀底嘅。""酒精伉水着按比例搀起。"

【忏】 chàn, ts'a⁴², 音蔡。佛教指请人容忍宽恕。又指佛教、道教讽诵的一种经文。"忏爻愿再也不赌。"

【焯】 chāo, tɕ'ia³²³, 音鹊。把蔬菜等放在开水里稍煮就取出。

【埕】 chéng, dzəŋ³¹, 音程。酒坛, 酒瓮, 口部较小、腹部较大的陶器。"埕头泥。""老酒一埕。"

【澄】 dèng, dəŋ³⁴, 音定的阳上声。1.使液体中的杂质沉淀。"逮水澄澄清。""糖霜园汤里未炀爻, 沃还澄臀里。"2.滤。

【篪】 chí, dzɿ³¹, 音其。古代竹管乐器。像笛子, 有八孔, 横吹。篪与埙都是乐器, 引申指谐和。因而常用来作人名用字。篪也可读 dzei³¹。因为它与"池"和"驰"是同类的字。

【饬】 chì, ts'ei³²³, 音戚。1.整顿, 使整齐。"整饬纪律。"2.勒死, 绞杀, 捆绑。"饬头颈。""饬死。"亦作"绤"。

【抽】 chōu，tɕ'iəu³³，音秋。故意推脱。"讲你毛急起，讲你好抽起。""草割爻还会抽，人死爻万事休。"

【闯】 chuǎng，tɕ'yɔ⁴⁵，音恐。1. 衣着太暴露。"个院主儿真着闯。"2. 行事鲁莽。"祸闯出薛刚恁。"

【炊】 chuī，ts'ŋ³³，音吹。将米或糕团置于笼屉内蒸。"炊糯米饭。"

【戳】 chuō，tɕ'yo³²³，音触。用硬物尖端触击，刺。"戳棋。""雨伞骨，底戳出。""镬里还有厘饭勾你戳戳完。""臀儿夹牢插花针也戳不底。""铁棒戳来好拆，箸头戳来难解。""渠出来讲话就硬棒儿戳屙恁嘅。"

【啜】 chuò，tɕy³²³，音决。吮吸。"瓶儿里牛奶勾我啜一口。"

【呲】 zī，dzŋ³¹，音其。露出牙齿。"该个牙齿呲搭，真难眙。"

【凑】 còu，ts'au⁴²，音奏的清音。点燃。"冇打火机，香烟凑不着。""着煮日昼吧，你逮煤球炉凑着先。"

【捽】 zuó，tsai³²³，音卒。甩，将东西使劲地摔。"花瓶勾渠捽爻末碎。"

【氽】 cuān，ts'ø³³，音村。一种烹调方法，把食物放在沸水中稍煮一下。"氽芹菜。""炒芋着逮芋先氽一氽。"

【蹿】 cuān，ts'ø³³，音村。两脚在原地跳。"渠蹿起高显。""蹿起打一棒。"

【璀】 cuǐ，ts'ai⁴⁵，音揣。颜色鲜艳明亮。"该件衣裳颜色璀显。"

【忖】 cǔn，ts'ø⁴⁵，音惨。揣度，思量。"个事干，我忖一忖先。"

【搓】 cuō，səu³³，音蔬。两个手掌相对或一个手掌放在别的东西上擦。"搓来汤圆起煮点心。"

【撮】 cuō，ts'ai³²³，音七。用三指抓取。"一小撮。""饿显饿罢,先撮厘配填填肚。""一粒饭遁狗尾巴上还撮起吃。"

【绐】 dài, de³⁴,音待。绳索等松弛下垂,原来绷直之物松了而形成中间凹下。"沙发绐爻罢。"

【疸】 dǎn, ta⁴⁵,音胆。皮肤上长的疙瘩。"手背勾蚊虫叮起一个疸,痒显痒。"

【掸】 dǎn, ta⁴⁵,音胆。轻轻地除去灰尘。"逮桌里嘅饭末掸掸爻。""你身里靠狃宕靠起啊,沃是雪白嘅,掸两掸爻。""天九王统掸。"

【惮】 dàn, da¹¹,音但。发怒,暴怒。"渠听我怎讲就惮起,逮桌椅板凳捣爻完。"

【孬】 nāo, fə³³,音否的阴平,"不好"的合音。由"不"与"好"合字紧缩而成,表示否定。"该本书孬眙。""麻脸花娘,嫌憎别人生孬。""越是大酒店,酒水越孬吃。"

【捏】 niē, n̠ia²¹²,音虐。将软的东西弄成一定的形状。"捏笔。""捏牙膏。""捏烂污泥人儿。""该个人是用米捏起嘅。""你逮拳头捏起打人啊?""渠宿单位里不是捏权嘅人。"

【歃】 shà, sa³²³,音杀。歃血:古代盟会中的仪式。

【倒】 dǎo, tə⁴⁵,音岛。表示动作或行为达到应有的程度。"牛肉生老显,鏖倒新好吃。""你逮渠讲倒,渠也会听你嘅。"

【纛】 dào, də¹¹,音导。1. 古代用毛羽做的舞具或帝王车舆上的饰物。2. 古代军队里的大旗。

【扽】 dèn, taŋ⁴²,音凳。两头同时拉或固定一头抓住另一头猛拉。"逮裤脚扽扽直。"

【籴】 dí, tʻiɛ⁴²,音跳。买进粮食,与"粜"相对。"米吃完爻罢,着走粮站里籴罢。"

【踮】 diǎn, ti⁴⁵,音典。抬起脚后跟。"脚踮起眙闹热。"

"讲你脚长还跐起,讲你生好还扭起。"

【镦】 dūn, tø³³,音端。阉割家禽、家兽。"镦猪。""渠镦爻罢罟那还会生?"

【顿】 dùn, taŋ⁴²,音凳。用力刺。"身上刍贼顿一刀,血流爻多显。"

【咄】 duō, tai³²³,音堆的阴入声。禽类用嘴啄食。人用前牙嚼食。"瞙瞵鸡咄虫——凑巧。""一号鸟咄一号虫。"

【垛】 duò, duɔ¹¹,音宕。整齐地堆积成的堆。"粪扫垛。""困难一大垛,成功也难讲。"

【剁】 duò, təu⁴²,音躲的阴去声。用刀向下砍。"逮鸡头剁落爻。""剁侎肉起做馅心。"

【堕】 duò, dəu³⁴,音惰。道德或思想败坏。"个人该侎事干也会做出,堕爻完罢哪。"

【扼】 è, a³²³,音压。折叠。"扼粽。""扼纸人儿。"

【遏】 è, ø³²³,音暗的阴入声。划船时用桨往前划水,使船停止不前称为遏。与搯相对。

【翻】 fān, fa³³,音番。夸夸其谈。"新调来嘅校长会翻显,我直头听不牢。"

【烦】 fán, va³¹,音凡。纠缠,搅扰。"个人真烦,一厘儿小事干也讲起讲不歇。""老寿星吃砒霜——健烦起。"

【戆】 gàng, koŋ⁴⁵,音巩。失去理智,生闷气。"渠该日妆何乜戆起,一日三厨沃不吃?"

【佝】 gōu, hau³³,音吼的阴平声。身体背部向下弯曲。曲背。"我腰痛,佝不落担物事。"

【汩】 gǔ, ky³²³,音骨。由水流动声引申为饮酒。"该一大杯酒,我汩不底。"

【顾】 gù, ku⁴²,音故。照管。"门有锁,你着顾牢嘅。""上山人背茅竹——顾前不顾后。"

【犷】 guǎng, guɔ³⁴,音旷(2)的上声。强悍,不讲理,横蛮无理。"犷客。""犷头三。"

【掴】 guāi, kai³²³,音国。轻轻地刮,梳头。"用该把头梳掴头发。"

【酣】 hān, hø³³,音憨。高油脂的食品味道变坏。"该条鳗鲞酣爻罢,吃不得嘅。"

【阂】 gāi, gai¹¹,音溃。阻碍。"有物事阂牢。""问问佛,打个阂。"

【讧】 hòng, ɦoŋ¹¹,音缝。腐烂。"天色生热,西瓜皮讧起臭显。"

【候】 hòu, ɦau¹¹,音逅。两物相较大小。"逮个盒儿伉许个盒儿候一候,眙狃个大俫?"

【縠】 hú, gu²¹²,音谷的浊音。伏缩,踞缩。"渠肚痛显,人沃痛縠拢爻。"

【涣】 huàn, ɕy⁴²,音汉。妇女奶孩子称涣奶。

【隳】 huī, fai³³,1.毁坏,废弃。"颓隳。"2.艰难,剧烈。"该埭生意折隳显,逮本钿也折爻担不来。"

【回】 huí, vai³¹,音徊。1.转卖。"该双皮鞋忒小,不就脚,我想便宜厘儿回爻。"2.辞掉。"个生活不好做,我逮渠回爻罢。"3.反驳。"我讲渠还轻俫,渠回我还重俫。"

【会】 huì, vai¹¹,音汇。能干。"头头会,厨厨饿。""妗娘儿会显,只讲舅舅唔有本事。"

【急】 jí, tɕiai³²³,音吉。生气。"你嫐逮我妆急起。""息儿不香人,人勾渠急爻。"

【减】 jiǎn, ka⁴⁵，音简。把饭菜从盛器里拨出去。"饭减俫出爻,我吃不底。"

【垀】 jiàn, tɕi⁴²，音见。明人方俗字。立足稳,不动摇。"渠脚垀牢坚显,推也推不动。"

【犟】 jiàng, dʑi³⁴，音丈。脾气固执,倔强,不听劝告。"个息儿真犟,大人嘅话一句也不听。""我阿爸妆犟起,老实对你不客气。""渠犟起棺材板恁。""法是真,犟是假。"

【嚼】 jiào; jué, jia²¹²，音勺。用牙齿咬碎。"贪多嚼不烂,胃病容易犯。""买支甘蔗嚼爻勾你吃。"

【搅】 jiǎo, ku⁴⁵，音古。搅动,搅拌。"搅飞面。""油漆用前着搅搅匀。""开水倒奶粉里还着搅一搅,新会化开。""阴沟勾棒儿搅起臭显。"

【噍】 jiāo, tɕiɛ³³，音焦。声音尖锐、高亢。"该个女高音嘅声音真噍。"

【妗】 jìn, dʑiaŋ¹¹，音仅。俗谓舅母曰妗。妗乃舅母二字合呼。"只有姑娘恋子侄,唔有妗娘恋外甥。"

【劲】 jìng, tɕiaŋ⁴²，音竟。使劲;有力气。"该两日鸡吃底,有劲显。"

【噤】 jìn, dʑiaŋ¹¹，音仅。闭口,不出声。"渠牙噤牢恁,问渠半日也不开口。""眙渠该下儿牙齿沃噤起,气显气哪。"

【经】 jīng, tɕiaŋ³³，音今。悬吊,攀附。"猴头经绳经快显。""该个贼是经落水管上爬到我间里底嘅。"

【儆】 jǐng, dʑiaŋ¹¹，音仅。控制住,使物体停留在某种状态。"房间里勾你儆起了滞显。""我该两日嗽显,儆牢不吃香烟。"

【揪】 jiū, tɕieu³³，音州。抓,扭。"眙渠鼻头钻泥嘅妆样,一定亦勾领导揪煞罢。"

【峻(1)】 jùn, ɕioŋ⁴², 音训。高, 陡峭。"该座山峻显峻啊。"

【峻(2)】 jùn, tɕioŋ⁴², 音众。严厉。"严峻。"

【墈】 kàn, k'ø⁴², 音勘。同"磡"。险陡的堤岸、山崖。"高墈。"

【洘】 kǎo, k'ə⁴⁵, 音考。指中药煎熬的次数。"该贴药着煎几洘?"

【磕】 kē, k'ai³²³, 音瞌。俯下。"我磕三个头勾你赔礼。"

【焜】 kūn, kaŋ³³, 音鲲。烟呛人。"镬灶间沃是烟, 焜显焜。"

【浪】 làng, luɔ¹¹, 音眼。在物体下面形成空间使通风, 架空。"天色生冷显, 麭逮被浪起。"

【勒】 lè, le²¹², 音肋。经受, 支持。"事干恁重, 伙食恁毛, 人勒不牢。"

【礌】 léi, lai¹¹, 音泪。1. 古代守城时从城上推下, 打击攻城人用的滚石。"滚木礌石。"2. 滚动。"礌子。""礌转侧。""礌岩坛。""礌铁环。""礌弹子。""礌铜钿儿。""楼上礌落爻。""墙倒石头礌。""礌得倒, 爬得起。""眼灵珠礌来礌去。""大猫赶啦脚后跟, 还礌转胎胎是草是雄。""倒搭一个阵, 徛啦一个阵, 臀礌转亦一个阵。"

【疬】 lì, li²¹², 音立。瘰疬, 淋巴结核。"头颈里有疬瘩起。"

【撩】 liáo, liɛ³¹, 音聊。捞, 掀。"长筅竿撩不着, 灯芯棒一撩就撩着。"

【料】 liào, liɛ³¹, 音疗。推测。"我料渠会走来。""料人料不着, 料狗四只脚。"

【捩】 liè, li²¹², 音立。1. 去渣汁, 去水渍。2. 绞, 拧, 使水分控干。"捩面巾。""逮地拖里嘅水捩捩燥。""豆腐渣侅纱布里捩燥炒起吃鲜显嘅。""被单洗爻着捩捩燥厘儿, 好晒燥厘嘅。"

【灵】 líng, ləŋ³¹, 音零。灵敏, 灵活, 灵验。"你嘅鼻头灵显。""个办法不晓得灵不灵。""棺材下嘅蟛蜞 —— 比鬼还灵。"

【绺】 liǔ, ləu³⁴, 音柳。1. 丝缕合成的线, 引申为规则。"渠干事干有绺显。"2. 量词, 指一束理顺了的丝、线、须、发等。"一绺青丝。"

【拢】 lǒng, loŋ³⁴, 音陇。使不松散或不离开。"笑爻嘴也合不拢。""逮渠两个人讲讲拢。""好不容易兄弟姐妹汇拢一次。""夫妻是个桶,打爻笃得拢。"

【掳】 lǔ, ləu³⁴, 音柳。抢取, 掠夺。"逮桌上嘅钞票掳起就逃。""尸骸到能界还未掳着。"

【录】 lù, lo²¹², 音洛。积聚, 收集。"逮板头儿录起当柴烧。""省起赌, 录起嫖, 赤里巴脚园搭跳。""渠一个退休工人, 钞票录起也有好几万。"

【漉】 lù, ləu²¹², 音六。过一过水。"该匹布着从水底漉一漉先, 再做衣裳。"

【脶】 luó, lai³¹, 音雷。刀脶, 手指上椭圆形的指纹。"七脶骑白马, 八脶坐天下。"

【络】 luò, lo²¹², 音洛。捆扎, 从下方套住。"逮酒埕络起。"

【捋】 lǔ, lai³⁴, 音垒。抚摩。"肩胛头痛显痛, 你逮我捋两捋。"

【鞔】 mán, mø³¹, 音瞒。1. 以革补履。2. 把皮革绷紧, 固定在鼓框的周围, 做成鼓面。"两支手逮眼灵珠鞔牢坚。""个地宕我记不牢, 许能界是匀渠逮眼灵珠鞔牢走底嘅。"

【满】 mǎn, mø³⁴, 音螨。使满, 充满。"田里多管, 仓里谷满。"

【幔】 màn, mø¹¹, 音缦。张在屋内的帐幕。"布幔。""窗幔。"

【镘】 màn, mø¹¹, 音幔。旧时铜钱上没有铸字的一面。

【霉】 méi, mai³¹, 音梅。倒霉; 遇事不利, 遭遇不好。"该两日真倒霉, 兜兜里嘅钞票两遍匀人摸去爻。"

【眜】 mèi, mai[11]，音妹。将过手的钱悄悄地转为己有。"找赚句渠嘅钞票,句渠眜底不认账。"

【扪】 mén, maŋ[31]，音门。用手或器物盖、捂。"茶新泡起,先句渠扪一扪再吃。"

【弥】 mí, mei[31]，音迷。封闭,密闭。"窗门关忒弥爻,觉着间里闷显闷。"

【靡】 mí, mei[31]，音迷。用手指把细小的物事碾碎。"逮粉笔靡爻末碎。"

【抿】 mǐn, məŋ[34]，音皿。1. 嘴唇相合。"抿嘴。"2. 抿嘴细品；舔。"抿糖儿。""买粒糖儿抿爻句你吃。"

【捺】 nà, na[212]，音呐。用手向下按。"捺手指头印。"

【内】 nèi, nai[11]，音诿。内行,擅长。"你做生意还内甚。""内行眙门道,外行眙闹热。"

【蔫】 yān, i[33]，音衣。1. 植物因失去水分而萎缩。"花儿沃蔫爻罢。""寿桃儿蔫爻恁。"2. 比喻精神不振。"吃落怕噎,园搭怕蔫。""鲜客不做做蔫客。"3. 性子慢；不活泼爽快。"蔫脾气。"

【念】 niàn, ȵi[11]，音让。1. 惦记,常常想。"怀念。""念旧。"2. 心中的打算,想法,看法。"个人吃香烟有念头。"3. 说,读,诵读。"和尚儿念经有口无心。"

【泞】 nìng, ȵiaŋ[11]，音认。指东西潮湿含水分多或受潮状。"衣裳还泞嘅未晒燥。""衣裳晾两日罢,能界还泞嘅。""落花生泞爻不好吃。"

【耨】 nòu, nə[11]，音脑的阳去声。方言用字。1. 状男女狎昵之态。2. 上下不断起伏摆动。"竹扁担儿担起耨耨动。""桌脚不扎实,耨耨动嘅。"

【懦】 nuò, noŋ[11]，音糯。物的品质或人的个性很软弱。

"懦柿。""懦垂垂。""懦懦佛儿。""买懦柿,总拣懦嘅捏。"

【噢】 ō, au⁴², 音呕。叹词。1. 表示领悟。2. 表示提醒。3. 表示答应。

【哦】 é, ŋ³³, 音吴的阴平声。吟哦,有节奏地诵读诗文。

【沤】 òu, au⁴², 音噢。长时间浸泡,使起变化。"沤麻。""沤肥。"

【派】 pài, pʻa⁴², 音盼。1. 分配,指定。"派驻。""派遣。"2. 量词。"一派胡言。""好一派北国风光。"

【攀】 pān, pʻa³³, 音啪。1. 抓住东西向上爬。"攀登。""攀缘。"2. 拉扯,拉拢,结交。"攀谈。""攀亲。"

【旁】 páng, buɔ³¹, 音螃。1. 左右两侧。"旁门左道。""旁若无人。"2. 其他,另外。"责无旁贷。"3. 广泛。"旁征博引。"

【炮】 bāo, pʻuɔ⁴², 音泡。1. 把物品放在器物上烘烤或焙。2. 一种烹调方法,在旺火上急炒。"炮胶。""炮羊肉。"

【呸】 pēi, pʻai³³, 音胚。1. 表示斥责或鄙薄的声音。2. 吐唾沫声。

【配】 pèi, pʻai⁴², 音沛。温州人称菜肴为配。"走菜场里买配。""饭要配,人要对。"

【篷】 péng, boŋ³¹, 音朋。1. 遮蔽风雨和阳光的东西,用竹篾、苇席、布等做成。"帐篷。"温州话和闽语一样,帆、篷不分,帆布也说篷布。2. 特指船帆。"风好就拔篷。"

【坯】 pī, pʻai³³, 音胚。1. 没有烧过的砖瓦、陶器等。"土坯。""砖坯。"2. 泛指半成品。"毛坯。"

【皮】 pí, bei³¹, 音疲。指小孩顽皮,爱吵闹。"息儿生皮显,讲不震嘅。"

【瓢】 piáo, biɛ³¹, 音嫖。1. 舀水或取东西的工具,多用对半剖开的匏瓜或木头制成。"瓢泼大雨。"2. 形状像瓢的。"瓜瓢。"

【拼】 pīn, pʻəŋ³³, 音乒。1. 连合, 凑合。"拼写。""拼盘。""十二碟双拼。"2. 合伙, 相配合。"两个人拼拢税一套房间住。""你讲吃讲嬉, 我昋那拼你牢?"

【品】 pǐn, pʻəŋ⁴⁵, 音榀。1. 仔细体会; 评论优劣高下。"品尝。""品论。"2. 调解。"交通事故可以双方坐落品品爻结煞。"

【迫】 pǎi, pa³²³, 音百。1. 粘住, 黏合, 贴近。"花盆倒爻勾万能胶会迫起嘅。"2. 鞋隔褙, 布鞋的衬料。

【潽】 pū, pʻu⁴⁵, 音普。液体因沸腾而冒出。"牛奶沃潽出完罢。"

【砌】 qì, tsʻei⁴², 音掣。用水泥、蛎灰等把砖石等黏合垒起。"砌镬灶。""砌屏墙。""一只手搭不响, 单面墙砌不牢。"

【扦】 qiān, tɕʻi³³, 音牵。插, 插进去。"牙刷扦牙杯里。""息儿楼上扦落, 头扦水泥坦上倒死爻。"

【钳】 qián, dʑi³¹, 音场。夹住。"手指头儿勾蟢蜅儿钳牢血也钳出。"

【跷】 qiāo, tɕʻiɛ³³, 音超。抬起。"讲你好脚夡跷起, 讲你毛嘴夡翘起。"

【缲】 qiāo, tɕʻiɛ³³, 音超。一种缝纫方法, 做衣服时把布料的毛边缝到里面去。"缲边。"

【俏】 qiào, tɕʻiɛ⁴², 音窍。1. 相貌美好, 漂亮。"俏丽。"2. 货物的销路好, 价格上涨。"走俏。""俏货不愁销。"

【窍】 qiào, tɕʻiɛ⁴², 音翘。喻事情的关键。"你做事干窍着妆牢。""该起事干胎坏恁有窍罢。"

【翘】 qiào, tɕʻiɛ⁴², 音窍。向上举起, 昂起。"翘舌音。""嘴翘起十八个尿壶也挂牢。""嘴翘起欠你多还你少恁。"

【撬】 qiào, tɕ'iɛ³³，音超。用杠棒或尖利的工具借助支点拨动或挑起东西。"把瓶盖撬开。""把该块大石头撬起运走。"

【挈】 qiè, tɕ'i³²³，音切。用手提着；牵着。"手挈包。""手挈袋。""提纲挈领。""勾渠衫襟挈牢。""挈得起，放得落。""水桶总比挈梁大厘。""肚肠心肝挈牢放不落。""事干过去爻罢，就覅再挈起讲。""楼梯下嘅篮儿用着挈来，用不着挂搭。"

【揿】 qìn, tɕ'iaŋ⁴²，音庆。用手按。"揿钮。""揿图钉。""揿门铃。""一把钞票揿牢不放。""河鳗忒滑溜，揿也揿不牢。"

【泅】 qiú, jiəu³¹，音柔。游水，游泳。"该条河忒阔，我泅不过。"

【韧】 rèn, n̠iaŋ¹¹，音认。柔软又结实，受外力作用时，虽然变形而不易折断，与"脆"相对。"牛蹄筋韧显韧，咬不动。"

【入】 rù, n̠iai²¹²，音逆。装进。"皮箱还未入满。"

【骚】 sāo, sə³³，音搔。举止轻佻，卖弄风情。"个女嘅骚显嘅，你覅理渠。"

【臊】 sāo, sə³³，音骚。一种触鼻难闻的像尿或狐狸的气味。"臊气。""腥臊。"

【筛】 shāi, sa³³，音山。1. 用筛子过东西。2. 斟酒。3. 敲。"锣杂鼓里筛。""你敲你嘅鼓，我筛我嘅锣。"

【闪】 shǎn, ɕi⁴⁵，音享。因动作过猛，使一部分筋肉受伤而疼痛。"腰闪着。"

【勺】 sháo, jia²¹²，音弱。一种有柄的舀东西的器具，古用以从樽中舀酒。"漏勺。""水勺。"

【生】 shēng, siɛ³³，音笙。表示肯定。"路生难走显，你岁大人还是覅走好。"

【实】 shí, zai²¹², 音集。填充。"环城东路是逮河实爻造起嘅。""该个水井想办法逮渠实爻。"

【舐】 shì, dzei³⁴, 音苎。以舌舔物。"粽吃不着,箬舐着。""别人吃粽你舐箬。"

【受】 shòu, jiəu³⁴, 音绶。将煮熟的饭焖一下使熟透。"饭烧好着受一受新好吃。"

【税】 shuì, sʅ⁴², 音岁。租赁。"修车店里有脚踏车税。"

【顺】 shùn, jioŋ¹¹, 音闰。向着同一方向。"做事着顺人心,讲话着凭良心。"

【烁】 shuò, ɕia³²³, 音削。闪耀,光彩貌。"山后有灯光在搭烁,肯定有人走动。"

【娑】 suō, so³³, 音沙。卖弄风骚。"该个女嘅会娑显。"

【坍】 tān, tʻa³³, 音他。1. 水冲岸塌。"水库坍爻。""河坎坍爻好几米。"2. 泛指崖岸、建筑物等倒坍崩坏。"坍方。""坍陷。""屋宕坍爻。"

【摊】 tān, tʻa³³, 音滩。铺展,放置。"床上嘅床单还未摊起。""有意见沃摊出讲爻。"

【瘫】 tān, tʻa³³, 音他。因疲劳过度而体力不支。"加班加一夜,人也瘫爻罢。"

【唐】 táng, duɔ³¹, 音堂。思想、言行不符合常理。"渠不是唐嘅,就是酒喝糊爻,懵讲讲起。"

【掏】 tāo, də¹¹, 音导。翻找东西。"你想寻何乜?勥懵掏。""我逮柜格沃掏遍,也寻不着护照。"

【淘】 táo, də³¹, 音桃。不停地搅动。"淘米。""开水淘饭。""气淘爻,夜熬爻。""做贼着淘狗嘅气。"

【掭】 tiàn, tʻi⁴², 音桥。轻轻拨动。"菜油灯不光爻罢,着逮灯心揿起高倈。""能界机器磨粉,不用人揿嘅。"

【粜】 tiào, t'iɛ⁴²,音跳。粮食卖出,温州话说"粜爻""粜出"。

【统】 tōng, t'oŋ⁴⁵,音捅。整个,全部。"矮凳桥统条街沃开灯具店,闹热显。"

【土】 tǔ, t'øy⁴⁵,音吐。通俗,庸俗,粗鄙。"渠讲说话讲土显,撞朋友直头用不着。"

【歪】 wāi, ua³³,音弯。斜,偏,不正。"该条烟囱砌起歪搭嘅。""正理一条,歪理千条。""歪嘴吹喇叭——一团斜(邪)气。"

【旺】 wàng, ɦuɔ¹¹,音巷。繁殖。"老鼠旺快显嘅。"

【煨】 wēi, uai³³,音偎。把生食放在火灰里,用微火慢慢烤熟。"煨粥。""煨番薯。""煨红豆汤。""青田怕水推,温州怕火煨。"

【滃】 wěng, oŋ⁴²,音瓮。道路泥泞。"该条路未修好,落雨天滃显滃。""踏一脚滃一脚,越赌越输煞,越输煞越冇解。"

【乌】 wū, u³³,音污。天黑了。"天乌落爻罢。""店勼渠越开越乌爻。"

【兀】 wù, ŋø²¹²,音杌。昏厥。"阿爸勼渠气兀去爻,到能界还未醒转。"

【狭】 xiá, ɦia²¹²,音匣。温州话和吴语一样,只用狭而不用窄,也不用狭窄。"冤家路狭。""该间屋宕蒙狭。"

【下】 xià, ho⁴⁵,音化的阴上声。把戴着的物事摘下。"你逮帽下爻。""逮种下落。"

【歇】 xiē, ɕi³²³,音胁。停,作罢。"雨落歇罢。""我个行当勼老板歇爻罢。""一家人百岁——统统歇。"

【煠】 zhá, za²¹²,音闸。在沸水中煮叫煠。"煠饭。""酱油鸭煠爻稀烂,该张嘴还硬显。"

【踅】 xué, jy²¹²,音述。来回走。"倚搭团团踅。"

【噱】 jué, dzia²¹²,音着。被引作借口。"大家人逮渠噱起喝酒。""渠容易勼人噱显嘅。"

【砑】 yà, ŋo¹¹,音讶。肌肉磨到硬物时的疼痛感。"席下面有物事,翻转侧能界砑显砑。"

【餍】 yàn, i⁴²,音意。厌食。"我眙着肥肉就餍餍恁,还有胆吃嘎。"

【炀】 yáng, ji³¹,音炎。使其熔化,把固体化作液体。"锡炀爻。""雪炀爻。""湆嘴里怕炀,捏手里怕凉。"

【痒】 yǎng, ji³⁴,音演。皮肤或黏膜受刺激需要抓挠的感觉。"你手恁痒啊,逮公园嘅花伉搭摘。""眼痒烂,疤痒散。"

【妖】 yāo, iɛ³³,音腰。异于常态而害人的东西。"我老公勼个狐狸精妖牢,冇解罢哪!"

【咬】 yǎo, ŋuɔ³⁴,音昂的阳上声。伤害。"手勼砺灰咬爻痛显痛。""海带吃忒多爻,肚里觉着咬显。"

【勚】 yì, ji¹¹,音现。器物逐渐磨损失去棱角、锋芒等。"螺丝勚爻旋不紧。""门槛沃勼人踏勚爻。""该双皮鞋鞋底着勚爻罢。""个人真有趣相,书勼我眙眙逮你眙勚爻一色。"

【影】 yǐng, iaŋ⁴⁵,音饮。隐现。"窗帘忒薄,沃会影出嘅。"

【濽】 zàn, tsa⁴²,音债。溅。"勼汽车濽起,统身沃是烂污泥。""裤脚勼烂污泥濽起蟹酱恁。""该条路生毛显,落雨天汽车一开过,逮人濽起一身麋糟水。"

【燥】 zào, sə⁴²,音扫。干,缺少水分。"燥飞飞。""燥风天。""冇嘅千套万套,冇嘅洗爻等燥。"

【躁】 zào, tsə⁴²,音灶。性急,不冷静。"渠躁起逮饭碗掼地下爻。"

【甑】 zèng, tsəŋ⁴²,音证。蒸食炊器。"松糕甑。"

【瞻】 zhān, tɕi³³，音张。往上或往前看。"旁面闹热显,我走去瞻瞻眙。""你有功夫也着走来瞻瞻上辈人。"

【斩】 zhǎn, tsa⁴⁵，音盏。用刀子等剁。

【崭】 zhǎn, tsa⁴⁵，音斩。东西质量好。"该次嘅酒水崭显,一桌十二个人也吃不底嘅。""该间店货色最崭,品种最多。"

【栈】 zhàn, dza¹¹，音站。住宿。"该日黄昏你栈狃宕?"

【找】 zhǎo, tsuɔ⁴⁵，音爪。退回多余的部分。"十个番钿打一斤肉找三个。"

【斟】 zhēn, tsaŋ³³，音真。往杯盏里倒饮料。"斟酒。""满嘴斟。"

【缜】 zhěn, tsaŋ⁴⁵，音诊。塞住；排列紧凑。"痰缜牢。""缜缜坚。""该间屋宕住恁多人,缜显嘅。""车底转人满显,你俫夥缜底添。"

【阵】 zhèn, dzaŋ¹¹，音鸩。主意,打算,想法。"坐一个阵,徛一个阵。""床上千个阵,爬起断个阵。"

【揕】 zhèn, zaŋ¹¹，音赠。刺,击。"修船老司头,专望朊里揕。"

【吱】 zhī, tsɿ³³，音朱。糊状的东西从小孔或小缝渗出,挤出来。"个老人客油沃壮吱出爻。"

【执】 zhí, tsai³²³，音汁。固执,坚持。"个人执显执。""执牢铁坚,九头牛也拔不动。"

【滞】 zhì, dzei¹¹，音箸。下垂。"你夥徛搭手滞落天罗瓜恁,也走来做队妆两下。"

【拄】 zhǔ, tsɿ⁴²，音志。用棍棒等支撑、顶住。"快打台风吧,该五爿旧屋沃着勼木段拄起。"

【縋】 zhuì, dzɿ¹¹，音治。用绳索拴住人或物从上往下放。"縋城而下。"

【肫】 zhūn, tɕioŋ³³，音忠。禽类的胃。"鸡肫皮。""鸭肫难剥，人心难摸。"

【拙】 zhuō, tɕy³²³，音决。迟钝。"手倒爻拙显，浴也不好洗。""门口有条桥，走对岸着坐渡船儿，拙显。"

【斫】 zhuó, tɕia³²³，音脚。用刀斧等砍削。"斫草。""斫树。""斫柴卖，买柴烧。""山斫爻头剃爻恁。""磨刀不误斫柴工。""恁大嘅树也勼台风斫倒。"

【擢】 zhuó, do²¹²，音铎。引，拔。"逮渠擢起当科长。""老人跣倒，你还不快厘逮渠擢起？""擢两个人做队抄麻将。"

二、罕用字

【揞】 ǎn, aŋ⁴⁵，掩藏。"事干揞在底。""该起事干着保密，大家人沃着揞底麭吵。"

【爊】 āo, ə³³，音鏖。一种烹调肉类的方法，原指把食物埋在灰火中煨熟，又指加水放在火上慢煮。"爊年糕。""爊金瓜。""镬里爊番薯。"

【埲】 běng, boŋ³⁴，音朋的阳上声。埲尘。《新方言·释地》："浙江谓尘垢狼藉为埲。"

【躃】 bì, p'i³²³，音撇。跛足，跛行，瘸腿。"该头狗嘅脚脚勼人打躃爻。""躃脚人相打，靠屏墙嘅力。""脚扭伤爻，走路沃一躃一躃嘅。""未到九十九，麭笑别人躃脚瘫手。""生意做折爻，扁担担裂爻，蒲鞋着躃爻。"

【滮】 biāo, piɛ³³，音标。液体受到压力从小孔里急速喷出。"水桶漏爻水滮出罢。""水龙头朝红嘅地方滮。""姆嘅尿滮渠裤里爻罢。""自来水管破爻水滮滮出。"

【鈵】 bǐng, pəŋ⁴⁵，音丙。相持不下。"总算还有两下鋿。""该条鱼杀爻半日罢还会鋿嘅。"

【舗】 bū，pøy³³，音波（2）。拨饭进食的样子。"只剩一餐饭罢，妆紧厘舗舗底爻。""破嘴道爷儿舗粥冇落肚。""个姆吃饭会冘显，你舗勾渠吃快厘嘅。""恁大嘅姆还着阿妈舗勾渠吃。"

【繟】 chǎn，tɕ'i⁴²，音欠。放宽松的样子。"该条松紧带有厘繟爻罢。""该件羊毛衫会繟嘅。""三厨五裤沃繟繟恁吃底，胃病就生不起。""做事干靠繟繟嘅，用大猫力做不长久嘅。"

【撕】 chàn，za¹¹，音柴的阳去声。遮掩，遮住。"撕撕生人眼，瞒瞒死人心。""破箬笠背起撕。""破老公，撕撕风。""窗帘布撕太阳。""我勾你撕牢胎不着。"

【桱】 chēng，tsiɛ³³，音狰。木节眼，即植物各段之间相连的部分。"桱疤。""该段甘蔗沃是桱。""一桱甘蔗。"

【僢】 chù，ts'ŋ⁴²，音气。不润滑，引申为顶住不走。"个地下忒僢不好溜冰嘅。""个被单摸啦去僢僢搭，齆身里不好过嘅。""轴承僢牢转不动。""羊儿僢僢牢就不走。"

【䬹】 cì，ts'ei⁴²，音掣。䬹毛虫。"毛毛虫，俗称毛䬹蜊。"

【脞】 cuó，zo³¹，音痤。眼睛小。

【剿】 cuò，ts'ai⁴²，音翠。用刀斧砍、剁。"狗尾巴剿爻杂鹿趄。""昨夜两个人打起刀担出，逮渠手里剿爻血淋淋。""逮鸡肉剿爻一块一块。"

【髧】 dān，ta³³，音丹。发垂貌。"美人髧儿。"

【赕】 dàn，dø³¹，音潭。货物按批贱价买卖。"该批货沃勾我赕来爻罢，魡再卖勾别人。""该箈白菜赕勾渠爻罢，冇办法卖勾你罢。""该篓瓯柑好显好，价格亦便，我逮渠赕来嘅。""该批货赕赕拢勾我爻。"

【趤】 dàng，duɔ¹¹，音宕（1）。安闲逛游。"你恁界新趤来啊。""个地宕风景恁好宿里蛮趖爽嘅。"

【焍】 dì, dei¹¹,音地。古代用荆枝灼龟以占卜吉凶。"焍燵燀烧,老老娘儿烧乌焦。"

【扚】 dí, tei³²³,音的。掐;用拇指和食指的指甲使劲掐。"扚痧。""扚豆芽。""渠扚落痛显痛。""我手肌肚勾渠血也扚出。"

【脰】 dòu, dau¹¹,音逗。颈项。引申为衣服两肩之间贴脖子的部位。"开脰。""圆脰。"

【燉】 dùn, taŋ⁴²,音凳。一种烹饪方法,隔水蒸,同"炖"。"燉卵糕。""燉茶汤。""茶汤燉厘起先再烧配。"

【劙】 duó, do²¹²,音铎。拉扯,撕。"讲不尽,劙不断。""好好恁衣裳劙破爻着。""零碎劙,不如单刀落。""眼不绷开,只逮肉劙开。""渠摸赚爻,逮我嘅书劙破爻。""该条绳缠牢劙不出。"

【餩】 è, gø²¹²,音鸽的浊音。通"嗝"。吃饱后食物哽住喉咙而气不顺时发出的声音。"打饱餩。"

【胖】 pàng, pʻoŋ³³,音乓。肿胀;鼓起而松软。"卵不打透,卵糕蒸起不胖嘅。""新棉胎园太阳下晒会晒胖起。"

【㧪】 gǎ, nie¹¹,音人(4)的阳去声,俗读。清谢思泽《因音求字》:"㧪起,俗字。"使劲,用尽全力,勉力支撑。"落只船,㧪只船。""该粒石头真重,直头㧪不动。"

【佮】 gé, kø³²³,音鸽。相合;聚合;通力合作。"两姐妹佮起做生意。""三个人佮起开间店。"

【熯】 hàn, hø⁴²,音罕的阴去声。一种烹饪方法。原指用火烘烤,今指放在锅屉上蒸食物。"九层糕熯起韧显韧。""该两个冷馒头着熯一熯新好吃。"

【筕】 háng, ɦuɔ¹¹,音旺。晾衣服的竹竿。"筕竿。""筕叉儿。"

【饖】 ài, ø³²³,音遏。食物经久而腐臭变味。"该俫番薯丝餲爻霉起罢。""餲爻罢嘅物事吃不得。"

【蕻】 hóng, hoŋ⁴², 音讽。菜苔。"菜蕻。""雪里蕻。"

【撗】 hòng, viɛ³⁴, 音横的阳上声。长条形物体在空中挥摆划来划去。"棒儿撗来撗去,当心逮别人戳着。""该条钢筋恁长,背牢麴逮人撗着。"

【瘹】 hū, ɕy³²³, 音雪。从入睡至睡醒称一瘹。"千金难买五更瘹。""日图三顿,夜图一瘹。""姆姆该下儿好显,睏一大瘹罢。""人干痕爻罢,倒底睏瘹先再干。""我一瘹睏醒,胎胎渠还在搭妆个事干。"

【痕】 wěi, uai⁴², 音秽。劳累过度,疲倦。"日日做工,恁单调,人沃做痕爻。""从天光早走到能界,人沃走痕爻完罢。"

【扴】 jiá, ka⁴⁵, 音拣。刮;摩擦;揩物。"勾纸扴啦去沃是血。"

【櫼】 jiān, tsaŋ³³, 音真。1.上平下尖,塞在榫头缝内用以固定的木楔,引申指又细又长的打油勺子。"老人客嘅心,打油人嘅櫼。"2.楔入,强行塞入。"个木柱有厘儿摆摆动爻,勾个板皮逮渠櫼一櫼起。"

【桛】 jiàn, dzø¹¹, 音寸的浊音。1.用柴木堵塞。"个屏墙洞勾厘柴草逮渠桛牢先。""个木头嘅米桶勾老鼠咬爻一个洞,担粒板头儿逮渠桛桛牢。"2.堵住瓶口或其他器物口的东西;塞。"瓶儿桛。""啤酒瓶嘅软木桛。""酒精瓶嘅玻璃桛。"

【滰】 jiàng, tɕiaŋ⁴², 音竟。1.淘米后滤尽泔水。"糯米浸灰汤着滰爻扼灰汤粽。""洗米水着滰爻先新好囥底煮饭。"2.过滤;使液体干去,留下固体。"中药着逮渣滰爻新好喝。""番薯粉着囥纱布里滰爻再囥太阳下晒干。"

【骹】 qiāo, kʻuɔ³³, 音康。小腿;胫骨近脚细的部位。温州话中的骹仅指甲壳类动物的螯或眼镜之类器物的脚。"江蟹骰。""眼镜骰。""单支骰。""蟢蠓骰。"

【炝】 yào，ŋuɔ¹¹，音咬的阳去声。1. 煎熬。"生菜油炒菜，着炝一炝先嘅。""炝油渣着炝煞气厘。""姆不香人，我匄渠炝死。"2. 赌气。"你干脆厘干干爻，伉渠炝脾气冇用嘅。"

【搭】 qiā，k'a³²³，音客。1. 用力掐住；扼。"个凶手逮渠灵喉搭牢，争厘儿搭死罢。""手里匄你搭爻一个丼。"2. 卡住；刁难。"你不用搭我。""柜格搭牢剧不出。""个事干狃宕搭牢啊？""个事干匄渠搭牢办不爻。"

【剾】 kōu，gau³¹，音厚的阳平声。剜。"剾毛。""剾痧。""剾胡须。""剾镂塘墨。""剃头刀儿两面剾。"

【灡】 lǎn，la³⁴，音览。口水，涎水。"吃糕儿着灡配。""白鹭灡讲出桐油恁也冇用。"

【錸】 lèi，lai¹¹，音泪。1. 一种钻。2. 在物体上钻孔。"錸钻。""錸个窟。"

【劙】 lí，lei¹¹，音利。1. 割；剖开。"劙玻璃。""匄刀逮该张纸劙啦开。"2. 划破。"面里匄渠劙爻沃是血。""面上嘅伤是匄姆姆劙出嘅。""手背匄稻叶劙爻一条条。"

【繗】 lín，ləŋ³¹，音灵。紧紧地缠绕；用针线缝。"繗衣裳。""繗被头。""个裤脚是破爻繗起嘅。"

【招】 lǔ，løy³⁴，音吕。水中捞物。"沉在河底嘅尸骸招不着。""渠晓不得走若屋宕爻，我直头招渠不着。"

【擽】 lüè，liɛ²¹²，音掠。击打，用木棍敲击。"棒儿擽啦渠头里落。""逮贼嘅脚脚擽断爻。"

【搢】 màn，miɛ¹¹，音孟。用手量物体长度时大拇指尖到中指尖的最大距离。"该张桌有六搢长。""你搢搢眙，该条裤有几侎长。"

【袂】 mèi, mei¹¹，音媚。衣袖,袖口。"张袂。""联袂。"

【煝】 mèi, mai¹¹，音妹。纸卷。以质粗易燃的纸搓成空心细圆条,供引火、吸烟之用。也叫纸媒儿。"火煝头纸。""煝根香烟。""香烟头儿煝起,烧爻整座仓库。""勍逮该倷柴爿伉火宕边,等下儿火煝起有界嘅。""渠啦屋宕火烧起是香烟头儿煝起嘅哪。"

【渳】 mǐ, mei⁴⁵，音美的清音。1.用嘴唇沾饮小许。小口少量地喝。"酒渳一口。""老酒渳渳。""个酒好不好,你渳厘儿眙。""你渳渳眙个汤烫不烫。""渳一口个汤有厘儿咸。"2.闭紧嘴巴。"渠渳嘴儿笑笑。"

【搣】 miè, mi²¹²，音灭。1.用手拔。"面毛搣爻眙着清水厘。"2.按摩。"面里有厘儿痛,勾指头儿搣一搣好大显嘅。"3.拇指与别指指肚相捻的动作；搓转。"搣苎线。""搣螺丝钉。""逮瓶儿矖搣紧厘。""一家不知一家事,正宫娘娘搣苎丝。"

【妳(1)】 nǎi, na³³，音奶(2)。奶的古字。《博雅》："楚人呼母曰妳。"温州人对母亲的面称为阿妈,但有些郊区人常称作阿妳。"息儿伉妳最迫牢。""阿爸是天,阿妳是地,老安是玉皇大帝。""手穿出瘑姆妳嘅脚怹。""息儿伉妳最迫牢。"

【妳(2)】 nǐ, n̠i³⁴，音你。该字曾表女性的"你",后遭淘汰。

【嬲】 niǎo, n̠ie³⁴，音袅。1.纠缠,烦扰。"你个人真会嬲。""人沃勾你嬲烦起罢。""两个人嬲拢就打。""我忙显忙,你勍逮我嬲牢。""勾姆姆嬲牢一步也走不动。"2.戏弄；嬉戏。"渠两个人嬲牢嬉。""是个男嘅嬲个女嘅。"

【搙】 nuò, no²¹²，音诺。扭伤；弄出折痕。"走路不留心,逮脚搙爻。""头颈睏搙爻。""照相着保管好,勍搙爻。"

【爬】 pá, po⁴⁵，音靶。小儿学爬时使出吃奶之力。

【攂】 pó, bu³¹，音菩。1. 敛聚。"人攂拢。""生意好显好，店里日日人攂牢做生意。""麵恁攂牢气也透不开。"2. 披散。"头发攂落槌头鬼恁。"

【澓】 pán, bø¹¹，音盘。回旋；旋涡。"河里嘅水在搭澓，走落危险显嘅。""飞机在搭澓来澓去歇不落。"

【鋬】 pàn, pa⁴²，音拜。器系，器物上备手提拿的部分。"篮儿鋬断爻。""用着朝笏，用不着壅桶鋬。"

【塳】 péng, boŋ³¹，音朋。並东平通合一。1. 尘土。2. 尘土扬起，尘随风起。"一个礼拜唔有打扫，桌上匀垒尘塳起沃是。"

【槰】 péng, boŋ¹¹，音朋的阳去声。1. 草木繁盛的样子。"花坛里的冬青出起一槰槰。""河里嘅水草生起沃槰开。"2. 引申为毛发丛密。"胡须出起一大槰。""头发捆落一大槰。"3. 作量词，用于丛生的草本植物。"一槰稻。""两槰柴。"

【熢】 péng, boŋ³⁴，音朋。烟火烧得很猛的样子。"搬搬动，有下熢。"

【挰】 pèng, biɛ¹¹，音彭的阳去声。1. 碰撞。"个玻璃瓶匀渠挰爻罢。"2. 猝然相遇，短路。"电线挰爻，电灯点不起。"3. 触动；轻轻碰触。"插座麵挰，有电危险。""挰也挰不得。"

【摼】 kēng, kʻiɛ³³，音坑。1. 撞。"头囥屏墙摼着痛死罢。""搬物事麵逮桌角头摼着。"2. 引申为轻撞，轻触。"我关节肿起，摼厘儿着就痛。"

【笡】 qiè, tsʻei³³，音妻。倾斜，歪斜不正。"画挂笡爻。""该条屏墙砌起笡搭嘅。"

【趰】 qiū, tɕʻioŋ⁴²，音串。行走的样子；行步歪斜不稳而前倾；跌跌撞撞。"昨黄昏一夜冇睏，走路沃走趰去爻。""你趰下趰狃宕趰来啊。"

【趌】jí, zei²¹², 音席。1. 行走轻捷貌；小跑。"端起趌。""趌底趌出。""长裤脱爻着裤头儿趌。""趌啊趌, 趌啦人家吃接力。""该爿地方趌一圈转, 半个钟头也不够。2. 为某种事物奔走。"趌销路。""逮渠出国嘅事干趌手续。""该段时间沃在搭趌个事干。"

【搑】róng, zoŋ³¹, 音崇。猛推。"大家人用力搑一搑, 车就会开动嘅。"

【閜】shà, so⁴², 音索的阴去声。开；向两边展开。"手指头丫閜显閜。""孔雀嘅尾巴儿閜开好眙显。""个人嘅鼻头孔脚有厘儿閜。"

【搧】shān, ɕi⁴², 音向。1. 批, 用手掌或手背击。"勾一巴掌搧啦去。"2. 同"扇", 扇动。"煤球炉着搧一搧烧起猛厘。""个事干沃是渠宿背后边搧起嘅。"

【颾】shāo, suo³³, 音桑。本义为风声, 引申为被风吹。"该日风大, 衬衫挂窗头马上就颾燥道。""虾干囥风里颾一下。""面里勾风颾爻不好过嘅。"

【簁】shāi, sei³³, 音师。竹枝。"茅竹簁。"

【痠】suān, sø³³, 音孙。酸痛；人身肌肉骨节因疲劳或疾病引起酸痛无力的感觉。"痠痳痛。""脚骨痠软。""背肩身嘅肌肉沃痠痠痛。"

【挼】nuó, ne³¹, 音耐的阳平声。1. 两手轻轻揉搓；切摩。"两个人逮渠挼牢打。""挼糖糕。""挼年糕。""挼飞面。"2.（纸或布）皱。"该件衣裳勾你挼爻菜干一色, 烫也烫不平。""该本书翻长久爻, 有厘挼爻老老娘儿嘅皮恁。"

【渣】tà, da²¹², 音达（1）。1. 沸溢；带汁液的食物受热沸腾。2. 煮沸。"黄昏渣粥吃。""绿豆粥渣渣糊厘好吃厘。"

【踼】 táng, tʻɔ³³，音汤。走路歪斜的样子，引申为浪费时光，虚度年华。"息儿不肯读书，亦不肯干事干，白白宿屋里踼踼爻。""渠上班不严正色，沃宿搭踼踼嘅。""你恁宿搭踼踼，狃宕近来吃嘅。"

【膯】 tēng, taŋ³³，音登。1. 饱。"吃底饱膯膯，称起屁轻轻。"2. 鸡鸭的胃。"眼灵珠瞪起鸡膯鼓儿恁。"

【渧】 dì, tei⁴²，音帝。1. 水慢慢渗下。同"滴"。2. 精液。佛教称女精为赤渧，男精为白渧。

【殕】 fǒu, føy⁴⁵，音府。1. 物品腐败而生白膜。"鳗鲞现白殕起着晒一晒爻。""该俫物事囥搭长久爻沃现白殕起罢。"2. 皮肤干燥而生白膜。"秋天能界皮肤燥起沃现白殕起。"

【敨】 tǒu, tʻau⁴⁵，音偷的阴上声。把包着或卷着的东西展开、解开。"敨开。""通敨。""逮个线球敨开。""该条绳敨开有几俫长？""逮个纸包敨开眙眙眙有何乜物事？"

【氽】 tǔn, tʻaŋ⁴²，音瞪（2）。1. 水推物；漂浮。"木头在水上氽。""河里有厘垃圾氽起。"2. 引申为慢慢走；游荡。"你狃宕氽来？我等你半日罢。""嬉嬉氽氽，不用动脑筋。"

【扡】 tuō, tʻa³³，音他。拉引，牵引着物体移动。"猪扡狗拔。"

【沰】 duó, to³²³，音朵的阴入声。水滴下发出的声音。滴沰：雨声。

【䐛】 wěn, mei³¹，音迷。弥合缝隙。"用厘儿水泥灰逮该条缝䐛爻。""门里嘅缝大显大，用厘儿漆逮渠䐛䐛爻。"

【甉】 wěng, uɛ⁴⁵，音潕。天色清明。

【齆】 wèng, oŋ⁴²，音瓮。1. 因鼻病而致嗅觉丧失；鼻孔堵塞，发音不清。"鼻头齆爻香臭也探不着爻。""该日声音讲起齆鼻头声嘅。"2. 食物腐败；散发的臭气。"何乜物事齆爻气道猛显。"3. 比喻思想陈旧、落后。"你脑齤爻罢,还掏陈账有何乜意思?""你脑齤爻烧鹅头恁,事干伉你讲爻沃记不牢。"

【熓】 wǔ, u³³, 音乌。火熄灭。"煤球炉烧熓爻罢。""煤油灯冇油爻熓拢爻罢。"

【諻】 háng, ɦuɔ³¹, 音杭。言语挑逗;作弄。"老客不怕新客諻。""你甮逮我諻客恁园搭諻。""该起事干勼渠諻客恁諻爻罢。""铜勺不怕白粥烫,老客不怕新客諻。""你甮諻我,面沃勼你讲红起罢,经不起别人諻嘅。"

【臖】 xìng, ɕioŋ⁴², 音训。1. 肿胀;肿痛。"头臖起痛显。""牙桩肉臖起吃饭也不好吃。"2. 肿起;肿核。"头颈里有个核臖起。""脚里有个核臖起走不去爻。"

【燂】 qián, da³¹, 音谈。1. 烧热;烧毁。"毂宕火烧起屋宕一下儿就燂光生。"2. 靠近火焰烘烤。"该俫竹竿燂燂直就好做笐竿。""燂还燂不损,蒸还蒸损厘。"

【揠】 yà, o⁴², 音亚。硬把东西送给对方或卖给对方。"白米饭揠狗。""揠姆姆吃粥。""吃不落,揠也着揠底。"

【齾】 yà, ŋa²¹², 音额。1. 缺齿。"牙齿咬爻一个齾。"2. 器物残缺。"好人不瞎,好刀不齾。""该筒吃饭碗沃生齾嘅。""水缸勼人捣爻一个齾。""树生硬,斧头沃剡生齾爻。"

【尢】 yóu, jiau³¹, 音由。1. 犹豫不决,迟疑不定。2. 引申为拖拉;懒散。"姆姆不好宿路里尢嘅,一放学马上就着走归。"

【扰】 yù, → vai³⁴, 音物的阳上声。用手或棍棒丢掷,横抛。"渠手扰啦来正好扰啦我额头上。""棍棒扰啦我身里痛爻。"

【傤】 zài, ze¹¹, 音才(2)。1. 运载的货物。"坐壅傤不觉着臭。"2. 舟车载运的量。一船货物称一傤。"重傤。""过傤。""三个老人客,当得一傤鸭。"

405

【嘈】 cǎn, tsø³²³，音喒。1. 蚊虫叮人。2. 引申为刺痛。"指头儿妆破爻,碰着香蕉水嘈嘈底,痛显痛。""盐汁卤嘈嘈底。"3. 象声词。"嘈嘈声。""针触啦手里痛爻沃嘈嘈声起。"

【担(1)】 zhā, tso⁴⁵，音诈的阴上声。从后托起小孩两腿使之大小便的动作。"担尿。""担屙。"

【担(2)】 zhā, to⁴⁵，音朵,白读。义同担(1);拿,用手取东西。"担得起,放得落。""钞票担两百来添。""逮白鲞担去放生。""担你嘅石头打你嘅狗。""书园狃宕你逮渠担啦来。""吃人嘅嘴软,担人嘅手软。""棺材抬啦清明桥,还逮药方担起眙。""许支笔我担不到,你近厘手穿去担啦来。"

【蜇】 zhá, za²¹²，音闸。胶蜇。

【煠】 zhá, dza²¹²，音宅。1. 把食物放入汤或煮沸的油里弄熟。"鱼有厘儿不鲜爻,煠爻还可以吃。"2. 把物品放沸油里处理。"油煠(油炸)。"

【撨】 jié, dʑi²¹²，音杰。1. 抱持;搂。"临死撨床杠。""两个人撨牢不放。""逮狗撨牢相唤。""养儿有日子,撨孙撨到死。""逮别人脚肚撨牢。"2. 量词,相当于两臂合拢来的长度。"栋柱有一撨多厘粗。"

【諥】 zhòng, dʑyɔ¹¹，音撞。言语相抵触,影射骂人。"謦梅香,諥小姐。""该两句话明显在搭諥你,你也听不底。""妆两句话諥諥渠,眙渠听底听不底。"

【哾】 zhōu, tɕiəu³³，音州。象声词。呼鸡声。

【愱】 zhòu, tsau³³，音邹。1. 烦恼,愁闷的样子。"该俫事干沃囥我身里,人沃妆愱起罢。""该两日心里直头愱显嘅。"2. 引申为不舒服;乱糟糟。"虱多不愱,债多不愁。""屋里东摊起西摊起,眙着愱显愱。""好几日未洗浴,身里愱起罢。"3. 难伺候,麻烦。"个人訾那恁傂嘅。"

【撖】 zōu, ts'au⁴⁵,音瞅。1. 本义巡夜打更。2. 引申为伺机捉拿。"和老常常有,只争功夫撖。""我早就疑心个人脚手不好,就是撖不牢。"

三、生僻字

【朥】 báo, bo²¹²,音拔。皮肤遭虫叮咬所起疙瘩。"匄蚊虫叮起一个朥。""身里晓不得生何乜起,沃是朥。""脚里一粒粒朥痒显痒嘅。"

【撑】 bì, pi³²³,音必。刺入,插入;用针将其相连。"撑针。""心头撑个校徽。""用大头针逮该两张纸撑一宕儿。"

【䲠】 chāng, tɕ'i³³,音牵。用盐水腌渍。"䲠蟹。""䲠虾。""江蟹䲠起吃味道冇讲道。"

【纻】 chè, ts'ei³²³,音戚。1. 用绳捆绑;比喻束缚住。"你逮姆姆嘅澜防兜兜纻牢忒紧,不舒服嘅。""头颈下里领口纽牢紧显紧,纻牢气也透不出。"2. 引申绞杀,勒。"纻死。""纻头颈。""你个人眙着冤心显,只想担条绳逮你纻纻死。""个司机是匄铁丝纻头颈里牢纻死爻嘅。"

【覗】 cī, ts'ɿ⁴²,音次。偷看。同"眙"。

【坄】 dā, da¹¹,音大(2)。1. 行列。"两坄字眼。""渠啦住我啦门前坄。"2. 量词。"渠有病住医院里我还只走一坄眙渠。""我啦该坄屋风水好显。"

【䅍】 dèng, dzəŋ¹¹,音郑。1. 扁担两端挂有东西,多指两头荷物重量大致相称。"不䅍头。"2. 引申为不相称。"一面轻一面重䅍不起嘅。""你恁穷,渠恁有,你两个人䅍不牢嘅。""渠两个人脾气不一色䅍不牢嘅。"

【毃】dū, to³²³, 音洭。用棒、锤等敲击。"榔头毃啦渠头上落, 逮渠头上毃个洞。""勾个棍棒毃啦头里落, 眙你还老也不老。""铁锤儿轻轻恁毃啦去, 地下就疤爻爻道。"

【勛】duǐ, tai⁴⁵, 音堆的上声。1. 拉扯, 用力牵拉。"两个人宿路上勛啦来勛啦去。""逮该条裤脚勛勛直。""逮渠嘅衣角头勛两勛伉渠讲。"2. 引申指挫折, 打击, 磨炼。"打勛。"

【𦕁】péng, biɛ³⁴, 音蚌。聋𦕁: 聋子。

【稨】duò, dəu³⁴, 音惰。1. 堆积; 垢物积聚。"几下日嘅衣裳换落稨起沃未洗。""垃圾稨起漫出爻罢, 着倒爻嘅。"2. 由于东西堆积而使水道、道路等被堵塞。"阴沟稨牢, 鏖糟水满地上出。""人手不够, 案件沃稨搭办不爻。""路式狭, 车生多, 日日稨牢人也走不过。"

【朩】è, gø²¹², 音骨的浊声。1. 树木被砍伐后留下的树桩。2. 断了的木头、砖块等。"该个木段勾斧头砍爻两朩断。""朩臀路。"3. 一半, 一段。"砖朩。""石头朩。"

【佤】fàn, va³¹, 音梵。因亲昵、接近而玩笑。"我是伉你佤佤爽嘅哪, 你訾那会惮起恁肚皮胀。"2. 玩耍, 嬉戏。"该两个息儿宿搭佤来佤去, 吵死嘅。"

【哦】fɑ, va³¹, 音凡。语气词。1. 表示疑问, 相当于"吗"。"你该日下半日开会走来哦?"2. 表示祈使, 相当于"吧"。"个文件还是勾渠眙眙先哦。"3. 表示感叹, 相当于"呀"。"买带鱼哦, 买带鱼哦, 该日嘅带鱼鲜显鲜。"

【寱】rǔ, zəu³¹, 音锄。小睡, 假睡; 打盹。"你坐该里眙眙报, 我寱一眼先。""昨黄昏一眼未合, 一坐落就寱着。"

【趡】bì, bi²¹², 音别。走; 追赶。"趡起飘飘飞。""一定着逮渠趡牢。""渠新该下儿走啦去, 你能界趡去还赶牢嘅。"

【勩】 gǒng, koŋ⁴²，音贡。1. 用头钻入，用力钻进。"个物事遁落床下爻罢，你勩底担出。"2. 穿过，拱底。"个门矮显矮，你着跔拢勩啦过。""个裤头儿不净嘅，你头麴勩过嘅。"3. 顶开，拱出。"勩水儿。""勩卒吃炮。""逮铁板上勩几个洞。""康蠕从烂污泥里勩出。"

【啎】 gù, ku³²³，音谷。吞咽。"饭啎落先再吃配。""灵喉头肿起，连白开水也啎不落。""该日灵喉头肿起痰唾瀰啎落也有厘儿痛。"

【剠】 guǒ, gu³⁴，今读浊音。1. 用钝的刀来回切割。"该把刀忒钝，硬剠也剠不落。"2. 切割硬物发出的声音。"隔壁解板的剠剠声，吵死嘅。""长剠解剠，解板老司着红裤。"

【欱】 hē, ha³²³，音赫。1. 因受寒而引起的咳嗽。2. 咳出堵塞在喉咙里的东西。"有条细骨梗喉咙里欱不出。""痰唾瀰迫灵喉里牢欱啊欱不出。"3. 引申为声音沙哑。"哭一夜，声音沃哭欱爻。""你该日訾那欱声瘆恁。"

【煓】 hú, ko³²³，音各。一种烹调方法；在锅上烤干。"饭焦伉糖勺油煓起也蛮好吃嘅。"

【䊚】 huā, fa³³，音番。1. 煮烂；稀烂。"未麆䊚，嚼不落。""牛蹄筋着麆䊚新好吃。""酱油鸭煤䊚爻嘴还硬。""牛肉还未䊚，咬也咬不落。""番人芋着麆䊚吃，不得吃不益嘅。""年轻能界学英语，逮一本郑易里编个《英华大辞典》沃用䊚爻。"2. 腐化，腐蚀掉。"该条帩桌布用长久爻，沃䊚䊚爻。""该件皮衣囥搭长久显未着，该年担出沃䊚䊚爻。"

【熯】 huò, go²¹²，音硌。慢火久煮。熯粥：20 世纪 80 年代以前，用镬灶火煮粥，粥在锅里烧开后，要用铜勺放在锅里，盖上锅盖，一半盖着一半开着，以防粥漫出来，然后用慢火久煮，直至把粥煮烂煮稠。

【帺】 jiǎo，tɕiɛ⁴⁵，音缴。擦拭。"帺脚布。""帺门窗。""帺身体。""帺眼泪。""帺桌布。""汗流出句面巾帺帺爻。""地下麈糟显，着帺帺爻。"

【觼】 jué，dʐyo²¹²，音局。1. 指牛羊等动物以犄角顶撞。"两头羊儿觼起罢。""该两头蛮牛凶显，会觼人嘅，你着留心。"2. 比喻两人意见不合，发生口角矛盾。"渠两个人该日晓不得为何乜事干妆觼起。""你妆何乜事干伉渠觼起啊。"

【颔】 gěn，gaŋ³⁴，无近似音。1. 本义为脓肿，发肿。"颔脓。""牙床肉颔起。""个瘤儿有厘儿颔脓起，着走医院里眙眙。"2. 引申为心中生闷气；打耳光。"事干沃颔肚底，会伤身体嘅。"

【罍】 léi，lai³¹，音雷。罍网：俗称对网，一种中层拖网。"该俅鲜货是罍网打来嘅。"

【踨】 lèi，lai¹¹，音泪。1. 摔倒，跌倒。"姆姆踨河里颏爻。""不留心楼上踨落，倒煞显。""踨倒捣着，爬起撞着，坐落硌着。"2. 比喻挫折。"踨得倒，爬得起。"

【塁】 lèi，lai¹¹，音泪。指物体结成块状东西。"奶粉塁块爻罢，不好吃嘅。""该件绒衫有眼儿塁块起。"

【剼】 lóu，lau³³，音楼的清音。1. 手指或细小的东西往较深的地方挖。"剼耳朵。""未刮猪，先剼油。""未学镦猪先剼油。""剼心头肉，补眼前疮。""石头缝里剼出两个铅角子。""树栽生大显，丼着剼大厘新保险。"2. 比喻挖空心思，不遗余力搜求或钻营。"渠总是兜兜角里剼厘儿出事干讲讲。"

【瘰】 luò，lai³¹，音泪。家禽患病；疫病。"瘰地光。""该俄鸭沃瘰着罢。""鸡窠里嘅鸡沃瘰爻完罢哪。"

【潞】 lú, løy³¹, 音卢。液体向四周渗透。"该种纸写字眼会潞嘅。""红汞滴啦衣里,衣勾渠潞啦爻,难觍死嘅。"

【摸】 mō, mo³¹, 音麻。同"摩"。

【颔】 mò, uai³²³, 音煨的入声。1. 将容器按入水中;舀。"水勺颔啦河里撩水。""水桶担去颔一桶水来。"2. 溺水而死。"个姆姆遁河里颔死爻罢。"

【汈】 rěn, ȵiaŋ³⁴, 音忍。湿物互相粘在一起。"身里汗流出逮衣裳妆起汈纠纠恁,全身迫滋胶黏不好过。""恁嘅软汈天,何乜物事不发霉起嘅。"

【簰】 pái, ba³¹, 音牌。筏子;用竹木编的水上交通工具。同"排"。

【蹒】 pán, biɛ³¹, 音彭。1. 徒步涉水;渡过。也作"跐"。2. 引申为抬脚跨过。"沟忒阔,我蹒不过。""该条门槛忒高,岁大人难蹒过。""门槛蹒过不认账。"

【橐】 pāo, pʻə³³, 音剖的阴平声。借用字。1. 柚子。2.《说文》:"橐,囊张大貌。"引申为虚空,没思想。"人也橐恁嘅,该厘儿也不懂。"

【劈】 pī, pʻei³³, 音披。1. 削,用刀削去一薄层。"劈铅笔。""劈荸荠。""你逮该俅梨劈爻,大家人吃。"2. 用刀侧切成薄片。"该俅牛肉劈起一片片好觍显嘅。""酱油肉着劈起薄厘儿晒起好吃厘。"

【掰】 pò, pʻa³²³, 音拍。1. 用手把物分开。"你手力大厘,逮个苹果掰爻两对半,卬你两个分。""个砖头不硬显硬,用手是掰不爻嘅。"2. 引申为两脚分开。俗作"擘"。"掰脚。""掰腿。""两脚掰开。"

【颇】 pò, pʻə³³, 音剖的阴平声。由面大比喻涨大,鼓起,虚胖；质地松软不结实。"个人壮是壮，就是肉沃鞯鞯搭嘅。""渠面里沃鞯起，是不是有病生起？"

【頷】 qìn, ɕiaŋ⁴²，音衅。摇头；不答应；无奈；得意。"头頷起拨浪鼓恁，直头不肯。""个事干干起恁款色，渠冇办法讲，只能头頷頷。""有厘儿好啦起，渠就头頷尾頷。""半桶壅最会頷。"

【蹔】 qīng, dziaŋ¹¹，音仅。1. 单脚跳着走路；路滑，足趾贴地慢行。"着蹔牢走，留心麪打滑汏。""你蹔牢厘儿，麪的哒的哒只管自走，氿起沃是泥。"2. 引申为说话做事小心谨慎；拘束。"宿渠面前沃蹔蹔恁，只怕讲不好爻渠躁起。""你走去蹔自厘，麪瞙瞠妆嘅。"

【颻】 ruí, uai³³，音煨。1. 风迟缓低徊。2. 颻风：背风，比喻事情不顺。"该日手气不好颻风显。""碰着你风颻，事干沃不顺。"

【嗖】 sà, sa³²³，音杀。象声词，咀嚼声。"吃起嗖嗖声，有味道显。"

【愫】 sào, sə⁴²，音扫。急性子，简单，豪爽。

【瞌】 shà, sa³²³，音杀。闭一下眼略睡一下。通"霎"。"吃爻日昼，我沃着瞌一眼嘅。""日昼头想睏显，只用瞌一眼就好道嘅。"

【挵】 sǒng, soŋ⁴⁵，音竦。顺势推送。"吞药丸着用开水挵。""屏墙忒高，我爬不上，你逮我宿下面挵一挵。"

【褨】 suǒ, so³²³，音索。搓洗衣物。"衣裳着先褨一褨，再囥洗衣机里洗。""洗衣能界麄糟嘅地方着多褨两褨。"

【趄】 tǎn, tʻø⁴²，音探。走路缓慢，且行且退。"最近身体毛显毛，走路趄也趄不动。""你訾那能界趄不来啊，狃能界到啊？"

【𦨲】 tōng, tʻaŋ³³，音腾（2）。用力使物体伸长隆起；长疮。

"头颈里有个核蹚出,着勾医生眙眙。""你裤兜兜里蹚出是何乜物事啊。""额头蹚有吃俫嘅。"

【瞿】 tiào,die³⁴,音窕。行走。"你宿该底瞿来瞿去,是寻何乜。""我勾你妆起瞿埭儿恁。"

【跍】 tùn,t'aŋ⁴²,音氽。形容走路缓慢,慢慢吞吞。"走路恁跍巴跍巴。""十点钟罢,渠能界新跍下跍来。"

【劙】 wān,lø³¹,音峦。1.用刀挖一圆圈。"逮该张纸当中劙一个洞。"2.形容转个圈。"车劙。""门前劙啦转就是我屋里。"

【痄】 xī,sʅ³³,音斯。又痒又痛。

【螄】 xǐ,sʅ⁴⁵,音水。按住鼻孔,排出鼻涕。"你勾渠螄鼻涕恁螄爻。""爬桅顶上螄鼻涕,好高。""鼻涕螄爻鼻头会好过起嘅。""打你个巴掌,逮你鼻涕也螄爻。"

【靥】 yǎn,i⁴⁵,音养。伤疤痊愈后所结的疮痂。"伤口已结起一层靥儿疤。""身里抓爻沃是靥儿。"

【瀴】 yàn,i⁴²,音意。1.鸟兽被淋湿后,羽毛贴在身上。"个鸟勾雨淋爻毛沃瀴拢爻。"2.比喻被雨水淋湿了的样子。"勾雨淋爻头发瀴拢滥水鸡儿恁。""头发瀴瀴搭,着勾电吹风吹吹起嘅。"

【潵】 yǐng,uɛ⁴⁵,音荞。水清见底。"金鱼缸里嘅水潵清嘅。"

【烠】 yǒu,iau⁴⁵,音黝。植株枯萎。

【撒】 sà,sa³²³,音杀。掖;塞;插。"逮报纸撒门缝里勾渠。""老人逮钞票撒裤腰里。""着西装衬衫着撒长裤底转。""该张桌有厘儿摇摆,勾个物事撒一撒起平厘。""该双鞋门前有厘儿大,勾个物事撒一撒起好走厘嘅。"

【鰆】 chǎn,za³⁴,音潺的阳上声。一种鱼。鰆儿:龙头鲓,即龙头鱼的干制品。

【齿】zhù，tsei⁴²，音借。1.将东西放在容器里。"屋扳转齿银。""齿汽油嘅桶不好齿菜油嘅。""该只桶漏嘅，水甞那齿牢。"2.比喻宽容，容忍。"我肚大，好话毛话沃齿落嘅，你管自讲吧。"

【敠】zòng，tɕ'ioŋ⁴²，音串。没有约定，突然来访。"你一下敠啦来，我沃有准备。""卬你宿殼宕嬉下儿先再敠啦去眙眙。"

【橄】zōu，tsau³³，音邹。成墩成簇生长的草、毛发等。"一橄草。""一橄秧。""渠头里头发遁爻只一橄毛罢。"

【缠】zuǒ，tse⁴⁵，音宰。"稻秆绳伉丝线打缠。""挈梁绳着打几个缠。""纽扣钉好着打个线缠。""眼鬃毛打个缠，记牢。""个缠结起牢显牢，解也解不爻。""辫儿头打个结，眼鬃毛打个缠。"

【㧎】pēi，fai³²³，音拂，后起音。"不会"的合音。由"不"与"会"合字紧缩而成，表示否定。"你放心那，我㧎挡你臀儿嘅。"

【抁】chú，dzəu¹¹，无相似音。使劲按压住，用力下捺。"逮渠抁地下动也冇匀渠动。""匀渠抁牢冇犟道。"

【忸】niǔ，ȵiau⁴⁵，音妞。半干、欲干状态。"干忸。"

第二节　二字词

【啊唷】a³²³io³²³，表示苦痛，亦表示赞叹。亦作"啊哟"。

【㧎床】ŋa¹¹jyo³¹，懒床。"渠会㧎床显，能界也还不讲爬起。"

【安耽】y³³ta³³，安定，安乐。"不为名不为利，安安耽耽过日子。"

【凹兜】uɔ³³tau³³，水杓。"凹兜伉水缸相撞。"

【鳌山】ŋə³¹sa³³，本指堆起巨鳌形状的灯山，引申形容东西多,体积大。"仓库里货堆起鳌山恁。"

【鏖货】 ɔ³³fu⁴²,伪劣商品。"该俫鏖货,一文不值。"

【巴急】 po³³tɕiai³²³,本指勉强、凑合,引申为努力、勤奋。"渠该年读书巴急显,明年着考大学吧。""想有吃,就着勤力巴急。"

【拔本】 bo²¹²paŋ⁴⁵,不亏不盈。

【拔直】 bo²¹²dzei²¹²,互相扯平。"卬你两个总算拔直罢,冇欠。"

【白白】 ba²¹²ba²¹²,义同"白",但强调的语气较重。"该个人执显嘅,伉渠讲死去也是白白讲嘅。""白白逮和尚剃个头。"

【白拨】 ba²¹²pai³²³,恫吓;无凭据强加罪名。"你麪宿搭白拨。"

【白殕】 ba²¹²føy⁴⁵,发霉生出白醭儿;东西上长的白色霉菌。"白殕冬瓜。"

【白眼】 ba²¹²ŋa³⁴,眼睛朝上或向旁边看,现出白眼珠,是看不起人的一种表情。"白眼龙。""白眼烧。""白眼白笃。""白眼汤圆。""白眼眙水碓。""明明是你逮渠血也打出,还白眼死争 dziɛ¹¹ 讲冇打人。"

【拜望】 pa⁴²muɔ¹¹,探望的敬辞。

【板门】 pa⁴⁵maŋ³¹,板门很条直,用以形容一个人缺乏智慧。"个人肚里板门恁,一厘儿花头也冇。"

【半不】 pø⁴²gø²¹²,半截子。"个物事只剩半不罢。"

【伴队】 bø³⁴dai¹¹,同伙,同伴。"走千岛湖嬉也总着有个伴队新有味道。"亦作"队伴"。

【帮手】 puɔ³³ɕiəu⁴⁵,助手。"飞来燕儿独脚窠,本地雀儿帮手多。"

【背时】 bai¹¹zɿ³¹,由听觉迟钝引申指消息不灵通,言行落后于时代要求。"你日日宿屋里,啥那不背时呢。""人老爻,冇干事干,能界直头背时显。"

【褙迫】 pai⁴²pa³²³, 1.旧时做鞋迫的方法。2.喻指零乱,糊涂。"债褙迫恁褙起。""过做起褙迫恁褙起。""衣裳嘅门前襟訾那褙迫恁褙起?"

【本柢】 paŋ⁴⁵tei⁴⁵,本义为本源、根源。引申指应该,理应如此。"捉着嘅物事本柢就着勾还别人。"

【坌尘】 baŋ¹¹dzaŋ³¹,灰尘。"祠堂角里嘅坌尘冇人理。""坌尘墰起一尺下厚。""金漆桌里嘅坌尘掸掸爻一色新。"

【逼迫】 pei³²³pa³²³,由窘迫引申为烦扰。"该起事干晓不得訾那妆好,真逼迫。"

【逼迫】 pi³²³pa³²³,用压力促使。"用却春风力几多,微霜逼迫何容易。"

【便带】 bi¹¹ta⁴²,顺便捎带。"个物事你逮我便带带来。"

【便当】 bi¹¹tuɔ³³,便利的东西,方便,顺利。"该起事干便当显,包我身里。"

【便式】 bi¹¹sei³²³,简单干脆。"你就便式厘讲讲灵清,不用宿搭挃时间。"

【标致】 piɛ³³tsŋ⁴²,漂亮,美丽。一般用于形容女性。

【蹩脚】 bi²¹²tɕia³²³,差劲。"个人嘅字眼真写蹩脚。""临时抱佛脚,越抱越蹩脚。"

【财主】 ze³¹tsŋ⁴⁵,富有。"该爿地方多显多人做生意,能界财主显。"

【彩凑】 tsʻe⁴⁵tsʻau⁴²,预兆。"该日彩凑好显,喜鹊密密叫。"

【草荐】 tsʻə⁴⁵tɕi⁴²,草垫子,草席。"有福不会享,有被氇草荐。"

【草气】 tsʻə³³tsʻŋ⁴²,庸俗。"该个老板草气显,恁多钞票沃晓不得是訾那近来嘅。"

【拆坛】 tsʻa³²³da¹¹,1.指打拳老师开坛时,有人专门去搗蛋。2.解决问题。"你闯落嘅祸,着我走去拆坛。"

【拆阵】 ts'a³²³dzaŋ¹¹,同集体拆散开了。"我伉一班人走拆阵爻,只好独自走归。"

【瘰雅】 za¹¹ŋo³⁴,身材细瘦柔美。"你啦女儿伉你一色,生起沃恁瘰雅。"

【场面】 dʑi³¹mi¹¹,1.排场,世面。"渠见过大场面嘅。"2.债务。"背场面。""拆场面。"

【朝世】 dʑiɛ³¹sei⁴²,时代。"能界朝世,大家人生活沃好起罢。"

【趁早】 ts'aŋ⁴²tsə⁴⁵,抓紧时间。"车票生紧显,你趁早走去买吧。"

【吃来】 ts'ŋ³²³le³¹,指吃了没有不适反应。"烟我吃来,酒我吃不来。"

【尺寸】 ts'ei³²³ts'ø⁴²,长度单位,引申为度。"该起事干你尺寸着把牢。"

【出场】 tɕ'y³²³dʑi³¹,开始自立。"屋里两个息儿沃还未出场。"

【出来】 tɕ'y³²³le³¹,一向,向来。"渠出来怕热嘅。""渠出来戴眼镜嘅。"

【出力】 tɕ'y³²³lei²¹²,尽量。"煤气灶烧起出力猛,菜炒起新好吃。"

【出入】 tɕ'y³²³zai²¹²,1.进来和出去。"你个地方出入不大方便。"2.差异。"你讲嘅说话伉渠有出入。"

【出山】 tɕ'y³²³sa³³,同出场。指下一代已成长,能独立生活。"几个息儿沃出山罢。"

【出挑】 tɕ'y³²³t'iɛ⁴⁵,言行越出常轨。"做事干着规规矩矩,不好出挑嘅。"

【出息】 tɕ'y³²³sei³²³,收益,引申为优秀。"你啦嘅息儿真有出息。""能界种田也有何乜出息？"

【穿绷】 tɕ'y³³piɛ³³，露馅，戳穿，曝光。"天下嘅事是瞒不牢嘅,早迟总会穿绷爻嘅。"亦作"出绷"。

【凑队】 ts'au⁴²dai¹¹，结伴。"你俫想走台湾嬉，我伩你凑队,用着不？"

【粗大】 ts'øy³³dəu¹¹⁻³⁴，指人的身材粗壮。"该个女嘅肯定是北方人，生粗大显。"

【粗用】 ts'øy³³jyɔ¹¹，将珍贵的东西当贱物使。"江西盏粗用爻。""教授卖茶叶卵，就是粗用。"

【眍光】 zo³¹kɯ³³，光线强烈，使人眼花。"太阳光照来眍光嘅。"

【打缉】 tiɛ⁴⁵tse⁴⁵，打结。

【带便】 ta⁴²bi¹¹，顺便。"你着出差杭州，带便逮我买件丝绸衬衫。"

【带挈】 ta⁴²ɕi³²³，提携，照顾。"张阁老做官也带挈地方人。"

【单单】 ta³³ta³³，副词。表示从一般的人或事物中间指出个别的。"单单靠科室里几个人，任务肯定是完不成嘅。"

【单个】 ta³³kai⁴²，独自一个。"单个儿。""单个女儿。"

【单门】 ta³³maŋ³¹，集中精力在一件事上。"你覅单门吃肉，也着夹俫菜吃吃。"

【单下】 ta³³ɦo³⁴，一下子，突然间。"单下天色晴啦起。"

【当忙】 tuɔ³³muɔ³¹，忙碌的时候。"能界正当忙工夫，你覅东嬉西荡。"

【当算】 tuɔ⁴²sø⁴²，1. 算数。"讲爻当算，再勾两个你添。" 2. 了结。"个人当算罢，冇救。"

【当真】 tuɔ³³tsaŋ³³，果然，的确，真实。"该起事干是当真嘅，我不会骗你嘅。"

【挡柱】 tuɔ⁴²tsɿ⁴²,挑物途中歇息时搁担子用的一种工具。

【荡笔】 duɔ³⁴pi³²³,搽笔。

【荡口】 cuɔ³⁴k'au⁴⁵,1.漱口。"荡口杯。"2.因舌头畸形而说话含糊不清。"渠讲说话有厘儿荡口,听不灵清。"

【刀快】 tə³³k'a⁴²,本指刀很快,也贬称为斩客。"有俫摊位刀快显嘅,回头客不多。"

【倒底】 tə⁴⁵tei⁴⁵,专心致志。"该两年我倒底编该本字典,别乜事干沃不管。"

【倒贴】 tə⁴⁵t'i³²³,一般指有关系之男女,女方给男方以财物。受"倒贴"之男方有"吃软饭"之嫌。

【倒灶】 tə⁴⁵tsə⁴²,时运不利。"立夏穿棉袄,蚕娘要倒灶。"亦作"倒糟"。

【倒嘴】 tə⁴⁵tsɿ⁴⁵,搬弄是非;指对那些有婚姻关系的男女双方进行挑拨,导致婚约解除。"渠两夫妻关系紧张显,你还宿底倒嘴,真不是人。""你俫两份人家的亲事本来乐事显嘅,沃是勾渠倒嘴爻。"

【到靶】 tə⁴²po⁴⁵,到家;达到相当水平或一定界限。"年龄到靶显罢,着结婚吧。""庄稼不认爹伉娘,工夫到靶自会长。"亦作"到把"。

【登匀】 taŋ³³jioŋ³¹,均匀。"息儿三厨儿到吃登匀,路食少吃俫,就会快长快大。"

【滴沰】 tei³²³tɔ³²³,象声词,多指雨声,或指液体滴下落地的声音。"雨落起滴沰滴沰响。""雨滴沰滴沰一夜冇停过。""自来水龙头破爻,水沃滴沰滴沰响。""昨黄昏一直落雨,瓦檐头水嘅滴沰声沃冇停过。"

【底出】 tei⁴⁵tɕ'y³²³,进来和出去;不一致,有出入。"两个人所讲嘅话有底出。""做出纳嘅钞票底出着留心。"

【底下】 tei⁴⁵fio³⁴,底部,下面。"清流数千丈,底下看白石。"

【底心】 tei⁴⁵saŋ³³,有功底。"个人画画有底心。"

【砥平】 tsei³³bəŋ³¹,很平。"该粒板刨起砥平。"

【地下】 dei¹¹fio³⁴,1.地面上。"地下鏖糟起罢,着拖一拖。"2.引申为秘密。"渠从地下革命干起,是离休干部。"

【顶尘】 təŋ⁴⁵dzaŋ³¹,顶篷,倒吸,房屋的天花板。

【顶门】 təŋ⁴⁵maŋ³¹,一丝不苟。"检验员做事顶门显,你覅想瞒渠。"

【顶真】 təŋ⁴⁵tsaŋ³³,做事认真。"不管大事干小事干,渠沃顶真显嘅。""做生意顶真,钞票门前覅认亲。"

【定板】 dəŋ¹¹pa⁴⁵,稳定。"我生意还新做起,还不定板嘅。"

【丢跌】 təu³³ti³²³,折磨。"七八十岁嘅老人,眚那经得起丢跌?"

【笃定】 təu³²³dəŋ¹¹,汉语词"笃定"一指极有把握;二指安心;三指放心。温州话的"笃定"则指极有把握。"该年天时好,早稻笃定丰收。"

【赌打】 tøy⁴⁵tiɛ⁴⁵,互相争斗殴打。"个姆姆蛮显,经常伉渠阿爸赌打。"

【肚才】 døy³⁴ze³¹,才智。"渠肚才通显。"

【肚底】 døy³⁴tei⁴⁵,内心。"打渠肚底过。""晓不得你肚底是眚那想嘅。""不怕蓝衫破,只怕肚底空。""你亦不是我肚底嘅蛔虫,眚那晓得我心里眚那想。"

【队伴】 dai¹¹bø³⁴,同伙。"走新安江嬉也总着寻嘅队伴新有味道。"亦说"伴队"。

【对半】 tai⁴²pø⁴²,东西分裂成两部分;两边各一半。"该个西瓜匀你两个对半分,沃逮渠吃底爻。"

【对过】 tai⁴²ku⁴²,对面相隔一段距离的地方。"该日雾重显,对过沃眙不灵清。"亦作"对面"。

【对会】 tai⁴²vai³⁴,对证;也指约定见面时间、地点。"我侬明朝天光九点钟宿松台山脚对会。"

【顿匀】 taŋ⁴²jioŋ³¹,餐餐都吃得差不多。"息儿三厨五袴吃顿匀,路食少吃厘,就会快长快大。"

【顿桩】 taŋ⁴²tɕyɔ³³,赌博时连续做庄家。"渠该日风好显,老是匀渠顿桩。"

【多事】 təu³³zŋ¹¹,没事找事。"你个人特别多事厘嘅。"

【多嘴】 təu³³tsŋ⁴⁵,不该说而说。"个人多嘴显嘅,有侬事干着剹匀渠讲嘅。"亦作"嘴多"。

【呾去】 tai³²³k'e⁴²,1. 打盹。"岁大人坐搭眙电视会呾去爻。"2. 苍老。"个人老呾去,连路也走不动爻罢。"3. 詈语,意为死去。"你呾去啊?恁嘅事干也不会干?"

【恶作】 o³²³tso³²³,卑鄙,下流。"个人忒恶作,离远厘。"

【发心】 ho³²³saŋ³³,本为佛教用语,发愿求无上菩提之心志,泛指许心愿,下决心。亦作"发愿"。

【飞燥】 fei³³sə⁴²,1. 很干燥。2. 喻身无分文。"身边嘅钞票用爻飞燥。""茶叶栈东家——身边飞燥。"

【份格】 vaŋ¹¹ka³²³,格外。"份格新。""份格红。""份格好。"亦作"分格"。

【胖货】 p'uɔ⁴²fu⁴²,体积大而不实、重量轻的东西。"该批胖货占位置显。"亦作"泡货"。

【服侍】 vu²¹²zŋ¹¹,伺候,照料。"上辈人年纪大罢,叩你着好好恁服侍。"

【生得】 niɛ¹¹te³²³,巴不得。"一个铜钿生得掰做两对半用。"

【生阵】 niɛ¹¹dzaŋ¹¹,妇女分娩时的阵痛。"能界生阵起罢,快生罢。"

【肝经】 ky³³tɕiaŋ³³,肝火。"肝经健起。"

【尴尬】 kiɛ³³ka³³,音更关。难堪,拮据。"天光匄领导训一顿,妆爻尴尬显。"

【干妞】 ky³³ȵiau⁴⁵,干枯萎缩。"我嘅皮肤生毛显,冬天沃会干妞爻裂开,痛显痛。"

【肮揝】 guɔ³⁴zaŋ¹¹,1. 不走正道。2. 不按当下主题做事、说话。"个人讲说话、做事干专门肮揝,不眙征头嘅。"

【搁䑽】 go²¹²dø³¹,1. 船只搁浅。2. 打擦边球。

【割切】 ky³²³tɕ'i³²³,漂亮。"你息儿真割切,好比玉雕起恁,冇讲道。""院主儿扮起割切显。"

【伉算】 kø³²³sø⁴²,合算。"房价恁贵,还是租间屋宕住伉算。""你伉该俫冇门冇户嘅人妆不伉算嘅。"

【格格】 ka³²³ka³²³,这时候。"我格格着上班罢,明朝印你再约时间。"

【各别】 ko³²³bi²¹²,性情脾气乖戾怪异。"生性各别,眼冷炒热。""个老人客脾气有厘儿各别,不好打交道嘅。"

【各样】 ko³²³ji¹¹,吴语词汇。模样改变,不一样,特别。"我桌上物事各样爻,一定匄人掏爻罢。""个姆姆鼻头生各样显,算不牢渠阿爸是外国人。"

【跟衬】 kaŋ³³ts'aŋ⁴²,照料。"你恁噜嗦,我直头跟衬不起。"

【功布】 koŋ³³pøy⁴²,古时出丧时引柩用的白布。送殡时亲友扶功布而行,称为执绋。

【共共】 dzyɔ¹¹dzyɔ¹¹,姘居,轧姘头。"讲你老公宿外转有共共。"

【共样】 dzyɔ¹¹ji¹¹，一样。"共样面脸。""屙伉屁共样臭。"

【狗使】 kau⁴⁵sɿ⁴⁵，"阿狗使大刀"的简称，意谓连大刀都举不起来，还想参加武举考试。"你是屋底大，走啦外转就狗使道。"

【关会】 ka³³vai³⁴，行文知照，温州话引申为告诉，打招呼。

【关堂】 ka³³duɔ³¹，放学时将犯错误的学生留置在学校里以示惩罚。

【棺材】 ky³³ze³¹，"有钿买药，有钿打棺材。""一只脚棺材底，一只脚棺材外。"

【管自】 ky⁴⁵zɿ¹¹，只顾自己。"大家人沃自管自做事干。"亦说"自管自"。

【光眼】 kuɔ³³ŋa³⁴，人的眼睛看得见，与"瞙瞠"相对。"光眼人。""光眼盯盯。"

【归内】 kai³³nai¹¹，与外界隔绝。"我住嘅屋宕归内显，物事不散失。"

【规矩】 kai³³tɕy⁴⁵，老老实实，恪守本分。"屋里教条好，姆姆大起沃恁规矩。"

【规整】 kai³³tsəŋ⁴⁵，整理齐全。"屋宕新搬过，物事沃还未规整好。"

【过辈】 ku⁴²pai⁴²，婉词，指长辈去世。

【过房】 ku⁴²ɦuɔ³¹，过继，过嗣。

【过门】 ku⁴²maŋ³¹，过关，放过。"该起事干你着不讲灵清，我不匄你过门。"

【过手】 ku⁴²ɕiəu⁴⁵，经手。"经理一日过手嘅事干多显多。"

【喊采】 ɦa³⁴ts'e⁴⁵，"喊"的浊变读 ɦa³⁴。用于申述不同意对方谈话内容时的发语词。"你昨黄昏妆乜不走来？喊采，我做夜班嘛。"

【行世】 ɦiɛ³¹sei⁴²，流行于世，时兴。"该个款式该年行世显。""能界送礼行世送健康。"

【行用】 ɦiɛ³¹jyɔ¹¹，日常的开支费用。"屋里大蛮阵，一日嘅行用也不少。"

【豪悛】 ɦiə³¹sə⁴²，1. 爽快，简单，豪爽。2. 比喻性急，办事欠考虑。"你恁豪悛，会句别人臀儿挡爻先。""我老老头买物事豪悛显，从来不会断价钿嘅。"亦作"豪燥"。

【好得】 hə⁴⁵te³²³，幸亏。"好得我冇走去，不得也会出危险。"

【好过】 hə⁴⁵ku⁴²，舒服。"灯点起光俫好过俫。"

【和身】 vu³¹saŋ³³，全身，整个身体。"和身礚。"

【横人】 viɛ¹¹naŋ³¹，蛮不讲理的人。"横人直道理。"

【横直】 viɛ³¹dzei²¹²，反正。"走不走横直一色，你就勥走。""你就随渠吧，横直不是要紧事干。"

【红势】 ɦoŋ³¹sei⁴²，成功，顺利。"个老人客伉当官嘅嬲牢，门头红势显。"

【吼起】 hau⁴⁵tsʻŋ⁴⁵，急切希望，急于想实现某种愿望。"一家人吼起想走东南亚旅游。"

【后步】 ɦau³⁴bøy¹¹，说话做事时为了以后伸缩回旋而留的余地；退路。"做事干沃着逮后步踏起先。"

【后进】 ɦau³⁴tsaŋ⁴²，房屋在后面的一进或几进。亦说"后退"。

【后貌】 ɦau³⁴muɔ¹¹，指人背面的形象。"眙眙后貌跟啦南塘，眙眙前貌逃啦麻行。"

【后手】 ɦau³⁴ɕiəu⁴⁵，还有一手，比喻留有后路，有回旋的余地。"做事干着留有后手。"

【湖海】 vu³¹he⁴⁵，走江湖的人。"湖海卖膏药。"

【糊泥】 vu³¹ȵi³¹，糨糊。"糊泥忒馊，不好用。"

【花路】 ho³³løy¹¹,套路,内容,道理,程序,本事。"个人只会空讲,其实一厘儿花路也冇。"

【话文】 ɦo¹¹vaŋ³¹,话文本是一种传统说唱艺术所说唱的故事。引申指谈话、流传的资料。"话文蛮多。"

【怀闷】 ga³¹maŋ¹¹,心情抑郁烦闷。"该境肚里怀闷显,想走出嬉段时间再讲。"

【夠堆】 ɕy⁴²tai³³,数量多。"一斤炊虾称起蛮有夠堆嘅。""人贻坯,佛贻盔,买货贻夠堆。"

【皇天】 ɦuɔ³¹tʻi³³,皇天,对天和天神的尊称。"皇天儿打滚(遭受苦难或倒大霉)。""皇天叫打滚起。""皇天爬桅杆顶上叫。""无空白地,着实皇天。""单独自人活神仙,老来生病叫皇天。"

【恍惚】 huɔ⁴⁵ɕy³²³,音纺血。精神不集中。"做事干不好恁恍惚,万一出事干訾那妆啊。"

【谎话】 ha⁴⁵ɦo¹¹,说谎话。"人还小,訾那好讲谎话?"同"瞎话"。

【灰阵】 fai³³dzaŋ¹¹,说不出口的馊主意。"该侬灰阵排起会匄人恶嘅。"

【回贿】 vai³¹vøy¹¹,本指回礼的礼盘,旧时礼品是装在木盘中遣人挑送的,温州人把返回的礼物、回赠称为回贿。"我送去还少厘,回贿还多厘。"

【回丝】 vai³¹sʅ³³,系外来语,据英语音译,指废棉纱团,用于擦油污等,现已少用。

【会钞】 vai¹¹tsʻɔ³³,付款,出钱。亦作"汇钞"。

【活络】 ɦo²¹²lo²¹²,为人灵活,能随机应变。

【活缋】 ɦo²¹²tse⁴⁵,一拉即能打开的结。与"死缋"相对。

【火烛】 fu⁴⁵tɕyo³²³，失火酿灾，泛指生火、点灯等跟火有关的事。"昨黄昏南门火烛烧起,猛显猛。"

【及印】 dziai²¹²iaŋ⁴²，盖印章。

【记博】 tsɿ⁴²po³²³，记性,记忆力。"渠记博好显。""眼睛头嘅说话新讲啦爻就忘记爻罢?记博恁毛嘅啊!"

【记情】 tsɿ⁴²zəŋ³¹，接受对方的好意而心怀感激之情,领情。"大人辛辛苦苦近来钞票沃匄息儿,息儿大起也不一定记情嘅。"

【假妆】 ko⁴⁵tɕyo³³，亦作"假特恁",做作。"你假妆妆起哭,好比我欺侮你恁。"

【嚼舌】 jia²¹²ji²¹²，胡扯。"有话当面讲,覅死背后嚼舌。"

【脚躄】 tɕia³²³pʻi³²³，用脚侧背击人谓之扫脚躄。"匄渠一脚躄扫跍倒。"

【脚手】 tɕia³²³ɕiəu⁴⁵，1. 人的四肢。喻指偷偷摸摸的行为。"我脚手不乇灵便。""个人脚手不光生,仓库切莫覅匄渠管。""娘亲爷亲,值不得脚手亲。"2. 帮手,帮衬的人。"渠脚手多显嘅。"

【觉见】 ko³²³tɕi⁴²，觉着,觉得,看出来。"我觉见间门口有人走过。"

【接嘴】 tɕi³²³tsɿ⁴⁵，接腔,不合时宜地接着别人的话题继续说。

【结被】 tɕi³²³bei³⁴，在液体上面凝结成一层东西。"该碗菜生油显,顿冰箱里上转沃结被起罢。"

【结根】 tɕi³²³kaŋ³³，本指身体结实,喻指很有分量。"个事干干起结根显。""你讲出恁结根嘅话逮大家人沃听呆爻。""个后生儿生结根显,你覅伉渠相打,肯定会吃亏嘅。"

【解腔】 fia³⁴tɕʻi³³，因听不清真实意思,只根据声音作出南辕北辙的解释。"聋耳朵人好解腔。"

【筋瘵】 tɕiaŋ³³za¹¹，长得很瘦。"两兄弟沃筋瘵嘅。"

【紧板】 tɕian⁴⁵pa⁴⁵,利索。"你着紧板厘,夠恁慢慢吞吞。"

【紧夹】 tɕian⁴⁵ka³²³,人虽瘦但结实。"渠细磊是细磊厘,人还算紧夹。"

【紧手】 tɕian⁴⁵ɕiəu⁴⁵,干活利索。"该班后生儿做事干个个沃恁紧手嘅。"

【谨视】 dziaŋ¹¹zŋ¹¹,谨慎,爱惜。"个姆姆对搅调嘅物事亦值钿亦谨视。"

【经理】 tɕiaŋ³³lei³⁴,收拾,整理。"个房间勾渠经理起了滞显。"

【经用】 tɕiaŋ³³jyɔ¹¹,耐用。"透明皂比洗衣粉经用厘。"

【惊冷】 tɕiaŋ³³liɛ³⁴,发冷,怕冷的感觉。"日昼有厘惊冷起,大概昨黄昏睏冻爻。"

【精灵】 tsəŋ³³ləŋ³¹,神志清醒。"个老人九十出头罢,人还精灵显。"

【精明】 tsəŋ³³məŋ³¹,会算计,常含贬义。"个人精明显,不占便宜不肯歇。"

【净光】 tɕiaŋ⁴²kuɔ³³,净音禁。一无所有。"店里嘅白醋勾人抢爻净光。"

【净空】 tɕiaŋ⁴²k'oŋ³³,一无所有。"山岭上嘅村民沃迁下面爻,村里能界搬爻净空。"

【静定】 zəŋ³⁴dəŋ¹¹,"风打竹恁不静定。"

【就用】 jiəu¹¹jyɔ¹¹,适用。"该套屋宕忒小,勾我不就用。"

【巨擘】 dʑy³⁴p'a³²³,本指大拇指,喻指杰出人物。

【咔嚓】 k'a³²³ts'a³²³,象声词,形容折断的声音。

【客伴】 k'a³²³bø³⁴,同行的伙伴。

【客面】 k'a³²³mi¹¹,喻人的情面。"对人嘅客面沃着顾牢嘅。"

【空闶】 k'oŋ³³guɔ³⁴,忙中一点空闲时间。"我该境里忙显,一厘儿空眈也冇嘅。""你走来哪,我能界有厘儿空眈,伉你讲两句。"

【空俫】 k'oŋ³³ze¹¹,未载货的运货船。

【口餐】 k'au⁴⁵ts'a³³,食欲。"一个老人还有恁好嘅口餐,真是难得。"

【口近】 k'au⁴⁵dziaŋ³⁴,温州生意人特别忌讳,既讳死又讳穷,因"舌"跟"折"谐音,温州人将"口舌"改称"口近",不过仅用于动物,不用于人。

【口劲】 k'au⁴⁵tɕiaŋ⁴²,本指戏曲、曲艺演唱或说表时发音吐字清晰有力,喻指能被人接受的讲话或告诫,说话的权威。

【口禁】 k'au⁴⁵tɕiaŋ⁴²,能被人接受的口头告诫。"个先生冇口禁,学生不听渠讲。"

【扣门】 k'au⁴²maŋ³¹,温州话不作敲门义,指有节制一点。"你扣门厘,少讲两句。"

【苦极】 k'u⁴⁵dzɿ²¹²,穷酸,可怜。"苦极恶人。""一股苦极相。""苦极人自有苦极佛保佑。""苦极人总会尝到甜心果。"

【快便】 k'a⁴²bi¹¹,顺利,容易,不费事。"姆姆生快便。""活搭着健,死着快便。""生着老健,死着快便。"

【快大】 k'a⁴²dəu¹¹,生长发育快。"牢监鸡快大显嘅,养半个月就大起不毛显。"

【快口】 k'a⁴²k'au⁴⁵,木匠对斧头的讳称。

【亏你】 tɕy³³ɳi³⁴,亏音穿。亏得你。"恁嘅事干亏你也会做出。"

【赖歪】 la³³ua³³,耍无赖,用歪理为自己辩解。"赖歪肉吃不壮。""比赛着照规则,勥赖歪。""心好强如吃斋,命好强如赖歪。""男子汉大丈夫,做事干着勥赖歪,勥妆鬼。"

第十三章　温州话方言特征词

【来去】 le^{31}k'e^{42}，来往，交往。"我伉渠本来是亲戚,只是长久显冇来去罢。""该班朋友多年冇来去爻罢。"

【赖伏】 la^{11}bu^{11}，吴语词汇。鸡等家禽发情孵蛋。"赖伏鸡娘不生卵。"

【㰻㭁】 lánwú, la^{11}vu^{11}，音似兰盂。比喻做事马虎;不正经。相当于"烂污"。

【浪口】 luɔ^{11}k'au^{45}，味道清淡爽口。"妆佫菜头生吃吃,浪口厘。"

【劳烦】 lə^{31}va^{31}，"烦劳"的倒置。麻烦的谦词。"个事干着劳烦你罢。"

【劳伤】 lə^{31}ɕi^{33}，劳累过度。"你恁勤力,勠逮自干劳伤爻。"

【牢荒】 lə^{31}huɔ^{33}，形容吃饭时饥不择食。"你牢荒起啊,嗐那久世冇吃过恁?"

【牢腔】 lə^{31}tɕ'i^{33}，比喻说话粗暴。"你讲说话恁牢腔,真少有。"

【乐得】 lo^{212}te^{323}，正中下怀,顺其自然。或某事于己有益无害,顺势做去。"既然渠认错就算吧,乐得做个人情。""火烧纸马店乐得做人情。"亦作"乐得乐"。

【乐事】 lo^{212}ʐ]^{11}，本指乐于从事所做的事;引申指合适。"碰着乐事,不管早迟。"亦作"落事"。

【了得】 liɛ^{34}te^{323}，足够。"剩落嘅钞票买配了得显。"

【踒倒】 lai^{11}tə^{45}，跌倒。"老人最怕踒倒。""踒倒爬上匄脚踏。""踒倒也摸把泥带归。""走路不留心会踒倒。""狃宕踒倒,狃宕爬起。""踒倒不识个爬字,爬起不识个挣字。""记记牢厘,勠宿一个地宕一起事干上踒倒。"

【剺世】 lei^{11}sei^{42}，被世人嘲笑。"你真剺世,该佫事干嘅钞票也好近嘅啊?"

【厉经】 lei¹¹tɕiaŋ³³,严厉,苛刻。"不怕厉经,只怕生心。"

【利市】 lei¹¹zɿ³⁴,吉利,好运。"该年利市显,到能界已经近爻几十万番钿。"

【连路】 li³¹løy¹¹,一路,沿路。"连路散。""连路哭哭归去。""借人嘅板锄连路掘。"

【连排】 li³¹ba³¹,成排,成列。"该条路以早两面沃是田,能界屋宕连排起起,认也认不着爻罢。"

【料码】 liɛ¹¹mo³⁴,材料,佐料。"买来料码做张桌起。"

【料作】 liɛ¹¹tso³²³,材料,佐料。亦说"料码"。

【灵便】 ləŋ³¹bi¹¹,灵活,方便。"自有部汽车,走外转嬉就灵便大显。"

【灵泛】 ləŋ³¹fa⁴²,行动机灵,处事灵活,能随机应变。"该个后生儿脑筋灵泛显,点子特别多。""你眙渠眼灵珠光盯盯恁,心思一定灵泛显嘅。"亦可单用"泛"字。

【灵光】 ləŋ³¹kuɔ³³,好;聪明;有奇效;能应验。"清热解毒,吃白茅根蛮灵光。"

【灵清】 ləŋ³¹tsʻəŋ³³,清楚,明白。"个人神头不灵清显。"

【另净】 ləŋ¹¹zəŋ¹¹,另外。"先逮大笔嘅账算爻先,该笔就另净算。"

【溜光】 ləu³³kuɔ³³,一点儿不剩。"落班时间一到,人就走爻溜光。"

【搂搜】 lau³³sau³³,探取。"个人搂搜显,随便何乜物事沃爱嘅。"

【乱场】 lø¹¹dʑi³¹,争吵。"两夫妻乱场常事,隔壁邻舍相劝多事。"

【啰唆】 ləu³¹səu³³,1.说话絮絮叨叨。"你恁啰唆,我沃听烦起罢。"2.办事不痛快,使人感觉麻烦。亦作"啰嗦""噜唆"。

第十三章　温州话方言特征词

【麦麦】　$ma^{212}ma^{212}$，1.蚕豆、豌豆、大豆合称麦麦，来自闽语。2.对个儿小的儿童或矮个子的谑称。"人只麦麦恁大，就老起八月嘅茄种恁。""渠统统也只麦麦恁大，恁重嘅担噆那担动？"3.因其小，容易处理，比喻轻而易举。"恁厘儿事干，我吃麦麦恁逮渠吃爻。"

【蛮痴】　$ma^{31}ts'\eta^{33}$，野蛮，愚笨。"个人蛮痴显，你逮渠俫雇来做打手还马马虎虎。"

【蛮镦】　$ma^{31}tø^{33}$，不懂而蛮干。"电脑出毛病着老司修，蛮镦不起嘅。"

【蛮尼】　$ma^{31}ȵi^{31}$，不讲理。"个息儿真蛮尼，经常逮小妹妹妆哭起。"

【鞔鼓】　$mø^{31}ku^{45}$，鞔音馒。把皮革绷紧，固定在鼓框的周围，做成鼓面。"边刳牛，边鞔鼓。""牛老鞔鼓，柴老烧火。"

【慢尔】　$ma^{11}z\eta^{34}$，且慢。"慢尔坐落。""慢尔吃。"亦说"慢慢尔"。

【毛病】　$mə^{11}bəŋ^{11}$，疾病，缺损，弊端。"气气闷闷成毛病，嘻嘻哈哈会长命。"

【毛草】　$mə^{11}ts'ə^{33}$，性格不沉着；粗心大意；也指物品品位较差。"个人做事干忒毛草，一厘儿也不细心。"亦作"毛糙"。

【霉斑】　$mai^{31}pa^{33}$，素质、水平低下。"霉斑唱堂戏。""该个当官嘅连话也讲不灵清，真真霉斑。"

【门市】　$maŋ^{31}z\eta^{34}$，1.工商业者经营零售业务的店面。2.物品的质量好，用料考究，做工精致。"门市货。""该张凳做门市显。"

【弥齐】　$mei^{31}zei^{31}$，整齐，齐全。"渠啦福气大显，一家四代人沃还弥齐。"

【洱嘴】　$mei^{45-33}ts\eta^{45}$，轻闭嘴唇。"听了个说话渠只是洱嘴笑笑。""涢嘴不讲说话。"

【密密】 mi^{212}mi^{212}，紧密不断。"电话密密恁打来。""见神不肯拜,见鬼密密纳。""星密密,雨不歇;星朗朗,雨断种。""慈母手中线,游子身上衣;临行密密缝,意恐迟迟归。"

【棉软】 mi$^{31-33}$n̠y^{34}，很软貌。

【名分】 məŋ^{31}vaŋ^{11}，本来如此。"你是老大,分屋宕名分勾你拣起。"

【名色】 məŋ^{31}se^{323}，名目,名称,名义。"你名色也是个教授,訾那连书也沃不会教。"

【名堂】 məŋ^{31}duɔ^{31}，有多种意思,如花样、道理、成绩、内容、结果等。"撑客撑名堂,大床卖爻睏凉床。"

【磨灭】 møy^{31}mi^{212}，折磨。"渠啦嘅老公难妆显,渠沃勾渠磨灭死。""个息儿会磨灭显,我沃勾渠妆烦起。"

【末脚】 mø^{212}tɕia^{323}，本是指传统戏曲中的角色名。温州话却解作末尾,最后。

【木段】 mo^{212}daŋ^{11}，一段段的经打枝去皮处理,并截成一定长度的木料。

【木头】 mo^{212}dəu^{31}，一种戏剧角色名称。喻人呆笨迟钝,不灵活,不开窍,不明事理。"木头也会讲显灵起。"

【难妆】 na^{31}tɕyɔ^{33}，难做,难办;难对付,难伺候。"个人难妆显,你着留心厘。""恁难妆嘅人,我直头吃渠不落。""渠动不动就发脾气,难妆显。"

【闹暖】 nuɔ^{11}naŋ^{34}，人多喧闹而感觉温暖、快乐。"该里有讲有笑,闹暖显,我真不想走归。"

【闹热】 nuɔ^{11}n̠i^{212}，"热闹"的倒置。繁盛,热闹。"闹热门头。""时代广场能界闹热显。"

【嫩蒜】 nø^{11}sø^{42}，形容不老练。"个人生嫩蒜显，经常臀儿句人挡底。"

【念头】 ȵi^{11}dəu^{31}，瘾。

【脓汁】 noŋ^{31}tsai^{323}，脓肿流脓水；比喻肮脏，使人恶心。"酒喝多爻，逮床里吐起脓汁恁。""该俫脓汁物事你也要嘎？"亦作"脓汁浆"。

【弄怂】 loŋ$^{42-33}$soŋ^{33}，作弄，算计，欺侮。"个息儿生老实，称称句同学弄怂爻。"

【耨倒】 nə^{11}tə^{45}，形容到了极点。"爽耨倒。""吃耨倒。"

【儒胨】 noŋ^{11}toŋ^{45}，软弱，老实。"你真儒胨。""渠人生儒胨，上下左右关系沃蛮好嘅。"

【顗顀】 au^{33}tau^{33}，脸上凹凸不平，引申为长相丑陋，或穿着破旧，不修边幅。"生起顗顀显里顗顀。""个人眙去顗顀显，肯定处境不好。""渠该两年肯定冇妆好，着起一股顗顀相。"

【怄气】 au^{42}tsʻŋ^{42}，闹别扭，生闷气。

【泡货】 pʻuɔ^{42}fu^{42}，见"胖货"。

【喷松】 pʻaŋ^{42}soŋ^{33}，相当松散、松脆。"该种饼干喷松嘅，好吃显。""梧桐树喷松嘅，不好做面板。""陶山嘅甘蔗亦喷松亦生水。"

【喷香】 pʻaŋ^{42}ɕi^{33}，"捉着嘅物事喷香，偷来嘅物事打巴掌。"

【棚骨】 biɛ^{31}ky^{323}，带肉的猪肋骨和脊椎骨，分大棚和小棚。

【塴尘】 boŋ^{31}dzaŋ^{31}，塴音朋。同"垄塕"。

【塴塕】 boŋ^{31}ioŋ^{33}，同"垄尘"。

【皮臭】 bei^{31}tɕʻiəu^{42}，吝啬，抠门。"个儿皮臭显。"

【皮疵】 bei^{31}tsʻŋ^{33}，小孩不听话，涎皮赖脸。"个姆姆直头皮疵显，大人嘅说话就是不听。""皮疵起荡刀布恁。"亦作"皮蚩"。

433

【疲沓】 bei³¹t'a³²³，指纪律松弛，思想拖沓。"你干事干真疲沓，两日的事干一个月日还未干爻。"

【疲眼】 bei³¹ŋa³⁴，看起来不舒服。"个人眙起疲眼显。"

【偏偏】 p'i³³p'i³³，"大家人沃有罚，偏偏罚我一个人？""你不匀我走，我偏偏要走。"

【偏心】 p'i³³saŋ³³，待人不公正。"底孙外孙不好偏心嘅。"

【平服】 bəŋ³¹vu²¹²，平整，没有皱褶。"该套西装匀店里烫起平服显。"

【颡货】 p'ə³³fu⁴²，大而不实的东西。"该批货沃是颡货，占位置显。"

【气力】 ts'ŋ⁴²lei²¹²，"力气"的倒置。

【气色】 ts'ŋ⁴²sei³²³，人的精神面貌和脸色。

【千吵】 tɕ'i³³ts'uɔ³³，指人爱乱说话，啰唆不干脆，令人不胜其烦。"渠啦嘅老安直头千吵显，有厘儿事干也妆起妆不歇。"

【牵带】 tɕ'i³³ta⁴²，提携，带领。"我两兄弟着有舅舅牵带，也不会有该日嘅好日子过。"

【牵丝】 tɕ'i³³sʅ³³，相连的黏丝。

【挈擦】 k'iɛ³³ts'a³²³，碰撞损坏。"个花瓶是琉璃货，怕挈擦显嘅。"

【前貌】 ji³¹muɔ¹¹，人的正面形象。"姆姆嘅前貌伉渠阿爸一色一样。"

【虔心】 dzi³¹saŋ³³，做事认真，坚持不懈。"你该个官司，若有渠恁虔心帮忙，难打赢显嘅。"

【腔款】 tɕ'i³³k'ø⁴²，腔调。"听你嘅腔款，肯定不是温州人。"

【侨货】 dziɛ³¹fu⁴²，批量进货。

【侨价】 dziɛ³¹ko⁴²，批发价。"侨价进底，散卖卖出。"

【惬意】 ɕia^{42}i^{42}，称心满足，舒服痛快。"宿空调间里惬意是惬意,宿长久爻对身体冇好处嘅。"

【勤力】 dziaŋ^{31}lei^{212}，勤劳，勤快。"渠读书勤力显。""勤力勾懒笑。""春不节约春着愁,夏不勤力秋冇收。"

【清淡】 ts'əŋ^{33}da^{34}，指饮食含油少，或指生意不好。

【清简】 ts'əŋ^{33}ka^{45}，本指清正简约，温州话指食用较少油腻的食物。"老人吃吃清简厘,对身体也冇好处嘅。"

【清门】 ts'əŋ^{33}maŋ^{31}，清爽。"讲起铜钿银,肚底不清门。"

【清水】 ts'əŋ^{33}sʅ^{45}，干净；素净；单一。"清水衙门水不清。""个老老娘生起清水相显。""屋里勾渠理起清清水水。"

【清心】 ts'əŋ^{33}saŋ^{33}，心地恬静，无忧无虑。"你不管我,我乐得清心。"

【清致】 ts'əŋ^{33}tsʅ^{42}，幽静。"该个山真清致,起个别墅落事显。"

【渠自】 ge^{31}zʅ^{11}，他自己。"做父母嘅拗不牢,只好尊重渠自嘅意见。"

【全漆】 jy^{31}ts'ai^{323}，"全漆佬"的简称，嫌其无稽，虚妄，只会夸夸其谈。"你真全漆,讲话连门也讲不牢。"见"漆佬"。

【却情】 tɕ'ia^{323}zəŋ^{31}，不过；况且；表转折语气。"物事是蛮好嘅,却情我冇用。""说话我算讲多显罢,却情,该起事干侊我一厘儿关系也冇。"

【肉大】 ȵiəu^{212}dəu$^{11-34}$，亲切；缠绵；撒娇。"个姆儿肉大显,恁大罢还侊阿妈睏一张床。"

【肉烂】 ȵiəu^{323}la^{11}，过分亲热的样子。"你眙该两个人肉烂起罢哪,宿路上也妆起恁亲热。"

【肉肉】 ȵiəu^{323}ȵiəu^{323}，儿语指肉。

【肉痛】 ȵiəu^{212}t'oŋ^{42}，疼爱，心疼。"恁宿搭大吃大喝,真叫

人肉痛显。"

【肉胀】 ȵiəu²¹²tɕi⁴², 亲热, 撒娇。"老夫老妻罢, 还妆起恁肉胀。"

【软场】 ȵy³⁴dʑi³¹, 疲倦。"天光早走起, 走啦太阳落山, 人沃走软场爻。"

【软泞】 ȵy³⁴ȵiaŋ¹¹, 东西因回潮而变软。"炒米软泞爻不好吃。"

【若要】 dʑia²¹²iɛ⁴², 如果要。"若要扮起俏, 冻爻吱吱叫。""若要田稻好, 一年四季早。""若要虫子少, 除尽田边草。""若要富, 鸡啼三更离床铺。""若要小儿安, 顺带三分饥和寒。"

【散失】 sa⁴⁵sai³²³, 本指流散丢失, 温州话指一个地方比较混乱。"个地方散失显, 衣晾搭着留心。"

【涩口】 ts'ɿ⁴²k'au⁴⁵, 味不甘滑, 使舌头感到麻木、干燥、难受的味道。"个糯柿吃起有厘儿涩口。"

【杀声】 sa³²³səŋ³³, 古代指音乐中的肃杀之声, 引申指交战中的喊杀之声, 再引申指威严。"杀声不猛。"

【煞声】 sa³²³səŋ³³, 威严。"煞声强, 铜钿现。"

【煞尾】 sa³²³mei³⁴, 停止, 结束。"你先起个头, 由我煞尾。"

【煞心】 sa³²³saŋ³³, 凶狠。"个人真煞心, 争厘儿逮老安嘅脚打断爻。"

【阔摆】 so⁴²pa⁴⁵, 衣服的下摆。

【善分】 ji³⁴vaŋ¹¹, 指人的善良, 安分; 动物的驯服, 顺从。"该头狗胎起善分显, 碰着打生人也凶显嘅。"

【善份】 ji³⁴vaŋ¹¹, 静定, 不好动。

【吊恋】 tiɛ⁴²li¹¹, 记挂。

【寻乱】 zaŋ³¹lø¹¹, 找岔儿。

【㧕开】 ɕiɛ³³k'e³³, 掀开。

【接应】 tɕi³²³iaŋ⁴²，搭话。

【掇碗】 tø³²³y⁴⁵，端碗。

【剩落】 dzəŋ¹¹lo²¹²，剩（一点钱）。

【敨气】 tʻau⁴⁵tsʻŋ̍⁴²，呼吸。

【谢谢】 zei¹¹zei¹¹，道谢。

【真真】 tsaŋ¹¹tsaŋ³³，实在。

【卬你】 ŋuɔ³⁴n̩i³⁴，咱们。

【伤损】 ɕi³³sø⁴⁵，损伤。"你着逮渠伤损厘儿着,不会句你过三嘅。"

【上垟】 ji¹¹ji³¹，靠近山边的农村，与"下垟"相对。

【梢架】 suɔ³³ko⁴²，多指男性身材。"个人梢架生大显,你打渠不过嘅。"亦作"稍架"。

【稍丝】 suɔ³³sŋ̍³³，稍微。"盐稍丝着放厘儿。""当模特儿还稍丝短厘儿。"

【飑风】 suɔ³³hoŋ³³，吹风。"勥徛外转飑风。""毃宕冇名堂嬉牢,风恁大,走去飑风啊。"

【少短】 ɕiɛ⁴⁵tø⁴⁵，不少，很多。"桌上苍蝇还少短,恶心显。""戏台下嘅人还少短,我是直头轧不底。"

【舍得】 sei⁴⁵te³²³，愿意割舍。

【舍割】 sei⁴⁵ky³²³，性格豪爽，出手大方。"你该日舍割显,担出恁多钞票请客。"亦作"舍力大"。

【生成】 siɛ³³zəŋ³¹，自然生就，自然形成。"生成嘅命,钉成嘅秤。"

【生分】 siɛ³³vaŋ¹¹，冷淡，疏远。"渠当起官,伉我就份格生分爻罢。"

【生骨】 siɛ³³ky³²³，多刺。"白鱼生骨显,姆姆吃着特别留心。"

437

【生好】 siɛ³³hə⁴⁵，长得漂亮，心地善良。"我啦老板人生好显嘅，你有何乜困难渠会帮你忙嘅。"

【生老】 siɛ³³lə³⁴，老相，与"生嫩"相对。"渠生老，眙眙有五十岁上下，其实还只有三十五岁。"

【生嫩】 siɛ³³nø¹¹，长得年轻。"个老人客生嫩甚，眙去还院主儿恁。"

【生世】 siɛ³³sei⁴²，日子，一生。"你恁吊儿郎当，晓不得你会訾那过生世。"

【生水】 siɛ³³sɿ⁴⁵，1. 食物含水分多。"荸荠不生水不好吃嘅。"2. 引申指语言生动。"三年不读书，讲话不生水。"

【生旺】 siɛ³³ɦuo¹¹，兴盛。"该份人家该几年真生旺，近来显。"

【生心】 siɛ³³saŋ³³，怀有异心，动了念头。"生心走，打铁囥也拦不牢。""渠早早就生心歪经，想偷你嘅物事。"

【声冤】 səŋ³³y³³，诉说自己所受的冤屈。"牛皮踏塌爻囥鼓上声冤。"

【省径】 siɛ⁴⁵tɕian⁴²，节俭，有节制。"勤力省径，下半年不求人。""个人省径显，亦不吃烟亦不喝酒。"

【实崭】 zai²¹²tsa⁴⁵，1. 非常好。"个物事实崭。""渠嘅功夫实崭嘅。"2. 丰富，十足。"银泰百货嘅货色实崭嘅。"

【世面】 sei⁴²mi¹¹，指社会上各方面的情况。

【事干】 zɿ¹¹ky⁴²，事情。"做事干着三紧三慢。""事干事干，着靠自干。""做一起事干，换一样筋骨。""阵排起花开恁，事干干爻水洗爻恁。""天下嘅事干，只有软死人，冇硬死人嘅。"

【收梢】 ɕieu³³suo³³，收场，结尾。"你俫还是快来就收梢吧，覅逮该起事干妆起恁大排场。"

【手劲】 ɕieu⁴⁵tɕian⁴²，手上的力气。"个人手劲真大，一握手就勾渠捏痛爻。"

【寿元】 jiəu^{11}n̠y^{31}，寿命，寿数。"寿元快到罢，冇几年饭好吃吧。"亦作"寿魂"。

【受用】 jiəu^{34}jyɔ^{11}，适用，好用。"买物事勾上辈人着受用厘嘅。"

【书呆】 sɿ^{33}tai^{33}，不懂得联系实际只知道啃书本的人。"老林是书呆，叫渠下海办公司肯定会倒摊儿嘅。"

【数謷】 sɿ^{42}liɛ^{212}，称赞，夸奖。"覅数謷自家新妇。""自数謷破壅勺，别人数謷香蝴蝶。""大家人沃数謷个院主儿。"

【爽气】 suɔ^{45}ts'ɿ^{42}，豪爽，干脆，利落。"个人做事干爽气显。"

【水绰】 sɿ^{45}tɕ'ia^{323}，舀液体的用具，一般用金属制成。亦作"水杓"。

【顺承】 jioŋ^{11}zəŋ^{31}，顺从承受和顺接。"顺承多烦恼。"亦作"顺情"。

【顺脚】 jioŋ^{11}tɕia^{323}，1. 右脚的俗称。2. 顺着所走的路线到另一处。

【顺境】 jioŋ^{11}tɕiaŋ^{42}，安康；顺利的境遇。"该起事干办顺境显，半日工夫就办好道罢。""童年不宜过顺境，中年不宜过闲境，老年不宜过逆境。"

【送节】 soŋ^{42}tɕi^{323}，节日里亲戚间互赠礼品。亦作"送节到""望节"。

【送丧】 soŋ^{42}suɔ^{33}，送殡，送死者遗体到火化或埋葬地点。

【虽言】 sɿ^{33}n̠i^{31}，"虽然"的变音。

【随便】 zɿ^{31}bi^{31}（文）；zei^{34}bi^{31}（白），平时文读；但当引出状语句时，既可以文读，也可以白读。随其所宜。"你随便几能界走来嬉沃用着。"

【随队】　zֽ₁³¹dai¹¹，结伴，一起。"该日黄昏大家人随队走去眙电影,用着不?"

【随口】　zֽ₁³¹k'au⁴⁵，不假思索，顺口说出。"随口应道。"

【随手】　zֽ₁³¹ɕiəu⁴⁵，随即，立刻。"我先去报个到,随手就走来道。"

【岁大】　sֽ₁⁴²dəu¹¹，年纪大。"我比你岁大厘,大你两岁。""眙渠岁大罢,体格还好显。"

【岁小】　sֽ₁⁴²ɕiɛ⁴⁵，年纪轻。"老板还岁小显,连女朋友也还冇嘅。"

【娑姹】　so³³tsa³³，风骚的少女。"个娑姹女儿真绰约。"

【沓拢】　dø²¹²loŋ³⁴，合在一起。"屙伉屁沓拢臭。"

【抬杠】　de³¹kuɔ⁴²，争辩。

【太保】　t'a⁴²pə⁴⁵，知趣,识相。"个人还算太保,不会嬲起嬲不歇。"

【坛场】　da³¹dʑi³¹，活动的地方。"该个村生小显,做戏连个坛场也冇。""个人家结婚,坛场摆开大显嘅。"

【探汗】　t'ø⁴²jy¹¹，天气潮湿、闷热时器物表面凝结的微小水珠。"板障里沃探汗起。""玻璃上探汗探起沃是。"

【踢跶】　t'ei³²³t'a³²³，象声词。走路时拖鞋发出的声响。"踢跶舞。""鞋踢跶响。"

【体份】　t'ei⁴⁵vaŋ¹¹，大致分量、质量。"个江蟹有八个体份。"

【体数】　t'ei⁴⁵səu⁴²，把握。"做该起事干我有八个体数。"

【挑嘴】　t'iɛ³³tsֽ₁⁴⁵，搬弄是非,挑拨离间。"沃是渠宿当中挑嘴,两个人新乱起。""挑嘴学舌,铜钩扎舌。"

【条直】　diɛ³¹dzei²¹²，事物就理曰条直,古指直也,后引申为直爽、干脆。"你做人忒条直,有能界会吃亏嘅。"

【调匀】 die^{31}jioŋ^{31}，冷热着调匀。

【停当】 dəŋ^{31}cuɔ^{42}，妥帖，结束，完毕。"料理停当。""新买来嘅家具沃摆停当罢。"

【通掸】 t'oŋ^{33}ta^{45}，全盘收进。"剩落嘅茶点勾我通掸。"亦作"通吃"。

【通通】 t'oŋ^{33}t'oŋ^{33}，一共。"该个班通通只十五个人。""该张桌通通勾渠摊起蟹酱恁。"

【涂番】 døy^{31}fa^{33}，涂田里出的甘薯，因形状粗大，故用以形容女性身材粗大、容貌丑陋。"个女嘅涂番一色，真难眙。"

【推班】 t'ai^{33}pa^{33}，差劲，引申为人品差或质量不好。"技术推班。""渠字眼写推班显。""个人运道推班。"亦作"推扳"。

【退班】 t'ai^{33}pa^{33}，下课。亦说"落课"。

【退凉】 t'ai^{42}li^{11}，病人体温下降到正常。"姆儿嘅身体总算退凉罢。"

【吞班】 t'aŋ^{33}pa^{33}，质量不好，品格低下。"恁吞班嘅人你甮伉渠嬉。""渠啦嘅息儿生起吞班显吞班。"

【拖堂】 t'əu^{33}duɔ^{31}，下课时间已过，老师还要继续讲下去。

【歪经】 ua^{33}tɕiaŋ^{33}，行为古怪。"不怕歪经，只怕生心。""个后生儿歪经嘅，不肯读书。"

【罔能】 muɔ^{34}naŋ^{212}，作副词，表示更加。"天色着罔能冷起，你就甮走。"

【望节】 muɔ^{11}tɕi^{323}，一种传统的习俗。已婚妇女逢年过节给娘家送去礼物称"望节"。亦作"送节"。"快过年时，外甥走舅舅屋里望节。"

【温吞】 uaŋ^{33}t'aŋ^{33}，1. 微暖，不冷不热。2. 比喻性格优柔寡断，做事缓慢拖拉。

【文气】 vaŋ³¹tsʻŋ⁴², 文雅, 娴静。"个院主儿生来文气显。"

【文长】 vaŋ³¹dzi³¹, 爱唠叨, 说话没完没了。"你不用恁文长, 我夠渠听。""你真文长, 该侎话晓不得讲过几侎遍, 大家人沃听痕爻罢。""个人真文长, 讲起讲不歇。"

【齆臭】 oŋ⁴²tɕʻiəu⁴², 物体腐烂发酵而发出的臭味。"该个菜不好爻罢, 远远恁就觉着齆臭显嘅。""该侎配园搭好几日罢, 有厘儿齆臭爻罢。"同"鏼臭"。

【齆脑】 oŋ⁴²nə³⁴, 思想落后, 意识陈旧。"你真齆脑, 还掏陈账, 有何乜意思。"同"鏼脑"。

【我自】 ŋ³⁴zŋ¹¹, 我自己。"你不用送我, 我自会打个的嘅。"

【乌焦】 u³³tɕiɛ³³, 成焦糊状, 焦黑。"乌焦饭。""乌焦烂炭。""冇解冇解, 饭煮乌焦爻罢, 乌焦臭显嘅。"

【乌星】 ʋu³³səŋ³³, 雀斑, 脸上一点一点黑色素的沉积。"两边颔上有几点乌星。"

【乌烟】 u³³i³³, 鸦片的别称。"乌烟鬼。""乌烟花。""乌烟宕。"

【乌紫】 u³³tsŋ⁴⁵, 黑紫色。"嘴唇冻乌紫爻。"

【屋底】 u³²³tei⁴⁵, 家里。"屋底有三十六个天。""出门一里, 不及屋底。""眼镜带玻璃, 屋底吃番薯。"

【无空】 vu³¹kʻoŋ³³, 无根无据。"无空吵。""无空妆。"

【细达】 sei⁴²tʻe⁴², "该侎糯米粉是机器磨嘅, 细达显。"

【细碎】 sei⁴²sai⁴², 指男人会处理细小的事务。"我啦老老细碎显, 屋里嘅事干沃是渠妆。"

【细雅】 sei⁴²ŋo³⁴, 文雅, 优雅, 儒雅。"我啦老安生细雅显, 不肯抛头露面。"

【瞎话】 ha³²³ɦo¹¹, 假话, 谎言。古代说书人多为瞎子, 故称他们所说的话多为瞎话。

【下手】 ɦo³⁴ɕiəu⁴⁵,两人合作干活,从事辅助劳动的称下手。

【闲勃】 ɦa³⁴bø¹²,勃音渤。勃又通"悖",乖戾义。闲勃有为无聊的事争执不休义,跟北方话的"侃大山"有异曲同工之妙。如:"渠两个人闲勃勃起勃不歇。"

【闲散】 ɦa³¹sa⁴⁵,描写某个人不思进取,无事可做。

【现世】 ji¹¹sei⁴²,丢人现眼,讥诮出丑。"天下还有恁冇用嘅活宝,真现世爻。"

【陷牙】 ga¹¹ŋo³¹,塞牙。"喝山水也陷牙。"

【向来】 ɕi⁴²le³¹,从来。"向来只有别人叫渠吃,冇渠匄别人吃嘅。"

【像蠹】 ji³¹də¹¹,像样。"清明不戴帽,戴起不像蠹。""着履鞋拖跳舞不像蠹。"

【歇脚】 ɕi³²³tɕia³²³,长途跋涉后坐下来休息一下。

【蟹酱】 ha⁴⁵tɕi⁴²,本指将梭子蟹切成碎块腌制而成的酱品,今用来形容乱七八糟。"该张桌整个匄渠摊起蟹酱恁。"亦作"蟹汁酱""蟹汁八酱"。

【心大】 saŋ³³dəu¹¹,心肠硬。"你真心大,姆姆恁小,就匄渠住读。"

【心境】 saŋ³³tɕiaŋ⁴²,心情。

【心宽】 saŋ³³kʻa³³,心情宽松。"心宽强似屋宽。""我钞票借匄你心宽显,不愁你不还。"

【心清】 saŋ³³tsʻəŋ³³,摆脱各种纷扰,求得心情安宁。"你不用推心清,屋里嘅事干也着管嘅。"

【心散】 saŋ³³sa⁴⁵,心思不专一,精神不集中。"个姆姆读书心散显。"

【心凶】 saŋ³³ɕyo³³,贪心。"姆姆夐恁心凶,恁多物事也着匄俫别人吃吃。"

【心悬】 saŋ³³ɕy³³，提心吊胆。"渠该次旅游走恁远，身体吃落吃不落，我沃心悬在搭。"

【腥臭】 səŋ³³tɕ'iəu⁴²，又腥又臭，指鱼腥味。

【醒索】 səŋ⁴⁵so³²³，不想睡的感觉。"能界十一点罢，还恁醒索，快俫去睏。"

【性紧】 səŋ⁴²tɕiaŋ⁴⁵，性情急躁。"渠性紧显，你着伉渠慢慢讲。"

【婞正】 jiaŋ³¹tsəŋ⁴²，自以为比别人优越。"派头浪掼起婞正显。""你不用妆起恁婞正，多近几个劳钿有何乜了不起。"

【寻常】 zaŋ³¹ji³¹，有限。"病到能界，再活几日也寻常显吧。"

【疨底】 ha³²³tei⁴⁵，凹入。"锅儿臀捣疨底爻。""渠病爻眼灵珠沃疨底爻。"

【疨井】 ha³²³taŋ⁴⁵，洼下去的地方。"渠面里有个疨井。"

【哑哈】 o⁴⁵ha⁴⁵，发语词。戏曲中龙套出场时常发出的呼声。

【哑哟】 o⁴⁵yo³³，发语词，表示赞叹或惊异。"哑哟，长久显冇见着你呗。"亦作"哑唷"。

【岩撞】 ŋa³¹dʑyo¹¹，对山里人的蔑称，意谓人很鲁莽，不机灵，撞到岩上了还不知道回头。

【眼骨】 ŋa³⁴ky³²³，1.眼力，视力。骨，指骨力，引申指功力。"个人眼骨好显，恁远嘅地方也胎着。"2.鉴别的能力。"渠有眼骨，寻个老安不毛显。"

【魇气】 i⁴⁵ts'ŋ⁴²，晦气；烦闷。"老是宿屋底闷显，着走外转解解魇气。"

【样范】 ji¹¹va³⁴，模样，式样。"该双皮鞋样范蛮好嘅，比较时髦。"

【样式】 ji¹¹sei³²³，式样，形式。"该座屋宕样式好胎显。"

【腰劲】 iɛ³³tɕiaŋ⁴²,比喻靠山。"该种人亦有钞票,亦有腰劲,还是伉渠隔隔远厘好。"

【腰身】 iɛ³³saŋ³³,身架。衣服靠近腰部的接缝部分。

【谣开】 jiɛ³¹kʻe³³,传言。"外转谣开讲你老公受贿句检察院叫底爻,有也冇啊?"

【疑心】 ŋ³¹saŋ³³,注意疑的读音。怀疑的念头。"别人好心帮你嘅,你甏疑心。"

【阴飕】 iaŋ³³sʅ³³,比喻冷清。"该个地方真阴飕,走半日也冇碰着一个人。""阴飕狗最会咬人。"

【愔静】 iaŋ³³zəŋ³⁴,寂静,冷静。"姆儿眠着罢,愔静厘儿。""大家人在搭读书,你愔静厘好哇。""个事干我想愔静厘妆妆爻,狙晓得句你妆起恁大蛮场。"亦作"愔愔静静"。

【隐底】 iaŋ⁴⁵tei⁴⁵,隐瞒。"该起事干有是有嘅,就是晓得嘅人沃隐底不讲。"

【罂瓮】 ɛ³³oŋ⁴²⁻³³,本指一种大腹的瓦器,引申指饭吃得太饱,肚子发胀。

【潛清】 uɛ⁴⁵tsʻəŋ³³,清澈见底。"当原初水潛清嘅,河臀嘅鱼沃眙着灵灵清清。""胶冻冻起潛清潛清,喝下去凉丝丝恁。"

【应承】 iaŋ³³zəŋ³¹,口头答应,承诺。"该起事干只要渠应承落罢,肯定会代你办好嘅。"

【硬撑】 ŋiɛ¹¹tsʻiɛ³³,硬挺着干,勉强支撑。

【硬码】 ŋiɛ¹¹mo³⁴,可靠,质量好。"价钿是贵厘儿,货色硬码显嘅。"

【硬气】 ŋiɛ¹¹tsʻʅ⁴²,有骨气,争气。"做人要有三气,志气,骨气,硬气。""硬气硬到底,番薯丝不掺米。"

【硬歇】 ŋiɛ¹¹ɕi³²³,没有办法,只好作罢。

【硬扎】ŋiɛ¹¹tsa³²³，结实，强硬。"个老老走路还硬扎显，后生儿沃走渠不过。"

【永后】jioŋ³⁴ɦau³⁴，永远。"阿大恁胎我不起，我永后再不走阿大啦吧。"

【有份】jiau³⁴vaŋ¹¹，占有部分，参与其中。"好嘅事干你冇份，毛嘅事干你沃有份。""甘草帖帖有份。"

【有境】jiau³⁴tɕiaŋ⁴⁵，有段时间。"学太极拳我已有境罢，就是冇学好。"

【有绺】jiau³⁴ləu³⁴，意谓做人有板有眼，有规矩。"个人做事有绺嘅。"

【有窍】jiau³⁴tɕ'ɛ⁴²，有希望，有办法。"我做该个事干，你胎有窍也冇窍。"

【冤心】y³³saŋ³³，怨恨伤心。"妆侎苦起起两间屋宕，句渠一把火烧啦爻，你讲冤心不冤心。""个汽车真冤心，日日半夜逮我吵醒起。"

【原旧】ȵy³¹dʑiau¹¹，原来，仍旧。"讲归讲，渠嘅脾气原旧马马虎虎嘅，改不爻。""事故处理以后，渠原旧还是当主任。"

【月大】ȵy²¹²dəu¹¹，指上半年出生的人。"我伉老安共年嘅，渠比我月大厘。"

【月里】ȵy²¹²lei³⁴，妇女分娩后的一个月内。"月里羹。""月里人。""月里嬷。"

【越早】jy²¹²tsə⁴⁵，天刚亮时。"明朝天光着越早爬起胎泰山日出。"

【云抬】jioŋ³¹de³¹，比喻糊里糊涂。"该班人鬼讲恁讲半日，逮我讲爻云抬恁。"

【杂阵】zø²¹²dzaŋ¹¹，合在一起，做伴。"凤凰伉鸡难杂阵。"

【在生】 ze³⁴siɛ³³，在世，和"往生"相对。"在生不值钿，死后值千钿。"

【造孽】 zə³⁴n̩i²¹²，恶作剧。"该个童子痨会造孽显，大人沃要渠不得。"

【扎劲】 tsa³²³tɕiaŋ⁴²，起劲。"昨夜嘅报告，渠讲扎劲显。"

【扎实】 tsa³²³zai²¹²，坚实。"地基打不扎实，屋宕起起就会不牢固。"

【担整】 to⁴⁵tsəŋ⁴⁵，整理，清理。"屋里生乱显，着好好恁担整一下。"

【黏牵】 n̩i³³tɕ'i³³，"黏滋格啦"与"牵丝带澜"的合音。"个人黏牵显，匄渠嬲牢，直头冇解。"

【瞻望】 tɕi³³muɔ¹¹，探访。"瞻望病人。"

【崭实】 tsa⁴⁵zai²¹²，实在。"崭实好。""崭实牢。""崭实嫩。"

【长大】 dʑi³¹dəu¹¹，又长又大。"个人生来就长大嘅。""息儿嘅衣裳着买长大厘。"

【照用】 tɕiɛ⁴²jy¹¹，日常生活费用。"店面大，照用也大。"

【真会】 tsaŋ³³vai³⁴，真能干。"个老人客真会。"

【正好】 tsəŋ⁴²hə⁴⁵，刚好。"正好该日有车放杭州，逮你嘅行李顺便带走。"

【只当】 tsŋ⁴⁵tuɔ⁴²，为，以为。"匄鬼魔还只当匄佛度。"

【直绺】 dzei²¹²ləu³⁴，木头纤维的走向叫绺，纵向的绺叫直绺。"硬柴儿破直绺。"

【纸蓬】 tsei⁴⁵boŋ³¹，1. 一种以稻草为原料的黄色包装用纸。"纸蓬包。" 2. 旧时用稻草土制的粗手纸。"纸蓬柜。"

【纸迫】 tsei⁴⁵pa³²³，瓦楞纸，马粪纸，用作衬底的硬厚纸张。亦作"硬迫纸""白迫纸"。

447

【重橱】 dzyɔ¹¹dzɿ³¹，一种老式木橱，分上下两沓。

【重地】 dzyɔ³⁴dei¹¹，规格、品位高。"你该日是走去拜先生，礼着送送重地俫。"

【重忙】 dzyɔ¹¹muɔ³¹，一个时间遇上两件事，发生时间冲突。"该日日好，有两份喜酒，重忙起罢。"

【重盛】 dzyɔ¹¹zəŋ¹¹，一种专供放礼品的器具。

【重坠】 dzyɔ³⁴dzɿ¹¹，东西因重而下垂。"该日两只脚生重坠显。"

【慅㿝】 tsau³³pa³³，喻指人或事物不称心，很麻烦；难伺候。"个事干妆慅㿝起罢。""个人慅㿝显，真难妆爷。"

【侏儒】 tsɿ³³zɿ³¹，由一种基因疾病引起的，会导致短小的身材和骨骼不成比例的生长。

【苎身】 dzei³⁴saŋ³³，一种用苎布制成的丧服。

【准定】 tçioŋ⁴⁵dəŋ¹¹，一定，肯定。"该日是双休日，渠准定会走归吃饭嘅。"

【捉裥】 tçyo³²³ka⁴²，在裙幅或其他布上做出褶子。

【捉漏】 tçyo³²³lau¹¹，修补、堵塞房屋漏雨的地方。"捉漏趁天晴。"

【走底】 tsau⁴⁵tei⁴⁵，进里面去。"你走啦该里罢，就走底坐下儿先。"

【走归】 tsau⁴⁵kai³³，回家。"饭走归吃，不宿食堂吃。""未落班就想走归。"

【罪过】 ze³⁴ku⁴²，谦词，表示受之有罪，不敢当。"叫你老人家服侍我，罪过显嘎。""姑对嫂，正好好；货对货，免罪过。"

【作兴】 tso³²³çiaŋ⁴⁵，喜爱。"渠不作兴集邮。""出嫁着坐花轿？能界不作兴爻罢。"

【坐赢】 zo^{34}jiaŋ^{31}，肯定会赢。和"坐输"相对。"伉中国男足打,坐赢!"

【做队】 tsəu^{42}dai^{11}，一起,做伴。"老人出门最好寻个人做做队。"

【做节】 tsəu^{42}tɕi^{323}，祭祀祖先。南宋时杭州风俗,于冬至三日之内,店肆皆歇市,垂帘饮博,谓之做节。温州风俗,于清明、重五、七夕、冬至、年终做节。

【做下】 tsəu^{42}o^{42}，一起。"叩你做下走出嬉。""逮照相机伉胶卷做下带来勾我。"亦作"做阵"。

【做阵】 tsəu^{42}dzaŋ^{11}，一起。

【V+不底】 …fu^{45}tei^{45}，后置于动词,表示进不去。"书嘅开本忒大,书架园不底。""人嘅肚总只恁大,勾你尽吃也吃不底嘅。"

【V+不过】 fu^{45}ku^{42}，后置于动词,表示无法超越。"会走走不过人影,会讲讲不过道理。"

第三节 三字词

【安乐王】 y^{33}lo^{212}jyɔ^{31}，生活过得安逸,无须操劳的人。"息儿沃出场罢,你能界是安乐王,快活显。"

【八字脚】 po^{323}z̩^{11}tɕia^{323}，走路时双脚呈八字形。

【巴不得】 po^{33}fu^{45}te^{323}，对某事物的迫切盼望。"屋里穷,巴不得早厘毕业,好减轻上辈人负担。"

【拔长文】 bo^{212}dʑi^{31}vaŋ^{31}，说话没完没了。"渠每一遍做报告沃是拔长文嘅。"

【拔长腰】 bo^{212}dʑi^{31}iɛ^{33}，人疲倦时伸懒腰。

449

【白板纸】 ba²¹²pa⁴⁵tsei⁴⁵,瓦楞纸,马粪纸。

【白荡色】 ba²¹²duɔ¹¹se³²³,接近白色。"这条牛仔裤着长久爻,有厘儿白荡色罢。"

【白格纸】 ba²¹²ka³²³tsei⁴⁵,即白纸,常用来形容脸色苍白。"面色沃变白格纸爻,估计是日头气逼底。"

【白净气】 ba²¹²zəŋ¹¹tsʻɿ⁴²,肤色洁白,穿着干净。

【白口沓】 ba²¹²kʻau⁴⁵dø²¹²,心算。"渠做生意是老蟹,白口沓亦沓快亦沓准。"

【白魈鬼】 ba²¹²ɕie³³tɕy⁴⁵,喻难以交往、门槛很精,极为自私的机灵鬼。

【白眼犟】 ba²¹²ŋa³⁴dʑi³⁴,牛犟,执拗。"息儿麵恁白眼犟,大人嘅说话也着听一听嘅。""白眼白眼犟,潮落倒划上。"

【搬家屋】 bø³¹ko³³u³²³,搬家。"孔夫子搬家屋——沃是书。"

【半新旧】 pø⁴²saŋ³³dʑiau¹¹,半新半旧。"着一身半新旧嘅西装。"

【半燥沏】 pø⁴²sə⁴²n̠iaŋ³⁴,汗出未干透,微湿义。"太阳不好,衣裳还半燥沏嘅。"

【半中大】 pø⁴²tɕioŋ³³dəu¹¹,不大不小。"半中大嘅鲶鱼买一条。"

【本身力】 paŋ⁴⁵saŋ³³lei²¹²,指体质。"你本身力不好,不好熬夜嘅。"

【鼻涕佛】 bei²¹²tʻei⁴²vai²¹²,谑指经常拖着鼻涕的孩子。

【鼻头长】 bei²¹²dəu³¹dʑi³¹,嗅觉灵敏。"你鼻头真长,正好有几个蟛蜞儿买来罢。"

【辫儿不】 bi³⁴ŋ³¹gø²¹²,短辫子。

【不来紧】 fu⁴⁵le³¹tɕiaŋ⁴⁵,没关系,不打紧。

【叫句渠】 tɕiɛ⁴²tɕy⁴²ge³¹,打个招呼。

【妆妆爽】 tɕyɔ³³tɕyɔ³³suɔ⁴⁵,玩玩儿解解闷。

【妆好罢】　tɕyɔ³³hə⁴⁵ba³⁴，完事了。

【走来嬉】　tsau⁴⁵le³¹sɿ³³，串门。

【流眼泪】　ləu³¹ŋa³⁴lei¹¹，哭泣。

【做人客】　tsəu⁴²naŋ³⁴kʻa³²³，做客。

【惊一惊】　tɕiaŋ³³ʻi³²³tɕiaŋ³³，吃惊。

【摆酒水】　pa⁴⁵tɕiəu⁴⁵sɿ⁴⁵，摆酒席。

【岔见岔】　tsʻo⁴²tɕi⁴²tsʻo⁴²，偶尔。"我老公身体生虚，人参岔见岔有买来吃嘅。""我岔见岔走渠啦嬉。"亦作"岔见生岔"。

【差不多】　tsʻəu³³fu⁴⁵təu³³，同"差不显"。相差很少。"两兄弟面貌差不多。"

【拆烂污】　tsʻa³²³la¹¹vu¹¹，比喻做事马虎。"做工拆烂污用不着，出次品着赔嘅。"

【拆墙脚】　tsʻa³²³ji³¹tɕia³²³，比喻拆台，或暗中夺取他人的情人。"渠该个老安是当原初别人啦拆墙脚拆来嘅。"

【柴爿长】　za³¹ba³¹dzi³¹，身材瘦而高。"个人柴爿长，好比笕竿恁。"

【常便是】　ji³¹bi¹¹zɿ³⁴，迟迟未能实现。"渠常便是不肯走来。""人沃走来罢，船常便是未驶来。"

【唱不来】　tɕʻi⁴²fu⁴⁵le³¹，不会唱。

【抄近路】　tsʻuɔ³³dziaŋ³⁴løy¹¹，少走路达到目的地。与"兜远路"相对。

【赤膊裸】　tsʻɿ⁴²po³²³lai³⁴，不穿上衣，光着上身。"赤膊裸着蓑衣。""六月天赤膊裸走外转趆街，眙不得嘅。"

【冲刀锋】　tɕʻioŋ³³tə³³hoŋ³³，往刀口上撞。"能界正是严打，个儿还拦路抢劫，真是冲刀锋里爻。"亦作"撞刀锋"。

【出气筒】　tɕʻy³²³tsʻɿ⁴²doŋ³¹，比喻无辜受气的人。"不好逮

451

自啦嘅息儿当出气筒,日日园啦咄。"

【戳蹩脚】 tɕ'yo³²³bi²¹²tɕia³²³,背后说别人的坏话,暗中中伤,私下暴露。"有话当面讲,覅宿背后戳蹩脚。"

【戳戳动】 tɕ'yo³²³tɕ'yo³²³doŋ³⁴,形容皮肤微受刺激,感到不爽。"背肩身觉着戳戳动,难过显。"

【粗生活】 ts'øy³³siɛ³³ɦo²¹²,技术性较低、劳动强度较大的工作。

【璀花姥】 ts'ai⁴⁵ho³³tsa³³,善于撒娇献媚的女人。"个老人客妆起璀花姥恁,直头拗鏊显。"

【担肩胛】 ta³³tɕi³³ka³²³,承担责任。"有老总担肩胛,大家人做事干就放手多了。""该起事干大家人沃有份,不好匄渠一个人担肩胛。"

【担心挂】 ta³³saŋ³³ko⁴²,担心,记挂。"阿爸嘅病越生越重,大家人沃逮渠担心挂。"

【单边侧】 ta³³pø³³tsei³²³,向一边歪斜。"走路单边侧。""帽戴起单边侧。"

【单独自】 ta³³dəu²¹²ʐ̩¹¹,一个人。"你单独自走归有胆也冇?"

【单个脑】 ta³³kai⁴²nə³⁴,指头脑简单,不善思考。"个人也单个脑嘅,除爻读书,别乜沃不会。"

【单个调】 ta³³kai⁴²diɛ³¹,单调。"日日坐搭电脑面前,单个调,生活一厘儿情趣也冇。"

【单台眼】 ta³³de³¹ŋa³⁴,单眼皮。

【单条心】 ta³³diɛ³¹saŋ³³,一心一意。"你就单条心逮书读好先,覅急于寻事干做。"

【单头式】 ta³³dəu³¹sei³²³,思维专一,死板。"个人做事干单头式,不做好不肯歇,冇话讲道。"

【当原初】 tuɔ³³ṇy³¹ts'əu³³,很早以前,过去发生的事。"当原初着晓得你恁懒,我也不会逮您摸来呗。"亦作"当年初"。

【倒翻身】 tə⁴⁵fa³³saŋ³³,上下倒过身来。"猪肚倒翻身。"

【倒鳍鳞】 tə⁴⁵dzʅ³¹ləŋ³¹,逆反方向。"伉你讲哪,走路夠恁倒鳍鳞走那,用着不?"

【倒散赖】 tə⁴⁵sa⁴²la¹¹,四处游荡,不务正业。"渠啦嘅息儿日日宿外转倒散赖。"

【倒胃口】 tə⁴⁵vu¹¹kʻau⁴⁵,食欲不振,引申为对某事不感兴趣甚至产生反感。

【掉花枪】 diɛ³¹ho³³tɕʻi³³,花枪犹花招,掉花枪犹耍花枪,意谓弄虚作假,使用诡诈手段,哄瞒欺骗。

【定心丸】 dəŋ¹¹saŋ³³jy³¹,一种想象中的安心丸药。比喻能使思想情绪安定下来的言论或行动。"定心丸吃落罢,笃定。"

【动不动】 doŋ³⁴fu⁴⁵doŋ³⁴,动辄。

【肚底货】 døy³⁴tei⁴⁵fu⁴²,指知识、经验、修养等。"读爻恁多年嘅书,肚底货一厘儿也冇,晓不得妆何乜。"

【缎一色】 dø¹¹i³²³sei³²³,指物品品质好,引申为事情办得好。"你该个物事缎一色,真好。""该起事干匄你干起缎一色。"

【对胃口】 tai⁴²vu¹¹kʻau⁴⁵,合口味,适合自己的感情。

【掇起趆】 tø³²³tsʻʅ⁴⁵zei²¹²,拼命跑。"车开过爻罢,我掇起趆也赶不牢。""旧矮凳儿掇起趆。"

【发惶狗】 ho³²³ɦuɔ³¹kau⁴⁵,疯狗。

【发台瘟】 ho³²³de³¹y³³,指演员怯场。"上台发台瘟,落台唱不完。"

【发膯光】 ho³²³taŋ³³kuɔ³³,形容肿得厉害,皮肤肿得发光。"个瘤儿肿起大显大,沃发膯光起罢。"

【放胆大】 huɔ⁴²ta⁴⁵dəu¹¹,放心胆大,不害怕。"香蕉对胃病有益嘅,你放胆大吃。"

【放过门】 huɔ⁴²ku⁴²maŋ³¹,放他一马,让其过关。"你想偷懒,我不会句你放过门嘅。"

【放脚弹】 huɔ⁴²tɕia³²³da¹¹,1.尥蹶子。"马会放脚弹嘅,走边厢过着留心。"2.踢后腿。"半夜里放脚弹。""夓忒快活,夜里睏着放脚弹。"

【放冷气】 huɔ⁴²liɛ³⁴tsʻŋ⁴²,散布消极言论。"你专门宿搭放冷气,是不是成心想捣乱。"

【放软腰】 huɔ⁴²ny³⁴iɛ³³,下腰。

【飞过海】 fei³³ku⁴²he⁴⁵,回避必要的程序,以不正当的手法使费用不在账面上反映,常为贪污逃税的一种。"该笔收入句渠几个人飞过海私吞爻罢。"

【哽喉咙】 kiɛ⁴⁵ɦau³¹loŋ³¹,吃下去的东西堵在喉咙里,比喻吃人手软,不能公正办事。

【狗爬埭】 kau⁴⁵bo³¹da¹¹,像狗一样爬来爬去。"耘土狗爬埭。"

【挂恋心】 ko⁴²li¹¹saŋ³³,因挂念而放心不放。"渠走外转打工,老人一直宿屋里挂恋心。"

【鬼㜮耙】 tɕy⁴⁵lau³¹bo¹¹,形容喜动。"你訾那鬼㜮耙恁,一日也闲不牢。"

【鬼排阵】 tɕy⁴⁵ba³¹dzaŋ¹¹,打坏主意。

【和身礚】 vu³¹saŋ³³lai¹¹,穿着衣服躺在床上睡。

【轰轰动】 hoŋ³³hoŋ³³doŋ³⁴,同时使很多人震动。

【后山力】 ɦau³⁴sa³³lei²¹²,靠山。"你夓伉渠斗,渠嘅后山力硬显。"

【候肚皮】 ɦau¹¹døy³⁴bei³¹,尽量吃。"你不用客气,候肚皮吃好吧。"

【坏相道】 va^{11}ɕi^{42}də^{34}，人的相貌太丑，引申为厚颜无耻。"眙你不出,七十八老还恁坏相道。"

【黄牛背】 ɦuɔ^{31}ŋau^{31}pai^{33}，指那些搞倒卖、抢购、偷渡等而从中牟利的人。"渠两夫妻走外国,是勾黄牛背背出嘅,用爻十几万番钿。"

【火烧基】 fu^{45}ɕiɛ^{33}tsŋ^{33}，建筑物被焚烧后的遗址。"麨问火大小,只眙火烧基。"

【火烟气】 fu^{45}i^{33}ts'ŋ^{42}，烟火的气味。

【火种星】 fu^{45}tɕyɔ^{45}səŋ^{33}，极小的火星。

【及不得】 dziai^{212}fu^{45}te^{323}，不及,不如。"一千赊及不得八百现。""人会及不得命会。"

【济手撬】 tsei^{45}ɕiəu^{45}dziɛ^{34}，左撇子。

【脚跔拢】 tɕia^{323}gau^{31}loŋ^{34}，屈腿。"渠病重显,脚跔拢沃伸不直爻。"

【脚丫弄】 tɕia^{323}o^{33}loŋ^{11}，胯下。"钻脚丫弄过。"

【觉起听】 ko^{323}tsʻŋ^{45}tʻəŋ^{33}，全神贯注地听。"大家人沃耳朵觉起听。"

【镜恁光】 tɕiaŋ^{42}naŋ^{34}kuɔ^{33}，全都没有,如镜干净。"千年嘅金水缸,一锤敲爻镜恁光恁光。店里嘅白醋勾人抢爻镜光。"亦简作"镜光"。

【镜恁空】 tɕiaŋ^{42}naŋ^{34}kʻoŋ^{33}，全都没有,空空如也。"屋里水洗爻恁,镜恁空恁空。"亦简作"镜空"。

【开粗口】 kʻe^{33}tsʻøy^{33}kʻau^{45}，骂人,说不干净的话。

【开大纛】 kʻe^{33}dəu^{11}də^{11}，相当于狮子大开口,比喻要价过高,需索之费甚大。

【开口腔】 kʻe^{33}kʻau^{45}tɕʻi^{33}，说话的语气。"你开口腔恁难

听,还有乜人肯伉你讲说话。"

【开头炮】 k'e³³dəu³¹p'uɔ⁴², 喻指第一个发言者。

【开夜车】 k'e³³ji¹¹ts'o³³, 晚饭后继续工作或学习,直至深夜。

【靠造化】 k'ə⁴²zə³⁴ho⁴², 听任自然,听天由命。"眼镜架,靠造化。""渠做事干沃靠造化嘅,从来不当起事干。""中奖不中奖,只能靠造化,不好忒逮渠当起事干嘅。"

【空搭本】 k'oŋ³³ta³²³paŋ⁴⁵, 做买卖不花本钱。"你亦不是当官个,空搭本嘅生意轮不着你。"

【空打喊】 k'oŋ³³tie⁴⁵ha⁴⁵, 凭空呼喊。"你覅空打喊,沃是骗人嘅,大家人信不落。""风车门头空打喊。"

【空双手】 k'oŋ³³ɕyɔ³³ɕiəu⁴⁵, 两手空空。"走上辈人啦拜年,不好空双手嘅。"

【骷髅귀】 k'u³³lau³¹ba³¹, 骷髅音枯楼。枯干裸露的死人头骨。

【癞头卒】 la¹¹dəu³¹tsai³²³, 对兵卒的贱称。

【浪溏】 luɔ³⁴duɔ¹¹, 形容鸡屎稀。"浪溏鸡屙当糖霜。"

【劳碌命】 lə³¹lo²¹²məŋ¹¹, 命中注定劳累一生。"你真是劳碌命生起,退休爻罢还恁妆苦。"

【乐得乐】 lo²¹²tei³²³lo²¹², 顺其自然。"乐得乐便宜。"亦简作"乐得"。

【里把路】 lei³⁴po⁴⁵løy¹¹, 近一里路。

【脸剧落】 li³⁴do²¹²lo²¹², 脸拉下,态度不好。"脸脸剧落难胎显。""脸脸剧落欠你多还你少恁。""脸脸剧落猪肚勾涌汤烫爻恁。"

【两对半】 liɛ³⁴tai⁴²pø⁴², 东西分裂成两部分。"该只水缸裂爻两对半,冇用罢。"

【两对架】 liɛ³⁴tai⁴²ko⁴², 关系密切的两个人,常指夫妻俩。

"两对架坐起酒喝喝。"

【两对门】 liɛ³⁴tai⁴²maŋ³¹,路两边的相对门户。"我伉渠住两对门。"

【两对面】 liɛ³⁴tai⁴²mi¹¹,两人正面相对。"两对面坐搭着棋。"

【两开爿】 liɛ³⁴k'e³³ba³¹,断裂为两半。"板砧两开爿爻,着掼爻吧。"

【两头吊】 liɛ³⁴dəu³¹tiɛ⁴²,两头牵挂。

【猎猎响】 liɛ²¹²liɛ²¹²ɕi⁴⁵,拟声词,形容声音很响。"个息儿冇教条,应嘴猎猎响。"

【灵喉逼】 ləŋ³¹ɦiau³¹pi³²³,催逼得紧。"真是灵喉逼,欠渠钞票到期,着马上调来逮渠拆爻。"

【溜口出】 ləu¹¹k'au⁴⁵tɕ'y³²³,说话不留意,将不该说的话脱口而出。"我不是讙你,是我溜口出爻。"

【流水走】 ləu³¹sɿ⁴⁵tsau⁴⁵,前前后后,断断续续。"该场球赛不好眙,观众流水走沃走出爻罢。"

【琉璃货】 ləu³¹lei³¹fu⁴²,喻指容易损坏的货物。"个花瓶是琉璃货,难收拾显嘅。"

【六斤四】 ləu²¹²tɕiaŋ³³sɿ⁴²,头颅的隐称。"六斤四挈手里走,还有何乜好怕嘅。"

【剹耳朵】 lau³³ŋ³⁴to⁴⁵,用手指或他物挖耳朵。"大拇指头儿剹耳朵剹不底。"

【漏口风】 lau¹¹k'au⁴⁵hoŋ³³,说话不留心,泄露内情。

【辘辘动】 ləu²¹²ləu²¹²doŋ³⁴,转动貌。形容一个人不定着,不断动。

【露马脚】 lau¹¹mo³⁴tɕia³²³,露出破绽。

【落得落】 lo²¹²,顺其自然。"落得落便宜。""你不管我,我落得落清心。""既然渠认错就算罢,落得落做个人情。"亦简作"落得"。

【满肚掸】 mø³⁴døy³⁴ta⁴⁵,形容获利颇丰。"塌拉塌,满肚掸。"

【门槛精】 maŋ³¹k'a⁴⁵tsəŋ³³,吴语词汇。喻指办事精明周到,精打细算,总不会吃亏的人。

【蒙鼓里】 moŋ³¹ku⁴⁵lei³⁴,比喻什么都不知道。

【米田共】 mei³⁴di³¹dzɔ¹¹,"粪"的隐语,由繁体的"糞"字拆开。

【男儿范】 nø³¹ŋ³¹va³⁴,女孩的举止、相貌像男孩。

【难为你】 na³¹vu³¹ɲi³⁴,谢谢你。

【泥鳌眼】 ɲi³¹ʐ̩³¹ŋa³⁴,眼皮半睁半合,像人想睡觉和刚睡醒时或喝醉酒后的眼神。"个人花显,眙着割切嘅院主儿,就会泥鳌眼起。"

【牛皮筋】 ŋau³¹bei³¹tɕiaŋ³³,橡皮筋。

【拗脾气】 ŋuɔ³¹bei³¹ts'ŋ̩⁴²,固执,不驯顺的脾气。"特特恁宿搭拗脾气。""渠在搭伉你拗脾气,其实肚里想逮该起事干妆好嘅。"

【耨耨动】 nə¹¹nə¹¹doŋ³⁴,上下不断起伏摆动。"赖伏鸡娘徛稻秆绳上——耨耨动。""铁索桥人一多,就会耨耨动起。"

【爬爬痒】 bo³¹bo³¹ji³⁴,1.搔痒。2.比喻治标不治本。

【派头浪】 p'a⁴²dəu³¹luɔ¹¹,装出气势汹汹貌或架势。"你想用派头浪逮我吓牢?夠做梦。"

【喷恁香】 p'aŋ⁴²naŋ³⁴ɕi³³,由"喷香"演绎而来。《吴下方言考》卷9:"吴中谓物之香甚者曰喷香。"散发香气。"捉着嘅物事喷恁香,偷来嘅物事打巴掌。"

【破布末】 p'a⁴²pøy⁴²mø²¹²,破碎的布片。

【破财运】 p'øy⁴²ze³¹jioŋ¹¹,遭遇破财的厄运。"碰着破财运,遁几个钞票爻,有关系嘅。"

第十三章 温州话方言特征词

【破大矗】 p'a^{42}dəu^{11}də^{11}，门窗等大开貌。"门破大矗开搭用不着嘅。"

【旗儿店】 dzʅ^{31}ŋ^{31}ti^{42}，酒店的俗称。旧时酒店前常悬挂一面酒旗,故名。

【起码货】 ts'ʅ^{45}mo^{34}fu^{42}，最低限度；起价。"钞票欠恁长久,利息勤讲,本金起码货着拆勾我。"

【千百世】 tɕ'i^{33}pa^{323}sei^{42}，形容很久以前。"个是千百世嘅事干,老早忘记爻罢。"

【茄花色】 dzʅ^{31}ho^{33}sei^{323}，像茄子花儿一样的蓝紫色。

【青滋泥】 ts'əŋ^{33}tsʅ^{45}ni^{31}，一种呈青色的烂污泥,可供制砖瓦用。滋泥,污浊的烂泥。

【清水坑】 ts'əŋ^{33}sʅ^{45}kiɛ^{33}，贮水的小池。"清水坑嘅蛙蟆——不识深浅。"

【趔趔动】 tɕ'ioŋ^{42}tɕ'ioŋ^{42}doŋ^{34}，走路歪斜不稳而前倾。"你酒吃多爻罢,路走起趔趔动。"

【全无用】 jy^{31}vu^{31}jyɔ^{11}，脓包,孬种。"你个人全无用嘅,恁简单嘅题目也不会做。"

【热黄臭】 ni^{212}ɦuɔ^{31}tɕ'iəu^{42}，口臭。"该两天心火健起,嘴里热黄臭显。"

【三寸丁】 sa^{33}ts'ø^{42}təŋ^{33}，对矮个子男人或小脚女人的詈称。

【散麻花】 sa^{45}mo^{31}ho^{33}，同"散花花"。指散而不成团,比喻各自为政。"山粉囥忒少爻,鱼饼做起散麻花恁。"

【扫地下】 sə^{42}dei^{11}ɦo^{34}，扫地。"窗门开爻先再扫地下。"

【扫脚甓】 sə^{42}tɕia^{31}p'i^{323}，用脚侧背击人。"勾渠扫脚甓扫跌倒。"

【杀面风】 sa^{323}mi^{11}hoŋ^{33}，因当面呵斥而使其难堪。"渠有

459

何乜赚,你恁当面杀面风用不着嘅。"

【纱帽翼】 so³³mə¹¹jiai²¹², 纱制官帽,比喻做官。"纱帽翼拗爻。""纱帽翼扁担恁长。"

【舢舨荡】 sa³³pa⁴⁵duɔ¹¹, 迈着八字步,缓慢而左右摇摆,怡然自得的样子。"走路舢舨荡起。"

【搧巴掌】 ɕi⁴²po³³tɕi³³, 打耳光。"搧个巴掌,逮渠鼻涕也鯀爻。"

【搧起乱】 ɕi⁴²ts'ŋ⁴⁵lø¹¹, 挑拨离间,煽动人家吵架。"你不好逮渠两个人搧起乱。"

【舍力大】 sei⁴⁵lei²¹²da¹¹, 慷慨。同"舍割"。"金厂长有钞票能界帮别人舍力大显。"

【神不清】 zaŋ³¹fu⁴⁵ts'əŋ³³, 神志不清,头脑糊涂。"个人直头神不清显。"

【生硬粒】 siɛ³³ŋiɛ¹¹lø²¹², 形容米饭未熟透或半生不熟。"饭冇煮熟,还生硬粒嘅。"

【十不全】 zai²¹²pai³²³jy³¹, 比喻丑陋不堪,引申指缺点很多、不正常、神经质。

【十手会】 zai²¹²ɕiəu⁴⁵vai³⁴, 形容人聪明能干,什么事都拿得起,样样精通。

【石头不】 zei²¹²dəu³¹gø²¹², 小石块,粗瓦砾。

【石头佛】 zei²¹²dəu³¹vai²¹², 形容心地善良、态度平和的人。

【手挈袋】 ɕiəu⁴⁵tɕ'i³²³de¹¹, 手提包。

【手蠢蠢】 ɕiəu⁴⁵ɕiəu⁴⁵jia²¹²jia²¹², 招手。

【双个顶】 ɕyo³³kai⁴²təŋ⁴⁵, 指头发在顶盖部出现两个旋涡状。

【顺嘴溜】 jioŋ¹¹tsʅ⁴⁵ləu³³, 说走嘴。"该起事干是渠顺嘴溜讲出爻嘅。"亦作"顺口溜"。

【私底下】 sʅ³³tei⁴⁵ɦo³⁴, 私下。

【塌塌动】 tʻa³²³tʻa³²³doŋ³⁴，形容优柔寡断，神头不灵清。"个人塌塌动嘅，伉渠冇何乜名堂讲出。"

【踏踏跁】 da²¹²da²¹²po⁴⁵，形容人气急败坏，顿足捶胸。

【太滥方】 tʻa⁴²la¹¹huɔ³³，喻指很多。"个老人客衣做起太滥方，沃冇着就走去沃罢。"

【翟三埭】 die³⁴sa³³da¹¹，表示来回走来走去。

【贴隔壁】 tʻi³²³ka³²³pi³²³，紧挨着的。"我伉渠就住贴隔壁，日日沃有碰着嘅。"

【拖鼻涕】 tʻəu³³bei²¹²tʻei⁴²，鼻涕从鼻孔流出，挂在唇上。

【齆冻臭】 oŋ⁴²toŋ⁴²tɕʻiəu⁴²，专指其臭之恶者。"你宿㱇宕拉厕拉起满间齆冻臭。"

【屋底大】 u³²³tei⁴⁵dəu¹¹，在家称好汉。"你也只屋底大嘅，走外转就狗使爻道。"

【五条面】 ŋ³⁴diɛ³¹mi¹¹，巴掌的谑称。"你着逮我妆躁起，讲不出就五条面匄你吃嘅。"

【下横长】 ɦo³⁴viɛ³¹dʑi³¹，俗指"土"字，喻指土里土气，俗不可耐。

【下脚末】 ɦo³⁴tɕia³²³mø²¹²，无名小卒，普通人。

【蟹汁酱】 ha⁴⁵tsai³²³tɕi⁴²，亦作"蟹汁八酱"。乱七八糟。"地下摊起蟹汁酱恁。"

【心肝蒂】 saŋ³³ky³³tei⁴²，心爱的人。"女儿婿，心肝蒂。"

【心头拳】 saŋ³³dəu³¹dʑy³¹，喻要害部分。"该句话正好打着心头拳。"

【血血红】 ɕy³²³ɕy³²³ɦoŋ³¹，色彩像鲜血那样地红。亦作"血红血红"。

【压箱笼】 a³²³ɕi³³loŋ³¹，女儿结婚时娘家放在随嫁樟柜箱里的钱,表示多子多福。

【严正色】 ȵi³¹tsəŋ⁴²se³²³,非常严肃,认真。"严正色伉你讲,该件事干是不好干嘅。""你宿学堂里一定着严正色读书。"

【眼光光】 ŋa³⁴kuɔ³³kuɔ³³,眼睁睁,无可奈何。"眼光光勾渠抢去爻。"

【眼眙光】 ŋa³⁴tsʻʅ⁴²kuɔ³³,表示无可奈何的样子。"靠亲房,眼眙光。"

【羊儿健】 ji³¹ŋ³¹tsʻʅ⁴²,比喻人滞留不肯离开。"渠羊儿健恁健牢,就是不肯走。"

【羊臊气】 ji³¹sə³³tsʻʅ⁴²,一般指羊身上的膻味、臊气,比喻许多臭味相投的人聚集在一起。

【洋房式】 ji³¹ɦuɔ³¹sei³²³,近代中西合璧式的建筑。"外面洋房式,底转眙不得。"

【要不要】 i⁴²fu⁴⁵i⁴²,或读 iɛ⁴²fu⁴⁵iɛ⁴²,要不要。

【要也不】 iɛ⁴²a³²³fu⁴⁵,要不要。

【野偷生】 ji³⁴tʻau³³siɛ³³,非婚的生育,私生子。"野偷生生儿中状元。""个姆是渠野偷生生来嘅。"

【影灯光】 iaŋ⁴⁵taŋ³³kuɔ³³,1.形容东西很薄。"该件衣忒薄,眙去影灯光嘅。"2.形容肿得很厉害。"个瘤儿肿起恁影灯光,吓人显。"

【应山脉】 iaŋ⁴²sa³³ma²¹²,山谷回应。

【硬骨粒】 ŋiɛ¹¹ky³²³lø²¹²,形容米饭未熟透或半生不熟。

【硬碰硬】 ŋiɛ¹¹pʻoŋ⁴²ŋiɛ¹¹,真家伙,来不得半点虚假。"铁锤打铁砧——硬碰硬。"

【硬是犟】 ŋiɛ¹¹ʑ⁳³⁴dʑi³⁴,勉强。"硬是犟叫我该间屋借勾渠住。""硬是犟不如商量。"亦简作"硬犟"。

【有时节】 jiau³⁴ẓ³¹tɕi³²³，有时候。

【月里底】 ȵy²¹²lei³⁴tei⁴⁵，坐月子。"月里底吃番薯种——命逼倒。"

【晕晕动】 jioŋ¹¹jioŋ¹¹doŋ³⁴，形容头脑发昏。"汽车坐长久爻，头觉着晕晕动。"

【轧不拢】 ga²¹²fu⁴⁵loŋ³⁴，合不来。

【招牌脚】 tɕiɛ³³ba³¹tɕia³²³，个人或企业的信誉。"个人招牌脚硬显，你借勾渠钞票有关系嘅。"

【掬掬动】 də³¹də³¹doŋ³⁴，无主见；摇摆不定。"渠是掬掬动菩萨，靠渠是靠不牢嘅。"

【真虎丘】 tsaŋ³³fu⁴⁵tɕʻiau³³，非假冒者，真货。来自吴语。虎丘，苏州西北的小山丘，风景胜地。又用于比喻事物的真假。

【真生活】 tsaŋ³³siɛ³³ɦo²¹²，本领高超；真功夫。"宿钢丝上翻筋斗是真生活，难显嘅。"

【缜缜坚】 tsaŋ⁴⁵tsaŋ⁴⁵tɕi³³，挤得很，十分拥挤貌。亦作"缜坚坚"。

【正本额】 tsəŋ⁴²paŋ⁴⁵ŋa²¹²，分内。"爱护学生是老师嘅正本额。""田是主人水是客，主人请客正本额。"

【正当势】 tsəŋ⁴²tuɔ³³sei⁴²，正处年富力强之时。"你恁嘅年龄正当势，着多干厘事干。"

【正栋梁】 tsəŋ⁴²toŋ⁴²li³¹，比喻担当重任的人。"正栋梁塌爻。""一家人全靠你该个正栋梁逮渠撑撑牢。"

【正好吃】 tsəŋ⁴²hə⁴⁵tsʻẓ³²³，意谓刚好管住了对方。

【直拢统】 dzei²¹²loŋ³¹tʻoŋ⁴⁵，衣服或裤子裁剪时上下一样宽。引申为笔直，毫无曲折或遮拦。"不管懂不懂，长衫直拢统。"

【值拔值】 dzei³¹bo⁰¹dzei¹²，两边相等，不亏不赚。正好拔本。"秤钩打钉值拔值。"

【纸迫崩】 tsei⁴⁵pa³²³poŋ⁴²，供商品包装用的瓦楞箱。亦作"纸迫箱"。

【指头丫】 tsɿ⁴⁵dəu³¹o³³，手指与手指相连处。"渠指头丫生阙,钞票会用显。"

【中等过】 tçioŋ³³taŋ⁴⁵ku⁴²，不大不小、不长不短,恰恰好。

【钟馗爷】 tçyo³³dzy³¹ji³¹，民间传说中镇宅除鬼驱邪之神,是民间吉神之一。"钟馗爷坐公堂。""钟馗爷开饭店,鬼也不上门。"

【猪牯银】 tsei³³ku⁴⁵ȵiaŋ³¹，猪的配种费。"比摸猪牯银还难。"

【主儿心】 tsɿ⁴⁵ŋ³¹saŋ³³，主见。

【砖头不】 gy²¹²dəu³¹gy²¹²，破碎断裂的砖。亦简作"砖不"。

【走空埭】 da¹¹kʻoŋ³³da¹¹，白跑一趟。"昨黄昏渠冇在屋里,我走空埭爻。"

【祖公业】 tsøy⁴⁵koŋ³³ȵi²¹²，祖宗、上辈的产业。"渠啦嘅祖公业沃匄渠糟爻完罢。"

【醉昏昏】 tsai⁴²faŋ³³faŋ³³，沉醉貌。同"醉熏熏""醉薰薰"。

【做鬼脸】 tsəu⁴²tçy⁴⁵li³⁴，脸上装出难看的神态。

【做家私】 tsəu⁴²ko³³sɿ³³，发家致富。"做起恁多家私,沃匄渠儿败完。""做生意着运,做家私着命。"

【做人家】 tsəu⁴²naŋ³¹ko³³，省俭持家。

【做事干】 tsəu⁴²zɿ¹¹ky⁴²，干事情。"个人做事干顶真显嘅。"

【做手脚】 tsəu⁴²çiəu⁴⁵tçia³²³，背后做做小动作,徇私舞弊以损害别人。

【做头发】 tsəu⁴²dəu³¹ho³²³，把头发整饰成某种发型,当用于女性。"该下儿有空,我走店里做个头发。"

第四节　四字词

一、摹状结构

这是一种非常特殊的四字格短语，其结构形式为前面两字为形容词或名词，后面两字为重叠式摹状词素。这样的修辞效果非常生动。

今把这些温州话的俗俚罗列如下，以飨读者。

【头毛公公】　dəu³¹mə³¹koŋ³³koŋ³³，螳螂。

【拜佛珠珠】　pa⁴²vai²¹²tsʅ³³tsʅ³³，念佛珠。

【馋嘴猫猫】　za³¹tsʅ⁴⁵muɔ³³muɔ³³，馋嘴贪吃的样子。

【赤膊裸裸】　tsʻʅ⁴²po³²³lai⁴⁵lai⁴⁵，"一日赤膊裸裸，三日棉袄背背。"

【稻秆芯芯】　də³⁴ky⁴⁵saŋ³³saŋ³³，稻草屑。"连稻秆芯芯也捉爻走。"

【稻秆桩桩】　də³⁴ky⁴⁵tɕyɔ³³tɕyɔ³³，稻桩，大约只流行于农村。

【光眼盯盯】　kuɔ³³ŋa³⁴təŋ³³təŋ³³，形容眼睛光光的。

【瘑痨痌痌】　ku³³lə³⁴yɔ³³yɔ³³，对疥疮患者的蔑称。"瘑痨痌痌，半夜爬起烧汤。"

【憨豆珊珊】　hø³³dəu¹¹sa³³sa³³，傻乎乎的样子。

【虎蚁臃臃】　fu⁴⁵ŋa³⁴yɔ⁴⁵yɔ⁴⁵，蚁音眼。白读。指蚂蚁。

【花狗嚧嚧】　ho³³kau⁴⁵lø³³lø³³，狗尾草。

【火萤光光】　fu⁴⁵jiaŋ³¹kuɔ³³kuɔ³³，萤火虫。

【澜防兜兜】　la³⁴ɦuɔ³¹tao³³tao³³，幼儿用的围嘴儿，涎布。

【骗吃猫猫】　pʻi⁴²tsʻʅ³²³muɔ³³muɔ³³，偷吃鱼肉的家猫，喻指蹭吃貌。

【蜻蜓公公】　ts'əŋ³³daŋ³¹koŋ³³koŋ³³，一种小蜻蜓。

【双连背背】　çyɔ³³li³¹pai³³pai³³，小昆虫交尾，重叠在一起。

【水泡铃铃】　sʅ⁴⁵p'uɔ⁴²ləŋ³³ləŋ³³，小水泡。

【小气猫猫】　çiɛ⁴⁵ts'ʅ⁴²muɔ³³muɔ³³，形容人吝啬的性状。"小气猫猫，臀儿抓抓。"亦作"小气猫儿"。

【眼泪汪汪】　ŋa³⁴lai¹¹uɔ³³uɔ³³，含泪欲泣貌。

【蟑蜢荪荪】　tçi⁴²miɛ³⁴sø³³sø³³，一种形似蚱蜢的小草。蟑蜢即蚱蜢。

【长髦郎郎】　dʑi³¹biɛ¹¹luɔ³³luɔ³³，詈称高身材的人。"长髦郎郎水竹笕竿儿恁。"

【零碎伯伯】　ləŋ³¹sai⁴²pa³²³pa³²³，常以小事打扰别人，一般指小孩。旧时因小孩爱吃零食而对他们的戏称，也指小字辈。

【吵生伯伯】　ts'uɔ³³siɛ³³pa³²³pa³²³，谑指调皮捣蛋的孩子。

【眼泪扠扠】　ŋa³¹lai¹¹çyɔ¹¹çyɔ⁴²，"扠"本读平声，现变读为上声，音怂。"眙着渠恁眼泪扠扠落，恁苦极相也还有呢。"

二、其他结构

【白眼泥鳌】　ba²¹²ŋa³⁴ȵi³¹zʅ³¹，喻指一个人无精打采的样子。

【白眼死犟】　ba²¹²ŋa³⁴sʅ⁴⁵dʑi³⁴，执拗，不听劝导。

【半生烂熟】　pø⁴²siɛ³³la¹¹jiəu²¹²，半生不熟。"水忒少，饭煮起半生烂熟嘅。"

【半死赖活】　pø⁴²sʅ⁴⁵la¹¹fiɔ²¹²，死又死不了，活着又受罪。"匄人打爻半死赖活。"

【半中拦腰】　pø⁴²tçioŋ³³la³¹iɛ³³，中途。"爬山爬啦半中拦腰，有一半人就爬不动爻。"亦作"半中腰"。

【北斗朝南】　pai³²³tau⁴⁵dʑiɛ³¹nø³¹，北斗七星按不同的季节，其位置会发生变化,北斗朝南时,斗柄朝北,此时天下进入冬季,充满肃杀之气,比喻穷困到极点。"屋里勾你吵爻北斗朝南。""渠大颓翻会翻显,年年空爻北斗朝南,还讲有近。"

【背肩后边】 pai⁴²tɕi³³ɦau³⁴pø³³,背后。"背肩后边麫讲别人不好。"

【背顺风旗】 pai³³jioŋ¹¹hoŋ³³dzɿ³¹,比喻顺应趋势。"天下嘅事干,总是背顺风旗嘅人多,吃倒水儿嘅人少。"

【鼻涕澜流】 bei²¹²tʻei⁴²la³⁴ləu³¹,又流鼻涕又流口水。

【鼻头钻泥】 bei²¹²dəu³¹tsø³³n̠i³¹,狼狈不堪。"逮渠謦爻鼻头钻泥。"

【冰清水冷】 pəŋ³³tsʻəŋ³³sɿ⁴⁵liɛ³⁴,比喻极其冷清,形容孤独凄凉。"一家人死嘅死,走嘅走,剩落几个老嘅,妆爻冰清水冷。"

【补补理直】 pøy⁴⁵pøy⁴⁵lei³⁴dzei²¹²,装装样子,敷衍应付。"节到勾上辈人送礼,也只是补补理直。"

【不用客气】 fu⁴⁵jyɔ¹¹kʻa³²³tsʻɿ⁴²,不客气。

【走去吃酒】 tsau⁴⁵kʻe⁴²tsʻɿ³²³tɕəu⁴⁵,赴宴。

【拆只无对】 tsʻa³²³tsɿ³²³vu³¹tai⁴²,成双成对的被拆散了。"该俫鞋拆只无对爻,冇用嘅。"

【柴屮筋肌】 za³¹ba³¹tɕian³³tsɿ³³,人瘦而高。"渠恁壮,渠老老头柴屮筋肌,拼不牢显。"

【陈年百代】 dzaŋ³¹n̠i³¹pa³²³de¹¹,时间久远。"该俫事干沃是陈年百代嘅,再掏起有何乜意思呢?"

【疵皮纠韧】 tsʻɿ³³bei³¹tɕiau³³n̠ian¹¹,坚韧而难以咬断。"麫恁疵皮纠韧,嬲起嬲不歇。"亦作"皮疵纠韧"。

【疵皮老脸】 tsʻɿ³³bei³¹lə³⁴li³⁴,涎皮赖脸。一般是大人骂小孩的话,意为多次劝说不听,仍然我行我素。"个姆姆恁疵皮老脸,謷渠打渠沃还是恁,有何乇办法?"

【寸草无留】 ts'ø^{42}ts'ə^{45}vu^{31}ləu^{31},一无所剩。

【当起事干】 tuɔ^{42}ts'ŋ^{45}zŋ^{11}ky^{42},1.自以为了不起。"麯逮自妆起当起事干恁,也只不过如此,有何乇花路嘅。"2.认真,正式。"你着当起事干嘅,不好再拖三拉四。"

【捣指头枪】 tə^{45}tsŋ^{45}dəu^{31}tɕ'i^{33},用手指指着他人的脸斥责。"你捣指头枪妆何乇? 你再捣就逮你指头儿拗断爻。"

【癫死八癞】 ti^{33}sŋ^{45}po^{33}la^{11},疯疯癫癫。"个老人客宿店里吵,癫死八癞,真不成体统。"

【吊儿郎当】 tiɛ^{42}ŋ^{31}luɔ^{31}tuɔ^{33},形容作风散漫,态度不严肃。"渠老是恁吊儿郎当,早迟饭碗总会吃脱。"

【钉头对铁】 təŋ^{33}dəu^{31}tai^{42}t'i^{323},"钉头对铁头"的缩语。你来我往,互不相让。"两兄弟平时讲不来,一碰着就钉头对铁。"

【独自孤命】 dəu^{212}zŋ^{11}ku^{33}məŋ^{11},生性孤僻,不合群。"渠独自孤命,不肯成家,到能界还是单个人过日子。"

【独自脚手】 dəu^{212}zŋ^{11}tɕia^{323}ɕiəu^{45},无人帮助。"底转外转嘅事干沃着我单个人干,独自脚手嘅,妆苦显。"

【肚肠心肝】 døy^{34}dzi^{31}saŋ^{33}ky^{33},比喻全部心思。"我肚肠心肝沃挂渠啦,还有何乇心思读书。"

【对头排面】 tai^{42}dəu^{31}ba^{31}mi^{11},当面,面对面。"叩你几个人对头排面讲灵清先。"

【放长高声】 huɔ^{42}dzi^{31}kə^{33}səŋ^{33},大声哭泣。"麯恁放长高声懵哭,会影响隔壁邻舍嘅。"

【沸反盈天】 fei^{42}fa^{45}jiaŋ^{31}t'i^{33},喧哗吵闹,乱成一团。

【腐觫烂熟】 vu^{34}fa^{33}la^{11}jiəu^{212},把食品烧得很烂很熟。"猪脚蹄儿园高压锅里爊爻腐觫烂熟。"

【丐儿人家】 k'ø³²³ŋ³¹naŋ³¹ko³³，形容家庭破败，不成样子。

【隔江过水】 ka³²³kuɔ³³ku⁴²sɿ⁴⁵，相隔遥远。

【隔洋过海】 ka³²³ji³¹ku⁴²he⁴⁵，路途阻隔。

【隔远山叫】 ka³²³jy³⁴sa³³tɕiɛ⁴²，相隔很远不便照应。"个儿沃宿在外地隔远山叫，还是靠自老健最要紧。""你恁隔远山叫，我眥那听灵清？"

【狗皮膏药】 kau⁴⁵bei³¹kə³³jia²¹²，涂在小块狗皮上的膏药，旧时由走江湖的人在街上叫卖。比喻能说会道，也喻指假药或骗人的货色，含贬义。

【光眼瞙瞎】 kuɔ³³ŋa³⁴mo³¹duɔ³¹，睁眼瞎，文盲。"承琐儿能界不读书，大起变做光眼瞙瞎，悔心也打不尽。"

【汗出珠流】 jy¹¹tɕ'y³²³tsɿ³³ləu³¹，大汗淋漓貌。"你恁汗出珠流，狃宕走来啊。"

【汗泌泌出】 jy³¹pi³²³pi³²³tɕ'y³²³，大汗淋漓貌。"天色亦热亦闷，宿屋里沃汗泌泌出。"

【汗瓒瓒滴】 jy¹¹tsa⁴²tsa⁴²tei⁴²，形容汗水不断地往下滴。"天色忒热，一干事干，就汗瓒瓒滴。"

【行来过去】 ɦiɛ³¹le³¹ku⁴²k'e⁴²，来来去去。"轮船码头行来过去嘅人多显。"

【红葱细白】 ɦoŋ³¹ts'oŋ³³sei⁴²ba²¹²，皮肤细嫩，白里透红。"姆儿吃底好显，红葱细白嘅，有趣显。""个院主儿面色红葱细白，蛮割切嘅。"

【红头面赤】 ɦoŋ³¹dəu³¹mi¹¹ts'ei³²³，面红耳赤。"为该倷儿小事干，乱起红头面赤，真犯不着。"

【猴年马月】 ɦau³¹ȵi³¹mo³⁴ȵy²¹²，以十二生肖纪年，戏指没有期限。

【糊溚迫浆】 vu^{11}duɔ^{31}pa^{323}tɕi^{42}，做事混乱不清楚，没有条理，相当于"乱七八糟"。"纸上嘅字眼糊溚迫浆，直头认不底。"

【昏头搭脑】 faŋ^{33}dəu^{31}ta^{323}nə^{34}，糊里糊涂。"走爻一日一夜嘅路，人走爻昏头搭脑，连走归嘅路也走赚爻。"

【火媒头纸】 fu^{02}mai^{24}dəu^{31}tsei^{45}，一种淡黄色草纸，原作引火用，后用于民间冥钱等。

【家长里短】 ko^{33}dzi^{31}lei^{34}tø^{45}，以邻里家事作为谈资，这家长那家短地闲聊。

【结冤结孽】 tɕi^{323}y^{33}tɕi^{323}ɲi^{212}，结下冤仇。亦作"结冤"。

【儆儆快好】 dziaŋ^{11}dziaŋ^{11}k'a^{42}hə^{45}，适可而止，明哲保身。亦作"谨谨快好"。

【旧铜烂铁】 dziau^{11}doŋ^{31}la^{11}t'i^{323}，泛指废旧物品。"眙渠不出，卖卖旧铜烂铁近钿也不毛显。"

【开眼相见】 k'e^{33}ŋa^{34}ɕi^{33}tɕi^{42}，经常见面。"日日开眼相见，大家人着客气俫。"

【睏梦里头】 k'y^{42}moŋ^{11}lei^{34}dəu^{31}，睡得最熟的时候。

【睏梦散燥】 k'y^{42}moŋ^{11}sa^{42}sə^{42}，睡眼惺忪。"渠新爬拉起，睏梦散燥个，你个事干等一下儿伉渠讲。"

【赖歪凶妆】 la^{212}ua^{33}ɕiaŋ^{33}tɕyo^{33}，横蛮，跋扈。

【牢洞死窟】 lə^{31}doŋ^{11}sŋ^{45}k'y^{323}，形容地方冷落偏僻。"你訾那会宿个牢洞死窟里，叫我恁寻苦。"

【连皮搭骨】 li^{31}bei^{31}ta^{323}ky^{323}，喻指全部算进去。"店堂里嘅货连皮搭骨沃算起，也只值十几万番钿。"亦作"连皮带骨"。

【两双一支】 liɛ^{34}ɕyo^{33}i^{323}tsei^{323}，表示不完整。

【流星赶月】 ləu^{31}səŋ^{33}ky^{45}ny^{212}，形容非常迅速。"渠流星赶月一色，拼命赶车站里去。"

【剷丝扒缝】 lau³³sʅ³³po³²³ɦoŋ¹¹，挖空心思，不遗余力搜求或钻营。"渠剷丝扒缝做假账，想偷税。"

【茅草火性】 muɔ³¹ts'ə⁴⁵fu⁴⁵səŋ⁴²，性情急躁，容易发火，难以自控。"茅草火性，一点就着。""个人茅草火性嘅，你着慢慢尔恁伉渠讲。"

【密牙细嚼】 mi²¹²ŋo³¹sei⁴²jia²¹²，细细地咀嚼。

【面皮打襇】 mi¹¹bei³¹tiɛ⁴⁵ka⁴⁵，形容脸上皱纹很多。"年纪一大，面皮沃打襇爻，这还有何乜法呢？"

【牵丝带瀬】 tɕ'i³³sʅ³³ta⁴²la³⁴，牵连不断，纠缠不清。

【名挂寮里】 məŋ³¹ko⁴²liɛ³¹lei³¹，金榜题名比之名挂寮里似乎更风光，喻有名无实。

【牛劲马力】 ŋau³¹tɕiaŋ⁴²mo³⁴lei²¹²，很费力气。"一班人用爻牛劲马力，新逮钢琴搬到楼上去。"

【扭头摆颈】 ȵiau¹¹dəu³¹pa⁴⁵tɕiaŋ⁴⁵，身体扭动摇摆不端庄。"渠扭头摆颈嘅，跳泼显。"

【磐屿撑篙】 bø³¹zei³⁴ts'iɛ³³kə³³，意指又瘦又长。"人徛起磐屿撑篙恁，还当自小显。"

【呸声煞扫】 p'ei³³səŋ³³sa³²³sə⁴²，表示唾弃，斥责。

【蓬头散发】 boŋ³¹dəu³¹sa⁴⁵ho³²³，头发披散。"个人平时蓬头散发，鏖里巴糟相。"

【骗口张舌】 p'i⁴²k'au⁴⁵tɕi³³ji²¹²，拨弄唇舌，鼓弄簧舌哄骗。

【泼赖凶妆】 p'a⁴²la¹¹ɕiaŋ³³tɕyo³³，凶悍而不讲理。

【迫滋胶黏】 pa³²³tsʅ³³kuo³³ȵi³³，非常黏，形容人爱纠缠。

【奇形古怪】 dzʅ³¹jiaŋ³¹ku⁴⁵ka⁴²，稀奇古怪。亦说"奇离古怪"。

【牵丝反藤】 tɕ'i³³sʅ³³pa⁴⁵daŋ³¹，牵连不断，纠缠不休。"牵丝反藤牛皮筋。"亦作"千丝百藤""牵丝带瀬"。

【前脚后步】 ji³¹tɕia³²³ɦau³⁴bøy¹¹，指两人出发或到来的时间前后紧接，几乎同时。"渠正好走啦出，伉你前脚后步。"亦作"前后脚"。

【前生旁世】 ji³¹siɛ³³buɔ³¹sei⁴²，前世或后世。

【前债后借】 ji³¹tsa⁴²ɦau³⁴tsei⁴²，想尽办法筹钱。

【嵌牙齿缝】 kʻa⁴²ŋo³¹tsʅ⁴⁵ɦoŋ⁵¹，一点点食物，喻物稀少。"恁一厘物事，只够嵌牙齿缝，訾那吃饱呢？"

【翘嘴笃舌】 tɕʻɛ⁴²tsʅ⁴⁵təu³²³ji²¹²，一副生气貌。

【晴干热燥】 zəŋ³¹ky³³ȵi²¹²sə⁴²，天气晴朗炎热干燥。"该个六月天长日晴干热燥，气温恁高，难过显。"

【热昏烂醉】 ȵi²¹²faŋ³³la¹¹tsʅ⁴²，烂醉如泥，醉醺醺的神态。"酒喝爻热昏烂醉，倒地下死猪一色。"

【三面见同】 sa³³mi¹¹tɕi³³doŋ¹¹，指买卖双方和中间人三方当面说清楚。"买屋宕不比买衣裳，一定着三面见同讲乐事。"

【上下三垳】 ji¹¹ɦo³⁴sa³³la²¹²，上上下下，前前后后。

【生毛里笃】 siɛ³³mə³¹lei³⁴təu³²³，多毛貌。"老外身里沃生毛里笃，中国人眙不惯。"

【生锈八镂】 siɛ³³ɕieu⁴²po³²³lau³¹，生锈貌。"该把刀生锈八镂嘅，不好派用场。"

【是恁光景】 zʅ³⁴naŋ³⁴kuɔ³³tɕiaŋ⁴⁵，不过如此。"贵嘅物事不一定好，个手提包我眙也是恁光景。"

【顺头一二】 jioŋ¹¹dəu³¹iai³²³ŋ¹¹，依照顺序。"你逮该起事干顺头一二讲一讲，匄大家人妆妆灵清。"

【随队瞎弄】 zʅ³¹dai¹¹ha³²³loŋ¹¹，跟班胡闹。"你总着寻个正当嘅事干，不好整日随队瞎弄嘅。"

【糖甜蜜甜】 duɔ³¹di³¹mi²¹²di³¹，形容彼此亲密无间。"该对儿结婚恁长久还恁糖甜蜜滴,也真少见嘅。"

【调狗上面】 die^{34}kau^{45}ji^{34}mi^{11},没个正经,多指小孩没事故意找碴。"讲啦讲讲调狗上面起,勥伉嘅讲。"

【挺胸别肚】 t'əŋ^{45}ɕyo^{33}bi^{212}døy^{34},比喻骄矜自信,神气自得。"带头嘅一个五十开外、挺胸别肚嘅人,肯定是该班人嘅头儿。"

【唾水八淡】 t'ai^{42}sʅ^{45}po^{323}da^{34},一般指烧好的菜淡而无味。

【歪怠误布】 ua^{33}pa^{45}ŋ^{31}pøy^{42},捉弄人。"渠欺你老实,会歪怠误布,你还是避开远俅吧。""个人调直显,歪怠误布事干妆不来嘅,大家人沃喜欢伉渠做朋友。"

【歪顶倒笞】 ua^{33}təŋ^{45}tə^{45}ts'ei^{33},东倒西歪。"你嘅字眼写起恁歪顶倒笞,别人眘那眙懂?"

【弯藤八翘】 ua^{33}daŋ^{31}po^{323}tɕ'ε^{42},弯曲不平整。"该粒板弯藤八翘嘅。"

【文长言多】 vaŋ^{31}dzi^{31}n̩i^{31}təu^{33},同 P442"文长"。

【齆鼻头声】 oŋ^{42}bei^{11}dəu^{31}səŋ^{33},鼻孔堵塞。"感冒起齆鼻头声爻。"

【乌焦烂炭】 u^{33}tɕie^{33}la^{11}t'a^{42},乌焦得一塌糊涂。

【乌鲤老娘】 u^{33}lei^{34}lə^{34}n̩i^{31},蔑指性格阴沉、生性怪僻的老太婆。

【乌青间蓝】 u^{33}ts'əŋ^{33}ka^{33}la^{31},青蓝色。"外转冷显冷,渠面色冻爻乌青间蓝。"

【乌缁墨黑】 u^{33}tsʅ^{33}mai^{212}he^{323},形容颜色非常黑。

【无空白地】 vu^{31}k'oŋ^{33}ba^{212}dei^{11},平白无故。"人勥恁贱,无空白地勾渠打爻还一声也有唔。"

【虾头蟹脚】 ho^{33}dəu^{31}ha^{45}tɕia^{323},虾兵蟹将,詈指喽啰。

【闲话一句】 fia^{31}fio^{11}i^{323}tɕy^{42},说话算数,痛快地答应对方要

求。"你有何乜事干着我出力,闲话一句,我一定会尽心嘅。"

【闲时不节】　 ɦia³¹zȵ³¹pai³²³tɕi³²³,平时,平日。"闲时不节用功厘儿,大考能界就不用临时抱佛脚。"

【晓得头脑】　ɕia⁴⁵te³²³dəu³¹nə³⁴,懂事。"晓得头脑嘅人肯定会顾家嘅。"

【蟹汁八酱】　ha⁴⁵tsai³²³po³²³tɕi⁴²,乱七八糟。

【腥臭八髅】　səŋ³³tɕ'iəu⁴²po³²³lau³¹,很腥臭。"该间屋宕做过水产加工场,能界还腥臭八髅,洗也洗不了滞。"

【血滴辣红】　ɕy³²³tei⁴²la²¹²ɦoŋ³¹,猩红色。"酒吃底面里血滴辣红。"亦作"血滴红"。

【寻死活漏】　zaŋ³¹sȵ⁴⁵ɦo²¹²lau¹¹,想尽办法,费尽心机。

【牙儿呲开】　ŋo³¹ŋ³¹dzȵ¹¹k'e³³,因讥讽人而笑。亦作"牙儿塌开"。

【严干正色】　ȵi³¹ky³³tsəŋ⁴²se³²³,非常认真。"严干正色伉你讲,该件事干是不好干嘅。"

【眼黄耳热】　ŋa³⁴ɦuɔ³¹ŋ³⁴ȵi²¹²,眼红,嫉妒。"别人工资比你高,是别人本事比你大厘,你不用眼黄耳热。"亦作"眼睛黄热"。

【寅时卯月】　jiaŋ³¹zȵ³¹muɔ³⁴ȵy²¹²,不知什么时候,遥遥无期。"该起事干拖长久显罢,晓不得寅时卯月新能解决。"亦作"寅年卯月"。

【莹光烁亮】　jiaŋ³¹kuɔ³³ɕia³²³li¹¹,亮晶晶。"铅锅儿擦爻莹光烁亮,新嘅一色。"

【影迹无踪】　iaŋ⁴⁵tsei³²³vu³¹tsoŋ³³,形容无影无踪。"作案嘅人逃爻影迹无踪。"

【硬锤搁落】　ŋie³²dzȵ²¹go⁰¹lo¹²,接触硬物的感觉:摸去"硬锤搁落嘅,你包里是何乜物事啊?"亦作"硬硌硌"。

【硬迫迫底】 ŋiɛ¹¹pa³²³pa³²³tei⁴⁵，硬挤挤进去。"后生儿个派对,渠也硬迫迫底。"

【有板有眼】 jiau³⁴pa⁴⁵jiau³⁴ŋa³⁴，亦说"有板有调"。

【逾千达万】 vu¹¹tɕ'i³³da²¹²ma¹¹，逾音护。成千成万。

【冤生孽结】 y³³siɛ³³ȵi²¹²tɕi³²³，罪孽之缘。"真冤生孽结,该日眥那会宿该里碰着你。"

【长脚鹭鸶】 dʑi³¹tɕia³²³løy¹¹zʅ³¹，比喻腿长个子高的人。

【长衫澜浪】 dʑi³¹sa³³la³¹laŋ³¹，文人流氓,有社会地位的流氓。

【长文拔舌】 dʑi³¹vaŋ³¹bo²¹²ji²¹²，说话唠叨,喋喋不休。"渠五十还不到,讲说话就恁长文拔舌,再老爻直头力不牢。"

【猪生狗养】 tsei³³siɛ³³kau⁴⁵i⁴⁵，骂人为畜生。"你个猪生狗养嘅,恁缺德嘅事干也做出嘎。"

【猪拖狗拔】 tsei³³t'a³³kau⁴⁵bo²¹²，意为被侵吞殆尽。"一世积起嘅家私,沃匄该两个浪败子猪拖狗拔,糟爻净光。"

【妆下儿添】 tɕyɔ³³fiɔ³⁴ŋ³¹t'i³³，再来一下。

【唉磊堆碎】 e³³lai³⁴tai³³sai⁴²，打脚绊时呼出的声音。

第五节　五字词

【版版六十四】 pa⁴⁵pa⁴⁵ləu²¹²zai²¹²sʅ⁴²，宋代铸钱每版以六十四文为定数,不得增减,后因以喻刻板守旧,死板僵硬,不知变通。

【掇旧矮凳儿】 tø³²³dʑiau¹¹a⁴⁵taŋ⁴²ŋ³¹，比喻过去干过的事重新揽起。"能界生意难做显,只好掇旧矮凳儿罢。"

【空壳大老蟹】 k'oŋ³³k'o³²³dəu¹¹lə³⁴ha⁴⁵，詈指徒有其名的大好佬。

【空口讲白话】 k'oŋ³³k'au⁴⁵kuɔ⁴⁵ba²¹²fio¹¹，做不到的承诺。

【临时抱佛脚】 ləŋ³¹zๅ³¹bə³⁴tɕia³²³，平时无准备，事急时仓促张罗。"平时不烧香，临时抱佛脚。"

【弥丝断条缝】 mei³¹sๅ³³dø³⁴diɛ³¹ɦioŋ³¹，封闭得很好，没有破绽。

【三条眉夹拢】 sa³³diɛ³¹mei³¹ka³²³loŋ³⁴，皱眉头。

【眼鬃毛皱拢】 mei¹¹lei³¹mə³¹tsau⁴²loŋ³⁴，皱眉头。

【八字骨生好】 po³²³zๅ¹¹ky³²³siɛ³³hə⁴⁵，生辰八字，指人出生时的年、月、日、时的干支。意谓命运好。

【猪母娘嘅肚】 tsei³³ŋ³⁴ȵi³¹gedøy³⁴，比喻人的肚子大或多胎。"你嘅肚猪母娘肚一色。"

【堆+W堆+W】 tai³³…tai³³…，表示动作同时进行。如："堆讲堆哭。""堆结婚堆生姆。"

【越+W越+W】 jy²¹²…jy²¹²…，如："人越睏越懒，嘴越吃越馋。""越吃越馋，越睏越懒。""越嬉越懒，越吃越馋。"

【就+W不就+W】 jiəu¹¹…fu⁴⁵jiəu¹¹…，在对立情况下先满足一方。如："就早不就迟。""就女不就男。"

第十四章 温州话散讲

〔01〕新孺人怕得人憎

"人"字最好写,但读音最复杂,在温州话里有四种读法。

【人(1)】 zaŋ^{31},音仁。文读。"人中。""人大。""人民。""人参。""人证。""不求人。""上大人。""人情世故。"

【人情】 zaŋ^{31}zəŋ^{31},1.情谊,情分。"多栽花,少栽刺,留着人情好办事。"2.应酬的礼物,婚丧等仪式时赠送的礼金。"来是人情去是债。""人情人情,斗量秤称。""关门躲债,爬窗送人情。""人情是张锯,你有来,我有去。"

【上大人】 ji^{11}da^{11}zaŋ^{31},描红习字的代称。

【不求人】 pai^{323}dʑiau^{34}zaŋ^{31},一种可供背部搔痒的器具。

【人(2)】 naŋ^{31},音能。白读一,其本字为吴侬软语的"侬"。"人来客往。""渠宿单位里人缘好显好。"

【拔人】 bo^{212}naŋ^{31},抓人。"前两日有行动,拔底人多显。"

【差人】 ts'a^{33}naŋ^{31},衙役(公差)。

【大人】 dəu^{11}naŋ^{31},大个子。

【代人】 de^{11}naŋ^{31},受雇做仆人。"渠宿城底代人,做月里嬷。"

【癫人】 ti^{33}naŋ^{31},疯子。

【番人】 fa^{33}naŋ^{31},洋人。

【过人】 vu^{34}naŋ^{31},过音贺。传染疾病。"个病会过人嘅,你着留心。"

【极人】 dziai²¹²naŋ³¹，穷人。"天下极人还多显多。""有人，四季衣衫；极人，衣衫四季。""有人，小钿变大钿；极人，大钿变小钿。"

【嫁人】 ko⁴²naŋ³¹，改嫁。

【灵人】 lǝŋ³¹naŋ³¹，聪明的人。"灵人着带三分呆。"

【破人】 p'a⁴²naŋ³¹，对无赖的詈称。"只有破人，唔有破田。"

【人家】 naŋ³¹ko³³，住户。"个是大村，有千多份人家。"

【人貌】 naŋ³¹muo¹¹，人的容貌、姿色。"个老人客嘅人貌还割切，就是脚手不好。"

【人坯】 naŋ³¹p'ai³³，人的个子、品质。"人坯亦大亦壮。""压番薯着用燴物，做人着有人坯。"

【人样】 naŋ³¹ji¹¹，人应有的品行、仪表。"鞋有鞋样，做人着有人样。"

【认人】 ȵiaŋ¹¹naŋ³¹，认生。

【唐人】 duo³¹naŋ³¹，对言行荒诞者的詈称。"唐人也有三出戏。"亦作"唐三""唐头三"。

【调人】 diɛ³¹naŋ³¹，蛊惑人，戏弄。"渠会调人显嘅，还是少伉渠打交道好厘。"

【瞳人】 doŋ¹¹zaŋ¹²，瞳孔。

【颓人】 dai³¹naŋ³¹，像畜生一样的人。"颓人颓犟，潮落倒划上。"

【香人】 çi³³naŋ³¹，香文化与茶文化、插花文化并称中国三大文化现象，文人香事乃人人追逐的风雅生活。香人逐渐成为孩子听话、乖巧的代名词。"香人姆。""个院主儿真香人。""姆姆着香人听讲。"

【佣人】 jyɔ¹¹naŋ³¹，仆人。

【长人】 dzi³¹naŋ³¹，高个子。

【自人】 zɿ¹¹naŋ³¹，自家人；自己人，相对于外人而言。"印你沃是自人，讲说话就开门见山好吧。"

【白身人】 ba²¹²saŋ³³naŋ³¹，白丁。"我是白身人一个，神仙过嘅日子。"

【躄脚人】 p'i³²³tɕia³²³naŋ³¹，脚不方便的人。"寻加寻，寻个躄脚人。"

【城底人】 zəŋ³¹tei⁴⁵naŋ³¹，城里的居民。和山头人相对。

【吃酒人】 ts'ɿ³²³tɕiəu⁴⁵naŋ³¹，嗜酒的人。"吃酒人空话多，懒惰人尿屙多。"

【出门人】 tɕ'y³²³maŋ³¹naŋ³¹，从本地外出谋生的人。"出门人处处让三分。"

【打生人】 tiɛ⁴⁵siɛ³³naŋ³¹，陌生的人。

【打鱼人】 tiɛ⁴⁵ŋøy³¹naŋ³¹，渔夫。

【单边人】 ta³³pi³³naŋ³¹，一般指丧偶的女性。

【当官人】 tuɔ³³ky³³naŋ³¹，官员。

【当家人】 tuɔ³³kɔ³³naŋ³¹，主持家务的人。"当家人不在屋，吵爻天翻地覆。"

【地方人】 dei¹¹huɔ³³naŋ³¹，指一个村的人。"我伉渠是共地方人。"

【独自人】 dəu²¹²zɿ¹¹naŋ³¹，单身汉。

【读书人】 dəu²¹²sɿ³³naŋ³¹，知识分子的统称。

【对头人】 tai⁴²dəu³¹naŋ³¹，仇敌，敌人。

【共家人】 dʑyɔ¹¹kɔ³³naŋ³¹，一家人。

【共姓人】 dʑyɔ¹¹səŋ⁴²naŋ³¹，本家。

【过路人】 ku^{42}løy^{11}naŋ^{31},路过的人。"要知下山路,须问过路人。"亦作"行路过人"。

【华侨人】 ɦo^{31}dʑiɛ^{31}naŋ^{31},华侨。

【酒徒人】 tɕiəu^{45}dəu^{31}naŋ^{31},嗜酒贪杯的人。同"酒老龙"。

【客地人】 kʻa^{323}dei^{11}naŋ^{31},外地人。

【痨病人】 lə^{31}bəŋ^{11}naŋ^{31},生肺病的人。"痨病人自肚里灵清。"

【瞙瞠人】 mo^{31}duɔ^{31}naŋ^{31},盲人,瞎子。"瞙瞠人眙戏。""瞙瞠人过桥——断路。""瞙瞠人过山——不知高矮。""瞙瞠人吃馄饨——心里有数。""瞙瞠人步溪滩——水(死)路一条。""瞙瞠人蘸虾虮恁,冇也一下,冇也一下。"

【内行人】 nai^{11}ɦuɔ^{31}naŋ^{31},内行。

【人家烧】 naŋ^{31}ko^{33}ɕiɛ^{33},1.家常菜的烧法。"人家烧烧烧起好吃厘嘅。"2.指农家酿制的白酒。

【人家屋】 naŋ^{31}ko^{33}u^{323},住宅。"毂宕沃是人家屋。"

【人来疯】 naŋ^{31}le^{31}hoŋ^{33},吴语词汇,指孩子一见有客人来便兴奋撒娇。

【人抬人】 naŋ^{31}de^{31}naŋ^{31},相互吹捧,相互帮衬。"花轿抬人人抬人。""人抬人,抬牢做做人。"

【山头人】 sa^{33}dəu^{31}naŋ^{31},住在山区的居民,和"城底人"相对。"山头人送番薯种——礼轻意重。""山头人捉泥鳅——脚忙手乱。"亦说"山底人"。

【上辈人】 ji^{11}pai^{42}naŋ^{31},长辈。"做下辈人着有眙一眼你啦嘅上辈人,也不会落到恁款色。"

【生胡人】 siɛ^{33}vu^{31}naŋ^{31},长有络腮胡子的人。"暴剃头碰着生胡人。"

【岁大人】 sɿ^{42}dəu^{11}naŋ^{31},对老人的泛称。

【生意人】 siɛ³³i⁴²naŋ³¹，商人。

【同乡人】 doŋ³¹ɕi³³naŋ³¹，同乡。

【外路人】 va¹¹løy¹¹naŋ³¹，外地人。与"自家人"相对。

【乡下人】 ɕi³³ɦo³⁴naŋ³¹，城里人对农村居民的称呼,含轻蔑义。

【硬性人】 ŋiɛ¹¹səŋ⁴²naŋ³¹，刚强豪爽的汉子。"渠是硬性人,不会黏牵个。"

【种田人】 tɕyo⁴²di³¹naŋ³¹，农民。"种田人靠天,生意人靠骗。""种田人望大稻,读书人望大考。"

【做工人】 tsəu⁴²koŋ³³naŋ³¹，工人。

【做好人】 tsəu⁴²hə⁴⁵naŋ³¹，无原则地迁就别人的人。

【做客人】 tsəu⁴²kʻa³²³naŋ³¹，当客人,做客。

【大蛮老人】 dəu¹¹ma³¹lə³⁴naŋ³¹，讥讽年纪虽大,做起事来还像个小孩。"你个大蛮老人还伉息儿争物事吃。"

【单独自人】 ta³³dəu²¹²ʑ̩¹¹naŋ³¹，单身汉。"渠单独自人,平时生活亦不讲究,眙着一股苦极相。""单独自人最做爽,一日煮饭两厨炒。"亦简作"独自人"。

【共地方人】 dʑyo¹¹dei¹¹huɔ³³naŋ³¹，同乡。

【行路过人】 ɦiɛ³¹løy¹¹ku⁴²naŋ³¹，亦作"过路人"。

【苦极恶人】 kʻu⁴⁵dzʑ̩¹¹o³²³naŋ³¹，又可怜又可恶的人。

【泼赖凶人】 pʻa⁴²la¹¹ɕiaŋ³³naŋ³¹，无理而凶悍的人。

【人不畅快】 naŋ³¹fu⁴⁵tɕʻi⁴²kʻa⁴²，生病。

【人不好过】 naŋ³¹fu⁴⁵hə⁴⁵ku⁴²，生病。

【人来客往】 naŋ³¹le³¹kʻa³²³jyɔ³⁴，指和亲朋的交往人流很多。"渠屋里做喜事,人来客往嘅,闹热显。"

【人妆不动】 naŋ³¹tɕyo³³fu⁴⁵doŋ³⁴，生病。

【拖大肚人】 tʻa³³dəu¹¹døy³⁴naŋ³¹，孕妇。

【人（3）】 ȵiaŋ³¹，音迎。白读二。至于"人"字为什么读成了"银"音，郑张尚芳先生认为是白读的一种，潘悟云先生认为是一种特殊场合的白读现象。

【丈人】 dzi³⁴ȵiaŋ³¹，岳父。

【新孺人】 saŋ³³zŋ³¹ȵiaŋ³¹，指新娘。旧时对妻通称"孺人"。"新孺人怕得人憎。""抬轿人逮新孺人逌爻。""新孺人人小，堂总着恁拜。""新孺人戴戒指项链，大家娘背债欠场面。""新孺人起早爻得罪老公，起迟爻得罪公婆。""新孺人坐床杠，媒人远远抛。"

【諥新孺人】 ɦuo³¹saŋ³³zŋ³¹ȵiaŋ³¹，闹新房。"諥新孺人不好懵来。"

【丈人老】 dzi³⁴ȵiaŋ³¹lə³⁴，"老丈人"的倒置。岳父；对妻子父亲的叙称，其对词为"丈母娘"。

【主人家】 tsŋ⁴⁵ȵiaŋ³¹ko³³，主人。与"人客"相对。"主人家会焯菜，不用另请厨师。"

【老人客】 lə³⁴ȵiaŋ³¹kʻa³²³，"老安人客"的缩语，对已嫁女子的俗称，其对词为男子客。明清时六品官之妻封安人，后泛作对妇人的尊称。"老人客头发长见识短。""男子客担不惊，老人客生不惊。""三条围身布值条裤，三个老人客值爿锣。"

【老人客儿】 lə³⁴ȵiaŋ³¹kʻa³²³ŋ³¹⁻³⁴，詈指小妇人。"个女姆姆妆起老人客儿恁。"

【老人客相】 lə³⁴ȵiaŋ³¹kʻa³²³ɕi⁴²，詈指男人的言行举止像个女人。"个男子客划手划脚真老人客相。"

【老安人客】 lə³⁴ȵiaŋ³¹kʻa³²³，一旦院主儿被明媒正娶，成了人妻，温州人称之为"老人客"。清以来出现了不少记录温州方言的字书和韵书，其中为时最早也较为系统的应推1925年编写的《瓯音字汇》。在该书中,将温州人所称的妇人写为"老安人客",其造词理据非常清楚。此处的"老安人"(妻)正与"男子"(夫)相对,则可见温州话的"老人客"乃是减音省"安"的结果。

【安人】 y³³ȵiaŋ³¹,本系朝廷给妇人封赠的称号,一般为六品以上的官员其妻才能称安人。在温州古代,"安人""孺人"几乎成了体面女人的称呼。我们经常看到墓碑上镌刻着"某某安人寿域",难道里面安葬的都是达官显宦的妻子?总不至于吧。所以,温州人尊称自己妻室为"安人"是情理之中。至于前缀"老"的意义虚化,并不含"老年"的意味,倒蕴含着一种亲切的感情。

【老安】 lə³⁴y³³,对妻子的背称,与"老公"对称。老安是"老安人"的缩略。"衣裳新嘅好,老安旧嘅好。""老安是宝贝,煮饭块加块,亦好吃亦省配。"

【人(4)】 niɛ¹¹,音生重担的生。白读三。有人认为,naŋ¹¹→niɛ¹¹,也是一种转音现象。

【人儿】 niɛ¹¹ŋ³¹,画成、塑成或雕成的人的形象。是一个非常活跃的词素。

【米人儿】 mei³⁴niɛ¹¹ŋ³¹,由米塑制成的人偶。

【面人儿】 mi¹¹niɛ¹¹ŋ³¹,由面粉制成的人偶。

【人儿书】 niɛ¹¹ŋ³¹sʅ³³,连环画。

【人儿头】 niɛ¹¹ŋ³¹dəu³¹,画有人像的纸片。

【人儿纸】 niɛ¹¹ŋ³¹tsei⁴⁵,画片。

【糖人儿】 duɔ³¹niɛ¹¹ŋ³¹,由糖果制成的人偶。

【纸人儿】 tsei⁴⁵niɛ¹¹ŋ³¹,用纸扭成的各种图案。"府头门嘅纸人儿勾风也吹倒。"

【稻秆人儿】 də³⁴ky⁴⁵niɛ¹¹ŋ³¹，由稻草扎成的人偶。

【木头人儿】 mo²¹²dəu¹¹niɛ¹¹ŋ³¹，木偶。"木头人儿，匄人挈牢走。""逮飞机拔缆，逮木头人儿烧饭。"

【戏台人儿】 sʅ⁴²de³¹niɛ¹¹ŋ³¹，对演员的旧称。

〔02〕大官爷与大家娘

"大"字在温州话中读音非常复杂，它有三种读法。

【大(1)】 dà, dəu¹¹，音豆。1. 指面积、体积、容量、数量、强度、力量超过一般或超过所比较的对象，与"小"相对。"大床睏爽厘。""人大不灵，眼大大不明。""我岁比你大厘嘅。""个石头着力大嘅人新掇起。"2. 大小、规模、性质的对比，形容超过一般。"恁大嘅屋宕难转手。""恁大嘅事干我吃不落嘅。""国庆阅兵嘅场面大显大。""大话少讲厘，事干多做厘。"3. 年长，排行第一。

【大笨】 dəu¹¹baŋ¹¹，笨重，不灵巧。"该部机器生大笨显，冇吊车搬不动嘅。""个人生大笨，做事干不紧板嘅。"

【大纛】 dəu¹¹də¹¹，军中或仪仗队的大旗。

【大脚】 dəu¹¹tɕia³²³，这里的"大"并不指形体上的，而是一种隐喻。"大脚肚(比喻有钱有势)。"

【大局】 dəu¹¹dʑyo²¹²，出手大方，且举止自然。"渠大局显，不会伉别人计较几个钞票嘅。"

【大蛮】 dəu¹¹ma³¹，"蛮大"的倒置，意谓相当大。"大蛮脚指头儿。""大蛮院主罢，还恁晓不得头脑。""老师对个息儿眙牢显，称称恁大蛮指头儿竖起讲渠好嘅。"

【大木】 dəu¹¹mo²¹²，从事于建房木构件、木质模板等的木工活。"大木老司手底借斧头。"

【大脑】 dəu¹¹nə³⁴，自以为了不起，瞧不起人家，不热情。"个儿有个官官颏儿当起，大脑显。"

【大年】 dəu³⁴n̠i³¹，注意"大"字音变。1. 有闰月的年份。2. 果树结果的年或结果旺盛的年。"该年杨梅是大年，好虽杨梅亦大亦多亦甜。"

【大舌】 dəu¹¹ji²¹²，口吃，说话口齿不清的人。"麻脸爱扮，大舌爱讲。""渠大舌显，一句话着讲半日。"

【大匋】 dəu¹¹də³¹，一种特大的粗瓷碗。"渠食啖好显，吃饭沃着两大匋。"

【大出手】 dəu¹¹tɕʻy³²³ɕiəu⁴⁵，出大钱，施大舍。"个人每回捐款沃恁大出手。""你真大出手，该回救灾单下就担出一万番钿。"

【大官头】 dəu¹¹ky³³dəu³¹，高官。"该日大官头，明朝阶下囚。"

【大块头】 dəu¹¹kʻai⁴²dəu³¹，肥头大耳的胖子。"你嘅姆姆也是大块头，伉你相像显。"

【大喉声】 dəu¹¹ɦau³¹səŋ³³，声音粗大重浊或粗暴。"孙儿讲说话有厘儿大喉声起，大人范起罢。""有理不用高声，你不用恁大喉声起嘅。"

【大黄鱼】 dəu¹¹ɦuɔ³¹ŋøy³¹，黄鱼的一种。

【大脚风】 dəu¹¹tɕia³²³hoŋ³³，因丝虫病而腿脚变得非常粗大，即橡皮病。亦说"大脚肚"。

【大蛮阵】 dəu¹¹ma³¹dzaŋ¹¹，家庭人口多。"屋里大蛮阵，靠阿爸一个人做事干，困难显。"

【大毛病】 dəu¹¹mə³¹bəŋ¹¹，重病。"大毛病冇生，小毛病冇断。"

【大前年】 dəu¹¹ji³¹n̠i³¹，比前年早一年。

【大青天】 dəu¹¹tsʻəŋ³³tʻi³³，一片青天，万里无云。"潒雨落爻大青天。"

【大人家】 dəu¹¹naŋ³¹ko³³，名门望族，富裕家庭。"渠是大人家出身嘅。""大人家走出嘅就是不一色。"

【大人坯】 dəu¹¹naŋ³¹p'ai³³，夸小孩老成，言行举止像成人。"我啦嘅孙儿该年还只七岁,平时讲说话大人坯显嘅。"

【大鉎缸】 dəu¹¹siɛ³³kuɔ³³，鉎缸：补缸。大鉎缸：意谓出大问题。"渠啦界会大鉎缸罢,祸闯出薛刚恁。"

【大眼桃】 dəu¹¹ŋa³⁴də³¹，眼皮隆起，眼睛肿胀起像桃子。"哭爻眼灵珠沃大眼桃起。"

【大只小】 dəu¹¹tsei³³sai⁴⁵，本应同样大小的一对，现在成了一只大一只小。"该双鞋大只小嘅。"

【大街大市】 dəu¹¹ka³³dəu¹¹zɿ³⁴，闹市。

【大蛮人家】 dəu¹¹ma³¹naŋ³¹ko³³，大户人家。"你啦是大蛮人家,夠恁妆起小气屄。"

【大梢大遏】 dəu¹¹suɔ³³dəu¹¹ø³²³，喻极左极右，摇摆幅度很大。"渠做事干喜欢大梢大遏,冇定板嘅。"

【大舌拉拖】 dəu¹¹ji²¹²la³³t'a³³，意谓口吃的人。大舌意谓说话口齿不清。"老陈有厘儿大舌拉拖,叫渠走外转打交道皆那用着呢？"

【大头大面】 dəu¹¹dəu³¹dəu¹¹mi¹¹，指人长得四方八面，有福气。"你两个息儿沃像你,生起大头大面。"

【大（2）】 dà, da¹¹，音但。1.与"小"相对。"大爸。""大姨。""大姐。""大头菜。"2.大小的程度。"个外地人苦显,大家人斗厘钞票句渠过过冬。"3.扩大。

【大柜】 da¹¹dzy¹¹，柜台。

【大大】 da¹¹da³⁴，注意大字的音变。郊区人对父亲的弟弟的叙称。亦作"阿大"。

【大殇年】 da¹¹dʑiɛ³¹n̻i³¹,俗语谓死曰大殇。瘟疫流行。"好人死大殇年里爻。""大殇年里,死也着死头垳。""日本人走来许年,大殇年肚皮胀显。""该俫鸡儿大殇年大着,沃瀌爻完罢。""该日妆何乜嘅,榖宕也人死爻,犰宕也人死爻,大殇年一色。"

【大家人】 da¹¹ko³³naŋ³¹,大家。"溪滩里水浅显,大家人沃会步过。"

【大洋广海】 da¹¹ji³¹kuɔ⁴⁵he⁴⁵,海洋。"坐轮船从温州到上海,你就会眙到大洋广海。""大洋广海,起屋冇基。"

【大手大脚】 da¹¹ɕiəu⁴⁵da¹¹tɕia³²³,使用时没有节制。

同样是"阿大",却有两种读法。

【阿大】 a³²³da¹¹,1.对叔父或对父亲的称呼。2.郊区人对父亲的称呼。

【阿大】 a³²³dəu¹¹,对大哥的叙称。

如果是对叔父的称呼,则读 a³²³da¹¹;如果是对大哥的叙称,则读 a³²³dəu¹¹。

同样是"老大",也有两种读法。

【老大】 lə³⁴da¹¹,亦称"船老大"。对船工或掌船舵者的称呼。"老大多船撑翻爻。"

【老大】 lə³⁴dəu¹¹,指排行第一的兄长。

【大(3)】 dà,dei¹¹,音地,白读。专门用于某种称呼。

【大家娘】 dei¹¹ko³³n̻i³¹,对婆婆的背称。古代妻子称丈夫的母亲为"大家"。《汉语大词典》:"大家,妇称夫之母。"《古汉语大词典》:"大家,婆婆,夫之母。"温州的女人直到如今还称婆婆为"大家娘",这时的"大"要念成"地"。"青柴怕猛火,大家娘怕新妇。"

【大官爷】 dei^{11}ky^{33}ji^{31}，对公公的背称。古代妻子称丈夫的父亲为"大官"。温州的女人直到如今还称公公为"大官爷"，这时的"大"要念成"地"。"大官爷背新妇——眙不得。"

【大家新妇】 dei^{11}ko^{33}saŋ^{33}vøy^{34}，婆媳俩。

【大(4)】 dài, da^{11}，音但。1. 古代尊称国王，或旧戏曲小说中对山寨头领的称呼。"大王。"2. 擅长于某种事情或垄断某行业的人。"爆破大王。""钢铁大王。"3. 医生。"大夫。"

〔03〕"一"字温州话读法有讲究

温州广播电视周报开辟的《壹周刊》，这"壹"字该怎么读？第一百货商店的缩写"一百"又该怎么读？

貌似简单的问题，在温州话中就变得有点复杂。什么原因？就是有的字会出现文白异读。

【一(1)】 yī, iai^{323}，音乙。这是正规的读法，称为文读。

【一二年】 iai^{323}ŋ^{11}ni^{31}，一两年。

【一时一刻】 iai^{323}z̩^{31}iai^{323}k'e^{323}，短时间内，犹"一时半会儿"，多用来表示对比和否定。"一时一刻叫我走狙宕买该俫物事啊。"

但是，在大多数场合，温州人把"一"字读成白读 [i^{323}]。音亿，通常读轻声。"一头牛。""算一算。""笑一笑。""试一试。""点一点，拜一拜。""一视同仁。""一门心思。""一身沃是汗。""一下风，一下雨。""一时猫脸，一时狗脸。""打一日花鼓游一日路。""不荒一亩地，不闲一个人。"

【一餐】 i^{323}ts'a^{33}，一口。"个苹果还只啃一餐就掼去爻。"

【一出】i³²³tɕ'y³²³，一直，向来。"我一出住骰宕。""该爿门一出关在搭。"

【一垛】i³²³duɔ¹¹ 量词，用于一团黏稠或粉末状的物质。"事干勾渠妆爻一垛浆恁。"

【一界】i³²³ka⁴²，经常的。"渠脾气有厘儿古怪，一界恁会躁起嘅。"

【一气】i³²³tsʻŋ⁴²，一口气地，接连不断。"该日天光一气讲三个钟头嘅课。"

【一色】i³²³se³²³，一样。"水推爻一色。""扮起貂蝉一色。""鱼卖臭爻一色。""该俫饭恁硬，直头伉弹子一色。"亦作"一式"。

【一世】i³²³sei⁴²，一生一世，一辈子。"治病一时，防病一世。""一刻嘅人好做，一世嘅人难做。""雨不会落一年，人不会穷一世。""读书人笔头一勾，种田人一世做牛。""天光吃饱一日饱，老公勾着一世爽。""种不好庄稼一年穷，修不好堤塘一世穷。"

【一下】i³²³ɦɔ³⁴，一刹那。

【一早】i³²³tsə⁴⁵，从前。"一早温州城里每条巷弄沃有一条河。"

【一准】i³²³tɕioŋ⁴⁵，一定。"欠你嘅钞票，明朝一准还你。"

【一埭路】i³²³da¹¹løy¹¹，连续不断，一路，一直。"你一埭路读落，就会妆灵清嘅。""你一埭路走去，会眙着一个塔。"

【一个阵】i³²³kai⁴²dzaŋ¹¹，一个想法、主意。"徛搭一个阵，倒落一个阵。"

【一生世】i³²³siɛ³³sei⁴²，一辈子。"你总着搂个老安，不好单独自过一生世。"

【一下儿】i³²³o⁴²ŋ³¹，一会儿。"个事干一下儿就妆好道罢。"

【一转手】 i^{323}tɕy^{45}ɕiəu^{45}，副词，指时间短暂。"该下儿钞票还在兜兜里，一转手勾偷儿掳去爻罢。"

【一名一色】 i^{323}məŋ^{31}i^{323}se^{323}，完全一样。"该两个冬瓜生起一名一色。"亦作"一名一式"。

【一生一世】 i^{323}siɛ^{33}i^{323}sei^{42}，一辈子。"不做中人不做保，一生一世唔烦恼。"

【一时一刻】 i^{323}z̩^{31}i^{323}k'e^{323}，短时间内，犹"一时半会儿"，多用来表示对比和否定。"一时一刻叫我走狃宕买该俫物事啊。"

【一式一样】 i^{323}sei^{323}i^{323}ji^{11}，一个样。"一个印版印出一式一样。"

【一界+S，一界+S】 一会儿……一会儿……，表示两种情况交替出现。"个鬼天气，一界晴天，一界落雨。"

〔04〕息儿生小，晓不得头脑

大小的"小"是一个常见形容词，温州话读 ɕiɛ^{45}，私兆切，形容事物在体积、面积、数量、力量、强度等方面不及一般。但温州人喜欢将"小"字读成 sai^{45}，音碎的上声，这是古方言留下的白读。表示零碎、细小。如："饭量小。"

【小(1)】 xiǎo, ɕiɛ^{45}，音筱。1.指面积、体积、容量、数量、强度、力量不及一般或不及所比较的对象，与"大"相对。"该俫人当中渠是最小气嘅。""做喜事吃正厨还未显嘅，着小饭吃厘爻先。""你真小人气，几个钞票也园搭计较。""该件衣勾你着忒小样。"2.范围窄，程度浅，性质不重要。"小节。""小题大做。"3.时间短。"小坐。""小住。"4.年幼小，排行最末。"小孩。""小溜溜。"

【小接】 ɕiɛ⁴⁵tɕi³²³，指早餐和中餐之间的餐饭。早晨开始工作到九、十点，要休息一下吃点心。"你啦大木老司该日小接吃何乜啊？"

【小肚】 ɕiɛ⁴⁵døy³⁴，小腹。"小肚下胀鼓鼓恁。"亦说"小肚下"。

【小末卒】 ɕiɛ⁴⁵mø²¹²tsai³²³，起不了大作用的人。"你宿机关里是个小末卒，有何乜好神气嘅。"

【小肠气】 ɕiɛ⁴⁵dʑi³¹ts'ŋ⁴²，疝气，腹股沟疝。

【小溜溜】 ɕiɛ⁴⁵ləu³³ləu³³，对小孩的昵称。

【小头生意】 ɕiɛ⁴⁵dəu³¹siɛ³³i⁴²，小本买卖。

【小（2）】 xiǎo，sai⁴⁵，音衰的阴上声，白读。"小姨。""小南门河打小船儿，你不撞渠渠撞你。"

【小个】 sai⁴⁵kai⁴²，指小个子。"个人小个显嘅。""人生小个，眙渠担起真用力。"

【小磊】 sai⁴⁵lai³⁴，个子较小。"盒儿着寻个小磊厘嘅。""个男嘅生起蛮小磊嘅。"

【小病】 sai⁴⁵bəŋ¹¹，小病。"大病冇生，小病冇断。""小病不望，大病难当。"

【小大】 sai⁴⁵da¹¹，父亲的小弟。小叔。

【小姹】 sai⁴²tsa³³，对小姐姐的面称。

【小娘】 sai⁴⁵ȵi³³，父母亲的小妹。小姨。

【小嫂】 sai⁴⁵sə⁴⁵，小弟的配偶。

【小婶】 sai⁴⁵saŋ⁴⁵，父亲的弟媳妇。

【小叔】 sai⁴⁵ɕiəu³²³，父亲的小弟。

【小钞票】 sai⁴⁵ts'uɔ³³p'iɛ⁴²，零碎铜钱，也指赚小钱。"大钞票近不来，近厘儿小钞票还是有嘅。"

【小毛病】 sai⁴⁵mə³¹bəŋ¹¹，轻病。

【小夫爷】　sai⁴⁵føy³³ji³¹，母亲的小妹夫。小姨父。

【小姨姨】　sai⁴⁵n̠i³³⁻⁰¹n̠i³³，对妻子之小妹的面称。

温州人常把小孩称为"小个儿""后生儿""息儿""小息儿""后生息儿"等，如：

【小个儿】　sai⁴⁵kaiŋ³¹，年轻人。"几十岁嘅人罢，眙着还小个儿恁。"

【后生】　ɦau³⁴siɛ³³，年轻人。"老人怕跌，后生怕噎。""后生苦不算苦，老来苦真叫苦。"

【后生儿】　ɦau³⁴siɛ³³ŋ³¹，年轻人，小伙子。"后生儿不懂头脑。""我个后生儿大学考牢罢。"

【息儿】　sei⁴²ŋ³¹，对幼儿、少男女的通称。"息儿着娘，种田着培。""十年嘅息儿眙九年嘅牛。""我啦嘅息儿还未做亲。"

【息儿伷】　sei⁴²ŋ³¹tɕ'ioŋ⁴²，小青年。"个男嘅眙着息儿伷恁。"

【小息儿】　sai⁴⁵sei⁴²ŋ³¹，小孩子。"饭配沃匀小息儿夹淡吃吃底父。""小息儿爬楼梯——步步高。"

【息儿头儿】　sei⁴²ŋ³¹dəu³¹ŋ³¹，小孩王。

【息儿头气】　sei⁴²ŋ³¹dəu³¹ts'ŋ⁴²，像小孩似的。"三四十岁嘅人还恁息儿头气，也真少有嘅。"

【后生息儿】　ɦau³⁴siɛ³³sei⁴²ŋ³¹，同"后生儿"。

【蟹饭息儿】　ha⁴⁵va¹¹sei⁴²ŋ³¹，谑指小孩。"该班蟹饭息儿宿觳宕吵死嘅。""个蟹饭息儿断坯，直头恶显。"亦简作"蟹饭"。

〔05〕"日"字的不同读法

"日"字属于臻开三质入日母字，普通话只有一读 rì，温州话却有四读，而且很难找出其规律来，读者只能靠自己慢慢琢磨。

【日(1)】 rì, zai^{212}, 音集。1. 太阳。"日月星辰。"2. 时候。"春日。""往日。"3. 天, 一昼夜。"日程。"

【日(2)】 rì, ne^{212}, 音耐的阳入声, 白一。1. 白天, 与"夜"相对。2. 某一天。"日夹夜。""日里上班, 黄昏休息。""日里游游, 夜里熬油。""日里东家到西家, 夜里点灯纺棉纱。""我能界还有事干, 下日有工夫再伉你讲。"

【半日】 pø^{42}ne^{212}, 1. 半天, 白天的一半。2. 相当长的一段时间。"爬爬起着半日。"

【成日】 zəŋ^{31}ne^{212}, 整天。"成日嬉嬉吃吃, 不肯干事干。"

【当日】 tuɔ^{33}ne^{212}, 当天。"当日走上海, 当日黄昏就飞转道罢。"

【过日】 ku^{42}ne^{212}, 度日。"落岗到能界, 靠摆摊儿过日。"

【后日】 ɦau^{34}ne^{212}, 后天, 明天的明天。

【拣日】 ka^{45}ne^{212}, 择日。

【旁日】 buɔ^{31}ne^{212}, 下日, 改日。

【前日】 ji^{31}ne^{212}, 前天。

【日半】 ne^{212}pø^{42}, 一天半。

【日底】 ne^{212}tei^{45}, 白天。

【日地】 ne^{212}dei^{11}, 白天。

【日里】 ne^{212}lei^{34}, 白天。

【日日】 ne^{212}ne^{212}, 每天。"日日青岛雁荡。""日日沃愈早走公园里散步。""日日坐, 腰背痛; 日日动, 筋骨松。"

【日子】 ne^{212}tsɿ^{45}, "一般人结婚着拣日子。""接落去年龄大起罢, 日子会越来越难过。"

【市日】 zɿ^{34}ne^{212}, 逢集的日子。

【头日】 dəu^{31}ne^{212}, 第一天, 第一次。"头日发兴就触霉头, 以后訾那妆?"

【下日】　ɦo³⁴ne²¹²,改天,日后,以后。"下日再来。"

【闲日】　ɦa³¹ne²¹²,平时,以往。

【一日】　i³²³ne²¹²,一天。

【有日】　jiau³⁴ne²¹²,有期,总有一天。"个人恁横,总有日会勾人收拾爻嘅。"

【月日】　n̠y²¹²ne²¹²,一个月。"一年有十二个月日。""个月日生意静显。""一个月日尽两百番钿勾你零用。"

【早日】　tsə⁴⁵ne²¹²,往日,以前。"早日乡下揆个亲,套头儿多显嘅。"

【大半日】　dəu¹¹pø⁴²ne²¹²,大半天。

【大后日】　dəu¹¹ɦau³⁴ne²¹²,后天的后一天。"该本书大后日勾你还啊。"

【大前日】　dəu¹¹ji³¹ne²¹²,比前天早一天。"个事干大前日交代你嘅,能界未妆好啊？"

【成长日】　zəŋ³¹dʑi³¹ne²¹²,整天,一天到晚。"成长日倒床上,訾那会倒牢啊？"

【冬节日】　toŋ³³tɕi³²³ne²¹²,冬至日。

【号头日】　ɦə¹¹dəu³¹ne²¹²,单位发工资的日子。

【后半日】　ɦau³⁴pø⁴²ne²¹²,下午。

【礼拜日】　lei³⁴pa⁴²ne²¹²,星期天。

【前两日】　ji³¹liɛ³⁴ne²¹²,前几天,前三四天也说前两日。

【清明日】　tsʻəŋ³³məŋ³¹ne²¹²,清明。

【三五日】　sa³³ŋ³⁴ne²¹²,三五天。

【上半日】　ji¹¹pø⁴²ne²¹²,上午,与"下半日"并举使用。

【下半日】　ɦo³⁴pø⁴²ne²¹²,下午。

【早日初】　tsə⁴⁵ne²¹²tsʻəu³³,以前,过去发生的事。"早日初着晓得你恁懒,我也不会逮您揿来呗。"

【个半月日】 kai⁴²pø⁴²n̠y²¹²ne²¹²,一个半月。

【前个月日】 ji³¹kai⁴²n̠y²¹²ne²¹²,上个月前的一个月。

【青光白日】 ts'əŋ³³kuɔ³³ba²¹²ne²¹²,青天白日,大白天。"青光白日也有胆拦路抢劫。""青光白日两个人逮门关起妆何乜鬼?"

【日夹星夜】 ne²¹²ka³²³səŋ³³ji¹¹,夜以继日。"渠日夹星夜望归赶,总算见到老人一面。"

【日长夜大】 ne²¹²dzi³¹ji¹¹dəu¹¹,形容快速成长,多用于祝颂儿童。

【上个月日】 ji¹¹kai⁴²n̠y²¹²ne²¹²,上个月。

【下个月日】 ɦo³⁴kai⁴²n̠y²¹²ne²¹²,下个月。

【再大后日】 tse⁴²dəu¹¹ɦau³⁴ne²¹²,后天的后天,大后天的后一天。

【再大前日】 tse⁴²dəu¹¹ji³¹ne²¹²,前天的前天,大前天的早一天。

【日(3)】 rì, n̠i²¹²,音热,白二。同字头日(1)。

【日头】 n̠i²¹²dəu³¹,太阳。"六月嘅日头,晚娘嘅拳头。"

【日头佛】 n̠i²¹²dəu³¹vai²¹²,太阳,阳光。

【日头火】 n̠i²¹²dəu³¹fu⁴⁵,夏日强烈的阳光。

【日头气】 n̠i²¹²dəu³¹ts'ŋ⁴²,本指暑气,引申指心中火气。"日昼阵日头气猛显。""个儿日头气有名猛嘅,不会买你面子嘅。"

【日(4)】 rì, n̠iai²¹²,音逆,白三。一种转音。

【生日】 siɛ³³n̠iai²¹²,生日这一天。

【三十日】 sa³³zai²¹²n̠iai²¹²,农历大年三十晚上;农历除夕;一年里的最后一天。"三十日黄昏赏月。"

【生日日】 siɛ³³n̠iai²¹²ne²¹²,生日这一天。两个"日"字读法不同。

【做生日】 tsəu⁴²siɛ³³ȵiai²¹²,生日请客吃寿面。"廿八岁做生日——趁有。"

〔06〕温州人嘅奶

五六年前,温州民间流传着一条经典的《杨氏酒令》,由于它特殊的社会背景,经好事之徒一番添油加醋,不期然竟成了温州话的经典之作。

据说有一次,外地来温某考察团的男领队向东道主逐一敬酒,轮到权倾一时的杨副市长时,她端起一杯豆奶:"酒我赤膊袒裸,赤膊袒裸,我就奶伉你碰碰,奶碰碰。"敬酒的客人不胜尴尬:"我没有奶呀。"阿姹却豪情满怀:"你妳嘅屄,我奶匄厘你喝喝。"当时,客人被揶揄得一头雾水,于是好心人给他解释说:"你别误会,她是说酒不大会吃,就以豆奶代酒。"

温州人把"赤膊"说成"赤膊袒裸 tsʻŋ⁴²po³²³da³⁴lai³⁴",跟普通话的"吃不大来"谐音。"你妳嘅屄 ȵi³⁴na³³gepei³³"是温州人常用的骂詈语,跟奉化话"娘希匹"如出一辙,跟普通话的"你拿个杯"谐音。

笑话毕竟是笑话,没有必要考证它的真实性,在此只是就字论字,谈谈温州人的"奶"。

"奶"字温州话有两读。

【奶(1)】 nǎi, na³⁴,音乃。1.乳房。"奶脯下。"2.人乳,乳汁。"奶水。""挵奶。""姆姆有奶吃。""吃奶不亲摸奶亲。"

【奶头】 na³⁴dəu³¹,乳头。

【涣奶】 ɕy⁴²na³⁴,指哺乳期的妇女奶水充足貌。

【卖奶】 ma¹¹na³⁴,断奶。

【洋奶】 ji³¹na³⁴,炼乳。

【奶嫂】 na³⁴sə⁴⁵,奶妈,乳母。

【开喉奶】 kʻe³³ɦiau³¹na³⁴,亦作"开口奶"。婴儿出生后吃的第一口奶。"开喉奶吃赚爻。"

【奶脯下】 na³⁴pʻu³³ɦo³⁴,胸脯(乳下)。

【奶头儿】 na³⁴dəu³¹ŋ³¹,乳头。

【奶哥鸟儿】 na³⁴ku³³tiɛ⁴⁵ŋ³¹,童阴,小男孩的阴茎。

【奶奶】 na³⁴na³⁴,现在许多温州人称祖母或外婆为"na³⁴na³⁴",这纯粹是受北方方言的影响,应该纠正过来。温州人自古以来,直到我们这一代,对祖母和外婆是要分开称呼的。祖母称"娘娘n̠i³¹n̠i³¹"或"祖婆娘 tsøy⁴⁵bøy³¹n̠i³¹",外婆则称"外婆 va¹¹bøy³¹"或"外婆娘 va¹¹bøy³¹n̠i³¹"。

【奶(2)】 nǎi,na³³,音妳,白读。常用重迭形式表乳房。

【奶奶】 na³³na³³,乳房。

【奶奶头儿】 na³³na³³dəu³¹ŋ³¹,女人的乳头。

温州人对母亲的面称为"阿妈 a³²³ma³⁴",郊区人对母亲称"阿妳 a³²³na³³"。妳,音奶的平声。旧时,温州人把父亲的小老婆称作"妳娘"。

"女"为遇合三鱼韵泥母字,温州话有三读。

【女(1)】 nǔ,n̠y³⁴,音软。1.女性,与"男"相对。古代以未婚的为女,已婚的为妇。现通称妇女。"女人。""女士。"2.指青年未婚女子。"少女。"

【女嘅】 n̠y³⁴ge⁰,女人。

【内侄女】 nai¹¹dzai²¹²n̠y³⁴,妻子的侄女。

【玄孙女】 jy³¹sø³³n̠y³⁴,孙子的女儿。

【侄孙女】 dzai²¹²sø³³n̠y³⁴,侄子的女儿。

【外甥孙女】 va^{11}sie^{33}sø^{33}n̠y^{34}，外孙女。

【大男细女】 dəu^{11}nø^{31}sei^{42}n̠y^{34}，大大小小的孩子。

【女（2）】 nŭ，na^{31}，音拿，白一。常指青年未婚女子。

【女儿】 naŋ^{31}ŋ^{31}，1.指父母所生的女孩。2.对女儿的亲昵。3.对姑娘的詈称。"女儿范。""娘边女儿骨边肉。""一个女儿许十八个老公。""女儿大过娘，豆芽比豆长。""十六岁嘅女儿冻死怨不得娘，十六岁嘅男儿饿死怨不得爷。"

【老女儿】 lə^{34}na^{31}ŋ^{31}，年老时最后生的女儿。

【女儿宝】 na^{31}ŋ^{31}pə^{45}，宝贝女儿。"女儿宝，粽头嵌红枣。"

【女儿孙】 na^{31}ŋ^{31}sø^{33}，儿子的女儿。"祖婆娘也是女儿孙大起嘅。"

【破女儿】 p'a^{42}na^{31}ŋ^{31}，詈称行为不检点的轻佻女子、坏女人。"个破女儿我眙也不是个正经嘅人。"

【亲女儿】 ts'aŋ^{33}na^{31}ŋ^{31}，干女儿，义女。

【授女儿】 jiəu^{11}na^{31}ŋ^{31}，养女，义女。

【小女儿】 sai^{45}na^{31}ŋ^{31}，最小的女儿。"阿爷值钿大孙儿，阿爸值钿小女儿。"

【单个女儿】 ta^{33}kai^{42}na^{31}ŋ^{31}，独生女儿。

【当大女儿】 tuɔ^{33}dəu^{11}na^{31}ŋ^{31}，长女。

【女（3）】 nŭ，na^{34}，音乃，白二。詈指少女，含有贬义。"破女儿。""个女儿着起真撑。"

【息女儿】 sei^{323}na^{34}ŋ^{31}，使女。

【童子女儿】 doŋ^{31}tsɿ^{45}na^{34}ŋ^{31}，詈称女孩子。

【破屄女儿】 p'a^{42}pei^{33}na^{34}ŋ^{31}，詈称行为不检点的轻佻女子、坏女人。

叫一声"女儿"，适当变调，既可以表示亲昵，如："你个童子女儿啊,侬阿妈真迫牢。"也可以是詈称,如:"隔壁嘅女儿我眙也不是个正经嘅人。"

看来,正宗的温州人要把"奶""妳""女"等字分分清楚,也不是那么容易的事。

〔07〕温州人"讲说话"的学问

北方的男子汉们,没事时常聚到一块儿,海阔天空,嬉笑怒骂,拿一些可笑之人的可笑之事讥笑开心。这种情况,常被人记写为"侃大山",但温州人常说"散讲""讲零头"或"闲勃"。

【讲】 jiǎng, kuɔ⁴⁵,音广。温州话中常用"讲"少用"说"。讲,是要把事情和道理说出来。"讲坛。""讲天话。""讲死话。""讲唐话。""轻轻恁讲重重恁听。""讲话声放低,走路脚提高。""大树倒路边,有人讲短长。""倒阿爸该头讲阿爸好,倒阿妈该头讲阿妈好。""卖瓜人讲瓜甜,卖酒人讲酒香。""卖瓜嘅不讲瓜苦,卖酒嘅不讲酒酸。""讲团结。""讲和。""讲价钿。""讲条件。"

温州人很会讲,有时候会蛮讲;有时候会歪讲;有时候还会睏讲;有时候会无空讲;有时候会严正色讲;有时候会东讲西讲;有时候会三翻四覆嘅讲;有时候会顺头一二嘅讲;有时候会加油添醋嘅讲;有时候会讲起卵卵配粥恁;有时候讲起比唱起还好听;有时候讲出嘅话十八个人也抬不动。

【歪讲】 ua³³kuɔ⁴⁵,胡说。"你觅恁歪讲,事干明摆搭,灵清显嘅。"

【多讲】 təu³³kuɔ⁴⁵,多言。"好话用不着多讲,有理用不着高声。"

【讲来】 kuɔ⁴⁵le³¹，关系亲密，无话不谈。"一班姊妹队讲来显嘅。"

【讲那】 kuɔ⁴⁵na³⁴，用于欲与对方谈话时的发语词。"讲那，我伉你调个位置。"

【讲起】 kuɔ⁴⁵tsʻŋ⁴⁵，说及，提到。"讲起比唱起还好听。""个人讲起一大套，实际做不到。""该张嘴死人也会句渠讲活起。"

【讲神】 kuɔ⁴⁵zaŋ³¹，胡言乱语。"你在搭讲神啊，明明是白嘅，你偏逮渠讲成黑嘅。"

【讲笑】 kuɔ⁴⁵ɕie⁴²，开玩笑。

【讲牢】 kuɔ⁴⁵lɔ³¹，说到要害处。"讲牢只用一句，吃饱只用一厨。"

【讲着】 kuɔ⁴⁵dʑia²¹²，说得对。"打着只用一拳，讲着只用一句。"

【尽讲】 zaŋ³⁴kuɔ⁴⁵，说到顶。"个大蟛蜞尽讲也只一斤多。"

【瞓讲】 kʻy⁴²kuɔ⁴⁵，说梦话。

【蛮讲】 ma³¹kuɔ⁴⁵，强词夺理。"你覅蛮讲，水瞥那好代汽油。"

【散讲】 sa⁴⁵kuɔ⁴⁵，闲聊，闲侃。"休息日凑几个朋友喝喝茶，散讲散讲，也有味道嘅。"

【听讲】 tʻəŋ³³kuɔ⁴⁵，听从长者或领导的话。"个姆姆生听讲显，百讲百应。"

【照讲】 tɕiɛ⁴²kuɔ⁴⁵，按常理说。"黄昏打西北风，照讲明朝会晴。"

【讲不出】 kuɔ⁴⁵fu⁴⁵tɕʻy³²³，说不出口。"哑儿吃苦瓜，有苦讲不出。"

【讲不来】 kuɔ⁴⁵fu⁴⁵le³¹，1. 不和。"渠两夫妻出来讲不来嘅。"2. 不会讲。"温州话渠讲不来。"

【讲不歇】 kuɔ⁴⁵fu⁴⁵ɕi³²³，讲话没完没了。"恁嘅意思我懂罢,不用再底里叨唠讲不歇。"

【讲陈话】　ku$ɔ^{45}$dzaŋ^{31}ɦo^{11},叙说过去的事。"吃新米饭讲陈话。"

【讲大话】　ku$ɔ^{45}$dəu^{11}ɦo^{11},"吃西瓜皮讲大话。"

【讲道理】　ku$ɔ^{45}$də^{34}lei^{34},基督教宣讲教义。亦说"讲道"。

【讲堕爻】　ku$ɔ^{45}$dəu^{34}ɦuɔ^{31},讲话的人因胡说八道,讲了不该讲的话而得到报应。"你覅讲堕爻,真是好心唔好报。""你覅讲堕爻,恁好嘅人,还有何乜可以讲七讲八嘅。"

【讲古话】　ku$ɔ^{45}$ku^{45}ɦo^{11},讲故事。

【讲讲爽】　ku$ɔ^{45}$ku$ɔ^{45}$su$ɔ^{45}$,说着玩儿。"我是伉你讲讲爽嘅,真也冇恁嘅心思,你覅逮渠当真。"

【讲灵姑】　ku$ɔ^{45}$ləŋ^{31}ku^{33},一种巫术。

【讲零头】　ku$ɔ^{45}$ləŋ^{31}dəu^{31},专讲一些无关紧要的话。"渠专门宿搭讲零头,正经嘅话断句。"

【讲趣笑】　ku$ɔ^{45}$ts'ŋ^{42}ɕiɛ^{42},说笑话,闲谈。"你只会讲趣笑,正经嘅事干一起也做不来。"

【讲书儿】　ku$ɔ^{45}$sŋ^{33}ŋ^{31},一种地方曲艺。

【讲说话】　ku$ɔ^{45}$ɕy^{323}ɦo^{11},说话。"个人嘴破显,一讲说话就会得罪人。""有钿人讲说话有人听,冇钿人讲说话着低声。""个人讲说话唧唧嘎嘎,老是讲个不停,真讨厌。"

【讲死话】　ku$ɔ^{45}$sŋ^{45}ɦo^{11},说逗人发笑的幽默话。

【讲天话】　ku$ɔ^{45}$t'i^{33}ɦo^{11},荒诞无稽的话。

【讲谎话】　ku$ɔ^{45}$ha^{45}ɦo^{11},撒谎。"有嘅人讲谎话有人听,冇嘅人讲谎话得人憎。"同"讲瞎话"。

【讲得着】　ku$ɔ^{45}$te^{323}dʑia^{212},不搭界。"该起事干伉你啻那讲得着啊。"

【讲闲话】　ku$ɔ^{45}$ɦa^{31}ɦo^{11},背后议论。"少讲闲话,多做事

干。""上课时节麽讲闲话。"

【讲闲谈】 kuɔ⁴⁵ɦia³¹da³¹，聊天。"渠在搭讲闲谈，根本冇做作业，叫渠早厘睏。"

【讲笑话】 kuɔ⁴⁵ɕiɛ⁴²ɦo¹¹，故意用话语引人发笑。"渠在搭讲笑话，麽逮渠当真。"

【讲着穴】 kuɔ⁴⁵dʑia²¹²jy²¹²，正中要害。"该句话逮渠讲着穴。"

【冇处讲】 nau⁴⁵tsʻŋ⁴²kuɔ⁴⁵，别提了，没什么好说的。亦作"唔处讲"。

【冇讲道】 nau⁴⁵kuɔ⁴⁵də³⁴，无话可说，无可挑剔。"该起事干做啦起，直头冇讲道。"

【无空讲】 vu³¹kʻoŋ³³kuɔ⁴⁵，乱说。"你麽无空讲，个是不可能嘅。"

【唔处讲】 ŋ³¹tsʻŋ⁴²kuɔ⁴⁵，没什么好说的。"才冇才，德冇德，渠个人也会当官，直头唔处讲。"

【东讲西讲】 toŋ³³kuɔ⁴⁵sei³³kuɔ⁴⁵，到处游说。

【鬼讲贼讲】 tɕy⁴⁵kuɔ⁴⁵ze²¹²kuɔ⁴⁵，无根据乱说。

【会讲会话】 vai¹¹kuɔ⁴⁵vai¹¹ɦo¹¹，能说会道。

【讲好讲毛】 kuɔ⁴⁵hə⁴⁵kuɔ⁴⁵mə³¹，不论是说好说坏。"大家人沃是老朋友，讲好讲毛冇关系。"

【讲现成话】 kuɔ⁴⁵ji¹¹zəŋ³¹ɦo¹¹，自己不参与而在一旁说空话。"自不会做，只会讲现成话。""不是我讲现成话，当原初不是劝你麽伉该种人来往嘅吗？"

【蛮人蛮讲】 ma³¹naŋ³¹ma³¹kuɔ⁴⁵，强词夺理。"你麽蛮人蛮讲，逮渠妆躁起冇解。"

【陪讲陪话】 bai³¹kuɔ⁴⁵bai³¹ɦo¹¹，1.陪人说话。2.赔礼道歉。

【商量商讲】 ɕi³³li³¹ɕi³³kuɔ⁴⁵，商量，互相协商讨论。

【实打实讲】 zai²¹²tiɛ⁴⁵zai²¹²kuɔ⁴⁵，"你最好实打实讲,不用加油添醋嘅。"

【自讲自话】 zŋ¹¹kuɔ⁴⁵zŋ¹¹ɦo¹¹,自言自语,擅作主张。"公司冇授权勾你,不好自讲自话订合同嘅。"

【自讲自是】 zŋ¹¹kuɔ⁴⁵zŋ¹¹zŋ³⁴,自以为是。"伉自讲自是嘅人,争何乇？冇意思嘅。"

【自讲自熟】 zŋ¹¹kuɔ⁴⁵zŋ¹¹jiəu²¹²,自以为一见如故。

【自讲自应】 zŋ¹¹kuɔ⁴⁵zŋ¹¹iaŋ⁴²,自言自语。

〔08〕温州话中的万能动词"打"

【打】 dǎ; dá, tiɛ⁴⁵,无近似音。其本义为击、敲、攻击。引申义很多,有做、造、揭、破、举、提、放、出等等,在温州话中使用极其广泛。

【打嘣】 tiɛ⁴⁵poŋ³³,亲嘴,接吻。"电影里沃是打嘣嘅镜头,勾姆姆眙着不好。""戴箬笠打嘣,还差一大盹。"

【打潮】 tiɛ⁴⁵dziɛ³¹,疟疾。

【打底】 tiɛ⁴⁵tei⁴⁵,垫底。"结婚酒起码七点钟新挂闼,你宿屋里吃厘儿先打打底。"

【打笃】 tiɛ⁴⁵təu³²³,劝阻,阻碍。"我每次排阵走外面旅游,沃勾老公打笃爻。"

【打朌】 tiɛ⁴⁵tai⁴⁵,折腾。"岁大人是经不起打朌嘅。""经过恁多打朌,总算勾我妆成功。"

【打放】 tiɛ⁴⁵huɔ⁴²,隐指鸟类交尾。

【打风】 tiɛ⁴⁵hoŋ³³,刮风。亦说"打风飑"。

【打滚】 tiɛ⁴⁵kaŋ⁴⁵,比喻不是对手。"你伉渠着棋,宿渠门前还着打滚。"

【打号】 tiɛ⁴⁵fiɔ¹¹,北方人称喊号子为打号,温州人称吹喇叭为打号。

【打裥】 tiɛ⁴⁵ka⁴²,做服装时在需要有伸缩处作折叠而缝合其一端,引申指脸上皱纹很多。"个老人客面皮沃打裥起罢还恁会扮。"

【打丼】 tiɛ⁴⁵taŋ⁴⁵,本指打洞,引申为受骗失败,或指经营亏空。"该双皮鞋买打丼爻,三百番钿还不是真皮嘅。""我冇本事,办过两个厂,沃办打丼爻。"

【打坎】 tiɛ⁴⁵k'ø⁴⁵,在地上挖穴点播。

【打篾】 tiɛ⁴⁵mi²¹²,以竹篾编制各种器具的活计。

【打澉】 tiɛ⁴⁵bø¹¹,盘旋。"风打澉。""飞机宿空中打澉。"

【打炮】 tiɛ⁴⁵p'uɔ⁴²,1.发射炮弹。2.爆裂。"轮胎打炮爻。"3.隐指嫖娼。

【打拳】 tiɛ⁴⁵dʑy³¹,拳击。

【打生】 tiɛ⁴⁵siɛ³³,生分,陌生。"打生人。""打生客。""打生鸡不杂阵。"

【打烊】 tiɛ⁴⁵ji¹¹,关店。"天沃暗落爻,家具店肯定打烊爻罢。"

【打阿嚏】 tiɛ⁴⁵a³²³t'ei⁴²,打喷嚏。"蹲起打阿嚏。""吃三佮粉打阿嚏——闹垒起。"

【打八仙】 tiɛ⁴⁵po³⁷⁵ɕi³³,温州一带地方戏曲中在开场时习惯加演《八仙庆寿》节目,因而演习称为"打八仙"。

【打饱馑】 tiɛ⁴⁵puɔ⁴⁵gø²¹²,嗳气,打嗝儿,胃肠里的气体从口里排出来并发出声音。"空肚打饱馑。""酒吃底饱馑打出沃是酒气。""该日黄昏吃忒饱爻,称称恁打饱馑。"亦简作"打馑"。

【打憋气】 tiɛ⁴⁵pi³²³ts'ŋ⁴²,赌气。"屙拉裤裆里爻,伉狗打憋气。""你麴伉渠打憋气,当干嘅事干还着干爻。"

【打差使】 tiɛ⁴⁵tsʻa³³sŋ³³,交托任务。"打你个差使,落班能界菜场弯一弯,带俫配归。"

【打打滥】 tiɛ⁴⁵tiɛ⁴⁵la¹¹,沾沾湿。"面巾园水里打打滥。"

【打倒櫼】 tiɛ⁴⁵tə⁴⁵tsaŋ³³,倒櫼:反向的楔子。把未发生的事预先说清楚。"你着逮渠打倒櫼爻先,麴句渠变卦。"

【打灯蚌】 tiɛ⁴⁵taŋ³³mai³¹,指做事稀拉。

【打灯笼】 tiɛ⁴⁵taŋ³³loŋ³¹,提着灯笼到处找。"你恁好嘅人打灯笼也寻不着。"

【打地铺】 tiɛ⁴⁵dei¹¹pʻøy⁴²,将铺盖铺在地上睡。

【打关节】 tiɛ⁴⁵ka³³tɕi³²³,买通关系,暗中行贿请托。"能界着打官司,沃着想办法打关节嘅。"

【打官腔】 tiɛ⁴⁵ky³³tɕʻi³³,天不怕,地不怕,只怕温州人打官话。

【打光光】 tiɛ⁴⁵kuɔ³³kuɔ³³,婴儿满月时要招来剃头匠剃去胎发。头顶须留足方一寸多的发,叫孝顺发。所剃胎发,用红布包裹,送悬保生娘娘宫神座旁边,是保长生的意思。

【打胡混】 tiɛ⁴⁵vu³¹vaŋ¹¹,1. 蒙混。"该起事干你一定着讲灵清,麴打胡混。"2. 干扰。"大人在搭讲说话,息儿麴宿搭打胡混。"

【打滑泼】 tiɛ⁰¹ɦo⁰¹tʻa²³,路滑摔跤或跌倒。"一脚踏空,打一个滑泼。""神仙也会打滑泼。""赤脚走田岸,留心打滑泼。""牛皮上打滑泼,宿鼓上翻案。""觳宕沃是烂污泥地,留心麴打滑泼爻。"

【打悔心】 tiɛ⁴⁵fai⁴⁵saŋ³³,后悔。"早走早相赢,迟走打悔心。""自贪财句人骗爻,打悔心也冇用罢。"

【打火轮】 tiɛ⁴⁵fu⁴⁵ləŋ³¹,侧滚翻,翻跟斗,引申为生活工作的节奏很快。"为了养家糊口,渠整日打火轮恁,直头辛苦显。"

【打脚绊】 tiɛ⁴⁵tɕia³²³pa⁴², 打趔趄, 绊脚。有时也形容人生中受过某种挫折或犯过错。"昨夜走啦门口头儿, 打脚绊跌倒, 逮脚骨倒断爻。""三日唔人谶, 走路打脚绊。"

【打蜡球】 tiɛ⁴⁵la²¹²dʑiau³¹, 打乒乓。

【打路走】 tiɛ⁴⁵løy¹¹tsau⁴⁵, 步行。"打的会头晕, 我宁可打路走。"

【打炮仗】 tiɛ⁴⁵pʻuɔ⁴²ji¹¹, 放鞭炮。"铁桶里打炮仗——空响。"亦作"打百子炮"。

【打铜担】 tiɛ⁴⁵doŋ³¹ta⁴², 旧时走街串巷修理器物的活计。亦作"打小铁儿"。

【打臀嘣】 tiɛ⁴⁵dø³¹poŋ³³, 用屁股去挤身后的人。

【打臀凳】 tiɛ⁴⁵dø³¹taŋ⁴², 屁股着地跌倒。

【打臀爿】 tiɛ⁴⁵dø³¹ba³¹, 打屁股。亦说"打臀柴"。

【打哇哇】 tiɛ⁴⁵o³³o³³, 婴幼儿用手掌拍嘴唇发出的哇哇声。引申指随口应和、模仿别人样子。"你不用宿搭打哇哇, 讲说话着一句当一句用。""临老学起打哇哇。"

【打乌栽】 tiɛ⁴⁵u³³tse³³, 失去平衡而摔倒。"宿水边走路着留心厘, 麪打乌栽, 遁河里爻冇解。"

【打牙祭】 tiɛ⁴⁵ŋo³¹tsei⁴², 原指每逢月初、月中吃一顿有荤菜的饭, 现泛指吃肉或会餐加菜。此源于古代军营每月初二、十六杀牲以祭牙旗, 而后食之。

【打一眼】 tiɛ⁴⁵i³²³ŋa³⁴, 眼睛稍一瞥。

【打圆场】 tiɛ⁴⁵jy³¹dʑi³¹, 彼此矛盾, 请人从中斡旋。

【打长世】 tiɛ⁴⁵dʑi³¹sei⁴², 经常, 长期。"你打长世着该件衣裳, 别嘅衣裳沃冇嘎?"

【打着穴】 tiɛ⁴⁵dʑia²¹²jy²¹², 打中要害。"该一拳真打着穴。""心头拳打着穴。"

【打鼻头铳】 tiɛ⁴⁵bei²¹²dəu³¹tɕ'ioŋ⁴², 摆出高人一等的样子；嗤之以鼻。"有屁好好恁放，不用宿搭打鼻头铳。""你只不过多几个番钿，用不着打鼻头铳，眙人不起。""别人沃打鼻头铳罢，渠还觉不着。"

【打大转会】 tiɛ⁴⁵dəu¹¹tɕy⁴⁵vai³⁴, 兜一个大圈。有时也形容人讲话不直爽，爱兜圈子。"从朔门到东门，走五马街过是打大转会嘅。"

【打后枕光】 tiɛ⁴⁵ɦau³⁴tsaŋ⁴⁵guɔ³¹, 注意光字音变。手打头部，打耳光。"你该日嘅事干干起不落事显，着打后枕光罢。""姆姆不香人，打几下臀，教训教训是用着嘅，不可以打后枕光。"亦可简作"后枕光"。

【打水盘漂】 tiɛ⁴⁵sʅ⁴⁵bø³¹p'iɛ³³, 用扁平的瓦片、石片掷于水面的游戏，喻耗钱去干毫无意义和成果的事。"到能界冇见有何乇生意，我眙该俫钞票是打水盘漂爻罢。"亦作"打水漂儿"。

【打铜钿钉】 tiɛ⁴⁵doŋ³¹di¹¹təŋ³³, 一种儿童游戏。

【打退堂鼓】 tiɛ⁴⁵t'ai⁴²duɔ³¹ku⁴⁵, 比喻对某事不愿继续干下去。

【打+N+嘅格】 tiɛ⁴⁵…ka³²³, 仿照某种程序办事。"渠打日本人嘅格，翻地下睏。""住茅棚厂打花柳塘嘅格。""雄狗拉尿打草狗嘅格。"

〔09〕嬉嬉吃吃眙眙戏

温州知名作家吴明华先生在其著作《其实你不懂温州人》中忆及一件事："我在文联工作时接待过不少作家朋友，有位在大学教语言的作家朋友让我说句温州话，我说了七个字：'嬉嬉、吃吃、眙眙戏'。他大半天也猜不出来，我奚落他，还学语言的!当然这是开玩笑。不过我屡试不爽,没有一个外地人能译出这句话。"

"嬉嬉、吃吃、眙眙戏",短短七个字活灵活现描画了一个游手好闲者的形象,如果再引申一下,"外转嬉嬉,酒店吃吃,麻将抄抄,电视眙眙",恐怕就成了当今不少富起来的温州人的真实写照。长此下去,恐怕不出一两代,温州人那勤劳吃苦的优良传统就会不复存在了。愿我们的乡亲们能从中悟出一点人生的哲理,玩物丧志,千万要引起警惕啊!

看来,这是一句温州人的名言了。它是什么意思呢?首先我们来分析一下这句话的语法结构。在温州话中,常用动词重叠来表示短暂、尝试的意义,其实它是两个动词之间省略了"一",如"歇歇脚"就是"歇一歇脚"。这种结构在普通话中也屡见不鲜,如"常回家看看""好好儿玩玩"等。但在语言史上,我们发现这是吴语的一大特征,是北方人向南方人学习,而不是我们向普通话吸取的养分。在温州,不论是大庭广众,还是小家深院,"嬉嬉""吃吃""眙眙"之声不绝于耳。不过要提醒一句,幼儿学语时,也喜欢将动词重叠,如"行行 fiɛ^{11}(走)""停停 dəŋ^{31}(立)""搅搅 kuɔ^{45}(玩)""眠眠 mi^{33}(睡)""嘎嘎 ga^{31}(儿童对鸭子的昵称)""嚧嚧 lø^{33}(小孩对狗的称呼)""卵卵 laŋ^{33}(儿童对蛋的昵称)",除了带有爱昵味外,就没有其他语法意义了。

【嬉】 xī,sŋ^{33},音师。《方言》:"江沅之间谓戏为媱,或谓之嬉。"韩愈《进学解》:"业精于勤,荒于嬉。"温州人说"嬉"不说"玩",嬉有游嬉义,闲着无事,游戏玩耍:"走海边飑风嬉爽显。""干干不死,嬉嬉死。""嬉嬉折角一,干干去角二。""礼拜日带姆姆走公园里嬉。""一个大蛮后生儿冇事干宿屋里嬉,訾那用着嘅。"

【嬉嬉】 sʅ³³sʅ³³，游玩。"嬉嬉佘佘，政府供应。""两个男姆姆嬉嬉也会嬉争起。""嘉（家）兴府开书（嬉）坊——宿屋里嬉嬉。"

【吃】 tsʻʅ³²³，起的入声。吃饭。"慎口胜吃药。""敬酒不吃吃罚酒。""少吃厘，轻走厘。""忍一忍，吃不尽。""酒肯吃，面不肯红。""卖碗人，饭倒桌里吃。""马屁拍足，苦头吃倒。""宁吃四两，不吃半斤。""坐杨梅下，等杨梅吃。""饭吃三碗，闲事不管。"

【吃粗】 tsʻʅ³²³tsʻøy³³，用餐时菜吃得很多。

【吃劲】 tsʻʅ³²³tɕiaŋ⁴²，吃力，很费力气。"个生活忒重，做起着实吃劲。"

【吃凉】 tsʻʅ³²³li¹¹，祛火。"消梨吃凉嘅，你着多买厘吃吃。"

【吃热】 tsʻʅ³²³ȵi²¹²，上火。"新上市嘅橘吃热显，还是买香蕉好厘。"

【吃食】 tsʻʅ³²³zei²¹²，本指饮食，引申指收益。"吃食不公平，眼中出血。"

【吃爽】 tsʻʅ³²³suɔ⁴⁵，吃得满意。"三个铜板，亦想吃饱，亦想吃爽。""要吃饱，就吃粽；要吃爽，就吃卵。"

【吃香】 tsʻʅ³²³ɕi³³，表示受欢迎，受重视，走红。

【吃烟】 tsʻʅ³²³i³³，吸烟。

【吃阵】 tsʻʅ³²³dzaŋ¹¹，一家吃饭的人口。"我屋里吃阵大，每日着买一大篮儿肴配。"

【吃粥】 tsʻʅ³²³tɕiəu³²³，喝稀饭。

【吃白食】 tsʻʅ³²³ba³²³zei²¹²，不出钱而得食。

【吃不得】 tsʻʅ³²³fu⁴⁵tei³²³，不好对付。"该个人吃不得显，只想吞底，不想吐出。""心慌吃不得热豆腐。"

【吃得开】　ts'ŋ^{323}tei^{323}k'e^{33}，有信誉，受欢迎。

【吃得落】　ts'ŋ^{323}tei^{323}lo^{212}，承受得住。"老板不好当，你恁嘅体格会吃得落嘅啊？"

【吃官司】　ts'ŋ^{323}ky^{33}sŋ^{33}，诉讼中被告，被拘留或坐牢。

【吃红灯】　ts'ŋ^{323}ɦoŋ^{31}taŋ^{33}，行车时遇见红灯。"运气不好，一路吃爻好几盏红灯，连上班也赶不牢爻。"

【吃家生】　ts'ŋ^{323}ko^{33}siɛ^{33}，挨揍，受罚。"你个姆姆逮阿爸嘅药倒爻，着吃家生罢。"

【吃接力】　ts'ŋ^{323}tɕi^{323}lei^{212}，指下午三点左右要歇工休息吃点东西，以积聚力气。"燃绿豆汤当接力吃。""嬉下儿先，吃接力罢。"亦作"吃济力"。

【吃牢劲】　ts'ŋ^{323}lə^{31}tɕiaŋ^{42}，喻指有背景。"渠宿地方上吃牢劲显嘅。"

【吃零碎】　ts'ŋ^{323}ləŋ^{31}sai^{42}，吃零食。

【吃路食】　ts'ŋ^{323}løy^{11}zei^{212}，吃路边摊头上买来的零食。

【吃生活】　ts'ŋ^{323}siɛ^{33}ɦo^{212}，中圈套，吃苦头，挨揍。"平时忒大意，该次着吃生活吧。"

【吃小接】　ts'ŋ^{323}ɕiɛ^{45}tɕi^{323}，在早餐和中餐之间吃点心，一般在上午九、十点钟。

【吃夜厨】　ts'ŋ^{323}ji^{11}dzŋ^{31}，吃夜宵。

【斗伍吃】　tau^{42}ŋ^{34}ts'ŋ^{323}，个人凑钱或出食品一起会餐。"能界时髦 AA 制，会餐沃行斗伍吃。"

【吃定心丸】　ts'ŋ^{323}dəŋ^{11}saŋ^{33}jy^{31}，使人放心。

【吃烂脚份】　ts'ŋ^{323}la^{11}tɕia^{323}vaŋ^{11}，指最后剩余的份额，比喻不劳而获。"奖金是加班加来嘅，渠冇加班，不好匄渠吃烂脚份。"

【睒】 chì, ts'ŋ^{42}，音次。1. 视，瞪。温州人说"睒"不说"看"。其实两词间还是有细微区别的，睒有直视义，看有观赏义。"睒病。""睒山客。""睒风水。""上门睒八字。""不睒僧面睒佛面。""打狗着睒主人面。""星也睒起月光恁。""睒去明，摸去平。""睒书睒皮，睒报睒题。""门缝里睒人，逮人睒扁爻。""右眼睒别人，左眼睒自身。""出门睒天色，进门睒脸色。""睒儿先睒娘，选兵先选将。""等饭饭未熟，睒儿儿未大。2. 后置于重叠动词，助词，表示试一试。"测测睒。""尝尝睒。""估估睒。""试试睒。""想想睒。"

【难睒】 na^{31}ts'ŋ^{42}，1. 不好看。"你最近面色难睒显，有何乜毛病。"2. 不文雅。"着吊带衣上班忒难睒，大家人着注意厘。"

【睒病】 ts'ŋ^{42}bəŋ^{11}，看病。

【睒出】 ts'ŋ^{42}tɕ'y^{323}，认清，发觉。"问题我早就睒出罢，只是不讲而已。"

【睒得】 ts'ŋ^{42}te^{323}，看得过去。"事干做起也着匄人睒得嘅。"

【睒苦】 ts'ŋ^{42}k'u^{45}，惹人烦。"渠睒苦显嘅，专门打别人差使。"

【睒戏】 ts'ŋ^{42}sŋ^{42}，看戏。"长人睒戏，矮人吃屁。"

【睒睒】 ts'ŋ^{42}ts'ŋ^{42}，目不转睛地看，直视。"匄厘颜色你睒睒。""睒睒明嘅，摸摸平嘅。"

【定神睒】 dəŋ^{11}zaŋ^{31}ts'ŋ^{42}，集中注意力，失魄似的目不转睛。"你麵恁定神睒，难为情嘅。"

【睒底罢】 ts'ŋ^{42}tei^{45}ba^{34}，看清楚了。"毛病到底生狃宕，我算睒底罢。"

【睒风水】 ts'ŋ^{42}hoŋ^{33}sŋ^{45}，一种由术士对建筑物吉凶的评价方法。

【睒难过】 ts'ŋ^{42}na^{31}ku^{42}，惹人厌。"个人真睒难过，称称恁

逮我嚩牢,妆该头妆许头。"

【眙一眙】 ts'ŋ⁴²i³²³ts'ŋ⁴², 看一看。"你眼灵珠光起眙一眙。"

【眙医生】 ts'ŋ⁴²i³³siε³³, 看病。

【眙眙眙】 ts'ŋ⁴²ts'ŋ⁴²ts'ŋ⁴², 看一看。"喏, 你眙眙眙, 个字眼是不是你妆赚爻?"

〔10〕渠嘅个子儿真生好

在现代汉语中, 出现频率最高的是"的"字, 但"的"字在温州话中几乎销声匿迹, 取而代之的是"嘅"字。这是古代越语的残留, 现今的粤语中"的"也用"嘅"来指代。普通话读 gé, 温州话读浊化轻音 ge⁰, 作助词, 相当于普通话"的"。

【嘅】 gé, ge⁰, 轻音, 为"个"的音变, 俗读。助词, 相当于普通话"的"。这在温州话中用得很多, 常读浊化轻音。有四个用途。

1. 用在定语之后。"门口有两个不三不四嘅人。"

2. 用在名词、动词或形容词之后。"木头嘅脚盂。""玻璃嘅茶杯。""六月冇白白歇嘅东风。""一样嘅饭吃出百样嘅人。""乡下嘅老人沃只会讲土话, 不会讲普通话。"

3. 用在句末。"渠是摆摊儿嘅。""该瓶酒里肯定有水搀底嘅。""个人固执显嘅, 侃渠讲死去也是白白讲嘅。""该座老屋有五退, 肯定是狃个朝代当官人嘅。"

4. 用在动宾之间。"开杭州嘅快客一日有廿几班。""明朝着摆酒请北京走来嘅亲眷。""打不死嘅老妖精。""打不歇嘅太极拳。"

试辨别一下下面句子中的"个"与"嘅"该怎么念:

"个地方我未走过,打生嘅。"

【我嘅】 ŋ³⁴ge⁰,我的。"我嘅衣裳。""件衣裳是我嘅。"

【你嘅】 n̠i³⁴ge⁰,你的。"你嘅小女儿该年几岁?""你嘅皮肤皱起老树皮一色。"

【渠嘅】 ge³¹ge⁰,他的。"渠嘅面上沃是乌星。""渠嘅手作就是恁款式,改不过来嘅。"

【自嘅】 zŋ¹¹ge⁰,自己的。"自嘅头发梳不直,还管别人胡须长。"

【恁嘅】 naŋ³⁴ge⁰,这样的。"有恁嘅公,就有恁嘅婆。""我算爻罢,恁嘅价钿不佮算嘅。"

温州话的"个"字,繁体为"個",异体为"箇"。普通话只有一读 gè,温州话却有两读。读 kai⁴² 时有三义:1. 单独的。"间店面生忚偏,每日沃只个把人上门。"2. 人或物体的大小。"我老老个子不高,该件衣着不去嘅。"3. 量词。"一个铜板。"

读轻声 kai 时,作指示代词,为"该个"的省略:"个"可以修饰大多数名词,不管这些名词有没有专用量词。"个书是我嘅。""个是何乜人嘅?""个茶杯是我新买嘅。"

有人问,"该个苹果"如果要省略一字,是写"该苹果"还是"个苹果"?

我的答复是:普通话写"该苹果",但温州话一定要写"个苹果"。因为在温州话中,"个"不仅可以做量词,而且还是"该个"的合音。

"该个人执显嘅,侊渠讲死去也是白白讲嘅。"这句话中的"该"是可以省去的,但前句更强调"这个人"。

这句话中,如果省去"个"字变成"该人",普通话是行的,但温州话不行。请切切注意。

注意:"该 ke³³"与"个 kai"的温州话读音明显不同。前者读阴平声,后者读阴去声或读轻声。

请比较:

△个瓶口小显,只能用嘴軟一口。

卬你相佮逮该瓶酒喝爻。

△个院主儿面色红葱细白,蛮割切嘅。

该个院主儿真静定,大家人沃数習渠。

△人沃勾渠妆爻灯旋恁,晓不得做若屋个事干好。

该起事干一生世也忘记不爻。

△个人刁钻显,大家人夒伉渠打交道。

该个人真苦极相。

△该日日好,有两份喜酒,重忙起罢。

个男嘅吃个女嘅,用个女嘅,个女嘅倒贴勾渠。

△"该一拳真打着穴。"也可以写成:"个一拳真打着穴。"但仔细体味一下,后一句更强调这一拳的厉害。

△"该汤碗儿饭勾我吃差不显。"着重点在"饭"。

"个汤碗儿饭勾我吃差不显。"着重点在"汤碗儿"。

"该一大爿屋宕路整整着沃着拆嘅。"着重点在"屋宕"。

"个一大爿屋宕路整整着沃着拆嘅。"着重点在"一大爿"。

"该两起事干全不相关嘅。"着重点在"事干"。

"个两起事干全不相关嘅。"着重点在"两起"。

〔11〕阿姆吃馄饨

温州民间流传着一首非常著名的童谣叫《姆姆,你香人》。这个"姆"字北方人不会读,在一般的辞书里也找不到,但在温州话中,这却是一个非常流行的"俗字"。

【姆】 mèi, mai^{33},音每的阴平声,后起音。其本字应为

"妹"。"姆"是"妹"的方言俗字。指小孩；对孩子的爱称。"生姆嘅不急抱腰嘅急。"

我的胞姐曾在台湾《温州会刊》的一篇文章中提及温州方言中的"姆"字，她说："我少小离家，夫君又是东北人，无论在家中或在单位里都没有说温州话的机会，但是只要一有环境，我依旧可以说一口地道的、字正腔圆的温州话，这就叫作乡音难改吧！'姆'字在温州话中确是对小孩子的昵称，还可以推而广之到称呼比自己辈分低一些的人。我的母亲就经常这样唤我的，哪怕我已是年近五十岁时依旧如此，我听起来非常亲切，以至于我也曾用'姆'字来称呼比我年轻的同事，当然需给他们加以解释才行。我也用它来呼唤我的孙子，可惜他未能领情，每当我这样叫他时，他总是气呼呼地反驳道：'我不是妹妹！'他从来没有去过温州，这不能怪他。"

看来，可以被称为"姆"的年龄跨度很大，从刚出生的婴儿到五六十岁老人，都还可能被人称为"姆姆"。例如：生孩子叫做"生姆"。生一个男婴叫"生个大脚姆"。

【阿姆】 a^{323}mai^{33}，对小孩的面称。"阿姆，该日你妆何乜不走学堂去啊？"

【领姆】 ləŋ^{34}mai^{33}，带孩子。

【姆儿】 mai^{33}ŋ^{31}，对婴儿、孩童的昵称。亦作"姆颏儿"。

【姆姆】 mai^{33}mai^{33}，婴儿；小孩。"妹妹"的音变。"新生来嘅姆姆经常覆搭眮。""个姆姆到五岁新会讲说话。""个姆姆真争气，读书用功显。""姆姆勾你打惊爻，眙着你就逃。"

【姆小】 mai^{33}sai^{45}，孩子还小。"姆小肉嫩。"

【生姆】 sie^{33}mai^{33}，生孩子。"生姆不用力，抱腰嘅用力。"

【佗姆】 dəu^{31}mai^{33}，抱孩子。"一只手佗姆，一只手挈包。""做娘真做苦,一只手佗姆,一只手烧火。"

【大脚姆】 dəu^{11}tɕia^{323}mai^{33},男婴。

【流瀨姆】 ləu^{31}la^{34}mai^{33},爱流涎的小儿。

【姆姆儿】 mai^{33}mai^{33}ŋ^{31},婴儿。

【姆颓儿】 mai^{33}dai^{31}ŋ^{31},对婴儿的昵称。

【男姆姆】 nø^{31}mai^{33}mai^{33},男孩。

【双生姆】 ɕyo^{33}siɛ^{33}mai^{33},双胞胎。

【香人姆】 ɕi^{33}naŋ^{31}mai^{33},乖孩子。

【姆姆颓儿】 mai^{33}mai^{33}dai^{31}ŋ^{31},对婴儿的昵称。亦作"姆颓儿"。

【小旦姆儿】 ɕiɛ^{45}ta^{42}mai^{33}ŋ^{31},长得文雅俊秀的小孩,也喻指人羞怯。"个姆生起小旦姆儿恁,眙着真好过。""你恁小旦姆儿恁,妆乜啊?胆大厘哪。"

【洋蜡姆姆】 ji^{31}la^{212}mai^{33}mai^{33},洋娃娃,儿童玩偶。亦作"洋蜡姆儿"。

〔12〕个儿真毛!

个儿真毛!这是流行于温州市井的一句常话。

【个儿】 kaiŋ^{31},是熟人之间的一种称呼,年轻人多用。这里的"个"读轻音,以加重"儿"的语气,相当于"那小子",含蔑视语气。"个儿好几日冇碰着罢,晓不得走狃宕爻罢。""个儿生皮,钞票就是不肯掼出。"

由"个儿"前展的词有"小个儿""卵个儿""顶个儿""长长个儿""好好个儿""饱饱个儿",等等。但是要注意,"单个儿"是"单个"+"儿",义为独子。

"毛"字普通话只有一读,温州话却有三读。

【毛(1)】 máo, mə^{31},音谋。

1.动植物的皮上所生的丝状物。"毛豆。""毛笋。""毛笔。""毛骨悚然。""该只鸟儿嘅毛好眙显。"

【屄毛】 pei^{33}mə^{31},女性阴毛。

【松树毛】 jyɔ^{31}zɿ^{11}mə^{31},作柴烧的松针。

【鼻头孔毛】 bei^{11}dəu^{31}k'oŋ^{45}mə^{31},鼻毛。

【脚肚毛】 tɕia^{323}døy^{34}mə^{31},腿毛。

【眼睫毛】 ŋa^{34}tɕi^{323}mə^{31},睫毛。注意睫字音变。

【眼鬶毛】 ŋa^{34}lei^{31}mə^{31},眉毛。

【眼细毛】 ŋa^{34}sei^{42}mə^{31},睫毛。

【剃面毛】 t'ei^{42}mi^{11}mə^{31},修面。

2.坏,差。"病一日毛似一日。""一张嘴两爿皮,讲好讲毛沃是渠。""渠是毛人。""个人老是做毛事干。""学好三年,学毛三日。"

【人毛】 naŋ^{31}mə^{31},人笨拙。"人毛嫌憎刀钝。"

【毛(2)】 máo, mə^{11},音茂。1.粗糙,没有加工的,不是纯净的;不佳的。"毛重。""毛坯。""毛边纸。"2.小。温州人常把自己的孩子称为大毛二毛小毛。3.量词,用于钱币,一元钱的十分之一。"两毛钱。"

【毛(3)】 máo, mə^{34},音亩,白读。意谓无能,笨拙不聪明。"个人老亦老、毛亦毛。""你真毛,连饭也不会煮。"

所以,"个儿真毛!"这句话有两层意思,如果读上声,则表示你这个人真无能。如果读去声,则表示你这个人真坏。

温州人把妓女称为"大毛 dəu^{31}mə^{31}","毛"加上个"大",成了十恶不赦的人。应该说,把妓女称为"大毛"是对女性的歧视,有失公允。

其实,古人将妓女称为"婿媏"。婿 dəu^{11},音惰,徒卧切;媏 mə^{31},音毛,莫报切。"婿媏"这个词的出现至少要比妓女早上一千年,也许是这两个字太难写了,后来就逐渐消失了,但温州人却把它的读音继承下来,然后用"大毛"取而代之。这也是温州话中的一件怪事。

【大毛】 dəu^{11}mə^{31},对卖淫女的詈称。"大毛假正经,嫖客假斯文。"

【做大毛】 tsəu^{42}dəu^{11}mə^{31},当妓女。"一边做大毛,一边立牌坊。"

【大毛嘅儿】 dəu^{11}mə^{31}gəŋ^{31},温州人常用的骂詈语,詈指小杂种。此处的"儿"是实词,读阳平声。"个大毛嘅儿真冤心。"

温州人还把卖淫女称为"花儿",并衍生出"花儿窠""花儿客""花儿饭"等词来。用"花儿"隐喻妓女,这不是我们的创造。旧时歌曲《路边的野花不要采》《家花哪有野花香》,这里的野花指什么大家都清楚。

【吃虾儿】 ts'ŋ^{323}ho^{33}ŋ^{31},嫖娼的隐语。"渠吃虾儿句人当场挡牢,真倒大霉。"

[13]吃卵饭配皮蛋

温州人喜欢把蛋说成"卵",如"鸡卵""鸭卵""卵腐"等,但偶然也说"蛋"的,如:"吃粥配皮蛋,不用密牙细嚼。"这不是温州人的怪,而是我们古人就是这样称呼的。《说文》:"凡物无乳者卵生。"卵指蛋,在古籍文献中用例甚多。"卵"字温州话有三读。

【卵(1)】 luǎn，lø³⁴，音峦的阳上声。男子睾丸的俗称。温州民间常用"卵"来指称人的阴部，女阴→臀卵峡，男阴→卵脬、卵袋。

【卵袋】 lø³⁴dø¹¹，男人的睾丸。"进舍只带卵袋。""眙一世牛还不晓得牛卵袋。"

【卵袋毛】 lø³⁴dø¹¹mə³¹，男性阴毛。

【大卵袋】 dəu¹¹lø³⁴dø¹¹，因疝气而形成的肿胀阴囊；专喻有钱有势的大人物。"个人专门会捧大卵袋。"

【臀卵】 dø³¹lø³⁴，阴部。

【卵脬】 lø³⁴pʻuɔ³³，阴茎；或隐称为"翘姆三"。"你有本事逮我阿伯嘅卵脬扳扳直。"

【臀卵脬】 dø³¹lø³⁴pʻuɔ³³，阴茎。

【卵袋子】 lø³⁴dø¹¹tsʅ⁴⁵，睾丸。

【臀卵孔】 dø³¹lø³⁴kʻoŋ⁴⁵，肛门。"臀卵孔夹牢，排抢也打不底。"

【臀卵峡】 dø³¹lø³⁴ga²¹²，女性生殖器。"你个人啊，比臀卵峡还难眙侠。"亦作"脚下峡"。

【臀卵孔头儿】 dø³¹lø³⁴kʻoŋ⁴⁵dəu³¹ŋ³¹，肛门口。

【臀卵屁头儿】 dø³¹lø³⁴pʻei⁴²dəu³¹ŋ³¹，肛门口。"臀卵屁头儿挂秤锤——自称自。""臀卵屁头儿吹弹琴起当着不着。""臀卵屁头儿贴膏药。"

【脬脬儿】 pʻuɔ³³pʻuɔ³³ŋ³¹，童阴。

【翘姆三】 tɕʻiɛ⁴²mai³³sa³³，对男性阴茎的谑称，相当于现代人将其戏称为小弟弟。

【卵(2)】 luǎn，laŋ³⁴，音轮的阳上声。特指动物的蛋。"卵崽。""卵里剥出恁光生。""烂枣先红，破卵先臭。"

【红卵】 ɦoŋ³¹laŋ³⁴，温州习俗生孩子的人家常给亲邻戚友分送用颜料染红的鸡蛋以示喜庆。

【鸡卵】 tsɿ^{33}laŋ^{34}，鸡蛋。"软壳鸡卵恁生嫩。""做鸡卵，也伉你嘅石头碰爻先。"

【卵饭】 laŋ^{34}va^{11}，蛋炒饭。

【卵糕】 laŋ^{34}kə^{33}，蛋糕。

【卵黄】 laŋ^{34}ɦuɔ^{31}，蛋黄。

【生卵】 siɛ^{33}laŋ^{34}，产蛋。"生卵鸡。"

【咸卵】 ɦa^{31}laŋ^{34}，咸蛋，用盐腌制的鸭蛋。

【油卵】 jiau^{11}laŋ^{34}，麻球，一种油炸糕点。"油卵买一个，糖馅芝麻壂。"

【白卵车】 ba^{212}laŋ^{34}ts'o^{33}，没有领牌照的人力三轮车，黑车。

【半卵瘫】 pø^{42}laŋ^{34}t'aŋ^{45}，瘫音氽。不好不坏、似通非通的。"个人开车本领只半卵瘫嘅。"

【进卵个】 poŋ^{42}laŋ^{34}kai^{42}，煎荷包蛋。

【不伏卵】 fu^{45}bu^{11}laŋ^{34}，詈称不成器的人。"你个不伏卵，学爻三年方木，连张矮凳也做不起。"

【茶叶卵】 dzo^{31}ji^{212}laŋ^{34}，茶叶蛋。

【炖卵糕】 taŋ^{42}laŋ^{34}kə^{33}，或说"燉卵糕"。

【生卵鸡】 siɛ^{33}laŋ^{34}tsɿ^{33}，会生蛋的母鸡。

【石板卵】 zei^{212}pa^{45}laŋ^{34}，鹅卵石。

【蒸卵腐】 tsəŋ^{33}laŋ^{34}vøy^{34}，蒸蛋羹。

【和尚光卵】 vu^{31}ji^{11}ga^{31}laŋ^{34}，"光"音变读成"衔"。形容和尚头、光头。

【无头光卵】 vu^{31}dəu^{31}ga^{31}laŋ^{34}，1.光溜溜。2.形容无头无尾，毫无头绪。"当原初山上无头光卵，一株大树也冇。""光"音变读成"衔"。

【卵(3)】 luǎn, laŋ³³，变读。儿童对鸡蛋、鸭蛋的称呼。

【卵卵】 laŋ³³laŋ³³，"讲起卵卵配粥恁便当。"

【圆卵卵】 jy³¹laŋ³³laŋ³³，很圆的样子。"汤圆搓起圆卵卵。"

【柴枝卵卵】 za³¹tsei³³laŋ³³laŋ³³，松果，松球，又称松树球儿。

【石板卵卵】 zei²¹²pa⁴⁵laŋ³³laŋ³³，指小的卵石。

〔14〕猫儿拖老鼠，大猫拖蓑衣

猫是温州人很喜爱的宠物。猫，古读 mie³³，音咩，相当于猫儿叫起来的声音。但现在有两个俗读。

【猫(1)】 māo, muɔ³³，音忙的阴平声。1.哺乳动物，面部略圆，行动敏捷，善跳跃，能捕鼠。温州人称猫为"猫儿"。"猫儿瞻老鼠。""会捉老鼠嘅猫儿不做声；不会捉老鼠嘅猫儿咿咿声。""饿死不吃猫儿饭，冻死不着奶哺衣。"2.熊猫。

【草猫】 ts'ə⁴⁵muɔ³³，雌的猫。

【柴猫】 za³¹muɔ³³，野猫。

【馋猫】 za³¹muɔ³³，经常偷吃鱼肉的家猫。

【猫儿】 muɔ³³ŋ¹¹，小猫。

【猫妞】 muɔ³³n̠iau³³，儿童对猫的称呼。

【三脚猫儿】 sa³³tɕia³²³muɔ³³ŋ³¹，指那些对各种技艺都略懂一点儿但又都不精通的人。"三脚猫儿趵下趵下。"

【猫(2)】 máo, muɔ³¹，音忙。1.大猫。2.猫狸。

【猫狸】 muɔ³¹lei³¹，豹猫，形状像猫的哺乳动物。"猫狸弹。""打牢猫狸不过夜。""猫狸尿团圈撒。""打牢猫狸沃是肉。"

【大猫】 dəu¹¹muɔ³¹，老虎的俗称。"大猫吃。""大猫从来不吃素。""大猫头，老鼠尾。""大猫也只怕个漏。""怕大猫，不住山边。""打不过大猫,宿猫身上出气。""大猫赶来,偏偏草鞋鋬断爻。""大猫虽凶不咬囝,铁匠不打杀儿刀。""大猫有三家邻舍,好人有三个冤家。"

【大猫残】 dəu^{11}muɔ^{31}za^{31},剩女。

为什么把老虎叫作大猫呢?想想也对,猫与虎在动物分类学上同属猫科,是近亲,长得很像,只是体型相差悬殊。猫小,体长才几十公分,老虎体型大,体长可达三米,活像大型的猫。

那么蓑衣是什么器物呢?

【蓑衣】 so^{33}i^{33},农民干活穿的相似于战甲的雨衣,俗称棕衣,由上事和下事组成,相当于衣和裤。如果不弓身干活,也可只穿上事。"共一世夫妻,着半年蓑衣。"

温州先人为何用"大猫拖蓑衣"来形容冇神气、不光彩呢?也许是大猫会吃人,结果它把人刚穿过,还带着人的气味的蓑衣当人拖走了,从大猫的角度讲,当然冇神气了。

温州还有句与蓑衣有关的俚语叫"赤膊裸着蓑衣"。意思是说难受。一件蓑衣十好几斤,硬邦邦的,又扎人,穿着就难受,何况赤膊穿呢。

〔15〕温州人三餐离不开"饭"

温州人以大米为主食,所以对吃饭特别讲究,几乎一天也不能不吃饭。

【饭】 fàn,va^{11},音梵。1.煮熟的谷类食品。"饭罩罱。"2.泛指人每天定时分次吃的食物。"饭后百步走,活啦九十九。""肚大吃不得饭,命长吃得饭。"

温州人常说"吃饭大如皇帝",意谓吃饭的重要性。温州人可以把用餐总称为"吃饭"。"走朋友啦吃饭着带伴手。""一镬饭句我烧乌焦爻罢。""吃一厨饭,捣一个镬灶。""娘饭香,夫饭长,兄弟嘅饭是刀枪。"

【白饭】 ba^{212}va^{11},不加菜的米饭。

【陈饭】 dzaŋ^{31}va^{11},剩饭。

【炊饭】 tsʻŋ^{33}va^{11},在炊具中蒸熟的饭,可作点心或酿酒。

【烚饭】 boŋ^{34}va^{11},剩饭加点水再烧热。"该日黄昏吃烚饭配咸菜。"

【讨饭】 tə^{45}va^{11},要饭,行乞。"叉鸡着把米,讨饭不带袋。""讨饭三年懒做官。"

【兜饭】 tau^{33}va^{11},从锅里打饭,盛饭。

【小饭】 ɕiɛ^{45}va^{11},酒席筵庆中非正式的宴席。

【渫饭】 za^{212}va^{11},泡饭,将冷饭加适量的水稍煮而成的饭。

【蟹饭】 ha^{45}va^{11},喻指一群小孩,说他们成群像一团白色米饭的蟹苗。

【煮饭】 tsei^{45}va^{11},烧饭。

【癞头饭】 la^{11}dəu^{11}va^{11},水放太多,近似稠粥的米饭。

【炒卵饭】 tsʻuɔ^{45}laŋ^{34}va^{11},炒蛋炒饭。

【卵炒饭】 laŋ^{34}tsʻuɔ^{45}va^{11},蛋炒饭。

【白米饭】 ba^{212}mei^{34}va^{11},大米干饭。

【炒冷饭】 tsʻuɔ^{45}liɛ^{34}va^{11},意谓重提旧话。

【吃白饭】 tsʻŋ^{323}ba^{212}va^{11},吃不加菜的米饭。

【吃干饭】 tsʻŋ^{323}ky^{33}va^{11},指只会吃饭不会干事。

【吃官饭】 tsʻŋ^{323}ky^{33}va^{11},指为公家做事的人。"吃官饭,打官鼓,官鼓打破爻官家补。"

【吃花饭】 tsʻŋ^{323}ho^{33}va^{11},指以卖淫为业。

【吃满饭】 ts'ŋ³²³mø³⁴va¹¹，骂人完蛋、该死。"你沃着恁妆，总有一日会吃满饭爻嘅。"

【吃闲饭】 ts'ŋ³²³ɦa³¹va¹¹，指无职业或有职而无活干。

【盖浇饭】 ke⁴²tɕiɛ³³va¹¹，把菜肴加在饭上面的份饭。

【饭褡】 va¹¹ta³²³，围裙，遮胸前及腰的，厨房穿。

【饭钿】 va¹¹di¹¹，用餐的费用。

【饭段】 va¹¹daŋ¹¹，饭糰，饭捏成的团子。

【饭镬】 va¹¹ɦo²¹²，饭锅。"番薯囥饭镬底蒸。""隔灶头饭镬格外香。"

【饭配】 va¹¹p'ai⁴²，下饭的菜。

【饭糁】 va¹¹sø³²³，粘在锅上或吃饭时掉下来的饭粒。

【饭桶】 va¹¹doŋ³⁴，比喻无能的人。"不懂装懂，永世饭桶。"

【饭焦】 va¹¹tɕiɛ³³，锅巴。

【饭碗】 va¹¹y⁴⁵，指谋生的职业、技艺或工具。"饭碗敲破爻罢。"

【饭饮】 va¹¹iaŋ⁴⁵，米汤。

【饭宕儿】 va¹¹duɔ³⁴ŋ³¹，小饭厅。

【饭保儿】 va¹¹pə⁴⁵ŋ³¹，谋生的职业、技艺或工具。"饭保儿吃脱爻罢。"

【饭镬头】 va¹¹ɦo²¹²dəu³¹ts'uɔ³³iaŋ³³，灶头。"饭镬头苍蝇"俗指那些趋炎附势的人。

【饭摊儿】 va¹¹t'a³³ŋ³¹，原指露天卖饭菜的小摊子，现也可指小饭馆。

【饭店佬儿】 va¹¹ti⁴²lə³⁴ŋ³¹，小饭店的侍者。

【饭镬枷儿】 va¹¹ɦo²¹²go³¹ŋ³¹，一种竹制的煮饭时放在镬里用于蒸菜的架子，现在一般用铝制品。

【饭灶鸡儿】 va¹¹tsə⁴²tsŋ³³ŋ³¹，灶马，形似蟋蟀，略小，民间传为灶神爷养的鸡,故名。

【吃饭旴】 ts'ŋ³²³va¹¹guɔ³⁴,用餐前后的空闲时间。"我趁吃饭旴逮本书眙眙结煞。"

【吃饭桌】 ts'ŋ³²³va¹¹tɕyo³²³,餐桌。

【讨饭人】 t'ə⁴⁵va¹¹naŋ³¹,乞丐。

【香饭糕】 ɕi³³va¹¹kə³³,碗蒸糕,误作小饭糕。

【空手饭人】 k'oŋ³³ɕiəu⁴⁵va¹¹naŋ³¹,游手好闲者,二流子。

【讨饭丐儿】 tə⁴⁵va¹¹k'ø³²³ŋ³¹,乞丐,行丐的人。"亲护亲,邻帮邻,讨饭丐儿护自阵。"

〔16〕温州人最会近钞票

人们都说温州人的头发是空心的,温州人的本性似乎就是不惜代价、不择手段"近钞票"。什么叫"近钞票"?外地人听不懂,但意思肯定明白,那就是挣钱。

为什么温州方言说挣钱为"近钞票"呢?清代瑞安人余国光编的《俗字编》就指出"近"字有挣钱、获利的意思。凡熟悉宋时笔记、明清小说的人,对"近"字的这一含义更是清楚。

【近】 jìn,dziaŋ³⁴,音谨。赚钱。"近钞票。""近银近水恁。""一个月日近两千番钿。""该年利市显,到能界已经近交几十万番钿。"

"近"的反义字当为"折"。

【折】 shé,ji²¹²,音舌。赔本,亏损。"偷鸡不着折把米。""生意只可折不可歇。"

【折本】 ji²¹²paŋ⁴⁵,赔本,亏本。"卖杨梅折本,见杨梅心酸。""叫人不折本,口舌打个滚。""杀头生意有人做,折本生意冇人做。"

温州人特别忌讳,既讳死又讳穷,口舌的"舌"因为跟"折"谐音,温州人就将"口舌"改称"口近",不过对于人的口舌,倒不敢轻举妄动,而对猪的口舌就习惯称为"猪口近"。

但是,许多温州人说的是"近钞票",写下来却成了"赚钞票",原因何在呢?原因是各类辞书所收的"近"字没有挣钱或获利的义项,倒是"赚"字有挣钱或获利的含义。

【赚(1)】 zhuàn, dza^{11},音站。谬误。"一步赚,步步赚。""圣人也有三分赚。""渠有何乜赚,你眚那好当面杀渠嘅面风。"

【V+赚爻】 dza^{11}ɦuo^{31},后置于动词,作补语,表示搞错了。"药吃赚爻。""说话讲赚爻。""该道题目做赚爻。""该着棋争厘儿走赚爻罢。""个题目争厘儿答赚爻罢。""好比开口奶吃赚爻一色。""该篇文章字眼赚爻多显多。""钞票找赚爻,还匀渠昧底不认账。""路走赚爻好倒走转,话讲赚爻讲不转。""我是心直口快嘅,有何乜讲赚爻,勍见怪。"

【摸赚爻】 møy^{212}dza^{11}ɦuo^{31},把事情搞错了。"鸡窠门摸赚爻。""我是摸赚爻逮醋喝底。""是我摸赚爻逮你捣着,对不起显。"亦作"撇赚爻"。

【赚(2)】 zhuàn, dʑiaŋ^{34},音近。1.获得利润,与"赔"相对。"赚钿。"2.做买卖得的利。"赚头。"这是方言字义的创新,也是早期吴闽语共有的方言词,很值得注意。

"赚"字自古以来就有谬误义。温州话将赚钱说成"近钿",也将"赚"用来表示错。温州话没有采用"赚"的获利义,偏用了它的缪误义,正是与古人一脉相承。连温州话将"赚"字读成"站",贮陷切,也是非常正统的。只是令人不解的是,当年仓颉造这个"赚"字时,为什么既赋予它捞钱义,又给它安了个谬误义,莫不是在警示后人:千万不要唯利是图?

〔17〕面上唔冇肉，一世共不熟

温州人不说"有没有"，只说"有冇"，如："你有冇觉着不舒服？"这个"冇"字好像很生僻，其实是个很古老的方言用字。

【冇】 mǎo，温州人念 nau^{45}，乐清人念 mau^{34}。无近似音，俗读。古老的方言用字。没有义。"冇奶难做娘。""小心冇大错。""冇秤称，冇斗量。""有勨省，冇勨想。""柳树开花冇结果。""潮水有定人冇定。""香冇香着，臭还臭着。""冇业想业，有业怨业。""当有就有，当冇就冇。""知足常乐，冇病是福。""当忙冇老嫩，稻熟冇破箩。""灯冇油不亮，稻冇水不大。""好货不便宜，便宜冇好货。""荒田冇人耕，耕起有人争。""人冇打狗意，虎有伤人心。""水是田嘅娘，冇娘命不长。""手里冇把米，呼鸡也不理。""命中有终须有，命中冇勨强求。""当愁不愁，还愁五六月冇太阳。""灯火冇油点不光，屋里冇钿家难当。""地理先生冇屋住，算命先生半路死。"

【冇犟】 nau^{45}dzi^{34}，没有办法可以对付。"渠力大显，我宿渠门前冇犟。"

【冇解】 nau^{45}ka^{45}，情况严重，不得了。"冇解，水漫屋里底罢。""越赌越输煞，越输煞越冇解。""渠若恁妆落添，直头冇解。"

【冇救】 nau^{45}tɕiau^{42}，没有办法。"格冇救。""该条棒儿尖溜溜，逮人触着冇救嘅。"

【冇力】 nau^{45}lei^{212}，"划龙船冇力真冇力，打赌冇银真冇银。"

【冇绺】 nau^{45}ləu^{34}，没有规矩。"个人做事干冇绺嘅。""做人着冇绺嘅话，皇帝阿爸也爱你不得。"

【冇门】 nau^{45}maŋ^{31}，极点。"该部电影直头好眙爻冇门。""该件西装嘅做功直头讲究爻冇门。""个物事直头毛爻冇门。"

【冇命】 nau⁴⁵məŋ¹¹，没命了。"病人还好，医生冇命。""皇天冇命，皇天冇命。"

【冇坯】 nau⁴⁵pʻai³³，不像样，不行。"该班后生儿真冇坯，唱歌荒腔塌板，还逮自灵喉唱塌。"

【冇数】 nau⁴⁵səu⁴²，心中无数。"有数铜钿冇数用。"

【冇用】 nau⁴⁵jyɔ¹¹，没有用。"天不生冇用嘅人，地不出冇用嘅草。"

【冇出息】 nau⁴⁵tɕʻy³²³sei³²³，没有出头日。"不划龙船冇出息，偷只龙船划划不算贼。"

【冇对会】 nau⁴⁵tai⁴²vai³⁴，无法比较。"事干做好做毛，冇对会嘅。"

【冇事干】 nau⁴⁵zʅ¹¹ky⁴²，没事情可干。"冇事干，逮炭洗洗白。"亦作"冇事干干"。

【冇头路】 nau⁴⁵dəu³¹løy¹¹，没有门路。"个事干我冇头路，你自寻寻别人眙。""渠妆爻冇头路爻，只好排个阵。"

【冇业做】 nau⁴⁵n̠i²¹²tso³²³，没事可干。"你恁勤力，不愁冇业做。"

【冇账算】 nau⁴⁵tɕi⁴²sø⁴²，无法计数；没话可说。"黄昏头嘅小摊儿多爻冇账算。""个苹果甜爻冇账算。"

【冇转手】 nau⁴⁵tɕy⁴⁵ɕiəu⁴⁵，没有回旋余地。"渠拳打来你冇转手嘅。""棺材抬啦清明桥，该起事干冇转手罢呐。"

温州话里还有一个表示没有的否定字"唔"。

【唔】 wú, ŋ³¹，音吴。原为阴平声，温州话读为阳平，是独特的变异。其本字应是"毋"。1.象声词。"唔伊""咿唔"：读书声音。"唔吱"：嘟哝。2. 方言用词。表示否定。"久病床前唔孝子。""百步唔轻担。""唔本写字，嫌憎笔钝。""讲嘅唔心，听嘅有意。""草多田唔谷，儿多不是福。""立秋响雷公，该年唔台风。""笑多唔神气，哭多唔眼泪。""有娘撒娘娇，唔娘尽命熬。""上山弯弯腰，回家不愁唔柴烧。""人唔力桂圆枣子，田唔力河泥草子。""好心唔好报，点佛灯勾佛告。""好话不避人，避人唔好话。"

【唔胆】 ŋ³¹ta⁴⁵，没胆量。"唔胆讲。""挾你嘴里也唔胆嚼。"

【唔冇】 ŋ³¹nau⁴⁵，没有。"八字还唔冇一撇。""开弓唔冇回头箭。""树大不怕唔冇鸟。""唔冇爬不过嘅山。""唔冇该日，就唔冇明朝。""病人冇关系，先生唔冇解。""牙痛不是病，痛起唔冇命。""心中唔冇鬼，不怕鬼敲门。""和尚不讲鬼，袋里唔冇米。""枯树唔冇叶，空话不值钿。""钞票唔冇得，额头捣爻墨恁黑。""做一世鬼，唔冇碰着一个和尚。""一人肚里唔冇计，三人肚里唱台戏。""二郎神有嘴讲别人，唔冇嘴讲自身。"

【唔米】 ŋ³¹mei³⁴，没有米。"六月不晒，唔米还债。""六月罨被，有谷唔米。"

【唔坯】 ŋ³¹p'ai³³，表示不合常理，不像样，不行，没有盼头。"你叫渠做公关唔坯嘅，该个人太拙。""你真唔坯，上辈人也好宿搭懵謴嘎。"

【唔人】 ŋ³¹naŋ³¹，没有人。"有田唔人耕，耕起有人争。"

【唔银】 ŋ³¹ȵiaŋ³¹，没有钱。"身边唔银，思想混沌。""唔银做功德，只应个哭。""有银吃贡品，唔银靠硬顶。""有银阿三伯，唔银刣狗三。""后生唔银难做亲，朝中冇人难做官。"

【唔出息】 ŋ³¹tɕ'y³²³sei³²³，见"冇出息"。

【唔烦恼】 ŋ³¹va³¹nə³⁴，见"冇烦恼"。

【唔好伴】 ŋ³¹hə⁴⁵bø³⁴，交友不慎。"搭着唔好伴，一世勺狗赶。"

【唔头魂】 ŋ³¹dəu³¹jy³¹，健忘。"你訾那恁唔头魂，新该下儿讲过嘅说话沃忘记爻罢。"

【唔头路】 ŋ³¹dəu³¹løy¹¹，见"冇头路"。

【唔心挂】 ŋ³¹saŋ³³ko⁴²，没有牵挂。"镬灶吊脚肚珠儿上唔心挂。"

【唔要紧】 ŋ³¹iɛ⁴²tɕiaŋ⁴⁵，表示不要紧。

【唔阵排】 ŋ³¹dzaŋ¹¹ba³¹，无计可施，无事可做。"唔阵排，养雁雁。"

【唔嘴问】 ŋ³¹tsʅ⁴⁵maŋ¹¹，没有一定的标准。"渠到底钞票有也冇，唔嘴问嘅。"

【唔廉唔耻】 ŋ³¹li³¹ŋ³¹tsʻʅ⁴⁵，没有廉耻。

【唔名唔姓】 ŋ³¹məŋ³¹ŋ³¹səŋ⁴²，跟人家说话时不称呼对方，态度傲慢无礼。"你唔名唔姓嘅，到底伉何乜人讲啊？"

【唔头唔脑】 ŋ³¹dəu³¹ŋ³¹nə³⁴，说话做事没有头绪。"你做厘事干沃恁唔头唔脑嘅，叫别人直头妆不灵清。"

〔18〕倒银里睏不惊冷

温州话中常用"睏"来代替"睡"字。

【睏】 kùn, kʻy⁴²，音款的阴去声，是"困"的后起音。《绣屏缘》第5回："吴人谓睡为睏。"睡觉义。"穷人睏睏当补食。""倒银里睏不惊冷。""你夥睏底做迷梦。""猪睏长肉，人睏卖屋。""睏门板上还怕贼偷？""夜不讲睏，日不讲干。""吃吃旗儿店，睏睏城隍殿。""日地打一堂，黄昏睏一床。""近清水铜钿，黄昏睏安厘。""能界交秋罢，黄昏夥翻天下睏。""人倒西瓜园里睏,摸摸沃是头。""翻城隍庙里睏,脚穿奶奶床里。""我宁可睏地下,也𫝵翻该张小床儿里睏。"

【睏相】 k'y^{42}ɕi^{42},睡觉时的姿态。"个人睏相直头毛显。""睏有睏相,坐有坐相。"

【睏椅】 k'y^{42}i^{45},靠椅,躺椅。

【睏不着】 k'y^{42}fu^{45}dʑia^{212},睡不着。

【睏底深】 k'y^{42}tei^{45}saŋ^{33},睡熟了。

【睏落窹】 k'y^{42}lo^{212}ɕy^{323},睡熟了。

【睏迷梦】 k'y^{45}mei^{12}moŋ^{34},睡眼惺忪;睡眠做梦。

【翻搭睏】 fa^{33}ta^{323}k'y^{42},躺着睡。

【覆搭睏】 p'u^{323}ta^{323}k'y^{42},俯身睡。

【仰搭睏】 ȵi^{34}ta^{323}k'y^{42},仰面睡。

温州人把打盹儿称为"打睏瞌"。同赣语。

【打睏瞌】 tiɛ^{45}k'y^{42}k'ai^{323},小睡。"瞙瞠人打睏瞌。""大猫也会打睏瞌。""昨黄昏冇睏好,上班能界老是打睏瞌,忍也忍不牢。""吃饭打先锋,上课打睏瞌。"

【瞌(1)】 kē,k'ø^{323},音渴。文读。

【瞌(2)】 kē,k'ai^{323},音块阴入声,白读。

〔19〕匄鬼打爻一色

与普通话"给"相当的动词和介词,在温州话中应是"匄"字,读ha^{42},音哈的去声。可以认为声母从k弱化而来。韵母为泰韵一读。

【匄】 gài,ha^{42},音喊的阴去声,俗读。其本字可能是"䢔"。1.给予。"泡杯茶匄你。""苹果匄厘我吃吃。"2.让,被。"匄鬼打爻一色。""勾牛撅爻,打鼓出气。""勾雨淋嘅人还怕露水?""该株树勾佛破爻两对半,树边嘅路亭还好嘅。"

"勾"有两个功能,一个是当动词,它相当于普通话的"给""使对方得到""遭受"等等。如。"该俫钞票勾你。""泡杯茶勾你。"

温州人习惯把出嫁称为"勾人""勾出"或"勾老公",把再嫁称为"后勾"。

【勾出】 ha^{42}tɕ'y^{323},出嫁。"我啦嘅女儿勾出爻罢。"亦作"勾老公"。

【勾人】 ha^{42}naŋ^{31},1.出嫁。"该个女嘅三十岁新勾人。" 2.受人。"人善勾人欺,马善勾人骑。"

【后勾】 ɦau^{34}ha^{42},再嫁。

【转勾】 tɕy^{45}ha^{42},改嫁。

"勾"的另一个功能是当介词。相当于普通话的"让"。其功能是作施事的标记,同时受事只能前置,所以它很像普通话中的"被",构成被动句,如:"碗勾我打破爻。""饭勾我吃爻三碗。"

温州话的"勾"跟普通话的"被"不完全相同。后者可以不带施事,如:"这个茶杯被打破了。"而温州话必须要在"勾"的后头补上施事,如:"个茶杯勾渠打破爻罢。"

〔20〕温州话中的 [le] 究竟是什么字?

温州话中有许多越语的残留,它们至今还在口语中频频出现,但因为没有文字,只好选择一个汉字来取代。这就像给人取名一样,仅仅是一个符号;但作为名字,不论是阿猫阿狗,都必须有"唯一"性和"确定"性。

有关温州话的书面语,过去研究的人很少,哪怕是大牌的语言学家,也没人花精力去研究它。例如温州话中的 [le] 这个音,我所见到的字例有"俫俫仍俚哩"等,有些则更加离谱。在温州话口语中,这个 [le] 有时候表复数代词,有时候则表程度副词。再说过去人们说话,从来不讲究语法,只要对方听得懂就可以了。

先谈谈"俫(俫)"字。

【俫】 lɑi, le^{31},音来。温州话借字,加在人称代词后表复数,相当于普通话中的"们""些"。注意,不要写成"徕"。

【我俫】 ŋ^{34}le^{31},我们。

【你俫】 n̠i^{34}le^{31},你们。

【渠俫】 ge^{31}le^{31},他们。

【自俫】 zȵ^{11}le^{31},我们自己。

【我自俫】 ŋ^{34}zȵ^{11}le^{31},我们自己。"你不用担心,我自俫会想办法嘅。"

【你自俫】 n̠i^{34}zȵ^{11}le^{31},你们自己。"你自俫着想办法解决。"

【渠自俫】 ge^{31}zȵ^{11}le^{31},他们自己。

【几俫】 ke^{45}le^{31},不定称复数,相当于副词。表示数量的多少或某种程度。"渠该年几俫岁?""你身边有几俫番钿?""出几俫汗,吃几俫饭。""写一本书晓不得着几俫功夫。""该箃黄鱼有几俫重?""个木工老司会兘显,一日也冇几俫生活做出。"

【有俫】 jiau^{34}le^{31},有多少。

【冇几俫】 nau^{45}ke^{45}le^{31},没多少。

【厘(1)】 lí, lei^{31},音离。温州话借字,有两个功能。

1. 后置于动词表示动作的少许。

【讲厘】 kuɔ^{45}lei^{31},讲些。"你两个人讲厘何乜话?""渠在搭做报告,我觉起听罢,也晓不得渠讲厘何乜话。"

【眙厘】 ts'ŋ⁴²lei³¹,看样子。"你眙厘何乜书啊?""上头不肯,眙厘只好硬歇。""账还不爻,眙厘着吃官司嘅。""渠不会游泳,眙厘肯定会颏爻。""天凉起罢,该床被眙厘忒薄爻。"

2.后置于修饰语表示程度,相当于普通话中的些微义。

【讲大厘】 kuɔ⁴⁵dəu¹¹lei³¹,姑妄言之。"我是故意讲讲大厘,提醒你注意。"

【讲圆厘】 kuɔ⁴⁵jy³¹lei³¹,说得客气一点。"两夫妻想离,讲圆厘,双方沃有责任。"

【眙起大厘】 ts'ŋ⁴²ts'ŋ⁴⁵dəu¹¹lei³¹,奉其为尊。"你逮渠眙起大厘,勠恁老三老四。"

【厘(2)】 lí,lei³³,音丽的清音。与"儿"搭配,表示一点点。

【厘儿】 lei³³ŋ³¹,小称变调。一点点。为越语底层词。"一厘儿。""该日厘儿也不冷。""比上差厘儿,比下好厘儿。""渠左腿有厘儿瘸。"亦作"厘丝儿""厘仔儿"。

【多厘儿】 təu³³lei³³ŋ³¹,多一点,不正常。"个人多厘儿嘅,你勠句渠讲。"

【该厘儿】 ke³³lei³³ŋ³¹,这一点儿。"你也总着紧手来,该厘儿事干也着半半日日。"

【许厘儿】 he⁴⁵lei³³ŋ³¹,那一点儿。

【一厘儿】 i³²³lei³³ŋ³¹,一点儿。"渠匄书记眼起爻,一厘儿实权也冇。"

【有厘儿】 jiau³⁴lei³³ŋ³¹,有点儿。"头发有厘儿白爻,气色还好显好。"亦作"有眼儿"。

【争厘儿】 tsiɛ³³lei³³ŋ³¹,差一点。"再迟一步,争厘儿买不到爻。""该粒肉一斤还争厘儿,再割厘儿匄你凑秤。"

〔21〕温州话中"拉"与"啦"的区别

温州话中的"拉"是实词,入声,分清浊两读。读清音时表示折断、牵引、拖曳等义;读浊音时表示排泄义。

【拉(1)】 lā, la^{323},音垃的清音。1.拖,拽,牵引。2.用车运。"拉货。"3.演奏弦乐器。"拉二胡。"4.拖长,使加大距离。5.使发音器发声。"拉警报。"6.拉拢,联络。"拉关系。"7.招揽。"拉生意。"

【拉链衫】 la^{323}li^{11}sa^{33},夹克衫。

【拉扎下】 la^{323}tsa^{323}ɦo^{34},腋下。"拉扎下挟雨伞。""着起三件袍,还露出拉扎下毛。"

【拉塌】 la^{323}t'a^{323},办事迟缓拖拉,不抓紧,不利索。

【拉结塌】 la^{323}tɕi^{323}t'a^{323},最后的,最后一名。"拉结塌,满肚褡。"亦作"拉结塌名""拉结塌末""拉结塌臀儿"。

【拉塌名】 la^{323}t'a^{323}məŋ^{31},最后的。

【拉结塌儿】 la^{323}tɕi^{323}t'a^{323}ŋ^{31},最后的。

【拉结塌名】 la^{323}tɕi^{323}t'a^{323}məŋ^{31},指最末一名。

【拉结塌末】 la^{323}tɕi^{323}t'a^{323}mø^{212},最后的。

【拉塌臀儿】 la^{323}t'a^{323}dø^{11}ŋ^{31},末尾。

【拉(2)】 lā, la^{11},音烂。排泄,多指大小便。"讲话刀鹰拉个屁。""愁自倒棺材里屙拉不出爻。""数孴猫儿逮屙拉米桶里爻。""冇事干,逮苍蝇赶去拉尿爻。""拉不死嘅痢疾,病不死嘅伤寒。""吃多拉多,睏多梦多,讲多赚多。""姆姆屙拉爻你逮渠臀扴爻罢啊未?"

【拉屙】 la^{11}u^{42},大便。"拉屙吹倒风。""未拉屙,先呼狗。""占牢茅坑不拉屙。""水牛拔水底新拉屙。""拉屙紧,偏偏裤带解不爻。""一日三起大事干:吃饭拉屙眠。"

【拉屙儿】 la¹¹u⁴²ŋ³¹,赤白痢,痢疾。喻指做事不干脆,留有尾巴。

【拉屙猫儿】 la¹¹u⁴²muɔ³³ŋ³¹,指做事不干净利落,留有尾巴。"个人事干干起拉屙猫儿恁。"

【拉积】 la¹¹tsei³²³,痢疾。

【拉尿】 la¹¹sʅ³³,小便。"拉尿眙风向。""拉尿走一垱,拉屙走一垱。"

【拉尿伯】 la¹¹sʅ³³pa³²³,尿床孩子。

【拉尿拉屙】 la¹¹sʅ³³la¹¹u⁴²,指大小便。

【拉屁】 la¹¹pʻei⁴²,放屁。"拉屁脱裤,多管闲事。""拉屁蜘蛛爬不得远路。""拉屁不认账,生儿做和尚。""做贼嘅心虚,拉屁嘅脸红。"

【拉屁脱裤】 la¹¹pʻei⁴²tʻai³²³kʻu⁴²,比喻多此一举。

【拉屁龟龟】 la¹¹pʻei⁴²tɕy³³tɕy³³,又名臭屁虫、臭大姐,学名椿象。"拉屁龟龟还嫌憎丁公岩臭。"

【拉屁军师】 la¹¹pʻei⁴²tɕioŋ³³sʅ³³,詈指那些尽出歪点子、馊主意的人。

【拉屙匆匆】 la¹¹u⁴²tɕiau³³tɕiau³³,指肚子不舒服引起大小便频繁、不能自制的症状。

【屙苍】 u⁴²tsʻuɔ³³,一种红头的家蝇,即红头苍蝇,多聚集在人畜粪便上。

【屙堆】 u⁴²tai³³,喻指小孩还很小,什么事都还不懂。

【屙坑】 u⁴²kiɛ³³,积粪便的坑。"屙坑门勼贼掇爻。"

【尿屙】 sʅ³³u⁴²,大小便。"懒人尿屙多。"

【屎盆】 sŋ³³bø³¹，旧指供卧室内使用的马桶。"屎盆里嘅红枣——好眙不好吃。"

【鼻头屙】 bei²¹²dəu³¹u⁴²，鼻腔里干结的鼻涕，鼻屎。"劗鼻头屙。"

【打屙浆】 tiɛ⁴⁵u⁴²tɕi⁴²，指小孩大便拉出来，弄脏了衣裤。

【耳朵屙】 ŋ³⁴to⁴⁵u⁴²，耳屎，耳垢。

【狗嚼屙】 kau⁴⁵jia²¹²u⁴²，形容说话含混不清。"渠做报告狗嚼屙恁，大家人沃勼渠听。"

【屎布棚】 sŋ³³pøy⁴²biɛ³¹，晾晒衣服的竹架子。"屎布棚恁——真撑。"

【屎盆间】 sŋ³³bø³¹ka³³，房间内的厕所。

【担屎担屙】 tso⁴⁵sŋ³³tso⁴⁵u⁴²，比喻对小孩的拉屎撒尿等种种照料。"姆嘅担屎担屙沃是渠妆嘅。"

【硬屙堆儿】 ŋiɛ¹¹u⁴²tai³³ŋ³¹，特别干燥的粪便。

温州话中的"啦"是虚词，清音。读平声时，作后缀，或作衬词，没有意义。此外，"啦"可理解为是"了"和"啊"的合音，读轻音，作助词。

【啦】 lā、la³³，音拉的阴平声，或读轻音。"了"和"啊"的合音。

1. 后置于人称代词或物主名词后，使前边的人称代词或物主名词带有表示处所的意思，相当于"的"。"书还在先生啦。""我啦屋里。"

【我啦】 ŋ³⁴la³³，我的。"大家人沃走我啦吃饭。""我啦老老对孙儿比命还值钿厘。""我啦嘅公司大显，样样式式嘅人沃有。"

【你啦】 ȵi³⁴la³⁵，你的。"你啦屋宕比我啦大大显。""等厂里事干不忙爻，一定走你啦嬉。"

【渠啦】 ge³¹la³³，他的。"渠啦嘅新妇会显。""渠啦三代也只生一个女儿，人旺不起嘅。""渠啦老安逮渠盯牢坚显坚，一步也走不动。"

【自啦】 $z_1^{11}la^{33}$，自己的。"自啦人。""自啦儿嘅臀也生白厘。""扳钳自啦有，不用走别人啦借。"

2. 后置于动词，作为补语的标志，表示动作已经完成，兼有感叹或惊讶的语气。"打啦去。""徛啦起。""摸啦落。""烧啦完。""提啦出。""走啦归。""坐啦落。""走亲眷啦嬉。""走先生啦拜年。""宿舅舅啦吃饭。""逮该盘配吃啦完。""太阳晒啦股臀头。""脚脚翘啦头顶心。""荡街荡啦五马街。""吵啦黄昏还未吵歇。""该件衣裳新买啦来。""昨黄昏宿姊妹啦睏。""官司打啦能界冇结煞。""火烧啦脚后跟还觉不着。""磕落逮地下嘅笔捉啦起。""顺该条路走啦到，就是你要寻嘅地方。"

3. 后置于一些修饰词中间或后面，作衬词，没有意义。

【东叭啦腔】 $toŋ^{33}pa^{33}la^{33}tɕ'i^{33}$，指对方讲话腔调难懂，口音复杂。"渠宿温州一世罢，温州话冇学好，讲说话还东叭啦腔嘅。"

【花哩斑啦】 $ho^{33}lei^{33}pa^{33}la^{33}$，花斑义。其中"哩"和"啦"是衬词。花斑，色彩鲜艳斑驳。"我不喜欢花哩斑啦嘅金鱼。"

【噼哩啪啦】 $p'i^{323}lei^{33}p'a^{33}la^{33}$，噼啪义。其中"哩"和"啦"是衬词。

【踢哩踏啦】 $t'ei^{323}lei^{33}t'a^{323}la^{33}$，踢踏义。其中"哩"和"啦"是衬词。因跂着鞋走路发出的声音。"你走路踢哩踏啦声音恁响，走走轻厘呐。""该双鞋有厘儿旧爻着不牢爻，路走起沃踢哩踏啦起。"

【涕哩汰啦】 $t'ei^{42}lei^{33}t'a^{42}la^{33}$，涕汰义。其中"哩"和"啦"是衬词。

【黏滋格啦】 $ȵi^{33}tsʅ^{33}ka^{323}la^{33}$，东西黏糊不干净，比喻纠缠不

休。"该个人做事干黏滋格啦,沃不干脆。""渠是个豪悛嘅人,从来不会黏滋格啦。"

【吱啦汪叫】 $tsɿ^{33}la^{33}uɔ^{33}tɕiɛ^{42}$,因惊惶或不堪忍受而大喊大叫。"痛爻吱啦汪叫。"亦作"啦吱惶叫"。

〔22〕天光,日昼,黄昏

温州人把吃早饭、吃中饭、吃晚饭分别称为"吃天光""吃日昼""吃黄昏"。把一日三餐分别称为"天光厨""日昼厨""黄昏厨"。有人觉得奇怪,虽然温州人爱吃是闻名的,哪知道连"天光""黄昏"也会把它吃掉。

其实,以"天光""日昼""黄昏"来指代一天的"早""中""晚"是中国古人所为,并非温州人首创。只是当时代车辆驶向21世纪,我们的语言文字也与现代化接轨的时候,温州人还舍不得把这些古色古香的"词语"丢掉。

请看看古人是怎么描摹这些词语的。明无名氏《赠书记·旅病托栖》:"东方渐渐天光动,好教人私心惊恐。"唐戴叔伦《桂阳北岭偶过野人所居》:"日昼风烟静,花明草树繁。"宋欧阳修《生查子》:"去年元夜时,花市灯如昼。月上柳梢头,人约黄昏后。今年元夜时,月与灯依旧。不见去年人,泪湿春衫袖。"可见,"天光""日昼""黄昏"都是诗的语言,如果将其换成"早上""中午""晚上",那就索然无味了。

【天光】 $t'i^{33}kuɔ^{33}$,早晨,晨光。"天光头。""天光边。""天光早。""天光冷头。""天光黄昏。""运好不用天光早。""天光种树,黄昏就想乘凉。""若想身体好,天光爬起早。""雨打天光白,雨伞白白带。""夜里十个阵,天光烂树段。""天光开门七件事,柴米油盐酱醋茶。""张郎寻李郎,一夜寻啦大天光。"

【吃天光】 ts'ŋ³²³t'i³³kuɔ³³,吃早饭。"吃天光能界还好好恁,眚那一下儿就出事罢。"

【大天光】 dəu¹¹t'i³³kuɔ³³,天大亮。"一寤睏啦大天光。"

【天光边】 t'i³³kuɔ³³pi³³,清晨。

【天光头】 t'i³³kuɔ³³dəu³¹,清晨。

【天光黄昏】 t'i³³kuɔ³³ɦa³¹ɕy³³,早早晚晚,白天黑夜。

【天光冷头】 t'i³³kuɔ³³liɛ³⁴dəu³¹,清晨。

【日昼】 ne²¹²tɕiəu⁴²,1.中午。"睏啦日昼新爬起。""人过四十,天过日昼。""天光乌云障,日昼晒死老和尚。""人死晓不得头臭,太阳过西晓不得日昼。"2.午饭。"该日日昼厨冇鱼配,只有黄豆芽。"

【吃日昼】 ts'ŋ³²³ne²¹²tɕiəu⁴²,吃午饭。"天光还新落肚,眚那亦吃日昼吧?"

【日昼头】 ne²¹²tɕiəu⁴²dəu³¹,临近中午。"渠有能界日昼头也不走归吃饭。"

【日昼边】 ne²¹²tɕiəu⁴²pi³³,临近中午。

【日昼阵】 ne²¹²tɕiəu⁴²dzaŋ¹¹,正午。

【早日昼】 tsɔ⁴⁵ne²¹²tɕiəu⁴²,比中午稍早的时间。

【黄昏】 ɦa³¹ɕy³³,晚上。"昨黄昏睏冻爻。""黄昏种树,天光早就想乘凉。""日里是条虫,黄昏是条龙。""日里愁冇米,黄昏愁冇被。""该日黄昏电视好眙不好眙?""黄昏千个阵,天光爬起断个阵。"

【吃黄昏】 ts'ŋ³²³ɦa³¹ɕy³³,吃晚饭。

【黄昏边】 ɦa³¹ɕy³³pi³³,傍晚,日头已落山而天色尚未黑的时间。"黄昏边风凉起着衣多着件起嘅。"

541

【黄昏界】 ɦa³¹ɕy³³ka⁴²，傍晚。

【黄昏头】 ɦa³¹ɕy³³dəu³¹，傍晚。

【黄昏晓】 ɦa³¹ɕy³³ɕia⁴⁵，1. 金星。2. 喻指那些夜不宿眠的人。

〔23〕雀跃女儿不绰约

温州人常说的"tɕ'ia³²³jia²¹²"，有人写作"绰约"，也有人写作"雀跃"。到底孰是孰非？我说两者都对，只是"绰约"有褒义，"雀跃"有贬义。"绰约"是形容女子姿态柔美，如"绰约风姿"或"风姿绰约"；"雀跃"则指女子风骚，轻浮，不稳重。"个院主儿雀跃显嘅。"

【绰(1)】 chuò，tɕ'ia³²³，音鹊。盘旋而下。"雕鹰绰落拖鸡儿。""飞机正在搭望落绰。"

【绰(2)】 chuò，ts'ə³³，音草(2)。"绰号"：浑名，外号。

【绰(3)】 chāo，tɕ'ia³²³，音鹊。抓，拿。"绰厘黄泥种花。""米缸里米绰俫出煮饭。""绰起铁锹就去铲雪。""后生儿妆好显，有个院主儿绰牢罢。"

【绰约】 tɕ'ia¹¹ia²³，美女姿态柔婉美好貌。"绰约多姿。""风姿绰约。"

【踔】 chuō，ts'uo⁴²，音怆。1. 跳，跳跃。"踔厉。"2. 超越。"踔远。""踔绝。"

【雀跃】 tɕ'ia¹¹jia¹²，1. 如雀之跳跃，表示欣喜之极。"雀跃欢呼。"2. 引申指女子风骚，轻浮，不稳重，含贬义。"雀跃女儿。""个院主儿雀跃显嘅。""个雀跃女儿，着逮渠摸来当新妇，直头用不着。"

〔24〕纱帽翼拗断爻罢

"拗"在普通话、温州话中都有三读。

【拗（1）】 ǎo，uɔ⁴⁵，音汪的阴上声。1.折断。"箸拗断爻罢。"2.转，折。"逮该页拗个角头起。""逮该张纸拗成对折。""拗来蜡梅插花瓶里。""你再指头枪搗我，我就逮你指头儿拗断爻。"

【对拗】 tai⁴²uɔ⁴⁵，把东西从正中间对折使其断裂。

【拗（2）】 ào，uɔ⁴²，音坳，影效去效开二。1.不顺。"该起事干做起拗显。""你住该个地宕，走底走出拗显。"2.违反。"我想读职高，阿爸拗牢不肯。""息儿嘅吃相恁毛，你着赶紧逮渠拗转。""个事干匄你干挈断越爻，想拗也难拗显。"3.撬；扳。"该粒大石头直头拗不动。"

【拗彆】 uɔ⁴²pi³²³，闹别扭；不顺从。"个姆姆犟显，专门伉大人打拗彆。"

【拗撑】 uɔ⁴²ts'iɛ⁴²，做事不顺利。亦作"拗撑八撑""拗里八撑"。

【拗救】 uɔ⁴²tɕiau⁴²，本指格律诗中出现拗句时设法补救，引申作叹词，表示无可奈何。"拗救啊，桌上旹那摊起蟹酱恁。"

【拗孽】 uɔ⁴²n̠i²¹²，指孩子和父母闹别扭，不顺从；也指小孩调皮捣蛋。"该个息儿特别拗孽，叫人真生气。"

【拗味】 uɔ⁴²mei¹¹，不正常的味道。"甜嘅菜园辣油，拗味显。"

【拗脚骨】 uɔ⁴²tɕia³²³ky³²³，闹别扭，故意作对。"你伉领导拗脚骨，总有一日会吃亏嘅。"

【拗脚拗手】 uɔ⁴²tɕia³²³uɔ⁴²ɕiəu⁴⁵，做事不顺手。"暴做一起

事干,总会觉着拗脚拗手嘅。"

【拗(3)】 niù, uɔ³³,音汪。偏执,不驯顺。"嬉嬉嬉拗起。""两个人讲讲爽讲拗起,妆起相大打。"

【拗聱】 uɔ³³ŋuɔ³¹,变质、变味、过分。"该俫卵糕拗聱甜,不好吃。""老老娘儿还着起花花绿绿,拗聱显。"

【拗兜】 uɔ³³tau³³,舀水用的有短直柄的小木桶。见"鹤兜"。

〔25〕"钱"与"钿"

在普通话中,"钱"是个常用字,但在温州话中,却用了另一个字"钿"。我们先来辨别一下"钱"与"钿"的区别。

【钱(1)】 qián, dzi³¹,音场。1.姓氏用字或人名。"钱学森。"2.地名。"钱塘江。"

【钱(2)】 qián, di³¹,音田。同"钿"。1.货币。"钱财。""钱庄。"2.费用。"车钱。""买书钱。"3.财物。"有钱有势。""有钱难买命。"

【钿(1)】 tián, di³¹,音田。货币,"钱"的俗称。"铜钿。""车钿。""得人钿财,逮人消灾。""火药枪打苍蝇,不够火药钿。""生意钿,好眼前;种田钿,万万年。"

【本钿】 paŋ⁴⁵di³¹,做生意用的本钱;用以营利生息的母金。"本钿沃匀渠空底爻。""有几俫本钿,做几俫生意。""冇本钿,只好做厘小头生意过日子。"

【定钿】 dəŋ¹¹di³¹,定金。

【番钿】 fa³³di³¹,旧指银圆,今指钞票。"番钿包。""逮一分番钿眙起磨盘恁大。""水果不烂,一个番钿近一百。""定亲不送六样,折一万番钿匀渠。"

【房钿】 ɦuɔ³¹di³¹,房租。

【工钿】 koŋ³³di³¹,工资,工钱,薪水。

【会钿】 vai¹¹di³¹,指民间呈会时按期交的钱款。

【价钿】 ko³³di³¹,物品价格。"计算机嘅价钿比旧年塌大显爻。"

【近钿】 dziaŋ³⁴di³¹,这是方言字义的创新,也是早期吴闽语共有的方言词。1.赚钱。"卖快好近钿。""辛苦近钿快活用。""卖女装嘅近钿比卖男装嘅大。""吃力不近钿,近钿不吃力。"2.利润。"沃是靠卖多,近钿细显细。"

【劳钿】 lə³¹di³¹,劳动所得的薪酬。

【利钿】 lei¹¹di³¹,利息。

【铜钿】 doŋ³¹di³¹,本指铜质货币,后泛指钱财。"铜钿笼。""工夫卖铜钿。""世间铜钿世间用。""运气还未来,铜钿变柿蒂。""铜钿当眼睛,认钿不认人。""逮一个铜钿胎起磨盘恁大。""铜钿断个得,鼻头倒爻墨恁黑。""一分铜钿一分货,贪便宜买个烂脚货。""铜钿银生不带来,死不带去。""头钻铜钿眼里爻拔不出。"

【值钿】 dzei²¹²di³¹,珍惜,疼爱。"逮自着值钿。"

【钿财】 di³¹ze³¹,钱财。"只要钿财麭嘅命。""钿财是白嘅,心肝是黑嘅。""多分钿财多分病。"

【工夫钿】 koŋ³³føy³³di³¹,微薄的劳动报酬。"该两个工夫钿对你来讲算何乇呢。"

【脚力钿】 tɕia³²³lei²¹²di³¹,支付给打工的、跑腿的、搬运者的报酬。

【私房钿】 sŋ³³ɦuɔ³¹di³¹,不愿让别人知道的积蓄。

【屋租钿】 u³²³tsøy³³di³¹,房租。同"房钿"。

【牙郎钿】 ŋo³¹luɔ³¹di³¹,中介费。

【银番钿】 ȵiaŋ³¹fa³³di³¹,钞票。"月光影当银番钿。""银番钿雇人打水漂漂。"

【值铜钿】 dzei²¹²doŋ³¹di³¹,珍爱,爱惜,疼爱。"有个婆婆不值铜钿,冇个婆婆双脚顿。""渠对书值铜钿显,一本也不肯借句别人。""该张字画值铜钿显,着妆个绷儿逮渠挂起。"

【铜钿银】 doŋ³¹di³¹ȵiaŋ³¹,指钞票。

【番钿包】 fa³³di³¹puɔ³³,钱夹子。

【零碎铜钿】 ləŋ³¹sai⁴²doŋ³¹di³¹,币值小的钱或零用钱。

【辛苦铜钿】 saŋ³³k'u⁴⁵doŋ³¹di³¹,辛勤劳动赚来的钱。

【钿(2)】 diàn,di¹¹,音电。把金属宝石等镶嵌在器物上作装饰。"螺钿。""翠钿。""花钿。""珠钿。""宝钿。"

〔26〕烂污客与澜浪客

"烂污客"与"澜浪客"是温州人常说的詈词。我们暂且不要探究它们的来源、它们的原意和两者的区别,先来看看"烂"字,温州人是怎样使用的。

【烂】 làn,la¹¹,音滥。东西变得腐坏,破碎,松软,杂乱。"烂树桩。""烂脚越烂越大。""脚肚大经得起烂。""烂船也有三千钉。""肚肠烂爻红绿丝线恁。""肚肠心肝烂爻墨恁黑。""烂木头作不得栋梁。""五月烂,杨梅当饭。""头烂爻还管渠耳朵?""烂杏一筐,不如鲜桃一口。""烂柑吃凉,烂橘吃甜,烂荸荠吃肚胀,烂番薯狗也勥嘅尝。"

【烂贱】 la¹¹ji¹¹,1.极下贱。"个姆儿牛恁壮健,狗恁烂贱。"2.容易生长。"万年青生烂贱显,只用浇厘水就会大起嘅。"

【烂脚】 la^{11}tɕia^{323},患小腿溃疡。"烂脚倒一堂,麻风翻一床。"

【烂粒】 la^{11}lø^{212},对流氓的詈称。"社会上有好人,也有烂粒。"

【烂漫】 la^{11}ma^{11},指不修边幅,没有条理,并不一定含有贬义。"我啦嘅老公恁烂漫也少有嘅,平时连衣裳也不肯换落洗。"

【烂头】 la^{11}dəu^{31},癞痢头的俗写。患头癣。

【烂牙】 la^{11}ŋo^{31},龋齿。

【烂眼】 la^{11}ŋa^{34},患结膜炎。

【烂蕻田】 la^{11}hoŋ^{42}di^{31},沤水田;排水困难、贫瘠低产的田。"脚踏烂蕻田越陷越深。"

【烂脚货】 la^{11}tɕia^{323}fu^{42},劣质的货物,分文不值的东西。

【烂良心】 la^{11}li^{31}saŋ^{33},存心不良。"你个人真烂良心,恁嘅事干也干出嘅。"

【烂臀凳】 la^{11}dø^{31}taŋ^{42},久坐不走。"你恁整日烂臀凳渠啦,妆何乜啊?"

【烂牙丼】 la^{11}ŋo^{31}taŋ^{45},龋齿表面形成的洞。

【烂脚疤儿】 la^{34}tɕia^{23}po^{22}ŋ^{21},脚烂后所留下的疤痕。"烂脚疤儿怕鸡咄。"

【烂眼糟糟】 la^{11}ŋa^{34}tsə^{33}tsə^{33},形容烂眼睛。

再说说"烂污"这个词,它是吴语中骂人的话,指行为放荡不端,做事马虎,不讲信用。

【烂污】 la^{11}u^{33} → la^{11}vu^{11},"个人烂污相嘅。""个人烂污显,借钞票不还嘅。""做事干恁烂污,别人眙着你会烦起嘅。"

【烂污客】 la^{11}vu^{11}k'a^{323},指那些做事马虎、不讲信用、爱占便宜、不负责任的人。

【烂污泥】 la^{11}vu^{11}ɲi^{31},统称泥土、烂泥。"满身沃是烂污泥。""虾皮吃虾蚍,虾蚍吃烂污泥。"

【烂污泥浆】 la^{11}vu^{11}ɲi^{31}tɕi^{42}，泥浆。"昨黄昏落大雨，工地里变成烂污泥浆。""路不好走，身上勾烂污泥浆溅满。"

【烂污泥块】 la^{11}vu^{11}ɲi^{31}k'ai^{53}，土块。

【烂污泥人儿】 la^{11}vu^{11}ɲi^{31}niɛ^{11}ŋ^{31}，泥做的人偶。"烂污泥人儿经不起雨打。""烂污泥人儿也有个土性。"

【滥】 làn，la^{11}，音烂。1.流水漫溢。"雨新落过，地下还滥嘅。""鳗鲞还滥嘅，着再晒一晒。"2.不加选择，不加节制。"滥用职权。""宁缺不滥。"3.浮泛不切实际。"陈词滥调。"

【滥漫】 la^{11}ma^{11}，胡乱，无节制。义近于"懒慢"，不同于"烂漫"。

【糟滥】 tsə^{33}la^{11}，形容湿漉漉、潮湿貌。"通身淋爻糟滥。"

【糟湿】 tsə^{33}sai^{323}，形容湿漉漉、潮湿的样子。"衣裳勾雨淋爻糟湿。"

【糟滥滥】 tsə^{33}la^{11}la^{11}，义同糟滥。"雨漏漏起间里糟滥滥嘅。"

【泥昏滥醉】 ɲi^{31}faŋ^{33}la^{11}tsʅ^{42}，描画醉醺醺的神态。

【糟湿糟滥】 tsə^{33}sai^{323}tsə^{33}la^{11}，"落雨天糟湿糟滥嘅，走出嬉冇味道。"

【澜】 lán，la^{31}，音兰。1.大波浪。"波澜。"2.兴起波澜。"澜漫。""澜贱。"

【澜浪】 la^{31}laŋ^{31}，语出《百斛明珠》，本指放浪无拘，引申指态度刁蛮，手段或态度恶劣。"你不用澜浪，我不会怕你嘅。"此词乃20世纪60年代始传入温州。"浪"字可变读为"沦"。

【澜浪客】 la^{31}laŋ^{31}k'a^{323}，对不三不四、不务正业者的詈称。

【澜浪头儿】 la^{31}laŋ^{31}dəu^{31}ŋ^{31}，对流氓头子的詈称。

〔27〕遁落秤锤，拔起秤梗

普通话的常用动词"掉"，普通话一读 diào，温州话有两读：一读 die^{11}，音调。如："逮车头掉转。"二读 diɛ^{34}，音调的上声。由转动义引申为转借义。"钞票掉倈勾我先，等下个月日薪水发来勾还你道。"

那么在此前，该用何字呢？温州人可以告诉你，用"遁"字，是坠落的意思。

【遁】 dùn，daŋ^{11}，音邓。1. 逃避，躲闪。"遁世。"2. 引申为掉落；落下。"天上遁落一色。""鞋遁袜里爻恁。""天里有雨遁起罢。""白布遁染缸里爻。""头吓爻遁肚底爻。""老牛遁水井里爻。""芝麻遁针窟里底。""眼灵珠也眙遁落。""想虾儿吃遁涂里爻。""挈梁遁井不留绳（情）。""心头丼一块石头遁落地。""一斗芝麻遁一粒，有你不多，冇你不少。""人遁茅坑里还讲自屙未吃底。""天上遁不落，地里抽不起。""嘴角头吃满出爻也冇遁出。""黄泥遁坑里爻，不是尿就是屙。""脚肚毛遁涌汤底爻也轮不着你。""物事遁地下爻罢，不好再囥嘴里吃。""针遁地下爻，你眼灵珠光，逮我精细寻寻眙。""我啦阿叔有算有显，就是不肯遁一厘儿勾我。"

【遁牙佬儿】 daŋ^{11}ŋo^{31}lə^{34}ŋ^{31}，豁牙的人。

【小口舌儿遁落】 ɕiɛ^{45}k'au^{45}ji^{212}ŋ^{31}daŋ^{11}lo^{212}，扁桃体发炎。

再说说"落"字，温州人把这个字也是玩得炉火纯青的了。

【落（1）】 luò，lo^{212}，音洛。1. 脱落。2. 脱离。3. 下坠。4. 从高处到低处。5. 掉进；进入。"树高千丈，落叶归根。""落水要命，上岸要钿。""雷响天下明，水落石头现。""蜻蜓满天飞，会落雷阵雨。"

【落(2)】 là, la^{212}，音辣。1. 遗漏。2. 东西忘记拿走。3. 因为跟不上而被丢在后面。"你真混里混沌，锁匙明明句你罢，你晓不得落狃宕爻。"

【吃落】 ts'ŋ^{323}lo^{212}，承受得住。"老板不好当，你恁嘅体格会吃落嘅？"

【劓落】 do^{212}lo^{212}，拉下来。"逮挂上转嘅该条绳劓落爻。"

【接落】 tɕi^{323}lo^{212}，接下去。"我洗起，你接落洗。"

【落班】 lo^{212}pa^{33}，下班。"渠落班爻罢。""每日落班走归沃黄昏罢。"

【落潮】 lo^{212}dʑiɛ^{31}，退潮。

【落车】 lo^{212}ts'o^{33}，下车，从车子上下来或出来。

【落船】 lo^{212}jy^{31}，下船，从岸上到船上。"落船迟，上岸早。"

【落当】 lo^{212}tuɔ^{33}，事情妥善处置。"案件办落当，大家人沃会满意嘅。"

【落钉】 lo^{212}təŋ^{42}，已成定局，无可挽回。"棺材钉落钉冇转手。""个事干落钉罢嘅，再冇办法。"

【落海】 lo^{212}he^{45}，出海；下海。"上山怕虎，落海怕雾。"

【落𥆞】 lo^{212}ɕy^{323}，睡熟。"我翻床上还未睏落𥆞，听着外转有人叫火烛烧起。"亦作"落惚"。

【落镬】 lo^{212}fio^{212}，下锅。"半升米落镬煮不起嘅。"

【落脚】 lo^{212}tɕia^{323}，存身，安顿，住下。

【落结】 lo^{212}tɕi^{323}，结束，完成。"个官司打爻三年，能界总算落结罢。"

【落课】 lo^{212}k'u^{42}，下课。

【落来】 lo^{212}le^{31}，将来，日后。"你做人恁奸恶，落来冇结煞嘅。"

【落力】 lo^{212}lei^{212}，使劲，努力。"只要大家人落力干,该起事干一定能成功。"

【落令】 lo^{212}ləŋ^{11}，商品因换季而退出市场。"该年西瓜上市迟,落令早。"

【落魄】 lo^{212}t'o^{323}，指不修边幅或处境尴尬。

【落市】 lo^{212}zη^{34}，收市,产销时间已过。"能界西瓜落市罢。"

【落事】 lo^{212}zη^{11}，亦作"乐事"。合适。"该张画挂个房间里蛮落事嘅。"

【落手】 lo^{212}ɕiəu^{45}，下手；入手；结束。"落手轻眼,你嘅手劲忒重。""个案件最好从该屋宕落手。""等我事干妆落手,做下走外转吃饭。"

【落台】 lo^{212}de^{31}，卸去公职。

【落雪】 lo^{212}ɕy^{323}，下雪。

【落夜】 lo^{212}ji^{11}，入夜。"落夜能界天色会冷起嘅。""宁可落夜,不可起早。"

【落雨】 lo^{212}vu^{34}，下雨。"未落雨,先带伞。""只打雷,不落雨。""霉天落雨记前晴(情)。""晴天捉漏,落雨照旧。""未过惊蛰听雷声,一日落雨一日晴。""男勤女勤,三餐茶饭不求人；男懒女懒,落雨落雪翻白眼。"

【落葬】 lo^{212}tsuɔ^{42}，下葬。

【坍落】 t'a^{33}lo^{212}，坍倒下来。"天坍落也只箸笠恁大。"

【眙落】 tsη^{42}lo^{212}，看懂。"书冇读几年,信还是眙落嘅。"

【吃不落】 tsη^{323}fu^{45}lo^{212}，能力不够,无法承担。"该起事干难显难,我吃不落。"

【单手落】 ta^{33}ɕiəu^{45}lo^{212}，某一工作从头到尾一个人独自完成。"渠做事干喜欢单手落,顶讨厌别人插手。"

【倒落病】 tə⁴⁵lo²¹²bəŋ¹¹，病倒了。"一分钿财一分命，多分钿财倒落病。"

【倒落赖】 tə⁴⁵lo²¹²la¹¹，死皮赖脸。"渠能界倒落赖罢，你有何乜办法？"

【放不落】 huɔ⁴²vu³⁴lo²¹²，放心不下。"孙儿宿我拉，一步也放不落。"

【挂零落】 ko⁴²ləŋ³¹lo²¹²，衣衫褴褛。"该个老人真苦极，着件衣裳挂零落，身上肉也遮不牢。"

【落脚货】 lo²¹²tɕia³²³fu⁴²，挑剩下来的货脚或卖剩的残次货物。

【落下去】 lo²¹²ɦio³⁴⁵kʻe⁴²，往后。

【落雨天】 lo²¹²vu³⁴tʻi³³，下雨天。"落雨天背稻秆——越背越重。"

【落阵雨】 lo²¹²dzaŋ¹¹vu³⁴，下阵雨。

【冇着落】 nau³⁴dʑia²¹²lo²¹²，没有结果。"个事干还冇着落心里总不好过。""个人晓不得走狃宕爻，寻拉能界冇着落。"

【直落三】 dzei²¹²lo²¹²sa³³，比赛连输或连赢三局。亦作"直落三儿"。

【放不落手】 huɔ⁴²fu⁴⁵lo²¹²ɕiəu⁴⁵，下不了决心，做不到。"手头还有侩事干，一下子放不落手。"

【落雨滥糟】 lo²¹²vu³⁴la¹¹tsə³³，形容下雨天潮湿不堪。"落雨滥糟嘅，还有狃宕地方好嬉呢？"

【上船落车】 ji¹¹jy³¹lo²¹²tsʻo³³，泛指在旅途上。

【天晴落雨】 tʻi³³zəŋ³¹lo²¹²vu³⁴，天气变化。"你一个人宿外转，天晴落雨沃着特别留心。"

【做不落手】 tsəu⁴²fu⁴⁵lo²¹²ɕiəu⁴⁵，不好意思下手。"恁熟滋

滋嘅人,我是做不落手嘅。"

〔28〕从院主儿到老人客

吴语区的人常用囝、囡两字来分指男女小孩,奇怪的是同属吴语区的温州人,却从来不用"囝"和"囡"。对于男孩子,除了男姆姆、小息儿、后生儿,就没有更好听的称呼了;倒是对女孩子、小姑娘,还有一个人见人爱的雅号——$jy^{11}ts\gamma^{45}\eta^{31}$。许多人把它写成"媛子儿",似不妥,在瑞安话中,"主"和"子"读音不同。

【院主】 $jy^{11}ts\gamma^{45}$,旧时称官员或财主的女儿为院主。"院主大如娘。""院主嘅脸,二三月嘅天。""院主只讲风度不讲温度。""院主讲衣着,后生儿讲对杀。""院主十八变,临上轿还变三变。"

潘悟云作"县主"。县主本为皇族女子的封号,东汉帝女皆封县公主,隋唐以来,诸王之女亦封县主。

【县主】 $jy^{11}ts\gamma^{45}$,见"院主"。

【老县主】 $l\partial^{34}jy^{11}ts\gamma^{45}$,老姑娘。

【县主儿】 $jy^{11}ts\gamma^{45}\eta^{31}$,姑娘,闺女。

颜逸明作"媛主"。

【媛主】 $jy^{11}ts\gamma^{45}$,对女孩子、小姑娘、未婚年轻女子的雅称。

【大蛮院主】 $d\partial u^{11}ma^{31}jy^{11}ts\gamma^{45}$,到年龄还嫁不出去的女人。

【红花院主】 $\hbar o\eta^{31}ho^{33}jy^{11}ts\gamma^{45}$,黄花闺女。

【老院主】 $l\partial^{34}jy^{11}ts\gamma^{45}$,老姑娘,老处女,到年龄还嫁不出去的女孩。"渠是老院主,难打交道显嘅。"

【院主儿】 $jy^{11}ts\gamma^{45}\eta^{31}$,对女孩子、小姑娘、未婚年轻女子的

雅称。"半夜三更,还有院主儿落外转爻?"

【院主儿队】 jy^{11}tsʅ^{45}ŋ^{11}dai^{11},一班结伴的女孩。

【院主儿范】 jy^{11}tsʅ^{45}ŋ^{11}va^{34},言行举止像女孩;当小女孩长成像模像样的时候,人们说她有范起罢。

〔29〕"汏浪"与"踏浪"

普通话说"洗澡、洗头、洗脸、洗手、洗足、洗衣服",上海人说"汏浴",并演绎出"汏头、汏面、汏手、汏脚、汏衣裳",甚至还有"汏屁股"的。

【汏】 dà, da^{11},音但。1.《越谚》:"凡布不洗而左右拖动之曰汏。"今亦作"汰"。淘洗,将衣物等在水中晃荡洗涤。"被单麎糟显,囥河里多汏两汏。"2.引申摇晃,筛扬。"该俫米里沃有糠杂底,囥箆筛里汏一汏爻。"

汏,苏州人读去声,上海、杭州人读上声。奇怪的是同属吴语区的温州人,却不说"汏",而是跟北方人一样说"洗"。如:洗澡→洗浴,洗脸→洗面,洗足→洗脚,洗衣服→洗衣裳,洗屁股→洗臀,等等。

在民间童谣中,我们也可以看到"汏"字的踪影。温州有一首童谣:"洗沙,汏沙,半升米,半升糠。煮做饭,散花花。煮做粥,生米渣。"看来,这个"汏"跟"洗"的意思差不多。

尽管上海人很喜欢用"汏"字,但温州人只是偶用,最常见的是联绵词"汏浪"。

【汏浪】 da^{11}luɔ^{11},1.本指台风来临时带来的时断时续的降水现象。"汏浪天着留心,勥睏冻爻。""汏浪天,有谷晒不坚。""汏浪汏,有米唔有柴。"2.引申指人作风轻浮、喜怒无常。

"个人经常会汏浪起。""宿大家人门前静定厘,朆汏浪恁汏起。"

我们经常在媒体上看到用"踏浪"两个字,要注意,"踏浪"和"汏浪"是有区别的。

【踏浪】 da^{212}luɔ^{11},本义是指在波浪中踩水前行,即浮跃水面,踩水前行,多指游泳技术高超,引申为弄潮的意思。

另外还有个"汰"字,与"汏"义近,都有在水中晃荡洗涤义,都有淘汰义,但温州人还是分得清清楚楚的。

【汰】 tài,t'a^{42},音泰。淘洗。"淘汰。"

〔30〕荒腔塌板漏口风

早年曾在《温州日报》副刊发表一篇拙稿《卡拉会永远OK吗?》,内中有这么一段话:"卡拉OK在70年代中期出现于日本,后经香港传入内地,很快风靡各地。究其流行原因,大概是因为它为大家提供了一种表现自我的机会,既浪漫又刺激。酒足饭饱,捡起话筒,面对屏幕,放开歌喉,哪怕是'光腔踢板',自我感觉依然特别地好。"

不久,好友叶国传先生给我指出了谬误。他说"光腔踢板"应改为"荒腔拖板",并带来了书证,在某某元曲中就是这样写的。后来我仔细翻阅了有关资料,发现真的错了,"光腔"是应改为"荒腔",在古音中,"荒"音跟"光"音是通的。在这儿,温州话应读kuɔ^{33}。"荒"本有弃置义,引申为惊慌、急迫义,"荒腔"即为找不到调、唱腔走调的意思。

那么该用"踢"还是用"拖"呢?"拖"的温州话白读的确为t'a^{33}。这里用"拖"应该是讲得通的。但为了求证得更为稳妥些,特意去请教我市南戏专家沈沉老先生。他说鼓板是戏剧音乐的指挥,司鼓板的往往是乐队的灵魂。在演出过程中,有可能会脱板,却不可能拖板……按沈老的说法,这儿该用"塌"为妥,"塌板"即不合节拍。

温州话中,有一组以"㬎"为声旁的形声字比较常见,这跟普通话的语言习惯不同。我将其组团介绍一下。

在其中,有两个字只在联绵词中使用:

【遢】 tā, t'a^{323},音塔。"遢"不能单用,只能和"邋"组成联绵词"邋遢"。

【邋遢】 la^{212}t'a^{323},鄙陋糊涂,肮脏不洁。"邋遢净光。""邋遢婆娘一世忙。""个单独自人邋遢显,直头摸不着老安。"

【邋遢相】 la^{212}t'a^{323}ɕi^{42},不修边幅貌。"你干事干恁邋遢相,随何乜事干沃干不好嘅。"

【邋遢净光】 la^{212}t'a^{323}tɕiaŋ^{42}kuɔ^{33},一点不剩。

【蹋】 tā, t'a^{323},音塔。落下义。"糟蹋。"

有三个字,普通话中也有用到:

【塌】 tā, t'a^{323},音塔。1.倒,下陷,下垂。2.减,掉,垮;倾颓,脱落。"塌台。""塌臼。""塌价。""渠嘅鼻头梁塌塌搭。""苏秦求官口气不塌。""牛皮踏塌爻,囡鼓上申冤。""线缝塌爻,先逮渠繗两针。""宿田里割一日稻,皮也晒塌爻。""被头线脚塌爻句条纱线逮渠繗繗起。"

【塌班】 t'a^{323}pa^{33},交通工具迟于规定时间到达。"飞机场上雾大显,多显多航班沃塌班爻。"

【塌肩】 t'a^{323}tɕi^{33},两肩向下削。

【塌拉】 t'a^{323}la^{33},1.垂下,犹"耷拉"。2.脚后跟踩着鞋后帮。"塌拉着鞋走路。"3.形容破旧或不整齐;由破旧不整洁引申为拙劣。

【塌落】 tʻa³²³lo²¹², 下垂。"臀塌落不走。""臀塌落板砧一色。"

【塌脑】 tʻa³²³nə³⁴, 神头不灵清。"渠塌脑嘅。""渠真有厘儿塌脑,恁小嘅事干也妆起沸沸扬扬。"

【塌阴】 tʻa³²³iaŋ³³, 本指患腹股沟疝,谐音"拖音",喻指人装腔作势,架子大。"你个人真塌阴,有何乜板头。"

【塌鼻头】 tʻa³²³bei²¹²dəu³¹, 塌鼻梁,鼻梁不高。

【塌拉名】 tʻa³²³la³³məŋ³¹, 最后一名。"渠每次考起沃是塌拉名,还一厘儿啊不怕得人憎。"

【塌神气】 tʻa³²³zaŋ³¹tsʻŋ⁴², 失意。"勥逮自妆爻塌神气。"

【阴塌落】 iaŋ³³tʻa³²³lo²¹², 喻指人装腔作势。"阴塌落水缸恁。"

【荒腔塌板】 kuɔ³³tɕʻi³³tʻa³²³pa⁴⁵, "荒"有音变。"荒腔"为找不到调、唱腔走调。"塌板"为不合节拍。"荒腔塌板漏口风。"

【榻】 tɑ̀, tʻa³²³, 音塔。狭长而较矮的床,亦泛指床。"竹榻。""下榻。"

【搨】 tɑ̀, tʻa³²³, 音塔。1. 同"拓"。以摹纸覆于书画上依样描摹。"搨本。""搨碑。"2. 引申为涂抹(颜色)。"面里粉搨起麦饼一色。""个屏墙搨一层白粉添, 眙着会清水起。"3. 耷拉, 垂下。"许只衫袖搨落爻罢。""逮渠手打搨出爻。"4. 裂。"牙儿搨开糖金樱倒裂爻恁。"

【皮搨烂糊】 bei³¹tʻa³²³la¹¹vu³¹, 皮肤烧伤, 毁伤。"好几个人沃烧爻皮搨烂糊,惨显惨。"

【搨翼】 tʻa³²³jiai²¹², 垂下翅膀, 比喻失意沮丧。"该只鸟匄人打塌翼爻罢。""头咄落雕鹰打塌翼爻恁。"

另有三个则是普通话中几乎不见用的:

【溻】 tā, tʻa³²³, 音塔。流, 淌; 汗水湿透衣服、被褥等。"溻冷汗。""溻鼻头血。""头倒破爻,血溻爻多显多。"

【褟】 tā,t'a³²³,音塔。在衣物上缝缀花边。"褟花边。"

【熠】 tā,t'a³²³,音塔。一种烹饪方法,涂上油将食物放在锅里烧熟。"熠带鱼。""豆腐鲞反转熠。""煎盘熠豆腐两面倒。""熠得好麦饼,做得大新妇。"

【麦熠馍】 ma²¹²t'a³²³ɦo²¹²,一种薄饼。

【馒头熠】 mø³¹dəu³¹t'a³²³,煎熟的包子。

〔31〕水鸡嘈滥田

【鸡】 jī,tsŋ³³,音朱。家禽的一种,品种很多,翅膀短,不能高飞;雄性能报晓,雌性能生蛋。"猫狸守鸡笼。""鸡毛当令箭。""三斤猫狸拖四斤鸡。""儿大不由娘,鸡大飞过墙。""上知天文地理,下知鸡毛蒜皮。""叫你打狗偏打鸡,叫你走东偏走西。"

【草鸡】 ts'ə⁴⁵tsŋ³³,母鸡。

【叉鸡】 ts'o³³tsŋ³³,捉鸡。"叉鸡不着折把米。"

【风鸡】 hoŋ³³tsŋ³³,温州正宗农家土菜之一,采用风干的方式将公鸡腌透后取出烹调食用,具有馥郁、鲜嫩的风味,最宜佐酒。

【鸡啅】 tsŋ³³tai³²³,鸡啄食。"一行服一行,糯米怕砂糖;一物降一物,蜈蚣怕鸡啅。"

【鸡儿】 tsŋ³³ŋ³¹,雏鸡。"啅爻癞头鸡儿恁。"

【鸡娘】 tsŋ³³ȵi³¹,母鸡。"刀鹰哭老鸡娘,哪有好心肠。"

【鸡肫】 tsŋ³³tɕioŋ³¹,鸡胃。

【水鸡】 sŋ⁴⁵tsŋ³³,鸭的俗称。"水鸡匄佛吓爻恁。""头翘起水鸡勾棒儿敲爻恁。"

【田鸡】　$di^{31}tsŋ^{33}$，青蛙。"田鸡趵快显。"

【雄鸡】　$jioŋ^{31}tsŋ^{33}$，公鸡。"雄鸡伉百脚——死对头。"

【雉鸡】　$dzŋ^{34}tsŋ^{33}$，环颈雉，羽毛美丽，肉味鲜美。"雉鸡也有山皇爷管。"

【白斩鸡】　$ba^{212}tsa^{45}tsŋ^{33}$，源于吴语。又叫白切鸡。整鸡清煮后再切成块状，肉色洁白皮带黄油，食之别有风味。

【草鸡儿】　$ts'ə^{45}tsŋ^{33}ŋ^{31}$，未下蛋的小母鸡。

【草鸡娘】　$ts'ə^{45}tsŋ^{33}ɳi^{31}$，母鸡。"草鸡娘啼起会倒霉。""草鸡娘生卵咯咯叫。"

【抖鸡疯】　$tau^{45}tsŋ^{33}hoŋ^{33}$，帕金森氏综合征。

【伏鸡儿】　$bu^{11}tsŋ^{33}ŋ^{31}$，孵小鸡。

【鸡抽风】　$tsŋ^{33}tɕ'iəu^{33}hoŋ^{33}$，羊角风（癫痫）。

【鸡脚爬】　$tsŋ^{33}tɕia^{323}bo^{31}$，鸡爪。

【鸡毛帚】　$tsŋ^{33}mə^{31}tɕiəu^{45}$，用鸡毛制作的掸灰尘的清洁用具。亦说"鸡毛掸帚"。

【鸡血石】　$tsŋ^{33}ɕy^{323}zei^{212}$，一种名贵的石材品种。

【赖伏鸡】　$la^{11}bu^{11}tsŋ^{33}$，孵蛋的母鸡。"赖伏鸡徛竹竿上自吓自。"

【牢监鸡】　$lə^{31}ka^{33}tsŋ^{33}$，圈养的鸡。

【落汤鸡】　$lo^{212}t'uɔ^{33}tsŋ^{33}$，比喻浑身是水的人。"该日勾雨打爻落汤鸡恁，狼狈显。"

【铁公鸡】　$t'i^{323}koŋ^{33}tsŋ^{33}$，形容一毛不拔的吝啬鬼。

【乌骨鸡】　$u^{33}ky^{323}tsŋ^{33}$，一种皮骨俱黑的本地鸡。

【细毛鸡】　$sei^{42}mə^{31}tsŋ^{33}$，一种皮骨俱黑的本地鸡，俗称乌骨鸡，据说有药用价值，治多种疾病。"细毛鸡代鸭愁。"亦作"乌骨鸡"。

【雉鸡梢】 dzʅ³⁴tsʅ³³suɔ⁴²，雉鸡的翎子，戏曲中某些角色头盔上的装饰。"雉鸡梢拗夊。"

【鸡脚爪儿】 tsʅ³³tɕia³²³tsuɔ⁴⁵ŋ²¹²，鸡的爪子。

【鸡膪鼓儿】 tsʅ³³taŋ³³ku⁴⁵ŋ²¹²，用鸡的嗉囊做成的小鼓。"鸡膪鼓儿经不起三条槌。"

【滥水鸡儿】 la¹¹sʅ⁴⁵tsʅ³³ŋ³¹，即落汤鸡。比喻浑身是水的人。"匄雨淋夊滥水鸡儿恁。"

【问客刣鸡】 maŋ¹¹k'a³²³t'ai³³tsʅ³³，比喻虚情假意。

【野水鸡儿】 ji³⁴sʅ⁴⁵tsʅ³³ŋ³¹，野鸭。

【镬灶佛鸡儿】 ɦo²¹²tsə⁴²vai²¹²tsʅ³³ŋ³¹，经常出没在灶头的小昆虫。

[32] 读马老的《掇壅客》有感

作家马大观先生曾在《温州日报》发表过一篇怀旧纪实文章《掇壅客》，写的是20世纪50年代初每隔一天要上他家倒马桶的环卫工人。现在的年轻人已不知情，当年，在抽水马桶传来中国之前，"掇壅"可是家家户户一件不可或缺的大事。

有人把掇壅客 tø³²³yɔ⁴²k'a³²³ 写成端壅客，对吗？试比较：

【掇】 duō，tø³²³，音瘩。用双手端。

【端】 duān，tø³³，音敦。用手很平正地拿。

有人问："掇壅客"的"掇"为什么不可以写成"端"？其实在古代，端读平声，掇读入声，两者的声调不一样。而且"端"仅有手平举拿物义，而"掇"则有郑重举起或用力举起义。所以要记住：当有手举义时，普通话可以用"端"，如端盘、端茶。但温州话要用"掇"字。试举例:"两头掇。""掇掇轻重。""掇一掇分量。""一碗水着掇平。""挡路嘅石头有人掇。""掇掇凳,叫叫人。""逮别人下巴掇牢讲。""正月初一掇元宝——沃是好。""咸菜桶里嘅石头——迟早着掇。"

"壅"在古人心目中是赖以生存的宝贝,怎么可以掉以轻心?

【壅】 yōng,yɔ⁴²,音痈的阴去声。既可指粪肥,也可指施肥。"壅土。""壅壅。""壅肥。""接力壅。""壅秧强如壅稻。""干厘事干壅倒爻一色。""麦壅年底,稻壅月底。"

盛这种"壅"的器具叫"壅桶"。"壅桶"为木质盛器,容量在 80 斤左右。它用一片片木板刨拼成圆柱形,上口稍大,外边上下各用篾箍紧固,再压进圆形木板做底而成。 那么"壅勺 yɔ⁴²jia²¹²"又是什么器物呢?"壅勺"是一种掏肥兼施肥用的圆斗形器具,有把柄,用木板制作,用篾箍箍牢,因为它只用一个篾箍,颇难制造,所以农村流传着一句俚语叫"箍桶老司怕壅勺"。现在"壅勺"都有塑料制品了,箍桶老司再也没什么好怕的了。

一担壅重 160 来斤,一个空壅勺重不到 10 斤,当然是担壅的要比背壅勺的吃力才对。但温州人偏偏流传着这么一句话:"担壅不用力,背壅勺用力",其意思乃是"当着不着",与北方俚语"皇帝不急太监急"的意思基本一样。大家都知道,皇帝是封建社会的主宰,整个国家都是他的,国家社稷的兴亡当然与他关系最大。太监俗称阉臣,史称宦官,是皇帝的奴仆,封建王朝都严禁太监参与朝政。俚语说皇帝不急太监急,这不正是说当事人该急而不急,旁观者不需急的倒空着急吗?

【担壅】 ta³³yɔ⁴²,挑粪,运送粪肥。

【沓壅】 døu²¹²yɔ⁴²,积肥。

【壅力】 yɔ⁴²lei²¹², 肥效。"鸡屙嘅壅力比牛栏好。""人靠吃食,田靠壅力。"

【壅勺】 yɔ⁴²jia²¹², 舀粪的勺子。一种掏肥兼施肥用的圆斗形器具,有长把柄。"自数瞀破壅勺,别人数瞀香蝴蝶。""担壅不吃力,背壅勺吃力。"

【壅田】 yɔ⁴²di³¹, 田间施肥。

【壅桶】 yɔ⁴²doŋ³⁴, 盛粪的木桶。"水缸闹大旱,壅桶满大水。"

【壅壅】 yɔ⁴²yɔ⁴², 施肥。

〔33〕水管避不过涌汤

王兴森先生曾撰文说:"现在温州人把事情不可避免叫'死狗避不过涌汤'。但老一辈的人都说,这句话应该是'水滚避不过涌汤'。为何有此演变呢?想来原因有三:一是温州话中'水'与'死'同音,'滚'与'狗'音似。二是因为过去宰杀猪、狗等家畜不剥皮,而是用开水烫透后刮净毛带皮食用。'东坡肉''扣肉'等名菜就是用带皮的猪肉烧烩的,有情理上的可通性。三是随着社会的进步,竹木器具大多已被金属、塑料制品所代替。原先使用的'水滚'已退出人们生活的历史舞台,一般青年人从未见过,自然难免会说错。"

这里要做一个小小的纠正,那就是"水滚"应该写成"水管",在闽南话中固然把开水称为"滚水",但那是取其水沸腾后翻滚之义:"滚"一般只能作动词或形容词,而万万不可作名词的。

【管(1)】 guǎn, ky⁴⁵, 音馆。1.吹奏的乐器。"管乐器。""管弦乐。"2.圆而细长中空的东西。"管道。"3.形状像管的电子器件。"电子管。""晶体管。"4. 负责,经理。

【管(2)】 guǎn, kaŋ⁴⁵,音滚,白读。

【火管】 fu⁴⁵kaŋ⁴⁵,吹火用的长竹管。"当着不着,柴爿不着火管着。"

【毛管】 mə³¹kaŋ⁴⁵,皮肤上的毛孔。"别人勾你听爻沃毛管陷起皮鞋佬嘅锉恁。"

【水管】 sŋ⁴⁵kaŋ⁴⁵,一种用竹筒制成的水勺。"水管避不开涌汤。""渠着当个人,水管当胡琴。"

【汤管】 tʻuɔ³³kaŋ⁴⁵,竹制的放在汤罐中舀热水的有柄勺子。

【火管巷】 fu⁴⁵kaŋ⁴⁵ɦuɔ¹¹,短小狭窄的小巷。

"水管"是温州人过去用来舀水的器具。它非常小,装水量半斤左右,由一只高6—10厘米不等、直径5—8厘米的小竹筒,在中上部钻孔斜装上一支20多厘米长的竹片条做把而成。过去老百姓用柴灶,为了充分利用灶火的热量,他们用铸铁的汤罐裸露在灶膛里以便于受热。一旦把"水管"伸进汤罐中舀汤,当然是避不过涌汤了。语中的"避不过"是避不开、躲不过、无法躲避的意思。

【涌】 yǒng, jyɔ³⁴,音勇。1. 水由下向上冒出来。"汹涌。"2. 像水涌出,加热时出现的现象。"火力不到水不涌。"3. 发火。"你覅逮我妆涌起,到时候我命也会伉你拼爻。"

"涌汤"与"涌烫"是两个概念。

【涌汤】 jyɔ³⁴tʻuɔ³³,开水的俗称。"涌汤勾冷水掺爻恁。""做得瓜瓢,耐得涌汤。"

【涌烫】 jyɔ³⁴tʻuɔ⁴²,指物体在高温作用下温度极高。"个姆额头摸啦去涌烫,有身体暖嘅。""粥还涌烫嘅,你慢慢尔恁吃。"

【涌烫湇湇滚】 jyɔ³⁴t'uɔ⁴²da²¹²da²¹²kaŋ⁴⁵，形容刚烧熟的东西热气腾腾，很新鲜。

【汤】 tāng，t'uɔ³³，音蹚。1.热水。"汤盏。""汤壶。""汤袋。""烧俫汤起洗浴。"2.烹调后汁特别多的食物。"三鲜汤。""饭生燥显，烧个汤配配。"3.专指温泉，现多用于地名。"汤泉。""汤山。"4.中药的剂型。"汤头。""汤药。"

【爊汤】 e³³t'uɔ³³，做汤，煮带汤的食物。"牛尾巴儿爊汤喝壮嘅。"

【茶汤】 dzo³¹t'uɔ³³，茶水，供冲泡茶叶的开水。

【黄汤】 ɦuɔ³¹t'uɔ³³，指黄酒，含憎厌意。"逮厘黄汤灌底，讲厘说话不乜三四。"

【盆汤】 bø³¹t'uɔ³³，本指澡盆盛着的热水，引申指公共浴室。温州人将航行在塘河中的小轮船称为盆汤。

【汤袋】 t'uɔ³³de¹¹，热水袋。

【汤罐】 t'uɔ³³ky⁴²，老式大灶上砌在烟道边，利用余热烧水的铁罐子。"烂泥菩萨遁啦汤罐里爻。"

【汤气】 t'uɔ³³ts'ɿ⁴²，水气。

【汤套】 t'uɔ³³t'ə⁴²，本事。"你眙渠也有厘儿花路，其实有何乜汤套嘅。"

【汤圆】 t'uɔ³³jy³¹，汤团。北方人称元宵。

【做汤】 tsəu⁴²t'uɔ³³，烹饪带多量汤汁的菜肴。

【白滚汤】 ba²¹²kaŋ⁴⁵t'uɔ³³，白开水，是沸腾的水冷却下来的水，是温水。"白滚汤啙那配底饭？"

【索面汤】 so³²³mi¹¹t'uɔ³³，用挂面做的汤面。时俗在孩子出生后满月前，要请亲友吃索面汤，以示庆贺。"吃索面汤有份，背死姆儿也有份。"

【温炖汤】 uaŋ³³daŋ³¹t'ɔ³³,烧得不烫不冷的汤水。"温炖汤洗浴正正好。""干事干温炖汤煤牛肉悉,冇三紧三慢,断坏。"

【洗面汤】 sei⁴⁵mi¹¹t'ɔ³³,亦作"面汤"。洗脸水。

【粥饮汤】 tɕiəu³²³iaŋ⁴⁵t'ɔ³³,烧粥时滗出来的汤,常用来喂婴儿。据专家考证,这恐怕还是古代我们的祖先越人所说的话的残留。

【白眼汤圆】 ba²¹²ŋa³⁴t'ɔ³³jy³¹,没有馅心的汤团。

【吃红汤圆】 ts'ŋ³²³ɦioŋ³¹t'ɔ³³jy³¹,被枪决。"该两个毒贩昨日沃吃红汤圆罢。"

【烫】 tàng,t'ɔ⁴²,音趟。1.皮肤接触温度高的物体感觉疼痛。"烫手。""烫嘴。"2.用热的物体使另外的物体起变化。"烫金。""烫伤。""烫烫暖。"3.特指烫发。"电烫。""冷烫。"

【光烫】 kuɔ³³t'ɔ⁴²,1.皮肤光滑润泽。"你该段时间气色好显,面也光烫起罢。"2.整齐好看。"你该件衣裳光烫显。"

【烫斗】 t'ɔ⁴²tau⁴⁵,熨斗:烫平衣物的金属器具,旧时构造形似斗,用炭加热。

【烫烙】 t'ɔ⁴²lo²¹²,烙铁。

【烫头发】 t'ɔ⁴²dəu³¹ho³²³,用热能或药水使头发卷曲成型。

【烫衣裳】 t'ɔ⁴²i³³ji³¹,用熨斗熨平衣服。

【趁烫火热】 ts'aŋ⁴²t'ɔ⁴²fu⁴⁵ɲi²¹²,正在势头上,要趁热打铁。"做事干着趁烫火热,效果会好大显。"

〔34〕鏖糟吃鏖糟大,了滞吃变猴头

20世纪50年代在整理异体字和简化汉字时,把"骯髒"的"髒"和"内臟"的"臟"合用一个"脏"字来取代,导致在后来的

应用中出现不少弊端，引起了许多学者的非议。其实这两个字自古以来都是既不同义也不同音的，硬是将它们掺和在一起，本身就是和稀泥。正如将"合併"的"併"和"並且"的"並"都简化成"并"一样，给我们学习古代文献带来了不少麻烦。幸亏这些字在温州话中都能分得清清楚楚，所以还不至于会引起混淆。

【脏(1)(髒)】 zāng，tsuɔ^{33}，音抓。1.不清洁。2.弄污。

【脏(2)(臟)】 zàng，zuɔ^{11}，音西藏的藏。身体内部器官的总称。"五脏六腑。""脏器。"

【鳞脏】 ləŋ^{31}zuɔ^{11}，积在身体表皮的污垢。"身上沃污是鳞脏，着洗浴底显吧。"

【塌脏】 tʻa^{323}zuɔ^{11}，脱肛。

【脏头】 zuɔ^{32}dəu^{21}，比喻不整洁、不干净、不利落。"嘴绷开，脏头也眙着。"

【脏头塌出】 zuɔ^{32}dəu^{21}tʻa^{11}tɕʻy^{23}，患痔疮到严重阶段，喻事情糟糕透顶。

【塌脏相】 tʻa^{323}zuɔ^{11}ɕi^{42}，不修边幅的样子。"个老老眙起一股塌脏相。"

【脏头相】 zuɔ^{11}dəu^{31}ɕi^{42}，比喻不整洁、不干净、不利落。

【猪脏粉】 tsei^{33}zuɔ^{11}faŋ^{45}，温州地方小吃之一。

【临老塌脏】 ləŋ^{31}lə^{34}tʻa^{323}zuɔ^{11}，比喻老年出现麻烦和被人嘲笑的事。"个老老头临老塌脏，七十八老罢，还学跳舞。"

温州人不说"肮脏"而说"麤糟"。自古"麤糟"就有肮脏义。

【麤糟】 ɔ^{33}tsɔ^{33}，麤音呑的平声。颜师古注："世俗谓尽死杀人为麤糟。"引申为肮脏，不干净。"做该个生活，麤糟挡不牢。""泥菩萨洗浴，越洗越麤糟。""个人讲俫说话麤糟显，直头听不得。"亦作"鏖里巴糟"。

【鏖糟相】 ə³³tsə³³ɕi⁴², 肮脏貌。"你恁鏖糟相。""你嘅衣裳着起恁鏖糟相,勾人笑煞罢。"

【鏖糟妆】 ə³³tsə³³tɕyɔ³³, 胡作非为。"你恁鏖糟妆,拔牢会坐牢监嘅。"

在普通话中,"肮脏"的反义词是"干净"或"清洁"。在温州话中,"鏖糟"的反义词是"了滞"。

【了滞】 liɛ³⁴dzei¹¹, 音冷箸。"了"有完毕、结束义,"滞"有积聚义。了滞是指将积聚之脏物清除完了,自然也就干净了。"该件衣裳还不了滞,着重新洗一洗。""衣裳先咬一咬好洗了滞厘。""鏖糟吃鏖糟大,了滞吃变猴大。""被单勾渠洗爻了滞显。"

【并(1)(併)】 bìng, pəŋ⁴², 音柄。一读。合在一起。"并拢。""合并。"

【并(2)(並)】 bìng, bəŋ³⁴, 音膑。二读。1. 一齐,平排着。"并行。"2. 连词,表平列或进一层。"并且。"3. 用在否定词前,加强否定的语气,表不像预料的那样。"并不容易。"

【并(3)】 bīng, pəŋ³³, 音宾。三读。"并州。"

〔35〕男着眍,女着园

几年前在大江网上读到童牧野先生的随笔《珍藏和晾晒》,童先生是温州人,说的是温州民谚,因而读来倍感亲切。

他说有一条民谚,用温州方言说,如军人喊口令,听起来只有钢蹦脆的 6 个字:"病着眍,财着园。"如果将其翻译成普通话,应是"把病症晾晒出去,把财气珍藏起来",意思是倘若得了难治之病,要把疑难病症,见人就说出去,让好心的朋友们都知道,或许凑巧碰上个刚好知道此病怎么治的好人,会告诉特效偏方,及时把病治好。至于对待财富,中国人一向的态度是要低调一点,不要财大气粗。

"囥"和"晾"都是温州话特征字。"松糕炊熟着晾冷新好囥起。"这句话里就包含着这两个字。

【晾】 làng, luɔ¹¹,音浪。《越谚》卷上:"一日打鱼,三日晾网"。把东西放在通风或阴凉的地方使其干燥。"晾晾冷。""有钿着囥,有病着晾。"

【晒晾】 sa⁴²luɔ¹¹,指阳光充足,可以晒衣物。"个是朝南屋,门前冇何乜撕牢,晒晾好显。"

【晾衣裳】 luɔ¹¹i³³ji³¹,衣服洗好后在没有阳光的情况下使其干燥。

【囥】 kàng, kʻuɔ⁴²,音抗。藏;摆,放。"囥大猫身上擦痒。""桶散爻囥天下筦。""一人囥,百人寻。""话着囥盂盆儿里秤过。""放厘儿心囥底,勿忘记爻。""脚底板痒起,囥头顶心扒。""刀囥石上磨,人宿世上练。""钢着用囥刀口上,钿着用囥正路上。""功夫着囥刀口上试,勿囥刀背上试。"

【囥肮里揕】 kʻuɔ⁴²guɔ³⁴lei³⁴zaŋ¹¹,1. 不明事理,随意插嘴。"个人讲说话专门囥肮里揕。"2. 说的或做的不是时候。"你单门囥肮里揕,事干解决不爻,还妆起肚痛。"亦简作"肮揕"。

这里,我们着重谈谈"着"的用法。

【着(1)】 zhuó; zháo, dʑia²¹²,无近似音。1. 动词,表示感受,接触,派遣,附着。"心火着显着。""个火着起猛显嘅。""嘴唇上嘴唇膏着起浓显嘅。""两颔珠儿胭脂着起红彤彤恁。"2. 作助词,表示持续,程度,祈使。"心病着用心药医。""人着长交，账着短结。""个事干着人走去新会落结。""养儿着好娘，插田着好秧。""夫妻门前不说假，朋友门前着讲真。""该间屋宕想重新装修，你眙着几俵钞票。""做生意着本，做事干着狠。""犁地着深，耙地着平。""总是做我不着那，有何乜法啊！"

【捣着】 tə⁴⁵dʑia²¹²，因摔倒而受伤。"渠不留心脚捣着，严重显。"

【定着】 dəŋ¹¹dʑia²¹²，确定的打算和主意；指静定，镇定。"你讲啦来讲啦去，沃冇一个定着。"

【犯着】 va³⁴dʑia²¹²，有必要，值得。"我亦不是你阿爸，犯着跐死跐活近钞票句你用？"

【乇着】 niɛ¹¹dʑia²¹²，因太用力而受伤。"当原初抬机器能界速腰乇着，能界经常会发起痛。"

【佮着】 kø³²³dʑia²¹²，合算。"十万番钿买一套屋佮着显罢。"

【觉着】 ko³²³dʑia²¹²，同"觉见"。"眙您面色不甍那好，你有冇觉着不舒服？"

【就着】 jiəu¹¹dʑia²¹²，必须，本该，马上。"个事干就着怎做。""日昼吃爻就着睏一寙新有精神。"

【决着】 tɕy³²³dʑia²¹²，一定要。"三宝田，决着大和尚卖。""配饭决着鱼咸，摸亲决着吹打。""米籴三百铜钿一斗，老安决着摸。""打虎决着亲兄弟，上阵还着父子兵。"

【轮着】 ləŋ³¹dʑia²¹²，轮到。"轮着你第三房新妇。""该个节假日轮着我值班。"

【貌着】 muɔ¹¹dʑia²¹²，仿佛，类似。"貌着有个人走屋里底。"

【搦着】 no²¹²dʑia²¹²，扭伤。"打球能界不留心迷脚搦着。"

【也着】 a³²³dʑia²¹²，也应该。"打官司，也着路。""要死，也着吊大树上死。"

【眙着】 ts'ŋ⁴²dʑia²¹², 看见。"恁长久罢, 冇眙着有8路车开过。"

【着力】 dʑia²¹²lei²¹², 使劲, 用力。"六十岁生儿不着力。"

【着敲】 dʑia²¹²k'uɔ³³, 该挨揍。

【着实】 dʑia²¹²zai²¹², 确实, 的确。"该日遁夊恁多钞票, 肚里着实难过显。"

【着想】 dʑia²¹²ɕi⁴⁵, 如果想要。"着想不失眠, 煮粥加白莲。""着想息儿安, 三分饥伉寒。""着想家不和, 撗个小老婆。""着想明底细, 打破砂锅问到底。""着想打官司, 先着请律师逮你做呈。"

【着穴】 dʑia²¹²jy²¹², 正中要害。"姆姆拳, 打着穴。"

【病着】 bəŋ¹¹dʑia²¹², 生病。

【冻着】 toŋ⁴²dʑia²¹², 着凉。

【撞着】 dzyɔ¹¹dʑia²¹², 遇见。"昨夜宿路上撞着一个老同学。"

【犯不着】 va³⁴fu⁴⁵dʑia²¹², 不值得, 不必要。"息儿打打闹闹总有嘅, 你犯不着恁燥起。"

【觉不着】 ko³²³fu⁴⁵dʑia²¹², 不觉得。"补药倒倒落也觉不着。"

【学不着】 ɦo²¹²fu⁴⁵dʑia²¹², 不如。"近钞票阿弟学不着阿哥。"

【寻不着】 fu⁴⁵dʑia²¹², "个物事遁夊寻不着夊罢。"

【眙不着】 ts'ŋ⁴²fu⁴⁵dʑia²¹², 瞧不见。"听不着不烦, 眙不着不馋。""青光眼亦有白内障, 渠嘅一只眼灵珠眙不着夊罢。"

【用不着】 jyɔ¹¹fu⁴⁵dʑia²¹², 不顶事, 不用, 不必。"自家人用不着客气嘅。""买来嘅裤用不着, 不就身。"

【点不着】 ti⁴⁵fu⁴⁵dʑia²¹², "该厘柴滥糟糟恁随嚳那点不着。"

【用着不】 jyɔ¹¹dʑia²¹²fu⁴⁵, 行不行。"个事干就恁妆罢, 用着不啊?"

【当着不着】 tuɔ³³dʑia²¹²fu⁴⁵dʑia²¹²，说的干的不是时候。"当着不着，不着密密着。""你个人真当着不着，平时有讲有笑，走啦归甡那一句话也冇？"

【V+着罢】 dʑia²¹²ba³⁴，"起来了"的意思。"想着罢。""我匄渠打着罢。""洗浴洗冻着罢。""头里匄棒儿挓着罢。""恁吵我睏不着。""大家人寻爻半日，总算逮渠寻着罢。"

【用不着嘅儿】 jyɔ¹¹fu⁴⁵dʑia²¹²gəŋ³¹，詈指坏蛋。"个是用不着嘅儿，只会匄人生气，当我冇逮渠生来。"

【做+V+不着】 tsəu⁴²fu⁴⁵dʑia²¹²，拿某人或某物作代价。"做我该条老命不着，伉渠拼。"

【用着+S，用不着+S】 jyɔ¹¹dʑia²¹²…，jyɔ¹¹fu⁴⁵dʑia²¹²…，"用着珍珠玛瑙，用不着黄泥稻草。""用着是个宝，用不着是个草。"

【着(2)】 zhāo，tɕia³²³，音脚。下棋时下一子或走一步。"该着棋着赚爻罢。""恁嘅着法眙不懂。"

【着棋】 tɕia³²³dzɿ³¹，下棋。"我伉渠在搭着棋。"

【着(3)】 zhuó，tɕia³²³，音脚。穿戴。"两个人着共条裤。""吃一肚，着一身。""会打会算，裤着一半。""裤着一半，肉吃一盘。""着红着绿，爬上爬落。""着马褂，打领带。""渠着衣裳着出显嘅。""衣裳着起望出走。""衣裳着起丐儿一色。"

【衣着】 i³³tɕia³²³，穿着。

【着衣裳】 tɕia³²³i³³ji³¹，穿衣服。"我在搭着衣裳，你劤催嘅。"

【做衣供着】 tsəu⁴²i³³tɕyɔ³³tɕia³²³，家庭供穿着的费用。"能界大家人沃好起罢，做衣供着越来越用大。"

〔36〕字眼断个不，妆起眙三国

温州人把"字"称为"字眼"，把字和眼睛等同起来，可见我们的先民对知识是多么的珍惜。

【字眼】 zŋ^{11}ŋa^{34}，汉字。"写字眼。""牛皮上写字眼，值不得人老实。"

【字眼拙】 zŋ^{11}ŋa^{34}tɕy^{323}，突然间某个字不会写了。

【识字眼嘅】 sei^{323}zŋ^{11}ŋa^{34}ge^{0}，识字的。

"断个不"是什么意思？

【断个不】 dø^{34}kai^{0}pai^{323}，全不知道，喻指一个字都不认识。"字眼断个不，妆起眙三国，曹丕眙作曹不一。"

这里的"断"字很讲究，在温州话中是个多音字。

【断(1)】 duàn，dø^{34}，音囤。文读。没有，绝灭，终止义。"断代。""断档。""断交。""断奶。""断坏。""断种。""水缸里断厘儿水。""只吃三帖药就逮老毛病吃断根。"

【断根】 dø^{34}kø^{33}，指疾病彻底治愈。"个医生只匄我吃两帖药，就断根罢。"

【断坏】 dø^{34}p'ai^{33}，不成样子；轻贱他人之词。"你个人做事干断坏。""个息儿断坏，日日宿外转吊儿郎当。"

【断损】 dø^{34}sø^{45}，一点也没有损失。"该起事干对我讲是断损嘅。"

【断眼】 dø^{34}ŋa^{34}，一点儿也没有。"该本书断眼名堂。"

【不断动】 fu^{45}dø^{34}doŋ^{34}，好动。"个姆姆不断动，难带显。"亦作"冇断动"。

【断个板】 dø^{34}kai^{42}pa^{45}，身无分文。"断个板，空打喊。"

【挈断绝】 tɕ'i³²³dø³⁴jy²¹²，事情被弄僵了无法挽回。"该起事干本来可以有回旋余地,匄渠一妆,逮渠妆挈断绝爻。"

【断草无留】 dø³⁴ts'ə⁴⁵vu³¹ləu³¹，斩草除根，寸草不剩。"该个人真狠心,一把火逮该份人家烧爻断草无留。"

【断分番钿】 dø³⁴faŋ³³fa³³di¹¹，没有钱。

【断（2）】 duàn, tø⁴²，音锻。(白一)。断送,判定,杀价义。"断定。""断送。""诊断。""断价钿。""断命相。""我匄渠断煞。""和尚头断爻剃。""我匄渠断爻严嵩恁。""你不用排死阵断别人。""杨家嘅产业沃匄个败家子断送爻完。"

【断价钿】 tø⁴²ko⁴²di¹¹，讨价还价。

【断命相】 tø⁴²məŋ¹¹ɕi⁴²，死亡，女性骂人或诅咒人的常用语。亦作"短命相"。

【格断爻】 ka³²³tø⁴²ɦuɷ³¹，这一会可完了；这可麻烦了。"格断爻,身份证冇带来,着倒走转。"

【断（3）】 duàn, daŋ³⁴，无近似音。白二。断裂,断绝义。"断筋。""断气。""脚骨倒断爻。""篮儿把断爻。""尼龙线细是细,牢真牢,尽力拽也拽不断。"

【断经】 daŋ³⁴tɕiaŋ³³，事情已彻底完了。"断经弹三弦。""该笔生意断经罢呐,想救也救不起罢。"

"不"是最常见的否定词，普通话只有一读，温州话中有两读。

【不（1）】 bù, pai³²³，音北。1.单用，做否定性的回答。"不,我不知道。"2.用在动词、形容词和其他词前面表示否定或加在名词或名词性语素前面，构成形容词。"有势不可使尽,有话不可讲尽,有钿不可用尽。""该座大楼不近会起好。"

【不近】 pai³²³dʑiaŋ³⁴，不久。"屋宕不近会起好。""渠不近会毕业。"

温州人只是对一些诸如"不安""不比""不必""不可""不测""不成""不齿""不辞""不妨""不甘""不堪""不愧""不胜""不时""不无"等文绉绉的词语采用文读,其余的几乎都用白读。

【不(2)】 fǒu, fu⁴⁵,音斧,白读。1. 无,没有。"不搭界。"2. 非,不是。"不朝不睬。""渠对该起事干不着力。""不怕大,只怕就;不怕官,只怕管。"3. 不到,未。

【不啻】 fu⁴⁵sei⁴²,《六书故》:"不啻犹言何止。"不只,不止,不仅仅,不亚于;表示超出某个数目或某范围。"背后讲我嘅不啻三个人。""该头猪不啻五百斤重。""你讲只两斤,我讲不啻两斤。"

【不犯】 fu⁴⁵va³⁴,犯不上,犯不着。"一世沃恁苦,也就不犯出世做人。"

【不行】 fu⁴⁵ɕiaŋ⁴⁵,不可以。

【不净】 fu⁴⁵zəŋ¹¹,不干不净;也含有对女人用物藐视之意。"该条毛巾不净嘅,你覅洗面。"

【不畅快】 fu⁴⁵tɕ'i⁴²k'a⁴²,不舒服,指生病。

【不搭界】 fu⁴⁵ta³²³ka⁴²,吴语词汇。没关系,无关联;不沾边,不要紧。"该起事干伉你不搭界。"

【不当用】 fu⁴⁵tuɔ³³jyɔ¹¹,不起作用。"你打渠不过嘅,两个人也不当用嘅。""教你一日不当用,钻你肚里去一双。"

【不肯歇】 fu⁴⁵k'aŋ⁴⁵ɕi³²³,不罢休。"开车不留心撞着人,对方不肯歇,眙厘着赔钞票。"

【不牢家】 fu⁴⁵lə³¹ko³³,经常不在家。"你訾那恁不牢家,每次打电话沃寻你不着。"

【不灵清】 fu⁴⁵ləŋ³¹tsʻəŋ³³,搞不清楚。"我妆不灵清渠喜欢该个还是许个。""爱情个物色有能界真叫你讲不灵清。"

【不舍得】 fu⁴⁵sei⁴⁵te³²³,不愿意付出,吝惜。"恁好嘅衣裳,掼爻真有厘儿不舍得。"

【不黏吸】 fu⁴⁵ȵi³³ɕiai³²³,不紧密,不和谐。"大概是性格不合嘅关系,两个人之间总是不黏吸。"

【不癫不仙】 fu⁴⁵ti³³fu⁴⁵ɕi³³,与众不一样,含贬义,引申为人的精神不太正常。"个人不癫不仙,伉人排不牢嘅。"

【不懂头脑】 fu⁴⁵toŋ⁴⁵dəu³¹nə³⁴,不懂事。"息儿生小,不懂头脑。"

【不郎不秀】 fu⁴⁵luɔ³¹fu⁴⁵ɕiəu⁴²,意谓不高不下。古代称人以郎官,秀为等第。

【不上不落】 fu⁴⁵ji¹¹fu⁴⁵lo²¹²,不上不下。"事干妆爻不上不落,晓不得该訾那收场。"

有人误以为这就是"勿"字或"弗"字,不妥。这两个字都是入声字。

【勿】 wù, vai²¹²,音物。副词,不,不要。"请勿动手。""勿谓言之不预。"

【弗】 fú, fai³²³,音拂。不。"自愧弗如。"

温州人表示不要义时,倒是用"覅"字,读平声。

【覅】 fiào, fai³³,无近似音。"不爱"的合音。由"勿"与"要"合字紧缩而成,系流行于江浙一带的方言。"覅逮毛妆长起。""人无笑脸覅开店。""矮人面前覅讲短字。""宁做鸡头,覅做凤尾。""一覅赌力,二覅赌食。""日覅讲人,夜覅讲贼。""十赌九输,覅赌最是。""大碗饭好吃,大句话覅讲。""覅吃单边酒,要喝双边茶。""愿做太平狗,覅作乱世人。""宁愿鸡上屋,夥学猫下楼。""食夥言,卧夥语,酒夥醉,色夥迷。"

最后再来谈谈"妆"字,这是温州话中很常用的特征词。

【妆(1)】 zhuāng, tsuɔ^{33},音抓。文读。修饰,打扮。"化妆。""妆饰。""卸妆。""嫁妆。""时妆。""古妆。"

【妆(2)】 zhuāng, tɕyɔ^{33},音钟,白读。搞,做,干,弄。"心沃妆冷爻完。""逮你老太抬起妆爻。""阿妹经常句阿哥妆哭起。""妆月里嘅保姆着早厘落实好。""肚饿显饿,妆厘物事吃一吃。""个菜有烧好,口味沃妆不牢。"

【妆打】 tɕyɔ^{33}tiɛ^{45},欺侮人。"人生呆,一走出门就句人妆打。"

【妆鬼】 tɕyɔ^{33}tɕy^{45},玩弄手段骗人。"有傧生意人会妆鬼,近钞票随何乜事干也会干出。"

【妆搅】 tɕyɔ^{33}kuɔ^{45},1.玩耍,玩玩。"死爻苦,健搭会妆搅。"2.欺侮。"人生呆,经常句人妆搅。"

【妆紧】 tɕyɔ^{33}tɕiaŋ^{45},赶快。"妆紧俫,车马上就开吧。""你妆妆紧俫,渠等不牢罢。"

【妆不着】 tɕyɔ^{33}fu^{45}dʑia^{212},不搭界。"你伉渠妆不着嘅。"

【妆灵清】 tɕyɔ^{33}ləŋ^{31}ts'əŋ^{33},搞清楚。"该个问题还未妆灵清。""你夥听三不听四,事干着妆灵清新有发言权。"

【妆人家】 tɕyɔ^{33}naŋ^{31}ko^{33},当家。"当阿爸嘅着妆人家,年轻能界吃厘儿苦是应该嘅。"

[37]明朝起你着将息将息

在温州话中,有的词汇不仅是书面语言,甚至还是文学语言。如"将息"一词,普通话中并不常用,可我们却很常用。当遇到有人病后康复时,我们常说"你着好好将息将息"。

【将息】 tɕi³³sei³²³，音见式。宋代女词人李清照有一首千古绝唱《声声慢》，前阕是这样写的："寻寻觅觅,冷冷清清,凄凄惨惨戚戚。乍暖还寒时候,最难将息。"这里的"将息"是养息、保养的意思。从此，温州的先民把"将息"挂在了嘴头。温州有句俗谚："嬉嬉当将息,䁖䁖当补食。"

我们再来看看另一个词。温州人把"明天"叫"明朝"。

【明朝】 maŋ³¹tɕiɛ³³，音门招,这里的"明"是白读。明天。

"明朝"此词最早见于五代齐己《感时》诗："无穷今日明朝事,有限生来死去人。"唐李白有诗："待取明朝酒醒罢,与君烂漫寻春晖。"苏东坡有词："明朝酒醒知何处？肠断云间紫玉箫。""明朝酒醒还独来,雪落纷纷哪忍触。"陆游有诗："小楼一夜听春雨,深巷明朝卖杏花。"

【明朝后日】 maŋ³¹tɕiɛ³³ɦau³⁴ne²¹²，明后天。"我明朝后日再打电话勾你。"

有许多古人常用的词汇，在普通话中不知不觉地消失不见了,然而在温州话中还能见着踪影,而且还描画得活灵活现,用起来得心应手。应该说,这是非常难能可贵的,至少可以说明一个问题,温州话一点也不俗,不仅不俗,而且还非常高雅。

【生受】 siɛ³³jiəu³⁴，原为受苦、辛苦义，引申为费时、麻烦义,再引申为无回报地接受馈赠。秦观《宴桃源》："去岁迷藏花柳,恰恰如今时候。心绪几曾欢？赢得镜中消瘦。生受,生受,更被养娘催绣。"

"生受"一词还有一个特殊的用法,意谓费时、麻烦,温州人经常使用。"你恁生受。""炊松糕生受显。""煮粥比煮饭生受俫嘅。"

〔38〕朗眼箁担江蟹 —— 脚漏出完

"朗眼箁担江蟹"是句温州俚语,其义与北方俚语"饺子破了皮 —— 露馅了"基本一样,是自我暴露、露出马脚或底细的意思。那么温州先人为何用"朗眼箁担江蟹"来比喻露了底细、露出马脚这种现象呢?我们先看看"朗眼箁"是什么东西。

【箁】 bù,bøy³⁴,音婆的阳上声。旧时用竹篾、荆条、苇片等片条状材料编成的一种较深的圆桶形盛物器具。在我们温州地区,篓与箁是有区别的。篓比箁粗糙,篓用糙篾编织,箁用刮过的竹篾编织;篓一般用篾黄编织,箁用篾青、篾黄间编;篓一般以直篾为经、横篾为纬,篓底下没有加固的"撑夹",一般用竹片交叉加固;箁一般敞口,篓却不一定。如:"卵箁。""朗眼箁担江蟹,江蟹脚漏出爻。""该箁黄鱼有几俫重?"

【朗眼箁】 luɔ³⁴ŋa³⁴bøy³⁴,朗眼箁的特征是朗眼。所谓朗眼,就是指空隙较大。本地有句衣着时令方面的俚语:"三月三,朗眼皮鞋苎布衫。"朗眼皮鞋即凉鞋,苎布衫是用苎麻织的布做的衣衫。布孔较大,穿着凉爽。朗眼箁就是孔眼大的箁,一般用它来挑瓜菜,好漏掉泥土,海边人也用它来挑盛大鱼、江蟹之类的鱼鲜,好沥掉水分。由于箁孔大,朗眼,江蟹装在里边,它的有节的足当然会露在箁外了。

【朗】 lǎng,luɔ³⁴,音烺。1. 空间间隔大。"牙齿生朗显。""个姆姆鼻头眼灵珠沃生好显,就是牙齿生朗俫。" 2. 时间间隔大。"能界厂里生产抓紧显,会也开朗爻。"

"朗"的同义词是"稀"。

【稀】 xī,sŋ³³,音师。前置形容词,表明程度深。"稀碎。"

"稀烂。""稀旧烂滴。""该张纸稀薄,眚那会做起?"

【稀瘶】 sɿ³³za¹¹,很瘦。"该头牛稀瘶嘅,刮爻也冇几俅肉。"

【稀薄稀薄】 sɿ³³bo²¹²sɿ³³bo²¹²,密度小,不浓厚。

【稀旧烂滴】 sɿ³³dʑiau¹¹la¹¹tei⁴²,形容东西非常破旧,稀巴烂。

【稀哩糊涂】 sɿ³³lei³³vu³¹døy³¹,糊里糊涂。

"稀"的反义词为"厚",温州话有两读。

【厚(1)】 hòu,ɦau³⁴,音后。扁平物体上下两面间的距离大,与"薄"相对。"厚今薄古。"

【厚(2)】 hòu,gau³⁴,音狗的浊音,白读。"厚菇。""该本书厚显厚,有500多页。"

【面皮厚】 mi¹¹bei³¹gau³⁴,指那些脸皮厚不知羞耻的人。"面皮厚起打钻儿也钻不底。"亦说"皮厚"。

"稀"的另一个反义词为"浓",表示厚密、深沉义,也表示墨色深的浓。"浓",温州话有两读。

【浓(1)】 nóng,noŋ³¹,音农。文读。与"淡"相对。"浓茶。""浓雾。""浓厚。""该俅浓汁物事你也入底嗄?"

【浓(2)】 nóng,n̠yɔ³¹,无近似音,白读。墨色深,颜色深,程度深。"墨磨起浓显。""嘴唇上胭脂着忒浓。""渠集邮嘅兴趣浓显。""茶泡忒浓爻,有厘儿苦。"

【浓茶】 n̠yɔ³¹dzɔ³¹,未冲淡的初泡茶。

"浓"的一个反义词为"薄",温州话有三读。

【薄(1)】 báo;bó,bo²¹²,音拔。义与"厚"相对。"粥煮起薄浪汤恁,人沃映着。"

【薄饼】 bo²¹²pəŋ⁴⁵,春卷。

【薄粥】 bo²¹²tɕiəu³²³,稀饭。

【薄(2)】 báo,po³²³,音八,为音变,浊音清化。"细达薄肉",形容人的肌肤细嫩光滑。"个院主儿白白净净,细达薄肉。"

【薄(3)】 bò, bo^{212},音拔。薄荷。

"薄"的一个反义词为"稠",温州人不用稠,而用"饘"。

【饘】 zhān, tɕi^{33},音张。稠粥。"粥煮饘厘,忒薄不好吃。"

〔39〕"物事"与"物色"

在温州话中有两个颇令人注目的常用词,那就是"物事"和"物色"。它们是吴语区的特色词,在温州也很常用。这两个词在普通话中也时有出现,但无论是它们的使用频率还是含义都跟温州话有所差异。先说说"物"字,普通话只有一读,温州话却有三读。

【物(1)】 wù, vai^{212},音佛(1),微物入臻合三。1. 人以外的具体的东西。"文物。""地大物博。"2. 内容,实质。"言之有物。"3. 指自己以外的人或跟自己相对的环境。"物我两忘。"

【燸物】 zə^{31}vai^{212},柴木、稻草烧后留下的灰烬。"燸物淋汤叫灰汤。""稻秆烧起嘅燸物伉砻糠烧起嘅燸物不一色嘅。""宿燸物垯里掏来掏去,掏何乜啊?"

【物(2)】 wù, mai^{212},音墨,白一。"原物还你。"

【原物】 n̠y^{31}mai^{212},原貌,原来的东西。

【物(3)】 wù, møy^{11},音戊,白二。"物色。"

【物事】 møy^{11}zŋ^{11},普通话中的"物事"是书面语,代表事情或物品,但温州话中的"物事"专指东西,这里的"物"要白读。"肚饿显,有冇吃嘅物事。""屋底翻三个筋倒也唔冇物事绊脚。""冰箱里冇物事,该日只好夹淡吃吧。""大家人斗拢买样物事,送句老师作贺礼。""吃嘅物事,用嘅物事,上海沃比温州贵大显。"

【搅调嘅物事】 kuɔ⁴⁵diɛ¹¹ge⁰møy¹¹zŋ¹¹,玩具。

普通话中的"物色"是指寻找需要的人才或东西,如物色演员、物色衣料。但温州话中的"物色"除指寻找需要的人才或东西之义外,还指事物、东西。

"物色",这个词温州话有两读。

【物色】 vai²¹²se³²³,寻找需要的人才或东西。"物色演员。""物色衣料。"

【物色】 møy¹¹se³²³,1.指事物,东西,用品。"我有个物色是老外送匄我嘅,你一定未眙过。"2.特指人,含厌恶义。"渠算何乜物色,宿我该里指手画脚?"

那么,"物事"与"物色"两者是否可以通用或互换呢?不见得。这大概牵涉到修辞问题,一下子很难讲清楚。

〔40〕拣过拣,拣个破灯盏

说起动词、形容词的重叠,花样可真不少,温州人常在两个重叠词之间加上"打、加、过、各"之类的中嵌衬字,表示重复、屡行或强调。譬如当我们嘲讽某人过于挑剔、过于精到,结果聪明反被聪明误时,常说"寻加寻,寻个破灯盏"或"拣过拣,拣个破灯盏"。这儿的"寻加寻"或"拣过拣"翻译成普通话,当是"找了又找""挑了又挑"的意思,相比之下,温州话似乎更显得简洁。

"V＋过＋V",嵌入重叠的动词之间,加强语气,表示反复的动作。如"拣过拣,拣个破灯盏"相当于"七拣八拣,拣了个破灯盏"。

【沓过沓】 dø²¹²ku⁴²dø²¹²，"陈配沓过沓，冇人吃嘅，白白园冰箱里占位置，还是倒爻算吧。"

【弯过弯】 ua³³ku⁴²ua³³，"该条山路弯过弯，车难开显，你着留心。"

【拣过拣】 ka⁴⁵ku⁴²ka⁴⁵，"一篰江蟹匄人拣过拣爻罢，还有何乜好嘅呢？"

"V（A）+打+V（A）"，嵌入重叠的动词或修饰词之间，加强语气，如"赶打赶""鄙打鄙""明打明""实打实"等。

【鄙打鄙】 pei⁴⁵tiɛ⁴⁵pei⁴⁵，"该侬钞票买电脑还鄙打鄙嘅。""渠人生大个显，恁多布匄渠做条裤也鄙打鄙嘅。"

【赶打赶】 kø⁴⁵tiɛ⁴⁵kø⁴⁵，"我天光爬起迟，赶打赶走厂里上班，连配也未买。"

【明打明】 məŋ³¹tiɛ⁴⁵məŋ³¹，一目了然。"该本书明打明是渠担去爻嘅。""我明打明眙着有人走屋里底，訾那会寻不着呢？"

【实打实】 zai²¹²tiɛ⁴⁵zai²¹²，"你最好实打实，不用加油添醋嘅。"

此外，北方人说话，可以将名词重叠，如"天天"表一天又一天，"年年"表一年又一年。而温州人说话时，在名词中也采用相仿的格式，在重叠词中间再加上一个"各"或"加"字，更加强调重复的口气。

"N+各+N"，嵌入重叠的名词之间，加强语气，相当于"每每"。"个各个。""张各张。""条各条。""粒各粒。"

"N+加+N"，1. 嵌入重叠的动词之间，加强语气，表示反复的动作。"寻加寻，寻个独自人"，相当于"寻了又寻，却寻了个独自人"。2. 嵌入重叠的名词之间，加强语气，表示反反复复，一直如此。

【厨加厨】 dzŋ³¹ko³³dzŋ³¹,表示餐餐如此。"厨加厨沃喝酒,对身体肯定冇好处嘅。"

【年加年】 ȵi³¹ko³³ȵi³¹,表示一年又一年,年年如此。"三点一线,版版六十四,年加年沃是恁嘅生活。"

【日加日】 ne²¹²ko³³ne²¹²,表示一天一天地,天天如此。

【月加月】 ȵy²¹²ko³³ȵy²¹²,表示一月一月地,月月如此。"退休金月加月顿牢发,亦打啦卡里爻,直头方便显。"

〔41〕嬉嬉也会嬉争起

"争"字普通话只一读 zhēng,为会意字,金文字形像上下两只手抢夺东西。本义为抢夺东西。但在温州话中,争字却有三读。

【争(1)】 zhēng,tsie³³,音狰。1.力求获得或达到或实现。"争胜。""争气不争财。""人争一口气,佛争一炉香。""我该口气着争,再穷也不会求靠渠嘅。"2.欠缺,欠。"还争几侎。""开会嘅人只争两个罢。"3.争论,争执。"和气生财,相争生灾。"

【争远】 tsie³³jy³⁴,差得远。"该两种酒价钿差不多,味道争远。"

【争口】 tsie³³kʻau⁴⁵,争吵。"我一世也冇伉人争口过。"

【争(2)】 zhēng,dzie³¹,音争(1)的阳平声,白一。抢夺,争夺。"狗争骨恁。""船多争埠头。""你侎不用争,该个卵糕是留勾爷爷嘅。""戏台下人多显多,勾我争个好嘅位置来先。"

【争起吃】 dzie³¹tsʻŋ⁴⁵tsʻŋ³²³,抢着吃。

【争(3)】 zhèng,dzie¹¹,音争(1)的阳去声,白二。争吵,辩论。"白眼死争。""渠两个人妆争起。""我从来冇伉人争过。""你真会蛮争,明明是白嘅偏讲是黑嘅。""个人出来自讲自是嘅,不用伉渠争,冇意思嘅。"

【蛮争】 ma^{31}dziɛ^{11},强词夺理。亦说"无空争"。

【硬争】 ŋiɛ^{11}dziɛ^{11},强辩。"明明是你冇道理嘅,还宿搭硬争。"

【狗争骨】 kau^{45}dziɛ^{11}ky^{323},喻人彼此为小事情而争吵,互不相让。"你两个着好来嬉嬉,勿整日狗争骨恁。"

【白眼死争】 ba^{212}ŋa^{34}sʅ^{45}dziɛ^{11},强辩、强词夺理。"明明是你逮渠打伤爻,还白眼死争讲冇打人。"亦说"白眼争"。

〔42〕肥肉沃园底烄油爻

普通话读清声母 [f] 的部分字,在温州话的白读中要读浊音 [b]。今试举几例:

【肥(1)】 féi, vei^{31},音微。1. 含脂肪多,跟"瘦"相对。"肥肉。""肥胖。"2. 土质含养分多。"地很肥。"3. 肥料。"施肥。"4. 收入多的。"肥缺。"5. 衣服等宽大。"肥大。"

【肥(2)】 féi, bei^{31},音皮,白读。其声母有唇齿音变双唇音的现象。多用于形容牲畜。"先来嘅吃肥肉,后到嘅啃骨头。"

【肥浪荡】 bei^{31}luɔ^{11}duɔ^{11},1. 很肥的肉。"该俫肥浪荡,大家人沃勿嘅吃。"2. 比喻人做事不干脆。

【油】 yóu, jiau^{31},音由。动植物体内所含的脂肪或矿产的碳氢化合物的混和液体。"油水不相亲。""东坡肉一厘儿也不油。"

【板油】 pa^{45}jiau^{31},猪的体腔内壁上成板状的脂肪。

【奔油】 paŋ^{33}jiau^{31},形容过于肥胖。"个鸡娘沃奔油爻,肯定不会生卵嘅。"

【吃油】 ts'ŋ³²³jiau³¹，耗油。"菜干吃油显。"

【火油】 fu⁴⁵jiau³¹，1. 方言指煤油。2. 引申为因心火而导致心烦意乱。"火油也着起。""火油着啦头顶心。"

【炆油】 ŋuɔ³¹jiau³¹，1. 煎熬。"肥肉麭嘅吃，沃园底炆油爻。"2. 引申为折磨。"我句个事干炆油恁炆死嘅。"

【网油】 muɔ³⁴jiau³¹，猪的大网膜，因含有丰富的脂肪，故名。

【洋油】 ji³¹jiau³¹，灯用煤油。

【舀油】 jiɛ³⁴jiau³¹，买油。

【油绳】 jiau³¹zəŋ³¹，亦作"稻秆绳"。麻花。

【油枣】 jiau³¹tsə⁴⁵，一种油炸糕点。

【走油】 tsau⁴⁵jiau³¹，食物因变质而脂肪外溢。"炮起嘅带鱼园长久会走油爻嘅。"

【白塔油】 ba²¹²t'a³²³jiau³¹，奶油。英文 butter 的音译词。有时也喻指揩油。

【板油账】 pa⁴⁵jiau³¹tɕi⁴²，不靠记账，全靠记忆。"你做生意靠记板油账，会句人赚去爻嘅。"

【火油心】 fu⁴⁵jiau³¹saŋ³³，心烦意乱。"老公出门一个月也冇音信，肚里火油心显。"

【落油锅】 lo²¹²jiau³¹ku³³，受大苦，如在炼狱中煎熬。

【拖油瓶】 t'əu³³jiau³¹bəŋ³¹，吴语词汇。妇女再嫁时，带到后夫家去的与前夫所生的子女。

【万金油】 va¹¹tɕiaŋ³³jiau³¹，1. 清凉油，一种适用许多小病的药膏。2. 指什么都懂一点也能干一点的人。

【印色油】 iaŋ⁴²se³²³jiau³¹，印泥。

【油灯盏】 jiau³¹taŋ³³tsa⁴⁵，旧时一种没有灯罩、用食油作燃料的油灯。

【油炮丸】 jiau³¹p'uɔ⁴²jy³¹,油炸的糯米丸子。

【油炸馃】 jiau³¹tsa⁴²ku⁴⁵,油条。本作油炸桧。《越谚》:"秦桧害鄂王,民心不平,并恨其长舌妻,捼面粉为桧夫妻头脸,扭缠两身,灭其四肢,油闷烹食。"温州人惯称"炮油炸馃"。

【猪油糕】 tsei³³jiau³¹kə³³,用糯米、粳米粉制成,再用猪油煎熟的糕点。

【落花生油】 lo²¹²ko³³siɛ³³jiau³¹,花生油。

【油嘴骗舌】 jiau³¹tsʅ⁴⁵p'i⁴²ji²¹²,形容说话油滑虚浮。"个人讲说话油嘴骗舌个,你麮逮渠当真。"

【精】 jīng,tsəŋ³³,音晶。肉之粹者。跟"油"相对。同"膡"。

【精肉】 tsəŋ³³ɲieu²¹²,肥猪肉相对的瘦猪肉。"该粒肉精显嘅。"

【腿精】 t'ai⁴⁵tsəŋ³³,猪后腿的瘦肉。

【精搭肥】 tsəŋ³³ta³²³bei³¹,含有适量肥肉的瘦猪肉。

【拣精拣肥】 ka⁴⁵tsəŋ³³ka⁴⁵bei³¹,比喻挑剔,苛求。"你麮恁拣精拣肥,该俫物事沃是好嘅。"

在温州话中,"肥"只能指动物的肥胖,对人的肥胖则称"壮"。壮有两读。

【壮(1)】 zhuàng,tsuɔ⁴²,音罩。1.大,有力,强盛。"壮烈。""兵强马壮。"2.增加勇气和力量。"壮胆。"

【壮(2)】 zhuàng,tɕyɔ⁴²,音纵。温州话常把"肥胖"的"肥"称为壮。"个田螜儿壮显。""阿弟比阿哥壮厘。""人怕出名猪怕壮。""十月嘅田螜儿最壮。"

【壮质】 tɕyɔ⁴²tsai³²³,身体丰满。"个后生儿壮质显,就是忒黑厘。"

【丐儿壮】 k'ø³²³ŋ³¹tɕyɔ⁴²,虚胖。

【腯】 kūn，kaŋ³³，音鲲。非常胖，多指动物很肥胖。"腯圆。""腯壮。"

【腯壮】 kaŋ³³tɕyɔ⁴²，非常肥胖，多指动物。亦说"腯腯壮"。

【腯壮壮】 kaŋ³³tɕyɔ⁴²tɕyɔ⁴²，肥胖的形态。

【雪白腯壮】 ɕy³²³ba²¹²kaŋ³³tɕyɔ⁴²，形容人又白又胖的样子。

【胗】 nǎi，nai³³，音内的阴平。俗读。肥胖。"个姆养起胗壮胗壮。""生起壮胗胗圆鼓囡敦，眙着真有趣！"

【胗壮】 nai³³tɕyɔ⁴²，胗音内的阴平声。

【壮胗胗】 tɕyɔ⁴²nai³³nai³³，形容胖。"该个姆姆壮胗胗，养起好显好。"

〔43〕谷砻下嘅雀儿老吓吓

"谷砻下嘅雀儿老吓吓"是句温州俚语，它喻指那些受过恐吓、广见世面、久经风雨的人，正因为他们见多识广，遇事就不惧不怕，镇定自若。语中的"雀"，普通话读 què，是常用的会意字，从隹从小。隹是短尾鸟的泛称，甲骨文像鸟，合小旁表示小的鸟。"雀"本义是指鸟类的一种，形体较小，发声器官较发达，有的鸣声悦耳，如"麻雀""黄雀""燕雀""雀斑""雀跃""鸦雀无声"等，"雀"温州话有两读。

【雀(1)】 què，tɕʻia³²³，音鹊。文读。鸟类的一科，吃粮食粒和昆虫，特指"麻雀"，泛指小鸟。"门可罗雀。"

【雀(2)】 què，tɕi³²³，音节。白读。"青雀盲。""麻雀牌儿。"

【雀儿】 tɕi³²³ŋ³¹，麻雀。"雀儿麦。""怕金雀儿飞出爻。""吃谷嘅是该倈雀儿，吃米嘅也是该倈雀儿。"

【雀儿弹】 tɕi³²³ŋ³¹da³¹，打鸟的弹弓。

【雀儿窠】　tɕi³²³ŋ³¹k'u³³，鸟窝。

【青雀盲】　ts'əŋ³³tɕi³²³miɛ³¹，青光眼。

【吃谷雀儿】　ts'ŋ³²³ku³²³tɕi³²³ŋ³¹，麻雀。亦作"吱咕雀儿"。

麻雀在动物学上属鸟纲雀形目文鸟科，是一种以吃谷类为主的杂食性小鸟。20 世纪 50 年代中曾被列为"四害"之一，后因生物学家据实力争，说它虽吃谷物，但一生吃了不少庄稼害虫，功大于过，最后得以平反，从"四害"中除名，才不至于被灭绝。

【吓（1）】　xià，ho⁴²，音唬。使害怕。"人勼渠吓半死。""人吓人，吓死人。""姆姆勼渠吓着罢。""吓爻面色沃变白格纸爻。"

【吓（2）】　hè，ho³²³，音法。1. 怒斥声。"不好随便吓人。"2. 叹词，表示不满。"吓，忒欺负人了！"

【吃惊吃吓】　ts'ŋ³²³tɕiaŋ³³ts'ŋ³²³ho³²³，担惊受怕。"渠只单个儿，有病有痛吃惊吃吓嘅。""单个儿做客客 —— 吃惊吃吓。"

语中的"谷砻"是什么呢？谷砻是一种圆桶形的用来加工收成稻谷的原始器具。谷砻在扬谷时会有部分谷粒撒落在地，但它所发出隆隆的声响又挺吓人的，饿急了的麻雀为了生存，不顾惊吓来啄米，开头还有点儿担惊受怕的，但时间一久，胆子就大了，撵都撵不走了。这就是"谷砻下嘅雀儿老吓吓"或"谷砻下嘅雀儿吓老起"俚语的由来。

现在谷砻已不多见了，偶尔在农村还能见到一个，但在农忙时已派不上用场了。物之不在，名将焉存？随着谷砻这器物的消亡，现在的年轻人连"谷砻"这个名称都没听过了。所以这句俚语也被谐音转说成了"鼓楼下嘅雀儿 —— 老吓吓"。这句话也能找到书证。鼓楼即谯楼，是敲鼓打更的所在，据说那地方历史上某个时期还做过刑场。不管是打更的擂鼓声或杀人的威吓声,都是挺吓人的,但麻雀已习以为常了,自然也就不怕了。

顺便再说说"鸟窠"和"雀儿窠"的区别。

温州人把人的居室称作窠,至于猪、牛、羊、马等较大型的牲畜,它们栖身之所却不用"窠"。要说这是什么原因,大概只能说是一种习惯吧。

【窠】 kē、k'u³³,音科。1. 昆虫、鸟兽的巢穴。"老鸦窠里出凤凰。"2. 借指人安居或聚会的处所。"鸟儿衔窠恁。""拳打拳窠里。""鸟儿歇不落窠。""嘴绷开镬灶窠洞恁。""逮猫狸捉园鸡窠里养。""老鸦窠里掏不出白鸽卵。"

【被窠】 bei³⁴k'u³³,被窝。"坐被窠底胎书。"

【儿窠】 ŋ³¹k'u³³,子宫的俗称。"儿窠塌落。"

【蜂窠】 hoŋ³³k'u³³,蜂巢。

【狗窠】 kau⁴⁵k'u³³,狗窝。"男生嘅寝室乱显乱,狗窠一色。"

【鸡窠】 tsɿ³³k'u³³,鸡窝。"连篰也只鸡窠恁大。""鸡窠边嘅康蠖麭嘅咄。""捉头猫狸伉鸡窠里养。""男人勤,田头地角出黄金;女人勤,猪栏鸡窠出白银。"

【窠儿】 k'u³³ŋ³¹,詈称黄、赌、毒之秘密场所。

【鸟窠】 n̠ia³⁴k'u³³,鸟巢。

【鸟儿窠】 tiɛ⁴⁵ŋ³¹k'u³³,鸟窝。

【老鼠窠】 lə³⁴tsʻei⁴⁵k'u³³,老鼠窝。

【儿窠塌落】 ŋ³¹k'u³³t'a³²³lo²¹²,子宫脱垂。

〔44〕"掼"与"瓦"

表示手的动作,温州人有好几个特征词。

【掼】 guàn, ga¹¹，音馅。表示手的动作。在近代汉语中始作"扔，摔"解。"逮渠掼跌倒。""飞机掼炸弹。""字纸麰乱掼。""掼岩上也蹦起。""田里嘅稻着掼爻先。"

【掼稻】 ga¹¹də³⁴，将收割后的稻穗在稻桶上脱粒。"掼稻机修起罢。"亦作"打稻"。

【掼沙袋】 ga¹¹so³³de¹¹，一种儿童游戏。亦作"掼米子儿"。

【掼砂盉】 ga¹¹so³³uai³³，顺水推舟卖人情。"大家人沃同意，我也巴不得掼砂盉。"

【掼派头浪】 ga¹¹pʻa⁴²dəu³¹luɔ¹¹，装气势吓唬人。"你派头浪掼落，不愁渠不逮账拆爻道。"

【掼乌纱帽】 ga¹¹u³³so³³mə¹¹，比喻因气愤而辞职。"你宿我门前掼何乜乌纱帽啊。"

【抛】 pāo, pʻuɔ³³，音滂。表示把东西丢弃。不大见用，只见于外来词语中。1.投，扔。"抛掷。""抛撒。""抛售。" 2.舍弃，丢下。"我老安生细显，该种抛头露面嘅事干妆不俫嘅。""别人是个缸，捣爻远远抛。"

【甩】 shuǎi, ɕiai³²³，音吸。1.抡，扔。"渠手一甩，一句话也不讲就走去爻。"2.抛开，抛去。"破篮儿甩爻麰渠。"

【甩秋千】 ɕiai³²³tɕʻiəu³³tɕʻi³³，打秋千。

【甩台劲】 ɕiai³²³de³¹tɕiaŋ⁴²，腾空翻。"渠宿剧团里只会跑龙套，甩台劲，戏不乜会做。"

【甩大衫袖】 ɕiai³²³dəu¹¹sa³³jiəu¹¹，慷慨大方。"你该日真甩大衫袖，掼出恁多钞票请客。"

【丢】 dū, pʻa⁴²，音派，俗读。《中华大字典》作扔、丢、抛弃义。"西瓜皮麰乱路上。""渠走温州打工，姆姆乱农村屋里囥渠姅养。"

【拌(1)】 bàn, bø³⁴，音伴。搅和；口角。"搅拌。""拌嘴。""苦胆拌黄连。""小葱拌豆腐——一青二白。""黄瓜里吭厘儿糖霜拌一拌。"

【拌(2)】 pān, p'ø³³，音潘。豁出性命。《方言》10 卷："今谓弃身为拌命。"

【拌(3)】 pān, p'a⁴²，音派，白读。丢掉；用力摔。《方言》10 卷："楚凡挥弃物谓之拌。"

〔45〕"脱""褪"与"腾"

温州有一句谚语："路滥早脱鞋，事干早调排。"意思很明白，在此不必赘述。这里的"脱"，普通话有两读，温州话也有两读。

【脱(1)】 tuō, t'ø³²³，音探的阴入声。1.离开，落掉。"脱产。""脱贫。"2.取下，除去。"脱帽。""脱胎换骨。"

【脱(2)】 tuì, t'ai³²³，音退的入声。取下，除去。"脱皮换骨。""脱衣裳。""逮桦头脱出。""马达嘅转子脱不出。"

【两头脱】 liɛ³⁴dəu³¹t'ai³²³，1.霍乱的吐泻症。2.模棱两可，耍滑头。"该訾那就訾那，麴宿搭两头脱。"

【滑头滑脱】 ɦo²¹²dəu³¹ɦo²¹²t'ai³²³，说话油滑、处事狡猾。

【路滥早脱鞋】 løy¹¹la¹¹tsə⁴⁵t'ai³²³ɦa³¹，喻指悬崖勒马。"个老安忒雀跃，我吃不落，还是路滥早脱鞋。"

凡脱去穿戴之物，温州话皆读 t'ai³²³。有人将其写作"褪"，我们要注意从声调上区别："脱"念入声，"褪"念去声。"褪"是个异音词，有两读。

【褪(1)】 tuì, t'ai⁴²，音退。义同脱(2)。1.脱落，脱去。

"兔儿正褪毛。""雨打四月八,河潭晒褪壳。"2. 颜色消退或消失。"褪色。"

【褪皮换骨】 t'ai⁴²bei³¹va¹¹ky³²³,洗心革面,彻底悔改。"日后我一定褪,重新做人。"

【褪(2)】 tùn, t'aŋ⁴²,音氽。1. 使穿着的衣服或套着的东西脱离。"把袖子褪下来。"2. 向内退缩而藏起来。"把手褪在袖子里。""槐豆浸涨,壳好褪显嘅。""任务忒重,人手褪不出。"

【褪宽】 t'aŋ⁴²k'a³³,宽绰;不狭窄。"宕地生大,摆三张圆桌还褪宽嘅。""43码嘅鞋匄我忒大,着起褪宽嘅。"

要注意"褪"的这一读法跟"腾"的白读很容易混淆。"腾"字普通话读 téng,只有一读,温州话却有三读。

【腾(1)】 téng, daŋ³¹,音藤。文读。1. 奔跑,跳跃。"奔腾。""欢腾。"2. 上升。"腾云驾雾。""飞黄腾达。"3. 空出来,挪移。"腾退。"

【腾丁泡】 daŋ³¹təŋ³³p'ou⁴²,石头剪子布。一种儿童爱玩的划拳游戏。

【腾腾响】 daŋ³¹daŋ³¹ɕi⁴⁵,象声词,形容很响的声音。"渠腾腾响趟来报信。"

【腾(2)】 téng, t'aŋ³³,音温吞的吞。白读。做事缓慢貌。"个人讲话慢腾腾。"

【慢腾腾】 ma¹¹t'aŋ³³t'aŋ³³,形容缓慢的样子。

【慢慢腾腾】 ma¹¹ma¹¹t'aŋ³³t'aŋ³³,很慢的样子。

【腾(3)】 téng, t'aŋ⁴²,音氽。腾出、抽出义。"屋宕大显,一家四五个人住还腾宽嘅。""死个老老娘儿爻,腾张床出。"

〔46〕摸文和抓阄儿

我们在日常生活中,常需要"抓阄儿"以示公开、公平、公正。"抓阄儿"是北方土话,也说"拈阄儿",意谓从预先做好记号的纸卷或纸团中每人取一个,以决定谁该得什么东西或谁该做什么事。对这种事,温州人常称之为"摸文"。

【摸】 mō, mo^{212},音目。摸是会意兼形声字,从手从莫,莫亦声。莫有昏暗义,合二形表示看不清,用手探求。1. 用手接触,抚摩,探取,寻找,拿,做。2. 暗中行进,在认不清的道路上行走。"老虎屁股摸不得。""摸把盐囥水里爻。""摸蟹儿,摸虾儿。""摸摸清,明年出正。""走药房里摸两帖太平茶儿。""头里摸啦落一把头发遁遁落。""兜里钞票勾人摸去爻也冇知觉。""姆儿还小,地下乱摸,大人着逮渠眙牢。""该日真霉,车票买不到,还勾人摸去爻手机。"

【打摸】 tiɛ^{45}mo^{212},打算;筹划。"我打摸下半年走台湾嬉一嬉。"

【摸命】 mo^{212}mən^{11},1. 一种方术。2. 指做事慢腾腾。"你麭摸命恁,做事干总着紧手厘。""个人做事干摸命恁,急不来嘅。"

【摸文】 mo^{212}vaŋ^{31},抓阄儿。这里的"文"即指写有文字的小纸团,故称摸文。"安置房定位,最好嘅办法还是摸文,大家人冇意见。"

【摸相】 mo^{212}ɕi^{42},一种方术。

【摸药】 mo^{212}jia^{212},同"撮药",按处方去中药房配药。

【摸着】 mo^{212}dʑia^{212},摸(到了)。

【摸周】 mo^{212}tɕiəu^{33},对周,旧俗孩子一周岁时,父母常将许多东西放在盘子里让孩子任抓一件,据说可以预测孩子将来的喜好、志向和职业。后来,摸周成了小孩周岁的代名词。

【摸摸拢】 mo^{212}mo^{212}loŋ^{34},归纳起来。"摸摸拢就只三个字:好显好。"

【现摸摸】 ji^{11}mo^{212}mo^{212},原指立即兑换的彩票,引申指现金交易。"该间店买物事沃着现摸摸嘅,不好赊。"

【搲】 mō, mo^{31},音麻。《正字通》:"同摩。"以手摸,满把抓。"搲药。""搲把盐伉水里爻 —— 白白歇。""搲把虱伉头上偬 —— 自讨苦吃。"

【搲药】 mo^{31}yia^{212},同"撮药",按处方去中药房配药。

【搲搲拢】 mo^{31}mo^{31}long^{34},归纳起来。

【打把搲把】 tiɛ^{45}po^{45}mo^{31}po^{45},比喻工作艰难。"公司新开办能界,真是冇日冇夜,打把搲把,直头妆苦显。"

试作比较,"摸"读入声,"搲"读去声;"摸"有用手轻触义,"搲"有用手乱抓、满把抓义;"摸"有探索义。

〔47〕刺鼓老人儿一色

"刺"是个常用的会意兼形声字,从刀从束(cì),束亦声。束像树木的尖芒,合刀旁表示刀的尖端。本义为长矛的矛头。

在普通话中,"刺"有两读,一读 cī,温州话读 ts'ɿ^{33},作象声词,形容撕裂、摩擦、喷发的声音,如"刺溜""刺刺地响""刺的一声"等。

"刺"另读 cì,1. 可以作名词:泛指尖锐的东西,如"挑刺""鱼刺""刺刀""话里有刺"等。2. 也可以作动词:扎入、捅进义,如"刺激""刺伤""刺绣""刺字""冲刺"等;钻进并使不舒服义，如"刺耳""刺鼻""刺骨""讽刺"等；捅杀、杀害义，如"刺杀""行刺""遇刺"等。

"刺"在温州话里有三读。

【刺（1）】 cì，ts'ŋ⁴²，音次。1.用有尖的东西插入。"刺伤。""刺杀。"2.暗杀。"刺客。""行刺。"3.侦探，打听。"刺探。"4.用尖锐的话指出别人的坏处。"讥刺。"5.尖锐像针的东西。"鱼刺。"6.钻进并使不舒服。"刺鼻。""刺耳。"

【毛管劙刺】 mə³¹kaŋ⁴⁵lei¹¹ts'ŋ⁴²，因畏惧或受寒而毛发悚然。"该部录像忒吓人，我眙爻沃毛管劙刺起。"

【刺（2）】 cì，ts'ei⁴²，音掣。生刺。"眼中钉肉中刺。""烂污泥里刺戳出。""指甲眼里句刺戳底痛显痛。"

【刺鼓】 ts'ei⁴²ku⁴⁵，癞蛤蟆的俗称。又作"刺牯"。

【刺鼓老人儿】 ts'ei⁴²ku⁴⁵lə³⁴ɲiaŋ³¹ŋ³¹，骂人像个又老又丑的癞蛤蟆。

【刺（3）】 cì，ts'ei³²³，音戚。用针类编织。"刺网。"

【刺绒衫】 ts'ei³²³zoŋ³¹sa³³，打毛衣。

【刺鞋底】 ts'ei³²³ɦa³¹tei⁴⁵，纳鞋底。

对温州人来说，有时候该用"刺"的，他偏不用，大家说刺绣，温州人偏说插花或挑花。温州人指某些食物多刺为生骨。

"刺"有用锐利之物戳人或穿透义，普通话说"被人刺了一刀"，温州人则说"句人戳爻一刀"或"句人顿爻一刀"。

[48]唾水八淡冇喝功

喝酒的"喝"，在现代汉语里是个常用词，大家都认识。但是，翻开字书查一查"喝"，是入声字，许葛切。

【喝(1)】 hè, hø³²³，音罕的阴入声。大声喊叫。"喝彩。"

【行喝】 ɦɛ³¹hø³²³，跑龙套。

"喝"字直至清代才出现吸食液体饮料或流质食物义。应该说，温州人现在所说的"喝酒"的"喝"，当不是"喝"字，那么该用何字呢？广东话用"呷"，我认为温州话也是用"呷"，或用"欱"。

【呷】 xiā, ha³²³，小口地吸饮或喝。

【欱】 hē, ha³²³，音赫。同喝(2)。饮，吸吮。

不过也可以择俗而从之，就采用"喝"字。

【喝(2)】 hē, ha³²³，音赫。同"欱"。吸进液体或流质食物。"喝茶。""喝酒。""饭前先喝汤，胜过开药方。""我酒不会喝嘅，有半两落肚，人就会晕晕动起。"

【喝茶儿】 ha³²³ dzo³¹ ŋ³¹，喝中药汤剂。"该两日在搭喝茶儿，酒喝不得。"

〔49〕坐有坐相，徛有徛相

"徛""隑""𢍅"三字在普通话中都不大见到，但在温州话中很常用，希望能引起读者的注意。

对于身体直立义，普通话说"站"，温州话说"徛"。

【徛】 jì, ge³⁴，音渠(2)的阳上声。立。"徛车儿。""徛起走下儿先。""大家人徛牢坚。""该个人徛起笔直直。""画个圈儿，徛个圈儿。""镬灶额头徛不得三姓人。""只要徛得正，不怕人影歪。""四大金刚恁大，也徛山门外爻。""该俫说话讲出肚皮胀显，人沃匃渠听徛起爻。""行得正，徛得正，不怕和尚尼姑合板凳。"

【单徛人】 ta³³ ge³⁴ naŋ³¹，单人旁。

【双徛人】 ɕyɔ³³ge³⁴naŋ³¹，双人旁。

【清等白徛】 ts'əŋ³³taŋ⁴⁵ba²¹²ge³⁴，白费功夫。"谷医生该日不眙病,你宿穀也是清等白徛嘅。"

顺便提一下跟"徛"很近似的两个字。

【竖】 hài，ge³⁴，音徛。站立。"你覅竖起逮我撕牢。""竖起走下儿先。"

【隑】 gāi，ge¹¹，音戤。章炳麟《新方言》二："浙西谓负墙立曰隑。"《现代汉语词典》隑已简化为"陔"。1. 斜靠，倚靠。"门板隑在旁面。""锄头隑在屏墙角。2. 竖起来：耳朵隑起驴儿恁。"

【戤】 gài，ge¹¹，音隑。同"隑"。"楼梯戤屏墙里。"

〔50〕"糖金樱"与"杏仁"

"糖金杏"的"杏"写得对吗？不对,应该是"糖金樱"。每部字典都告诉我们：金樱是石榴的别名,为什么把石榴叫成金樱呢？字典里也说得很清楚,那是因为吴越国武肃王名钱镠,浙人避钱氏讳,改石榴为金樱。宋《青箱杂记》："至今吴越间谓石榴为金樱。"糖金樱是一种形似石榴的糖果。

【樱(1)】 yīng，iaŋ³³，音瑛。文读。1. 樱花。2. 樱桃。

【樱(2)】 yīng，ɛ³³，音鹦(2)。白读。金樱：石榴。

【金樱】 tɕiaŋ³³ɛ³³，石榴的别名。"金樱满肚子。"

【糖金樱】 duɔ³¹tɕiaŋ³³ɛ³³，白糖做的红色造型礼品,订婚时男方馈赠女方。"糖金樱上插花。""糖金樱倒个角爻。"

【杏】 xìng，ɛ⁴⁵，音哀的阴上声。"杏树。""杏儿。""杏子。""杏仁儿。""杏黄。"

【杏梅】 ɛ⁴⁵mai³¹，梅树的一种。

类似的还有：

【鹦(1)】 yīng, iaŋ³³，音瑛，影耕平梗开二。文读。鹦鹉。

【鹦(2)】 yīng, ε³³，音樱(2)。白读。1.鹦哥。2.鹦绿。

温州人往往将"鹦鹉"俗称为"鹦哥"，这时候的"鹦"读 ε³³，是白读，如"鼻涕绿鹦鹦"是由"鹦哥绿"引申而来。

【鹦哥】 ε³³ku³³，鹦鹉。

【鹦绿】 ε³³lo²¹²，深绿。"鼻涕鯀出鹦绿嘅。"

【绿鹦鹦】 lo²¹²ε³³ε³³，有点儿绿的颜色。"鼻涕绿鹦鹦恁，你热显热哪。"

〔51〕"嫌憎"与"嫌疑人"

我们查"嫌"字，它属于咸开四添韵见系字，普通话读 xián，温州话却有两读。

【嫌(1)】 xián, ji³¹，音前。文读。1.怀疑。"嫌疑。""嫌弃。""嫌犯。"2.怨恨，仇怨。"嫌隙。"这些词不是温州话中的固有词汇，而是受官话影响新引入的词，故这里的"嫌"应该文读。

【嫌(2)】 xián, fia³¹，音鞋。白读。厌恶，埋怨，不满。

这个读法倒是经常用，如"嫌憎"。"嫌憎"的"憎"字到底该怎么读？

我们先查"憎"字，它属于曾开一登韵精组字，普通话读 zèng，其文读为 tsaŋ³³，音增，作滕切，如"憎恶""憎恨""爱憎分明"等。其白读为 tsəŋ³³，音蒸，如"嫌憎""得人憎"等。

要注意："嫌憎"二字因为"嫌"是白读，"憎"也跟着白读。

【憎(1)】 zēng, tsaŋ³³，音增。文读。"憎恶。"

【憎(2)】 zēng, tsəŋ³³，音蒸。白读。"嫌憎。""睇人憎。"

【嫌憎】 ɦa³¹tsəŋ³³，音鞋晶。厌恶，憎恨。"白吃咸鲞嫌憎淡。""肚饱嫌憎肉苦。""自嘅屙不嫌憎臭。""死人嫌憎别人头臭。""自白眼，还嫌憎别人推眭。""儿不嫌憎娘爷丑，人不嫌憎家乡穷。""你不用逮渠囝啦嫌憎，论相貌，论品行，渠狃一起比你毛？"

【得人憎】 tei⁴²naŋ³¹tsəŋ³³，难为情，害羞。"财主讲话有人听，穷人讲话得人憎。""渠逮个院主儿盯牢眙，别人沃句渠眙得人憎起。"

【怕得人憎】 pʻo⁴²tei⁴²naŋ³¹tsəŋ³³，腼腆。"该个院主儿怕得人憎，唔胆走台上唱。"

〔52〕"划"与"画"

"划"字普通话有两读，温州话也有两读；"画"字普通话只有一读，温州话却有两读。

【划（1）】 huá，ɦo³¹，音霞。1.用桨拨水使船行动。"划水。""划船。""划龙船。""划斗龙。""划船眙船头，打拳眙拳头。"2.合算，按利益情况计较是否相宜。"吃不穷，着不穷；不会划算一世穷。"3.用刀或其他东西把物件分开或从物件上面擦过。"划玻璃。""划一道口。"

【划龙船】 ɦo³¹liɛ³¹jy³¹，划龙舟。

【划龙桥】 ɦo³¹liɛ³¹dziɛ³¹，温州鹿城区地名。

【划（2）（劃）】 huá，va²¹²，音或。1.分开。"划界。""划时代意义。"2.设计。"计划。""规划。""出谋划策。"

【锁匙划】 so⁴⁵zei³¹va²¹²，开老式锁的钥匙。

【划（3）（劃）】 huà，va²¹²，音或。同"画"。汉字的一笔叫一划。

【笔划】 pi³²³va²¹²，同"笔画"。

要注意"划"跟"画"的区别。

"画"普通话只有一读 huà，温州话跟古汉语一样，有两读。

【画（1）】 huà，ɦo¹¹，音夏。1.图画。"油画。""连环画。"2.绘画。"十八个捣臼还画在岩上。"3.用笔等工具做出图形。"画图。""画押。"

【画花儿】 ɦo¹¹ho³³ŋ³¹，形容不成样子。"渠写字眼画花儿恁画起。"

【鬼打画涂】 tɕy⁴⁵tiɛ⁴⁵ɦo¹¹døy³¹，指书写不工整，字迹潦草，涂鸦；喻指做事不认真。"渠嘅字眼写起鬼打画涂恁，匄人认也认不着。""渠干事干一出鬼打画涂恁嘅，你着逮渠舵把牢厘。"

【画（2）】 huà，va²¹²，音或。1.量词，汉字一笔叫一画。"笔画。""天字四画。"2.比画。"指手画脚。"

〔53〕蝉街？禅街？泉街？

我们都知道，温州人说话跟普通话有很大不同，如"砚台"温州人叫"圆瓦"，"旅费"叫"盘渠"，"蟾蜍"叫"山夔"，什么原因？我们的祖宗（不仅是温州人的祖宗，甚至也包括北方人的祖宗）原来就是这么叫的。

翻开字典，我们查一查"砚"字，属于山摄开口四等字；再查"缠"字，属于山摄开口三等字；再查"蟾"字，属于咸摄开口三等字；再查一下"泉"字，属于山摄合口三等字。《音韵学》告诉我们：阳声韵的咸山摄，凡是开合口三四等字，古人读撮口音，后来慢慢向齐齿音过渡。这说明唐宋时的温州人是把泉

（jy）街读成蝉（ji）街的。

【砚（1）】 yàn，ji^{11}，音尚，疑霰去山合四。磨墨的文具。"墨砚。""砚台。"

【砚（2）】 yàn，jy^{11}，音县，白读。

【砚瓦】 jy^{11}ŋo^{34}，砚台。旧时常取古宫殿之瓦为砚，故名。"华盖山有个砚瓦槽。"

【缠（1）】 chán，dʑi^{11}，音健。围绕、搅扰、牵绊义。"缠绕。""缠缚。""纠缠。""琐事缠身。""该个人真难缠。"

【歪缠】 ua^{33}dʑi^{11}，无理取闹。纠缠不休。亦作"歪死缠"。

【歪厮牢缠】 ua^{33}sʅ^{331}ə^{31}dʑi^{31}，无理取闹，纠缠不休。"阿爸该日冇兴头，你再歪厮牢缠，着打吧。"亦作"烦死牢缠"。

【缠（2）】 chán，dʑy^{31}，音权，白读。作名词。盘缠。

【盘缠】 bø^{31}dʑy^{31}，车旅费，特指旅途费用。

【蟾（1）】 chán，ji^{31}，音前。"蟾宫折桂。"蟾蜍：两栖动物，俗称癞蛤蟆。

【蟾（2）】 ji^{31}，dʑy^{31}，音权，白读。山蟾：俗称癞蛤蟆。

【泉（1）】 quán，jy^{31}，音全。从地下流出的水源。"泉源。""温泉。"

【泉（2）】 quán，ji^{31}，音蝉。地名：泉街，即今蝉街。

有人说，因为永嘉大师在松台山证道，四方名士前来朝拜问道的络绎不绝，因而称之为禅街。似乎言之有理，但是，这么重要的一个富含底蕴的人文背景，为何一直未见于志书呢？当年我撰写《温州历史年表》《鹿城人文景观》时，从未发现有"高僧云集一条街"的记载。而"蝉街"除了被称作"禅街"外，在历史上还有"前街""蟾街"等别名，这么多的"别名"是否都可以追溯到"泉街"，从而与最早的"甘泉坊"一名联系起来呢？要解决这个问题,可能还得在地方文献中寻求更确凿的证据。但我认为,从方音的角度进行思考,也不失为一种方法。

我们先祖一直有重音轻文的习惯,凡是人名地名,只知道发的是什么音,而不在乎写的什么字。例如温州素称东瓯,夏商周时称瓯、欧或沤。据胡珠生考,瓯亦称欧、鸥、貙、伛、呕等。为什么称瓯?有人说温州地形三面环山,一面接水,像一个"匸"字形,"匸"即"区"即"瓯",因而得名;也有人说,"瓯"乃中间低边缘高的陶器,温州先民擅长制造陶器,所以有此称呼。依此之言,"瓯"显然是他称。但依《说文》等辞书,"瓯"是陶制小盆,"沤"为浸泡意,"欧"为地名,"鸥"为鸟名,"貙"为猛兽义,"伛"为驼背义,"呕"为呕吐义,它们的本义并不指人或族类,看来以"瓯"称百越,是部分百越支系自称的译音词。既然是译音,无论用哪个字,也就不讲究了。

那么百越的一支为什么被称作"瓯"呢?此名有何含义?以我拙见,这个"瓯"音代表的是百越某些群体语言的"人"一词。一个民族如果不与外界接触,是不会给自己起名的,而当他们与外界接触后,外族人问他们是什么人时,常以"人"或人称代词"我们"作答。

据《史记》等记载,春秋时期吴国自号"勾吴","勾吴"与"瓯"音近,也是百越支系自称的译写,这说明古代百越以"人"泛指"我族类"是合乎逻辑的。百越语"人"在一些地区只有一个音节,记作"瓯",而在另外一些地区是个带前缀的双音节词,记作"勾吴"。

另据郑张尚芳考,吴越地名、人名中以"余""夫""无""勾"开头的很多,旧说以为这些都是无义的发语辞,现在经过语言比较,发现都有实义,原来"余"义田地,余姚即指姚姓居住的地方,余杭则是搁置舟航之地。"夫"义相当于君,吴王夫差的"夫"其实是个加于帝王名前的词头。越王勾践的"勾"也是词头,表示祭祀的意思,作为帝王,以兴祀为名表达了保卫家园的决心。

地名是当地居民给居留地及地理实体取的名称,带着明显的民族语言烙印,即使原住居民因故迁走或改换语言,地名也往往长久保留下来。由此可以推断:作为越人,常喜欢称自己的民族为"瓯越",所以"瓯越"就是"我们越族人"的意思。浙南一带的越民把母亲河称作瓯江,同样也是"我们的江"的意思。由于语音演变,散居在各地的百越后裔对人称的发音有了较大的变异,于是,"瓯江"就成了专指名称了。

以此推理,松台山前这条街,我们的祖先将其称为 [ji] 街,至于用哪个字,可能在不同时期会有不同,但在城市历史文化街区保护和改造过程中,原则上应该尽量保持沿用已久、老百姓耳熟能详的老地名。如果不是有特别的必要,就不要人为地、轻率地改变地名,以免造成不必要的混乱。

〔54〕正月正月慢

温州人有句话,叫"正月正月慢,二月新 $ko^{323}da^{212}$",意思是说春节期间,走亲访友,彻底放松一下,玩个透,吃了元宵,还不想开课开工。这里的 $ko^{323}da^{212}$ 到底该用什么词呢?大家各说各的,没有定论。笔者将其归纳起来,有两说。

【闼】 tà,da^{212},音达。门,小门。

【搁闼】 $ko^{323}da^{212}$,搁,音各,有放置义。门屏之间曰闼,指商店里可以装卸的店门,如"闼门""店闼""店闼板""店闼门"。搁闼,指把店闼门卸下来放好,意谓开始营业。

【店闼板】 ti⁴²da²¹²pa⁴⁵，商店里可以装卸的门板。

【店闼门】 ti⁴²da²¹²maŋ³¹，商店的门。"个店关门罢，店闼门也上起罢嘅。"

【上闼门】 ji¹¹da²¹²maŋ³¹，把店门板一块块竖上去，表示店铺停止营业。

【簅】 tà，da²¹²，音达。窗扇，旧时一种用于遮挡阳光的篾织物，后用木板制成。

【挂簅】 ko⁴²da²¹²，旧时在店堂前挂上遮阳的竹帘，表示开始营业，引申为开始。"正月正月慢，二月新挂簅。"

【窗簅】 tɕʻyɔ³³da²¹²，窗门板，代替窗帘以遮挡窗户的木板。"黄昏日暗爻罢，窗簅着上起爻嘅。"

[55] 猪未刐，头先刐

　　十余年前，我去桥头黄堡村看望初中时的同学沙高朋。多年未见，他很高兴，硬是从道坦里放养的一群鸡中抓了一只，说要招待我。毕竟年岁不饶人，花了很大的劲才逮住了一只大母鸡，当下磨刀霍霍，将其杀了招待我。温州人说杀鸡叫 tʻai³³ 鸡，永嘉人亦然。他对方言很有研究，于是跟我切磋起这个 tʻai³³ 字该怎么写。那时候我刚出了本《温州话》，对该字曾经研究过，于是我告诉他，我们是跟着福建人说的话，福建沿海一带凡杀都说"刐"。温州话中的"刐"通常用于宰杀家畜、家禽等，如："刐鱼。""刐鸡。""刐猪。""刐番鸭。""刐蛇鱼儿。""刐猪人勼猪咬。""刐一头牛，分不到一斤油。"

　　【刐】 luò，lo²¹²，音洛。1.剔去；切割长的圆筒状的东西。"刐猪头。""猪未刐，头先刐。""逮芥菜桩刐落盐菜蕻。""叫你干该起事干,好比刽头一色。"2. 引申为全部搞定。"剩落嗰物事沃匀我统刽。"

现在,已不大用"刽"而改用"落",而且把"落"字用到了出神入化的地步。

〔56〕肚打筘,嘴挂钩

【勼】 jiū, tɕiau³³,音纠。1. 蹲。"大家人勼落,覅徛起。""个人勼番薯盹里劚番薯。""未学打篾先学勼,未学裁缝先学偷,未学小旦先学扭。"2. 待着。"你勼毂宕,覅走来走去。"

【筘】 qiū, tɕ'iau³³,音丘。竹篾或金属条或其他物品制成的束物圈。"筘桶。""打筘。""头筘。""铁筘。""橡皮筘儿。""肚打筘,嘴挂钩。""筘桶老司怕壅勼。""递条篾,勼人做桨筘。""后生儿覅犟,臀筘难上。"

【打筘】 tie⁴⁵tɕ'iau³³,用竹篾或金属丝箍紧。"肚打筘,嘴挂钩。"

【墙筘】 ji³¹tɕ'iau³³,墙体上的圈梁,多用钢筋混凝土浇成。

【头筘】 dəu³¹tɕ'iau³³,头箍,女人的头饰。

【橡皮筘儿】 ji³⁴bei³¹tɕ'iau³³ŋ³¹,橡皮圈,橡皮筋。

【趥】 qiú, gau³¹,音厚的阳平,群尤平流开三。1. 足不伸。"趥筋。""该个位置太小,我脚趥在搭难过死罢。""你脚趥趥拢厘儿,沃翘到我身里罢。"2. 比喻物屈不伸,身体躬曲不直。"穿山甲趥拢一个球恁。""背肩身趥拢虾蛄弹一色。""恁嗰天色人沃冻趥拢爻。""新式带熬凑,冷起望拢趥。"3. 物体卷曲,变皱不平。"该件衣裳趥起罢,着烫一烫。"

【跔】 jū, dʑy³¹ → gau³¹,俗读。同"趥"。

〔57〕老安揂着一世爽

温州人常说"老安揂着一世爽",意思是说,如果能得一贤妻陪伴一生,乃上世修来的福。这句话外地人听来有点莫名其妙:老安是什么?"揂"字也不认识,更不知道说的是什么道理。

"揂"是温州话特征词,义同"取",也是"取"的音转。

【揂】　qiǔ、tɕ'iau⁴⁵,音丘的阴上声。讨取,租用,娶。

"有银揂婆大。""穷勠揂,冷勠抖。""揂个新妇去个儿。""有勠抖,冇勠揂。""走间门底揂肉吃。""逮阿妈𱘹牢揂钞票。""嘴绷开鲶鱼揂水㳠。""真冇,不怕你真会揂。""买棺材还再揂只棺材儿。""老安揂着,人家妆起还好甚。""你恁懒,尽世也揂不着老安。""生意做不着一时,老安揂不着一世。""女儿着匄三层高楼,新妇着揂畚扫堆头。"

【后揂】　ɦau³⁴tɕ'iau⁴⁵,续娶。

【揂彩】　tɕ'iau⁴⁵ts'e⁴⁵,讨个吉利。"正月正头着讲揂彩嘅话。"

【揂打】　tɕ'iau⁴⁵tie⁴⁵,活该挨打。"息儿不听讲,揂打。"

【揂饭】　tɕ'iau⁴⁵va¹¹,要饭,行乞。"路里揂饭嘅恁多,难胎显。"

【揂海】　tɕ'iau⁴⁵he⁴⁵,从事海上捕捞作业。"揂海人。""揂海老大。""打铁胎火候,揂海胎潮候。"

【揂米】　tɕ'iau⁴⁵mei³⁴,乞讨。"揂米丐儿。""卖苎不如揂米。""捣也难,磨也难,揂米生意赶狗难。"

【揂亲】　tɕ'iau⁴⁵ts'aŋ³³,娶新妇。"只帮你揂亲,不包你生儿。""外甥揂亲,舅舅着送大红包嘅。"

【揂账】　tɕ'iau⁴⁵tɕi⁴²,讨债,要账。"温州旧规矩,新年不揂账。"

【揂新妇】　tɕ'iau⁴⁵saŋ³³vøy³⁴,娶儿媳妇。"先逮女儿匄出,新好搲新妇。""过年搲新妇——双喜临门。"

【搲老安】 tɕʻiau⁴⁵lə³⁴y³³,讨老婆。"靠该几个苦极铜钿,尽世也勥想搲老安。""渠搲老安生迟,能界七十岁罢后生儿新出场。""瞙瞠人搲老安——掇轻重。"

〔58〕九山水龙会,大憏趁头个

过去多是木结构房子,城里最怕火烛。温州有句民谚叫"青田怕水推,温州怕火煨"。过去没有消防兵,都是靠地方士绅或工商业户出资出力,组建大大小小的水龙会,以保地方太平。当时温州城内的水龙会以九山水龙会最为有名,自告奋勇参与其中的人大多是肌肉发达、头脑简单的人,所以会有"九山水龙会,大憏趁头个"这样的话。水龙的"龙"字温州人倒是十分讲究,如划龙舟的"龙"应读近似于普通话的文读 loŋ³¹;但划龙船、眙斗龙、江心寺后老龙烁三烁等的"龙"却习惯于白读 liɛ³¹。至于对那些大名为"国龙""天龙"的诸位先生们,年长的温州老乡常称之为某某 liɛ³¹,而作为他的书名雅号,最好还是称之为某某 loŋ³¹。当然,如果是他的妻子或亲人,叫一声"阿龙",却是别有情意在名中。

【龙(1)】 lóng, loŋ³¹,音隆,来钟平通合三。指传说中的一种神异动物。"画龙点睛。""龙蟠虎踞。"

【酒老龙】 tɕiəu⁴²lə³²loŋ²¹,传说为一个叫老隆的饕餮之徒,同"酒徒人";好酒贪杯的人。"酒老龙,走广东。"

【龙心骨】 loŋ³¹saŋ³³ky³²³,1. 脊柱。2. 可依靠的核心力量。亦作"主身骨"。"渠是屋里嘅龙心骨,渠着有何乜讲讲,冇解道。"

【龙(2)】 lóng, liɛ³¹,音聊,温州人习惯白读。"龙船。""水龙。""龙牙豆。""龙跳虎跳。""鲤鱼跳龙门。""能大能小是条龙,只大不小是条虫。"

【挡龙】 tuɔ^{42}liɛ^{31},一种龙灯,以竹为架,其龙身则是用一张张横木板组成,形似板凳。亦作"板凳龙"。

【龙雹】 liɛ^{31}bo^{212},冰雹。

【龙船】 liɛ^{31}jy^{31},龙舟。"哱咕碰着嗽,破龙船碰着斗。"

【龙活】 liɛ^{31}ɦo^{212},充满生机和活力。"该头蟢蠓头先还龙活显嘅,该下儿眥那不动爻呗。"

【烁龙】 ɕia^{323}liɛ^{31},打雷闪电。"外转烁龙嘅,你也有胆走出?"

【白蚁龙】 ba^{212}ŋa^{34}liɛ^{31},壁虎,因嗜食白蚁等而得名。亦称"五爪龙"。

【板凳龙】 pa^{45}taŋ^{42}liɛ^{31},亦称灯板龙、挡龙,流行于温州地区的一种民间龙灯。

【唱龙船】 tɕ'i^{42}liɛ^{31}jy^{31},温州地方曲艺的一种。

【挂白龙】 ko^{42}ba^{212}liɛ^{31},形容生意清淡,整天没做成一笔生意。"日日挂挂白龙,店开搭还着空。"

【接龙儿】 tɕi^{323}liɛ^{31}ŋ^{31},一种棋牌游戏。

【龙烁起】 liɛ^{31}ɕia^{323}ts'ŋ^{45},打闪。

【龙牙豆】 liɛ^{31}ŋo^{31}dəu^{11},豆角,菜豆。

【五爪龙】 ŋ^{34}tsuɔ^{45}liɛ^{31},壁虎,一种爬行动物。亦称"白蚁龙"。

【龙光星烁】 liɛ^{31}kuɔ^{33}səŋ^{33}ɕia^{323},闪电时光芒四射,天空"透亮。

【龙跳虎跳】 liɛ^{31}t'iɛ^{42}fu^{45}t'iɛ^{42},非常雄壮活跃,龙腾虎跃。

【麒麟赶龙】 dʒ^{31}ləŋ^{31}ky^{45}liɛ^{31},追逐嬉戏。"两个姆姆宿搭麒麟赶龙。"

"大懵"是温州话的特征词。先说说"懵"字。

【懵】 měng，moŋ³⁴，音蠓。1.一时的心乱迷糊。2.前置于单音动词，表示胡乱义。"懵用。""懵听。""懵人眙兊堆。""懵人有懵佛管。"

【假懵】 ko⁴⁵moŋ³⁴，装傻。

【大懵】 dəu¹¹moŋ³⁴，詈指动作迟钝的胖子，或身体发达、头脑简单的人，含贬义。"大懵颓。""大懵大大王。"

【懵懂】 moŋ³⁴toŋ⁴⁵，头脑糊涂，不明事理。"渠岁大罢，有厘儿老懵懂爻。""聪明一世，懵懂一时。"

【懵药】 moŋ³⁴jia²¹²，麻醉药。

【懵妆】 moŋ³⁴tɕyŋ³³，胡来。"你恁懵妆，会勼别人讲说话嘅。"

【懵过过】 moŋ³⁴ku⁴²ku⁴²，勉强还可以。"该年生意还懵过过，冇乜近也冇空。"

【懵趙猪】 moŋ³⁴tɕ'ioŋ⁴²tsei³³，喻像猪一样乱窜乱撞。

【懵讲懵听】 moŋ³⁴kuɔ⁴⁵moŋ³⁴t'əŋ³³，姑妄听之。"懵讲懵听，老老娘儿去当兵。""懵讲懵听，强你勼蚤叮。"

"懵"的同义词是"呆"。温州话也有两读。

【呆(1)】 ái，ŋe³¹，音皑，这是正统的读法。1.傻，愚蠢。"呆子。""呆气。""人生呆，不是担就是抬。"2.不灵活，发愣。"呆板。""呆滞。""呆若木鸡。"

【呆痴】 ŋe³¹ts'ꞽ³³，痴呆。

【呆大】 ŋe³¹dəu¹¹⁻³⁴，形容人笨，无知；也指傻、笨的人。"呆大阿三。""呆大大王。""呆大自有呆大福。""算一算，强似你呆大干。""呆大呆大，只呆底，不呆出。""你恁呆大，钞票勼人骗爻也不晓得。""只好勼灵人背包袱，不好逮呆大出主意。"亦作"呆大颓"。

【呆人】 ŋe³¹naŋ³¹，呆子，傻瓜，笨蛋。"呆人胎鲜秤。""呆人有呆佛管。""呆人呆犟，潮落倒划上。""呆人有呆福，菩萨住大屋。""宁可逮灵人撑雨伞，覅逮呆人出主张。"

【呆大包】 ŋe³¹dəu¹¹puɔ³³，无馅的实心包。

【呆大颓】 ŋe³¹dəu³⁴dai³¹，对呆大的蔑称。

【呆痴痴】 ŋe³¹tsʻɿ³³tsʻɿ³³，痴呆的神态。

【呆大宝儿】 ŋe³¹dəu³⁴pə⁴⁵ŋ³¹，詈指傻瓜。

【呆大瘤儿】 ŋe³¹dəu³⁴lai³⁴ŋ³¹，头皮和脸面等部位生长的疖子。"面里沃是呆大瘤儿生起。"

【呆大塌相】 ŋe³¹dəu³⁴tʻa³²³ɕi⁴²，神态痴呆的样子。"你个呆大塌相嘅，句人卖爻还逮人点钞票。""个人呆大塌相嘅，伉渠冇神气讲出。"

【呆呆痴痴】 ŋe³¹ŋe³¹tsʻɿ³³tsʻɿ³³，痴呆的神态。

【呆里呆痴】 ŋe³¹lei³⁴ŋe³¹tsʻɿ³³，呆痴义。

【呆（2）】 dāi，tai³³，音堆，这是受官话影响的读法。发呆。

【痴呆】 tsʻɿ³³tai³³，傻瓜。

〔59〕姆姆，打珓杯

温州有一首很有名的童谣《打珓杯》，几乎家喻户晓，但版本很多，各地流传都不太一样，前面几句是这样的："姆姆，打珓杯，珓杯打不准，担去卖茭笋，茭笋皮剥皮，担去卖雪梨，雪梨满肚子……"

【珓】 jiào，kuɔ⁴²，音教。占卜吉凶之器具，多用蚌壳、竹片、木片等做成，两片可分合，掷在地上，看它的俯仰，以定吉凶，称为杯珓，亦作"珓杯"。宋程大昌《演繁露·卜教》："后世问卜于神，有器名杯珓者，以两蚌壳投空掷地，观其俯仰，以断休咎……或以竹，或以木，略斫削使如蛤形，而中分为二，有仰有俯，故亦名杯珓。"

【打珓杯】 tiɛ⁴⁵kuɔ⁴²pai³³，即掷珓杯，谓掷珓杯于地以占卜吉凶。

【吃酒打珓】 tsʻl³²³tɕiəu⁴⁵tiɛ⁴⁵guɔ¹¹，这里的"珓"故意浊变。酗酒滋事。"渠啦两爷儿沃是吃酒打珓嘅人，你不用朝渠。"打珓，即打珓杯，隐指赌博。

〔60〕人生几何的"几"该怎么读？

"几"字本来的意思很简单，指的是坐时凭依或搁置物件的小桌，读平声，普通话读 jī，温州话读 tsʅ³³，如："茶几。""窗明几净。"

但"几"成了"幾"的简化字后，就变得复杂起来了。读上声。普通话读 jǐ，温州话文读为 tsʅ⁴⁵，音主；白读为 ke⁴⁵，音改。

文读时义为：1. 询问数量多少的疑问词。"人生几何。""几曾。"2. 研究点线面体的性质、关系和计算方法的学科。"几何。"3. 表示不确定的数目。"所剩无几。"

但当它作为疑问代词时，却要白读。"几岁。""几个人。""几本书。""几百人。""冇几日。""有几下个物色够你挑。""该个款色嘅衣裳有几下样颜色嘅。"

【几下年】 ke⁴⁵fio¹¹n̠i³¹，多年。

【几下个】 ki⁴²ho³²kai²³ → ke⁴²o³²kai²³，好几个。

【前几日】 ji³¹ke⁴⁵ne²¹²，几天前。

【几个月日】 ke⁴⁵kai⁴²n̠y²¹²ne²¹²，几个月。

【好几个月日】 hə⁴⁵ke⁴⁵kai⁴²n̠y²¹²ne²¹²，好几个月。

〔61〕日本话,温州话

20世纪曾闹过一个笑话,正当上山下乡高潮时,温州某单位领导带领一班知识青年去黑龙江支边,住下来后,在旅馆的服务台给家里挂长途,说的自然是家乡话。服务员一听,以为来了个日本特务,这可不得了,立即向上面报告,后来一查,弄得大家啼笑皆非。

日本人说话分训读和音读,训读就是日本土著的原来发音,音读是向中国学去的读音。音读中又分吴音、汉音和唐音,指的是不同时期向中国学去的读音。吴音是最早传入日本的,吴指中国长江下游一带的地区,日本在公元5—6世纪与这一地区的交流很频繁,当时的汉字音读主要受这一地区的影响。而温州人现今说的就是吴语的一种。汉音大约在中国的隋唐时期通过儒教及各种汉文典籍传入日本,主要受中国北方尤其长安一带发音的影响,现在日语中的大部分汉字音读都是汉音。唐音是中国宋代以后传入日本的,主要受中国南方地区发音的影响,唐音在日本汉字音读中占的比例不大,主要是禅宗方面的用语。隋唐时代中国的政治文化中心在中原洛阳、开封一带,说的是河洛话。历史上因为宋室南迁,大批中原人逃到江浙来,温州文化和语言受到河洛文化和河洛话的影响很深。宋代以降,北方少数民族陆续入主中原,北方方言逐渐演化成官话,再取代为国语,然而这并不影响日本,因为宋元明清以来,中日关系恶化,两国来往已不密切,所以日本人说话至今仍保留着我们中国老祖宗的腔调。

普通话说话行云流水,温州人说话有板有眼,日本人说话抑扬顿挫。北方人就是搞不明白，日本人说话怎么会有促音，其实日本的促音，就是我们古汉语中的入声。温州话中就保留着完整的入声体系。

日语的五十音图每个音都能在温州话音素中一一找到对应，所以温州人学日语咬音就比较准。再说，我们现在常用的一些基本术语和词汇，如"服务""组织""纪律""政治""革命""方针""政策""经济""科学""干部""健康""法律""共和""社会主义"等等，都不是正统的汉语，而是来自日本的"出口转内销"。所以它们的发音也是我们非常熟悉的。例如"世界"一词，日本人拼せかぃ，读 sekai，普通话读 shì jiè，温州话读 sei^{42}ka^{42}。

日本的汉字含意，许多都是中国古汉语的用法。例如"学校"古称"学堂"，学生聚会或上大课的地方称"讲堂"。朱熹当年在长沙等地讲学的遗址不还挂着醒目的"讲堂"二字吗？"讲堂"一词，日本人写为こぅどぅ，读音 kō dō，普通话读 jiǎng táng，而温州话读 kuɔ^{45}duɔ^{31}，跟日本话何其相似乃尔。

我在20世纪70年代曾自学日语，想不到学得很顺畅，不多久就转换了角色，从学生变成了老师。这靠的是什么？其中一个原因就因为我的母语是温州话。

〔62〕温州话甞那读？

人们说温州话是一种非常特别的方言，因为它特别难懂，即使是同属吴语区的上海人、杭州人也听不懂温州话。用标准的温州话书面语书写的文章，那简直成了天书。

身为温州人，当然会说温州话，但是能说地道温州话的温州人实在不很多，就连温州电视台各个方言栏目的主持人，也会经常出一些洋相，好在是屏幕一闪而过，没有人去跟他们计较。

普通话是全国通用的。从幼儿园开始，老师就给孩子们教非常标准的普通话，所以现在的年轻人，个个普通话都说得很溜。但是，这也仅仅停留在常用语上，如果碰到一些生僻字，就不会念了，怎么办？可以翻字典，字典会告诉你这个字该怎么读。国家还设立了审音委员会，由顶级的专家学者组成，随时订正一些字的读音。

但是，遇上一些字温州话不会念，那该怎么办？按惯例，只能向老先生请教，而且还有个前提，这位老先生必须是有学问的，而且必须是土生土长的，否则的话也不可靠。当然，向语言学家、方言学家请教那就保险一些。2019年，年高九十三的许国栋老先生给我打来个电话："听说你在研究温州方言，我这里有一份资料，也许对你会有用，你拿去看看吧。"我立即赶到他家。他拿出一份手抄的《永嘉方言汉字读音便查》，我翻开一看，是温州市著名学者胡珠生先生的已故夫人蒋纯绚女士撰写的，列出了1400多个生僻字，用永嘉话注音，非常难得，也很有学术价值。为什么这么说呢？因为它可以帮助解决一部分字的温州话读音问题。

其实，一个字的标准温州话该怎么读，是能找到正确答案的。温州先后出了几本研究温州方言的学术专著，如潘悟云的《温州话音档》，颜逸明的《浙南瓯语》，郑张尚芳的《温州方言志》，还有我们父子合写的《温州话》，这些书里面都包含着一定篇幅的"同音字汇"，读者可从中查找自己不会读的字。潘悟云教授还在网上开了个"温州方言历史比较"网页，只要你上了他的网，输入你要查询的字，潘先生就会在网上告诉你这个字温州话该怎么读。

前几年，杨笑先生担任温州台某一档方言栏目的编导，他隔三岔五会打电话来问我，某某字温州话怎么读，某某字读什么调。之所以问我，是因为那些正牌的语言学家都在外地，我是"温州赖"，山中无老虎，猴头称大王。其实杨笑先生本身就是位资深的媒体工作者，杭大中文系毕业的，他不会念的肯定我也好不了多少，所以为了对电视机前的朋友负责，在回答他之前，只要我在电脑旁，我一定会打开网络，向潘先生请教一下，看看我有没有搞错。因为我认为潘先生是很有权威的，他的研究具有很高的科学性。如果大家有兴趣，不妨一起看看他的网页。当你输入某个字时，他会告诉你这个字的中古音是什么，中古韵是什么，中古调是什么，中古等是什么，中古开合是什么，然后告诉你现代温州话的读音是什么，也就是说，温州话的读音就是从这些要素中推出来的。温州话的读音不是某个老先生杜撰出来的，更不是人们所说的"约定俗成"。

我们在学习温州话的过程中，还会出现一个难题，那就是注音问题。大家都知道国际语音学会设计了一套国际音标，全世界所有国家的所有语言都可以用它来注音。英语的语音可以用国际音标来注音，同样，国际音标也适合于给汉语注音。但是，古汉语和汉语方言标音法是一门精深的学问，非专家学者是难以掌握的，非专业人士一般都不认识。我们不可能要求学说温州话和爱好温州话的人士，在学习温州话之前必须先学会国际音标。再说，国际音标系统在普通电脑里也没有安装，这也给我们的学习和交流增添了麻烦。

应该说，古人给我们留下了非常丰富的文化遗产，例如《说文解字》等书告诉我们汉字的字形和字义,《广韵》等书告诉我们汉字的字音。只不过要读懂《广韵》,必须要掌握音韵学的知识。这门学问太深奥了,非专业的人不容易掌握。例如古人告诉我们,一个汉字的读音需要掌握七个要素:"切、韵、声、调、摄、开合口、等"。在这里,我们无法讲解这些非常枯燥而又难懂的知识,我们就举几个例子来看看。

(一)原日本首相菅义伟的"菅"该怎么读?

据《中国姓氏辞典》记载:春秋时期,宋国有大夫食采于菅邑(今山东单县、金乡、成武两乡交接处),菅邑后来为鲁国管辖,这位大夫后来便以这一食邑的名称为姓氏,称菅氏。

菅,普通话读 jiān,古颜切,见母删韵平声,山摄开口二等。义为茅草。草菅:草茅,比喻微贱。如"草菅人命"。

温州人往往仿照"尖"字的读法,将其读成 tçi^{33}。错了,温州话应该读成 ka^{33},音似温州话的"奸"。字典里不是写得很清楚吗?古颜切。

日本这位首相的姓就是从中国搬去的。

(二)广东新兴城市东莞市的"莞"该怎么读?

查字典,我们发现"莞"字有两读。1.普通话读 wǎn,户板切,匣母潸韵上声,山摄合口二等。温州话读 ua^{45},音皖。义为微笑貌。如"莞尔而笑"。2.当"莞"当地名用时,普通话读 guǎn,古满切,见母缓韵上声,山摄合口一等。按此推出来,温州话应读 ky^{45},音管。如"东莞"。

五十岁以下的温州人几乎都不会读,往往乱读成"东郭 ko^{323}",但是老年的知识分子都读"东管 ky^{45}"。

〔63〕电脑里怎样找字

汉字从甲骨文演变到当代的方块字，经历了数千年，是世界上使用历史最悠久、使用人口最多的文字。汉字的总数大约有 9 万人。但常用汉字的数量是有限的，一般知识分子所使用的有五六千字；普罗大众所认识的字基本只有三四千；一个人能认识 4000 多字，已经非常了不起了。

现今的电脑里存有 2 万多汉字，它是根据国家技术监督局于 1993 年 12 月 24 日发布的 GB 13000.1-93 国家标准予以认可的。

2000 年 3 月 17 日，信息产业部和国家质量技术监督局发布了 GB 18030-2000《信息技术　信息交换用汉字编码字符集·基本集的扩充》(简称大字符集)。到 2006 年，国际标准 ISO/IEC 10646-2003 又进行了扩充，CJK 核心部分：20902 字；CJK_A（扩展 A）：6582 字；CJK_B（扩展 B）：42711 字。共收汉字 7 万余个，囊括了《康熙字典》《大汉和辞典》《大字源》以及《汉语大字典》中的所有汉字。

2013 年 6 月国务院发布了《通用规范汉字表》，是当今最新的最权威的规范汉字依据。《通用规范汉字表》共收 8105 个汉字，其中常用字 3500 字，次常用字 3000 字。

当前在 Windows 系统中，免费放置了宋体的 GBK 大字库，即 20902 个字。据我所知，目前有三本书可以查找：

一本是《汉字标准字典》，许嘉璐主编，辽宁大学出版社 2001 年版。这部辞书收集了 21003 个字头，全书有注音，有释义，并附有音序检字表和笔画检字表。为了让读者在电脑中方便查找，字典还给每个字头注出它的区位码。

一本是《国际标准汉字词典》，汪耀楠主编，外语教学与研究出版社 2005 年版。它按部首排列，并有笔画检字表。

还有一本是《温州话字林》，沈克成著，宁波出版社 2010 版，该书实收有效字头 20463 个。由于此书着重于用温州话注音，而温州话的读音近似中古音，发音要比普通话复杂得多，所以自创了《沈氏温州话拼音方案》。每一字头注出古反切，注出四声八调。笔者尝试着用温州话来给 2 万多字注音，这是前无古人的创举，也是一次严峻的挑战。对于学习温州话的读者来说，颇有参考价值，但是由于是依据古音韵来排序的，读者要找到某个字，有点难度，只能用笔画检字法来查。

目前方正集团已为大家免费提供了一个"方正超大字符集"包，可以下载来装在 Windows 不同版本的字库中，它包含了扩展 A 区和 B 区的所有字，约 5 万个字头。但是，目前还没有一本汉语辞书可以告诉你 5 万汉字的读音和释义；如果你要在电脑上查找，则更为困难，还必须购买一本上海科技出版社出版的《生僻字输入速查字典》，从该字典中可以查到该字的内码（Unicode 码），然后通过内码输入法输入。如果找不到内码输入法软件，可以下载微语拼音输入法 2003 软件，安装后打开其内置的内码输入法功能。

《温州话字林》属于普及范畴的著作，因而收字基本限在《通用规范汉字表》的范围之内，但温州话中有许多方言俗字或汉语古字，是不可或缺的。特此，此书收了百余个属于扩展 A 的汉字（我们称之为罕用字），另有近百个汉字是属于扩展 B 的（我们称之为生僻字），以示区别。

第十五章 用温州话吟诵唐诗宋词

第一节　古汉语的活化石

　　有人说温州话是汉语的活化石，是一座古音韵律的宝库，因而引起了海内外学者的关注和重视。的确，温州话有比较完善的语音体系，且音素都较实用。这是什么原因呢？有专家说，温州话有一部分源自河洛话。中原黄河、洛水流域世称河洛地区。据史料记载，河洛人大规模入浙是在东晋时期，当时，汉人已成为浙南境内居民的主体。这些汉人带来的汉语，应该是温州话形成的基础。唐玄宗之后，河洛人又大规模入浙，尤其是宋高宗南逃，中原士人更是大批迁移入浙。有专家说：温州人的根在中原，温州话的源乃来自中原的河洛话。我们不难发现，平阳一带一些古老的乡土族谱里，较全面地记载了先祖来自河洛地区。浙南一直比较闭塞，山川阻隔，交通不便，因而语音变化比较微小，今天的温州话里还保留了较多的古音。

　　历史上中国北方长期受北方游牧民族统治。他们多学汉语，部分融入汉族，讲的汉语自然不太正宗。

　　从语音史可看出，全浊音清化始于五代宋辽时期的北方，因浊音音低，传不远；入声音短，托不长，皆不方便在草原上远距离对话，所以北方游牧民族对发这些音素不感兴趣，入主中原后学汉语时，也就没学好这些音。就好像今天的北方人讲英语时，常发不好短音和浊音。另外，由于他们发不出 fong, vong

等音节,"东""冬"韵的"风""凤"等后来就归入了 eng 韵;由于发不出 vi 音,北方人多将 v 读成 w,"微""维"等字就改为 wei 音。翘舌音也非古汉语固有音素,语音史上有"古无舌上音"之说,其出现当在唐朝中期的北方,可能和先期融入汉族的南匈奴、东突厥等有关。北方话是唯一不保留入声(短音)的汉语方言。无入声使北方话语言节奏呆板。北方话是吴、粤、闽、客、官五大方言中不规则变化最多的,有大量半字先生读法,这可能和早期北方民族汉语水平不高有关,如"帮"母字的"秘"转为"明"母,是受字符"宓"影响。北方话是韵母结构变化最严重的方言,以致《声律发蒙》等书无法用普通话读出韵脚。而且古代声韵书籍的注音方式,比较适合南方话,如"打"注音为"德冷切"等等。北方话对传统汉语音韵结构继承较少,因此,今日北方话曾被章太炎先生称为"金元虏语"。

在继承传统汉语音韵结构上,普通话有重大缺陷。普通话声母结构迥异于古汉语。古汉语三十六声母中的全浊音在普通话及其他一些方言中已被全盘清化,唯在属于南吴语的温州话中得到了保留。浊音清化导致北方话总体以高音为主,音感清轻高扬,符合草原生活环境,难怪有人将"打官腔"和"唱高调"扯在一块。大量古诗词用普通话读不出韵脚韵律(尤其是讲究舒促结构的词曲),影响赏析;此外,用普通话很难讲解词曲格律,这都已成不争的事实。

中国早期文明虽以北方为主,但北方屡遭战乱破坏,大量知识分子因避战乱南迁。自东晋衣冠南渡之后,中国文化中心就开始逐渐南移。尽管北宋以前的文学创作确以北方为主,但北宋以前的北方话更接近今日的南方话。中国语言的统一是分两次完成的,第一次是"书同文",第二次才是"字同音",前后相距差不多两千年。

　　普通话以北方话为基本方言,以北京音为基本音是无法改变的既成事实。但将普通话视作汉民族的共同通用语,那是很晚的事了。直至康熙年间清廷修订的《佩文韵府》《康熙字典》依然使用入声和清浊母字分开。这表明,当时已经形成的没有入声、没有浊音的北方话还不被认为有正统地位。另外,吴方言也曾经是东晋、南朝、南宋等时期的权威用语。

　　《唐诗三百首》前十首中有五首,用普通话读影响韵脚,包括:第一首《感遇》的韵脚:"洁、节、悦、折",第七首《佳人》的韵脚:"谷、木、戮、肉、烛、玉、宿、哭、浊、屋、薄、竹",第八首《梦李白》的韵脚:"恻、息、忆、测、黑、翼、色、得",它们在古汉语和现在吴语中都是入声字。另外,第二首《下终南山过斛斯山人宿之酒》的韵脚:"微、扉、衣、稀、机",第九首《送綦毋潜落地还乡》的韵脚:"薇、非、衣、扉、稀",它们在古汉语和现在吴语中韵母都是 i。

　　有人喜爱用温州话来吟唱古诗词,这是不无道理的。因为你若是用普通话读一些古诗,有时候会感到很不叶韵,而用温州话来吟诵,就非常和谐。如果你是温州人,你会温州话,你就会感到得心应手。这也是温州人学习古诗词的得天独厚之处。

第二节　吟唱文化的特质

　　根据语言学家从声母、韵母、声调的分析,温州话接近唐宋音,所以用温州话来吟唱唐诗宋词,在平仄的掌控上、韵调的和谐上更臻完美,尤其是仄声中入声的特质,更突显出诵读的韵味。

　　客家人有一句老话:"宁卖祖宗田,不卖祖宗言。"温州人也一样，不论是远涉重洋的华侨，或是背井离乡的商家，都抱着一个信念，"宁离祖宗乡，不丢祖宗腔"，无论你走到哪里，一句温州话，就能把你我之间的距离拉得很近很近。作为中国文化价值最高的语言之一，温州话有存活、发扬的必要，温州话急须加以发掘、继承和保护。

今试选一些诗词，让我们来共同比较和欣赏。

杜牧《山行》

远上寒山石径斜（xié, zo³¹），
白云生处有人家（jiā, ko³³）。
停车坐爱枫林晚，
霜叶红于二月花（huā, ho³³）。

（这首诗的韵脚"斜、家、花"，用普通话读不叶韵，读来拗口。如用温州话读，特别顺口。）

刘禹锡《竹枝词》

杨柳青青江水平（píng, bəŋ³¹），
闻郎江上踏歌声（shēng, səŋ³³）。
东边日出西边雨，
道是无晴却有晴（qíng, zəŋ³¹）。

（这首诗的韵脚用普通话读不叶韵，读来拗口。如用温州话读完全叶韵，读来特别顺口。）

秦观《减字木兰花·天涯旧恨》

天涯旧恨（hèn, fiaŋ¹¹），
独自凄凉人不问（wèn, vaŋ¹¹）。

欲见回肠（cháng, dzi³¹），
断尽金炉小篆香（xiāng, ɕi³³）。
黛蛾长敛（liǎn, li³⁴），
任是春风吹不展（zhǎn, tɕi⁴⁵）。
困倚危楼（lóu, lau³¹），
过尽飞鸿字字愁（chóu, zau³¹）。

（全词应为双调四十四字，前后阕各两仄韵，两平韵。前阕的"恨、问"为仄韵，"肠、香"为平韵；后阕的"敛、展"为仄韵，"楼、愁"为平韵。用温州话念起来非常顺畅，如用普通话来吟诵，则平仄相差甚远。

柳永《雨霖铃》

寒蝉凄切，对长亭晚，骤雨初歇（xiē, ɕi³²³）。
都门帐饮无绪，留恋处，兰舟催发（fā, ho³²³）。
执手相看泪眼，竟无语凝噎（yē, i³²³）。
念去去，千里烟波，暮霭沉沉楚天阔（kuò, k'o³²³）。
……

（这一阕词一、三和二、四句都用仄声韵。温州话"歇、噎"和"发、阔"都读入声，且都对应押韵。但普通话"歇、噎"二字都成了平声，而"发"读平声，"阔"读去声。二字也不叶韵。）

白居易《琵琶行》

……
感我此言良久立，却坐促弦弦转急（jí, tɕiai³²³）。
凄凄不似向前声，满座重闻皆掩泣（qì, tɕ'iai³²³）。
座中泣下谁最多？江州司马青衫湿（shī, sai³²³）。

（此诗最后三句为仄声韵，温州话均为入声。但普通话把"急"读成了阳平，把"湿"读成了阴平。）

聂夷中《咏田家》

二月卖新丝，五月粜新谷（gǔ, ku³²³）。
医得眼前疮，剜却心头肉（ròu, ȵiəu²¹²）。
我愿君王心，化作光明烛（zhú, tɕyo³²³）。
不照绮罗筵，只照逃亡屋（wū, u³²³）。

（此诗为仄声韵，温州话均为入声。但这四字普通话分别读成上声、去声、阳平和阴平。）

颜仁郁《农家》

夜半呼儿趁晓耕（gēng, kiɛ³³），
羸牛无力渐艰行（xíng, ɦiɛ³¹）。
时人不识农家苦，
将谓田中谷自生（shēng, siɛ³³）。

（本诗一、二、四句成韵。温州话读起来叶韵。普通话读起来，其中的"行"不叶韵。）

崔道融《牧竖》

牧竖持蓑笠（lì, li²¹²），
逢人气傲然（rán, ji³¹）。
卧牛吹短笛（dí, di²¹²），
耕却傍溪田（tián, di³¹）。

（本诗四句均押韵。温州话读起来叶韵。普通话读起来不叶韵。）

韦庄《与小女》

见人初解语呕哑（yǎ, o⁴⁵），

不肯归眠恋小车（chē, ts'o³³）。

一夜娇啼缘底事？

为嫌衣少缕金华（huā, ɦo¹¹）。

（本诗一、二、四句成韵。温州话读起来叶韵。普通话读起来，"车"不叶韵。）

李商隐《登乐游原》

向晚意不适，驱车登古原（yuán, ȵy³¹）。

夕阳无限好，只是近黄昏（hūn, ɕy³³）。

（本诗二、四句成韵。温州话读起来叶韵。普通话不叶韵。）

杜牧《赠别》

多情却似总无情（qíng, zəŋ³¹），

唯觉樽前笑不成（chéng, zəŋ³¹）。

蜡烛有心还惜别，

替人垂泪到天明（míng, məŋ³¹）。

（本诗一、二、四句成韵。温州话读起来叶韵。普通话"成"不叶韵。）

韦应物《秋夜寄邱二十二员外》

怀君属秋夜（yè, ji¹¹），

散步咏凉天（tiān, t'i³³）。

山空松子落，

幽人应未眠（mián, mi³¹）。

(本诗一、二、四句成韵。温州读起来叶韵。普通话"夜"不叶韵。)

王翰《凉州词》

葡萄美酒夜光杯(bēi, pai³³),
欲饮琵琶马上催(cuī, ts'ai³³)。
醉卧沙场君莫笑,
古来征战几人回(huí, vai³¹)?

(本诗一、二、四句成韵。温州话读起来叶韵。普通话"杯"不叶韵。)

李白《送友人》

青山横北郭,白水绕东城(chéng, zəŋ³¹)。
此地一为别,孤蓬万里征(zhēng, tsəŋ³³)。
浮云游子意,落日故人情(qíng, zəŋ³¹)。
挥手自兹去,萧萧班马鸣(míng, məŋ³¹)。

(本诗四句都成韵。温州话读起来叶韵。普通话"城、征"与"情、鸣"不叶韵。)

王维《送元二使安西》

渭城朝雨浥轻尘(chén, dzaŋ³¹),
客舍青青柳色新(xīn, saŋ³³)。
劝君更尽一杯酒,
西出阳关无故人(rén, zaŋ³¹)。

(本诗一、二、四句成韵。温州话读起来叶韵。普通话不叶韵。)

王维《辛夷坞》

　　木末芙蓉花（huā, ho^{33}），

　　山中发红萼（è, ŋo^{212}）。

　　涧户寂无人，

　　纷纷开且落（luò, lo^{212}）。

（本诗一、二、四句成韵。温州话读起来叶韵。普通话不叶韵。）

王昌龄《从军行》

　　琵琶起舞换新声（shēng, səŋ^{33}），

　　总是关山旧别情（qíng, zəŋ^{31}）。

　　撩乱边愁听不尽，

　　高高秋月照长城（chéng, zəŋ^{31}）。

（本诗一、二、四句成韵。温州话读起来叶韵。普通话"情"不叶韵。）

第十六章

温州地名文化解读

地名既是城市的标识，也能诉说城市的沧桑之变。地名连接着城市的文化源头，是城市从孕育到生长全过程的历史见证。地名是无形的历史文物，与历史社会文化的联系是千丝万缕的。从许多老地名中，我们往往可窥见历史长河的各种踪迹。

温州历史悠久，人杰地灵，钟灵毓秀。温州的先民们在这块风水宝地上繁衍生息，孕育了丰富的宗族文化、建筑文化……温州在漫长的岁月中，形成了具有本地文化特色，反映古城变迁的绝妙地名。由于温州深厚的人文历史底蕴，使城内的地名丰富多彩、妙趣横生，独具特色。

温州的地名，有的点出了它在温州城内的地理位置，不仅梳理了温州城的交通脉络，而且记载了历史的变迁，蕴含着浓郁的文化生活气息，体现着人们的思想和期望。它犹如一座民俗风情博物馆，透过这个窗口，能够看到当年温州人的生活状况，显示着它的社会烙印。至于那些富含传奇故事、名人轶事、风物传说的地名就更是宝贵的地方文化遗产。还有一些因谐音和雅化而变化的地名，它们深藏的内涵往往变成了一些"地名之谜"，更是引发人们考究的兴趣。

第一节　地名的历史印记

一、缘司署、府衙、驿站、官学、书院、仓库等得名

府前街，因位于温州府署之前而得名。

县前头、县后巷，因地处永嘉县治前、后而得名。

府学巷，因温州府学建于此巷口，故名。

县学前、县学巷，因县学在此而得名。宋代起，永嘉县学就设在县治东的华盖山麓。

国史巷，清代巷内设有国史馆，故名。

书堂巷，因巷中有建于南宋时之永嘉书院而得名。

东西公廨，此处原系府署的胥吏官舍，故名。

仓前坦，因位于县预备粮仓之前而取名仓前。后仓毁圮，仅存仓址，故改名仓前坦。

文书巷，因明代设有驿站传递文书，故名。

二、地名反映与军事的关系

1. 以城门为通名。如大南门、小南门、朔门、来福门。

2. 以关隘为通名。如苍南的分水关、泰顺的镇南关。

3. 以卫、所、司为通名。如苍南的金乡卫、瑞安的海卫所、乐清的后所、泰顺的司前。

4. 以寨为通名。如泽雅，是"寨下"的谐音。

5. 以营为通名。如：

兵营巷，相传清代巷中有驻军兵营。

花木营巷，因清代有镇台衙门的马营在此而得名。

四面营，因古时四面皆兵营而得名。

下寅，昔时此地为郡城驻防营地，编为下营，后谐音演变为下寅。

中府前,清镇标中军游击署驻此,故名。

蛟翔巷,清代称教场巷,因城守营守备教场设此,故名,后谐音雅化为蛟翔巷。

教场头,清雍正间有大教场在此巷南首,故名。

马槽头,此巷南口是清镇台衙门养马之地,多马槽,故名。

军装局,此巷在清代是存放军用物品之处。

6. 因军事活动得名。如南麂的国姓澳,俗写国姓岙,明末郑成功曾驻此练兵。

三、地名反映当时的社会经济

许多地名与古代社会经济活动密切相关,可以透视各种行业、各种市场。清末民初温州成了万商云集之地,从地名也可看出当时温州商业经济成长以及海纳百川的开放性。

打篷巷,因从前该巷居民大多以编制舴艋船箬篷为业,故名。

打绳巷,因巷内居民多为打绳手工业户而得名。

打索巷,旧时此巷内居民多以编制篾索为业。

打铁巷,清代因巷内开设一家打铁铺而得名。

打银巷,据传此巷西端有一家打银店铺,以手艺精巧而著称,故以此为巷名。

飞鹏巷,是纸蓬巷的谐音。

古炉巷,明称火炉巷,因巷中有制作泥灶之手工业户而得名。

华里坦,相传旧时此巷内设有铸镬炉,故名镬炉坦,后谐音演变为华里坦。

卷索巷,因昔时该巷居民多以卷缆索为业,故名。

卖糖巷,此巷自清代以来设有麦芽糖作坊,故名。

皮坊巷,因明代多制皮作坊而得名。

七枫巷,清名漆坊巷,因谐音演变为七枫巷。

踏碓巷,相传古时巷内有一家为人舂米的作坊,俗称踏碓。

汤园巷,明时巷内有一家汤圆店,以质优价廉著称,巷因而得名,后谐音写为汤园巷。

瓦市巷,当时此巷是商贩聚集互市之处,赶集的人"聚则瓦合,散则瓦解"。

行前街,民国时沿街开设许多商行,故名。

油车巷,因巷内设有榨油工场——油车而得名。

朱彭巷,该巷从前多养猪户,猪棚遍布,俗名猪棚巷,后谐音雅化为朱彭巷。

永强,永嘉盐场简称永嘉场,永强是永嘉场的谐称。

四、地名与动植物有关

1. 与动物有关,如鸡鸣岭、蛇山、龟湖等。

2. 与树木等植物有关,如:

瓜棚下,因附近多瓜园,行人来往须从棚下穿过,故名。

荷花路,据说此处三面临河,河中遍植荷花。

花柳塘,南侧为河,东端为大池塘,里面遍种荷花,岸边间植杨柳,景色清丽,故称。

九柏园头,据说巷内旧有一花园,内栽九株柏树,人称九柏园,巷因园而得名。

里瑞巷,因附近多植李树,清俗称李树巷。后雅化为里瑞巷,里兆祥瑞,意在祈愿。

双桂巷,相传巷内原有两株大桂花树,故名。

松台山,因山坪多松而得名。

株柏路,因此处多柏树而得名。

五、地名的历史避讳

如后梁开平二年(908),为避梁太祖朱温父朱诚讳,将乐成县改为乐清县。

第二节 地名与传统建筑

地名往往以建筑为实体,铭记了一个地方、一个时代的特征。

一、以桥梁命名

仓桥街,一百多年前此处是粮仓所在,并有河道四通,河道上有桥,故得名。

柴桥巷,因该巷东头有桥称寨桥,清名寨桥头,民国时谐音改称柴桥头。

高公桥,巷口有明代的高公桥一座,巷因桥而得名。

河西桥,相传此处原有石桥一座,名河泄桥,后谐音为河西桥。

卖麻桥路,因此处有卖麻桥而得名。

水心路,因水心桥而得名。

万里桥,始建于清朝中期,重建于1922年,由当地人集资造桥,竣工后取名万利桥,意为万事吉利,后谐音为万里桥。

吴桥路,因路经吴桥而得名。

二、以水井、水池、水塘、河湖命名

横井巷,因有天宿井(俗称横井)坐落巷中而得名。

双井巷,此巷有井两口,因而得名。

甜井巷,清代巷中有一水井,水清味甘,故名。

铁井栏,因街侧小弄内有铁栏古井一口而得名。

桂井巷,相传清时巷内有九井一亭,称九井亭巷,因有人投井或悬亭梁自尽,遂传说巷中多鬼,称为鬼井巷,后谐音雅化称桂井巷。

马鞍池路,因路南有马鞍池而得名。

水窟头,因巷内有一大水窟而得名。

水门头,因位于旧城奉恩水门前头而得名。

龙泉巷,据说巷中原有一清泉,水质澄澈,有如龙眼,故名。

蝉河,原名玉蟾湖,相传宋代有道士白玉蟾曾居此,故名,清代简称为蟾湖,民国时谐音俗称为蝉河。

三、以花园命名

花园巷,因东侧有县学的一个花园而得名。

四、以牌坊命名

全坊巷,据传此巷旧时立有三个牌坊,因全是贞节牌坊,故名。

扬名坊,因有方日升妻林氏之节烈牌坊而得名。

吉士坊巷,因路口有为进士刘安定而立之吉士牌坊而得名。

登选坊,因巷口原有明礼部主事曾鼐(号朴庵)登选牌坊而得名。

五、以埠头命名

渡船巷,因巷口有渡船埠头而得名。

六、以巷弄形状命名

三角巷,因此巷走向呈三角形而得名。

杨柳巷,因巷形似杨柳枝而得名。

手肘头巷,该巷走向一段直一段弯,像手肘头,故名。

大小墨斗,此巷原有一池,形似墨斗,巷如墨斗线,因而得名。

中和巷,巷内原有一条弓形小河,取名弓河,以河名巷,称弓河巷,后谐音演变成中和巷。

纱帽河,因巷内有一小河,中间广阔成正方形,两端狭长,似古代官员戴的乌纱帽。

七、以方位来命名

许多巷弄在起名时为了好找,还在巷弄名称前加上了东、西、南、北、前、后、中、大、小等词。

隔岸路,因地处小南门河东岸(俗称隔岸)而得名。

上岸街,因地处古城护城河上岸而得名。

上下横街,因横贯"谷宅花园"而得名。

城西街,因位于钱氏子城(内城)之西而得名。

北鹿巷,因位于鹿城北侧而得名。

后市巷,因位于闹市区后面而得名。

园西巷,因位于中山公园西而得名。

八、其他

高盈里,因处华盖山麓,地势较高,民间有"水漫城门齿,高盈满脚趾"之谚,清代名高盈头。

华盖里,因依华盖山而得名。

石板巷,因路面均由整齐的长石板铺成而得名。

第三节　地名与宗教文化

宗教是一种重要的人类文化现象，宗教在历史和地理的时空中长存不灭。有关宗教的各种地名以及宗教建筑名，无疑与宗教文化有着密切联系。

一、佛教文化与地名

佛教建筑常见通名有：寺、庵、庙、塔、寮、堂。

【寺】 z_1^{11}，东汉时为官署名，后以寺为佛教庙宇之名。

嘉福寺巷，此巷昔为温州四大寺院之一的嘉福寺所在地，故名。

岑山寺巷，此巷内原有一露头小山，名岑山，清末在此处建寺，巷以寺名。

大雄寺巷，因该巷建有大云教寺，亦称大云寺，遂以为巷名，后谐音称大雄寺巷。

【庵】 $ø^{33}$，原指圆顶草屋，后多指尼姑所居之寺院。庵的规模比寺要小。温州城区还没有见到以庵命名的地名。

【庙】 $miε^{11}$，古时指供祀先祖神位的屋舍，后把供祀佛的屋舍也叫庙。温州曾经有个地名叫大爷庙。

【塔】 $t'a^{323}$，佛塔的简称。

白塔巷，因巷内有百尚信胜寺（俗称白塔寮）而得名。

永塔路，因路的东端有一座佛塔而得名，附近叫塔儿头。

【寮】 lie^{31}，音聊，是畲语。指寺院中的僧舍，也指用茅草等搭盖的屋舍。居住在山区的贫困畲民，通常在深山中搭建简陋草房，以竹木为支架，上覆茅草或稻草，屋墙用小竹或芦苇秆编成篱笆围成,这种房子古时在浙南普遍存在。陆游《贫居》诗:"屋窄似僧寮。""僧寮"是和尚住的小屋。温州人常有"和尚寮""师姑尼寮"等说法。

施水寮,此巷东段原有一尼姑庵,庵名施水寮。佛教主张施舍,这是一座对行人施舍的尼姑寮。

【堂】 duɔ³¹,旧称庵堂,是尼姑居住的地方,也常用作通名。

四营堂巷,巷中原建有"思永堂",谐音演变为四营堂。

土地堂巷,因巷中有土地堂,传说土地爷是孔子的门生子贡。

二、道教文化与地名

道教建筑常见通名有:观、宫、殿、堂、阁。

【观】 ky³²³,本来是台观,即宫廷大门外两旁的高大华丽的建筑物,后来被道教衍用,成为道教修道奉祀的场所,如紫霄观。

应道观巷,因清代建有应道观,祀奉三清,遂以名巷。

【宫】 tɕioŋ³³,唐时是皇帝居所的专用名词,到唐玄宗时,视老子为先祖,因此道教供奉老子的场所也用宫字。之后,供奉其他神仙的地方也可叫宫,如保生宫、泰山宫。

天妃宫巷,因巷内有天妃宫而得名。天妃宫俗称娘娘宫。天妃被认为是航海的保护神,同时也是生育神。

新宫前,当地有两处天后宫,修建时间较晚的称新宫,该地有一巷直贯新宫之前,故名。天后原名林默,本是北宋福建一位朴素的村姑,据说她成仙后曾在海上多次救助遇难的船民。

宫有时候也称殿,di¹¹,如七圣殿。

三官殿巷,元大德年间(1297—1307)建三元宫于此,俗称三官殿。三官即天官、地官、水官。

晏公殿巷,因巷口原有晏公殿而得名。

童子殿巷,原称竹马坊,晚清以巷内有童子殿而改名。

东岳殿巷,因巷内有东岳殿而得名。祀奉忠靖王温琼,民间称温元帅,平阳人。

庙有时候也称殿,如东瓯王庙也称大殿。

带仙字的地名,如八仙楼、曹仙巷。

此外,如:

放生池,佛教不主张杀生,人们常在释迦牟尼诞辰的"浴佛节"买一些小动物到这里放生。

河屿桥,是和尚桥的谐音。

福昌巷,因巷内原有一座福昌寺而得名。

举人坦,传说此巷中有空坦,曾为棺木权厝之所,故称鬼神坦,后谐音雅化为举人坦。

木杓巷,相传此巷是用五行中之"木"字和北斗星之斗柄(即"杓")取名得来。

石坦巷,因坊中设有社坛,俗称社坛巷,后谐音俗书为石坦巷。

四顾桥,是师姑桥的谐音。相传元时有位尼姑含辛茹苦将一位弃婴抚养成人。

坦前,因地处奉祀神农氏的先农坛之前,故名。坦前系由坛前谐音而来。

西门天灯下,因旧时此巷悬有天灯(即三官灯)而得名。

新园觉,因康熙三十九年(1700)新建圆觉庵而得,后谐音俗写为园觉。

蝉街,唐时在松台山麓建净光禅寺,因街处禅寺之前,故名禅街,后谐音误写成蝉街。

永宁巷,此巷旧有永宁殿。

斋堂巷,因巷内原有斋堂一座。

第四节　地名与社会心态

地名五花八门,有文雅之名,也有粗俗之名。人们总是喜欢地名取得好听些、吉祥些、自然些、文雅些。

一、地名反映求福禄、祈寿祉、期昌盛、盼太平的社会心态
安平坊,意祈人生"平平安安"。
大同巷,追求"天下为公,世界大同"的理想。
丰和巷,取义"年丰人和"。
嘉会里巷,嘉会乃"宾主宴集"之义。
简巷,宋名简讼巷,寄托"政简讼清"的愿望。
锦春坊,意为"锦绣春色"。
勉人巷,因巷中多粪坑,臭气熏人,乃取其反义,名曰美人巷,后谐音改称勉人巷。
庆年坊,意在"喜庆丰年"。
万寿巷,意为祝祷"万寿无疆"。

二、地名反映对科举、教育的重视
兴文里,隐喻对教育的重视。
砚瓦槽,以文房四宝命名,透出浓郁的书卷气。

三、地名反映对历史名人崇敬、景仰的社会心态
百里坊,传说当时此地荷花盛开,清香四溢,时任太守的王羲之赞叹不已,有"百里芳"之誉,后谐音为百里坊。
大士门、张府基、妆楼下、三牌坊等,为纪念张璁而命名。

大厅,相传此处原为明代"宪臣第"的会客厅,故称大厅。

侯衙巷,明代进士、江西左布政使侯一元居此。

黄府巷,明代高官黄淮曾居此。

景山,用永嘉理学开山鼻祖王开祖(字景山,人称儒志先生)的字作为山名。

康乐坊、谢池巷,均为纪念康乐公谢灵运而起名。

棋儿巷,明代祁嵩曾建衙宅在此巷内,故名祁衙巷,后谐音演变为今名。

万岁里、象门街等,为纪念宋高宗驻跸温州而得名。

五马街,为纪念书圣王羲之而得名。

信河街,沿街原有河道,明洪武年间(1368—1398)信国公汤和重浚此河,当地人为示感戴,改称信河。

徐衙巷,因清代巷内有徐姓官衙而改名。

虞师里,昔时有虞师曾住此巷。虞师为古代掌管山泽之官。

周宅祠巷,明代状元周旋后裔建宅第于此巷,清代周氏家宅改为宗祠,故名。

珠冠巷,因巷内原有朱姓大官府第,故名朱官巷,后谐音雅化为珠冠巷。

状元巷,南宋状元木待问曾居此。木待问,宋隆兴元年(1163)省试第一及第,官至礼部尚书。

四、以百家之姓命名

后垟巷,清名欧阳巷,后谐音改称后垟巷。

樊宅巷,因清季有樊姓贡生居此而得名。

李家村、蒋家巷、蔡宅巷、闻宅巷、任宅前,分别为李姓、蒋姓、蔡姓、闻姓、任姓家族始居,故名。

十八家，根据析字法，将李字拆成十八，指李氏家族集聚的地方。

第五节　地名与方言文化

方言与地名具有极其密切的关系，方言是在某一区域内，因地理、历史、民族等原因而形成的一种地方性的共同语。方言地名有时候也与方言地域的历史人文景观有深刻的联系。从地名的来源和历史掌故可透视其文化内涵。

温州话属吴语系统，因而其语音、词汇、语法等与普通话有很大差异；但同属于吴方言，温州话与苏州、上海、杭州、绍兴、宁波等地的北吴语也有不少差异，因此，温州话可以说是一种独特的方言。温州话中既保留了很多古语古音，也含有许多当地的土话土音。现将温州地名中几个较典型的方言用字试述如下：

【漈】tsei^{42}，音借。指山间瀑布。"百丈漈。""白水漈。"

【浃】ka^{323}，音夹。通坱。指河道支流中的小河汊，比河窄。温州人称小河汊为"河浃"，或儿化为"河浃儿"。常用作地名。"鱼鳞浃。""龙泉浃。"

【埭】de^{11}，音代。指水的堤坝。"曹埭。"

【渎】dəu^{212}，音独。特指邑中的沟，比河浅。"横渎。"

【坑】k'iɛ^{33}，指凹下去的带状地形，跟溪相近，但坑中的水比溪小，可以有水，也可以无水。温州话有"溪坑"一词。

【浦】p'u^{45}，指水边或河流入口的地方。"下吕浦。""浦边。""瓯浦垟。"

【渠】dzy^{31}，音权。水道，特指人工开的河道或水沟。语义跟溪接近,但渠的水流量比溪小,甚至可以部分在地下。"渠道。""水渠。"

【垵】 ua^{33},指山沟里的小平地,是山脉或山沟拐弯而形成的小块平地。可用"弯"来代替。

【湾】 ua^{33},是水流弯曲的地方,海边地名全用湾。"龙湾。"

【尖】 tɕi^{33},指山峰。

【垟】 ji^{31},音羊。闽语将大片的田园说成垟,浙南一带也有类似说法,称田间为垟:"田垟。"常作地名通名。派生词如"垟底""垟心",指原野的深处。

【丼】 taŋ^{45},来自古越语。1.指凹地,地上的坑。"水丼。""心肝丼。""心头丼。""地下沃是丼,着留心。"2.物体、身体上的凹陷。"桌面敲爻沃是丼,难眙显。"亦作"凼"。

【澳】 ə^{42},海边弯曲可以停船的地方,来自古汉语。"大门澳。"

【岙】 ə^{42},音奥。指山间小平原、平地,常作地名。如洞头有北岙,仰义有梅岙、河岙,双屿有上岙。

【坳】 uɔ^{33},和"岙"意义相同,指山间平地。温州地名中使用"岙"和"坳"的频率都很高。

【坦】 da^{11},指空旷平地。"岩坦。""华里坦。""举人坦。"

【坛】 da^{31},指庭院或祭坛。"海坛山。"要注意,"坦"与"坛"字音不同,义亦不同。

【坪】 bəŋ^{31},指小平地,来自客家话。

【涂】 døy^{31},指滩涂,来自闽语。"筲箕涂。"

地名,应该是比较稳定的,如果轻易改名,会给信息交流和社会交往造成障碍。但是,世界上没有不变的东西,地名也会随着社会的发展、人类活动的频繁,社会、心态的变化以及自然环境的变迁而演变。因此，凡是通俗、好记、容易口传的名称都保留下来，并沿袭至今；凡是抽象、深奥、别扭的地名，则不容易被群众接受，最后只能更改。

温州城市概貌今非昔比，然而从那些古老的地名中，我们可清晰寻找到温州古城发展的历史轨迹。仔细品味这些特色鲜明、风雅幽默、形神兼备、历史悠久的地名，从中领略古城温州所特有的历史风采，不仅使人惊叹，也令人叫绝。

为了保护古城风貌，维护传统特色，温州城区已划定了几块历史文化保护街区，从而使唐宋以来形成的老温州街巷里弄显得既古老又年轻，古城风貌与现代风姿在这里相映成趣，相得益彰，古城温州变得更加绚丽多姿。

第十七章 温州话的探索和传承

温州市经济繁荣、文化发达，在国内外都有很高的知名度。加上温州方言本身的特殊性和复杂性，使得温州方言在汉语诸方言里具有特殊的重要地位，受到海内外研究汉语方言学者的普遍关注和一致重视。

第一节　前人对温州话的整理

温州古称"瓯"，春秋战国时期为瓯越地。后来瓯越人虽经过几次民族融合，但语言上仍留下影响，今天的温州话里仍可找到瓯越语的痕迹。据文献资料推测，温州话形成于唐五代，南宋时稳固下来。

历代有不少学者对温州方言卓有研究，如宋代戴侗，明代姜准，清代余国光、谢思泽、林大椿、陈虬，近人张玉笙、叶蘅、黄绍裘、谢用卿、杨绍廉、包筱清、郑衡等，还有在歌谣、剧注中使用温州词韵的潘穷明、陈适、王季思等。其中很多有关温州话写录形式的介绍、评定及词源材料，不仅对温州方言，而且对吴语研究和近代汉语研究也颇有价值。

最早记录温州话的是南宋戴侗的《六书故》。戴侗（1200—1285），字仲达，永嘉楠溪人，淳祐元年（1241）进士。《六书故》

共33卷,分"数""天文""地理""人""动物""植物""工事""杂""疑"九部,每部按六书分列,收录了大量俗字、俗音、俗义,对研究温州话的历史有重要价值。

此外,比较重要的温州方言研究著作有如下一些。

一、词汇方面

△明代姜准(1573—1619)的《岐海琐谈》。姜准,字平仲,原系永嘉楠溪人,随其父迁居温州城内。《岐海琐谈》十六卷,其中第八卷以记录土语方音为主。

△清代余国光的《俗字编》。余国光,字符观,康熙五十七年(1718)生于瑞安,雅好诗文,家藏丰富。所著《俗字编》一卷,以记录瑞安方言词语为主。依义分类列词,原分43部。后经洪守一道光七年(1827)辑补重版。全书分为29个类别,共收851个词条,先列词条后列释义。书中记录的是200多年前瑞安的方言土语。对于我们了解近代以来温州方言的面貌和演进的轨迹有很大的帮助。许多词条附有反切和直音注音。它是已知最早系统记录瑞安方言词汇的著作,因此成为之后一些有关温州方言的著作如黄绍裘《补正俗字编》、包筱清《温州方言初稿》的基础,书中参考《广韵》《玉篇》《俗呼小录》《通俗文》等著作考证出大量俗字的本字。

此书收集了许多不见于经史的"俗字",采用的是瑞安方言的音系。虽然并不系统,但对于研究18世纪至今瑞安方言语音的发展也具有重要的参考作用。从这些注音中可以看到许多瑞安方言音系特点的佐证。

△黄绍裘的《补正俗字编》。此书由黄绍裘(字小蓉)于1924年对余国光《俗字编》手校补正。补正凡四百余条,并改

为分条列目,对原释文颇有删削。书中参考《广韵》《玉篇》《俗呼小录》《通俗文》等著作考证出大量俗字的本字。全书分为29个类别,总计1263个条目。其中"补"421条,"正"28条,"按"4条。

△清代林大椿的《海滢方言》。林大椿(1812—1863),乐清翁垟高垟人,字蘐士,别字宏训,号恒轩,咸丰九年(1859)岁贡。著作有《求是斋诗抄》《壬戌纪事诗》《蒙川年谱》《红寇记》《恒轩文录》《恒轩诗集》《研经堂随笔》等。《海滢方言》记录了大量的乐清方言土语,使用了许多不常见的方言杂字,同时也收进了为数不少的书面语词。该书虽未行,但有抄本流传,温州市图书馆和郑张尚芳先生有藏本。

《海滢方言》是一部记录乐清方言土语的著作,是传统的以词条形式收录方言俗语的著作。全书共四卷,根据词汇意义内容,分天文、时序、地理等59门,第一卷9门,第二卷13门,第三卷19门,第四卷18门。

庄以临认为此书收录的是"乐清西乡语音"。虽为俗音俗字,实际上多是古音古字。

此书词条数量多,范围广,数量有近9000条,是目前已知的关于温州方言词汇的书籍中内容最为丰富的。给出的词条解释也比较详细,既有反切或直音法注音,也有意义及出处的考证,考证时引用大量参考文献,如《广韵》《集韵》《正韵》《韵汇》《说文》《字汇》以及《玉篇》《六书故》《正字通》《篇海》《类篇》等,既记录了清朝中叶乐清人民鲜活的口头语言,也将这些语言以历史发展的视角同古代汉语连接起来,是一部汇集作者大量心血的珍贵资料。

△杨绍廉的《瓯海方言》。杨绍廉(1864—1927),瑞安书法

家、金石学家。字志林,号拙庐。与黄绍箕、孙诒让、端方等交游,黄绍箕曾聘其为京师编书局分纂、湖北提学使署幕宾、瑞安普通学堂(瑞安中学前身)教习等。

此书为《拙庐遗稿》八种之一,参照《尔雅》的分类体系,将词条按照意义分为"释词""释言"等 14 个大类,共收 246 个词条。一般每一词条先列出处,然后列出本地的说法,最后对词条进行简单的解释。

这本书记录的方言词汇数量虽然不是很多,但是每一条都力求出处。这种追求"无一字无出处"的严谨态度对于我们从中窥见温州方言词汇的历史渊源非常有帮助。

△包筱清的《温州方言初稿》。包筱清(1894—1962),原名包彻,字笑青,浙江省永嘉县梧埏区德政乡丽垟殿(即今温州市鹿城区南郊乡里垟村)人。早年毕业于浙江省政法专科学校,1922 年任《瓯报》主笔,1924 年任温州《大公报》编辑主任,1927 年任平阳县第一任县长。20 世纪 50 年代于旧书摊购得《俗字编》一册,予以注释、增补,后遂成《温州方言初稿》,装订成上下两册。现文稿保存在温州市图书馆地方文献古籍部。

该书是一部手稿,以表格形式分为"词句""本音""俗音""成语""考释"六行,非常详尽地列出每一词条的读音、用法和出处考证。

该书以《俗字编》等前人著作的框架为基础,以词汇为线索,涵盖读音、文字、词义乃至成语、俗语,是一本全面反映温州方言面貌的非常有价值的著作。

△潘穷明的《永嘉童谣集》。潘氏系永嘉一小教师,1929 年编成该书,1930 年由永嘉民众教育馆出版。书后附"谚语一束"计 10 页。

△郑嘉琛的《温州俚语解释》。郑氏（1921—1989）别署家心，永强人。此书分篇解释温州俚语的意义、用例、来源及与民俗关系，近10万字。郑张尚芳藏217篇。

二、音韵方面

音韵是我国传统"小学"的组成部分，温州话的音韵研究自然受到特别重视。这方面的著作主要有：

△清代谢思泽的《因音求字》。谢思泽（1836—1909），字邦崇，号文波，又号听香居士，永嘉蓬溪（今属东皋乡）人。咸丰丙辰邑庠生。书成于光绪初年左右，直到作者去世时也没有来得及付梓，后其孙谢国辅（字松崖）将手稿整理出版。

谢思泽一生著作颇丰，有《东瓯杂俎》《草韵谱》《四声正误》《反切法》《空谷传声》，加上《因音求字》共计四十一卷。

《因音求字》是一本以音序排列的字典，在只知读音不知写法的情况下检索起来非常方便。此书因其便捷实用，出版前手抄本就已经广为流行，脍炙人口，为人们的日常生活提供了许多便利。

谢思泽之前有《四声正误》《空谷传声》《反切法》等好几部著作都对永嘉方言的音系做过研究，这些成果最后都汇总在《因音求字》这部书中。所以《因音求字》可说是谢思泽一生小学研究的结晶。《因音求字》音系以永嘉楠溪音为准，包括二十三个声母，三十三个韵母和四个声调。韵母按照其音值分为宫、商、角、徵、羽五类。全书按照韵母排序，每一韵下再按照声母排序，每一字下有例词。全书除了可以用来按照读音查询字的写法，同时也相当于一个同音字表，学者郑张尚芳认为，温州地方韵书以此书音韵分析最清楚，次列井然，检索方便，审音水平也较高。对于19世纪末永嘉方言语音系统的研究具有十分重要的价值。

△清代谢思泽的《四声正误》。温州市图书馆藏有《四声正误》光绪二十一年(1895)瓯城梅师吉斋一卷连史刻本，后附《反切法》一卷。作者收集自己及其他温籍人士容易读错的字，列出由韵书和字书推导出的正音。其体例是按照《字汇》的部首分类列字，部首内以笔画排序。共118部1249条目。书后附有《反切法》，讲解反切原理以及永嘉和其他一些地方方言的声韵，列出韵图。这是一本十分方便的"正音"手册，正音的标准参考了《广韵》《字汇》等字书，同时兼顾永嘉方言的音系特点。

△清代陈虬编《瓯文音汇》。陈虬(1851—1904)，祖籍乐清，生于瑞安。光绪己丑科举人，和陈黻宸、宋恕合称"东瓯三杰"。陈虬在政治上主张革新变法，在医学上的贡献也十分突出，于1885年创办温州第一所新式中医学堂利济医学堂，附设的利济医院是最早的新式中医院。1903年又在城区开办新字瓯文学堂，以《新字瓯文七音铎》为教材亲自讲授。《瓯文音汇》是一本以《新字瓯文七音铎》中的"新字瓯文拼音方案"为框架的温州方言"同音字汇"。

"新字瓯文"是陈虬集三十年心血编成的温州方言拼音方案。这套拼音方案既可以拼写温州方言，也可以用来拼官韵。《瓯文音汇》作为新字瓯文普及用书，是在第一阶段所使用的配套书。其中大部分字音采用温州瑞安方言，也有一小部分是采用官韵。

△清代陈虬编《新字瓯文七音铎》。这本书除了作为学术著作反映作者研究瑞安方言音系的成果，更是一本进度安排十

分精细的教学用书。其内容分为四个部分三十六课,每一个部分最后一课是本单元的总结复习。此书采用自创的篆体字母。书末所附《瓯谚略》是一部以新字瓯文记录方言土语的小词典。

△谢用卿的《重编因音求字》。谢用卿(1898—1944),永嘉蓬溪(今属东皋乡)人。在永嘉鹤盛、乐清珠屿等地任小学教员。1929年上半年,写出《国语因音求字反切法》《中国文字拉丁化南方草案》等著作。之后因国是日非、民不聊生而参加革命,于1944年牺牲。民国16年(1927),在乐清任教的谢用卿将其曾祖谢思泽的《因音求字》"治瓯腔而译成乐音",由邑人蔡微校正后交温州世界书局出版发行。这是第一部用传统方法编写的乐清语音专著。因音求字,极为方便,有较大影响。

谢用卿是谢思泽先生的曾侄孙,幼时得叔父谢国猷讲授经学与反切之学,其后于乐清珠屿小学担任教师期间,于授课闲暇,将《因音求字》以乐清音重新编订,以便乐人讽诵刊事。

《因音求字》(乐清音)沿袭原书的结构体例,只是音系结构以乐清方言为准:有二十三声母,三十六韵母。

△叶蘅的《音画字考》(又名《字学蒙求》)。叶蘅(?—1922),平阳荆溪人。曾于本乡组群学校担任国文教员,致力于语言文字的研究。全书分为以下几个部分:第一册至第三册是正文一至三卷,第四册是附录。目录及正文排列顺序如下:先以韵母排列,每一韵母下再以声母排列,同一音节再分平上去入四个声调。正文以同音字表的形式排列,每字下有简短的释义,一般十余字。此书不单是学术著作,更意在普及识字教育。它既是同音字表,也是一本按音序排列的简明字典,共收字8000余个,涵盖比较全面,同时具有音序查字和笔画查字的功能,便捷实用,对于研究当时平阳方言的音系结构有十分重

要的价值。

△叶泰来《东瓯音典》(扉页题《反切捷诀》)。此书以瓯音为标目,或瓯音所无者,以官音或溪山乐清土腔代之。书中的温州方言音系包括二十三个声母、三十三个韵母和四个声调,先以韵母为纲,每个韵母下面依照声调分平上去入四栏,每栏再分别列出该韵母与二十三个声母相拼所得之字。如果该位置无字,则用圆圈O填充。韵母分类借鉴《因音求字》的体系,以音值分为五类:宫音九韵、商音八韵、角音八韵、徵音四韵、羽音四韵。此书是一部简明温州方言音节表,是唯一一部记录温州城郊方言语音的著作,对于研究近百年来温州城郊语音的发展有重要的价值。

△张兆麟的《温州音识字捷法》。张玉生(1883—1938)字兆麟。祖居永嘉上河乡旸岙三浃。张先生一生著作颇丰,涵盖历法、数学、方言、汉字注音编码等多个领域,为温州的教育普及及我国汉字编码事业做出重要的贡献。

《温州音识字捷法》于1913年编成,1924年单独成书。全书分为四表。甲表是音节表,将温州方言分为三十声母,十六韵母。去除无音无字的音节,一共375个音节。声母分阴阳,并按照发音部位分为八类,摒弃了传统音韵学常常去附会的五音分类。乙表是同音字表,以反切为标目把同一音节的字排列在一起,并按平上去入的声调顺序排序。在甲表读熟所有音节之后,就可以依照乙表查询其他字的读音,既便于识字,又能查询读音。共收字3495个。丙表是多音字表,收集并辨析多音字82个。丁表是俗体字表,共收俗字271字(原文为270字)。

此书简便轻巧,方法独到,可以让不识字者在短时间内认识大量汉字。书中列出一个完整的温州方言语音系统,对于研究一百年前温州方言的语音系统也是十分有价值的。

△戴炳聪《字衡 — 东瓯杂字》。戴炳聪,瑞安海安人。《字衡》写于民国 23 年(1934),是一部有关语言文字的数据集合。其中内容包括字形字音的正误,一些有关语言文字的论文等等,目的是为学生纠正字音字义的讹误,以及方便他们查询一些基本的名称典故等。其中的《东瓯杂字》罗列的都是温州方言的俗用杂字,大部分内容摘录自《俗字编》,也有一些是作者的补充。

△郑衡《通俗字书》。郑衡,字秉卿,平阳人。书中许多词条尚没有加上释义,词条分为释词、释言、事干(农事、工事、商事、女红、交通、杂事)、天时、土地、人类、形体、宫室、释器(农具、兵器、工器、珍宝、渔具、家伙)。后附《海澨方言新编》,包括动物、兽畜、水族、昆虫、植物等几类。词条一般先以直音法注音,后加以简单的释义。共收一千二百余条。

△汤璧垣的《瓯音字汇》。汤氏名联奎。1925 年编成,收 15000 余字。

△温州内地会的《温州土话初学》。系教会罗马字教本。

三、民间杂字方面

计有《杂字簿》《东瓯童蒙认字簿》《韵语杂字》《四言蒙童杂字》《增计通考杂字》《婚姻生育杂字》《六言杂字》《上账杂字》《物类记名录》《簿记适用》等。

随着西学东渐,中国的语言学发生了重要变化。最早用现代科学方法调查研究温州话的是我国现代方言学的奠基人之一赵元任。他在清华学校研究院 1928 年出版的《现代吴语的研究》一书里,第一次正确地把温州话归入吴语。

第二节　今人对温州话的研究

20世纪五六十年代以后,温州话和温州方言的研究逐步走上高潮,涌现了一批有影响的研究温州方言的学者,其中最为著名的有郑张尚芳、潘悟云、游汝杰、温端政、颜逸明、吴安其等人。他们的造诣不可谓不深,但急盼着能有学术的继承者和接班人。博大精深的温州方言也亟待有人去发掘和整理。

进入21世纪,信息技术为语言学的发展提供了强大的技术推动力。全球一体化、生活快速化、网络现代化、语言信息化成为这个时代的主要特征。方言研究也应跟上时代的步伐。温州方言在汉语言中具有特殊的历史地位,温州发展模式在中国经济中又具有特殊的现实地位。如何在整理温州话历史资料的基础上,把温州方言研究与现代信息技术相结合,成为我们下一步研究的重点。

第三节　温州话的前瞻和展望

一、完善的语音系统

普通话以北方官话为基础方言,以北京语音为标准音。但是,这并不能说明北方话是中国最好的方言,博大精深的中华文明不可能仅仅浓缩在北方话中。试看,当年参与汉语拼音方案制订的学者绝大多数是南方人,钱玄同、赵元任、瞿秋白、朱文熊等说吴语的学者占有半数。吴方言是最具代表性的南方汉语方言,有着和北方官话不同的音素、词汇、语法。作为一种语音工具,吴语并不比普通话逊色,当年河南籍的唐玄奘就是选用吴音来译注佛经的,因为他认为唯有吴音才能译音准确。再举一例,辅音分不送气清音、送气清音和浊音三种,普通话、英语、法语都只兼具两种,唯有在吴语中,这三组音都有。

作为南吴语(即瓯语)代表的温州话,有着最完善的语音体系,且音素都比较实用。普通话由于没有短音、音素少、无浊音,当为外来词译音时多不准确。然而,温州话跟常见外语对得上号的音素比普通话多一倍;法语35个音标中,有30余个和温州话中的音素一致,普通话则不及其半;日语片假名基本可以用温州话读准;英语也大致如此。温州话不仅有浊音,而且语音丰富,声调舒促,高低错落,语音面貌的美感是其他方言无法比拟的。

温州话的书面语中,有一半的字词和普通话相同,只是读音有异,另一半是温州话自己独有的方字和特殊的词汇。温州话中有一些常用的口语,则保存了许多古音。

二、推广普通话与方言的关系

国家推广普通话,是为了全国人民彼此之间可以顺利交流。现在的温州人多具普通话交流能力,这是推普工作的成就,也是社会进步的表现。然而,无论是国家制定的推广普通话的初衷,还是现行《国家通用语言文字法》的颁布施行,都没有一丁点儿要灭绝汉语方言的意思,相反,还白纸黑字地定下了规矩,保护非官话汉语的使用自由。

但有人将推普工作理解为要消灭本土方言,认为只有推广普通话,消灭方言,才能使国家得以巩固统一。但统一的国家未必是建立在单一文化模式上的。

每一种语言,都代表了一部文化史,代表了一种文化生态的存在。各种语言及其代表的文化族群之间的交流和碰撞，谱写了这个精彩纷呈的世界。

三、温州话不会消亡

现在，不少受过普通话教育的年轻人对温州话存在不少误解。有人说温州话能讲不能写，只有口头语言而没有书面语言，其实是不熟悉其写法。有人因听不懂温州话，产生了抵触情绪，于是把温州话贬低为是小市民语言，是土话。有人将保存温州话文化与推广普通话对立起来，处处限制温州话使用，使得不少在温州长大的孩子不会讲温州话，更不会写温州话的书面语。这些行为实有文化歧视之嫌疑。

有人提出温州话应向普通话靠拢，这无异是对温州话的阉割。一旦温州话失去其文化特色和内涵，那还有存在的必要吗？语言是工具，皮之不存，毛将焉附？温州话的灭亡势必导致温州乡土文化和艺术的消亡。当前，温州话的生存空间正被严重挤压，温州话的生存和发展问题，远远未能引起社会的关注和重视。

毁林容易造林难。消灭一种文化是轻而易举的，重造一种文化是万万不能的。据联合国有关部门预言：全世界语言中，将有90%的语言可能在本世纪末以前消亡。若温州话不幸成为其中一员，则憾莫大焉！今天是温州话，明天便可能是整个汉语。也许到了世界大同的那一天，那时候世界上的人们应该会有一种共同语，但他们决不会随便丢弃自己的母语和乡音。

温州话现在还是一种"活"的语言，活在450万人的口头上。保护温州话，这和挖掘消逝的文字有着本质上的区别，正好比我们不奢望恐龙复活，但绝对不愿意看到大熊猫灭种。

推普和方言并无矛盾，人类走到今天，应该知道什么是共存共荣，什么是双赢，什么是宝贵的多样性。普通话是汉语，温州话也是汉语，吴、粤、闽、赣、客、湘等等方言都是汉语的组成部分，它们一起构成了汉语的多姿多彩。缺少了任何一种，都是整个中华民族的损失和悲哀。

温籍著名语言学家、中国社科院语言研究所研究员郑张尚芳曾一再呼吁：要像抢救濒危动物那样，抢救濒危的温州方言，这已经是刻不容缓的事了。

方言是一笔巨大的财富，是社会生活链中的一个重要方面。丰富多彩的方言反映了丰富多彩的世界，而方言的变迁又折射出社会的变迁，这是十分值得研究的。一种方言的完好保存，既可以继承历史，又能够便于交流，更可以丰富文化，是百利而无一害的事情。

温州话承上启下、继往开来，是汉语的正宗。作为南方"六语"中第一大语吴语之一支，温州话要世世代代流传下去！

四、文化需要多样性

"一个受过现代教育的人，应当掌握两至三种不同的语言。""'文化'多样性是人类的共同遗产。"这些都是联合国教科文组织的结论和决议。一个能够容纳和交融不同文化的民族，才是一个多姿多彩、生机勃勃的民族，才是一个有着博大胸怀和魅力的民族，才是一个有着宽容和独立精神的民族。有人主张："只要一种语言，能够交流便足够了。"如果中国只有一种语言，人们只会说一种话，到了那一天，没有了碰撞和交流，便没有了前进和发展。

和生物物种一样，一种文化灭亡了是不能复生的。保护每一个濒危的物种,是每一个生态学家的责任;保护每一种面临消亡的语言,也是每一个语言学家义不容辞的责任。对于温州话这样一种具有特殊文化价值的汉语方言来说,如果在未来的一天消失,不只是温州的悲哀,也是江南的悲哀,更是整个中国的悲哀。

　　中国需要方言作为普通话的文化补充。温州话也是一份伟大的文化遗产,有普通话不能替代的文化价值和文化功能。作为中国文化价值最高的语言之一,温州话有存在的必要,温州话急须得到保护。当务之急,我们有必要对温州话进行正音和正字。

参考文献

广东、广西、湖南、河南辞源修订组,商务印书馆编辑部:《辞源》(合订本),商务印书馆,1988。

钱乃荣:《当代吴语研究》,上海教育出版社,1992。

中国科学院语言研究所:《方言调查字表(修订本)》,商务印书馆,1981。

温端政:《方言与俗语研究》,上海辞书出版社,2003。

周振鹤、游汝杰:《方言与中国文化》,上海人民出版社,1986。

徐复等:《古汉语大词典》,上海辞书出版社,2000。

丁声树:《古今字音对照手册》,中华书局,1981。

梁振仕:《古入声字手册》,广西人民出版社,2005。

曹先擢、李青梅:《〈广韵〉反切今读手册》,语文出版社,2005。

《信息技术通用多八位编码字符集(UCS)》,中国标准出版社,1995。

《信息技术中文编码字符集》,中国标准出版社,2006。

汪耀楠:《国际标准汉字词典》,外语教学与研究出版社,2005。

罗竹风：《汉语大词典（缩印本）》，汉语大词典出版社，1997。

汉语大字典编辑委员会：《汉语大字典》（8卷），四川辞书出版社、湖北辞书出版社，1988。

游汝杰：《汉语方言学教程》，上海教育出版社，2004。

黄伯荣：《汉语方言语法调查手册》，广东人民出版社，2001。

范崇俊：《汉大汉语规范大字典》，汉语大词典出版社，2004。

史存直：《汉语史纲要》，中华书局，2008。

王力：《汉语史稿（重排本）》，中华书局，2004。

丁声树、李荣：《汉语音韵讲义》，上海教育出版社，2010。

王力：《汉语语音史》，中国社会科学出版社，1985。

许嘉璐：《汉字标准字典》，辽宁大学出版社，2001。

李珍华、周长楫：《汉字古今音表（修订本）》，中华书局，1999。

郭锡良：《汉字古音手册》，北京大学出版社，1986。

沈克成：《活色生香温州话》，宁波出版社，2016。

汉语大词典编纂处：《康熙字典》（标点整理本），汉语大词典出版社，2002。

（宋）戴侗：《六书故》，上海社科院出版社，2006。

曹志耘：《南部吴语语音研究》，商务印书馆，2002。

杨宗义：《难字大字典》，西南师范大学出版社，1995。

沈克成：《瓯语音系》，宁波出版社，2015。

夏中易：《入声献疑》，巴蜀书社，2009。

沈克成：《入声字诠》，宁波出版社，2016。

郑张尚芳：《上古音系》，上海教育出版社，2003。

（宋）陈彭年：《宋本广韵（附韵镜七音略）》，江苏教育出版社，2008。

（宋）丁度：《宋刻集韵》，中华书局，2005。

王力：《王力古汉语字典》，中华书局，2000。

王力：《王力古汉语字典》，中华书局，2015。

姜竺卿：《温州地理》（三卷本），上海三联书店，2015。

游汝杰、杨乾明：《温州方言词典》，江苏教育出版社，1998。

沈克成：《温州方言韵略》，宁波出版社，2011。

郑张尚芳：《温州方言志》，中华书局，2008。

沈克成、沈迦：《温州话（修订本）》，宁波出版社，2005。

沈克成、沈迦：《温州话（增补本）》，宁波出版社，2013。

沈克成、沈迦：《温州话词语考释》，宁波出版社，2009。

潘悟云：《温州话音档》，上海教育出版社，1998。

沈克成：《温州话字林》，宁波出版社，2010。

颜逸明：《吴语概说》，华东师范大学出版社，1994。

游汝杰、杨剑桥：《吴语声调的实验研究》，复旦大学出版社，2001。

刘叔新等：《疑难字简明字典》，中国社会出版社，2009。

《异体字字典》编委会：《异体字字典》（光碟版），2002。

傅国通、郑张尚芳：《浙江省语言志》（上、下），浙江人民出版社，2015。

秋谷裕幸：《浙南的闽东区方言》，台湾研究院语言学研究所，2005。

颜逸明：《浙南瓯语》，华东师范大学出版社，2000。

郑张尚芳：《郑张尚芳语言学论文集》（上、下），中华书局，2012。

中国语言资源库有声数据库建设领导小组办公室:《中国语言资源有声数据库调查手册·汉语方言》,商务印书馆,2010。

陆费逵、欧阳溥存等:《中华大字典》(上、下),中华书局,1978。

潘悟云:《温州方言的介词》,见李如龙、张双庆主编《介词》,暨南大学出版社,2000。

潘悟云:《温州方言的体和貌》,见《著名中年语言学家自选集·潘悟云卷》,安徽教育出版社,2002。

〔波兰〕帕维尔·玛突来维切:《吴语瓯江方言韵母演变研究》,北京语言大学博士学位论文,2005。

游汝杰:《汉语方言岛及其文化背景》,《中国文化》,1990。

游汝杰:《方言兴衰存废的社会语言学观》,《语言文字周报》,2005。

郑张尚芳:《闽语与浙南吴语的深层联系》,第六届闽方言国际研讨会,1999。

郑张尚芳:《温州常用方言词本字辨正》,《东方语言学》,2008(1)。

吴安其:《温州话的韵母及其文白异读》,《南开语言学刊》,2005(2)。

吴安其:《温州话声母的文白读和中古声韵的构拟》,《南开语言学刊》,2006(1)。

郑张尚芳:《温州音系》,《中国语文》,1964(1)。

郑张尚芳:《吴语的分区》,《方言》,1986(1)。

潘悟云:《吴语鱼韵的历史层次》,《东方语言学》,2009(2)。

后　记

自 2004 年首次推出《温州话》一书，至今已整整十六个年头了。其间改版了两次，修订了两次，印数以万册计，一直受到读者的好评和喜欢。现今书已售罄多年，跟出版社所签的合同也早已到期。

由于自己跟宁波出版社王松见先生交谊甚笃，我把自己有关方言的专著基本都放在宁波出版社出版，近二十年来已先后出了十来部。但至今，几乎所有合同都已到期，书店里也找不到我的方言作品了。

我已两年多没跟宁波出版社联系了。前年把《百年温州话钩沉》一书放在了浙江古籍出版社，把《挹西斟北》放在了文汇出版社。而去年一年里，又奉命全身心投入《温州话辞典》的编撰中，顾不上考虑自己是否该继续出书。虽然已写好了《入声字诠》的姐妹篇《入声韵会》，但还没有考虑要联系出版事宜。

作为温州人，我特别有一种为家乡的文化事业竭尽绵薄之力的冲动和愿望。虽然自己只是退休佬一个，位卑言微，但在

后 记

写作过程中,始终没有把个人得失放在第一位。时光荏苒,很快就要进入耄耋之年了,老伴和孩子不希望我发条拧得太紧,该歇歇了。但我已习惯了敲电脑,一旦生活中没有了它,苟延残喘还有什么滋味?!

今年春节,小儿早早就筹划好,带我们全家去越南度假。当我离开温州时,还不知道武汉出了什么事,原打算最多半个月就回来的,所以除随身一台笔记本电脑,什么材料也没有带。万万没想到,这一待就是两个月,也不知猴年马月才能打道回府。该怎么打发这段被关在楼内成一统的时间呢?幸好,电脑里存有《温州话(增补本)》的电子版,无聊中我翻开来浏览了一下,突然冒出个念头:重新写过!

我一直把这部《温州话》定位为普及读物,力求以最简易的语言来阐述方言的生涩。而这一次,我心血来潮:为什么不可以将其作为我对温州方言研究的心得和感悟的浓缩本呢?这二十年来,我投入方言研究的时间和精力不可谓不多,而且每一年都觉得自己有新的收获和新的体会。为什么不可以把这本书作为我二十年方言研究的总结呢?

于是,我每天工作至少十个小时,将其全部推倒重来,每个章节都重新写过。

至此,书稿已完成,全书600余页,38万字,篇幅虽然大了些,但仍能容纳。

在写作中,我始终把保证学术质量放在第一位,绝不去打破任何一条方言著作的"清规戒律"。在改写过程中,我又学到了不少东西,使我忐忑不安的心情平静了许多。尽管我自感学养不够,但我尽力了,至少,我的治学态度定会得到读者的首肯,这样,也就知足了。

作者——出版社——读者，三者之间如何求取一个平衡，实在不是件容易之事，但我深信作为一位老作者，一定能如愿以偿。但愿这部《温州话（典藏版）》能以全新的面貌呈现给读者。也希望它能一如既往地受到读者的喜欢，在书城，在网上，很快又会脱销。

沈克成

2020 年 4 月 3 日